데이터법의 신지평

인하대학교 법학연구소 AI·데이터법 센터

세창출판사

본서는 2020년 대한민국 교육부와 한국연구재단의 지원을 받아 수행된 연구임.
(NRF-2020S1A5C2A02093223)

머리말

인하대학교 법학연구소 AI·데이터법센터가 "데이터경제, 데이터 주도 혁신시대의 법과 윤리의 재정립"이라는 주제로 한국연구재단의 과제를 수행한 지 햇수로 3년이 되었습니다. 2020년 5월, 향후 6년 동안의 연구계획을 수립하면서 데이터경제 시대에 법학·경제학·철학·공학이 함께 고민해야 할 내용이 무엇일까를 고심하던 시절을 돌이켜 보면 세월이 참 빠르게 흐른다는 것을 실감합니다.

코로나19 팬데믹이라는 환경적 악재 속에서도 연구의 전반부(1단계, 2020년 9월~2023년 8월) 동안 그 성과가 적지 않았음에 연구책임자로서 나름대로 자부심을 느끼고 있습니다. 국내외 유수 대학 및 기관과 공동학술대회를 주최하여 학술교류의 가교역할을 충실히 하였으며, 2022년 8월에는 학부생도 쉽게 데이터 법제를 이해하고 교재로 사용할 수 있도록 『데이터법』을 출간하였습니다. 그 후속 시리즈로 『인공지능법총론』 출간도 눈앞에 두고 있습니다. 또한 본 연구과제에 참여한 공동연구진이 국내외 저명학술지에 게재한 30여 편의 주옥같은 논문도 빼놓을 수 없는 성과입니다. 그래서 기획한 것이 이 책의 발간이라 하겠습니다.

각 논문의 학문적 가치를 이미 평가받았음에도 한 가지 아쉬웠던 점은 전체 논문의 방향성을 온전히 보여 줄 수 있는 기회가 없었다는 것입니다. 게재 논문을 한곳에 모아 그 유형별로 살펴보는 것 또한 한편 한편을 탐독하는 것 이상의 의미가 있을 것이기 때문입니다. 이에 15편의 논문을 엄선하여 『데이터법의 신지평』을 출간하게 되었습니다.

총 4장으로 구성된 본서는 제1장 '데이터법과 윤리'에 법학과 철학의 융합연구 결과를 담았으며, 제2장 '데이터와 지식재산'을 통해 데이터 법제와 지식재산 법제의 접점에 관한 연구의 서장을 펼쳐 보았습니다. 제3장 '개인정보의 보호와 활용'에는 올해 9월 시행을 앞두고 있는 개정 개인정보보호법의 이슈 사항과 향후 지속적인 연구가 필요한 분야에 대한 의견을 담았습니다. 제4장 '디지털 플랫폼과 빅테크'는 우리나라에서의 경쟁법상 규제뿐만 아니라 전 세계 주요국의 빅테크 규제에 관한 내용을 심도 있게 다루었습니다. 본서를 통해 독자들이 데이터법의 태동과 현안 그리고 앞으로 고민해야 할 여러 과제를 보다 쉽게 이해하길 기대해 봅니다.

끝으로 본서의 출간을 위해 노고를 아끼지 않고 수고해 주신 세창출판사의 이방원 사장님과 임길남 상무님 그리고 편집부원들께 감사의 말씀을 드립니다. 또한 본 연구과제를 함께 수행에 나가고 계신 공동연구진께도 지면을 빌려 다시 한번 감사를 표합니다. ChatGPT로 촉발된 인공지능법 제정의 목소리가 높아지고 있는 상황과 빠르게 발전하는 과학기술의 변화 속에서 연구의 후반부(2단계, 2023년 9월~2026년 8월)를 이끌어 가야 할 연구책임자로서 어깨가 무거워집니다. 그러나 이러한 수고가 우리나라 데이터·인공지능 법제 구축의 밑거름이 될 것이라는 기대감에 오늘도 설레는 마음으로 새벽을 깨우며 연구의 의지를 다져 봅니다. 감사합니다.

2023년 5월
인하대학교 로스쿨 연구실에서
저자를 대표하여
김원오 씀

| 차례 |

제1장 데이터법과 윤리

제2장 데이터와 지식재산

제3절　미국 특허와 기술체제분석을 이용한
데이터 익명화 기술의 동향과 전망 · 홍은아 · 김준엽 · 이종호　174

제4절　AI 반도체 산업의 기술발전 방향과
후발자의 추격 가능성에 대한 고찰 · 이종호 · 오철　192

제3장 개인정보의 보호와 활용

제2절   정보통신기술의 발전과 개인정보 보호 · 손영화   240

제4장 디지털 플랫폼과 빅테크

제4절 중국의 빅테크 기업에 대한 반독점 규제 · 이상우   438

제1장

—

데이터법과 윤리

데이터산업법에 관한 소고*
—데이터기본법으로서의 역할조명을 중심으로

김원오
(인하대 법학전문대학원 교수, 법학연구소 소장)

I. 서 설

1. 최근 일련의 데이터 관련 입법시도

2020년은 범국가적으로 데이터 경제 활성화에 각별한 노력을 기울인 한 해였다. 국가정보화기본법이 지능정보화기본법으로 대체되었고,[1] 데이터의 산업 활용의 길을 열어 달라는 업계의 요구에 부응하여 데이터 3법[2] 개정안이 2020년 2월 통과되었으며 이후에도 디지털 뉴딜정책의 시행과 더불어 관련 부처가 발의한 데이터 활용 장려 법안이 계속 출현하고 있다. 예컨대 산업데이터 보호와 활용에 중점을 둔「산업디

---

* 이 글은 2020년 대한민국 교육부와 한국연구재단의 지원을 받아 수행된 연구결과를 "데이터기본법 제정안에 관한 소고"라는 주제로 투고하여 한국지식재산학회 학회지「산업재산」에 기고되었던 논문을 바탕으로 법 제정과정에서 달라진 부분 및 국회 검토보고서 및 최근의 관련 연구내용을 반영해 수정한 것임.

1) 지능정보사회의 편의성을 향유하며 동시에 위험성과 변화의 대응을 위한 법과 제도 마련의 필요에서 지난 20대 국회 막바지에「국가정보화 기본법」을 지능정보화기본법으로 전부 개정하는 작업이 이루어졌다.「지능정보화 기본법」(변재일 의원 대표 발의, 2020.6.9. 공포).
2) 개인정보보호법, 정보통신망 이용촉진 및 정보보호 등에 관한 법률(약칭: 정보통신망법), 신용정보의 이용 및 보호에 관한 법률(약칭: 신용정보법)을 지칭한다. 이하 약칭 사용.

지털 전환 촉진법」[3]이나 「중소기업 스마트 제조혁신 지원에 관한 법률」[4] 「데이터의 이용촉진 및 산업진흥에 관한 법률안」[5] 등이 데이터 강국으로 발돋움할 초석을 만들기 위한 입법시도로 보인다. 이 밖에[6] 문화체육관광부도 데이터마이닝 자유를 담보하기 위한 저작권제한 규정이 포함된 전면개정안을 상정하였고, 「부정경쟁방지법 및 영업비밀보호에 관한 법률」(이하 '부정경쟁방지법'이라 한다)에 데이터 부정이용을 금지하는 것을 골자로 하는 개정 법률안[7]도 상정되어 입법화되었다. 그런데 무엇보다도 세간의 주목을 받았던 입법은 2020년 12월 8일 조승래 의원이 대표 발의한 「데이터 생산, 거래 및 활용 촉진에 관한 기본법안」이다.[8] 결국 유사법안 통합심의과정을 거쳐 「데이터 산업진흥 및 이용촉진에 관한 기본법」(이하 '데이터산업법'이라 한다)이란 명칭으로 2021. 10. 19. 제정되어 2022. 4. 20. 발효하였다. 데이터산업법은 '데이터 자산의 보호' 규정(제12조)을 담고 있으며, 데이터 활용 측면의 기본법적 성격을 가지는 동시에, 입법 공백 영역과 다름없었던 민간데이터 규율을 체계화하는 성격을 갖는 소위 '데이터 기본법'[9]으로 일컬어지고 있다.

---

3) 산업의 디지털 전환 및 지능화 촉진에 관한 법률안, 발의정보: 고민정 의원 등 12인, 제2104509호 (2020. 10. 14.). 동 법안은 기존 법령에서 다루지 않는 **산업데이터의 개념**을 정의하고 이에 관한 권리 보호 및 활용 원칙을 마련하여 산업데이터를 다루는 기업들의 불확실성을 해소하고, 산업 전반에 산업데이터·인공지능 등 지능정보기술의 활용을 촉진하고자 함.

4) [2103284] 중소기업 스마트제조혁신 시원에 관한 법률안(송갑석 의원 등 12인); 동 법안은 제조데이터에 기반한 중소기업의 스마트 제조혁신을 추진할 수 있도록 법적 근거를 마련하고, 관련 시책을 수립 추진함으로써 중소기업의 제조 경쟁력을 강화하여, 국가경제 발전에 이바지함을 그 목적으로 함.

5) 의안번호 6820; 2020. 12. 22 허은아 의원 대표 발의; 조승래 의원(더불어민주당)이 대표 발의한 '데이터 기본법안'과 허은아 의원(국민의힘)이 대표발의한 '데이터의 이용촉진 및 산업진흥에 관한 법률안'의 중첩 내용이 법안 소위에서 조정되어 통합법안이 마련된 것이다.

6) 21대 국회에서 인공지능(AI)과 관련한 법률이 4건(2021. 2월 현재, 각각 이상민, 양향자, 송갑석, 민형배 의원 대표 발의) 발의되었다.

7) 의안번호 2107535 (김경만 의원 등 10인 발의).

8) 데이터 기본법안 (조승래 의원 등 34인), 2106182, 제21대(2020~2024) 제382회.

9) 이성엽, 데이터기본법의 주요 내용의 분석과 평가, 법률신문, 연구논단: 2021-12-23.

2. 입법 제안 배경과 취지

데이터산법의 제정이유에 의하면 동법은 첫째, 데이터경제시대의 도래[10]에 따라 미국,[11] EU,[12] 영국[13] 등 세계 각국은 데이터 경제 시대의 주도권을 잡기 위하여 데이터 산업 육성에 총력을 기울이고 있다. 우리나라도 데이터 경제로의 전환에 빠르게 대응하기 위해 디지털 뉴딜 정책을 범국가적 프로젝트로 추진 중에 있으며, 그 대표 과제인 "데이터 댐"을 중심으로 데이터를 생산·수집·가공하고 5세대 이동통신(5G) 및 인공지능(AI)과 융합·활용하는 다양한 정책을 체계적으로 추진하기 위한 법적 근거 마련에 있음을 우선 들고 있다.

둘째, 현재 공공데이터는 법적 근거[14]가 마련되어 있지만 민간데이터의 경제·사회적 생산, 거래 및 활용 등을 위한 기본법제는 부재한 상황이므로, 민간데이터의 가치와 중요성을 재인식하고 기업들의 불확실성을 제거하자는 취지로 보아 동 법안은

---

10) 4차 산업혁명과 디지털 대전환의 핵심이자 원유라고 불리는 데이터의 중요성이 부각되는 상황에서, 경제·사회 전반에서 창출되는 데이터가 수집·가공·생산·활용되어 혁신적인 산업과 서비스가 창출되는 데이터 경제의 시대가 도래하고 있음.(제안 이유 본문) 데이터경제란 용어는 2011년 David Newman이 쓴 Gartner 보고서(How to Plan, Participate and Prosper in the Data Economy)에서 처음 등장하였다.

11) (US) Federal Data Strategy, 2020 Action Plan(https://strategy.data.gov/assets/docs/2020- ederal-data-strategy-action-plan.pdf)(2021.03.12. 방문).

12) A European strategy for data(2020.2.19); https://ec.europa.eu/info/sites/default/files/ communication-european-strategy-data-19feb2020_en.pdf(2021.03.12. 방문) EU가 데이터-애자일 경제(Data-agile Economy)의 선두에 서기 위해 취할 수 있는 향후 5년간 EU 데이터 경제의 정책 조치 및 투자 전략을 제시 1) 데이터 접근·활용을 위한 거버넌스 프레임워크 2) 데이터 투자, 데이터 호스팅·처리·활용 인프라 등 수요 자극 환경 제공 3) 데이터 관련 개인의 역량 강화, 일반 데이터 활용능력 및 스킬에 투자, 중소기업 역량 강화 4) 자금 지원 및 조치 보완해 전략적 경제 부문 및 공공 영역에서 유럽의 공통 데이터 공간 개발 촉진.

13) Department for Digital, Culture, Media & Sport, Policy paper, "National Data Strategy, Updated 9 December 2020(https://www.gov.uk/government/publications/uk-national-data- trategy/national-data-strategy) (2021.03.12. 방문).

14) 공공부문의 데이터를 규율하는 「공공데이터의 제공 및 이용 활성화에 관한 법률」 및 「데이터기반 행정 활성화에 관한 법률」 등을 공공데이터와 관련된 법적 근거로 제시하고 있다.

민간데이터 활용의 기본법 마련이란 취지가 큰 것으로 보인다.

한편, 데이터산업법의 제정목적은 제1조에[15] 나타난 바와 같이 데이터로부터 다양한 경제적 가치를 창출하고 데이터산업 발전의 기반을 조성하여 국민생활의 향상과 국민경제의 발전에 이바지하려는 것임을 알 수 있다. 2020년 11월 25일, 데이터기본법 제정 공청회에서는 '법안 제정 필요성 및 기대 효과'에 대해 법적 공백지대에 있는 민간데이터 활용 기본법이 필요하며 "데이터 결합, 시장질서, 마이데이터, 표준계약서, 품질 관리 및 인증, 표준화, 데이터 보호, 가치평가, 중소기업 지원, 분쟁 조정 등에 대한 기준설정이나 규정이 필요하다"고 밝혔다.[16]

3. 문제의 제기와 논의범위

이러한 '데이터 기본법'의 역할을 수행할 데이터산업법의 제정을 앞두고 찬반 논란이 뜨거웠다. '오픈 알고리즘(open algorithm)'과 '클로즈드 데이터(closed data)'라는 근본적 딜레마[17]도 문제지만, 개인정보가 포함된 데이터를 바라보는 기본시각 차이가 존재하기 때문이다. 가명처리 등을 통해 인격권이 제거된 데이터를 연관 산업의 혁신적 성장에 기여하는 '신자본(new capital)'으로 보는 견해[18]는 데이터의 규범적 개념을 새롭게 정립하고 국가적인 데이터 활용에 대한 기본원칙 수립을 위해 이른바 전 산업을 관통하는 '데이터 기본법' 마련이 필요하며 각 영역에 산재되어 있는 방대한 양의 데이터는 수집·통합해 분석하고 가공했을 때 비로소 그 효용 가치가 생겨난다는 점

---

15) 제1조(목적) 이 법은 데이터의 생산, 거래 및 활용 촉진에 관하여 필요한 사항을 정함으로써 데이터로부터 경제적 가치를 창출하고 데이터산업 발전의 기반을 조성하여 국민생활의 향상과 국민경제의 발전에 이바지함을 목적으로 한다.
16) 정보통신신문, 2020년 11. 26일자 공청회 보도내용.
17) 이준배, 오픈 알고리즘과 클로즈드 데이터: AI 경제의 근본적인 딜레마, AI TREND WATCH, 2021-2호, 2021.01.31. 참조.
18) 1조 목적, 2조 정의 등에서 데이터를 아예 '경제적 부가가치 창출을 위한 재료'로 규정하고 국가와 지자체가 데이터를 재화로 인식하여 시장중심으로 의사결정을 하도록 요구하는 등 산업주의적 편향된 인식을 보여 주고 있다.

과 이렇게 가공한 데이터의 효용 가치를 극대화하기 위해 안전성이 담보된 데이터 거래가 활성화될 수 있는 제도적 환경도 필요하다는 측면에서 개인정보 보호에 발목 잡힌 디지털뉴딜 경제 활성화 차원에서 꼭 필요한 입법이라는 주장[19]이 가능하다.

　　반면에 데이터를 원유가 아닌 '태양'에 비유하며 셰어링(sharing)해야 할 공유자원으로 바라보거나 개인정보와 프라이버시(privacy) 보호가 우선되거나 또는 조화가 필요하다는 차원에서 바라보는 시각과, 보다 통합적 시각에서 공공데이터와 민간데이터, 산업데이터를 모두 아우르는 기본법 체제로 설계하는 장기적 안목이 필요하다는 입장에서는 비판적일 수밖에 없다. 먼저 시민사회단체는 공식적으로 데이터기본법 제정에 반대의견을 표명하면서 그 논거를 밝힌 바 있는데,[20] 데이터는 국민 개개인의 개인정보가 모여서 이루어지는 것이며 개인정보는 개인의 존엄성과 인권에 영향을 미치는 중요한 요소라는 점에서 개인정보보호법이 중심을 이루어야 하며, 그 예외적 산업 활용의 문제도 개인정보보호법과의 정합성을 우선하여야 한다는 입장이다. 또한 이 법안은 장기적 플랜하에 통합조정을 거쳐 탄생한 것이 아니라 공론화 과정이 부족한 과기정통부의 청부입법이라는 비판도 제기되기도 하였다. 이하에서는 '데이터산업법'의 '민간데이터 기본법'으로서의 역할 수행과 관련해 다양한 비판적 시각에서 제기되었던 쟁점과 동법의 입법과정에서의 변화 및 그 적절성과 타당성에 대해 검토해 보기로 한다.

　　첫째, 데이터산업법의 위상 및 법적 성격을 검토하여 이른바 '데이터 기본법'으로서의 역할 수행에 적합한 체제를 제대로 구비하고 있는지를 살펴본다. 통상의 기본법 입법모델[21]에 비추어 데이터 기본법으로서 법률체제와 정책지원 추진체계를 제대로 구비하고 통괄적으로 조정하는 기능을 갖추었는지를 검토한다. 또한 데이터 보호와 활용의 조화, 필수적 규율사항으로 데이터 생태계와 데이터경제 참여자의 다양한 이해관계를 충분히 고려하였는지도 검토해 보기로 한다.

---

19) 장준영, 데이터 3법 넘어 '데이터 기본법' 필요하다, 매경 2020.12.02.자 기고.

20) 경실연, 2020.11.17. 소비자 보도자료, [공동의견서] 시민사회단체, 국회 과방위에 「데이터기본법」 제정 반대 의견서 제출.

21) 박영도, 기본법의 입법모델연구, 한국 법제 연구원 연구보고서, 2006. 19-34면.

둘째, 기본법은 모름지기 '국가 데이터 거버넌스(data governance)' 측면에서 검토가 필요하다. 데이터산업법은 국가 데이터 거버넌스의 니즈와 요구를 충분히 반영하고 있는지를 검토한다. 특히 현재 분산된 담당 부처 간의 기능조정 및 새로운 컨트롤 타워 역할을 할 기관 및 데이터 거버넌스에 관한 기본원칙의 체계적 정립을 제대로 시도하였는지를 검토해 보기로 한다.

셋째, 데이터산업법이 다루고 있는 주요 쟁점 중 이견이 있는 부분에 대한 비판적 검토도 병행해 본다. i) 데이터 자산의 정의 성격과 데이터자산 부정취득 규제, ii) 개인정보(데이터) 이동권, iii) 정보분석 위한 데이터 사용 면책 등 부처 간 주도권 다툼 차원에서 이견이 있는 부분도 있었다. iv) 절차적 문제로서 공론화 과정이 부족한 졸속입법, 청부입법이란[22] 비판의 목소리도 있었다.

넷째, 관련 법령이나 제도, 타 권리와의 충돌과 무력화 소지에 대해 검토해 본다.

다섯째, 통합적이고 체계적 법률체제 마련이라는 차원에서 인접한 기본법과의 관계설정과 기본계획의 차별성 등에 대하여 검토해 본다.

II. 데이터산업법의 체제와 주요골자

1. 기본 체제

데이터산업법은 아래와 같이 총칙(제1장), 데이터 생산·활용 및 보호(제2장), 데이터 이용활성화(제3장), 데이터 유통·거래 촉진(제4장), 데이터산업의 기반조성(제5장), 분쟁조정(제6장), 보칙(제7장), 벌칙규정(제8장) 등 총 8장 48조로 구성되어 있다.

---

22) 과학기술정보통신부 2020. 12. 23. 제공 "인공지능 시대를 준비하는 법·제도·규제 정비 로드맵 마련" 보고자료에 의하면 로드맵의 30개 선별과제 중 첫 번째로 ① 데이터의 개념·참여주체를 명확화하고 정부 책무를 규정하는 '데이터기본법' 제정을 들고 있다.

〈표 1〉 데이터 기본법안의 구성체계

제1장 총칙	제4장 데이터유통·거래 촉진	제6장 분쟁조정
제1조(목적)	제18조(데이터유통 및 거래체계 구축)	제34조(데이터분쟁조정위원회 설치·구성)
제2조(정의)	제19조(데이터플랫폼에 대한 지원)	제35조(분쟁의 조정)
제3조(국가등 책무)	제20조(데이터 품질관리 등)	제36조(위원의 제척·기피·회피)
제4조(기본계획)	제21조(표준계약서)	제37조(자료의 요청 등)
제5조(시행계획)	제22조(자료 제출 요청)	제38조(조정의 효력)
제6조(국가데이터정책위원회)	제23조(데이터거래사 양성지원)	제39조(조정의 거부 및 중지)
제7조(다른 법률과의 관계)		제40조(조정의 비용)
제8조(재원의 확보)		제41조(비밀유지)
제2장 데이터 생산·활용 및 보호	**제5장 데이터산업의 기반조성**	**제7장 보칙**
제9조(데이터의 생산 활성화)	제24조(창업 등의 지원)	제42조(손해배상 청구 등)
제10조(데이터결합 촉진)	제25조(전문인력의 양성)	제43조(손해배상의 보장)
제11조(데이터의 안심구역 지정)	제26조(기술개발의 촉진 및 시범사업지원)	제44조(시정권고)
제12조(데이터 자산의 보호)	제27조(실태조사)	제45조(벌칙적용에서 공무원의 제)
제13조(정보분석 지원)	제28조(표준화의 추진)	제46조(권한의 위임 위탁)
제3장 데이터 이용활성화	제29조(국제협력 촉진)	**제8장 벌칙**
제14조(가치평가 지원 등)	제30조(세제지원 등)	제47조(벌칙)
제15조(데이터 이동의 촉진)	제31조(중소기업자에 대한 특별지원)	제48조(과태료)
제16조(데이터사업자의 신고)	제32조(전문기관의 지정·운영)	
제17조(공정한 유통환경조성 등)	제33조(협회의 설립)	

2. 핵심 규율사항

(1) 정의와 계획수립

1) 핵심대상에 관한 정의

총칙에서 핵심규율 대상에 관한 정의규정(제2조)을 두고 있다. "데이터"[23]에 관한

---

23) **데이터란** 다양한 부가가치 창출을 위한 재료로 결합, 가공 및 활용하기 위해 관찰, 실험, 조사, 수집

정의를 비롯해 '공공데이터' '민간데이터' '데이터산업' '데이터생산자' '데이터사업자' '데이터거래사업자' '데이터분석제공사업자' 등을 규정하고 있다. 한편, 「데이터기반행정 활성화에 관한 법률」 제2조 제1호[24]에서는 데이터를 "정보처리능력을 갖춘 장치를 통하여 생성 또는 처리되어 기계에 의한 판독이 가능한 형태로 존재하는 정형 또는 비정형의 정보"라고 간단하게 정의하고 있다. 이와 비교할 때 데이터산업법은 정보처리장치를 통해 생성 또는 처리된 재료 외에 관찰, 실험, 조사, 수집 등으로 취득된 모든 재료를 포함하고 있어, 전산화되지 않은 정보까지도 제정안의 데이터의 정의에 포함될 수 있다. 또한 안 제2조 제2호의 공공데이터는 "「공공데이터의 제공 및 이용 활성화에 관한 법률」 제2조 제2호[25]에 따른 공공데이터"를 의미하는데, 이는 전자적 방식으로 처리된 것에 한정되어 있는 반면, 제3호의 민간데이터의 경우 이러한 제한이 없다.

2) 계획 수립

정부는 데이터 생산, 거래 및 활용을 촉진하고 데이터산업의 기반을 조성하기 위하여 3년마다 관계 중앙행정기관의 장과의 협의를 거쳐 데이터산업 진흥 기본계획을 수립하여야 한다(제4조). 그런데 이는 「국가지능정보화 기본법」상 데이터관련 시책마련 규정(제42조)[26] 등과 중첩적 성격이 있고, 「데이터기반행정 활성화에 관한 법률」 및

등으로 취득하거나 정보시스템 및 「소프트웨어산업 진흥법」 제2조 제1호에 따른 소프트웨어 등을 통하여 생성된 문자·숫자·도형·도표·이미지·영상·음성·음향 등의 재료 또는 이들의 조합으로 처리된 것으로 정의함(안 제2조 1호).

24) 제2조(정의) 이 법에서 사용하는 용어의 뜻은 다음과 같다.
   1. "데이터"란 정보처리능력을 갖춘 장치를 통하여 생성 또는 처리되어 기계에 의한 판독이 가능한 형태로 존재하는 정형 또는 비정형의 정보를 말한다.

25) 공공데이터법 제2조(정의) 이 법에서 사용하는 용어의 뜻은 다음과 같다.
   2. "공공데이터"란 데이터베이스, 전자화된 파일 등 공공기관이 법령 등에서 정하는 목적을 위하여 생성 또는 취득하여 관리하고 있는 광(光) 또는 전자적 방식으로 처리된 자료 또는 정보로서 다음 각 목의 어느 하나에 해당하는 것을 말한다.(각호 생략)

26) 비교; **지능정보화 기본법 제42조(데이터 관련 시책의 마련)** ① 정부는 지능정보화의 효율적 추진과 지능정보서비스의 제공·이용 활성화에 필요한 데이터의 생산·수집 및 유통·활용 등을 촉진하기 위

「공공데이터법」상 기본계획 수립 정책과 조율도 필요하다.[27]

(2) 정부시책 방향성 제시

데이터산업법은 정부 또는 지자체로 하여금 데이터의 생산, 거래, 유통을 활성화시키기 위한 다양한 정책수단을 강구할 때 그 노력의 기본 방향성을 제시하는 책무를 제3조[28]에서 부가하고 과학기술정보통신부 장관으로 하여금 연차별 시행계획을 수립하도록 하고 있다.(제5조) 나아가 i) 다양한 형태의 데이터와 데이터상품이 생산될 수 있는 환경 조성과 경쟁력 강화시책(법 제9조), ii) 데이터 간의 결합을 통해 새로운 데이터의 생산을 촉진하기 위하여 산업 간의 교류 및 다른 분야와의 융합기반 구축 등에 필요한 시책(법 제10조)은 물론, iii) 데이터 이용활성화를 위한 각종 지원 정책(14조 가치평가지원 ~17조 공정한 유통환경 조성)에 대해 규정하고 있다. 애초 제정법안에는 데이터이동권(안 제15조)[29]을 규정해 개인의 민감 정보도 자기결정권에 기초해 my data사업 활성화를 지향하는 법적 기초를 두고자 하였다. 그러나 후술하는 바와 같이 개인정보보호법과의 역할분담을 고려해 개정법에서 삭제한 것으로 보여진다.

하여 필요한 정책을 추진하여야 한다.

27) 제4조 3항에서 양 법상의 기본계획 반영을 언급한 취지도 이 점을 고려한 것으로 보임(제4조 ③기본계획에는 다음 각 호의 사항이 포함되어야 한다. 이 경우 공공데이터의 생성, 수집, 관리, 활용 촉진에 관한 사항에 대해서는 「공공데이터의 제공 및 이용 활성화에 관한 법률」 및 「데이터기반행정 활성화에 관한 법률」에 따라 수립된 기본계획을 반영한다.)

28) 제정안 초안 제3조(기본원칙) ① 데이터 생산, 거래 및 활용 촉진을 위한 기반 조성 노력 ② 국내외 데이터 이동권 허용 원칙 ③ 데이터가 경제적 가치 있는 자산임을 인식하고 이를 보호 ④ 민간부문의 창의정신을 존중하고 시장중심의 의사형성 ⑤ 「지식재산 기본법」 제3조 제3호에 따른 지식재산권 및 「개인정보 보호법」 제2조 제1호에 따른 개인정보의 활용과 보호 ⑥ 데이터산업 관련 대기업과 중소기업 및 벤처 간의 상생협력과 조화로운 발전 ⑦ 걸림돌이 되는 규제를 최소화.

29) 제정법안 초안에서 규정한 데이터 이동권(법안 제15조)은 데이터주체가 자신의 데이터를 제공받거나 본인데이터관리업자 등에게 본인의 데이터를 제공하도록 요청할 수 있도록 하는 것을 말하며 이는 개인인 데이터 주체의 개인데이터 관리를 지원하기 위하여 개인데이터를 통합하여 그 데이터 주체에게 제공하는 행위를 영업으로 하는 본인데이터관리업을 허용(안 제16조)하여 권리주체를 명확히 하면서 마이데이터 법적 기초를 데이터산업법에 두고자 하였다.

(3) 데이터의 보호와 면책

데이터산업법에는 데이터 자산의 보호를 위해 '데이터 자산에 대한 부정취득·사용'행위를 하지 못하도록 하며, 정당한 권한 없이 데이터생산자가 데이터 자산에 적용한 기술적 보호조치를 무력화하는 행위를 하지 못하도록 하는 규정(제12조)도 두고 있다. 또한 데이터를 이용한 정보분석을 위하여 필요한 경우에는 타인의 저작물과 공개된 개인데이터 등을 이용할 수 있도록 면책 규정(제13조)도 두고 있다. 이에 관한 자세한 사항은 각각 부정경쟁방지법과 저작권법에 위임하고 있다. 이는 데이터의 보호와 한계를 지식재산의 관점에서 접근한 것으로 후술하는 바와 같이 규율체계상 논란이 많아 데이터산업법에서는 포괄적 선언규정만 둔 것으로 보인다.

(4) 데이터의 유통거래 촉진

데이터 이용활성화를 위해서는 데이터가 자유롭게 수집·가공·분석·유통될 수 있어야 한다는 입장에서 정부가 데이터 플랫폼 등을 지원하는 사업을 할 수 있도록 하는 근거(제19조)를 두고 있다. 애초 데이터거래소 지원을 규정하고 있었으나 원칙적으로 데이터 거래는 시장에 맡기는 방향이 바람직하며 정부차원의 역할로 platform of platform 차원의 거래소 ISP설계[30]를 검토한 바 있다.

또한 데이터거래는 기존의 계약법의 법리를 십분 활용하는 것이 바람직하므로[31] 데이터의 합리적 유통 및 공정한 거래를 위하여 공정거래위원회와 협의를 거쳐 데이터거래 관련 표준계약서를 마련하고, 데이터사업자에게 그 사용을 권고할 수 있도록 하고 있다(제21조). 아울러 데이터 거래에 관한 전문지식이 있는 사람은 과학기술정보통신부장관에게 데이터거래사로 등록할 수 있도록 하고, 데이터거래사에게 데이터거래 업무의 수행에 필요한 정보 제공 및 교육 등 필요한 지원을 할 수 있도록 하고 있

---

30) 정보전략계획(ISP: Information Strategy Planning)는 일반적으로 조직의 경영목표 전략을 효과적으로 지원하기 위한 정보화전략 및 비전을 정의하고 IT 사업과제 도출 및 로드맵을 수립하는 활동이다. 2019년 과기정통부산하 기관인 DB진흥원에서 데이터거래소 설립과 관련해 ISP 연구프로젝트를 진행한 바 있다.

31) 권영준, 앞의 논문, 31면.

다(제23조). 이는 미국식 데이터 브로커 시스템을 참작하여 도입한 것으로 보이나 양국의 법제와 문화적 차이를 고려한 국내법적 함의를[32] 숙고할 필요가 있다.

(5) 주요 기구

i) 데이터 생산, 거래 및 활용 촉진에 관한 사항을 심의하기 위하여 국무총리 소속의 국가데이터정책위원회[33]를 신설하고(제6조), ii) 전문기관 지정; 정부가 데이터산업 전반의 기반 조성 및 관련 산업의 육성을 효율적으로 지원하기 위하여 전문기관을 지정·운영할 수 있도록 하고(제32조), 데이터 사업자들이 인가를 받아 협회를 설립할 수 있도록 하고 있다(제33조).[34] iii) 데이터 생산, 거래 및 활용에 관한 분쟁을 조정하기 위하여 데이터분쟁조정위원회를 두도록 하고 있다(안 제35조). 향후 국가 데이터 거버넌스의 컨트롤타워 역할을 할 주무부처는 어디이며 국가데이터전략위원회가 제대로 작동할 것인지 의문이다.

III. 법적 성격과 기본법으로서의 체제구비에 대한 검토

1. 위상 및 법적 성격

(1) 혼재된 법적 성격

데이터산업법은 민간데이터 활용촉진을 위한 산업 진흥 측면에서는 기본법적 성

---

32) 김현경, "미국 '데이터 브로커' 제도의 국내법적 함의", 경제규제와 법(제11권 제2호), 2018. 11, 11~13면.

33) 데이터 거버넌스 검토부분에서 상세하게 검토해 보기로 한다. 행정안전부는 「행정기관 소속 위원회의 설치·운영에 관한 법률」 제7조 제1항에서 기설치된 위원회와 성격·기능이 중복되는 위원회의 설치·운영을 제한하고 있고, 성격·기능이 유사하거나 관련이 있는 복수 위원회는 분과위원회 등으로 연계하여 설치·운영하도록 하고 있다는 점에서, 제정안의 국가데이터전략위원회와 4차산업혁명위원회의 데이터특별위원회와 역할이 중복되므로 위원회 설치 조항의 삭제가 필요하다는 의견이다.

격을 가지면서, 지능정보화 기본법상의 규정을 구체화하는 특별법적인 성격과, 지능정보화 기본법 바깥에 있는 산업 진흥에 관한 구체적인 내용을 규정한다는 측면에서 개별법적인 성격이 혼합돼 있다. 데이터 기본법이라 지칭되지만 공공데이터에 대해서는 공공데이터법이 우선 적용되고 있어(제7조) 관계규정상으로 볼때 이에 대립되는 민간데이터 기본법의 역할만 수행할 것으로 파악된다. 지능정보화기본법(구 국가정보화기본법 대체)과의 관계에서는 그 핵심 중의 하나인 데이터정책을 구체화하는 특별법의 지위를 가지며, 민법, 저작권법이나 부정경쟁방지법에 규정하여야 할 개별법적 규율사항도 일부 포함하고 있었으나 위임형식으로 최종 정비되었다. 이 밖에 i) 개인정보보호법, ii) 지식재산기본법, iii) 산업통상자원부의 '산업의 디지털 전환 및 지능화 촉진에 관한 법안'과도 상충되거나 중복되는 측면이 있어 조정이 필요하다.

(2) '데이터 기본법'으로 지칭 적격

1) 기본법의 의의와 기능

명칭을 기준으로 하는 형식적 기본법이 아닌 '실질적 기본법' 개념은 "정책입법·프로그램법으로서의 기능과 성격을 가지는 독특한 입법형식, 즉 당해 정책의 이념이나 기본이 되는 사항을 정하고 그에 의거하여 시책을 추진하거나 제도의 정비를 도모하는 입법유형"이다.[35] 최근에 이러한 입법유형의 등장은 새로운 행정수요의 증대에 따른 행정권의 확대 현상을 바탕으로 한다. 기존의 입법 형태는 새로운 행정사항을 그때그때의 필요성에 따라 규율하고자 하는 내용만을 입법화하는 것이었으나, 보다 '전망적인 것'이나 '프로그램적인 것' 또는 정책의 지향점·방향을 제시하고 그 틀에서 입법화하고자 하는 새로운 행정관에서 비롯된 것이다.[36]

---

34) 이 규정은 한국데이터산업진흥원의 설립 근거법(대통령령에 위임)으로 작용할 것으로 보인다.

35) 박영도, 입법학입문, 한국법제연구원, 2008, 127면.

36) 황승흠, "기본법체제에 대한 법학적 이해─아동·청소년 분야 통합·분리논의를 중심으로", 공법학연구(제11권 제1호), 한국비교공법학회(2010.02), 245면.

2) 기본법의 수행 기능

통상 기본법이 현대 법에서 수행하는 기능은 첫째, 기본법을 제정하는 의의로서 당해 정책의 이념이나 기본이 되는 사항을 정하고 그에 의거하여 시책을 추진하거나 제도의 정비를 도모하려는 데에 있다. 즉 기본법은 국가 차원에서 그 분야의 정책이 중요하고 중점을 두어 추진한다는 인식을 제시하고, 그 책무나 결의를 명확히 함과 아울러 그곳에서 제시된 방향성과 지침에 따라 계획적·종합적·장기적으로 정책을 추진하는 데 있다. 둘째, 기본법은 그 분야에 있어서 제도·정책의 전체상을 제시하고 그 종합화·체계화를 도모하는 것이다. 셋째, 기본법은 단기적이고 좁은 시야에서 형성되기보다는 현실의 정책을 장기적·종합적인 시야·전망에 입각하여 방향을 제시하고, 국회의 구성이나 정부가 변경되더라도 기본법에 규정된 정책이 유지되어 정책의 계속성·일관성·안정성의 확보에 이바지할 것이 기대되고 있다. 넷째, 기본법의 제정을 통하여 그 분야·사항의 정책에 관한 국가의 기본인식을 제시함과 아울러 그 이념이나 방향성을 명확히 하는 것은 국민에 대한 메시지도 될 수 있다.[37)]

3) 데이터산업법에 대한 평가

데이터경제 시대를 맞아 새롭게 중요성이 부각한 데이터정책이 국정어젠다로서 부각한 만큼 데이터기본법이 탄생할 여건은 마련된 것으로 보인다. 데이터산업법이 이러한 데이터 기본법으로서의 역할을 제대로 수행하려면 데이터분야의 제도·정책의 기본적 방향을 정하고 관계되는 제도·정책을 정비하고 그 종합화·체계화를 도모하며 데이터 거버넌스 차원에서 그 추진체계를 제대로 갖추어야 한다. 데이터 유형별 입법과 부처의 분산된 기능을 아우르는 원칙과 컨트롤타워, 조정의 역할에 충실할 필요가 있다.

이런 관점에서 살펴보면 데이터산업법은 제3조에서 국가책무의 방향성을 제시하고, 제4조에서 데이터기본계획을 수립하고, 국가데이터정책위원회를 두며, 데이터 이용 활성화와 거래기반 구축을 위한 정책 추진체계로 미루어 보아 기본법의 성격을

---

37) 기본법의 기능에 대해서는 박영도, 위의 책, 129~132면; 황승흠 위의 논문, 각주 7 참조.

구현하고 있는 측면도 있다. 그러나 우선 동법이 커버하는 데이터는 다양한 유형 중 민간데이터에 국한되고 있어 한계가 보인다. 공공데이터는 공공데이터법, 개인정보와 연계된 데이터는 개인정보보호법을 비롯한 데이터3법, 산업데이터에 대해서는 산업통상자원부가 별도로 입법한 산업디지털전환촉진법에서 취급하고 있어 데이터 전반에 대한 종합화·체계화를 도모하는 법은 아니다. 데이터자산 보호와 이용 활성화를 위한 면책 규정 등 개별법 성격을 갖는 일부 규정도 포함하고 있다. 또한 데이터산업법은 민간데이터 정책을 장기적·종합적인 시야·전망에 입각하여 정책방향을 제시하고 있으나 제정과정에서 부처간 이견이 많았던 것으로 보아 정책적 합의가 채 이루어지지 않은 상태에서 추진된 법으로 보인다. 애초 사용된 데이터기본법이란 용어는 개인정보와 공공데이터를 포함한 데이터 전반을 규율하려는 오해를 불러일으킬 우려가 있어 민간데이터 유통 및 거래활성화 촉진법으로서의 위상을 명확히 하는 의미로 '데이터산업법'으로 불리우게 되었다.

2. 데이터경제 생태계의 필수적 규율사항

(1) 검토의 관점

이 법은 데이터산업 기반조성(제5장)을 전제로 데이터생산과 보호(제2장), 데이터 이용활성화(제3장), 데이터 유통거래 촉진(제4장)의 구성을 통해 데이터 기반경제 체제의 주요주체와 활성화 메커니즘의 체계화를 시도한 점에서 데이터 생태계 반영 노력은 어느 정도 충족한 것으로 보인다. 특히 국무총리 소속 국가데이터정책위원회 신설, 데이터 결합 촉진, 데이터안심구역 지정·운영, 데이터 분석을 위한 개인데이터 활용 범위 확대, 데이터이동 촉진, 데이터거래 및 분석사업 허용, 데이터 플랫폼 지원, 데이터거래사 양성, 데이터분쟁조정위원회 신설 등은 데이터의 활용과 거래 활성화를 위한 매우 중요한 장치임에는 틀림없다.

그런데 데이터 정책 거버넌스는 보다 구체적이고 통제가능성이 높은 '데이터 생태계 강화'를 정책 목표로 삼아야 한다. 아래 〈표 2〉와 같이 산업 데이터 경제 생태계를 구성하는 주체와 이들의 상호작용에 영향을 미치는 제도적 요인을 분석하여 데이터의 생산·거래·활용의 단계가 활성화될 수 있는 트리거(trigger)를 찾아내고 적합한 방안들을 선별하여 추진할 필요가 있다.

〈표 2〉 데이터경제 체계[38]

데이터 표현자 (Data Presenters)	사용자 인터페이스 (User Interface)		사용자 경험 (User Experience)	
	조사와 발견 (Investigation and Discovery)		사용자 관여 (User Engagement)	
통찰력 제공자 (Insight Providers)	통계방법론 (Statistical & Computational Methods)	분석개발환경 (Development Environment for Analytics)	알고리즘/로직/규칙 (Algorithms/Logic/Rules)	
	시멘틱 모델 (Semantic Model)	분석 라이브러리 (Analytics Library)	머신러닝 (Machine Learning)	
플랫폼 소유자 (Platform Owners)	개발 환경 (Development Environment)		앱용 클라우드/호스트 (Cloud/Host for Apps)	
	연계형 API (APIs for Connectivity)		장치발견절차 (Device Discovery)	
데이터 수집자/관리자 (Data Aggregators and Custodians)	데이터 표준화 (Data Normalization for Common Transmission)		이종 데이터 수집 (Heterogeneous Data Collection from Disparate Devices)	
데이터 생산자 (Data Producers)	데이터 접근 (Data Access)	데이터 통제 (Data Control)	데이터 수집 (Data Collection)	
조력자(Enablers)				
네트워크 (Network)	센서/칩 (Sensor/Chip)	분석 엔진 (Analytic Engine)	하이브리드 클라우드 (Hybrid Cloud)	

(2) 노정된 한계점

데이터산업법은 데이터의 고유한 특성과 그동안 논의된 데이터 생태계의 실정을 어느 정도 감안하여 선제적 입법을 시도한 것으로 보이나, 데이터의 생산, 보호, 이용, 거래 활성화와 관련해 위 표상의 다양한 주체들의 이해관계와 상호작용을 제대로 반

---

38) Albert Opher, Alex Chou, Andrew Onda, and Krishna Sounderrajan, *The Rise of the Data Economy: Driving Value through Internet of Things Data Monetization*, IBM, 2016.

영하여 적절한 정책방향을 제시하고 있는 것인지는 의문이다.[39] 특히 데이터거래는 민간기업 상호 간 B2B 데이터 거래 모델에 국한된 규율의 한계를 보이고 있고, 민간 데이터와 공공데이터와 결합 이니셔티브 공방, 데이터 생태계의 활성화를 위한 공공 과 민간의 역할 배분을 명확히 하지 못하고 있다.

　데이터 보호와 관련한 '데이터자산' 정의와 규율의 문제도 선제적으로 법적 공백 을 메우려는 시도로 보이지만, 현대적 개념의 데이터와 전통적 법리가 정착된 소유권 과의 귀속 연계가 어려워 데이터소유권이란 용어를 사용하지 못하고 데이터 오너십 (data ownership)이란 포괄적 용어를 사용하는 현실의 한계를 제대로 반영한 것인지? 데 이터의 공공재적 성격과 사유재산적 성격에 대한 공론적 합의가 성숙되지 않은 상태 에서 성급하게 규율한 측면이 있다. '2020 EU 데이터거버넌스법안'[40]의 경우 계약자 유라도 배타적 권리 인정을 불허하는 규정을 두고 있으며 데이터의 재사용, 기탁, 기 부 등 데이터의 공공재적 성격에 기반한 문제도 함께 다루고 있는데 데이터산업법은 이를 간과하고 있다. 특히 EU 데이터거버넌스법안의 데이터 재사용 또는 데이터 공 유 서비스 신뢰 요건 등에 관한 내용은 현재 국내에서 추진 중인 공공데이터 개방 촉 진 및 데이터 유통·거래 시장 활성화 차원에서 국내 데이터 거버넌스 정책의 벤치마 크로 삼을 수 있다고 판단된다.[41] 또 데이터산업법은 개인정보가 포함되는 것이 불가 피한 데이터의 취급에 있어 개인정보보호법과의 경계 및 관계 설정이 모호하여 균형 점을 잃었다는 비판을 면하기 어렵다. 나아가 블록체인기술의 등장과 플랫폼경제의

---

39) 아직 태동기라서 한참 더 연구가 필요한 영역임; 조성배, 신신애, 이헌중, "미래 공공데이터 생태 계 모델에 대한 탐색적 연구", 한국IT서비스학회 2020 춘계학술대회, 441~445면 등 연구가 최근 진 행됨.

40) 2020년 11월 25일 EU 집행위원회는 유럽 전역의 데이터 거버넌스에 관한 공통된 규칙 및 관행을 수립하여 데이터 가용성을 높이기 위한 데이터 거버넌스 법안(Data Governance Act)을 발표하여 각계 로부터 피드백을 청취하고 있음; Proposal for a REGULATION OF THE EUROPEAN PARLIAMENT AND OF THE COUNCIL on European data governance(Data Governance Act), Brussels, 25.11.2020, COM(2020) 767 final. 2020/0340 (COD) 참조.

41) 김경훈·이준배·윤성욱, EU 데이터거버넌스 법안(Data Governance Act) 주요 내용 및 시사점, KISDI Premium Report 21-01, 2021.01.11. 요약문 및 25~26면.

진전으로 다시 급부상하는 클라우드 환경과 변수에 대한 고려가 미흡한 것으로 평가된다.

3. 국가 데이터거버넌스 측면에서의 검토

(1) 국가 데이터거버넌스 요구사항의 충족여부

1) 국가 데이터거버넌스의 정의

데이터거버넌스는 기업차원에서도 중요하게 사용되는 개념이지만[42] 국가 데이터거버넌스(Data Governance)는 국가 전체의 데이터 관리체계와 정부 내에서의 데이터 관리·활용 체계로 구분할 수 있다. 먼저 광의의 국가 데이터 거버넌스는 데이터 경제와 관련한 국가 전반의 데이터 생태계 관리체계를 의미하며 데이터의 생애주기 전반에 대한 정책과 개별법령에 규정되어 있는 데이터 관련 체계를 포함한다. 협의의 국가 데이터 거버넌스는 정부 내에서의 데이터 관련 조직 체계 및 전략을 주로 의미한다.

2) 데이터거버넌스 정립을 위한 필수적 요구사항 점검

데이터산업법은 과연 〈표 3〉의 데이터 거버넌스를 위한 필수적 요구사항을 얼마만큼 충실히 반영하고 있는지를 검토해 본다.

첫째, 컨트롤타워 문제이다. 데이터산업법은 국무총리 소속 국가데이터정책위원회를 신설(제6조)하여 데이터기본계획을 수립하고 심의 의결하는 컨트롤 타워로 언급하고 있으나, 현재 데이터관련 위원회가 중첩적인 기능을 수행하고 있어 별도 신설이 용이해 보이지 않는다. 최근 정계에서 논의 중인 데이터청 설립이나[43] 국가빅데이터

---

42) DG(데이터 거버넌스)는 데이터 사용을 제어하는 내부 데이터 표준 및 정책을 기반으로 기업시스템의 데이터의 가용성, 유용성, 무결성 및 보안을 관리하는 프로세스이다(가트너 정의).

43) "[정재승 칼럼] 데이터청과 데이터거래소를 설립하자", 중앙선데이(2019.4.20.); 이광재, "데이터청 설립 피할 수 없는 대세", 뉴스토마토(2020.6.8.); 이정일, "데이터청을 반대하는 두 가지 이유", 『아시아 경제』, 2020.8.28. 일자.

〈표 3〉 데이터거버넌스를 위한 필수적 니즈[44]

조직에 대한 니즈	내용
컨트롤 타워	• 현재 데이터관련 정부기능이 여러 부처에 산재되어 있으므로 이를 조정하고 선도하는 역할 수행 필요
데이터의 통합관리	• 공공데이터뿐만 아니라 민간데이터를 포함하여 국민과 밀접한 데이터를 수집·관리·공개·활용 등 통합관리하고 활성화하는 주도적 역할을 책임질 조직 설립을 강조
데이터의 활용촉진	• 공공데이터의 공개 및 공유를 극대화하고 표준화하여 데이터의 활용을 촉진시키고 더 나아가 인공지능과 융합해 지능형데이터로 활용할 수 있도록 해 줄 수 있는 조직필요
데이터의 거래기반 구축	• 데이터거래를 주도하고 인적·물적·제도적 기반조성을 전담하는 조직에 대한 고려가 필요 • 데이터를 생산하는 개인 및 법인에게 적극적인 방식으로 데이터제공에 대한 보상 필요 • (가칭) '데이터 거래 및 유통에 관한 특별법' 제정 필요 발생
디지털·데이터경제 활성화	• 현재 정부에서 추진하고 있는 디지털 뉴딜사업의 디지털 댐 등 디지털 관련 대표 프로젝트를 관리하고 이를 바탕으로 데이터경제를 활성화할 조직 필요
기타	• 데이터격차를 완화하고 범정부 차원에서 데이터관련 공감대 형성을 위한 홍보

융합관리처 신설[45] 등 행정체제 개편의 필요성에 관한 부분도 거버넌스 차원에서 향후 고려하여야 할 부분이다.

둘째, '데이터 통합관리' 차원에서 보면 데이터산업법은 극히 미진한 모습을 보여준다. 데이터의 모든 유형(민간/공공/산업; 개인의 민감정보/산업데이터)의 통합적 관리, 정책조정 기능의 수행은 포기한 듯하고, 우선 급한 대로 민간데이터의 활용 촉진에

---

44) 김정해 외, 데이터 거버넌스의 현안 및 쟁점, [정부디자인 Issue 5호] 한국행정연구원 정부조직디자인센터, 2020년 9월 24일, 10면.

45) 2020년 7월 3일에는 '국가빅데이터융합관리처 신설(안)(의안번호 제2101364호)'이 장제원 의원 외 10인의 의원이 법안을 발의하였으며, 우리 정부는 '한국판 뉴딜' 추진으로 범국가적 데이터 정책 수립, 공공·민간데이터 통합관리·연계·활용 활성화, 데이터 산업 지원 등을 위한 조직의 신설 가능성과 그 기능에 대한 논의를 빠르게 진행하고 있다.

포커스를 맞춘 법으로 보여지며 데이터 보호와 활용의 조화점을 찾는 노력이 반영되어 있기는 하나 미흡해 보인다.

셋째, 데이터산업법은 데이터 활용촉진을 위한 별도의 장을 두어 자세히 규율하고 있다. 이용체제의 패러다임을 전환해서 데이터 주체의 본인데이터(My Data) 이동권(전송요구권), 본인데이터관리업 허용 등도 규정하였으나, 후술하는 바와 같이 신용정보법에 기반한 금융정보 이용활성화를 정보주체의 권리처리 중심으로 운영하는 My Data 사업이 이미 전개되고 있고 개인정보보호법에서 개정안이 제출된 점을 고려해 정비된 것으로 보인다.[46]

넷째, 데이터산업법은 '데이터 거래기반 구축'도 중요하게 여겨서 한 챕터를 할애하고 있다. 개별기업 중심의 제한적 데이터 유통, 거래제도 미비 등이 양질의 데이터 유통을 제한되고 있는 상황속에서 데이터거래사 개념(미국식 데이터브로커와 유사)의 도입, 데이터거래소 지원, 데이터 표준화, 표준계약서, 가격산정지원 등 데이터거래 활성 기반구축에 필수적 요소들을 망라하고 있다. 데이터거래 계약은 실무적으로 아직 국내에 정착되지 않아 생소하지만 거래의 수요가 계속하여 증가하고 있으므로 이에 대한 가이드라인이 필요한 실정이다. 이에 과학기술정보통신부는 2020년 8월에 「데이터 거래 가이드라인」을 발표하였고,[47] 여기에 데이터 제공형, 창출형, 마켓플레이스형 3종의 표준계약서를 제시하였다. 이 표준계약서에는 지식재산 관련 규정을 포함하고 있는데, 예를 들면, 권리의 귀속, 로열티의 지급, 데이터의 보증 등에 관한 사항을 포함하고 있다.

(2) 데이터 정책 컨트롤타워

현재 데이터 3법 개정으로 위상이 강화된 개인정보보호위원회를 비롯하여 데이터 관리 관련 자문위원회 조직 현황은 다음과 같다.

---

46) 다만, 이 문제를 제정법안에서 규율해야 하는 것이 타당한지 여부는 뒤에서 별도로 논한다.
47) 한국데이터산업진흥원, 데이터 거래 가이드라인, 2020. 8.

〈표 4〉 데이터 관리 관련 (자문)위원회 조직 현황[48]

구분	4차산업혁명위원회	정보통신전략위원회	공공데이터 전략위원회	개인정보보호위원회
역할	이해관계자 중재	지능정보사회 종합계획 등 수립·확정	공공데이터 활용 활성화	공공·민간분야의 개인정보 보호정책과 관리 기능을 통합한 조직으로 재탄생 (2020.8)
소속	대통령 직속	국무총리 소속	국무총리 소속	국무총리 소속
전담기관	4차산업혁명 위원회 지원단	-	-	사무처(직속)
근거법	대통령령 제28250호	정보통신 진흥 및 융합 활성화 등에 관한 특별법 제7조	공공데이터의 제공 및 이용 활성화에 관한 법률 제5조	개인정보보호법
기능	• 산업계, 민간 의견수렴 • 사회적 합의 유도 • 법제도 개선 • 주요 정책 등에 관한 사항의 심의·조정	• 국가정보화 기본계획 심의 및 수립·확정 • 정보통신 진흥 및 융합 활성화 기본계획 수립 • 추진실적 점검 및 평가 • 연구개발 관련 중앙행정기관 간 정책 현안 및 업무 조정	• 공공데이터에 관한 정부 주요정책의 심의·조정, 점검·평가	• 개인정보보호 관련 정책 수립·총괄 조정, • 기본계획 수립, • 보호실태점검과 침해조사, 개인정보 침해 모니터링 및 상황 관리, • 과징금·과태료 부과 등 행정처분, • 분쟁조정위원회사무지원 등
데이터경제 이해관계자	• 일반국민(개인) • 데이터산업계 • 시민단체 • 민간 전문가	• 정부 및 공공기관 • 일반국민(개인) • 데이터활용자	• 공공기관 • 데이터활용자	• 일반국민(개인) • 데이터산업계 • 시민단체 • 민간 전문가 • 데이터활용자
최근 주요 전략 (활동)	• 전략 심의 • 법제도 개선 (규제·제도혁신 해커톤 등)	• 정보통신 진흥 및 융합 활성화 실행계획 (2020.4)	• 공공데이터 이용 활성화 지원 전략 (2020.5)	• 제4차 개인정보 보호 기본계획(2020. 2)

---

48) 김정해 외, 데이터 거버넌스의 현안 및 쟁점, 정부디자인 Issue 제5호(2020.9.) 한국행정연구원, 17면 〈표3-3〉 (권영일와 데이터기반 경제정책연구 4차산업혁명위원회 자료 재구성한 것) 수정 및 재구성.

이와 같이 대통령 직속 4차산업혁명위원회에서는 데이터 관련 부처협업과 민관 협력을 위해 '데이터특별위원회'를 두고 있고, 정보통신전략위원회도 데이터를 포함한 정보통신 분야를 포함하고 있으며, 공공데이터 분야의 경우 공공데이터전략위원회가 소관 사항에 대하여 심의·조정하고 있다. 더욱이 데이터 3법 개정으로 한결 위상이 높아진 개인정보보호위원의 역할도 점점 더 중요해지고 있다. 이러한 점에서 동법에 따라 국가데이터정책위원회가 신설될 경우, 위원회의 구성[49] 및 위원회의 심의 범위를 명확히 규정함으로써 타 법에 따른 기존 위원회들과의 소관 및 권한 충돌이 발생하지 않도록 할 필요가 있을 것이다.

(3) 데이터 관리운영체제 통합관리 시도는?

현재 데이터 관련한 정부의 기능이 〈표 5〉와 같이 여러 부처에 산재 되어 있으므로 데이터기본법이라면 이를 조정하고 선도하는 역할 수행이 필요하다.

아래 표와 같이 현행 개인정보나 공공 및 민간데이터 관련 규율은 여러 법제에 흩어져 있고 관리기관도 중복되거나 온라인과 오프라인 기준으로 구분되어 있는 등 혼선이 있고 효율적이지 못하다. 이렇게 분절된 운영은 여러 가지 행정의 비효율을 초래할 우려가 있으므로 데이터 거버넌스 추진체계의 정비 및 체계적 통일화와 창구 단일화가 필요하다. 2020년 12월 동법 발의 후 부처들이 서로 다른 의견을 내고 있는데 대부분 자기 부처의 입지와 역할을 강화하기 위한 의견들이다. 발의한 법안 중 '데이터결합 촉진안' 규정 하나를 놓고서도 정부부처 간 의견이 다를 정도였다. 법률안 검토보고서에 따르면 행정안전부는 공공데이터와 민간데이터를 아우르는 범국가 차원의 데이터 결합 촉진 공동노력을 위해 공공데이터를 총괄하는 행정안전부 장관을 과

---

49) 제정안 제6조 제3항 제1호에서는 위원회의 당연직 위원으로 관련 중앙행정기관의 장을 나열하고 있는데 해양수산부 및 통계청에서는 각각 해양수산부장관과 통계청장을 위원회 위원으로 추가할 필요가 있다는 입장인바, 데이터 기술 및 산업의 전 분야에의 적용 가능성을 고려할 때, 국가데이터 정책위원회의 구성에 추가적으로 포함되어야 할 중앙행정기관의 장이 있는지 엄밀히 살펴볼 필요가 있다.

〈표 5〉 데이터 영역별 국내 담당조직과 근거법률 체계

데이터 영역	담당 기구와 조직	근거 법률
민간(산업)데이터	과학기술정보통신부(정책실)	지능정보화 기본법
공공데이터	행정안전부(디지털정부국)	공공데이터법/데이터기반행정 활성화에 관한 법률」
	공공데이터전략위원회	
개인정보(개인데이터)	개인정보보호위원회	개인정보보호법
금융데이터	금융위원회(금융데이터정책과)	신용정보보호법
위치정보(위치데이터)	방송통신위원회/위치정보심의 위원회	위치정보 보호 및 이용법
바이오/영상데이터	개인정보보호위원회	개인정보보호법
(공공데이터) 데이터 통계	통계청	통계법
충돌, 조정	정보통신전략위원회	ICT융합특별법
	4차산업혁명위원회	4차산업위 설치규정

학기술정보통신부장관과 함께 공동 주체로 설정할 필요가 있다는 의견을 냈다.[50] 주체와 관련해서도 행정안전부는 타법과의 저촉여부를 고려한 수정제안을 하였다.[51] 중소벤처기업부는 데이터 결합촉진 시책 등의 마련은 과기정통부 외에 모든 부처의 역할이므로 주체를 '과학기술 정보통신부장관'에서 '정부'로 수정할 필요가 있다는 의견을 냈다. 개인정보보호위원회도 개인정보가 포함된 결합의 경우 개인 정보보호위원장과 협의해야 한다는 단서 신설이 필요하다는 의견을 냈다.[52]

---

50) 조기열, 앞의 검토보고서, 29~30면.
51) 행정안전부는 ① 안 제2조 제6호의 "데이터생산자", 제7호의 "데이터사업자"에서 공공기관을 제외하고, ② 공공데이터 전송과 관련해서는 이미 존재하는 「전자정부법」 및 「민원처리법」을 따라야 하며 중복 제거 및 일원화된 관리로 혼선을 방지해야 하므로 안 제2조 제10호의 "개인데이터처리자"에서 행정기관 등을 제외할 필요가 있다는 의견이다. 조기열, 앞의 검토보고서, 13면 참조.
52) 이 밖에 데이터 안심구역 지정안, 정보분석을 위한 이용(문화관광부 저작권법 개정안), 본인데이터 관리업(금융위원회) 등의 조항에서도 부처마다 동상이몽식 의견을 제시했다. 산업데이터의 활용촉진에 대해서는 산업통상자원부가 별도의 입법안을 발효시켰다. 부정경쟁방지법의 영업비밀 침해패턴을 도입 규정한 데이터자산 부정취득에 대한 규율은 특허청이 부정경쟁방지법 개정(이미 개정안

최근 개정된 데이터 3법은 개인정보보호위원회를 국무총리 소속 중앙행정기관으로 격상하고 현행법상 행정안전부 기능을 개인정보보호위원회로 이관하여 거버넌스를 일원화하는 시도를 보여 주었다. 이와 같이 개인정보 보호 체제가 일원화되면서 그 대척점에 서서 데이터의 유통과 거래 활성화를 통한 데이터기반 산업 육성차원에서 견제와 균형을 이루어 나갈 기구(개인정보보호위원회의 파워에 대응)와 그 설립 운영을 뒷받침할 법령이 필요한 측면에서는 긍정적이다.

현재로서는 개인정보보호라는 한 축과(강화된 개인정보보호위원회), 데이터이용 활성화 기구(과기정통부, 데이터전략위원회)를 2원적으로 운영하면서 양자가 충돌하거나 조정이 필요한 사항은 제3의 상부 위원회(대통령 주재 4차산업혁명위원회)에서 조정하는 방안이 현실적 대안으로 보인다.

IV. 주요 쟁점에 대한 비판적 검토

1. 정보와 데이터 혼용사용과 개인데이터의 구분사용

최초 제정안에서는 정보와 데이터가 개념 구별 없이 혼용되어 사용되고 있었다. 더욱이 개인정보와 구별되는 개인데이터[53]란 용어를 별도로 정의하여 사용하고 있었는데, 개인정보 보호법상 "개인정보"의 정의[54]를 살펴보면 가명정보까지 포함하고 있

발효), 일반조항(2조 파목) 적용을 통해 해결하고 있다.

53) 개인데이터는 '경제적 부가가치 창출을 위한 재료로 결합, 가공 및 활용할 수 있는 상태에 놓여 있는 개인과 관련된 데이터를 말한다. 다만, 개인데이터가 「개인정보 보호법」 제2조제1호에 해당할 경우에는 개인정보로 본다'.(제정안 제2조 9호 본인데이터관리업 규정에서)

54) 개인정보보호법 제2조(정의) 1. "개인정보"란 살아 있는 개인에 관한 정보로서 다음 각 목의 어느 하나에 해당하는 정보를 말한다.

　　가. 성명, 주민등록번호 및 영상 등을 통하여 개인을 알아볼 수 있는 정보

　　나. 해당 정보만으로는 특정 개인을 알아볼 수 없더라도 다른 정보와 쉽게 결합하여 알아볼 수 있는 정보. 이 경우 쉽게 결합할 수 있는지 여부는 다른 정보의 입수 가능성 등 개인을 알아보

어 개인정보에 해당하지 않는 개인데이터의 존재를 상정하기 어려운 상황에서 개인데이터를 별도로 정의하여 2원화시킬 필요성이 있는지 검토가 필요하다는 지적을 반영해 데이터산업법 최종안에서는 개인데이터 정의와 사용이 삭제된 것으로 보인다. 또한 "개인과 관련된 데이터"의 범위가 법률상 명확하지 않은 상황에서 본인데이터관리업이 이루어질 경우 일부 혼란이 발생할 가능성이 있다는 지적[55]을 반영해 본인데이터관리업 규정도 최종법령에는 삭제된 바 있다.

2. 데이터 자산의 성격과 부정취득 규제

(1) 데이터 자산의 정의

제12조 본문에서 "데이터 자산"은 "데이터생산자가 인적 또는 물적으로 상당한 투자와 노력으로 생성한 경제적 가치를 가지는 데이터"로 정의하고 있지만 법적으로 정립된 개념은 아니다. 이보다 데이터 오너십(data ownership)과 데이터의 지식재산권적 보호에 관한 논의[56]가 집중적으로 거론되었지만 명확한 결론을 내리지 못하고 포기하거나 아직도 논의가 계속 중에 있다. 다만 데이터자산은 생산자에의 귀속과 보호가치 있는 자산이라는 점과 거래의 대상이 될 수 있음을 염두에 둔 정의로 보인다.

(2) 권리부여, 보호의 제 문제

데이터에 소유권을 인정할 수 있을까 아니면 무형적 정보로서의 비경합적, 비배

는 데 소요되는 시간, 비용, 기술 등을 합리적으로 고려하여야 한다.

　다. 가목 또는 나목을 제1호의2에 따라 가명처리함으로써 원래의 상태로 복원하기 위한 추가 정보의 사용·결합 없이는 특정 개인을 알아볼 수 없는 정보(이하 "가명정보"라 한다)

55) 지적재산권, 저작권, 성명권 등 여러 권리와 충돌문제 발생 가능성이 있다. 이에 대하여 **개인정보보호위원회**는 불명확한 개념에 개인의 권리를 부여할 경우 데이터가 복제·재생산되는 복잡한 환경에서 법적 책임, 권리 취득주체 등에 관해 사회적 혼란이 발생할 우려가 있다고 반대하고 있다. 조기열, 앞의 검토보고서, 12면.

56) 박준석, "빅데이터 등 새로운 데이터에 대한 지적재산권법 차원의 보호가능성", 「産業財産權」 통권제58호 (2019) 참조.

타적 속성과 공유재적 성격에 기반해 자유사용 체제가 바람직한가? 권리를 인정한다면 누구에게 얼마동안 인정할 것인가? 부여하는 권리의 성격도 직접적 배타적 지배하에 이익을 얻을 수 있는 민법상[57] '물권(物權)'에 준하는 권리(침해 금지, 방해배제 청구권 인정)로 인정하여야 할 것인지[58] 아니면 행위규제형 채권적 권리로만 인정할 것인지 등 다양한 논의가 진행되고 있다.[59] 또한 개인정보보호법상 '개인정보 자기결정권'이나 저작권법상 '데이터베이스제작자의 권리'와는 어떻게 차별화할 것인지? 데이터를 결합한 경우에 권리귀속은 어떻게 할 것인지 등 논란이 많다. 데이터 자산 부정취득행위 등을 규율하는 방식은 일본의 한정데이터 부정사용금지 규정에서[60] 차용한 것으로 보이나 역시 후술하는 바와 같이 우리 전체적 법체계에 부합하지 않는다는 지적이 있었다. 이러한 점을 고려해 제12조에서 적극적 규정방식을 취하지 않은 것으로 보인다.

3. 개인 데이터이동권과 본인데이터관리업 규정의 삭제·조정

제정안 제16조의 개인데이터 이동권은 소위 마이데이터 산업으로 불리는 본인데이터관리업의 필수적 전제이다. 이동권의 효시는 2016년 유럽연합이 기존의 지침[61]을 「일반 개인정보보호규정」(General Data Protection Regulation 2016: 이하 GDPR)으로 개정하면서 개인정보이동권(data portability)을 신설한 것이다. 이는 민간데이터나 산업데이

---

57) 2019년 11월, 김세연 국회의원은 데이터 소유권을 인정하는 「민법 일부개정법률안」을 발의한 바 있다.

58) 「산업디지털전환법(안)」 제9조 제1항에서 "산업데이터를 생성한 자는 해당 산업데이터를 가공, 분석, 이용, 제공 등의 방법으로 활용하여 사용·수익할 권리를 가진다."고 규정하고 있어서 산업데이터 생성자에게 일정한 지배권적 '권리'를 부여하는 방식을 취하고 있다.

59) 이에 관한 자세한 사항은 고학수, 임용 (편), 데이터오너십(Data ownership): 내 정보는 누구의 것인가? 박영사, 2019. 참조.

60) 심현주·이헌희, "데이터의 부정경쟁 유형으로의 보호에 관한 소고—일본의 부정경쟁방지법 개정을 중심으로," 「법학논총」 제35권 4호, 2018.

61) 「EU 개인정보 보호지침(Directive(95/46/EC))」.

터의 국제적 이동[62]이 데이터주권과 관련해 논의되는 것과 별개로 '개인정보 이동권'
은 정보주체가 본인데이터에 대한 전송을 요청하면, 개인정보처리자는 보유한 데이
터를 개인(요청자) 또는 개인이 지정한 제3자에게 전송하는 정보주체의 권리로 파악
하고 있다.[63]

정부는 데이터의 산업활용촉진을 위한 정책결정[64]을 통해 데이터이용의 패러다
임 전환을 선언한 바 있으며 기본법안은 현재 신용정보법[65]에만 규정되어 있는 개인
정보 이동권을 확대 보편화하여 제4조의 국가책무에서 데이터의 이동촉진을 선언하
고 이어 개인정보이동권 문제를 선제적으로 입법화하는 시도를 하고 있는 것으로 보
인다. 그러나 개인데이터 이동권 도입은 그 구체적 입법방안이 모색 중에 있고,[66] 개
인정보보호법에 그 성격과 정보주체열람권과의 관계 설정 등의 논의가 진행 중에 있
어 아직 사회적 합의가 이루어지지 않은 주제라 할 수 있다. 물론 이에 관한 다양한
연구가 진행되고 있지만 개인정보보호법의 적용해석에 혼란을 초래할 수 있고, 세계
추세보다 너무 앞서가는 측면을 고려하여 보았을 때 만약 이를 도입하더라도 제정안
에서 취급하기보다는 개인정보보호법에서 그 범위와 방법 등을 상세하게 규정하는
것이 타당하다는 지적[67]이 있었다. 데이터산업법 최종안에서는 이 점을 반영해 이동

---

62) 국제적으로 자유이동 입장을 취하는 미국과 EU의 GDPR은 개인정보보호 조건부, 중국은 네트워
크안전법에서 안보를 이유로 국외이동을 제한하는 등 다양한 입장을 견지하고 있다; 김일환, "개
인정보 국외이전에 대한 국제적 기준과 내용에 관한 고찰". 미국헌법연구, 24(1) (2013), 125-154면
참조.

63) 박훤일, "정보이동권의 국내 도입 방안 EU GDPR의 관련 규정을 중심으로", 慶熙法學 제52권 제
3호, 2017, 213면.

64) 4차산업혁명위원회 의결안 "데이터 산업 활성화 전략—데이터 분야 계획", 2018.6.26(화)에서 데이
터이용 패러다임을 정보주체인 개인이 스스로 통제·활용하는 패러다임으로 전환하는 데이터이동
권 확립을 선언했다.

65) 신용정보법 제33조의2(개인신용정보의 전송요구) ① 개인인 신용정보주체는 신용정보제공·이용자
등에 대하여 그가 보유하고 있는 본인에 관한 개인신용정보를 다음 각 호의 어느 하나에 해당하는
자에게 전송하여 줄 것을 요구할 수 있다.

66) 정원준, "데이터 이동권 도입의 실익과 입법적 방안 모색", 成均館法學 第32卷 第2號, 2020, 95-97면에
서는 네 가지 맥락에서 개인정보 전반에 적용되는 보다 확장된 데이터 이동권을 창설할 필요가 있
다고 주장하고 있다.

권 규정을 삭제하고 데이터 이동의 촉진노력 규정(15조)으로 대체하였다. 그 후 개인정보보호법 개정안이 제출되어 정보주체의 권리로 데이터이동권을 명시하는 입법이 곧 이루질 예정이다.[68] 한편 EU의 데이터 이타주의(data altruism)에 관한 내용은 그간 국내외 법령에서 많이 논의되지 않은 주제이나 마이데이터와 병행하여 방대한 양의 데이터 수집을 촉진하기 위한 하나의 방안으로 고려해 볼 수 있을 것이다.[69]

4. 개별법적 성격의 규정들의 위임

제정법안이 기본법으로서의 체계 정당성에[70]을 갖추려면 개별법 성격을 갖는 제13조 1항의 데이터 정보분석을 위한 저작권 적용 배제규정[71]은 데이터산업법이 아니라 저작권법에 규정되는 것이 바람직하다.[72] 이미 유럽연합, 독일, 영국, 일본 등에서도 저작권법에서 이를 규정하고 있고, 2020년 문화체육관광부가 공개한 저작권법 전부개정안에서도 '정보분석을 위한 복제·전송 허용조항 도입'을 포함하고 있어 이중규정으로 인한 혼란이 예상된다는 지적이 있었다. 제정법안 제12조에서 데이터자산

---

67) 공청회에서도 16조의 개인데이터 이동권과 관련해서도 GDPR 등 세계 추세보다 너무 앞서가는 측면을 지적하며, 개인정보보호법에 먼저 도입된 이후에 그것으로 산업적 활용이 어려울 경우 추가 입법하는 방식을 제안했다.

68) 2023. 2. 17. 현재 '개인정보 전송요구권(이동권)' 도입을 골자로 한 개인정보보호법 일부개정법률안(이하 개인정보보호법 개정안)이 9부 능선을 넘었다. 이를 통해 정부의 '마이데이터' 정책 추진에 속도가 붙을 전망이다. 2023. 2. 16일 국회 법제사법위원회는 지난 전체 회의에서 일부 조항이 문제가 돼 계류했던 개인정보보호법 개정안을 최종 의결했다.

69) 김경훈 외 2인, 앞의 Report, 14면 이하.

70) 우기택, "기본법과 체계정당성에 관한 연구", 법제 2016권 3호. 법제처, 2016, 38-66면.

71) 제13조(정보분석을 위한 이용) ① 데이터를 이용(복제, 전송, 개작 등)한 정보분석(컴퓨터에 의한 자동화된 분석기술을 통해 타인의 문자, 이미지, 영상, 음성 등(이하 "데이터 등"이라 한다)을 포함한 대량의 데이터를 분석하여 패턴, 트렌드, 상관관계 등의 정보를 생성하는 것을 말한다)을 위하여 필요한 경우에는 타인의 저작물인 데이터 등을 이용할 수 있다. 다만, 데이터 등이 인간이 감상하거나 향수하려는 저작물의 목적인 경우에는 그러하지 아니하다.

72) 제정법안 제13조 제2항에서 정보분석의 대상이 개인데이터인 경우 데이터 주체의 동의를 받도록 하되, 동의를 받지 않아도 되는 예외사유를 각 호(제1호부터 제3호)에 규정하고 있는데 개인정보 보호의 중요성 측면에서 예외사유의 타당성을 검토할 필요가 있다는 지적도 있었다.

의 부정취득·사용을 금지하는 규정을 명시한 것도 같은 맥락에서 부정경쟁방지법에서 다루는 것이 바람직하고 실재 그 개정안이 제출되어 있었다는 점에서 더욱 문제가 있다는 지적이 있었다. 개인정보보호위원회는 정보분석 목적을 위해 정보주체의 동의 없이도 광범위하게 개인정보가 처리되도록 하는 것은 개인정보 보호법의 근간인 개인정보 보호원칙(목적 적합성 및 제한적 이용, 최소 수집 등)을 침해할 우려가 있으므로 삭제할 필요가 있다는 입장을 제시한 바 있다.[73] 데이터산업법은 결국 이러한 지적을 수용해 데이터보호를 위한 개별법 성격을 갖는 직접 규정을 저작권법과 부정경쟁방지법에 위임하는 대신 동법에서는 포괄적 선언적 규정만 두는 형식을 취하였다.

5. 금지행위와 벌칙규정의 미비

데이터산업법이 데이터 산업의 발전을 위한 기반을 조성하고 데이터의 생산과 거래와 활용을 촉진하기 위한 법적 기초로써 기능할 것이라는 점은 긍정되지만, 이러한 기본법의 목적에 지나치게 편중된 나머지 동법에서 금지하거나 허용하지 않는 행위로 명시하면서도 정작 이를 제재할 수 있는 장치를 제대로 마련해 두지 않고 있다는 문제를 드러내고 있다는 지적이 있다.[74] 실제로 데이터산업법은 데이터의 생산과 거래와 활용을 촉진하기 위하여 다양한 사항들을 규정하면서 국가와 지방자치단체는 물론 과학기술정보통신부장관, 행정안전부장관, 관계 중앙행정기관의 장 등에게 관련 해당 금지행위의 행위자 범위를 '데이터사업자 중 대통령령으로 정하는 자'로 명시하고 있지만, (대통령령이 제정되지 않은 현시점에서 그 대상군에 해당하는 자가 누구인지 파악할 수 없다는 점은 별론으로 하더라도) 어떠한 이유로 데이터사업자 중 특정된 자에 대하여만 동법 제17조에 따른 행위가 금지되어야 하는지 불분명하다는 점에서 한계를 지닌다.

---

73) 조기열, 앞의 검토보고서, 45면.

74) 이정념, "데이터 산업진흥 및 이용촉진에 관한 기본법의 제정 의의와 적용상 과제", IT와 法연구 제24집, 경북대 법학연구소(2022. 2), 285면 이하 참조.

V. 관련 법령이나 제도와의 충돌과 무력화 우려

1. 타 법률과의 관계에서 충돌 우려

(1) 관계 조항 개요

이 법에서 규정하는 데이터의 범위에는 "공공데이터"와 "개인정보" 등이 포함되어 타 법률 및 관계 부처(행정안전부, 개인정보보호위원회 등)와의 소관 및 업무 범위가 중복되거나 내용상 충돌이 발생할 가능성이 있으므로 면밀한 검토를 통해 적용 범위 및 법률 간 상호관계를 조정하여 명확히 규정할 필요가 있다.[75] 데이터산업법 제정안 초안도 이를 염두에 두고 제7조에서 다른 법률과의 관계 규정을 2원화하여 데이터 생산, 거래 및 활용 촉진에 관하여 다른 법률에 특별한 규정이 있는 경우를 제외하고는 이 법으로 정하는 바에 따른다고 하여 동법이 데이터 활용촉진의 기본법임을 분명히 하고 있었다. 반면 "개인정보 및 저작권, 공공데이터의 보호에 관하여서는 개인정보보호법, 저작권법 및 공공데이터법 등 다른 법률이 정하는 바에 따른다"라고 수정하여 제정안에서 이와 충돌되는 특별 규정이 있으면 개인정보 보호법, 저작권법, 공공데이터법에 우선한다는 내용으로 되어 있던 것을 한발 양보하여 이들 법과의 관계에서는 후순위로 적용됨을 분명히 하였다. 한편 신용정보법에 따른 본인신용정보관리업[76]도 제정안에 따른 본인데이터관리업에 포함될 개념이라 할 수 있는데, 이 법의 적용과 충돌을 고려해 본인데이터관리업 규정이 삭제된 것으로 보인다.

---

75) 조기열, 앞의 검토보고서, 7면.
76) 신용정보법 제2조(정의) 이 법에서 사용하는 용어의 뜻은 다음과 같다.
　　9의2. "본인신용정보관리업"이란 개인인 신용정보주체의 신용관리를 지원하기 위하여 다음 각 목의 전부 또는 일부의 신용정보를 대통령령으로 정하는 방식으로 통합하여 그 신용정보주체에게 제공하는 행위를 영업으로 하는 것을 말한다.(각호 생략)

(2) 데이터 3법의 적용과 혼선 및 개편 취지에 역행한다는 지적의 반영

1) 법률적용 순위 관계

법안 초안 제7조 제2항[77]에 의하면 데이터기본법안은 개인정보보호법에 우선적 용됨으로써 개인정보보호체계와 적용상 혼란을 발생시킬 수 있었다. 법률안이 규정 하는 데이터, 데이터주체, 개인데이터처리자 개념에서 말하는 데이터에는 개인정보 가 포함되는 것으로 해석되기 때문에 이 법률이 개인정보도 규율대상으로 하는 것이 분명하다. 이에 따라 활용에 방점을 두고 있는 데이터기본법안이 보호에 방점을 두고 있는 개인정보보호법에 우선적용됨을 명시하는 것은 너무 성급한 결정이라는 지적이 있었다. 또한 최근에야 겨우 통합을 일부 이룬 개인정보보호법의 체계에 새로운 혼란 을 초래하는 변수가 될 수 있고, 개인정보보호법의 최소수집원칙 등 개인정보 보호원 칙이 형해화됨으로써 적용상 혼란이 발생할 우려가 지적된 바 있다.

2) 데이터 3법 개편 취지에 역행

이 데이터산업법은 개인정보 보호체계의 혼란과 중복 규제를 해소하고 일원화하 려는 최근 일련의 흐름에 역행하는 측면이 있다. 지난 개인정보 3법 개정 취지 중 하 나는 그동안 여러 법률에 흩어져 있던 유사, 중복 규제를 해소하는 것이었다. 정보통 신망법의 개인정보 관련 규정이 개인정보보호법으로 통합되었으나 여전히 신용정보 법과 위치정보보호법 등과의 중복으로 인한 혼란이 존재하고 개인정보보호법의 특례 조항들도 정리해야 하는 과제가 남아 있다. 이런 상황에서 '데이터 주체'와 같은 불확 정 개념을 도입하고 데이디기본법에서 개인정보 관련 규율을 하면 혼란 가중될 우려 가 있다고도 지적되었다.

데이터산업법 최종안은 이러한 지적을 반영해 "개인정보, 저작권 및 공공데이터 의 보호에 관하여서는 개인정보보호법, 저작권법 및 공공데이터법 등 다른 법률이 정 하는 바에 따른다"라고 수정하여 통과되었다.

---

77) 7조② 개인정보 및 저작권의 보호에 관하여 이 법에 특별한 규정이 있는 경우를 제외하고는 「개인 정보 보호법」, 「저작권법」에서 정하는 바에 따른다.

2. 개인정보보호위원회와 역할경합 및 위상 축소

이 법안의 제정과정에서 개인정보 보호법 등 데이터 3법 개정으로 이제 막 새롭게 출범한 개인정보보호위원회의 위상을 약화시키고 역할경합을 가져온다는 지적이 있었다. 시민단체는 성명을 통해[78] 개인정보 보호를 위한 진정한 안전조치의 도입을 논의하기는커녕, 발족한지 얼마 되지도 않은 통합 개인정보보호위원회를 벌써부터 반쪽짜리로 만들려고 하는 시도라고 비판하였다. 구체적으로'개인데이터 이동권'이나 공개된 개인정보와 관련된 문제를 데이터 기본법에서 다루는 것 자체가 과학기술정보통신부가 개인정보 문제에 관여하겠다는 우려도 표명되었고 사실상 산업부처인 과학기술정보통신부가 개인정보를 관할하게 될 경우 그 보호 수준이 약화될 것임은 명확할 뿐더러 이는 개인정보보호위원회의 관할과 중첩되거나 침범할 우려가 크다는 지적이 있었다. 나아가 법안 제10조에서 규정하고 있는 '데이터 결합' 역시 이미 개인정보 보호법에 따라 개인정보보호위원회가 관할하고 있는 것인데, 이 법안에 따라 과학기술정보통신부와 관할 영역의 경합이 발생한다는 지적도 맥락을 같이한다. 이러한 지적들이 반영되어 데이터산업법은 과기정통부 소관입법이지만 행정안전부와 공동정책 영역으로 두거나 다른 부처의 관여를 허용하는 방향으로 수정하여 이 문제의 해결을 마무리한 것으로 보인다.

3. 저작권법 및 부정경쟁방지법과 충돌

(1) 저작권법과의 충돌

데이터산업법의 데이터보호와 관련된 개별규정은 개인정보보호법뿐만 아니라 저작권법과도 충돌여지가 있어 그 제정과정에서 지적된 다음 사항들이 반영되어 최종 입법되었다. 초안이 담고 있었던 제13조 1항의 규정, 즉 데이터 정보분석을 위한 저작권 적용 배제가 필요하다면 데이터법이 아니라 저작권법에 규정되는 것이 바람

---

78) 앞의 시민단체(경실연) 성명서 참조.

직하다. 유럽연합, 영국, 독일, 일본 등에서도 저작권법에서 이를 규정하고 있고, 최근 문화체육관광부가 공개한 저작권법 전부개정안[79]에서도 '정보분석을 위한 복제·전송 허용조항 도입'[80]을 포함하고 있다. 그런데 취지는 같더라도 양 법안의 적용 요건이 상이해 혼선이 빚어질 수 있다. 데이터기본법(안)은 정보분석을 위해 저작물인 데이터를 복제, 전송, 개장 등("데이터의 이용")을 할 수 있도록 허용행위의 범주를 넓게 정립하고 있는 반면, 저작권법 개정안은 "복제·전송"에 한하여 면책을 허용하고 있다. 데이터기본법(안)에서 눈에 띄는 규정은 데이터'분석' 목적을 위해 SNS 등에 공개된 데이터를 이용할 수 있도록 허용한 것이다. 이 규정은 2016년도에 대법원이 대중에 알려진 인물의 공개된 개인정보는 당사자의 동의가 없더라도 이를 수집해 제3자에게 유료로 제공할 수 있다는 판결[81]에 바탕을 두고 있다. 또한 현행 신용정보법 제15조에서도 유사한 규정을 두고 있다. 다만 개인정보보호법에는 이러한 규정이 없다보니 논쟁이 되기도 하였다.[82]

(2) 부정경쟁방지법 운영체제와 충돌

데이터산업법의 데이터보호와 관련된 개별규정은 부정경쟁방지법과도 충돌여지가 있어 그 제정과정에서 지적된 다음 지적 사항들이 반영되어 최종 입법되었다. 데이터 자산 부정취득행위 등을 규율하는 방식은 일본의 한정데이터 부정사용 금지규

---

79) 2021. 1. 15일 제안, 의안번호 [2107440] 저작권법 전부개정법률안(도종환 익원 등 13인).

80) 개정안 제43조(정보분석을 위한 복제·전송) ① 컴퓨터를 이용한 자동화 분석기술을 통해 다수의 저작물을 포함한 대량의 정보를 분석(규칙, 구조, 경향, 상관관계 등의 정보를 추출하는 것)하여 추가적인 정보 또는 가치를 생성하기 위한 것으로 저작물에 표현된 사상이나 감정을 향유하지 아니하는 경우에는 필요한 한도 안에서 저작물을 복제·전송할 수 있다. 다만, 해당 저작물에 적법하게 접근할 수 있는 경우에 한정한다. ② 제1항에 따라 만들어진 복제물은 정보분석을 위하여 필요한 한도에서 보관할 수 있다.

81) 대법원 2008다42430 대법원 2014다235080; 대법원은 이 사건 부당이득금반환 청구소송에서 국립대 교수 등 대중에 알려진 인물의 공개된 개인정보는 당사자의 동의가 없더라도 이를 수집해 제3자에게 유료로 제공할 수 있다고 판결한 바 있다.

82) 손승우, 앞의 논문, 80면.

정[83]에서 차용한 것으로 보이나 구성요건이 엉성하여 개별 구제법으로는 매우 허술하다는 지적이 있었다. 데이터 부정취득 문제는 현행 부정경쟁방지법 제2조 제1호 파목(일반조항) 적용으로 구제 가능하다. 이 조항의 보호대상인 성과 등에는 유형물과 무형물, 지재권의 보호를 받지 않는 결과물도 포함된다.[84] 대법원은 타인이 영업 목적으로 공개한 데이터를 무단으로 수집하여 제3자와 거래하거나, 상업적 목적으로 활용한 행위에 대해서 이 법의 보충적 일반조항(제2조 제1호 파목)을 근거로 '부정경쟁행위'로 판결한 바 있다. 물론 이는 향후 발생할 수 있는 다양한 형태의 데이터 무단 수집·이용·유통 행위를 적절히 제재하기에 한계가 있으므로 구체적 부정경쟁행위의 유형으로 데이터 부정취득 행위를 신설할 수 있다. 다만 부정경쟁방지법에서 규율하는 것이 우리 전체적 법체계에 부합한다. 그 당시 이미 특허청 청부 입법안[85]이 제출되어 있는 상태이므로 굳이 기본법에서 충돌하는 구성요건을 지닌 이중입법을 시도하는 것은 문제라는 지적이 있었다.

4. 타 기본법 및 데이터 활용 촉진법제 상호 간의 관계 조율

(1) 타 기본법과 기본계획 수립 업무 조정

통합적이고 체계적 법률체제 마련이라는 차원에서 인접한 유사 기본법과의 관계

---

83) 일본은 2018년 5월 23일 「부정경쟁방지법 등의 일부를 개정하는 법률(不正競争防止法等の一部を改正する法律)」(시행일: 공포일로부터 1년 6개월 이내)을 제정하여 한정제공데이터의 부정취득, 사용 등에 대한 민사적 구제 절차를 신설하였다. 심현주, 이헌희, "데이터의 부정경쟁 유형으로의 보호에 관한 소고 —일본의 부정경쟁방지법 개정을 중심으로," 법학논총 vol.35, no.4, 2018, 167-189면 참조.

84) 권영준, 앞의 논문 27면.

85) 의안번호 2107535, 2021-01-21 김경만 의원 등 10인 제21대(2020~2024) 제383회 (최종 2조 1호 타목으로 입법되어 2022.04부터 시행중에 있음)
    ▶ 제안이유 및 주요내용
    데이터를 부정한 수단으로 취득해서 부당하게 이익을 얻거나 데이터 보유자에게 손해를 끼치는 행위에 대한 제재는 미흡한 실정임. 따라서 '데이터 부정사용행위'를 법률에 명확하게 규정하여 부정경쟁행위와 마찬가지로 제재함으로써 건전한 데이터 시장질서를 확립하려는 것임(안 제2조 제5호·제6호 신설 등).

설정과 차별성 및 가장 핵심적 업무인 '기본계획 수립'에 있어 중복을 방지할 수 있는 조정과 관계설정이 필요해 보인다. 대표적으로 i) 지능정보화기본법(구 국가정보화기본법)과 관계, ii) 공공데이터법, iii) 개인정보보호법, iv) 지식재산기본법 등을 검토할 필요가 있다.

제정안의 기본계획은 기본적으로 "데이터 산업 진흥"을 위한 것으로서 다른 법률에 의하여 수립되는 계획들과 중복이 발생할 가능성이 있다. 먼저 「지능정보화 기본법」 제6조[86] 및 제7조[87]에서는 지능정보사회 종합계획 및 실행계획을 수립·시행하도록 하고 있는데, 이때 "지능정보기술"의 정의에 데이터 처리 기술이 포함된다고 할 수 있다. 공공데이터법 제7조[88]에 따르면 정부가 공공데이터의 제공 및 이용 활성화에 관한 기본계획을 수립하고 있고, 국가와 지방자치단체가 기본계획에 따른 시행계획을 수립하고 있는데, 역시 데이터 활용정책의 수립이라는 점, 특히 데이터 결합정책에서 공통되는 측면이 있다. 또한 개인정보보호법 제9조[89]에 따라 개인정보보호위원

---

86) 제6조(지능정보사회 종합계획의 수립) ① 정부는 지능정보사회 정책의 효율적·체계적 추진을 위하여 지능정보사회 종합계획(이하 "종합계획"이라 한다)을 3년 단위로 수립하여야 한다.

　② 종합계획은 과학기술정보통신부장관이 관계 중앙행정기관(대통령 소속 기관 및 국무총리 소속 기관을 포함한다. 이하 같다)의 장 및 지방자치단체의 장의 의견을 들어 수립하며, 「정보통신 진흥 및 융합 활성화 등에 관한 특별법」 제7조에 따른 정보통신 전략위원회(이하 "전략위원회"라 한다)의 심의를 거쳐 수립·확정한다. 종합계획을 변경하는 경우에도 또한 같다.

　③ 과학기술정보통신부장관이 중앙행정기관의 장 및 지방자치단체의 장에게 종합계획의 수립에 필요한 자료를 요청하는 경우 해당 기관의 장은 특별한 사정이 없으면 이에 응하여야 한다.

　④ 종합계획에는 다음 각 호의 사항이 포함되어야 한다.(각호 생략)

87) 제7조(지능정보사회 실행계획의 수립) ① 중앙행정기관의 장과 지방자치단체의 장은 종합계획에 따라 매년 지능정보사회 실행계획(이하 "실행계획"이라 한다)을 수립·시행하여야 한다.

　②~⑥ 생략 ⑦ 실행계획의 수립 및 시행 등에 필요한 사항은 대통령령으로 정한다.

88) 제7조(공공데이터의 제공 및 이용 활성화에 관한 기본계획) ① 정부는 공공데이터의 제공 및 이용 활성화에 관한 기본계획(이하 "기본계획"이라 한다)을 수립하여야 한다.

　② 기본계획은 행정안전부장관이 과학기술정보통신부장관과 협의하여 매 3년마다 국가 및 각 지방자치단체의 부문계획을 종합하여 수립하며, 전략위원회의 심의·의결을 거쳐 확정한다. 기본계획 중 대통령령으로 정하는 중요한 사항을 변경하는 경우에도 또한 같다.

　③ 기본계획에는 다음 각 호의 사항이 포함되어야 한다.(각호 생략)

89) 제9조(기본계획) ① 보호위원회는 개인정보의 보호와 정보주체의 권익 보장을 위하여 3년마다 개인정보 보호 기본계획(이하 "기본계획"이라 한다)을 관계 중앙행정기관의 장과 협의하여 수립한다.

회는 개인정보의 보호와 정보주체의 권익 보장을 위하여 개인정보 보호 기본계획을 수립하고 있고, 제10조에서 중앙행정기관의 장이 매년 개인정보 보호를 위한 시행계획을 작성하고 있다. 이러한 점에서 동 제정안의 기본계획 및 시행계획의 수립과 관련하여서는 다른 법률에 따라 수립되는 계획과의 범위 조정 등이 필요할 것으로 판단된다.[90] 나아가 지식재산기본법 제8조에서 규정하는 기본계획[91] 중 지식재산 및 신지식재산의 창출·보호 및 활용 전략, 지식재산의 공정한 이용 방안, 지식재산 관련 정보의 수집·분석 및 제공에 관한 사항 등에서 역시 정책의 중첩과 경합이 발생할 소지가 있다.

(2) 민간과 공공데이터 활용 촉진법제들 상호 간의 체계화

데이터 활용촉진 관련법제는 데이터기본법을 비롯해 최근 입안 중인 것까지 포함하고 민간데이터와 공공데이터로 구분하고 다시 그 기본법역할을 하는 법제와 특별법적 성격을 띤 법제를 구분하여 볼 수 있다. 공공데이터는 '공공데이터법'을 기본법으로 하여 그 특별법적 성격으로 타 부처 특정 분야 데이터 활용 촉진법이 별도 법률로 제정되었거나[92] 입안 중인 것[93]으로 보인다. 그런데 민간데이터 분야는 데이터

---

    ② 기본계획에는 다음 각 호의 사항이 포함되어야 한다.(각호 생략)

    ③ 국회, 법원, 헌법재판소, 중앙선거관리위원회는 해당 기관(그 소속 기관을 포함한다)의 개인정보 보호를 위한 기본계획을 수립·시행할 수 있다.

  제10조(시행계획) ① 중앙행정기관의 장은 기본계획에 따라 매년 개인정보 보호를 위한 시행계획을 작성하여 보호위원회에 제출하고, 보호위원회의 심의·의결을 거쳐 시행하여야 한다.

    ② 시행계획의 수립·시행에 필요한 사항은 대통령령으로 정한다.

90) 행정안전부와 개인정보보호위원회는 안 제4조 제3항 기본계획에 「공공데이터의 제공 및 이용 활성화에 관한 법률」 및 「개인정보 보호법」에 따라 수립된 기본계획을 각각 반영하도록 하고, 안 제5조 제3항의 시행계획 수립 시에는 소관 중앙행정기관의 장(행정안전부 장관, 개인정보보호위원장)과 협의하는 내용의 단서를 신설하는 내용의 수정의견을 제시한 것으로 알려지고 있다. 조기호, 앞의 검토보고서, 18면.

91) 제8조(국가지식재산 기본계획의 수립) ① 정부는 이 법의 목적을 효율적으로 달성하기 위하여 5년마다 지식재산에 관한 중장기 정책 목표 및 기본방향을 정하는 국가지식재산 기본계획(이하 "기본계획"이라 한다)을 수립하여야 한다.(각호 생략)

92) 물품목록정보 관리 및 이용에 관한 법률(조달청); 지능형 해상교통정보서비스 제공 및 이용 활성화

산업법을 그 기본법으로 하고, 특별법으로 '산업데이터'에 관한 산업디지털촉진법[94] '제조데이터'에 관한 활용 촉진법안[95]이 각각 입법화되거나 심의 중에 있는 법안인 만큼 심의과정에서 법제 상호 간의 규율대상과 체제를 적절히 조정하여 충돌과 모순 없는 입법이 되도록 하여야 할 것이다.

VI. 결 론

데이터산업법은 민간데이터의 생산·거래 및 활용 촉진에 관하여 필요한 사항을 다루기 위한 '데이터기본법'이란 별칭으로 발의되어 입법되었다. 데이터와 AI에 기반한 디지털 전환시대에 적절히 대응을 하지 못하는 경우 발생하는 규제지체(regulatory delay)나 규제병목(regulatory bottleneck)으로 야기되는 문제점[96]을 막아야 한다. 이러한 차원에서 보면, 입법 공백 영역과 다름없는 민간데이터 규율의 필요에서 소위 '민간데이터 기본법'이 제정된 것은 반가운 일이다. 그간 공공데이터법이 공공데이터 기본법으로 작용하면서 공공데이터의 활용촉진에 기여해 온 바를 고려하면 그 대척점에서 민간데이터 활용촉진을 위해 중요한 역할을 할 수 있는 법률로 기대된다. 그러나 데이터산업법은 충분한 논의를 거치지 못한 상태에서 급하게 입안되다 보니 여러 가지

에 관한 법률(해수부)

93) 의안번호 2107198, 2021-01-06, 국가지식정보 연계 및 활용촉진에 관한 법률(과기정통부)

94) 앞의 각주 3의 산업디지털전환촉진법(산업데이터, 산자부) 최근 4차 산업혁명 가속화, 인공지능·빅데이터 등 디지털 기술의 성숙, 유연생산 등 기업 경쟁 방식의 변화 속에서 산업데이터와 디지털 기술의 활용을 기반으로 하는 산업 디지털 전환이 기업의 생존과 산업 경쟁력을 좌우할 만큼 매우 중요해지고 있다. 이러한 산업의 시급성을 반영하고 산업데이터의 생성과 활용 활성화, 지능정보기술의 산업 적용을 통하여 산업의 디지털 전환을 촉진할 수 있도록 하기 위해 「산업 디지털 전환 촉진법」이 시행되었다.

95) 앞의 각주 4의 중소기업 스마트제조혁신지원법(제조데이터, 중기부)

96) 선지원/조성은/정원준/손승우/손형섭/양천수/장완규, 『지식정보기술 발전에 따른 법제·윤리 개선 방향 연구』, 방송통신정책연구 2019-0-01425, 정보통신정책연구원(2019. 12). 14면.

문제점이 노정되었지만 앞서 살펴본 바와 같이 논의과정에서 상당부분 반영되기도 하였다. 특히 활용 위주의 편향된 데이터정책으로 인해 정보주체에게 발생되는 불이익을 막으려면 개인정보가 포함된 민간데이터의 예외적 활용은 개인정보보호법의 영역으로 돌리는 것이 바람직하다는 관점이 유지된 것으로 보인다. 같은 맥락에서 데이터주체 개념에 기반을 둔 본인데이터관리업 쟁점도 데이터이동권의 근거를 개인정보보호법에 두는 것이 바람직하다는 지적도 반영되었다. 또한 민간데이터 자산의 법적 보호의 문제는 지식재산의 보호체제 내로 흡수하여 일원화하는 것이 바람직하고 그 활용을 위해 지식재산권 행사를 제한하여야 하는 사항도 지식재산법 고유의 문제이므로 제정법안에서 집행력 있는 구체적 규정형식을 취하여서는 곤란하고 기본법으로 요청되는 바가 있다면 원칙 선언 정도로 족해 보인다는 지적도 논의하는 과정에서 최종 반영되었다.

한편 가장 바람직한 데이터기본법의 모습은 데이터생태계의 복잡다기한 이해관계를 반영함과 동시에 공공·민간·산업데이터를 모두 포괄하는 국가 데이터거버넌스 체계[97]를 지향하면서도 데이터는 원유임과 동시에 태양일 수 있고, 데이터의 산업적 활용과 개인정보보호의 균형과 조화를 도모하는 시각을 견지하면서 국제적 룰의 형성을 반영한 기본원칙을 선언하고, 데이터 재사용(data-reuse), 데이터 공유(data-sharing)의 문제까지 아우르며 보다 종합적, 거시적 시각에서 데이터정책의 방향성을 제시하는 명실상부한 '데이터기본법'의 면모를 갖춘 것이다.

입법은 새로운 법리를 창출하기도 하고, 기존 법리를 확인하는 데 그치기도 한다. 애초 제정법안의 입법적 시도는 전자를 주로 염두에 둔 새로운 개념 도입이 많았다. 이러한 입법은 관련 법리 체계의 정립을 가속화하는 계기가 될 수 있기도 하지만 기존 법리의 규율 상황을 충실히 확인하지 않은 상태에서 섣불리 입법이 시도되는 것 아니냐는 의구심이 있었다.[98] 결국 데이터산업법은 거론된 문제점을 반영하여 '민간

---

97) 자세한 개선방향은 정용찬, 「4차 산업혁명 시대의 데이터 거버넌스 개선방향」, KISDI 리포트, (2018.08), 27면 이하 참조.

98) 권영준, 앞의 논문 3면.

데이터 활용 촉진법'정도의 성격을 지닌 법률로 마무리된 것으로 보이고 향후 국가 데이터거너번스 재정립이라는 관점에서 제대로 된 '데이터기본법'이 정합성 있게 탄생되기를 기대해 본다.

데이터 소유자의 권리 보호[*]

정윤경
(인하대학교 법학연구소 AI·데이터법센터 책임연구원)

I. 서 론

　　최근 데이터가 모든 산업의 발전 및 새로운 가치 창출의 촉매 역할을 하는 이른바 데이터 경제 시대(Data Economy Era)로 진입하였다. 사람들은 '데이터'를 4차산업혁명 시대를 이끌어 갈 '석유(Oil)' 내지 '혈액(Blood)' 등으로 비유하며 그 중요성에 대해 강조한다. 데이터의 수집(Collect)·저장(Store), 분석(Analyze)·활용(Utilization)의 범위 및 기술 수준이 국가의 미래 성장 가능성을 결정하는 시대로 접어든 것이다. 이러한 영향으로 세계 주요 국가들은 빅데이터의 수집·생성에 많은 관심을 기울이고 이를 응용·적용할 수 있는 기술 개발에 앞장서고 있다. 그런데 아무리 높은 수준의 인공지능 기술을 보유하였다고 하더라도 충분한 양의 학습 데이터를 확보하지 못한다면 현실에 적합한 정확한 비즈니스 모델을 도출해 내기 어렵다. 우리나라 역시 데이터가 4차산업혁명을 견인하는 핵심 동인(動因)이라는 사실을 인식하고 최근 몇 년간 데이터 활용 촉진을 위해 법(法)과 제도(制度)를 재정비하고 있는 모습이다. 2013년 7월 「공공데

---

[*] 이 글은 단국대학교 법학연구소 「법학논총」제45권 4호에 게재한 "데이터 소유자의 권리 보호에 관한 소고" 논문을 각색, 보완한 것입니다.

이터의 제공 및 이용 활성화에 관한 법률」 제정,[1] 2020년 10월 '데이터 3법' 개정[2] 그리고 2021년 10월 「데이터 산업진흥 및 이용촉진에 관한 기본법」 제정[3] 등이 모두 그러한 예이다. 실제 국내 데이터산업 시장규모는 2020년 기준 19조 2,736억 원으로 전년(16조 8,582억 원) 대비 14.3%나 증가한 것으로 조사되었으며, 과기정통부는 시장 규모를 2025년까지 43조 원까지 확대할 것이라고 발표한 바 있다.[4] 그런데 이처럼 데이터 생산 및 거래 규모가 커지고 응용·복잡해질수록 데이터 관련 법적 분쟁이 일어날 가능성은 증대한다. 예컨대, 데이터를 연계·가공 처리하는 과정에서 예기치 못한 파생 데이터가 생성된 경우 이에 대한 소유자를 누구로 볼 것인지, 또 공급한 데이터에 오류 등 하자가 발생한 경우 데이터를 수집, 생성, 가공한 자 중 누가 이에 대한 손해 배상책임을 질 것인지 등이다. 이러한 권리 분쟁에 있어서 가장 기본이 되는 사항은 바로 데이터의 정당한 소유자에 대한 보호라고 할 수 있다. 하지만 데이터의 경우 비경합성(非競合性), 비배제성(非排除性), 무한복제성(無限複製性) 등의 성격으로 인해 민법상 소유권의 대상이 되는 물건(物件)과 동일하게 취급하기 어려운 점이 존재한다. 2022년 4월부터 시행된 소위 「데이터 산업법」에도 데이터 산업과 이용 활성화를 위한 법 조항은 있으나 데이터의 소유 또는 권리 귀속 등에 관해서는 명시적으로 언급하지 않고 있음을 알 수 있다. 이와 관련하여 본 논문에서는 데이터를 적법하게 수집·생성·가공한 자, 즉 데이터의 정당한 소유자를 어떻게 보호할 수 있을지 현행법을 바탕으로 살펴보고 그 적용범위와 한계점 등에 대하여 검토해 보도록 하겠다.

---

1) 「공공데이터의 제공 및 이용 활성화에 관한 법률」은 2013년 10월 제정된 이후 2020년 12월까지 총 4번의 개정을 거쳤다.

2) '데이터 3법'이란 「개인정보 보호법」, 「정보통신망 이용촉진 및 정보보호 등에 관한 법률」, 「신용정보의 이용 및 보호에 관한 법률」 3가지 법률을 통칭하는 것으로, 데이터 이용 활성화를 위한 법률 개정안이 2020년 2월 공포된 후 같은 해 8월부터 시행되었다.

3) 「데이터 산업진흥 및 이용촉진에 관한 기본법」[법률 제18475호, 공포일 2021. 10. 19., 시행일 2022. 4. 20.]

4) ChosunBiz(2021. 4. 22.), '데이터發 금융혁명 시작 … 256조 시장 쟁탈전 예고', 〈https://biz.chosun.com/site/data/html_dir/2021/04/15/2021041502648.html〉, (2023. 1. 30. 최종방문).

II. 데이터의 의의 및 종류

1. 데이터의 개념

(1) 전통적 데이터의 의의

데이터(Data)란 일반적으로 현실 세계에서 관찰하거나 측정하여 수집한 사실(fact)이나 값(value) 등을 의미한다. 데이터 기록은 과거 사람들이 날짜를 기록하기 위해 하지·동지에 줄을 막대기에 표시하는 행위부터 시작되어, 1900년대 들어 컴퓨터, 전자센서, 디지털 기술 등이 발명되면서 데이터의 수집, 저장이 본격적으로 가능하게 되었다. 오늘날 기업이나 단체들은 매출액, 거래 품목, 고객 명단 등의 리스트를 기록·관리하고 있는데 이들은 모두 '전통적 데이터'의 예라고 할 수 있다. 데이터 자체는 단순한 사실에 불과하지만, 의도하는 목적이나 분류 방식에 따라 정보(Information)의 재료가 될 수 있다.[5] 그리고 데이터를 통해 만들어진 정보는 또 다른 정보를 위한 자료, 즉 데이터로 다시 사용될 수 있다.[6] 전통적 데이터의 경우 관리하기 쉽고 보안이 비교적 용이하며, 데이터베이스 관리 시스템(DBMS)[7]만으로도 통합(Integrated), 저장(Stored), 운영(Operation)이 가능하다는 점이 특색이다.

데이터의 개념에 대해, 「공공데이터의 제공 및 이용 활성화에 관한 법률」에서는 공공기관이 법령 등에서 정하는 목적을 위하여 생성 또는 취득하여 관리하고 있는 광

---

5) 김현철, 「정보적 사고에서 인공 지능까지」, 한빛아카데미, 2019, 36~38면.

6) 데이터와 정보의 의미가 혼용되기도 하지만, 데이터베이스 분야에서는 어떠한 사실, 개념, 명령, 과학적인 실험 또는 관측 결과로 얻은 수치나 값 등을 숫자, 문자, 기호 등으로 표현한 것을 '데이터'로, 이를 바탕으로 어떤 목적이나 의미에 따라 분류하거나 가공 처리하여 가치를 추출해 낸 것을 '정보'로 파악한다[네이버 지식백과('데이터와 정보'), 〈https://terms.naver.com/entry.naver?docId=3431071&cid=58430&categoryId=58430〉(2023. 1. 30. 최종방문)].

7) '데이터베이스 관리 시스템(Database Management System)은 다수의 사용자들이 데이터베이스 내의 데이터를 접근할 수 있도록 해 주는 소프트웨어 도구이다. DBMS는 사용자 또는 다른 프로그램의 요구를 처리하고 적절히 응답하여 데이터를 사용할 수 있도록 한다[위키백과('데이터베이스 관리 시스템'), 〈https://url.kr/k83wyg〉(2023. 1. 30. 최종방문)].

(光) 또는 전자적 방식으로 처리된 자료 또는 정보(데이터베이스, 전자화된 파일 등)를 "공공데이터"라고 명시하고 있으며(동법 제2조),「데이터 산업진흥 및 이용촉진에 관한 기본법」에서는 다양한 부가가치 창출을 위해 관찰, 실험, 조사, 수집 등으로 취득하거나 정보시스템 및 소프트웨어 진흥법 제2조 제1호에 따른 소프트웨어 등을 통하여 생성된 것으로 광(光) 또는 전자적 방식으로 처리될 수 있는 자료 또는 정보라고 정의하고 있다(동법 제2조).[8]

(2) 빅데이터의 등장과 개념

정보통신 기술의 발전으로 데이터의 형식, 용량, 규모 등이 다양해지면서 기존의 데이터 처리 응용 소프트웨어만으로는 데이터를 분석, 처리하기 어려운 경우가 발생하게 되었다. 예컨대, 데이터 용량이 너무 커서 하나의 서버에 저장할 수 없거나 데이터 유형이 구조화되어 있지 않아서 기존 데이터베이스로 처리하기 어렵거나 너무 연속적으로 유입되어서 정적인 데이터웨어하우스에 저장할 수 없는 경우 등이 점차 늘어난 것이다. 하지만 이와 함께 'Batch'(분산처리 기술), 'CEP'(정보 스트림 추적 및 분석 기술), 'Flume'(로그 데이터 수집 기술), 'HDFS'(파일 분산 시스템) 등 데이터 처리 기술 역시 발전하면서 이러한 유형의 데이터도 기록·저장할 수 있게 되었다. 빅데이터(Big Data)란 이처럼 새롭게 등장한 대용량의 데이터를 활용·분석하여 가치 있는 정보를 추출하고 여기에서 생성된 지식을 바탕으로 능동적으로 환경 변화에 대응하는 정보화 기

---

8) 데이터 산업진흥 및 이용촉진에 관한 기본법 제2조(정의) 이 법에서 사용하는 용어의 뜻은 다음과 같다.
  1. "데이터"란 다양한 부가가치 창출을 위하여 관찰, 실험, 조사, 수집 등으로 취득하거나 정보시스템 및「소프트웨어 진흥법」제2조 제1호에 따른 소프트웨어 등을 통하여 생성된 것으로서 광(光) 또는 전자적 방식으로 처리될 수 있는 자료 또는 정보를 말한다.
  2. "공공데이터"란「공공데이터의 제공 및 이용 활성화에 관한 법률」제2조 제2호에 따른 공공데이터를 말한다.
  3. "민간데이터"란 국가기관, 지방자치단체 또는 공공기관(「지능정보화 기본법」제2조 제16호에 따른 공공기관을 말한다. 이하 같다)이 아닌 자가 생성 또는 취득하여 관리하고 있는 데이터를 말한다.

술을 의미한다.[9]

　빅데이터의 특징은 다음과 같이 정리할 수 있다. 첫째, 대용량의 데이터를 수용한다(Volume)는 점이다. 예컨대, 글로벌 기업인 구글(Google)은 하루에 약 25,000TB의 데이터를 처리하는데[10] 미국 의회도서관이 소장하고 있는 총 데이터가 74TB인 점에 비춰 봤을 때 이는 엄청난 규모라 할 수 있다.[11] 둘째, 빠른 속도(Velocity)로 데이터를 처리할 수 있다는 점이다. 예컨대, 페이스북(Facebook)에서는 1분당 51만 개 댓글 게시와 29만 개 상태 업데이트를 처리할 수 있으며[12] 글로벌 결제 기술 업체인 비자(Visa) 사이트에서는 1분당 전 세계 390만 건의 거래 데이터를 반영할 정도로 빠른 속도로 처리 가능하다.[13] 셋째, 다양한(Variety) 데이터를 처리할 수 있다는 점이다. 빅데이터 시스템에서는 예컨대, 고객관리 명단, 전화번호 파일 등과 같은 정형 데이터 외에도 SNS 사진, Youtube 동영상, 고객의 손글씨(서명) 등과 같은 비정형 데이터도 수집 및 저장할 수 있다. 한편, 빅데이터의 부상(浮上)이 반드시 전통적 데이터의 소멸을 의미하는 것은 아니다. 전통적 데이터는 규모와 용량이 적어 분산 아키텍처가 필요하지 않을 뿐만 아니라 보안 설계가 쉽다는 점에서 개인 데이터 셋 또는 기밀 데이터 셋을 위해 여전히 수요가 존재하기 때문이다.

---

9) 국가정보화전략위원회, "빅데이터를 활용한 스마트 정부 구현(안)", 2011. 10. 26.

10) Everythingwhat(2021. 7. 28.), "How much data does Google process per day?", 〈https://everythingwhat. com/ how-much-data-does-google-process-per-day〉(2023. 1. 30. 최종방문).

11) Storage Craft(2021. 7. 25), "Big Data Storage and Preservation at the Library of Congress". 〈https://blog. storagecraft.com/big-data-storage-library-congress/〉₩(2023. 1. 30. 최종방문).

12) Kinsta(2021. 1. 3.), "Wild and Interesting Facebook Statistics and Facts(2021)", 〈https://kinsta.com/ blog/ facebook-statistics/〉, (2023. 1. 30. 최종방문).

13) 세계 200여 개 국가에 6100만 곳의 가맹점을 보유한 카드 솔루션 회사인 비자(VISA)의 결제망인 비자넷(VisaNet)은 국내·외 상관없이 분당 390만 건의 거래를 처리할 수 있다고 한다. 이는 인스타그램에서 분당 사진을 업로드하는 건수의 70배, 모바일 앱(응용프로그램)에서 다운로드하는 건수의 10배에 달하는 속도이다[한경 경제(2020. 1. 13), "비자로 분당 390만건 결제 … 빅데이터 사업 본격 추진", 〈https://www.hankyung. com/economy/article/202001133255i〉(2023. 1. 30. 최종방문)].

〈표 1〉 전통적 데이터와 빅데이터의 특성 비교

	전통적 데이터	빅데이터
생성 주체	정부 및 기업 등 조직체	개인 및 소셜미디어업체 등
목적	업무처리 효율성	자기표현, 사회적 소통, 사회기반 서비스
데이터 유형	정형데이터 (고객정보, 거래정보 등)	비정형데이터 (비디오 스트림, 이미지, 오디오, 소셜 네트워크, 센서 데이터, 응용 프로그램 데이터 등)
데이터 특징	데이터 증가 관리 데이터 신뢰성 확보	데이터의 폭발적 증가 쓰레기 데이터 비중 높음 다양한 형식 데이터
데이터 보유	정부 및 기업 등 조직체	인터넷 서비스 기업 (구글, 아마존 등) 포털(네이버, 다음 등) 이동통신 회사(SKT, KTF 등) 디바이스 생산 회사 (애플, 삼성전자 등)
데이터 플롬	전형 데이터를 처리할 수 있는 플랫폼 예. 분산 DBMS 다중처리기	비정형 대량 데이터를 처리할 수 있는 새로운 플랫폼(예. 대용량 비전형 데이터 분산 병렬 처리)
데이터 처리	데이터베이스 데이터웨어하우스	클라우드 컴퓨팅 등 비용 효율적 장비 활용

2. 데이터의 종류

(1) 형식에 따른 분류

데이터는 그 형식에 따라 정형데이터(Structured Data), 비정형데이터(Unstructured Data), 반정형데이터(Semi-Structured Data)로 구분할 수 있다. 먼저, 정형데이터란 미리 정해 놓은 형식과 구조에 따라 저장되는 것으로 검색 및 선택, 갱신, 삭제 등을 손쉽게 수행할 수 있는 데이터이다. 예컨대, 고객 데이터, 매출 데이터 등이 이에 포함된다. 반면 비정형데이터는 미리 정의된 형식이 없어 그룹화, 분류화하기 어렵고 그 형식과 구조가 변경될 가능성을 가진 데이터를 말한다.[14] 예컨대 TV 방송, SNS 사진, 필기체, 텍스트, 동영상 등이 이에 해당한다. 한편 반정형 데이터란 완전한 정형에는 미치지 못하는 정도, 즉 일반적 데이터베이스는 아니지만 어느 정도 스키마(Schema)[15]를 가지고 있는 데이터를 의미한다. 예컨대, XML, HTML, JSON, 로그 형태 등이 이에 해당한다. 반정형 데이터는 정형 데이터처럼 테이블(Table)의 행(Row)과 열(Column)로 구조화되어 있지는 않으나 파일에 포함된 데이터 구조 정보를 바탕으로 변환 또는 매핑이 가능하다.

(2) 내용에 따른 분류

데이터는 그 내용에 따라 개인정보(Personal Data)와 비개인정보(Non-Personal Data)로 구분할 수 있다. 개인정보란 데이터 중 성명, 주민등록번호 및 영상 등을 통하여 개인을 알아볼 수 있는 정보를 말하며, 전체 데이터 중 이와 같은 개인정보에 해당하지 않는 데이터를 비(非)개인정보라고 한다. 개인정보에는 해당 정보만으로는 특정 개인을 알아볼 수 없더라도 다른 정보와 쉽게 결합하여 알아볼 수 있는 것도 포함된다.[16] 한편, 개인정보의 일부를 삭제하거나 일부 또는 전부를 대체하는 등의 방법으로 추가 정보 없이 특정 개인을 알아볼 수 없도록 처리한 상태를 '가명정보'[17]라고 하며, 더 이상 특정 개인인 신용정보주체를 알아볼 수 없도록 개인신용정보를 처리한 상태를 '익명정보'[18]라고 한다. 개인정보의 경우 구체적 범위를 정하여 정보 주체의 동의를 받아야 활용 가능한 반면,[19] 가명정보는 통계작성, 과학적 연구, 공익적 기록

---

14) 한국정보통신기술협회 정보통신용어사전('비정형데이터'), 〈http://terms.tta.or.kr/dictionary/dictionaryView.do?word_seq=045801-5〉(2023. 1. 30. 최종방문).

15) '스키마(Schema)'란 정보를 통합하고 조직화하는 인지적 개념 또는 틀을 의미하며 다른 말로 '도식'이라고도 한다[네이버 지식백과('스키마'), 〈https://terms.naver.com/entry.naver?docId=3407423&cid=40942&categoryId=31531〉(2023. 1. 30. 최종방문)].

16) 개인정보보호법 제2조 제1호.

17) 개인정보보호법 제2조 1호의2.

18) 신용정보의 이용 및 보호에 관한 법률 제2조 제17호.

19) 개인정보보호법 제15조, 제17조.

보존 등 한정적 범위 내에서는 활용 가능하고,[20] 익명정보는 비개인정보로서 정보주체의 동의 없이도 이용 가능하다는 점에서 차이가 난다.

(3) 생성 주체에 따른 분류

데이터는 그 생성 주체에 따라 공공데이터(Public Data)와 민간데이터(Private Data)로 구분된다. 먼저 공공데이터란 정부, 지방자치단체, 공공기관 등이 생성, 보유하고 있는 데이터를 의미한다. 「공공데이터의 제공 및 이용 활성화에 관한 법률」에서는 데이터베이스, 전자화된 파일 등 공공기관이 법령 등에서 정하는 목적을 위하여 생성 또는 취득하여 관리하고 있는 광(光) 또는 전자적 방식으로 처리된 자료 또는 정보를 "공공데이터"라고 정의하고 있다(동법 제2조 제2호). 공공기관이 보유·관리하는 데이터의 경우 일반 국민이 최대한 활용할 수 있도록 개방하는 것이 원칙이며,[21] 해당 기관의 장은 보유·관리하는 공공데이터를 국민에게 제공하고 공공데이터 목록을 만들어 행정안전부에 등록해야 한다.[22] 한편 민간데이터란 공공기관 이외의 주체가 보유하고 있는 데이터로서 기업이나 개인 등이 생성·취득하여 관리하는 데이터를 의미하는데, 주로 사업자와 개인 사이에 정보동의 계약을 맺고 수집·생성하는 데이터를 말한다.[23] 예컨대 구글, 아마존, 네이버, 다음 등에서 관리하고 있는 데이터가 이에 해당한다.

---

20) 개인정보보호법 제28조의2.

21) 공공데이터의 제공 및 이용 활성화에 관한 법률 제3조 제1항.

22) 공공데이터의 제공 및 이용 활성화에 관한 법률 제17조, 제18조.

23) 정보통신신문(2021. 7. 8), "민간데이터 대가산정안·구매체계 만든다", 〈https://www.koit.co.kr/news/articleView.html?idxno=86592〉, 2023. 1. 30. 최종방문.

III. 데이터의 이용 형태와 권리 분쟁

1. 데이터의 이용 형태

(1) 데이터 비즈니스 관여자

데이터는 실제 이용자에게 맞춤형 서비스로 제공되기까지 수집·생성, 저장·관리, 가공·유통, 분석·활용 등 여러 단계를 거치게 된다. 각 분야의 데이터 전문가[24]들은 서로 생산 및 가공한 데이터를 주고받으면서 여러 프로세스를 거쳐 원천 데이터의 활용 가치를 증대시킨다. 데이터 기획자(Data Planner), 데이터 아키텍트(Data Architect), 데이터 개발자(Data Developer), 데이터 엔지니어(Data Engineer), 데이터 분석가(Data Analyst), 데이터베이스 관리자(Database Administrator), 데이터 과학자(Data Scientist) 등이 모두 그러한 예이다. 공공 또는 민간업체에서 수집한 정형 또는 비정형 데이터를 실제 비즈니스 상품으로 출시하기까지는 다양한 전문가들의 손을 거치게 된다. 이들은 데이터를 수집·생성한 업체에 소속된 자들일 수도 있으나 그렇지 않고 각각 의뢰를 받아 분야별 서비스를 제공하는 독립된 사업자일 수도 있다. 후자의 경우 데이터 소유 및 귀속에 관한 사항은 주로 개별 계약(契約)에 의존하게 되는데 생산 및 거래 관계가 다층적으로 복잡해지거나 애초에 예견하지 못한 변수가 발생하는 경우 데이터 창출에 관여한 자 사이에 분쟁이 일어날 소지가 존재한다. 한국지능정보사회진흥원 조사에 따르면, 지난 6년(2014년~2020년) 사이 공공데이터 분쟁조정 건수는 약 2.4배나 증가한 것을 알 수 있다.[25]

---

24) 데이터산업현황조사에 따르면, 2020년 데이터 산업에 종사하는 인력은 총 366,021명으로 2019년 대비 6.2% 증가한 것으로 분석된다. 부문별로는 데이터 구축 및 컨설팅 서비스업이 48,644명으로 가장 많고, 데이터 판매 및 제공 서비스업은 36,050명, 데이터 처리 및 관리 솔루션 개발·공급업은 17,273명으로 조사되었다(한국데이터산업진흥원, 「2020 데이터산업 현황조사」, 2020, 66~68면).

25) 공공데이터제공 분쟁조정 사례는 2014년에는 총 14건에 불과하였으나 2020년에는 총 41건까지 늘어난 것으로 조사되었으며, 분쟁 대상 데이터의 유형은 데이터베이스(DB)가 71.6%, 저작물이 20.1%, Open API가 8.3% 순으로 파악되었다(한국지능정보사회진흥원, 「2014~2020년 공공데이터제공 분쟁조정사례 해설서」, 2021, 20~26면).

〈표2〉데이터 비즈니스 관여자[26]

종류	업무 내용
데이터 아키텍트 (Data Architect)	개념적, 논리적, 물리적 데이터 설계 수행
데이터 개발자 (Data Developer)	시스템에서 데이터를 활용하여 적용 프로그램을 개발 빅데이터 처리를 통한 응용 솔루션 개발 업무
데이터 엔지니어 (Data Engineer)	데이터 파이프라인 및 플랫폼 설계 및 구현 데이터 결합 및 포맷 변형, 텍스트 마이닝, 정보 추출
데이터 분석가 (Data Analyist)	데이터 활용을 위한 핵심 비즈니스를 파악 모델을 개선하기 위한 실험 설계 및 인사이트 도출
데이터베이스 관리자 (Database Administrator)	데이터 관리 체계의 검토·개선·관리 데이터(DB) 구성, 변경, 용량, 성능, 가용성(백업, 복구), 보안, 장애, 문제관리 등 운영시스템 관리
데이터 과학자 (Data Scientist)	데이터 간 관계, 패턴, 규칙 등을 찾아내 모형화하고 예측 모델을 개발하는 업무
데이터 컨설턴트 (Data Consultant)	성능 튜닝과 문제해결 총괄, 빅데이터 분석을 토대로 기업이 앞으로 나아갈 방향, 해결책 등 제시
데이터 기획자 (Data Planner)	제품·서비스 기획과 판매를 위한 데이터 상품 구성 데이터 큐레이팅, 코디네이팅 등 기획 업무

(2) 빅데이터 플랫폼의 등장

데이터의 산업진흥 및 이용 활성화를 위해 데이터를 거래할 수 있는 플랫폼이 계속해서 등장하고 있다. 대통령 직속 4차산업혁명위원회는 지난 6월 '민관 협력 기반 데이터 플랫폼 발전전략'을 발표하면서 2025년까지 15개 분야별 대표적 '빅데이터 플랫폼'을 구축하겠다고 밝힌 바 있다.[27] 이는 통합데이터 지도를 바탕으로 다양한 데이터를 연계하여 거래 환경 및 서비스를 고도화하겠다는 의도이다. 이처럼 데이터 거

---

26) 한국데이터산업진흥원, 앞의 보고서, 147면.

27) AI 타임스(2021. 6. 11), "정부, 2025년까지 15개 분야 대표 빅데이터 플랫폼 구축", 〈http://www.aitimes.com/ news/articleView.html?idxno=138975〉(2023. 1. 30. 최종방문).

래 활성화를 위해 빅데이터 플랫폼을 도입하려는 경향은 해외 국가에서도 마찬가지이다. 예컨대, EU에서는 2019년 'GAIA-X' 차세대 데이터 인프라 프로젝트를 추진하여 500여 개 기업과 기관이 참여하는 클라우드 기반 데이터 공유 플랫폼을 구축하였으며,[28] 중국에서는 2020년 베이징, 상하이 등 주요 도시에 데이터 판매·구입이 가능한 빅데이터 거래 플랫폼 총 14개 및 지역 행정데이터의 개방·공유 플랫폼 102개 마련에 성공하였다.[29] 이처럼 빅데이터 플랫폼이 증가할 경우 데이터 공급자에게는 자신이 수집·생성·가공한 데이터를 판매할 기회가 그리고 데이터 수요자에게는 자신이 원하는 데이터를 검색하여 활용할 수 있는 기회가 각각 증가하게 되어 총 데이터 거래 건수는 훨씬 늘어날 것으로 전망된다.[30]

〈그림 1〉 빅데이터 플랫폼의 거래 형태

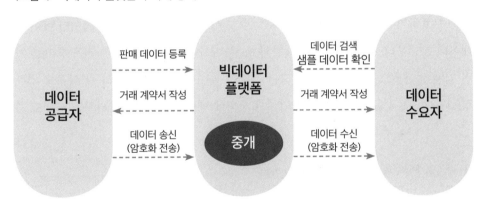

---

28) 'GAIA-X'는 2019년 독일이 중심이 되어 착수한 유럽의 차세대 데이터 인프라 프로젝트로서, 클라우드 서비스를 기반으로 유럽 데이터 주권과 자결권을 확보하고 데이터 기반 혁신 생태계를 조성하는 데에 그 목표가 있다[GAIA-X, 〈https://www.data-infrastructure.eu/GAIAX/Navigation/EN/Home/home.html〉(2018. 11. 30. 최종방문)].

29) 이데일리(2020. 11. 15), "빅데이터 대국 거듭나는 중국 … 정부 주도 플랫폼 구축 서둘러야", 〈https://url.kr/avxgt8〉(2023. 1. 30. 최종방문).

30) 한경(2021. 6. 11), "2025년 데이터산업 규모 19조원 → 43조원으로 키운다", 〈https://www.hankyung.com/it/article/202106118398i〉(2023. 1. 30. 최종방문).

2. 데이터 관련 권리 분쟁

(1) 제3자 개입가능성 증대

데이터 창출 및 가공 처리 과정이 복잡해지면서 거래 관계에서 제3자 개입가능성이 증대되고 있다. 여기서 '제3자'란 데이터 공급자 또는 데이터 수요자 외에 그 중간에서 데이터를 분석, 평가, 가공, 연계시켜 새로운 가치를 만들어 내는 역할을 하는 자를 의미한다. 종래에는 데이터 수집자가 바로 공급자 역할을 하거나 데이터 거래 대상이 한정된 범위에 그쳤기 때문에 데이터 소유권 보호에 관한 논의가 지금처럼 활발하지 않았다. 굳이 데이터에 대한 소유 관계를 따지지 않더라도 부정경쟁방지법상 영업비밀로서 어느 정도 보호가 가능했기 때문이다.[31] 하지만 데이터 창출 및 거래 과정이 점차 복잡해지고 이에 참여하는 자가 많아지면서 더 이상 영업비밀로는 보호하기 어려운 경우가 늘어나고 있다. 예컨대 데이터 크롤링, 데이터 마이닝, 데이터 분석부터 응용 프로그램 개발과 유지·보수에 이르기까지 각 전문 분야를 관련 업체에 아웃소싱(Outsourcing)[32]하는 사례가 늘어났을 뿐만 아니라, 클라우드 컴퓨팅(Cloud Computing)[33]과 같이 외부업체의 서버에 데이터를 저장·관리하는 사례도 증

---

31) 부정경쟁방지 및 영업비밀보호에 관한 법률
　　제2조(정의) 이 법에서 사용하는 용어의 뜻은 다음과 같다.
　　1. "부정경쟁행위"란 다음 각 목의 어느 하나에 해당하는 행위를 말한다.
　　　카. 그 밖에 타인의 상당한 투자나 노력으로 만들어진 성과 등을 공정한 상거래 관행이나 경쟁질
　　　　서에 반하는 방법으로 자신의 영업을 위하여 무단으로 사용함으로써 타인의 경제적 이익을 침
　　　　해하는 행위.

32) "점점 더 많은 기업들이 각기 다른 종류의 비즈니스 및 IT 기능을 서비스 제공 업체에 외주
　　를 맡김에 따라 데이터 분석 아웃소싱에 대한 수요가 증가하고 있다. 글로벌 리서치 기관인
　　IDG(International Data Group)는 전 세계 데이터 분석 아웃소싱 시장이 2016년부터 2024년까지 30%
　　이상의 연간 성장률을 보일 것이라고 예측했다." [AI 타임스(2019. 4. 8.), "빅데이터 분석 아웃소싱
　　수요 증가 추세", 〈http://www.aitimes.com/news/articleView.html?idxno=46878〉(2023. 1. 30. 최종방
　　문.)]

33) '클라우드 컴퓨팅'이란 인터넷상의 서버를 이용하여 데이터 저장, 네트워크, 콘텐츠 사용 등 IT 관련
　　서비스를 한번에 사용할 수 있는 컴퓨팅 환경을 말한다[네이버 지식백과('클라우드 컴퓨팅'), 〈https://
　　terms.naver.com/entry.naver?docId=1350825&cid=40942&categoryId=32828〉(2023. 1. 30. 최종방문).]

가했기 때문이다. 한편, 데이터는 유체물(有體物)과 달리 자화 패턴 복제를 통해 수인(數人)이 동시에 사용·수익할 수 있는 성질을 가지므로 공개된 데이터가 특정 단계의 사용 영역에만 머물러 있다고 보기도 어렵다. 이처럼 데이터의 생산 과정이 점차 전문화, 분업화될수록 데이터 거래에 제3자가 개입할 가능성은 증대되며 이들 사이에 권리 분쟁이 발생할 개연성은 증가한다고 할 것이다.

(2) 데이터 하자에 대한 책임

데이터 수요자가 공급받은 데이터를 이용하다 보면 품질, 성능 등의 측면에서 하자(瑕疵)가 존재하는 것을 발견할 수 있다. 이로 인해 데이터를 본래의 목적대로 사용·수익하지 못하는 경우 손해배상책임을 과연 누구에게 지도록 해야 하는지가 문제된다. 민법에서는 대금을 받고 물건의 소유권을 이전한 매도인(賣渡人)에게 하자담보책임이 발생한다(민법 제580조).[34] 그런데 데이터의 경우 민법상 물건(物件)과 그 성질을 달리하므로 위 하자담보책임의 법리를 그대로 적용할 수 있는지 의문이 든다.[35] 이는 결국 데이터의 주된 소유자를 누구로 볼 것인지, 나아가 권리 침해가 발생한 경우 어떤 근거로 제재할 수 있는지 등의 쟁점으로 귀결된다.

나아가 거래 유형에 따라 데이터 하자에 대한 책임을 어떻게 귀속시킬지도 문제로 제기된다. 예컨대, '데이터 제공형 계약(Data Provision Contract)'에서는 데이터를 상대방에게 제공할 때 해당 데이터에 대한 이용 권한, 기타 제공 조건 등을 정하게 된다.[36] 그런데 이후 이용 허락받은 데이터를 연계, 가공하는 과정에서 파생 데이터(Derived Data)가 생성될 수 있는데, 여기에 오류(誤謬)가 발생한 경우 그 책임을 누가 질

---

34) 민법 제580조(매도인의 하자담보책임)
　① 매매의 목적물에 하자가 있는 때에는 제575조 제1항의 규정을 준용한다. 그러나 매수인이 하자 있는 것을 알았거나 과실로 인하여 이를 알지 못한 때에는 그러하지 아니하다.
35) 데이터에 하자가 있는 경우 이러한 하자 가운데에는 데이터의 이용을 불가능하게 하는 것에서부터 이용에는 지장이 없는 사소한 것까지 다양하지만 어떠한 것에 대하여 어느 정도 보유자와 제공자에게 책임을 지워야 하는지를 판단하기가 쉽지 않다(손경한, 「데이터 거래활용 활성화를 위한 법제도 개선방안」, 국회입법조사처, 2020, 92면).
36) 한국지식재산학회, 「데이터 거래 가이드라인」, 한국데이터산업진흥원, 2019, 22~29면.

것인지 분명하지 않다. 한편, '데이터 창출형 계약(Data Creation Contract)'에서는 복수 당사자가 함께 창출한 데이터를 수요자에게 판매 시 데이터 창출에 관여한 당사자 간 이익 분배, 책임 소재 등을 정하게 되는데,[37] 이때 하자 책임에 대해 합의가 잘 이루어지지 않을 가능성이 많다. 예를 들어, 일부 당사자가 데이터 생성에 기여한 역할이 매우 크거나 계약상 이익 배분이 월등히 큰 경우 데이터 하자, 오류로 인한 손해 배상책임도 이들에게 귀속시킬 것인지 아니면 공동의 연대책임으로 균등하게 정할 것인지 등이다. 이 경우에도 하자책임의 주체, 즉 데이터의 소유자가 누구인지에 대한 논쟁으로 이어질 가능성이 많다.

(3) 국제적 데이터 거래 가능성

최근 국제사회에서는 국경 간 데이터 이동(Cross-Border Data Flows)에 대해 논의가 활발하다. 이는 데이터가 국경 간 장벽을 넘어 자유롭게 이동 및 거래될 수 있도록 법과 제도를 마련하고자 함이다. 환태평양경제동반자협정(CPTPP)에서는 2018년 11월 국경 간 데이터의 자유로운 이동 촉진과 데이터 지역화 조치 금지 조항을 의무 규정에 포함하였으며,[38] 세계무역기구(WTO)에서는 2019년 1월부터 국가 간 데이터 거래 국제규정 제정을 추진하였다.[39] 또한 경제협력개발기구(OECD) 비공식 회의체인 "Friends of Going Digital"은 2021년 5월 신뢰 기반 국경 간 데이터 이동 촉진 방안을,[40] G20은 2021년 9월 데이터 이동의 실제 운영에 대하여 구체적 논의를 각각 시도한 바 있다.[41] 이러한 흐름에 발맞춰서 세계 주요 국가들은 자국의 법과 제도를 정비

---

37) 한국지식재산학회, 앞의 보고서, 30~37면.

38) 김수동·정선인, "CPTPP의 미래와 우리의 대응방안", KIET 산업경제, 산업연구원, 2021, 59~62면.

39) 테크데일리(2019. 1. 3.), "WTO, 데이터거래 국제규칙 제정 추진", 〈http://www.techdaily.co.kr/news/articleView.html?idxno=1830〉 (2023. 1. 30. 최종방문).

40) 윤두희(2021. 5. 31), "OECD의 신뢰에 기반한 국경간 데이터 이동 촉진 논의 동향", OECD 정책 동향, 〈https://url.kr/fsq6mgp〉 (2023. 1. 30. 최종방문).

41) G20 Insights(2021. 9. 30), "Actions to make 'data free flow with trust' operational in practice", 〈https://www.g20-insights.org/policy_briefs/actions-to-make-data-free-flow-with-trust-operational-in-practice/〉 (2023. 1. 30. 최종방문).

하고 있는 상황이다. EU에서는 2020년 11월 「유럽 데이터 거버넌스에 관한 법안(Data Governance Act)」을 바탕으로 데이터 중개자가 제공하는 데이터 공유 서비스의 신뢰성을 확보하기 위한 법적 근거를 마련했으며,[42] 중국에서는 2020년 5월 '산업 빅데이터 발전 지도의견(关于工业大数据发展的指导意见)'[43]을 바탕으로 상해, 북경 등에 14개의 빅데이터 국제 거래소를 마련하였다.[44] 우리나라 역시 2019년 12월 국내 첫 민간 거래소인 한국데이터거래소(KDX)를 설립하여 내·외국인 상관없이 누구나 데이터 거래를 사고팔 수 있도록 허용하였으며[45] 2025년까지 분야별 빅데이터 거래 플랫폼을 15개까지 늘릴 계획이라고 밝혔다. 이처럼 국경의 장벽을 넘은 데이터 거래 규모와 기회가 증대될수록 데이터 소유 및 권리 귀속에 관한 법적 분쟁이 일어날 가능성은 늘어난다 할 것이다.

IV. 데이터 소유의 법률적 보호 방안

다음에서는 현행법상 데이터 소유자를 보호할 수 있는 방안에 대해 살펴보고 개별 법률의 적용 범위와 한계점 등에 대해 검토해 보도록 하겠다.

---

42) EUR-Lex(2020. 11. 25), "Regulatory proposals of the European Parliament and the European Council on Data Governance (Data Governance Act)", 〈https://eur-lex.europa.eu/legal-content/EN/TXT/?uri=CELEX%3A52020PC0767〉, (2023. 1. 30. 최종방문).

43) 중화인민공화국 공업정보화부(2020. 5. 13), "工业和信息化部关于工业大数据发展的指导意见", 〈https://wap.miit.gov.cn/jgsj/xxjsfzs/wjfb/art/2020/art_7d47e435e41d45d8ac843b796470f512.html〉(2023. 1. 30. 최종방문).

44) Chinanewsweb(2021. 3. 31), "북경 국제빅데이터거래소 설립, 데이터거래생태권 구축", 〈https://url.kr/ 128mof〉(2023. 1. 30. 최종방문).

45) 매일경제(2019. 12. 2), "국내 첫 민간 데이터거래소 KDX 출범", 〈https://www.mk.co.kr/news/economy/view/2019/12/100688/〉(2023. 1. 30. 최종방문).

1. 민법

(1) 적용 범위

　　민법상 데이터 소유를 보호할 수 있는 범위를 검토해 보도록 하겠다. 먼저, 소유(所有)의 법리에 의해 데이터를 보호하는 방안을 생각해 볼 수 있다. 민법에서 소유권은 데이터를 특정인에게 가장 강력하게 귀속시키고 보호하는 편리한 수단일 수 있다.[46) 만약 데이터의 보유자에게 소유권을 인정하게 된다면 타인이 그것을 무단으로 침탈하는 경우 반환을 청구할 수 있으며(법 제204조, 제213조) 나아가 권리의 행사를 방해하는 경우 방해의 제거를 청구할 수 있게 된다(법 제205조, 제214조). 다음으로, 점유(占有)의 법리에 의해 데이터를 보호하는 방안을 생각해 볼 수 있다. 만약 데이터의 보유자에게 점유의 법리를 인정하게 된다면 점유의 침탈을 당하거나 방해를 받은 때[47) 침탈자를 상대로 손해배상 또는 방해의 제거 등을 청구할 수 있게 된다(법 제204조, 제205조). 뿐만 아니라 타인의 동산을 평온·공연하게 양수한 자가 선의·무과실로 그 동산을 점유한 경우에는 양도인이 정당한 소유자가 아닐지라도 그 동산의 소유권을 취득하게 된다(법 제249조). 하지만 소유 또는 점유가 성립되기 위해서는 유체물과 그에 대한 공간적 지배력이 존재하여야 하는데 무형적(無形的) 성격을 가진 데이터에 대해서는 이러한 법 논리를 적용하는 것이 과연 적절한지 의문이 든다. 한편, 계약(契約)의 법리에 의해 데이터를 보호하는 방안을 생각해 볼 수 있다. 만약 데이터의 보유자에게 매매 계약의 법리를 인정하게 된다면[48) 매도인이 제공한 데이터가 오류, 하자 등이 있는 불완전한 공급이 아닌 이상 매수인이 대금 또는 보수를 지급함으로써 소유권이 이전하게 된다. 그런데 데이터의 경우 자화 패턴을 통해 무한 복제가 가능하므로

---

46) 민법 제211조(소유권의 내용) 소유자는 법률의 범위 내에서 그 소유물을 사용, 수익, 처분할 권리가 있다.

47) 점유권은 물건의 지배로부터 적극적으로 어떤 이익을 얻으려는 것을 내용으로 하는 것이 아니라, 물건에 대한 사실적인 지배상태를 일단 권리로서 보호하여 사인에 의한 교란을 금함으로써 사회의 평화와 질서를 유지하려는 제도이다(김준호, 「민법강의」, 법문사, 2021, 1430~1433면).

48) 민법 제563조(매매의 의의) 매매는 당사자 일방이 재산권을 상대방에게 이전할 것을 약정하고 상대방이 그 대금을 지급할 것을 약정함으로써 그 효력이 생긴다.

동일한 대상을 제3자에게 중복하여 판매할 수 있으며, 예상하지 못했던 파생 데이터들이 생성된 경우 이에 대한 소유권을 어떻게 처리할 것인지가 문제로 제기될 수 있다. 마지막으로 불법행위(不法行爲) 법리에 의해 데이터를 보호하는 방안을 생각해 볼 수 있다. 만약 데이터의 보유자에게 불법행위[49]의 법리를 인정하게 된다면, 고의 또는 과실로 데이터 보유를 침해하거나 허락 없이 이용하는 자에게 손해배상청구를 할 수 있다. 판례는 경쟁자가 상당한 노력과 투자에 의하여 구축한 성과물을 상도덕이나 공정한 경쟁질서에 반하여 자신의 영업을 위하여 무단으로 이용함으로써 경쟁자의 노력과 투자에 편승하여 부당하게 이익을 얻고 경쟁자의 법률상 보호할 가치가 있는 이익을 침해하는 경우에는 민법상 불법행위로 제재 가능하다는 입장이다.[50]

(2) 검토 및 제언

생각건대, 민법상 데이터 소유를 보호할 수 있는 법리로는 계약과 불법행위가 가능하다고 본다. 데이터는 비경합적 성격으로 여러 명이 동시에 보유할 수 있을 뿐만 아니라 비정형성, 변동성 등으로 범위를 특정하기 어려우며 공간적 지배력을 확정할 수 없다는 점에서 소유 내지 점유의 개념은 적용하기 어렵다. 다만, 블록체인에 기반한 암호화폐처럼 배타적 지배가 가능한 경우에는 예외적으로 소유권의 개념을 적용할 여지도 있으나[51] 그렇지 않은 대부분 경우에는 대입하기 적절하지 않다. 또한 점유권이 성립하기 위해서는 유체물과 그에 대한 공간적 지배력이 존재해야 하므로 단순히 데이터가 담겨 있는 매체(USB, 클라우드 등)에 대해서는 권리 보호를 주장할 수

---

49) 민법 제750조(불법행위의 내용) 고의 또는 과실로 인한 위법행위로 타인에게 손해를 가한 자는 그 손해를 배상할 책임이 있다.

50) 대법원 2020. 3. 26.자 2019마6525 결정, 대법원 2010. 8. 25.자 2008마1541 결정 등.

51) '블록체인(blockchain)'이란 누구나 열람할 수 있는 장부에 거래 내역을 투명하게 기록하고 여러 대의 컴퓨터에 이를 복제하여 저장하는 분산형 데이터 저장기술을 의미한다. 이 경우 여러 대의 컴퓨터가 기록을 검증하여 해킹을 방지함으로써 배타적 지배를 가능하게 한다[네이버 지식백과('블록체인'), 〈https://terms.naver.com/entry.naver?docId=2838482 &cid=43667&categoryId=43667〉(2023. 1. 30. 최종방문).]

있을지언정,[52] 그 안에 담긴 데이터에 대하여는 점유의 법리를 주장하기 어렵다고 할 것이다. 반면, 데이터의 주된 소유자 내지 권리자를 계약으로 정하는 것은 가능할 것이다. 다만, 데이터 생성 또는 거래 과정이 다층적, 복잡화되는 경우 모든 내용을 당사자 사이의 개별 계약 조항으로 정해야 한다는 점이 부담될 수 있다. 뿐만 아니라 실제 계약에서는 힘의 논리에 의해 불공평한 계약이 이루어지는 경우도 배제할 수 없다. 예컨대, 데이터를 분석, 결합하여 가치 있는 파생 데이터를 만들어 냈음에도 불구하고 계약을 체결하기 위해서는 상대방에게 데이터의 소유권을 모두 이전해야 하는 경우 등이다. 따라서 이에 대응하여 데이터 관련 표준계약서, 정부 지침 등을 마련하여 보완책으로 제시될 필요가 있다. 그 외에도 데이터 보유자의 노력과 투자에 편승하여 부당하게 이익을 얻거나 권리를 침해하는 자를 불법행위로 제재하는 것은 가능하다 할 것이다. 판례는 무단 이용 상태가 계속되어 금전배상을 명하는 것만으로는 피해자 구제의 실효성을 기대하기 어렵고 무단 이용의 금지로 인하여 보호되는 피해자의 이익과 그로 인한 가해자의 불이익을 비교·교량할 때 피해자의 이익이 더 큰 경우 불법행위로 인해 금지 또는 예방을 청구할 수 있다고 판시한 바 있다.[53]

2. 저작권법

(1) 적용 범위

저작권법상 데이터 소유를 보호할 수 있는 범위를 검토해 보도록 하겠다. 먼저, 편집저작물 법리에 의해 데이터를 보호하는 방안을 생각해 볼 수 있다. 편집저작물이란 편집물로서 그 소재의 선택·배열 또는 구성에 창작성이 있는 것을 말한다(법 제2조 제18호). 편집저작물에는 부호, 문자, 음, 영상 그 밖의 형태의 자료의 집합물 그리

---

52) 2000년 'eBay v. Bidder' 사건에서 법원은 eBay 사이트 내의 경매가격 관련 정보를 허락 없이 수집한 행위를 eBay사의 서버(Server)라는 동산 소유권을 침해하였다고 판시하였다[eBay v. Bidder's Edge, 100 F. Supp. 2d 1058 (N.D. Cal. 2000).]
53) 대법원 2020. 3. 26.자 2019마6525 결정, 대법원 2010. 8. 25.자 2008마1541 결정 등.

고 데이터베이스[54]도 포함된다(법 제2조 제17호). 따라서 데이터베이스에 효율적 검색을 위한 저작자의 선택·구성이 존재하고 여기에 창작성이 인정되는 경우 데이터 보유자는 편집저작물의 저작권자로 보호받을 가능성이 존재한다.[55] 다음으로, 2차적저작물 법리에 의해 데이터를 보호하는 방안을 생각해 볼 수 있다. 2차적저작물이란 원저작물을 번역, 편곡, 변형, 각색, 영상제작 그 밖의 방법으로 작성한 창작물을 말한다.[56] 2차적저작물이 성립될 경우 원저작물과는 별도로 독자적 저작물로서 보호받을 수 있다. 데이터 자체는 저작자의 사상과 감정이 표현된 저작물(著作物)이라고 보기는 어려우므로 이를 변형·각색하였다고 하더라도 2차적저작물이 성립된다고 보기는 어려울 것이다. 하지만 데이터의 집합이 편집저작물로 보호되는 경우에는 예외적으로 2차적저작물이 성립할 가능성이 있다. 만약 데이터의 보유자가 편집저작물 또는 2차적저작물 작성권자로 인정될 경우 허락 없이 데이터를 복제, 배포, 전송하는 자를 상대로 형사적,[57] 민사적[58] 제재를 가할 수 있게 된다. 한편, 컴퓨터프로그램 저작물 법리에 의해 데이터를 보호하는 방안도 생각해 볼 수 있다. 컴퓨터프로그램저작물이란

---

54) 데이터베이스(Database)란 여러 사람에 의해 공유되어 사용될 목적으로 통합되어 관리되는 데이터의 집합체이다[두산백과('데이터베이스'), 〈https://url.kr/iqsdok〉(2023. 1. 30. 최종방문)].

55) 오승종, 「저작권법」, 박영사, 2016, 196면.

56) 저작권법 제5조(2차적저작물)

    ① 원저작물을 번역·편곡·변형·각색·영상제작 그 밖의 방법으로 작성한 창작물은 독자적인 저작물로서 보호된다.

    ② 2차적저작물의 보호는 그 원저작물의 저작자의 권리에 영향을 미치지 아니한다.

57) 저작권법 제136조(벌칙)

    ① 다음 각 호의 어느 하나에 해당하는 자는 5년 이하의 징역 또는 5천만원 이하의 벌금에 처하거나 이를 병과(倂科)할 수 있다.

        1. 저작재산권, 그 밖에 이 법에 따라 보호되는 재산적 권리(제93조에 따른 권리는 제외한다)를 복제, 공연, 공중송신, 전시, 배포, 대여, 2차적저작물 작성의 방법으로 침해한 자

58) 저작권법 제125조(손해배상의 청구)

    ① 저작재산권 그 밖에 이 법에 따라 보호되는 권리(저작인격권 및 실연자의 인격권을 제외한다)를 가진 자(이하 "저작재산권자 등"이라 한다)가 고의 또는 과실로 권리를 침해한 자에 대하여 그 침해행위에 의하여 자기가 받은 손해의 배상을 청구하는 경우에 그 권리를 침해한 자가 그 침해행위에 의하여 이익을 받은 때에는 그 이익의 액을 저작재산권자 등이 받은 손해의 액으로 추정한다.

특정한 결과를 얻기 위하여 컴퓨터 등 정보처리능력을 가진 장치 내에서 직접 또는 간접으로 사용되는 일련의 지시·명령으로 표현된 창작물을 말한다.[59] 통상 컴퓨터가 가지고 있는 연산, 제어(통제), 기억, 입력, 출력의 5종류 기능 중 입력, 출력의 기능이 없더라도 연산, 제어, 기억의 기능만 가지고 있으면 여기서 말하는 정보처리능력을 가진 장치에 포함된다.[60] 하지만 컴퓨터에서 사용되는 워드파일(doc, hwp), 그림파일(jpg, gif 등), 소리파일(mp3, wav 등), 동영상 파일(avi, mov, dvd, mpeg, wmv 등) 등의 데이터 파일은 컴퓨터에 대한 지시, 명령으로 표현한 창작물이라고 할 수 없으므로, 데이터 보유자를 컴퓨터프로그램저작물 저작권자로 보호하기 어려울 것이다.[61] 마지막으로 데이터베이스제작자 법리에 의해 데이터를 보호하는 방안도 생각해 볼 수 있다. 데이터베이스제작자란 데이터베이스의 제작 또는 그 소재의 갱신·검증 또는 보충에 인적 또는 물적으로 상당한 투자를 한 자를 말하며[62] 데이터베이스를 제작하기 위하여 소재를 수집한 자도 그 수집에 있어서 상당한 투자를 한 경우 데이터베이스제작자로 보호된다.[63] 이에 의할 경우 데이터베이스의 개별 소재 또는 그 상당한 부분에 이르지 못하는 부분의 복제 등이라 하더라도 반복적이거나 특정한 목적을 위하여 체계적으로 함으로써 당해 데이터베이스의 통상적인 이용과 충돌하거나 이익을 부당하게 해치는 경우에는 해당 데이터베이스의 상당한 부분의 복제 등으로 보아 형사적, 민사적 제재가 가능하다 할 것이다.[64]

---

59) 서작권법 세2조 세16호.

60) 오승종, 앞의 책, 1135면.

61) "ECO_RFID.INI 파일에 기술되어 있는 내용은 정보처리 장치 내에서 특정한 결과를 직간접으로 발생시키는 지시나 명령에 해당한다고 볼 수 없고, ECO_RFID.INI 파일은 단지 응용프로그램으로 하여금 초기 정보를 인식하도록 하는 역할을 하는 정보 파일이나 데이터 파일에 불과할 뿐만 아니라 ECO_RFID.INI 파일에 기술되어 있는 내용은 누가 작성하여도 거의 동일하게 되는 것이거나 간단한 내용에 불과하여 저작물에 해당한다고 볼 수 없다." (서울고등법원 2013. 8. 29 선고 2012나95785 판결)

62) 저작권법 제2조 제20호.

63) 오승종, 앞의 책, 1042면.

64) 저작권법 제93조 제2항.

(2) 검토 및 제언

생각건대, 저작권법상 데이터 소유를 보호할 수 있는 방안으로는 데이터베이스 제작자의 법리를 유추 적용하는 것이 적절하며 그 외에도 편집저작물과 2차적저작물 작성권자의 법리 등을 적용할 수 있다. 컴퓨터프로그램은 일련의 지시·명령이지만 저작물로 보호받기 위해서는 창작성이 인정되어야 한다. 그런데 데이터 파일 자체에는 저작자의 사상과 감정이 표현되어 있지 않으므로 데이터 소유자는 컴퓨터프로그램저작물의 저작권자로 보호되기 어렵다. 하지만 데이터의 집합이 효율적 검색을 위해 선택, 구성되고 여기에 창작성이 존재하는 경우에는 편집저작물로, 또 이를 다시 각색·변형한 경우에는 2차적저작물로 보호될 가능성이 있다. 다만, 이 경우에도 선택, 구성 등에 창작성이 있어 편집저작물로 보호받는 데이터 집합과 그렇지 않은 데이터의 집합을 어떻게 구분할 것인지는 또 다른 과제로 남겨진다. 한편, 데이터 소유자에 대하여 저작권법상 데이터베이스제작자의 권리 조항을 유추하여 적용하는 것은 적절하다고 여겨진다. 빅데이터의 생성은 창작 활동이 아니므로 저작물의 하나로 보기는 어려울 것이나,[65] 경제 가치 창출의 기반이 되는 데이터를 수집·생성하기 위해 인적 또는 물적으로 상당한 투자를 한 자는 법적으로 보호해 줄 필요가 있기 때문이다. 따라서 데이터를 정당하게 소유한 자에게는 당해 데이터의 전부 또는 상당한 부분을 복제, 배포, 방송 또는 전송할 권리를 부여하며, 데이터의 통상적인 이용과 충돌하거나 데이터 소유자의 이익을 부당하게 해치는 경우에는 형사적, 민사적 제재를 가할 수 있도록 법적 근거를 마련하는 것이 타당하다.

---

65) 예컨대, 소프트웨어에 의하여 자동적으로 작성되는 기상도나 자동적으로 출력되는 악보 등은 인간의 사상과 감정의 표현의 아니므로 저작물로서 보호되지 않는다고 보아야 할 것이다(이해완, 「저작권법」, 박영사, 2015, 35~36면.)

3. 부정경쟁방지법

(1) 적용 범위

부정경쟁방지법상 데이터 소유를 보호할 수 있는 범위를 검토해 보도록 하겠다. 우선, 현행법[66]상 명시되어 있는 보충적 일반조항에 의해 데이터를 보호하는 방안을 생각해 볼 수 있다. 동법 제2조 제1호 파목에서는 "그 밖에 타인의 상당한 투자나 노력으로 만들어진 성과 등을 공정한 상거래 관행이나 경쟁질서에 반하는 방법으로 자신의 영업을 위하여 무단으로 사용함으로써 타인의 경제적 이익을 침해하는 행위"를 부정경쟁행위의 하나로 규율하고 있다. 여기서 '상당한 투자나 노력'에 해당하는지는 권리자가 투입한 투자나 노력의 내용과 정도를 그 성과 등이 속한 산업 분야의 관행이나 실태에 비추어 구체적, 개별적으로 판단하며, '공정한 상거래 관행이나 경쟁질서에 반하는 방법'에 해당하는지는 권리자와 침해자가 경쟁관계에 있거나 가까운 장래에 경쟁관계에 놓일 가능성이 있는지, 권리자가 주장하는 성과 등이 포함된 산업분야의 상거래 관행이나 경쟁질서의 내용과 그 내용이 공정한지 여부, 위와 같은 성과 등이 침해자의 상품이나 서비스에 의해 시장에서 대체될 가능성, 수요자나 거래자들에게 성과 등이 어느 정도 알려졌는지, 수요자나 거래자들의 혼동가능성 등을 종합적으로 고려하여 판단한다.[67] 판례는 본 조항은 새로이 등장하는 경제적 가치를 지닌 무형의 성과를 보호하고 입법자가 부정경쟁행위의 모든 행위를 규정하지 못한 점을 보완하여 법원이 새로운 유형의 부정경쟁행위를 좀더 명확하게 판단할 수 있도록 함으로써 변화하는 거래관념을 적시에 반영하여 부정경쟁행위를 규율하기 위한 보충적 일반조항이라고 설시한 바 있다.[68] 다음으로, 개정법에 의해 데이터를 보호하는 방안을 생각해 볼 수 있다. 데이터를 부정하게 사용하는 행위를 부정경쟁행위의 하나로 규정

---

66) 부정경쟁방지 및 영업비밀보호에 관한 법률[시행 2021. 6. 23., 법률 제17727호, 2020. 12. 22. 일부개정]
67) 대법원 2020. 6. 25. 선고 2019다282449 판결.
68) 대법원 2020. 3. 26. 선고 2016다276467 판결, 대법원 2020. 3. 26.자 2019마6525 결정 등.

한 개정법[69]이 2021년 11월 국회 본회의를 통과하여 2022년 4월부터 시행되었다. 데이터가 디지털 경제 시대의 핵심 동인으로 주목받고 그 중요성이 점차 증대되고 있으나 이를 보호할 법적 기반이 미비하여 양질의 데이터가 원활하게 이용되지 못하고 있다는 점[70]이 지적됨에 따라 새로운 항목을 추가한 것이다.[71] 이에 따라 ① 특정 대상과의 거래를 위한 것으로 ② 전자적으로 관리되고 있으며 ③ 상당량 축적되어 경제적 가치를 함유하며 ④ 공개를 전제로 하는 데이터의 경우, 이를 타인이 무단으로 이용하거나 제3자에게 제공하는 때에는 부정경쟁행위의 하나로서 처벌받게 된다. 이처럼 보호 범위를 한정한 이유는 모든 데이터를 대상으로 할 경우 과도한 규제가 될 수 있으며 데이터의 이용·유통 활성화를 저해하지 않는 범위에서 규율하고자 함이다.[72]

---

69) 부정경쟁방지 및 영업비밀보호법 제2조 제1호

　카. 데이터(「데이터 산업진흥 및 이용촉진에 관한 기본법」 제2조 제1호에 따른 데이터 중 업(業)으로서 특정인 또는 특정 다수에게 제공되는 것으로, 전자적 방법으로 상당량 축적·관리되고 있으며, 비밀로서 관리되고 있지 아니한 기술상 또는 영업상의 정보를 말한다. 이하 같다)를 부정하게 사용하는 행위로서 다음의 어느 하나에 해당하는 행위

　　1) 접근권한이 없는 자가 절취·기망·부정접속 또는 그 밖의 부정한 수단으로 데이터를 취득하거나 그 취득한 데이터를 사용·공개하는 행위

　　2) 데이터 보유자와의 계약관계 등에 따라 데이터에 접근권한이 있는 자가 부정한 이익을 얻거나 데이터 보유자에게 손해를 입힐 목적으로 그 데이터를 사용·공개하거나 제3자에게 제공하는 행위

　　3) 1) 또는 2)가 개입된 사실을 알고 데이터를 취득하거나 그 취득한 데이터를 사용·공개하는 행위

　　4) 정당한 권한 없이 데이터의 보호를 위하여 적용한 기술적 보호조치를 회피·제거 또는 변경(이하 "무력화"라 한다)하는 것을 주된 목적으로 하는 기술·서비스·장치 또는 그 장치의 부품을 제공·수입·수출·제조·양도·대여 또는 전송하거나 이를 양도·대여하기 위하여 전시하는 행위. 다만, 기술적 보호조치의 연구·개발을 위하여 기술적 보호조치를 무력화하는 장치 또는 그 부품을 제조하는 경우에는 그러하지 아니하다.

70) 매일경제(2021. 11. 11), "'데이터 부정 사용 제재' 부정경쟁방지법 개정안 국회 통과", 〈https://www.mk.co.kr/news/ economy/view/2021/11/1066320/〉(2023. 1. 30. 최종방문).

71) 부정경쟁방지 및 영업비밀보호에 관한 법률 제2조 제1호 종래의 (카)목은 (타)목으로 변경되었다(법률 제18548호, 2022. 4. 20. 시행).

72) "보호대상 데이터를 한정한 이유는 모든 데이터를 보호할 경우 과도한 규제가 될 수 있으며, 데이터 산업 발전과 국민의 편익을 위해서는 데이터의 이용·유통이 활성화되어야 하기 때문이다." [특허청 보도자료(2021. 11. 11.), "데이터 보호를 위한 부정경쟁방지법 개정안 국회 통과", 2면, 〈https://www.kipo.go.kr/kpo/BoardApp/ UnewPress1App ?seq=19262&c=1003&board_id=press&catmenu

(2) 검토 및 제언

생각건대, 현행 부정경쟁방지법상으로도 데이터 소유를 보호할 수 있으나, 개정법에 의할 때 보다 분명한 법적 근거가 뒷받침될 것으로 본다. 현행법 제2조 제1호 파목의 "그 밖에 타인의 상당한 투자나 노력으로 만들어진 성과 등을 공정한 상거래 관행이나 경쟁질서에 반하는 방법으로 자신의 영업을 위하여 무단으로 사용함으로써 타인의 경제적 이익을 침해하는 행위"라는 문구에 의해서도 데이터 소유자는 어느 정도 권리 구제를 받을 수 있을 것이다. 그러나 본 조항의 각 요건을 어떻게 충족하는지는 권리 주장자가 구체적으로 입증하여야 하는 부담이 존재한다. 반면, 개정법에서는 "접근권한이 없는 자가 절취·기망·부정접속, 그 밖의 부정한 수단으로 데이터를 취득하거나 그 취득한 데이터를 사용·공개하는 행위"라든지 "데이터 보유자와의 계약관계 등에 따라 데이터에 접근권한이 있는 자가 부정한 이익을 얻거나 데이터 보유자에게 손해를 입힐 목적으로 그 데이터를 사용·공개하거나 제3자에게 제공하는 행위" 등과 같이 구체적 행위 유형을 문구에 명시하고 있다.[73] 이는 데이터 공급자와 수요자 사이에 부정경쟁행위가 무엇인지 예측하게 해 주며 나아가 해당 법 조항을 근거로 제재를 가할 수 있다는 점에서 훨씬 효과적으로 데이터 소유자의 권리를 보호해 주는 방안이라고 여겨진다.

4. 데이터 산업진흥 및 이용촉진에 관한 기본법

(1) 적용 범위

「데이터 산업진흥 및 이용촉진에 관한 기본법」(이하 '데이터산업법')상 데이터 소유를 보호할 수 있는 범위를 검토해 보도록 하겠다. 데이터산업법이 2021년 10월 국회

=m03_05_01〉(2023. 1. 30. 최종방문)]

73) 법원은 명확성의 원칙을 수범해야 하는 근거로 법규범의 의미내용이 불확실하면 법적 안정성과 예측가능성을 확보할 수 없고 법집행 당국의 자의적인 법해석과 집행을 가능하게 할 것이기 때문이라는 점을 설시한 바 있다. (대법원 2010. 5. 27. 선고 2009두1983 판결, 대법원 2008. 10. 23. 자 2008초기264 결정 등)

본회의를 통과하여 2022년 4월부터 시행되었다. 이 법은 데이터의 생산, 거래 및 활용 촉진에 관하여 필요한 사항을 정함으로써 데이터로부터 경제적 가치를 창출하고 데이터산업 발전의 기반을 조성하여 국민생활의 향상과 국민경제의 발전에 이바지함을 목적으로 제정되었다(법 제1조).[74) 이에 따르면, 정부는 데이터의 생산, 거래 및 활용 촉진을 위하여 데이터를 본인 또는 제3자에게 원활하게 이동시킬 수 있도록 제도적 기반을 구축해야 하며(동법 제15조), 데이터 유통 및 거래를 활성화하기 위하여 데이터 유통·거래 체계를 구축하고 기반 조성을 위해 필요한 지원을 하여야 하고(법 제18조). 나아가 데이터를 거래함에 있어서 대기업과 중소기업 간의 공정한 경쟁 환경을 조성하고 상호 협력을 촉진하여야 한다(법 제17조).

한편, 데이터 기본법에서 일부 내용은 개별 법령에서 정한 바를 따르도록 규정하고 있다. 먼저, 데이터 자산의 보호를 위해 데이터 자산에 대한 부정취득행위와 정당한 권한 없이 데이터생산자가 데이터 자산에 적용한 기술적 보호조치를 무력화하는 행위를 하지 못하도록 하며, 데이터 자산 부정사용 등 행위에 관한 사항은 부정경쟁방지법에서 정한 바에 따르도록 규정하고 있다(제12조).[75) 그리고 정부는 데이터 기반의 정보분석을 활성화하기 위하여 데이터의 수집, 가공 등 정보분석에 필요한 사업을

---

74) 디지털 경제 전환에 대응하기 위한 디지털 뉴딜 정책을 범국가적으로 추진 중이나 이를 체계적으로 뒷받침하기 위한 법적 근거가 부족하다는 점이 문제점으로 지적되었고, 이에 정부는 데이터 기본법을 제정함으로써 민간 데이터의 가치와 중요성을 재인식하고 기업들의 불확실성을 제거하는 한편, 우리나라의 데이터 산업 육성 의지를 대외적으로 표명하였다[대한민국 정책브리핑 (2021. 10. 14), "과기부, 데이터 경제를 활짝 여는 데이터 기본법 제정", 〈https://www.korea.kr/news/visualNewsView.do?newsId=148894230〉 (2023. 1. 30. 최종방문)].

75) 데이터 산업진흥 및 이용촉진에 관한 기본법 제12조(데이터자산의 보호)
① 데이터생산자가 인적 또는 물적으로 상당한 투자와 노력으로 생성한 경제적 가치를 가지는 데이터(이하 "데이터자산"이라 한다)는 보호되어야 한다.
② 누구든지 제1항에 따른 데이터자산을 공정한 상거래 관행이나 경쟁질서에 반하는 방법으로 무단 취득·사용·공개하거나 이를 타인에게 제공하는 행위, 정당한 권한 없이 데이터자산에 적용한 기술적 보호조치를 회피·제거 또는 변경하는 행위 등 데이터자산을 부정하게 사용하여 데이터생산자의 경제적 이익을 침해하여서는 아니 된다.
③ 제2항에 따른 데이터자산의 부정사용 등 행위에 관한 사항은 「부정경쟁방지 및 영업비밀보호에 관한 법률」에서 정한 바에 따른다.

지원할 수 있으며 정보분석을 위하여 데이터를 이용하는 경우에 그 데이터에 포함된 저작물 등의 보호와 이용에 관하여는 저작권법에서 정하는 바에 따르도록 명시하고 있다(제13조). 이처럼 일부 내용을 개별 법령에서 정한 바에 따르도록 한 이유는 법령 간에 상호 중복되거나 저촉되는 것을 피하고 유기적 해석을 바탕으로 조화로운 법 적용을 도모하기 위함이다.[76]

(2) 검토 및 제언

생각건대, 데이터 기본법은 데이터의 생산, 거래 및 활용 촉진에 관한 전반적 사항을 정하고 법적 근거를 마련하였다는 점에서 의의가 있으나, 데이터의 정당한 소유자 보호를 위해서는 지식재산권법 개별법 조항을 검토하는 것이 필수적이라고 여겨진다. 데이터 기본법에서는 정부는 다양한 분야와 형태의 데이터와 데이터 상품이 생산될 수 있는 환경을 조성해야 하며, 데이터의 생산, 거래 및 활용 촉진을 위하여 데이터를 본인 또는 제3자에게 원활하게 이동시킬 수 있도록 제도적 기반을 구축하고 나아가 인적 또는 물적으로 상당한 투자와 노력으로 생성한 경제적 가치를 가지는 데이터를 보호해야 한다 등의 내용이 포함되어 있다. 이러한 법 조항은 궁극적으로 데이터 창출 및 거래 환경을 개선하고 데이터를 적법하게 생산, 보유하고 있는 자를 보호하기 위한 사회적 인프라를 구축하는 데 도움을 줄 것이라고 본다. 하지만 데이터를 생성·수집한 자 또는 여기에 인적·물적으로 투자를 한 자가 실질적으로 구제를 받기 위해서는 부정경쟁방지법, 저작권법 등의 개별 법률을 적용, 검토할 수밖에 없다. 부정경쟁방지법에 새롭게 도입된 데이터 부정사용에 관한 조항(법 제2조 제1호 카목)이라든지, 저작권법에서의 기술적 보호조치 무력화에 관한 조항(법 제104조의2)[77] 등이

---

76) 하나의 법령에서 규율하려는 대상이나 사항이 다른 법령에서 규율하고 있는 것과 중복되거나 상호 연관되어 있는 경우가 많이 있다. 법령의 규정은 고립하여 존재하는 것이 아니라 법령 상호간에 유기적으로 결부되어 종합적인 법체계를 구성하고 있다. 다른 법령과의 관계를 규정하는 방식은 여러 가지가 있으나 법령 간의 관계를 명확히 하여 법령을 해석하고 집행할 때 문제가 발생하지 않을 것인지를 종합적으로 검토한 후 다른 법령과의 관계 방식을 정한다(법제처, 「법령 입안 심사 기준」, 2020, 72면).

77) 저작권법 제104조의2(기술적 보호조치의 무력화 금지)

그러한 예다. 이러한 점에 비춰 보았을 때, 데이터의 정당한 소유자를 보호하기 위해서는 데이터산업법과 더불어 연계 법령의 적용 사항을 함께 검토하여 구체적 방안을 모색해 나가는 것이 바람직하다고 여겨진다.

V. 결 론

이상으로 본 논문에서는 데이터의 정당한 소유자를 보호할 수 있는 법적 방안에 대하여 검토해 보았다. IDC 보고서에 의하면 전 세계 빅데이터 시장 규모는 2011년 76억 달러에서 2020년 560억 달러, 그리고 2027년에는 1,030억 달러까지 계속해서 성장할 것으로 예측된다.[78] 이처럼 데이터는 경제성장뿐만 아니라, 일자리 창출, 사회 발전을 위한 필수 자원으로 거듭나고 있는 상황이다. 그런데 디지털 경제 시대에 주도권을 확보하고 경쟁력을 갖추기 위해서는 무엇보다 데이터를 자유롭게 생산, 수집하고 거래할 수 있는 사회적 인프라와 환경이 조성되어야 한다. 이를 위해 가장 먼저 검토되어야 하는 부문이 바로 관련 법 제도이다. 데이터의 정당한 소유자가 법적으로 보호받기 위해서는 민법, 저작권법, 부정경쟁방지법, 데이터기본법에 의한 방법 등이 존재한다. 우선, 민법상으로는 계약으로 데이터 비즈니스에 관여한 자 중 주된 권리자 내지 소유자를 정하는 것이 가능하다. 또한 데이터 소유자의 노력과 투자에 편승

---

① 누구든지 정당한 권한 없이 고의 또는 과실로 제2조 제28호 가목의 기술적 보호조치를 제거·변경하거나 우회하는 등의 방법으로 무력화하여서는 아니 된다. 다만, 다음 각 호의 어느 하나에 해당하는 경우에는 그러하지 아니하다.
    4. 국가의 법집행, 합법적인 정보수집 또는 안전보장 등을 위하여 필요한 경우
    6. 정당한 권한을 가지고 프로그램을 사용하는 자가 다른 프로그램과의 호환을 위하여 필요한 범위에서 프로그램코드역분석을 하는 경우
    7. 정당한 권한을 가진 자가 오로지 컴퓨터 또는 정보통신망의 보안성을 검사·조사 또는 보정하기 위하여 필요한 경우

78) Statista(2021. 1. 22), "Big data market size revenue forecast worldwide from 2011 to 2027", 〈https://www.statista.com/statistics/254266/global-big-data-market-forecast/〉(2023. 1. 30. 최종방문).

하여 이익을 얻거나 권리를 침해하는 자를 불법행위에 근거하여 제재하는 것도 가능하다. 다만, 데이터 생성 또는 거래 과정이 다층화·복잡화되는 경우 모든 내용을 당사자 간 계약 조항으로 정해야 한다는 부담이 존재할 수 있다. 따라서 이를 보완할 수 있도록 데이터 관련 표준계약서, 정부 지침 등을 마련하여 제시할 필요가 있다. 다음으로, 저작권법상으로는 데이터베이스제작자의 법리를 유추적용하는 방안을 생각해 볼 수 있다. 빅데이터의 생성은 창작 활동이 아니므로 저작물의 하나로 보기는 어려울 것이지만 경제 가치 창출의 기반이 되는 데이터를 수집·생성하기 위해 인적 또는 물적으로 상당한 투자를 한 자는 법적으로 보호해 줄 필요가 있다. 따라서 데이터의 정당한 소유자에게 당해 데이터의 전부 또는 상당한 부분을 복제, 배포, 방송 또는 전송할 권리를 부여하고, 데이터의 통상적인 이용과 충돌하거나 데이터 소유자의 이익을 부당하게 해치는 자에게는 형사적, 민사적 제재를 가할 수 있도록 법적 근거를 마련하는 것이 적절하다고 본다. 한편, 부정경쟁방지법상으로는 일반적 보충조항보다 개정 법 조항에 의할 때 데이터 소유자의 권리를 보다 확실하게 보호할 수 있을 것으로 여겨진다. 현행법 제2조 제1호 타목을 적용하는 경우에는 일반적·추상적 기준에 충족되는지를 데이터 소유자가 직접 입증해야 하나, 새로 신설된 카목을 적용하는 경우에는 법 조항에 부정경쟁행위가 유형화되어 있으므로 보다 신속하고 분명하게 법적 구제를 받을 수 있기 때문이다. 마지막으로 데이터 기본법은 데이터의 적법한 소유자를 보호하기 위한 기본 근거로 주장할 수는 있을 것이나, 실질적으로 법적 구제를 받기 위해서는 연관 법령의 검토가 필수적으로 수반되어야 한다고 본다. 예컨대, 데이터의 부정사용에 해당하는 행위 유형이라든지 데이터 수집을 위해 기술적 보호조치 무력화가 허용되는 경우와 그렇지 않은 경우 등을 판단하기 위해서는 부정경쟁방지법, 저작권법 등의 개별 법 조항을 검토할 필요가 있기 때문이다. 지난해부터 올해까지 발의된 데이터 관련 법률안만 무려 10건[79]에 달할 정도로, 데이터 생산과 거래를 어떻게 규율할 것인지에 관심이 주목되고 있다. 하지만 급속한 속도로 빅데이터

---

79) 의안정보시스템(의안검색), 〈https://likms.assembly.go.kr/bill/BillSearchResult.do〉(2023. 1. 30. 최종 방문).

비즈니스 모델이 새롭게 출시되고 있고 정부 차원의 프로젝트 또는 사회적 인프라가 계속해서 형성되고 있는 상황에서 데이터 소유자의 권리를 어떻게 개념화하여 입법화할 것인지는 좀 더 많은 논의가 선행되어야 할 것이다. 그럼에도 불구하고 데이터를 적법하게 수집·생성·가공한 자의 권리는 보호되어야 하며 타인이 이를 침해하거나 방해한 경우에는 법적 제재를 가할 수 있도록 규율하는 것은 당연한 이치이다. 따라서 현행법 조항을 최대한 활용하면서 데이터 소유자를 보호하는 방안을 신중하게 모색하여 개정, 입법화하는 것이 바람직하다고 본다.

데이터 기반 의사결정에서 편향과 공정성*

고인석
(인하대학교 철학과 교수)

이 글은 데이터 기반 사회에서 데이터 기반 의사결정의 합리성을 위협하는 편향의 문제를 고찰하면서 그러한 위험을 줄이고 의사결정의 공정성을 높이는 방안을 모색한다. 이를 위하여 미국에서 범죄자 교정관리에 활용되어 온 COMPAS가 인종차별적 편향을 나타낸다는 비판을 둘러싼 토론을 검토하고, 데이터 기반 의사결정에서 편향을 발생시키는 원천을 분석한다. 이 분석에서 데이터가 주-술의 구조를 지닌 명제이고 실재를 고스란히 반영하는 중립적 자료가 아니라 데이터 생산자의 관점을 반영하는 측정 활동의 산물이라는 점이 부각된다. 이러한 활동의 개입은 불가결한 것일 뿐만 아니라 그것이 그 자체로 데이터 기반 의사결정의 합리성과 공정성을 위협한다고 볼 이유도 없다. 그러나 개입의 양상에 따라 특정한 편향이 발생하거나 강화될 수 있고, 편향은 데이터에서 추론한 결론이 모집단의 속성을 제대로 반영하지 못하도록 만듦으로써 데이터 기반 의사결정의 가치를 감쇄하기 때문에 유의해야 한다. 이러한 위험을 다루는 방법은 데이터 기반 결정에서 나타나는 편향의 양상을 계속 평가하면서 평가 결과에 따라 데이터 처리 알고리즘을 보정하고 데이터셋을 보완하는 것뿐이

* 이 글은 『철학·사상·문화』 38호(2022)에 게재되고 『인공지능과 로봇의 윤리』(세창출판사, 2022)에 재수록되었던 글을 이 책의 취지와 형식에 부합하도록 손질한 것이다. 해당 논문의 초기 버전은 2020년 2월 인하대학교 법학연구소가 정보통신정책연구원과 공동으로 주최한 세미나 〈데이터 기술의 발전과 사회적 과제〉에서 발표되었다.

다. 지속적인 비판과 보정, 보완을 통해 사회가 적정하다고 여기는 균형점과 현상의 거리를 좁혀 가는 실천만이 데이터 기반 결정의 가치를 보존하고 극대화할 수 있을 조건이다.

I. 데이터 중심 사회라는 여건과 문제 확인

　세계는 데이터 기반, 혹은 데이터 중심 사회[1]라는 현실로 진입 중이다. 이러한 현실에서 '데이터 기반'이나 '데이터 중심'은 굳이 그 세목을 열거할 필요조차 없는 긍정적 가치와 결부된, 거시 차원의 당위로 작동하는 것처럼 보인다. 이런 개념의 인도로 지향되는 사회는 현실에서 수집된 데이터를 토대로 삼음으로써 판단의 합리성을 높이는 사회, 반면에 현실의 데이터와 상충하거나 동떨어진 결정 방식을 배제하거나 경계하는 사회일 것이다. 그런데 데이터를 사고와 판단의 토대로 삼는다는 것은 다양한 종류의 결정과 예측의 과정에서 주어진 현실을 중시한다는 것이므로 21세기 특유의 현상일 리 없다. 그것은 오히려 고금을 관통하는 보편적 현상, 사회 경영의 보편적 원리라고 보아야 옳을 것이다. 그러나 지금 거론되는 '데이터 중심성'은 이러한 보편적 현상과 구별되는 특성을 지닌다. 그것은 계산과학과 하드웨어 및 소프트웨어 기술의 비약적 발전으로 인하여 데이터 처리 역량이 비약적으로 증대했다는 여건에서 비롯된다.[2]

　테크놀로지의 변동과 결부된 이러한 환경은, 한편으로, 데이터를 기반으로 판단하고 예측한다는 관념에 구체적인 특성들을 부여하였다. 데이터 기반의 사고는 이제 막연한 태도 표명이 아니라 특정한 방식의 실행을 지칭하는 개념이 되었다. 또 우리

---

1) 이와 더불어 '데이터 주도(data-driven) 사회'라는 개념이 통용된다. 이러한 개념들 사이에는 레오넬리(S. Leonelli) 같은 논자가 주목하는 미세한 차이가 있지만, 본고의 시선은 그런 차이를 고려하지 않는다.

2) 이런 여건이 여전히 빠르게 변동하는 중이라는 사실은 이 여건에 추가되는 또 다른 환경 조건을 형성한다. 그러나 후자의 분석에는 별도의 고찰이 필요하다.

는 그 실행의 세부 구조와 특성을 분석함으로써 그러한 사고의 합리성을 객관적으로 평가할 수 있게 되었다. 이것은 사회 공동체의 차원에서 중요한 희소식처럼 들린다. 데이터를 기반으로 최선의 합리적인 결론을 내리고 또 그렇게 내려진 결론들이 합당한지 다시 평가할 수 있다는 것은 아마도 대부분의 사람들에게 희망과 부합하는 일일 것이다.[3]

인공지능 기술이 적용된 컴퓨팅 기술은 오늘날 시민 대다수의 팽창된 기대를 등에 업고 있다. 판사들을 인공지능으로 대체하면 더 공정한 판결을 얻을 수 있으리라는 투의 인터넷 댓글은 흔하고, 우스갯소리로 보이는 경우도 드물다. 자신의 질병을 진단하고 치료 방법을 찾는 과정에서 만일 의사와 왓슨 포 온콜로지(Watson for Oncology) 같은 의료인공지능의 결론이 상충한다면 어느 편의 결론을 따르겠느냐는 물음이 거론되는 상황[4]이나 '로보어드바이저'로 불리는 자산관리 인공지능의 투자 성과와 금융자산관리 전문가들의 투자 성과가 비교 평가되는 상황[5]을 보라. 이런 예들은 현실에 관한 의사결정에 인공지능이 산출하는 결론이 인간의 판단을 보완하는 수준을 넘어 실질적으로 대체하는 상황이 문 앞에 와서 기다리고 있음을 체감하게

---

3) 데이터를 중시하고 기반으로 삼는 사고방식은 이미 근대과학의 발생 이후 자연과학의 제 분야를 비롯한 과학 일반에서 정착된 '오래된' 문화다. 그러나 그것이 오늘에 와서 전 지구적 화두가 되는 현실은, 앞의 문단에서 언급한 것처럼, 삶의 다양한 국면에 걸쳐 생성되는 막대한 양의 데이터를 효율적으로 처리할 수 있게 하는 컴퓨팅 기술과 인공지능 기술이 최근 크게 진보한 여건과 결부되어 있다.

4) 환자들이 인간 의사보다 AI 의사를 더 신뢰하는 경향이 나타나고 있다는 보고(https://www.segye.com/newsView/20170119002787)와 "환자들 '1년차 왓슨'보다 인간 의사 처방선택"이라는 제목의 기사(https://news.joins.com/article/22178963)를 보라. 전자는 왓슨 도입 후 3개월, 후자는 도입 후 1년 시점의 것이다. 현재 왓슨은 그것의 기술적 한계와 더불어 의료수가 문제 등 실질적인 어려움의 고비를 넘지 못하고 시장에서 뒷걸음치고 있다. IBM도 '왓슨 건강(Watson Health)'이라는 명칭을 내건 웹사이트에서 왓슨의 힘을 내세우는 대신 전문가들(인간)의 역량과 데이터, 그리고 공학의 힘을 결합한다는 구도를 강조하고 있다.

5) 2021년에 한 증권회사는 "당신은 누구를 믿고 투자하시겠습니까?"라는 제목을 내걸고 인공지능 기반의 퀀트(quant) 시스템과 인공신경망을 활용하는 분석으로 유망주를 발굴, 추천하는 '로보퀀트'를 활용하는 투자와 주식투자 전문가들이 추천하는 포트폴리오에 의지하는 투자를 비교, 선택하도록 하는 광고를 냈다. ('퀀트 시스템'은 'quantitative trading' 시스템을 가리키며, 후자는 컴퓨터 알고리즘으로 투자 종목과 시점을 선택하는 거래를 뜻한다.)

한다.[6)]

만일 현재 상황에 대한 이러한 지각이 적절하다면, 가까운 미래에 우리가 해야 할 일은 이런 역량을 갖추었다고 추정되는 장치와 프로그램을 검토하여 그 가운데 적절한 것들을 인증하고, 그런 새로운 기술 적용이 수반하는 새롭고 때로 곤혹스러운 사회적-법적-윤리적 물음들에 대한 답을 준비하는 것이 되리라는 전망이 추론된다. 그것이 실제로 당연하거나 적어도 합리적인 전망일까? 이와 같은 긍정적 기대를 제약하는 것으로 보이는 요소가 있으니, 그것은 편향(bias)의 문제다. 편향의 개념을 뒤에서 다시 고찰하겠지만, 편향은 그것을 속성의 일부로 가진 정보체계가 실재하는 사태의 전모를 있는 그대로 포착하지 못하게 하는 속성이다.[7)]

데이터 기반의 문화는 멀거나 가까운 과거로서 주어진 사실들을 파악함으로써 현재를 정확히 진단하고 나아가 미래를 예측하려 한다. 그런데 만일 이러한 과정의 근간인 '(현실에) 주어진 것 파악하기'가 올바르게 작동하지 못하게 하는 요인이 있다면, 그것은 데이터 기반이라는 프레임 자체의 타당성을 위협하는 것일 수밖에 없다. 더구나 이러한 왜곡의 요인이 특정한 의도나 미처 의식되지 않은 불공정한 관습에서 비롯된 편향의 산물인 경우, 그 폐해는 모래 위에 집을 짓는 것보다 더 심각한 위험이 될 수 있다.[8)] 최근 몇 년간 토론되어 온 COMPAS의 사례에서 데이터 기반 결정과 관

---

6) 인공지능 윤리에 관한 대담에서 스탠포드대학교 HAI(Institute for Human-Centered Artificial Intelligence)의 공동소장 페이페이 리(Fei-Fei Li)는 인공지능 기술이 인간 대체(replacement)가 아니라 인간을 돕고 보강하는(augment) 것을 지향한다고 강조하였다. (URL=https://blog.ncsoft.com/ai-framework-ep01-210429/?fbclid=IwAR3zgrRY0r3e68TupFfnR_xOJJRVcuDTg-I6tCUCrAGc_fjmVHVbLqKXWrc) 단, 이것은 인공지능 기술의 발전 방향에 관한 하나의 견해이고, 이 기술이 인간 대체를 지향할 것인지 아닌지는 여전히 현전하는 선택의 문제다.

7) 변순용(2020), 「데이터 윤리에서 인공지능 편향성 문제에 대한 연구」, 『윤리연구』 128은 '편향'을 통계학적 개념으로 규정하면서 윤리적 함의를 지니는 '편견'(prejudice)의 개념과 구별하고, 두 개념이 중첩되는 부분이 있어도 "동일시되어서는 안 된다"(146면)고 강조한다. 그러나 해당 논문은 이어지는 논의에서 편향의 문제를 공정성의 문제와 직결시켜 인공지능 윤리의 프레임에서 다룸으로써 결과적으로 두 개념의 중첩 부분에 논의를 한정하고 있다.

8) 필자는 '편향'이라는 개념 자체에는 왜곡의 의도가 있(었)는지 여부가 포함되어 있지 않다고 본다. 이를 고려하면 편향의 문제를 다룰 때 의도되고 조절된 편향과 우연발생적 편향을 구별하여 논할 필요가 있을 것이다.

련된 편향의 문제를 살피면서 문제의 속성과 해결 방안을 검토해 보자.

II. 데이터 기반 계산에서 생성된 편향: COMPAS의 경우

COMPAS로 약칭되는 '대안적 제재를 위한 범죄자 교정관리 프로파일링' (Correctional Offender Management Profiling for Alternative Sanctions)은 1996년 노스포인트사 (Northpointe Institute for Public Management Inc.)의 팀 브레넌(T. Brennan) 등이 개발한 후 미 국의 캘리포니아, 뉴욕, 위스콘신 등 여러 주에서 활용되어 온 범죄자 관리용 소프트 웨어 프로그램이다. 이 프로그램은 유죄가 확정된 범죄자를 대상으로 그가 재범을 저 지를 개연성을 평가함으로써 판사의 양형 결정을 보조하는 기능을 한다. 같은 범죄로 구속된 사람이라도 재범의 개연성이 큰 사람에게는 더 무거운 양형을 통해 사회와 격 리하는 기간을 늘림으로써 사회의 위험을 경감하고, 반대로 재범 개연성이 작은 사람 에게는 상대적으로 양형을 감경하여 사회 환원을 가속한다는 것이 이 프로그램을 도 입, 활용하는 논리다.[9]

COMPAS의 데이터는 범죄자에 관한 교정인력의 평가 문항들과 범죄자가 스스로 답하는 형식의 평가 문항들을 합쳐 137개의 문항에 대한 대답으로 구성된다. 이러한 문항들에 대한 답변이 데이터로 입력되면 COMPAS는 해당 범죄자의 재범 개연성을 계산하여 출력하고, 판사는 범죄자에게 내릴 형을 결정하는 과정에서 이 결론을 참고 할 수 있다. COMPAS는 영리를 추구하는 기업에서 만든 소프트웨어이고 판결 과정의 보조 장치일 뿐이므로, 판사가 그 결론을 참고해야 할 의무는 없다. 그러나 실제로 판 사들 대부분이 이 결론을 참고하였고, COMPAS의 결론이 양형 판결의 근거로 명시되 는 경우도 있었다.[10] 한 국내 법학자의 논문에서 예시되는 기대[11]처럼, 객관적인 데이

---

9) Brennan, T., W. Dieterich & B. Ehret (2009), "Evaluating the Predictive Validity of the COMPAS Risk and Needs Assessment System", *Criminal Justice and Behavior* 36/1 참조.

10) 2013년 위스콘신주 배런 카운티의 법정에서 판사 제임스 배블러는 "[피고 폴 질리의] (재범) 위험 평가를 보았는데, 상상할 수 있는 최악의 수준이었다."라고 말하면서 검사와 변호인 간의 합의를

터를 활용하여 컴퓨터가 산출한 결론은 까다로운 양형의 문제에 관하여 적어도 객관
성의 덕목을 충족한다는 암묵적 평가가 판사들의 마음에 작용하고 있으리라고 추정
된다.

　　실제로 몇 퍼센트의 판사가 양형 과정에서 COMPAS를 참고하고 또 얼마나 결정
적인 방식으로 반영하는지는 경험적 조사를 통해 평가할 수 있을 흥미로운 문제지만,
이 논문의 관심사는 아니다. 먼저 논자의 관심을 끄는 것은 바로 앞 문단에서 언급된
암묵적 전제의 타당성이다. 2016년 프로퍼블리카(ProPublica)에 발표된 줄리아 앵윈 등
의 글 "Machine Bias"는 COMPAS의 사용자들이 전제하고 있었을 그것의 객관성에 대
하여 이의를 제기하였다. 그러자 이 글의 분석과 결론을 비판하면서 COMPAS의 타
당성을 옹호하는 논문[12]이 발표되었고, 이 논쟁에 관한 분석과 평가를 담은 글들도
발표되었다.[13] 현재의 상황은 COMPAS의 타당성이나 공정성에 대한 결론적 평가가
도출되었다기보다 이런 논쟁을 통해 사회적 결정을 보조하는 컴퓨팅 기술, 특히 모
종의 불투명성을 끌어들이는 인공지능 기술이 적용된 컴퓨팅의 활용과 결부된 문제
들이 인식되면서 인공지능의 공정성에 관한 토론이 활성화되기 시작한 단계라고 하
겠다.[14]

　　무시하고 합의된 형량의 두 배를 선고하였다. Angwin, J., J. Larson, S. Mattu & L. Kirchner (2016),
　　"Machine Bias", *ProPublica*, May 23, 2016 (URL=https://www.propublica.org/article/machine-bias-risk-
　　assessments-in-criminal-sentencing) 참조.

11) 이병규(2020), 「AI의 예측능력과 재범예측알고리즘의 헌법 문제: State v. Loomis 판결을 중심으로」,
　　『公法學研究』 21/2. 특히 [주 10] 부분의 본문과 결론 마지막 문단을 보라.

12) Flores, A. W., K. Bechtel & C. T. Lowenkamp (2016), "False Positives, False Negatives, and False
　　Analyses: A Rejoinder to "Machine Bias: There's Software Used Across the Country to Predict Future
　　Criminals. And It's Biased Against Blacks."", *Federal Probation* 80/2. 이를 Larson, J., S. Mattu, L.
　　Kirchner & J. Angwin, "How We Analyzed the COMPAS Recidivism Algorithm", *ProPublica*, May 23,
　　2016. URL=https://www.propublica.org/article/how-we-analyzed-the-compas-recidivism-algorithm
　　과 비교하여 보라.

13) 예컨대 DeMichele, M., P. Baumgartner, M. Wenger, K. Barrick & M. Comfort (2020), "Public Safety
　　Assessment: Predictive utility and differential prediction by race in Kentucky", *Criminology & Public
　　Policy* 19/2를 보라.

14) 특히 COMPAS 같은 시스템의 타당성을 평가할 때 위양성(false positive)과 위음성(false negative)이 어

앵원 등이 지적한 문제의 요지는, COMPAS의 재범 개연성 계산에서 범죄자가 어두운 색 피부를 가진 사람인 경우 백인에 비해 불리한 대우를 받는 차별이 발생한다는 것이다. 즉, COMPAS가 실질적으로 피부색에 따라 범죄자를 차별하는 효과를 낳고 있다는 것이다. 저자들은 이러한 효과를 해당 글의 제목에서 '기계의 편향'이라고 표현했다.[15] 범죄자의 형량을 결정하는 일은 사회의 특수한 영역에서 일어나는 일이고 대다수 시민은 자신과 무관한 일이라고 여길 수 있지만, 사회 차원의 공정성이라는 면에서 보편적 관심의 대상이 된다.[16]

이와 관련하여 기본적으로 다음과 같은 두 가지 물음이 생겨난다. 첫째, 무심한 사물일 뿐인 컴퓨터, 다시 말해 기계에서 어떻게 편향이 나타날 수 있는가? 둘째, 이러한 편향을 없애거나 최소로 만들어 의사결정 보조 장치의 공정성을 높이려면 어떻

떻게 고려되어야 하는지, 또 진양성(true positive)과 진음성(true negatve)을 포함하여 네 가지 범주에 해당하는 사례들의 상대적 빈도가 이러한 타당성 평가에 어떻게 반영되어야 하는지가 흥미로운 토론거리다. 통계학적으로 타당하면서 모집단을 구성하는 부분집합들에 대하여 공정한 예측 모형을 구성하려는 시도가 해결해야 하는 —그러나 해결하기 힘든— 이론적 난관에 관하여 Pleiss, G., M. Raghavan, F. Wu, J. Kleinberg & K. Q. Weinberger (2017), "On Fairness and Calibration", arXiv:1709.02012v2 참조.

15) COMPAS의 타당성을 둘러싼 논쟁의 개요는 오요한·홍성욱(2018), 「인공지능 알고리즘은 사람을 차별하는가?」, 『과학기술학연구』 18/3를 참조하라. 해당 논문은 COMPAS와 예측적 치안에 관한 고찰을 통해 알고리즘 공정성의 문제를 조명하며, 결론적으로 공정성의 개념 자체가 다양하다는 데에서 이 문제의 뿌리 깊은 근원을 확인하는 동시에 (저자들이 그렇게 명시적으로 말하지는 않았지만) 왜 이 문제가 깨끗하게 해결하기 어려운지를 진단한다. 이러한 결론은 중요하고 논쟁의 여지 없이 타당한 것이지만 이어 "그럼에도 불구하고"로 시작되는 구체적 방안에 관한 후속 논의를 요청한다. 한편 두 저자가 —콘스탄티우와 칼리니코스를 참조하여 "데이터와 알고리즘은 뗄 수 없는 관계"(앞의 글, 155면)라고 평가하지만— 논문에서 문제 삼는 것은 시종일관 '알고리즘의 공정성'이다. 반면에 본고가 주목하는 핵심 문제는 '데이터의 공정성'이다. 이 글에서는 상세히 논할 수 없겠지만, 우리 사회가 공정성의 수준과 양상을 주의 깊게 살펴야 할 알고리즘 기반 결정 중에는 각각 데이터 생산, 데이터 선별, 알고리즘에 의한 처리, 알고리즘이 출력한 결과의 해석 등 주요 단계의 특정 부분에 문제점을 지닌 것들이 있다. 알고리즘 기반 결정의 합리성을 강화하기 위하여 특정 사례의 어느 단계에 어떠한 문제가 있는지에 대한 세부적 고찰이 요청된다는 것은, 역시 빤하지만 중요한 사실이다.

16) 최근 한국에서도 일련의 사건들 덕분에 양형의 공정성에 대한 대중의 관심과 토론이 증대되고 있다.

게 해야 하는가? 첫 번째 물음에 담긴 의구심은 편향이 일종의 심적 속성이거나 그것을 필요조건으로 하는 속성이 아니라 작동 과정에 모종의 판단 혹은 결정을 포함하는 체계에서 나타날 수 있는 결과적 속성이라는 점을 고려할 때 해소된다. 그리고 나면 저 물음은 결과적 현상으로서의 편향이 어떻게 발생하는지에 대한 탐구를 요청하는 물음으로 변환된다. 두 번째 물음이 향후 적어도 몇 년간 우리가 사회 차원에서 씨름하게 될 중요한 과제가 될 터인데, 이러한 과제의 해결을 효과적으로 모색하기 위해서는 편향이 발생하는 방식에 관한 첫 번째 물음이 선결되어야 할 것이다.

COMPAS의 적용 범위는 범죄자의 처우라는 문제에, 그리고 지리적으로 미국의 특정 지역에 국한되지만, 이와 유사한 구조의 문제 상황은 현실의 수많은 장면에서 확인된다. 신입 직원을 선발하는 입사시험 절차의 일부에서 인공지능을 활용하는 회사들이 최근 국내에서도 빠르게 늘고, 구직자들은 어떻게 하면 인공지능이 평가한다는 온라인 인터뷰를 성공적으로 해낼 수 있을지 고심하기 시작했다.[17] 또 은행이 수많은 대출 신청을 심사하여 대출을 결정하거나 불허하는 과정에도 경우에 따라 인공지능 기술이 적용된다.[18] 이런 두 유형은 공통적으로, 사람들의 삶에 깊이 영향을 미치는 결정의 과정에 개입하는 인공지능의 영향이 증대되고 있음을 드러내는 예들이다.

자기가 지원한 직장에 들어갈 수 있을지, 사업을 지속하는 데 필요한 자금의 대출 신청이 승인될지 결정하는 일을 수행한 컴퓨터의 계산이 만일 잘못되었다면, 그로 인해 불이익을 받은 사람에게 그런 오류는 아쉬움을 넘어 분노를 유발할 것이다. 만일 COMPAS의 재범 위험 계산이 확연히 잘못된 예측들을 낳았다면 그것이 20년 이상 교

---

17) 동아일보 2020년 11월 14일자 기사, "속을 알 수 없는 AI 면접관… 사람보다 까다롭네"에 따르면 2020년에 인공지능 면접을 새로 도입한 기업 약 130곳을 포함해 2020년 11월 현재 약 430개의 기업이 유사한 방식을 활용하고 있었다. https://www.donga.com/news/Economy/article/all/20201114/103954586/1. 같은 지면 2022년 5월 2일자 기사에 따르면 이러한 기업의 수는 600여 개로 증가했다. https://www.donga.com/news/Economy/article/all/20220502/113177779/1.

18) 2020년 9월 기업은행이 담보대출 심사에 인공지능을 도입하여 대출승인 결정과 대출금 산정에 활용하기 시작했다. 한국경제(2020. 9. 22.), "금융권 AI 활용 확산 … 대출·보험금 심사까지"(https://www.hankyung.com/economy/article/2020092284371) 참조.

정관리의 보조수단으로 활용되기는 어려웠을 것이다.[19] COMPAS의 역사에서 우리는 그런 종류의 오류가 감지되지 않았음을 추정할 수 있다. 그러나 그런 오류와 편향은 다르다. 전자는 개별 사건인 반면, 편향은 개별 사건들의 누적에서만 비로소 확인 가능한 모종의 경향이다. 따라서 전자가 확인된 바 없다고 해서 후자가 없다고 판단할 수 없다. 편향은 데이터를 바탕으로 하는 사고에서 특정한 방식의 오류를 낳는 경향이고, 그럼으로써 그런 사고의 결론을 약화하는 요소다.

이런 편향, 즉 체계적으로 잘못된 계산을 낳는 경향은 어떻게 발생하는가? 이 물음에 답하려면 계산의 결과를 결정하는 요소가 무엇인지를 살펴야 한다. 그것은 두 가지로, 하나는 데이터이고 다른 하나는 그것을 처리하는 알고리즘이다.[20] 둘 중 하나가 온전해도 다른 하나가 잘못되었다면 계산의 결과는 왜곡된다. 그런데 일견 데이터는, 그 자체 원칙적으로, 잘못된 것일 수 없는 것처럼 보인다. '데이터'는 '주어진 것'을 뜻하기 때문이다. 현실로부터 주어진 것에 대해서는 겸허한 수용의 자세를 취하는 것이 과학적이고 합리적인 태도다. 만일 실로 그러하다면, COMPAS처럼 사회적 함의를 지니는 의사결정을 보조할 목적으로 설계되어 작동하는 계산체계를 편향의 위험에서 떼어 놓는 일의 성패는 알고리즘에 달려 있다고 보아야 한다. 그러나 "GIGO[21]"로 약칭되는 원칙은 데이터라고 해서 무조건 동등하게 존중되어야 하는 것은 아니라는 사실을 깨우쳐 준다. 데이터를 활용하여 올바른 결론을 내리기 위해서는 쓰레기와 거리가 먼, 좋은 데이터가 필요하다. 데이터 기반 결정에서 편향을 제거하고 합리성을 높인다는 목표를 염두에 두고, 데이터라는 요소에 주목해 보자.

---

19) Andrews, D. A., J. Bonta & J. S. Wormith (2006), "The recent past and near future of risk and/or need assessment", *Crime & Delinquency* 52/1의 COMPAS 관련 평가를 보라.

20) 물리적 차원에서 기계에 발생하는 결함이나 계산을 수행하는 체계의 특수한 물리적 특성도 계산의 실패나 오류를 유발할 수 있다. 그러나 물리적-공학적 차원에 대한 논의는 이 논문의 몫이 아니고, 이에 대한 논의는 최근 사회의 관심을 끌고 있는 편향의 문제와도 거리가 있다.

21) "Garbage in, garbage out." 즉, 쓰레기(-같은 데이터)가 입력되면 쓰레기(-같은 결과)가 출력될 뿐이다.

III. 데이터의 근본 속성

데이터 중심 사회라는 여건을 상기하면서, 두 주체 A, B가 그들이 처한 공동의 환경 속에서 공동의 관심사에 관하여 양립할 수 없는 상이한 판단에 도달했다고 가정해 보자. 데이터 기반 사유의 문화에서 이러한 불일치는 두 주체를 각각 그러한 판단에 이르게 한 데이터가 어떤 것인지를 검토하는 방식으로 분석될 수 있을 것으로 기대된다. 만일 양자가 활용한 데이터가 정확히 동일한 것이었다면, 데이터 기반의 사고는 동일한 데이터셋(dataset)에서 상충하는 결론을 추출한 추론의 과정 —다시 말해 알고리즘— 들을 증류해 내고, 그것들을 비교할 것이다.

그런데 여기서 현행의 '데이터 중심성' 문화에 내재하는 암묵적 전제 하나를 확인해 두도록 하자. 컴퓨팅 기술과 결합된 데이터 중심성의 문화는 개인과 사회의 결정을 이끌어 내는 데이터의 범주를 컴퓨팅 체계에 포착된 자료로 제한하는 효과를 낳았다. 이것이 데이터의 정의에 '컴퓨터가 처리할 수 있는 형식의'라는 한정 속성을 추가하는 것보다 더 강한 제한임에 유의하라. '컴퓨터가 처리할 수 있음'이라는 속성은 아직 그러한 형식을 띠지 않은 자료에도 적용된다. 그러나 '컴퓨터가 처리할 수 있는 형식으로 변환 가능하지만 아직 그런 형식이 아닌 자료'가 현실에서 데이터로 작용하는 일은 없거나, 설령 있더라도 드물다. 그런데 데이터 중심 사회가 지향하는 의의를 고려한다면, 이러한 제한은 현실의 데이터 중심 사회가 극복해야 할 문제 상황을 형성한다.

데이터와 정보의 관계는 어떠한가? 이 물음에는 우리가 두 개념을 어떤 방식으로 사용할 것인가 하는 규약에 관한 물음이 포함되어 있지만, 순수한 규약의 문제는 아니다. 논자가 이 물음을 거론한 이유는, 정보철학 전체를 끌어들일 이 거대한 물음을 여기서 토론하려는 것이 아니라, 두 개념의 관계에 관하여 제거해야 할 오개념이 있다는 사실을 언급해 두려는 것이다. 그것은 정보는 명제적 내용을 지니는 어떤 것인 반면, 데이터는 명제의 구조를 지닌 정보에서 주어나 술어를 구성하는 특정 변항의 값에 해당하는 요소라는 생각이다.[22]

방금 언급한 (오)개념의 관점에서 보면, 예를 들어 '정우성', '1973년생', '186cm',

'영화 〈강철비〉 출연' 등이 데이터이고, 그런 요소들(데이터)의 특정한 결합이 예컨대 "영화 〈강철비〉의 주연이었던 정우성은 1973년생이다."라는 정보를 이룬다.[23] 실험에 참여하고 있는 두 대학원생이 측정기기에서 읽은 특정 수치(numerical value)를 지칭하며 "이 데이터가 중요해 보인다."라거나 "그 데이터는 영 수상하다."라고 말하는 경우 이러한 견해와 부합하는 것처럼 보인다. 그러나 이와 같은 대화의 상황을 조금 더 찬찬히 검토하면 데이터를 특정 수치와 동일시하는 것이 부적절하다는 사실이 드러난다. 예를 들어 어느 측정기기에 37.9라는 수가 나타났고 그것을 표에 기록한다고 가정해 보자. 이것이 작업장 입구에서 출입자의 체온을 측정하는 상황이라면 저 수는 코로나19로 사회적 거리두기가 시행되는 여건에서 그 사람의 출입을 제한할 근거가 될 수 있다. 이러한 조치나 결정의 근거는 일견 37.9라는 수에 있는 것처럼 보인다. 그러나 여기에는 몇 가지 생략된, 그러나 실제로 결정의 필수적인 근거로 작동하고 있는 요소들이 있다.

첫째는 '37.9'가 차원 없는 수(dimensionless quantity)가 아니라 특정한 차원-온도-과 결부된 수라는 점이다.[24] 37.9라는 수치의 배경에 섭씨온도라는 체계가 있다는 사실도 이러한 차원성에 수반된다.[25] 둘째 요소는 더 중요하다. 그것은 섭씨 37.9도라는 이 수치가 특정한 사람의 체온을 측정한 값이라는 실재의 관계(relation in reality)다. 앞 문단의 서술처럼 이 수치가 표에 기록되었다면, 어김없이 그것은 해당 체온으로 측정된 사람의 이름과 함께 기록되었거나 아니면 유사시 그 사람을 특정할 수 있도록 하는 기호와 더불어 기록되었을 것이다. 다시 말해 그것은 다른 사람의 체온도 아니고 그 사람이 좋아하는 샤워 온수의 온도도 아닌, '그 시간, 그 장소에서 측정된 그 사람의 체온'으로 추정된 값이다. 데이터가 이처럼 실재의 특정한 측면에 대한 기술을 담

---

22) 이러한 오개념은 학술적 견해라기보다 일상의 통념 수준에서 확인된다.
23) 이때 정우성, 1973년생, 186cm 등은 각각 이름, 태어난 해, 키 등 변항들의 값이다.
24) 모든 데이터가 수의 형식을 띠는 것은 아니다. 그러나 모든 데이터는 특정 종류의 변항(variable)과 결부된다. 예를 들어 '베이컨'은 인명일 수도, 음식 종류일 수도, 지명일 수도 있는데, '베이컨'이 데이터가 된다면 그것은 저 기호열이 이 가운데 어느 특정한 변항의 값이 됨으로써 일어나는 일이다.
25) 만일 37.9가 화씨온도를 뜻하는 수라면 섭씨 3.3도쯤이므로 사람의 체온과는 무관할 것이다.

고 있다는 사실은 그것의 존재 양식이 하나의 명제(proposition)에 상응한다는 이론적 관계를 드러낸다. 좀 더 미묘한 문제를 끌어들이는 셋째 요소는 방금 둘째 요소를 서술하는 과정에서 드러나고 있다. 그것은 데이터가, 적어도 일반적으로, 주어진 조건에서 특정의 방식으로 실현되는 측정의 산출물이라는 것이다. 그렇기 때문에 이런 조건과 방식에 대한 고찰을 생략한 채 섭씨 37.9도를 단적으로 '그 사람의 체온'이라고 규정하는 것은 적절하지 않다.[26]

이상의 짧은 고찰에서 데이터의 개념에 관하여 두 가지 가르침을 얻는다. 첫째, 단지 하나의 이름이나 수처럼 보이는 데이터가 실은 하나의 명제에 해당한다는 것이다. 데이터는, 그 종류와 유형을 불문하고, 그것이 데이터 기반 사회에서 이루어지는 모종의 결정과 관련된 데이터 처리의 과정에 산입되는 것인 한, 그 자체로 주-술의 구조를 지니고 있다.[27] 어느 직장의 직원건강검진에서 조사된 직원들의 키, 몸무게, 체내 지방 비율, 근육량이 기록된 파일을 생각해 보라. 그 파일의 어느 위치에 기록된 수 '160'은 그 자체 하나의 데이터처럼 보이지만, 사실 그것은 "직원 ○○○의 키는 160cm이다."라는 명제를 의미한다. 반대로, 명제를 구성하는 주-술의 구조가 주어지지 않은 상태라면 예컨대 '부천시 거주', '32세 여성', '공무원'은 데이터가 아니다. 데이터를 성립시킬 그 구조는 "부천시에 거주하는 32세 여성 권○○씨는 공무원이다."

---

26) 이것은 해당 측정값의 의의를 폄하하는 분석이 아니다. 과학자의 실험노트가 특정 변수의 측정값만 기록하는 것이 아니라 측정에 사용된 도구와 절차에 대한 서술을 포함하여 측정 과정 자체에 대한 서술을 포함한다는 사실을 상기하라.

27) 이것은 이른바 데이터-메타데이터(metadata) 구분과도 무관하게, **모든 종류의** 데이터에 관한 주장이다. 단, 이른바 '빅데이터'는 이러한 규정에 정확히 부합하지 않는 것처럼 보이는데, 그 이유는 그것이 아직 주-술의 명제 구조로 확정되지 않은 것들을 핵심 구성요소로 포함하기 때문이다. 그럼에도 불구하고 그런 미분화된 요소들의 더미를 '빅데이터'라고 부르는 것은 거기에 명제의 구조로 결정화될 데이터가 잠재태로 들어 있기 때문이라고 보는 것이 적절하다. 여기에는 "도대체 무엇을 '데이터'라고 부를 것인가?"라는, 꽤 중요한 사회적 어법에 관한 물음이 개입하고, 이에 대한 토론은 별도의 장소에서 실행되어야 할 것이다. 그러나 수치, 이름, 문장처럼 언어적 속성을 띤 데이터만이 아니라 사진이나 소리 녹음본 같은 비언어적 데이터 역시, 그것이 어떤 대상이나 장소를 찍은 사진, 혹은 어느 시각 어떤 환경의 소리를 녹음한 자료로서만 데이터로 기능한다는 의미에서, 이 주장의 유효성 범위 안에 있다.

식으로 해당 속성들의 주체가 명시됨으로써 구성될 수도 있지만, "부천시에 거주하는 32세 여성 공무원이 있다."나 "누군가가 부천시에 거주하는 32세 여성 공무원이다."[28] 식으로 그런 주체의 명시 없이도 성립 가능하다.

둘째는 데이터가 측정 의존적 속성을 가진다는 것이다.[29] 데이터가 주어진 것을 뜻한다는 점에서 그 내용이 받는 자와 무관하게 이미 결정되는 것처럼 생각되지만, 이 논문이 다루는 의미의 데이터, 즉 컴퓨터에 입력되어 계산의 자료로 활용되는 데이터는 모종의 측정에 해당하는 활동에 의해서 생성된다. 예를 들어, 입사 지원자들의 업무 역량을 가늠하려는 인사책임자는 그런 역량과 유관하다고 생각되는 요소들을 측정하려 할 것이고 그 과정에서 생성되는 데이터의 종류와 속성은 그가 선정한 측정의 방식에 따라 달라질 것이다. 똑같은 열 사람의 입사 지원자들의 업무 역량에 관한 데이터라도 그것의 구체적인 목록과 내용은 측정의 관점과 방식을 결정하는 인사책임자의 능동적 개입에 따라 달라진다.[30]

한 걸음 더 나아가, 오늘 우리가 사회적 맥락에서 다루는 데이터의 대부분이 인간의 맨 감각에 포착되는 것이 아니라 모종의 테크놀로지를 매개로 하여 수집된다는 점도 고려해야 한다. 이런 테크놀로지의 속성은 자연히 데이터의 속성에 반영된다. 이러한 반영의 세부적 특성을 규명하는 일은 별도의 연구를 요청할 것이고, 대상과 테크놀로지의 성격, 그리고 데이터 생성의 조건에 따라 달라지는 그러한 반영의 방식을 일반화하여 서술하려는 시도는 필경 난관에 봉착할 것이다. 그러나 설령 일반화가 불가능하다고 해도 특정 데이터의 생성에 관여하는 테크놀로지의 특성을 분석하는 일이 불가능한 것은 아니고, 불필요한 것은 더더욱 아니다. 달을 보라는데 달 가리키는 손가락만 쳐다보는 것은 어리석은 일이지만, 제시된 것이 달을 특정한 방식으로 재현

---

28) 술어논리의 관점에서 두 문장은 동등해 보이지만, 전자가 그런 사람이 적어도 한 명 있고 어쩌면 다수 존재할 수도 있음을 의미하는 반면 후자는 정체가 명시되지 않은 특정한 사람('누군가')에 대한 서술이라는 점에서 차이가 있다. 뒤에 언급될 빅데이터는 후자에 해당하는 데이터의 뭉치라고 할 수 있다.

29) 이 주장이 포괄하는 범위는 좁은 의미의 '측정' 개념이 통용되는 과학 활동에 국한되지 않는다.

30) 데이터는 측정과 그 결과를 읽어 처리하는 활동에 의해 생성되지만, 이러한 측정이나 처리가 반드시 마음을 가진 주체(인간)의 실시간 개입을 요청하지는 않는다.

한 시각 이미지라면 그 재현의 원칙이 무엇이고 해당 이미지 생성에 개입된 테크놀로지가 덧입힌 요소가 무엇인지 살피는 것은 대상을 이해하는 현명한 방식이다.

실재에서 데이터를 추출하는 과정에는 데이터 공학의 기법이 적용되고, 이러한 기법에는 날로 더 다양해지고 세련되어 가는 인공지능 기술이 포함된다. 그런데 이전 단계의 데이터에서 다음 단계의 데이터를 가공, 생성하는 데 작용하는 인공지능의 세부 원칙은 많은 부분이 불투명하다.[31] 비지도 학습(unsupervised learning)의 요소를 포함하는 기계학습을 적극적으로 활용하는 현재의 인공지능 기술에서 이런 불투명성은 사실상 핵심 속성의 위치를 점하고 있다. 그리고 인공지능의 작동을 투명하게 만드는 일은 많은 경우에 인공지능의 역량을 실질적으로 감쇄하는 결과를 낳을 것으로 보인다. 그리고 이러한 얽힘의 관계는 앞에서 언급된 바, 데이터 생산을 매개하는 테크놀로지의 속성을 검토하는 일에 한계를 부여한다.

IV. 객관적이고 공정한 데이터라는 신화

앞선 3절의 논의는 "21세기의 석유"[32]라고 불리는 데이터가 원유와 어떤 점에서 다른지를 보여 준다. 원유는 지구의 자연이 오랜 기간에 걸쳐 만든 것이고, 인간이 하는 일은 그것을 땅속에서 끄집어내 정제하는 일이다. 원유는 다양한 산물들을 잠재태로 포함하고 있지만, 원유에서 각각의 산물에 이르는 경로는 화학 법칙에 의하여 고정되어 있다. 반면에 데이터는, 원초적으로, 특정한 관점에서 만들어지는 것이다.[33]

이 점을 확인하기 위해 다시 COMPAS를 살펴보자. COMPAS가 범죄자에 관한 판

---

31) 인공지능 프로그램을 설계한 엔지니어도 데이터 기반의 기계학습의 과정을 거치며 다듬어진 (학습 후) 인공지능 프로그램의 결정 원칙을 알지 못하고, 일반적으로 알 수 없다. 이는 엔지니어가 기계학습의 데이터셋과 더불어 기계학습을 작동시키는 알고리즘을 알고 있더라도 마찬가지다.

32) 이 말은 2019년 다보스 포럼(World Economic Forum)에서 쓰이면서 널리 회자되었지만, 그 원천은 2014년 7월 Wired에 실린 툰더스(Joris Toonders)의 글 "Data Is the New Oil of the Digital Economy"이다. https://www.wired.com/insights/2014/07/data-new-oil-digital-economy/ 참조.

33) 고인석(2021), 「데이터 기반 사회의 과학기술철학」, 『철학·사상·문화』 37 참조.

단의 근거로 삼는 데이터는 137개 문항에 대한 응답이다. 다음은 이 문항들 가운데 일부다. (밑줄 친 부분은 각각 5~16개의 문항을 포함하는 소분류항의 제목, 번호는 문항의 일련번호, 괄호 안은 선택지다. 선택지가 없는 경우는 직접 기입하도록 되어 있다.)[34]

현재 기소 내용
4. 검사자(screener)의 관찰에 따르면, 이 사람이 갱단의 일원이라고 인정되거나 의심되는가? (아니다/그렇다)

범죄 이력
7. 이 사람은 (범죄로 인한 체포만 고려할 때) 이전에 몇 번이나 체포된 적이 있는가?

[규범에 대한] 비순응성
25. 이 사람이 집행유예 중 규정을 어긴 것은 몇 번인가? (0/1/2/3/4/5 이상)

범죄 관련 가정환경
31. 당신을 주로 양육한 사람을 가장 잘 기술하는 것은? (친부모/친모/친부/친척(들)/양부모/위탁부모/기타)

친구 관계
39. 당신의 친구나 친지 중 한 번이라도 체포된 일이 있는 사람은 얼마나 되는가? (없다/약간/절반 정도/대부분)

주거 환경
55. 지난 12개월간 이사는 몇 번 했나?

---

34) 이하 내용의 출처는 위스콘신주에서 사용된 COMPAS의 "Risk Assessment" 양식이다. 〈그림 1〉 참조.

<u>사회적 환경</u>

67. 당신 주변에서 당신의 친구나 가족이 범죄에 희생된 일이 있는가? (아니다/그렇다)

<u>직업</u>

90. 겨우 지내기도 빠듯할 정도의 돈밖에 없는 경우가 얼마나 자주 있나? (자주/때때로/전혀 없다)

<u>여가</u>

95. 얼마나 자주 심심하다고 느끼나? (전혀 없음/한 달에 몇 번/한 주에 몇 번/매일)

<u>사회적 고립</u>

111. "나는 살면서 한 번도 주어진 여건에 대해 슬펐던 적이 없다."라는 말에 얼마나 동의하는가? (강한 부동의/부동의/잘 모르겠다/동의/강한 동의)

<u>범죄에 대한 태도</u>

127. "배고픈 사람은 훔칠 권리가 있다."라는 말에 얼마나 동의하는가? (강한 부동의/부동의/잘 모르겠다/동의/강한 동의)

예시된 문항들을 보라. 그것들은 각각 범죄자 개인의 삶의 경로, 그가 처한 사회적 조건, 그의 품성 등에 관하여 모종의 정보를 제공할 만한 것들이지만, 각각 그 사람의 재범 개연성에 관하여 어떠한 정보를 줄지 짐작하는 일은 쉽지 않다. 4, 7, 25 같은 문항은 범죄자가 일반적인 사회 규범에 대하여 어떤 성향을 나타낼지를 예측하게 하는 것들이라고 생각되지만, 31, 39, 55, 67, 90 같은 문항들은 범죄자 자신의 성향이 아니라 그가 처한 사회적 환경의 속성을 겨냥하고 있다는 점에서 문항 자체의 정당성에 관한 의문을 유발한다. 만일 기존 통계의 관점에서 친구나 친지 가운데 절반 이상이

〈그림 1〉 COMPAS에 활용된 Risk Assessment 양식 (첫 페이지)

Risk Assessment

PERSON

Name:			Offender #:		DOB:
	Gender: Male	Marital Status: Single	Agency: DAI		

ASSESSMENT INFORMATION

Case Identifier:	Scale Set: Wisconsin Core - Community Language	Screener:	Screening Date:

Current Charges

☐ Homicide	☑ Weapons	☑ Assault	☐ Arson
☐ Robbery	☐ Burglary	☐ Property/Larceny	☐ Fraud
☐ Drug Trafficking/Sales	☐ Drug Possession/Use	☐ DUI/OUIL	☑ Other
☐ Sex Offense with Force	☐ Sex Offense w/o Force		

1. Do any current offenses involve family violence?
   ☑ No ☐ Yes

2. Which offense category represents the most serious current offense?
   ☐ Misdemeanor ☐ Non-violent Felony ☑ Violent Felony

3. Was this person on probation or parole at the time of the current offense?
   ☑ Probation ☐ Parole ☐ Both ☐ Neither

4. Based on the screener's observations, is this person a suspected or admitted gang member?
   ☐ No ☑ Yes

5. Number of pending charges or holds?
   ☑ 0 ☐ 1 ☐ 2 ☐ 3 ☐ 4+

6. Is the current top charge felony property or fraud?
   ☑ No ☐ Yes

Criminal History

Exclude the current case for these questions.

7. How many times has this person been arrested before as an adult or juvenile (criminal arrests only)?
   5

8. How many prior juvenile felony offense arrests?
   ☐ 0 ☐ 1 ☐ 2 ☐ 3 ☑ 4 ☐ 5+

9. How many prior juvenile violent felony offense arrests?
   ☐ 0 ☐ 1 ☑ 2+

10. How many prior commitments to a juvenile institution?
    ☐ 0 ☑ 1 ☐ 2+

체포 경력이 있는 범죄자가 재범을 저지른 비율이 친구나 친지 가운데 체포된 경력이 있는 사람이 하나도 없는 경우에 비하여 250%의 수준이었다면, 그런 통계가 전자에 해당하는 범죄자를 후자보다 더 오래 감옥에 수감하도록 권유하는 계산을 정당화할까? 적어도 이 물음은 상당한 토론을 요구할 것이다.

문항의 의미와 역할에 대한 의문은 95, 111, 127 같은 문항들에서 더욱 뚜렷해진다. 예를 들어, 111번 문항에 대하여 부동의와 동의를 선택한 사람 가운데, 나아가 동의와 강한 동의를 선택한 사람 가운데 누가 재범 개연성이 더 높은 편으로 계산될까? 또 그런 계산의 근거는 무엇일까? 물론 COMPAS의 가치는 우리가 각 문항의 유관성을 직관적으로 파악할 수 없음에도 불구하고 여러 문항에 대한 답들이 합쳐져 유의할 만한 예측력을 발휘하는 데 있을 수 있다. 또 어쩌면 COMPAS의 결론은 개별 항목의 자료가 각각 어떤 가중치와 더불어 선형적으로 합산되는 것이 아니라 여러 항목이 연결되는 복합적인 상호관계를 포함하는 계산을 통해 산출되는 것일 수도 있다 .그러나 그런 경우를 상정한다고 해서 계산의 근거에 대한 물음이 대답되거나 해소되지는 않는다. 결국 그 물음은 알고리즘의 정당성 근거를 향하여 제기된다.

그러나 계산 방식의 정당성에 관한 이러한 물음이 반드시 COMPAS의 타당성을 위협한다고 볼 이유는 없다. 특히, 만일 지금 제기되고 있는 비판이 일종의 하향식 (top-down) 사고를 전제하고 있는 반면 COMPAS의 합리성이 상향식(bottom-up) 사고에 근거한다고 보면, 각 문항의 데이터가 지닌 가중치나 산식의 근거에 대한 비판의 힘은 약화될 것이다. COMPAS를 상향식 논리로 구성한다고 가정하면 타당성의 기준은 산출된 결과와 현실의 일치 정도이고, 각 항목이 계산 과정에서 어떻게 반영되는지는 오로지 계산의 최종적 결론이 지닌 신뢰도를 증대한다는 원칙에 따라 조정될 것이다. 이 경우 예컨대 127번 문항의 답변이 특정한 방식으로 계산에 반영되도록 한 프로그램 설계자의 판단 배경이 무엇이었는지는 중요하지 않다.

이와 같은 사정은 COMPAS가 도입되던 시기에는 사회의 주목을 받지도 않았고 충분한 수준까지 발전하지도 않았지만 현재의 데이터 중심 문화에서 핵심적인 역할을 하는 기계학습, 특히 다층 구조의 연결망을 활용하는 심층학습(deep learning)을 고려할 때 한층 더 뚜렷해진다. COMPAS의 137개 문항으로 수집된 데이터를 활용하되 조사된 기존의 재범률에 최대한 수렴하도록 하는 신경망 기계학습의 방식으로 만들어진 소프트웨어 COMPAS-1이 개발되었다고 가정해 보자.[35] 그러면 COMPAS-1은 판사가 양형 판단에서 의지해도 좋을 유능하고도 공정한 조언자 구실을 하리라고 믿어도 될까?[36]

여기서 COMPAS에 어떤 데이터가 입력되는지 실제 예를 인용하고 그 데이터를 토대로 최선의 합리적 예측을 하도록 훈련된 인공지능 체계 COMPAS-1을 상정하여 이러한 물음을 던지는 의도는 데이터 중심 사회라는 문화라는 틀에서 데이터라는 요소의 특성을 부각시켜 보려는 것이다. 논자는 데이터 중심 사회를 지향하는 현행의 트렌드에서 다음과 같은 믿음이 작동할 개연성이 크다고 본다.

> 충분한 양의 데이터가 있다면, 그리고 그것을 올바르게 처리한다면, 어떤 사태에 관해서든 우리는 그것의 진상에 도달하게 될 것이다. 이런 의미에서 데이터는, 그 자체로, 어떤 이론이나 이념과도 무관한 객관적 가치를 지닌다.

그런데 이것은 그럴듯해 보이지만 틀린 믿음이다. 그리고 틀린 믿음이 사회를 지배하는 것은 위험하다.[37] 이미 앞에서 드러났지만, 이 믿음이 틀린 이유를 간추려 말하자면 데이터 자체가 세계로부터 우리에게 주어지는 어떤 것이 아니라 특정한 관점에서 실행되는 측정의 산물이기 때문이다.[38] 한 범죄자가 다시 범법 행위를 할 확률을 평가하기 위해서는 도대체 무엇을 관찰해야 하는가? 사업자금 대출을 신청한 사람이나 기업이 빌린 돈을 상환할 확률을 평가하기 위해서는 무엇을 확인해야 하는가?

---

35) COMPAS-1은 적어도 COMPAS 이상의 예측을 나타낼 것이다. (노스포인트사의 COMPAS가 실제로 이미 COMPAS-1에 해당하는 것일 수도 있다.)
36) 입력층이 적어도 137개의 노드로 이루어진 심층학습은 막대한 계산 용량과 속도를 요구하겠지만, 현재의 컴퓨팅 기술에서 그것은 장애가 되지 않는다. 다시 말해, COMPAS-1은 충분히 현실적이다.
37) 논자의 비판 대상이 데이터 중심 사회라는 트렌드가 아니라 **데이터 중심 사회에 관한 그릇된 인식**임에 유의하라. 이 논문의 실천적 취지는, 1절에서 명시한 것처럼, 데이터 기반 의사결정이라는 기제의 현실 가치를 극대화하는 데 기여하는 것이다.
38) 이 관점이 어떤 왜곡을 의도하는 관점일 필요가 없음에 유의하라. 5절의 논의 참조.

이 물음들을 처리하는 방식은, COMPAS의 137개 문항을 만드는 것처럼 입력될 데이터를 선별하고 그것을 생성할 방법을 결정하는 기획에서부터 이미 특정한 결정의 산물이다. 데이터가 특정한 결정의 산물이라는 사실이 그 자체로 데이터 기반 결정이 지닌 모종의 결함을 함축한다고 보는 것은 적절하지 않다. 그러나 그런 사실을 인식하지 못하는 것은 나쁜 일이다. 그럴 경우 통제되지 않은, 그리고 통제할 수 없는 편향의 위험이 발생하기 때문이다.[39)]

V. 편향의 문제를 극복하는 일

편향이란 무엇인가? 통계학의 맥락에서 편향은 표본에서 추론된 속성이 모집단의 속성과 체계적으로 괴리되고 있다는 평가를 의미한다.[40)] 우리는 표본을 근거로 모집단의 속성을 추정한다. 개인이든 공동체든 데이터를 근거로 사태를 판단하고 결정을 내리는 일의 합리성은 그 결정이 적용되는 대상, 즉 모집단의 속성이 데이터로 표현된 표본의 속성과 일치하거나 충분히 유사하다는 전제에 뿌리내리고 있다. 따라서 표본과 모집단의 속성이 동떨어진 경우 데이터를 기반으로 하는 결정의 합리성이 흔들리고, 이는 이 논문이 고찰하면서 그 정립에 기여하고자 하는 데이터 기반 사회의 가치를 훼손하는 결과를 낳는다. 그렇기 때문에 편향은 경계하고 나아가 극복해야 할 대상이다. 이러한 편향이 발생하는 맥락과 편향의 유형은 다양하고, 데이터 기반 사

---

39) 사회는 때때로 (5절에서 논의될 의미의) 편향을 긍정적으로 활용한다. 예를 들어 모집단의 성비가 지나치게 편중되었다는 판단을 근거로 그것을 교정하기 위하여 새 구성원의 진입 단계에 모종의 (역)차별을 도입하는 일이 이에 해당한다. 그러나 그렇게 공적 의도에 따라 생산되는 편향은 그것의 양상이 추적, 검토되고 또 조절되기 때문에 "통제되지 않은 편향의 위험"과는 거리가 멀다.

40) 특정 표본에서 추출한 데이터에서 추론되는 속성과 그런 추론을 통해 파악하려는 모집단의 속성이 일치하지 않는 것은 이상한 일이 아니다. 사실 그것은 표본을 통해 모집단을 추정하는 모든 실천의 운명이다. 문제는 표본의 속성이 모집단의 속성과 **체계적인 방식으로** 불일치하는 경우, 즉 표본의 크기나 추출방식이 적절함에도 불구하고 표본에서 추론된 모집단의 속성이 실제 모집단의 속성과 **통계의 합리성을 벗어나는 방식으로** 불일치하는 경우이다.

고에서 편향의 문제를 극복하는 일도 그만큼 다각적인 논의를 필요로 한다.[41] 여기서는 앞에서 살펴 온 데이터의 제약과 결부된 편향의 문제에 시야를 제한하여 검토해 보자.[42]

먼저 COMPAS의 예는 입력 데이터의 차원들, 다시 말해 데이터가 만들어지는 측정의 시각(perspective)이 고정되어 있는 경우를 보여 준다. COMPAS 운영자는 피험자의 재범 성향에 관한 더 나은 예측력을 실현하기 위해 137개 문항의 자료를 처리하는 알고리즘뿐만 아니라 문항의 표현을 수정할 수도 있고, 문항 자체를 삭제하거나 추가할 수도 있다. 그러나 어떤 경우에도, COMPAS가 산출하는 예측의 기반이 되는 데이터는 여전히 그런 과정을 거쳐 준비된 문항들에 함축된 특정한 시선이 생산하는 것들이다.

한편, 2016년 봄 알파고의 활약 이후 인공지능 기술의 핵심으로 주목받고 있는 기계학습의 힘을 활용하는 데이터 기반 결정을 생각해 보자. 이를 위해, COMPAS에 기계학습을 적용한다고 가정하자. 단, 앞에서 생각해 본 COMPAS-1과 달리, 기존 137 문항의 자료를 활용하는 대신 범죄자의 신상과 범행에 관한 한층 더 다양한 종류의 데이터를 활용하고 비지도학습과 지도학습의 기법을 병용하면서 기존 사례들에 비추어 평가된 예측력에서 최적화된 COMPAS-2를 만든다고 해 보자.[43] 이렇게 만들어지는 COMPAS-2는 기존의 COMPAS는 물론이고 COMPAS-1보다도 더 우수한 재범 예측력을 보일 것이라고 기대할 수 있다. 그렇다면 COMPAS-2의 결론은 판사들이 일관성 있게 양형 과정에서 반영할 만한 합리적 조언에 해당할까?

COMPAS-2는 재범 개연성을 범죄자의 처우 결정에 반영한다는 기존 COMPAS

---

41) 정원섭(2020), 「인공지능 알고리즘의 편향성와 공정성」, 『인간·환경·미래』 25와 Mehrabi, N., F. Morstatter, N. Saxena, K. Lerman & A. Galstyan (2019) "A Survey on Bias and Fairness in Machine Learning", arXiv:1908.096352v2를 참조하라.

42) 2021년 초 발생한 이루다 사건은, 2016년 챗봇 테이(Tay)의 사례와 마찬가지로, 인위적으로 왜곡된 데이터로 인한 편향이 낳는 위험을 생생히 보여 주었다.

43) 여기서 비지도학습은 범죄자들의 다양한 속성들로부터 재범 여부나 재범 범죄의 경중에 영향을 미치는 간과된 요인을 추출하는 데 기여할 수 있을 것이고, 지도학습은 유관한 요소들을 종합하여 재범에 관한 예측력을 극대화하는 데 기여할 것이다.

의 취지를 계승하는 한에서 실현 가능한 최선의 방식이라고 평가될 수 있을 것이다.[44) COMPAS-2의 데이터는 COMPAS보다 한층 풍부해졌고, 그런 데이터를 기반으로 하는 기계학습을 거치며 설계자의 특수한 관점이 취사선택하는 우연성에 지배될 확률은 뚜렷이 감소할 것이다.

그러나 그것이 여전히 실제로 확보된 제한된 데이터에 의존한다는 사실에 주목하라. 1990년대에 COMPAS를 설계할 때 브레넌 등이 했을 문항 설계와 산식 구성 같은 개입의 영향력은 COMPAS-2에서 거의 0의 수준으로 희석되었지만, 후자 역시 사람과 사건(범행)에 관하여 유한한 수의 특정 관점에서 실행되는 측정, 즉 데이터화(datafication)를 선결조건으로 요구한다. 문제는 COMPAS-2를 작동시키면서도 어떤 요소들이 어떻게 얽혀 재범의 개연성을 높이고 낮추는지 우리가 알지 못한다는 점이다. 이와 같은 무지는 우리가 정작 문제의 재범 개연성을 결정하는 핵심 요인을 목록에서 빠뜨리고 있을 가능성을 허용할 뿐 아니라, 재범 확률을 결정하는 요소를 결국 찾지 못하고 말 가능성까지 허용한다. 통계적 추론에 끼어드는 편향의 위험은 이런저런 이유로 모집단의 속성을 잘못 판단하게 될 위험인데, COMPAS의 경우 과연 재범의 개연성, 즉 '그 사람이 이번 범죄와 유사하거나 다른 중대한 범죄를 또 저지를 법한 정도'가 도대체 해당 범죄자 또는 그가 속한 분류군에 정당하게 귀속시킬 수 있는 속성인지 자체가 불분명한 것이다.

이상에서 논한 이론적인 한계에도 불구하고 사회는 일련의 현실적 근거를 들어 COMPAS나 COMPAS-1, COMPAS-2 같은 도구를 활용하기로 결정할 수 있다. 그렇게 활용하는 자가 스스로 활용하는 도구의 특성을 인식하는 한, 그것은 무모한 결정이 아니라 합리적 사회 운영의 방식이다. 우리는 오히려 "어떠한 데이터 기반 의사결정 시스템도 완전하거나 충분한 공정성을 구현할 수 없다."라는 근거를 들어 그런 시스템들을 비교 평가하여 선택하고 나아가 선택된 시스템을 비판, 보완하는 노력을 훼방하는 자를 경계해야 한다.

---

44) 이러한 취지 자체가 합당한가 하는 물음도 다각적인 토론을 요청할 유의미한 물음이지만, 이 논문에서는 따지지 않는다.

다만 그러한 시스템을 활용하는 경우, 해당 도구의 운용과 관리를 맡은 주체는 그 것의 영향 범위 안에서 생활하는 시민들이 그러한 도구에서 처리되는 데이터가 객관적인 진실의 원천이라는 틀린 믿음에 지배되지 않도록 유의할 필요가 있다. 지향해야 할 데이터 중심성의 문화는 데이터의 가치와 특성을 인식하면서 활용하는 문화이지 데이터를 신성시하는 문화가 아니다. 또 이와 같은 필요성은 이 논문이 끝으로 언급할 문제와 관련된다. 그것은 다시 한 번 편향의 문제지만, 앞에서 살핀 편향의 개념과는 다른 관점을 끌어들인다.

2014년부터 채용 과정에 활용할 인공지능 시스템을 개발하여 활용한 아마존 (Amazon)은 시스템 도입 1년 뒤 해당 시스템이 여자 지원자에게 불리한 차별을 한다는 평가를 도출하고 그 활용을 중단하였다. 이러한 편향이 발생한 원인은 시스템 개발 과정에서 기본 데이터로 활용된 기존 직원들의 자료가 대부분 남자 직원들의 것이기 때문이었다고 추정된다. 그럴 수밖에 없는 것이 2014년까지 10여 년 동안 아마존에 채용된 직원 대부분은 남자였기 때문이다.[45]

여기서 우리는 앞에서와 다른 편향의 개념을 만난다. 그것은 모집단의 속성을 최우선의 기준으로 삼지 않는 편향의 개념이다. 200명을 뽑는 A사의 신입 직원 모집에 1000명이 지원했다고 가정하자. 200명 가운데 몇 퍼센트가 남자라면 채용과정에 성에 따른 차별이 없었다고 볼 수 있을까? 이 물음에 대한 답을 결정하는 것은 해당 연령대의 인구에서 남녀의 비율일까, 아니면 지원자 집합의 성비일까, 아니면 다른 어떤 것일까? 또 그 답은 이번에 채용하려는 200명이 사내 복지 서비스 담당자들인지 새 사옥의 건설현장을 맡을 사람들인지에 따라 달라질까, 아닐까? 이 물음에 답하는 것은 이 논문의 범위를 벗어나겠지만, 적어도 채용이 지원자의 성에 관하여 공정했는가 아니면 편향되었는가 하는 판단이 채용된 직원의 성비와 A사 직원 전체의 성비가 일치하는가에 달려 있지 않다는 사실은 명백하다. 또 그만큼 명백하지는 않지만, 편

---

45) 이것은 아마존 내부 인력을 포함한 전문가들의 추정이다. 아마존은 이 일에 관하여 공식적인 발표를 하지 않았다. J. Dastin(2018), "Amazon scraps secret AI recruiting tool that showed bias against women", *Reuters*, 2018년 10월 11일자 기사 참조. https://www.reuters.com/article/us-amazon-com-jobs-automation-insight-idUSKCN1MK08G.

향 없음의 기준이 남녀 각 100명 채용으로 충족된다는 생각의 근거도 박약해 보인다.

이러한 판단은 현재 모집단의 속성 자체가 이미 모종의 불공정성을 의미하는 편향을 포함하고 있을 수 있다는 자연스러운 인식을 통해 뒷받침된다. 이런 상황에서 우리는 모집단이 지닌 속성을 재생산하면서 그렇게 재생산되는 데이터의 누적을 통해 기존의 속성을 더 깊게 고착시키는 대신 모집단의 기울어진 속성 자체를 보정해 가는 방안을 모색하게 될 것이다.

인공지능을 활용하는 의사결정이 점점 더 확대되어 가는 오늘의 현실에서 모집단의 내적 편향을 극복하기 위한 이러한 보정의 중요성은 결정적이다. 그리고 이러한 보정이 적절히 실행되기 위해서는 그런 의사결정 보조 시스템을 구성하는 데이터와 알고리즘을 지속적으로, 혹은 주기적으로, 평가하는 작업이 필요하다. 이러한 평가의 기본 방식은, 활용 가능한 데이터와 기존의 알고리즘을 사용하여 필요한 결론을 추론해 내면서 동시에 이 결론의 타당성을 별도의 외적 관점에서 평가하고, 나아가 이렇게 평가되는 타당성을 증진하는 방향으로 알고리즘을 수정하고 데이터 수집의 관점을 조정하는 것이다.[46]

VI. 맺는말

데이터를 활용하는 의사결정에서 표본의 속성이 모집단의 그것과 괴리되는 현상인 편향의 위험은 언제나 존재한다. 데이터를 수집하고 활용하는 자가 그것을 전혀 의도하지 않는 경우에도 그 위험은 사라지지 않는다. 그런데 이러한 편향은 표본을 매개로 모집단을 다루는 데이터 기반 사고의 타당성과 효율성을 약화하기 때문에 데이터 기반 사회가 경계하고 대응해야 할 대상이다. 편향의 위험을 극복하고 데이터

---

46) 이러한 제안은 아주 평범해 보인다. 그러나 당연해 보이는 방안이라도 왜 그렇게 해야 하는지에 대한 인식이 뚜렷해질 때 비로소 실질적인 힘과 세밀한 실천의 방향이 생겨난다. 본고가 시도한 것은 그런 명료화의 작업이다.

기반 사회가 추구하는 합리성을 극대화하기 위해서는 데이터가 모집단의 속성을 적절히 반영하는지 계속 비판적으로 검토하면서 그런 검토의 결과에 따라 데이터셋을 지속적으로 보완하는 노력이 실행되어야 한다. 그런 지속적인 검토, 보정과 보완을 통해 사회가 적정하다고 인정하는 균형점과 현실의 거리를 좁혀 가는 실천이 데이터 기반 결정의 가치를 실현할 수 있을 조건이다.

이 글에서 중심 사례로 살핀 COMPAS는 미국에서 활용되는 프로그램이고, 그것에 관한 공정성 논쟁에서 핵심 변수였던 피부색의 문제는 한국에서 아직 중요한 이슈라고 할 수 없다. 그러나 그런 차이가 이 논문에 전개된 논의의 유효성을 삭감하지는 않는다. 우리가 크고 작은 사회적 결정에 데이터 기반 사고의 정신을 적용하고 나아가 인공지능 기술로 그런 사고의 효율성을 증진하려 하는 경우, 여기서 전개한 분석은 일반적인 유효성을 지닐 것이다.

제2장

—

데이터와 지식재산

데이터와 지식재산 규율체제의 접점과 정책의 유추*

김원오

(인하대 법학전문대학원 교수, 법학연구소 소장)

I. 서 설

1. 데이터경제 시대의 도래

바야흐로 데이터 자체가 주요 자산으로 취급되고 거래대상이 되면서 모든 사회경제적 제도와 시스템이 데이터 기반으로 움직이는 데이터경제(data economy) 시대가 본격적으로 시작되었다. 이러한 데이터경제의 구체적 실현 또는 데이터 주도형 디지털 전환(digital transformation)의 성공적 실현을 위해 각국은 국가적 차원에서의 데이터 거버넌스의 확립과 기업 등 참여자의 경쟁력을 제고할 수 있는 제도적 뒷받침을 위해 진력하고 있다.[1] 특히 미국은 중장기적 국가 비전인 '연방 데이터 전략(Federal Data Strategy)'을 발표했다.[2] '연방 데이터 전략'은 연방정부 데이터가 국가의 "전략적

---

* 이 논문은 한국연구재단의 지원을 받아 '과학기술과 법' 제13권 제1호(2022 충북대 법학연구소)에 게재된 논문에 바탕을 둔 것임.

1) 미국은 해외 자국기업 데이터에 대한 접근권 보장을 위한 'CLOUD Act'를 2018년 제정했다. 중국은 2017년부터 자국 내 데이터 보호·검열 강화를 위한 「네트워크 안전법」을 시행하고 있다. 일본은 2018년부터 한정제공데이터의 부정취득·사용·공개 행위를 부정경쟁행위로 규정하고 있다.

2) 미국 연방정부의 US Federal Data Strategy(2019. 6.)는 (1) 연방정부의 업무 관련 데이터를 보다 효율적

자산(strategic asset)"임을 강조하며 공공정보 및 공공데이터를 전략적·효율적으로 관리할 것을 요청하고 있다. EU는 개인데이터 보호와 관련된 GDPR[3]을 2016년 5월에 제정하여, 2018년 5월부터 시행해 오고 있으며, 비개인데이터 규칙(Non-Personal Data Regulation: NPDR)[4]을 2018년 12월에 제정하여 2019년 5월부터 시행하고 있다. 나아가 EU 집행위는 2020년 데이터 거버넌스법안(Data Governance Act)[5]에 이어 데이터 공유, 공적기관 데이터 접근성, 데이터의 국제전송, 클라우드 스위칭 및 호환성 등을 규율할 '데이터법(Data Act)' 제안[6]을 2022년 2월 23일에 발표한 바 있다. 이와 같이 데이터에 관한 규범은 여전히 형성 중에 있으며 새로운 정책과 법령이 국내외적으로 계속 발표되고 있다.

2. 문제의 제기

데이터와 지식재산(Intellectual Property: 이하 IP)은 밀접한 관련이 있다. 지식재산의 보호·활용 시스템은 최근 새롭게 부상한 데이터에 비해 오랜 시간 동안 검토를 거치

이고 전략적으로 구축할 것과 (2) 해당 데이터를 증거기반 의사결정을 위하여 적절히 활용할 것, (3) 보다 많은 연방정부 데이터에, 보다 쉽고 빠르게 접근·활용할 수 있도록 지원할 것, (4) 민간부문 혁신, 상업화, 벤처, 국회, 국민, 언론을 위해 연방정부 데이터가 유용하게 쓰일 수 있도록 제공할 것 등을 제시하고 있다(자료: US Federal Data Strategy 웹페이지, https://strategy. ata.gov/; 2022. 4. 25일 방문).

3) REGULATION (EU) 2016/679 OF THE EUROPEAN PARLIAMENT AND OF THE COUNCIL of 27 April 2016 on the protection of natural persons with regard to the processing of personal data and on the free movement of such data, and repealing Directive 95/46/EC (General Data Protection Regulation), Official Journal of the European Union L 119/1, 2016.5.4.

4) REGULATION (EU) 2018/1807 OF THE EUROPEAN PARLIAMENT AND OF THE COUNCIL of 14 November 2018 on a framework for the free flow of non-personal data in the European Union, Official Journal of the European Union L 303/59, 2018.11.28.

5) Proposal for a REGULATION OF THE EUROPEAN PARLIAMENT AND OF THE COUNCIL on European data governance(Data Governance Act), Brussels, 25.11.2020, COM(2020) 767 final. 2020/0340 (COD).

6) Proposal for a Regulation of the European Parliament and of the Council on harmonised rules on fair access to and use of data (Data Act), COM(2022) 68 final (23.2.2022).

면서 제도적으로 잘 정비되어 왔다. 또한 IP는 국제적인 합의(조약)를 거치고 환류장치를 갖춘 체제여서 데이터의 보호·활용 시스템에 관한 설계를 할 때 반드시 지식재산 시스템을 참고할 필요가 있다. 최근 데이터를 IP와 결부하여 접근하는 연구도 일부 진행된 바 있지만[7] 아직 양자의 분명한 연결고리를 확인하지 못하고 있고 관련 정책도 추진력을 제대로 얻지 못하고 있다. 이에 형성 중에 있는 데이터 규율체제의 정립 방향을 지식재산제도와의 관련성 속에서 파악해 봄으로써 양 규율 시스템 간의 접점을 확인하고 양자의 상호관계와 연결점을 찾아 정책유추를 시도해 보는 작업도 필요해 보인다. 이를 위해 양면적 접근이 필요하다. 먼저 데이터와 IP규율체제의 연결고리를 찾아 데이터산업[8] 발전과 데이터경제 실현을 위한 데이터정책 수립에 있어 IP 규율체제에서 힌트를 찾아보는 노력이 우선 요청된다. 동시에 데이터경제 실현을 뒷받침하기 위해 지식재산 정책적 관점에서 고려하고 추진하여야 할 과제가 무엇인지도 궁리하여야 할 필요가 있다.[9] 비슷한 맥락에서 진행된 선행연구에서는 IP 규제기관이 고려해야 하는 13가지 균형 바로미터를 주요 데이터정책 이슈[10]로 제기하기도 한다.

이러한 양자의 접점에 관한 이슈 중에 지식재산권에 의한 보호를 통해 데이터 자

---

7) 박준석, "빅 데이터 등 새로운 데이터에 대한 지적재산권법 차원의 보호가능성", 「산업재산권」, 통권 제58호, 한국지식재산학회, 2019. 77-129면; 박준석, "지적재산권법에서 바라본 개인정보 보호", 「정보법학」 제17권 제3호, 한국정보법학회(2013. 12.); 설민수, "한국에서 사물인터넷과 관련한 빅데이터 보호제도의 현재와 그 방향", 지식재산연구 제15권 제4호, 한국지식재산연구원, 2020.12. 등.

8) 데이터 산업이란 "경제적 부가가치를 창출하기 위하여 데이터의 생산·유통·거래·활용 등 일련의 과정과 관련된 행위와 이와 관련되는 서비스를 제공하는 산업"을 말한다.(데이터산업법 제2조 5호)

9) 이미 미국 등 주요국에서는 IP정책적 관점에서 데이터의 자유사용과 접근을 강화하기 위한 정책과 판결도 이루어지고 있다. 이 주제는 별도로 분리해서 연구를 수행 중에 있다.

10) Robert D. Atkinson, IP Protection in the Data Economy: Getting the Balance Right on 13 Critical Issues, 2019에서는 1. 데이터정책은 수집, 큐레이션 및 분석에 대한 인센티브와 광범위한 데이터 사용으로 인한 이점 간의 균형을 적절하게 유지해야 한다. 2. 데이터는 비경쟁적이며 종종 쉽게 사용할 수 있다. 3. 데이터에 대한 권리는 누구에게 있습니까? 4. 개인이 "자신의" 데이터를 소유해야 합니까? 5. 비 PII 데이터는 누가 소유해야 합니까? 6. 강제 공유. 7. 경쟁 정책 및 데이터 소유권. 8. 강제 액세스. 9. 텍스트 및 데이터 마이닝. 10. 데이터베이스 보호. 11. 데이터에 대한 정부 액세스 및 사용. 12. 국제 정치권 간의 갈등. 13. IP와 데이터의 정치 경제 등 13가지 관점을 제시하고 있다.

체의 법적 보호에 대한 공백을 메우기 위한 연구[11]는 상당히 진행되어 있고, 데이터 산업법의 제정[12]과 부정경쟁방지법 개정을 통한 보호 입법도 이미 완료[13]한 상태에 있다. 반면에 데이터정책 수립에 있어 지식재산 시스템으로부터 유추적용 가능한 제도는 어떤 것이 있는지에 대한 연구는 상대적으로 일천한 편이다.

3. 연구범위와 접근방법

이 연구는 위와 같은 문제의식을 가지고 산업데이터와 같은 비개인데이터 생태계의 선순환구조를 확립하기 위해 바람직한 데이터정책의 좌표를 모색해 보고자 한다. 이를 위해 우선 데이터와 지식재산의 본질과 양 규율 시스템의 접점을 모색해 본다. 이를 위해 우선 데이터와 지식재산의 성격과 본질을 i) '지식재산(IP)으로서의 데이터'란 측면과 (데이터와 저작물, 발명 등 지식재산 보호 대상과 비교 검토), 반대로 ii) '데이

---

11) 데이터 법적보호 공백 메우기란 관점에서 '지식재산 법제에 의한 데이터 보호 가능성을 논한 연구는 많다. 전체적으로 조망한 글(차상육, "인공지능 개발에 필요한 데이터셋의 지적재산법상 보호－저작권법을 중심으로": 인권과정의 제494호, 2020 등)과 저작권법과 부정경쟁방지법에 의한 보호를 다룬 것(이규호, "인공지능 학습용 데이터세트에 대한 저작권법과 부정경쟁방지법상 보호와 그 한계", 「인권과 정의」 Vol. 494, 대한변호사협회, 2020. 12) 및 데이터셋의 특허권 보호를 다룬 논문(권지현, "AI발명과 데이터의 실효적 특허보호방안", 법학연구 제24권 1호, 인하대법학연구소 2021) 등 다양하게 등장하고 있다.

12) 「데이터 산업 진흥 및 이용촉진에 관한 기본법: 약칭 데이터 산업법」(2022.4.20. 시행)
   제12조(데이터자산의 보호) ① 데이터생산자가 인적 또는 물적으로 상당한 투자와 노력으로 생성한 경제적 가치를 가지는 데이터(이하 "데이터자산"이라 한다)는 보호되어야 한다.
   ② 누구든지 제1항에 따른 데이터자산을 공정한 상거래 관행이나 경쟁질서에 반하는 방법으로 무단 취득·사용·공개하거나 이를 타인에게 제공하는 행위, 정당한 권한 없이 데이터자산에 적용한 기술적 보호조치를 회피·제거 또는 변경하는 행위 등 데이터자산을 부정하게 사용하여 데이터생산자의 경제적 이익을 침해하여서는 아니 된다.
   ③ 제2항에 따른 데이터자산의 부정사용 등 행위에 관한 사항은 「부정경쟁방지 및 영업비밀보호에 관한 법률」에서 정한 바에 따른다.

13) 개정 부정경쟁방지법(2022.4.20. 시행)의 주요 내용: 이 법에서 보호하는 데이터를 "「데이터 산업법」 제2조 제1호에 따른 데이터 중 업으로서 특정인 또는 특정 다수에게 제공되는 것으로, 전자적 방법으로 상당량 축적·관리되고 있으며, 비밀로서 관리되고 있지 않은 기술상 또는 영업상의 정보"로 정의하고, 데이터를 부정하게 사용하는 행위를 부정경쟁행위의 유형으로 신설하면서, 구체적인 금지행위로 4가지 행위유형을 규정함(법 제2조 제1호 카목 신설).

터로서의 지식재산'(지식재산의 정보적 성격)이란 양 측면을 모두 고찰하면서 파악해 본다. 이어서 IP시스템과 데이터 규율체제 간의 상호 연결고리를 확인해 본다. 이미 정립된 지식재산 보호 체제의 특징으로부터 유추 적용이 가능한 점이 무엇인지를 양자의 연결고리를 통해 살펴본다. 우선 i) 지식재산 보호 체제의 특징에 대한 분석 후에 ii) 정보로서의 본질상 공통점과 차이점에 대한 분석 및 iii) 창출, 보호, 활용이란 공통된 정책적 구조의 맥락에서 점검해 본다.

　　데이터정책 수립에 있어 지식재산 시스템으로부터 유추적용 가능한 제도는 데이터 생태계 선순환구조의 유지·발전을 뒷받침할 수 있는 것이어야 한다. IP의 체제로부터 추가적으로 유추 적용해 볼 수 있는 요소를 i) IP의 집단적 권리귀속과 데이터 총유개념 ii) 비자발적 라이선스와 데이터의 강제공유 iii) 신탁을 통한 저작권 집중관리 시스템으로부터의 시사점 차원에서 다루어 본다.

II. 데이터와 지식재산 규율체제의 접점과 상호연결고리

1. 데이터와 인접개념의 역할과 위상

(1) 데이터와 인접개념

　　데이터는 다양한 각도에서 정의되고 분류될 수 있지만, 데이터 생태계에 관한 법적 규율이란 측면에서 바라보면, 원시데이터의 생성 또는 데이터의 수집이 이루어지고 다음으로 수집된 원시데이터의 데이터베이스(Database) 구축, 원시데이터로부터 데이터의 구조화나 가공을 통한 데이터셋(Datasets)의 구축, 그 가공된 데이터셋의 AI학습 등을 통하여 부가가치 창출이 혁신적으로 발생하고 있어 구별되는 개념별로 차별적 접근이 필요해 보인다. 나아가 기존 방식이나 방법, 도구로 수집, 저장, 분석, 시각화하기 어려울 정도로 큰 규모의 자료로서 비정형 데이터(Unstructured Data)[14]를 의미

─────────────

14) 일정한 규칙이나 형태를 지닌 숫자데이터와 달리 그림이나 영상, 문서처럼 형태와 구조가 다른 구

하는 빅데이터(Big Data)라는 개념이 법적 의미 있는 용어로 사용되고 있다. 한편, 다양한 종류의 데이터를 결합하거나 구조화함으로써 데이터에서 지혜에 이르는 피라미드(데이터→정보→지식→지혜) 구조가 형성된다. 데이터에서 지혜에 이르는 피라미드의 각 층은 세계에 대한 관계와 진실을 밝히면서 의미와 가치를 한층 더해 가는 과정으로 표현할 수 있다.[15] 지식재산은 그 피라미드의 최상위계층에 속하는 지혜[16]의 영역에 해당한다고 할 수 있다.

기능적인 측면에서 데이터는 크게 4가지로 설명할 수 있다.[17] 첫째, 데이터는 추가적인 추론 또는 경험적 증거를 구성하는 기반을 제공한다. 둘째, 데이터는 저장·처리·분석이 가능한 대표적인 정보를 구성하지만, 반드시 사실을 구성할 필요는 없다. 셋째, 데이터는 계산의 입력과 출력을 구성하지만 사실과 정보로 변환되도록 처리되어야 한다. 마지막으로 데이터는 의미를 해석할 수 있는 신호를 제공하는 다양성(variability)을 포착하거나 표시하기 때문에 의미를 포함하고 있다. 본질적으로 데이터는 데이터의 생산, 처리, 분석에 사용되는 지식, 도구, 행위 등과 독립해서는 존재할 수 없다.

(2) 지식재산(IP)

지식재산이란 인간의 창조적 활동 또는 경험 등에 의하여 창출되거나 발견된 지식·정보·기술, 사상이나 감정의 표현, 영업이나 물건의 표지, 생물의 품종이나 유전자원, 그 밖에 무형적인 것으로서 재산적 가치가 실현될 수 있는 것을 말한다.[18] IP는 인간의 창의적 연구와 정신활동의 산물인 발명과 저작물 등을 사유재산권으로 보호하는 대표적인 지식기반사회의 핵심자본이다. 국가와 기업이 R&D 산물은 대부분이

조화되지 않은 데이터를 말한다.

15) Jennifer Rowley, "The wisdom hierarchy: representations of the DIKW hierarchy", Journal of Information Science, Vol.33, No.2(2007), pp.163-180.

16) 대만 등에서는 지식재산을 '지혜재산'으로 칭하기도 한다.

17) Rob Kitchin, The Data Revolution: Big data, open data, data infrastructures and their consequences (SAGE, 2014), pp.1-26.

18) 지식재산기본법 제3조 제1호 정의조항.

지식재산(특허, 디자인, 저작물, 영업비밀, 데이터)으로 귀결된다. 지식의 창출과 축적 등과 관련해 3가지 주요 기능[19]을 수행하는 IP는 국가경쟁력의 척도인 과학기술과 문화예술의 진흥 및 관련산업 발전의 본바탕이며 기업에게는 정체성(identity)과 진입장벽을 제공해 기업의 혁신성장을 뒷받침하는 경쟁 도구 역할을 한다. 동시에 인센티브 시스템으로 작용해 인력과 자원 및 가치사슬이 효율적으로 분배되고 투입되도록 유도하는 순기능을 담당한다.

2. 데이터로서의 지식재산

(1) 데이터의 정보적 속성

전술한 피라미드 구조하에서 엄밀히 데이터와 정보는 구별[20]이 가능한 개념이지만 서로 혼용되어 사용되기도 하며 데이터는 정보의 속성을 거의 그대로 보유한다. 정보는 상품(commodity)으로 다루어질 수 있으나, 비경합성(Non-rivalrous),[21] 비배타성(Non-excludable),[22] 한계비용-제로(Zero marginal cost)[23]라는 세 가지 특수한 속성을 지니고 있다. 한편 정보의 속성을 겸비한 데이터는 비경합성이라는 속성과 함께 비대체성

---

19) IP serves three principal functions: to incentivise knowledge (and hence wealth) creation; to accumulate knowledge in a culture; and to protect a distinctive identity. But those rights must be balanced in order to achieve these three aims. (Andrew Gowers, Gowers Review of intellectual property, HM Treasury, 2006, p.11.)

20) 수집한 데이터는 유용할 수도 있고 유용하지 않을 수도 있다. 데이터를 수집할 때 그들이 무엇에 관한 것인지 또는 무엇을 나타내는지 알 수 없기 때문이다. 반대로 정보는 주어진 맥락에서 제시되고 연구자가 쉽게 사용할 수 있기 때문에 연구자에게 가치 있고 유용하다. 데이터가 항상 연구원의 필요에 한정되는 것은 아니지만 데이터를 정보로 변환하는 동안 모든 관련 없는 사실과 수치가 제거되기 때문에 정보는 항상 그의 요구 사항과 기대에 한정된다. 이 밖에 의존성 등에서 차이가 있지만 양자는 상대적 개념이다.

21) 한 개 이상의 개체가 동일한 데이터(정보)를 소유할 수 있음을 의미한다.

22) 데이터(정보)는 쉽게 공유할 수 있으나, 그러한 공유를 제한하려는 노력(예, 지식재산권 협약 등)이 존재한다는 것을 의미한다.

23) 일단 데이터(정보)가 생산되어 활용할 수 있게 되면, 이와 관련한 재생산 비용은 거의 무시할 수준을 의미한다.

(Non-fungible)[24]과 경험적 상품(experience goods)[25]이라는 고유한 속성을 보유하고 있다. 요컨대 데이터는 다른 자원과 비교해 비경합성, 비배타성, 한계비용제로, 비대체성, 그리고 경험적 상품이라는 5가지의 독특한 속성을 보유한 것으로 볼 수 있다.

(2) 지식재산의 정보적 성격

피라미드 구조의 최상단에 위치하는 IP의 보호대상인 발명이나, 저작물, 상표 등은 각각 실생활에 유용한 기술정보, 공유하는 사상과 감정의 표현과 문화정보, 또는 상징정보로서 앞서 살펴본 정보로서의 기본적 특징을 본질적으로 지니고 있다. 그리하여 첫째, 지식, 아이디어, 창작은 모두 무형적 정보로서 公共財(public goods)[26]적 성격을 가지며 본질적으로 비경합적(nonrival)이고 비배타적(nonexclusive)인 특성이 있다.[27]

즉 권리자나 보유자가 사용 중이라고 해서 제3자가 사용불가한 것이 아니어서 타인의 사용을 물리적으로 배제시킬 수 없으므로 창작자가 특히 비밀리에 이를 관리하지 않는 한 쉽게 전심되어 다수에게 공유되어진다는 점이다. 따라서 창작자가 비밀리에 이를 관리하거나 인위적으로 이용자의 접근을 통제하는 장치가 마련되지 않는 한 지식재산은 희소성이 있는 경제재로서 특정인의 사유재산권으로 머물 수 없게 된다. 또한 이와같이 비배타적·비경합적 속성을 갖는 정보를 사적 독점화하는 권리를 부여

---

24) 석유와 같은 상품은 다른 에너지 상품으로 대체될 수 있는 성격이 있다. 그러나 가격이나 개별적 인식 관련 데이터는 다른 데이터로 대체할 수 없다는 의미이다.

25) 책이나 영화와 같은 것들을 보통 경험적 제품으로 지칭하는데, 이것들의 가치는 직접 경험을 통해서만 실현된다. 그래서 그러한 제품의 가치를 찾기 위한 시간, 비용, 그리고 관심은 항상 어느 정도의 불확실성을 내포하게 된다.

26) 재화는 경합성과 배재성을 모두 갖는 것을 사유제(private goods), 경합성은 있으나 배제성이 없는 공유재(common goods), 경합성은 없으나 배재성이 있는 자연독점(natural monopoly), 경합성과 배재성이 모두 없는 공공재(public goods)로 나뉜다. 진도왕, "지식재산권의 해석 도구로서 재산권(Property)과 자연독점(Natural Monopoly)", 재산법연구 제29권 제4호(2013. 2), 167면.

27) 미연방헌법을 기초한 토머스 제퍼슨(T. Jefferson)이 맥퍼슨(I. McPherson)에게 보낸 편지에서 "나에게서 어떤 아이디어를 받은 사람은 ―마치 내 초에서 불을 붙여 가는 사람이 내 초의 불빛을 조금도 어두워지게 하지 않고서도 자신의 초에 불을 밝힐 수 있는 것과 마찬가지로― 나의 아이디어를 하나도 해치지 않으면서 그 자신이 가르침을 받을 수 있다"는 말은 정보의 공공재로서의 성격을 잘 부각시키고 있다.

한다면 이에 대한 정당화 근거가 반드시 있어야 한다는 요구도 이러한 특성에서 비롯된다고 할 수 있다.

둘째, 지식재산은 직접점유가 불가능하여 제3자의 침해가 용이한 반면 침해발견이 어려우며, 처음 수집이나 창작이 어렵고 비용이 많이 소요되는 반면 당해 후발 업자가 이를 모방하거나 복제하는 데에는 한계생산비가 영에 가까울 정도로 비용과 노력이 들지 않는다는 점이다. 따라서 무단 이용자를 무한히 증가시킬 수 있는 유인을 제공하는 반면 모방금지책이 보장되지 않는 한 창작을 할 동기를 얻기 어렵다는 것이다.

셋째, 지식재산은 가치의 상대성과 효용의 불확정성이란 특성을 들 수 있다. 이용자의 주관적 효용가치에 따라 평가가 달라질 수 있고, 효용가치의 평가를 위해서는 일단 정보에 접근해야 하는데, 일단 접근이 허용된 후에는 상대방에게 그 내용이 불가역적으로 전달되고 말기 때문이다. 따라서 지식재산은 거래 시 가격산정이 어려울 뿐만 아니라 사전효용 파악이 어렵게 되는 문제점이 있다.

넷째, 그 보호객체의 특정이 곤란하여 침해판단이 어렵고 침해의 입증도 용이하지 않다는 특성이 있다. 때문에 보호장치를 강구할 때 이러한 특성을 고려한 특별보호 규정의 마련이 필요하다.

3. 지식재산(IP)으로서의 데이터

(1) 데이터의 지식재산적 보호의 필요성

지식재산법은 기본적으로 창작보호법이다. 지식재산의 보호대상인 발명이나 저작물, 영업비밀 등은 기본적으로 인간의 창의적 활동의 결과물이다. 그러나 지식재산적 보호는 투자보호 차원에서 접근[28]하기도 한다. 원시데이터 자체는 어디까지나 사실 또는 아이디어에 불과하며 이를 수집·가공하여 데이터셋, 데이터베이스 등으로 분석, 편집하는 과정도 기계적으로 수행되는 경우가 많아 창작성이 요구되지 않은 경

---

28) 예컨대 창작성 없는 데이터베이스제작자 권리보호(저작권법 제93조); 영상저작물의 특례규정(저작권법 제99조-101조); 특허법상 중용권 등 법정실시권의 인정 논거 등.

우가 많다. 그러나 상당한 투자와 노력이 투하된다. 데이터의 복제에는 비용이 들지 않더라도, 데이터를 생산하고 수집, 저장하는 데에는 많은 비용이 들 뿐만 아니라, 데이터의 수집이 가능하도록 기기와 서비스를 제공하는 데에도 개발자와 경영진들의 적지 않은 노력이 투입된다. 예컨대 데이터 라벨링(labelling)[29]은 사람에 의해 직접 수행된다는 점에서 많은 시간과 비용이 투입되곤 한다. 데이터수집을 위한 참여자의 노력을 인정하지 않고 데이터가 무제한으로 공유되도록 만든다면, 단기적으로는 사회적 가치를 극대화할 수 있겠지만 개별 기업은 데이터를 수집할 인 센티브를 잃게 된다. 이는 오히려 데이터의 재사용을 장려하기 위한 조치가 데이터 자체의 생산을 방해할 수 있는 역효과를 낳을 수 있다. 데이터 수집·제작자의 노력과 성과를 일정 부분 인정해 주어야 기업에서도 데이터를 지속적으로 수집하고 공유할 유인이 발생한다. 이러한 관점에서, 데이터 오너십(ownership)에 관한 논의가 다양하게 전개되었으며,[30] 대체로 배타적인 소유권의 형태는 아니더라도 데이터에 대한 일정한 유형의 권리를 인정하고 데이터의 부정이용으로부터 보호할 필요성에 대해서는 동의한다.

(2) 데이터에 대한 재산권 부여

데이터의 경우 「민법」상 물건에 해당하지 않아 소유권이 인정되기 어렵다. 데이터의 지식재산권적 보호에 관한 논의[31]가 집중적으로 거론되었지만 명확한 결론을 내리지 못하고 아직도 계속 중에 있다. 다만 데이터 자산은 보호가치 있는 자산이라는 점과 거래의 대상이 될 수 있음은 분명하다. 데이터에 부여하는 권리의 성격이 재산권적 보호인지, 아니면 인격권적 보호까지 포함하는지 여부[32]도 논란이다. 한편으

---

29) 라벨링이란 AI 학습데이터를 만들기 위해 원천데이터에 값(라벨)을 붙이는 작업을 의미하며, 애너테이션(멀티태깅) 역시 AI 학습데이터를 만들기 위해 원천데이터에 대하여 카레고리별 클래스를 부여하는 작업을 의미한다.

30) 이에 관한 자세한 사항은 고학수, 임용(편), 데이터오너십(Data ownership): 내 정보는 누구의 것인가? 박영사, 2019. 제2부(99-176면) 참조.

31) 박준석, "빅데이터 등 새로운 데이터에 대한 지적재산권법 차원의 보호가능성", 「産業財産權」 통권제58호(2019) 77면 이하 참조.

32) 특히 개인정보보호의 접근방법에서 그러하다. 박준석, "지적재산권법에서 바라본 개인정보 보호",

로는 보호의 접근방법에 있어서도 불법행위로부터의 보호기준(liability rule)에 따른 것
인지 배타적 재산권에 의한 보호기준(property rule)에 따르는 것인지에 대해서도 다툼
이 있다.[33] 대체적 경향[34]은 배타적 물권을 인정하는 것에는 반대하며 부정경쟁방지
적 접근이나 계약에 의한 보호를 선호하고 있다. 다만 데이터 자체에 대해 이른바 데
이터소유권 등 물권적 권리를 인정하기 어렵기 때문에 그 보호 공백 메우기 차원에서
지식재산에 의한 보호를 꾀하지 않을 수 없다. 한편 실제에 있어 데이터의 법률관계
를 어렵게 만드는 것은 타인의 권리 포함 여부[35]에 따른 데이터의 법적 관계가 매우
복잡하고 데이터의 주체, 보유자, 저작물로서 재산적 가치가 인정되는 부분이 공존하
는 등 명확하지 않다는 점이다.

(3) 데이터와 지식재산 보호대상인 저작물, 발명 등과의 관계

첫째, 수집·가공·분석된 데이터는 그 집적의 정도 및 결합과 배열구조 등 차이
에 따라 기존 IP법의 보호대상인 저작물, 데이터베이스(DB), 영업비밀, 발명, SW 등과
유사한 구조와 성격을 가져 지식재산의 하나로 저작권법이나 부정경쟁방지법, 특허
법 등에 의해 보호될 수 있다. 다만, 개별 소재 데이터 그 자체는 사실이나 아이디어
에 불과하므로 개인정보보호법상 보호대상이 될 수 있을지라도 IP의 보호대상이 될
수는 없다.

둘째, 데이터는 경우에 따라 저작권법의 보호대상이 되고 있다. 수집과 분석 과정
을 거쳐 집적된 정형화된 데이터세트나 빅데이터는 특단의 사정이 없는 한 저작권법

「정보법학」 제17권 제3호, 한국정보법학회(2013. 12.) 5-6면 참조

33) 박준우, "데이터베이스의 법적 보호에 관한 법 경제학적 분석: 배타적 접근방법과 부정경쟁방지적
    접근방법의 비교", 상사법연구, 2000. 10. 389면 이하.

34) 박준석 앞의 논문(각주 31) 87-100면.

35) 데이터에는 ① 자신의 개인정보나 타인의 개인정보가 포함된 데이터, ② 타인의 저작물이 포함되
    어 있는 데이터, ③ 개인정보·저작물 없는 데이터, ④ 파생데이터 등 재산적 요소 혹은 비재산적 요
    소를 가지고 있는 다양한 데이터가 존재한다. 정원준 외, "2020년 데이터 지식재산권 보호 방안 연
    구", 특허청 연구보고서(2020), 7면 도표 참조.

상 데이터베이스(DB)에 해당하여 '데이터베이스 제작자의 권리'[36]에 의해 보호될 수 있다. 소재의 배열 또는 구성이 당해 소재에 대한 접근 및 검색의 편리성이 체계적으로 되어 있는 경우에는 저작권법상 데이터베이스에 해당[37]하며, 이러한 데이터베이스를 제작한 자에게 저작권보다는 약화된 권리지만 5년간 데이터베이스제작자 권리를 부여하고 있다.

한편, 수집과 분석 과정을 거쳐 집적된 데이터세트나 빅데이터는 편집저작물[38]에 해당하여 저작권을 향유할 수도 있다. 편집저작물에 해당하려면 편집물로서 그 소재의 선택·배열 또는 구성에 창작성이 있어야 한다. 그런데 통상 편집물인 데이터베이스가 편집저작물로 보호되기 위한 창작성은 '소재의 선택·배열 또는 구성'에 있어야 하는데 DB는 컴퓨터에 의해 소재에 접근하거나 검색할 수 있도록 소재의 정보를 축적하여 체계화되어 있어야 하고[39] 소재를 망라하여야 하므로 창작성 요건을 충족하지 못하는 경우가 많다.

셋째, '특정 구조를 가진 데이터'는 특허법의 보호대상이 될 수 있다. 대부분의 데이터는 객관적인 자료나 사실에 해당하여 발명의 정의에 부합하기 어려울 뿐만 아니라,[40] 신규성이나 진보성 요건도 만족하기 어려운 경우가 많다. 다만 DNA 염기서열은 인간에 의해 만들어지기 때문에 특허를 받을 수 있으며[41] '특정 구조를 가진 데이터'(데이터셋)도 특허법에 의한 보호를 꾀할 수 있다.[42] 최근 데이터가 AI 기술의 구현과 실시에 필수적 학습자료로 부각되고 있다. 실제 데이터가 AI 딥러닝 학습에 사

---

36) 저작권법 제2조 20호(정의) 및 제4장 데이터베이스제작자의 보호(제91조 이하); 임원선, 『실무자를 위한 저작권법(제6판)』, 한국저작권위원회, 2021, 307-312면.

37) 저작권법 제2조 19호(데이터베이스) 정의조항.

38) 저작권법 제2조 제18호(편집저작물) 정의조항.

39) 박성호, 『저작권법(제2판)』, 박영사, 2017, 138-139면.

40) 특허법 제2조 제1호('발명'이란 "자연법칙을 이용한 기술적 사상의 창작으로서 고도한 것을 말한다.")에서 자연법칙 이용성과 창작요건 모두 충족하기 어렵다.

41) Molecular Pathology v. Myriad Genetics, Inc., 133 S.Ct. 2017 (2018).

42) 이규호, "인공지능 학습용 데이터세트 보호를 위한 특허법상 주요 쟁점 연구", 산업재산권 통권 제64호, 한국지식재산학회(2020.07), 89-178면.

용되기 위해서는 단순히 수집된 원시데이터 또는 저작권법상의 데이터베이스 형태로 사용되는 것이 아니라, 고도의 기술적 전문지식을 가진 데이터 가공 전문가가 많은 연구·노력의 결과로 가공하여 생성한 '특정 구조를 가진 데이터'가 요구된다.[43] 이러한 '특정 구조를 가진 데이터'는 '소재의 선택·배열 또는 구성'으로 편집된 것이 아니라, 어떤 목적 달성을 위한 특정 과제 또는 문제를 해결하기 위하여 데이터의 요소 사이의 상호관계를 표시한 논리적 구조를 가진 알고리즘 형태의 데이터를 말한다.[44] 이러한 '특정 구조를 가진 데이터'는 일종의 아이디어나 SW에 해당[45]하지만 실무에서는 데이터가 저장되어 컴퓨터에 의하여 실현되는 매체 청구항을 인정하고 있다. 그러나 현형 특허법상 규정으로는 청구항의 말미에 '특정 구조를 가진 데이터'라고 특정하여 물건발명의 카테고리로 청구하는 경우, 그 데이터가 물건으로 보기 어려워서 발명의 성립성 요건을 만족하지 않다는 이유로 특허를 받을 수 없다.[46] 따라서 이를 극복하기 위해서는 특허법의 개정[47]이 필요하다.

　　넷째, 데이터셋 등은 영업비밀로 보호받을 수 있는데 이를 위하여는 비밀로 관리되고 있다는 것(비밀관리성)과 비공지성 요건을 충족하여야 한다. 그러나 통상 개별 이미지 데이터는 누구나 얻을 수 있기 때문에 비밀관리성 및 비공지성의 요건을 충족하지 못하는 경우가 많다. 따라서 영업비밀로 이러한 데이터를 충분히 보호하기 는 어

---

43) 오늘날 AI의 경쟁국면은 AI 알고리즘의 질적 수준뿐만 아니라, AI에 학습시키는 데이터의 양이나 질에서의 차별화 및 특성화를 얼마나 도모하는 것인지가 중요한 요소가 되고 있다. 일반적으로 어떤 데이터를 AI 딥러닝에 학습시키기 위해서는 그 데이터에 일정한 가공을 더하는 작업이 필요하고, 그 작업은 방대한 비용과 연구가 수반되고 있다. 특히 데이터가 AI특허의 필수 구성요소가 된다는 의미는 수집된 원시데이터가 아니라 원시데이터를 AI 딥러닝을 할 수 있도록 가공한 "데이터 요소 사이의 상호관계를 나타낸 논리적 특정 구조를 가진 데이터"를 말한다.

44) 권지현, "AI발명과 데이터의 실효적 특허보호방안", 법학연구 제24권 1호, 인하대법학연구소, 2021. 7-8면.

45) 알고리즘으로서 AI 딥러닝이 학습하여 최적의 학습완료모델을 도출하기 위한 데이터는 일반적으로 SW에 해당하는 것으로 "A구조, B구조, C구조 … 라는 특정 구조를 가진 데이터"로 나타낼 수 있다.

46) 권지현, 앞의 논문, 8면.

47) 자세한 논의에 대해서는 권지현, "AI발명에 있어서 데이터의 물건특허 인정방안", 서울법학, 제28권 4호, 2021. 475-515면 참조.

렵다. 그러나 추적가능성을 염두에 두고 집적된 내부 IoT데이터는 영업비밀에 의한 보호가 제격일 수 있다.[48]

다섯째, 일본은 데이터를 영업비밀의 보호체제와 유사하게 접근하여 2018년 5월 23일 「부정경쟁방지법 등의 일부를 개정하는 법률(不正競爭防止法等の一部を改正する法律)」(시행일: 공포일로부터 1년 6개월 이내)을 제정하여 한정제공데이터의 부정취득, 사용 등에 대한 민사적 구제 절차를 신설하였다.[49] 우리도 한정 데이터와 유사하게 데이터를 정의[50]하고 데이터를 부정하게 사용하는 행위를 부정경쟁행위의 유형으로 신설하면서, 동시에 구체적인 금지행위로 영업비밀 침해태양에 준하여 4가지 행위유형을 규정하였다.[51] 이로써 소정의 데이터를 부정하게 사용하는 행위를 부정경쟁행위의 유형으로 명확히 규정하여 제재함으로써 건전한 거래질서를 확립하고, 부당한 피해로부터 소비자를 보호할 수 있게 되었다. 한편 이에 대해 저작권보호 우선 원칙의 관점에서 비판적인 견해[52]가 있으나 부정경쟁법지법 제15조에서 저작권법의 적용을 우선하는 규정이 있으므로 문제 될 것은 없다고 보여진다.

---

48) 설민수, "한국에서 사물인터넷과 관련한 빅데이터 보호제도의 현재와 그 방향—사물인터넷의 특성과 부정경쟁방지 및 영업비밀보호에 관한 법률에 의한 보호의 충분성에 중점을 두고", 지식재산연구 제15권 제4호, 한국지식재산연구원, 2020.12.

49) 심현주·이헌희, "데이터의 부정경쟁 유형으로의 보호에 관한 소고—일본의 부정경쟁방지법 개정을 중심으로" 「법학논총」 제35권 4호, 2018 참조

50) 「데이터 산업법」 제2조 제1호에 따른 데이터 중 업으로서 특정인 또는 특정 다수에게 제공되는 것으로, 전자적 방법으로 상당량 축적·관리되고 있으며, 비밀로서 관리되고 있지 않은 기술상 또는 영업상의 정보"

51) 부정경쟁방지법 제2조 제1호 카목 신설.

52) 임원선, "데이터의 법적 보호와 저작권법 우선적용의 원칙", 『경영법률』 제31권 제3호, 한국경영법률학회, 2021. 65면 이하.

III. 데이터 규율정책에 유추적용이 가능한 IP시스템

1. 지식재산 보호체제의 특징

(1) 보호장치인 지식재산권법의 성격

IP보호에 있어 전통적으로 문예적 작품(artistic works)은 저작권 보호대상이고 실용적인 기술(utilitarian works)은 특허의 보호대상이라는 이분법이 오랫동안 확고하게 지배하여 왔다. 보호대상은 이러한 전통적인 기준에 근거하여 각각 특허권적 접근방법과 저작권적 접근방법으로 문예와 기능 또는 기술의 이분법으로 정착되었다. 지식재산권법은 본질적으로는 희소성이 없는 정보에 대해 제도적 수단을 동원하여 자유로운 접근을 통제함으로써 희소성이 있는 사유재와 같은 성격을 부여한 "인센티브(incentive)[53] 보장 수단"으로 생성된 법제라고 볼 수 있다. 즉, 특허제도는 발명자에게 지속적인 기술혁신을 유도할 수 있는 인센티브를 제공함과 동시에 발명의 공개를 유도하되 공개로 인한 모방의 불안으로부터의 해소책을 보장한 것이 특허법의 체제라고 볼 수 있다.

특허법의 영역에 있어 구체적으로 발명을 보호하는 제도적 접근방법으로도 여러 가지를 생각해 볼 수 있다. 예컨대, 보호기간 동안 모방을 금지하거나 구체적인 특허침해행위를 부정경쟁행위로 규제하거나 대가징수권과 같은 채권적 권리로 보호하거나 독점배타적인 재산권을 준물권적 권리로 부여하는 방식 등을 생각해 볼 수 있다. 그런데, 세계 보편적인 특허제도는 발명을 공개시키되 그 대가로서 발명자에게는 일정기간 특허권이라는 준물권의 독점배타적인 재산권을 부여하여 보호하는 방식을 취하고 있다. 즉, 특허제도는 발명자에게는 특허권이라는 독점배타권을 부여하여 제3자의 침해로부터 보호하고 라이선스 허여·양도·담보권설정 등을 통하여 재산권으

---

53) 인센티브(incentive)의 종류에는 ⅰ) 사회적 사실로서 존재하는 인센티브(비밀관리된 코카콜라 제조비법), ⅱ) 법의 지원이 필요한 인센티브, ⅲ) 인공적으로 창설된 인센티브로 구분하여 특허법에 의한 발명의 보호는 ⅲ)에 속하는 범주로 설명하기도 한다. 田村善之, 「知的財産法(第2版)」, 有斐閣, 2000.10, 5-7면 참조.

로 활용할 수 있도록 보호함으로써 발명활동을 촉진하는 한편, 그 발명을 공개할 의무, 실시할 의무 등을 부여함으로써 그 발명기술의 공개·이용·확산을 통하여 산업전반의 발전에 파급효과를 미칠 수 있는 제도적 장치라고 볼 수 있다.[54] 이러한 특허제도 자체를 천재의 불꽃에 기름을 붓는 인류최대의 발명이라고 링컨은 말한 바 있다.

(2) 특허법적 접근방법과 저작권적 접근방법의 비교[55]

1) 권리의 발생체제 비교

저작권적 접근방법은 권리의 발생이 무방식주의에 의한다.[56] 이에 비해 특허법적 접근방법은 소정의 절차와 방식을 요구한다.[57] 특허법적 접근방법은 권리의 신뢰성과 안정성을 추구하기 위해 특허청이 객관적 창작성에 관한 권리의 유효성[58]을 사전에 판단한 후 권리를 부여하는 심사주의를 채택하고 있다. 이에 비해 저작권적 접근방법은 권리의 유효성을 사전에 판단하거나 확인받는 절차가 마련되어 있지 않다.[59] 저작물의 성립요건으로 요구되는 창작성(originality)은 주관적 창작성[60]으로'모

---

54) 박희섭·김원오, 특허법원론(제4판), 세창출판사, 2010, 9면.

55) 지식재산권법의 보호체계와 방법은 같으면서도 보호대상에 따라 서로 다른 점도 많다. 접근방법을 중심으로 크게 i) 특허법적 접근방법과 ii) 저작권적 접근방법으로 대별되며 iii) 제3의 독자적 접근방법(sui generis approach)이 추가되기도 한다. 김원오, "컴퓨터프로그램의 독자적 보호방법론에 관한 소고", 창작과 권리, 통권 제29호(2003), 127면 이하 참조.

56) 무방식주의란 등록이나 납본 등 어떠한 절차나 형식 등을 보호의 요건으로 요구하지 아니하고 저작물의 완성과 동시에 저작권이 발생하는 체계로서 자동적 보호의 원칙(Principle of Automatic Protection)이라고도 한다.

57) 특허권을 획득하기 위해서는 특허청에 특허출원하여 심사 및 특허결정과 등록이라는 절차를 거쳐야 비로소 특허권이 발생한다. 또한 특허법적 접근방법은 권리부여 과정에서 출원공개절차와 등록공고절차를 거쳐 확정된 보호객체를 '공시'하는 제도를 갖추고 있다. 자세한 내용에 대해서는 신재호, "지적재산의 보호방법에 관한 연구", 한양대학교 대학원,(2004.08) 63-64면.

58) 특허권은 특허법 제2조 제1호에 규정된 발명으로서 소정의 특허요건(신규성과 진보성, 산업상이용가능성, 명세서기재요건, 부등록사유 등)을 구비한 것에 한하여 부여된다.

59) 대법원 1996. 8. 23. 선고 94누5632 판결 (등록절차가 마련되어 있으나 등록공무원은 신청사항이 실체적 권리관계와 일치하는지의 여부를 심사할 권한이 없으므로 형식적인 요건만 구비하면 등록이 된다)

60) 이에 비해 특허법 등에서 요구하는 창작성인 신규성 판단은 객관적 창작성의 성격을 지니고 있다.; 대법원 1987. 5. 12. 선고 87후23 판결: 디자인보호법(구 의장법)에서 요구하는 〈객관적인 창작성〉

방하지 않고 독자적으로 작성한 것' 정도를 의미하며 침해판단 단계에서 법원이 판단한다.

2) 권리의 성격과 침해판단에서의 차이: 독점배타권 vs. 모방금지권

우선 저작권은 권리의 성격에 있어서도 독점성은 상대적이며 차단효(block effect)가 없는 '모방금지권(模倣禁止權)'이며 소위 '우연의 일치'가 인정된다. 저작권은 모방한 것이 아닌 한 유사한 내용의 저작물이 복수로 병존할 수 있다. 이 때문에 저작권침해 판단에 있어서도 객관적 유사성 이외에 선행저작물에 "의거"(rely on)하였다는 주관적 요건을 추가적으로 요구한다.

이에 비해 특허권 등 산업재산권의 성격은 차단효가 있고 우연의 일치라는 항변이 허용되지 않는 독점배타권이다. 차단효가 있기 때문에 '1발명 1권리원칙'을 고수하며 스스로 발명한 경우라 하더라도 중복등록을 허용[61]하지 않고 출원이 경합된 경우 '선원주의 원칙'에 의해 후출원은 거절된다. 나아가 특허권침해 판단에 있어서는 객관적 동일성만 요구하지 '의거'라는 주관적 요건을 추가적으로 요구하지 않는다.

3) 이상에서 살펴본 바와 같이 양자는 권리의 성격과 보호목적, 보호방법의 차이가 있는 점을 고려하여 각각 서로 다른 기관에서 관장하며 각각 고유한 법령과 정책에 기반하여 독자적인 운영체제를 유지하여 왔다. 그리하여 문예학술 분야의 창작을 장려하기 위해서는 좁고 강한 산업재산권 방식의 보호보다는 넓고 약한 저작권 방식의 보호를 채택하고 있고, 같은 종업원의 직무상 창작임에도 업무상저작물과 직무발

이라 함은 과거 또는 현재의 모든 것과 동일 또는 유사하지 아니하는 독특한 것만 아니라 과거 및 현존하는 것을 기초로 하여 거기에 고안자의 새로운 미감을 주는 미적 고안이 결합되어 그 전체에서 종전의 의장과는 다른 미감적 가치가 인정되는 정도이면 의장법에 의한 등록을 받을 수 있다 할 것이고 의장의 유사여부 판단에 있어서는 의장을 전체적으로 대비 관찰하여야 한다.

61) 독점배타적인 권리인 특허권의 성질상 동일한 발명에 2 이상의 권리를 중복적으로 부여할 수 없으므로 경합된 출원 중 하나에 대해서만 특허가 허여되어야 한다. 이를 1발명 1특허의 원칙 또는 중복특허(double patenting) 금지의 원칙이라 한다. 선원주의와 선발명주의는 바로 이러한 경합출원의 처리방식에 관한 원칙인 것이다. 박희섭·김원오, 특허법원론(제4판), 세창출판사(2010), 203면.

명의 권리귀속체제와 보상체제가 상이하다. 그간 보호의 공백지대에 있던 글자체의 보호는 디자인권 보호대상으로 정비되었으나 경계선상에 있는 소프트웨어와 같은 기능적 창작물[62]의 저작권적 보호가 타당한지도 과제로 남아 있고, 응용미술저작물, 캐릭터 등 산업재산권과 저작권에 의한 중첩보호의 대상도 여러 가지 문제점[63]을 야기하고 있다.

2. 데이터 생태계에 부합되는 규율체제의 기초

데이터 경제는 서로 다른 역할을 담당하는 참여자로 이루어진 생태계(ecosystem)를 의미한다. 데이터 경제 생태계는 교통신호 관리, 원격 진료 등 일상생활을 개선하기 위한 다양한 애플리케이션 개발을 통해 데이터로부터 가치를 창출하기 위해 여러 유형의 시장 참여자로 구성된다. 데이터 경제는 원시 데이터(raw data)로부터 파생되는 상품과 서비스 형태의 디지털 데이터가 거래되는 데이터 시장 전체를 대상으로 한다. 즉 디지털 기술로 처리되는 데이터의 생성, 수집, 저장, 처리, 분배, 전달 등을 모두 포괄한다. 데이터 경제 체계(Data Economy Framework)는 아래 〈표 1〉과 같이 생태계 안에서 담당하는 역할에 따라 데이터 표현자(Data Presenters), 통찰력 제공자(Insight Providers), 플랫폼 소유자(Platform Owners), 데이터 수집자/데이터 관리자(Data Aggregators /Data Custodians), 데이터 생산자(Data Producers)로 구분가능하다.[64] 이러한 행

---

62) 컴퓨터 소프트웨어와 같은 기능적 저작물에 대해서는 아이디어와 표현이 합체(merger)되는 특성으로 인해 표현을 보호하면 아이디어까지 보호되는 문제점 때문에 보호범위를 극히 제한하는 판례가 등장하게 되었고 이에 따라 소프트웨어의 특허권적 보호목소리가 높아져 왔으며, 비즈니스모델(BM)특허로 이어지는 징검다리 역할을 하게 되었다. 이에 대해 지나친 권리강화로 인한 소프트웨어산업의 발전저해와 부작용을 우려하는 이용자 측의 반대도 만만치 않다. 이론적으로는 제3의 보호방법론 채택이 타당하다는 견해도 유력하다. 이상정, "컴퓨터 프로그램 보호방법 재검토", 서울대학교 法學 제48권 제1호, 2007. 3, 105-128면.

63) 자세한 것은 김원오, "지적재산권 중첩보호체제의 문제점과 해결원리: 응용미술품의 의장법과 저작권법에 의한 중첩보호를 중심으로", 산업재산권 제15호, 한국산업재산법학회, 2004 참조.

64) 중요한 참여자를 인터넷 서비스 제공자(Internet Service Providers), IT 인프라 제공자(IT Infrastructure Providers), 데이터 제공자(Data Providers), 데이터 분석 서비스 제공자(Data Analytics Service Providers), 데

위자들 사이의 원활한 관계는 데이터 가치 순환의 필수요소이다. 따라서 산업데이터 생태계를 구성하는 주체와 이들의 상호작용에 영향을 미치는 제도적 요인을 분석하여 데이터의 생산·가공분석·거래·활용의 단계가 선순환구조로 활성화될 수 있는 기폭제(trigger)를 찾아내고 적합한 인센티브 부여 방안들을 선별하여 추진하는 것이 데이터 정책의 핵심으로 여겨진다.

〈표 1〉 데이터경제 참여자 체계와 역할[65]

데이터 표현자 (Data Presenters)	사용자 인터페이스 (User Interface)		사용자 경험 (User Experience)	
	조사와 발견 (Investigation and Discovery)		사용자 관여 (User Engagement)	
통찰력 제공자 (Insight Providers)	통계방법론 (Statistical & Computational Methods)	분석개발환경 (Development Environment for Analytics)	알고리즘/로직/규칙 (Algorithms/Logic/Rules)	
	시멘틱 모델 (Semantic Model)	분석 라이브러리 (Analytics Library)	머신러닝 (Machine Learning)	
플랫폼 소유자 (Platform Owners)	개발 환경 (Development Environment)		앱용 클라우드/호스트 (Cloud/Host for Apps)	
	연계형 API (APIs for Connectivity)		장치발견절차 (Device Discovery)	
데이터 수집자/관리자 (Data Aggregators and Custodians)	데이터 표준화 (Data Normalization for Common Transmission)		이종 데이터 수집 (Heterogeneous Data Collection from Disparate Devices)	
데이터 생산자 (Data Producers)	데이터 접근 (Data Access)	데이터 통제 (Data Control)	데이터 수집 (Data Collection)	
조력자(Enablers)				
네트워크 (Network)	센서/칩 (Sensor/Chip)	분석 엔진 (Analytic Engine)	하이브리드 클라우드 (Hybrid Cloud)	

이터 기반 기업(Data-driven Entrepreneurs) 체계로 분류하기도 한다.

65) Albert Opher, Alex Chou, Andrew Onda, and Krishna Sounderrajan, "The Rise of the Data Economy: Driving Value through Internet of Things Data Monetization," IBM, 2016.

3. 양자의 상호관계와 연결고리

(1) 무형자산으로서 데이터와 IP의 공통점과 연계성

IP 중 특허 등 산업재산권의 보호 및 활용시스템은 정보공개에 대한 대가로 일정기간 독점권을 부여한 후 보호기간이 경과하면 권리가 소멸되어 누구나 이용가능한 공유자산이 되는 체제이다. 문화자산의 점진적 축적을 유도하는 저작권의 보호방식은 전술한 바와 같이 그 법목적과 보호대상의 본질적 차이로 접근방법에 차이가 있음을 확인해 볼 수 있다. 데이터의 보호 및 활용시스템의 구축에 있어서도 기본적인 공통점에서 유추적용 가능한 포인트를 찾아냄과 동시에 데이터가 지식재산 보호대상과 갖는 차이점과 데이터경제 생태계 참여자의 이해관계 규율의 차이점을 고려한 거버넌스와 정책이 수립되어야 할 것으로 보인다.

앞서 살펴본 바와 같이 데이터와 저작물, 영업비밀, 발명 등 지적창작물은 무형의 재산이자 정보로서의 특성을 지니고 있어 민법의 보호대상인 유형의 물건과는 분명히 구별되는 공통적 특성이 있음이 확인된다. 데이터 규율과 정책을 강구함에 있어 IP시스템이 유추적용이 가능한 접점은 이 점에 있다. 원칙적으로 접근의 자유를 보장하되, 모방과 부정이용을 금지시키는 인위적 장벽의 설정 및 과소보호로 인한 인센티브 결여나 공유재적 성격으로 인한 시장실패(market failure) 문제,[66] 독점의 피해를 예방하여야 할 필요성은 모두 마찬가지이다. 다만 데이터는 그 보호에 있어 데이터의 보편적 특성을 고려하면 지식재산과 같이 물권적 권리를 부여하는 것은 바람직하지 않고, 활용에 있어 가장 큰 걸림돌이 개인의 민감데이터라고 할 수 있는 개인정보 보호문제와 충돌되는 점이다. 이미 개인정보보호의 문제를 지식재산권법적 관점에서 바라본 연구가 몇몇 존재한다.[67] 국내에도 개인정보 보호의 문제를 지식재산권적 관

---

66) 공공재는 여러 사람이 동시에 사용할 수 있으며 어떤 특정인이 소비하지 못하도록 막기 어렵기 때문이다. 즉 공공재의 무임승차자 문제가 발생하는데 이는 사람들이 어떤 재화와 서비스의 소비를 통해 혜택을 얻지만 이에 대해 아무런 비용도 부담하지 않으려는 데서 생기는 문제를 말한다.

67) Pamela Samuelson, "Privacy as Intellectual Property?", 52 Stanford Law Review 1125 (May 2000); Dorothy Glancy, "Personal Information as Intellectual Property", a draft for 10th Annual Intellectual

점에서 접근하되 집적도의 차이와 재산적 속성까지 고려하여 집합개인정보 작성자의 법적 지위를 보장해 주어야 할 필요성을 주장하는 연구[68]와 영업비밀보호 차원에서 접근하는 견해[69]에서 이미 접점을 잘 보여 주고 있다.

(2) 데이터 자체의 보호 공백을 메우기 위한 수단으로 지식재산

앞서 지식재산으로서 데이터 부분에서 살펴본 바와 같이 데이터 자체는 아직 재산권으로 보호하기 위한 제도적 장치가 미흡하다. 이로 인해 발생하는 보호 공백을 메우기 위한 당장의 수단으로 지식재산에 의한 데이터 보호를 보다 적극적으로 제시하고 있다. 예컨대, 개인정보보호의 차원을 떠나 지식재산 체계 내에서 데이터보호문제를 전체적으로 조망한 글[70]도 등장하고, 인공지능의 학습과 데이터가 연계되면서 데이터셋의 지식재산권 보호 논의[71]가 본격화되기 시작하였다. 데이터셋의 특허법적 보호[72]와 데이터 부정이용에 관한 통제를 부정경쟁방지법[73]을 통해 데이터의 보호를 논의하는 연구도 속속 등장하고 있다.

Property Scholars Conference (August 12, 2010).

(68) 박준석(2013), 전게논문, 1-36면 참조.

(69) 이일호, "빅데이터의 법적 보호 문제－영업비밀보호법에 의한 보호 가능성을 중심으로", 법조 vol. 67, no. 1, 통권 727호, 법조협회, 2018, 44-100면 참조.

(70) 전체적으로 조망한 글은 김창화, "지식재산 체계에서 데이터의 보호 및 제한에 관한 연구", IP&DATA법 제1권 2호, 인하대법학연구소, 2021. 12.; 이상용, "데이터셋에 대한 배타적 보호", 「인권과 정의」 Vol. 503, 대한변호사협회, 2022. 02 등.

(71) 저작권법에 의한 보호를 다룬 것으로는 이규호, "인공지능 학습용 데이터세트에 대한 저작권법과 부정경쟁방지법상 보호와 그 한계", 「인권과 정의」 Vol. 494, 대한변호사협회, 2020. 12; 차상육, "인공지능 개발에 필요한 데이터셋의 지적재산법상 보호－저작권법을 중심으로", 인권과 정의 제494호, 2020 등.

(72) 데이터셋의 특허권 보호를 다룬 것으로는 권지현, "AI발명과 데이터의 실효적 특허보호방안", 법학연구 제24권 1호, 인하대법학연구소 2021; 권지현, "AI발명에 있어서 데이터의 물건특허 인정방안", 서울법학 제28권 4호, 2021; 이규호, "인공지능 학습용 데이터세트 보호를 위한 특허법상 주요 쟁점 연구", 산업재산권 통권 제64호, 한국지식재산학회(2020. 07) 등을 찾아볼 수 있다.

(73) 심현주·이헌희, "데이터의 부정경쟁 유형으로의 보호에 관한 소고－일본의 부정경쟁방지법 개정을 중심으로", 「법학논총」 제35권 4호, 2018; 차상육, "부정경쟁방지법상 데이터의 보호방안", IP&DATA법 제1권 1호, 인하대법학연구소, 2021. 06 등.

(3) 창출, 보호, 활용, 기반이란 정책적 구조

지식재산정책의 수립과 집행은 창출, 보호, 활용, 기반(인프라)이라는 정책적 구도 속에서 이루어지고 있다. 이러한 접근은 일본에서 시작[74]된 것으로 보이며 지적창조 사이클(IP Creation Cycle)에 기반을 둔 것이다. 중국도 지식재산정책 수립에 있어 이를 기본적 구도로 삼고 있다. 우리나라도 지식재산기본법 목적조항[75]에 이러한 구도를 명시하고 있고 지식재산위원회 구성과 지식재산 정책설계도 이러한 기본 구도하에 이루어지고 있다. 본질에 있어 큰 차이가 없는 데이터에 관한 정책도 비슷한 맥락에서 추진될 수 있을 것으로 보인다. 다만 창출이란 개념 대신에 수집·가공이란 용어 대체가 필요할 뿐이다.

4. 데이터에 유추적용이 가능한 IP시스템

(1) 유추를 통한 접점 모색

개념법학에서 가장 많이 사용되는 추론방법 중 하나는 유추(analogy)이다.[76] 유추는 "두 개의 사물이 몇몇 성질이나 관계를 공통으로 가지며, 또 한쪽의 사물이 어떤 성질 또는 관계를 가질 경우, 다른 사물도 그와 같은 성질 또는 관계를 가질 것이라

---

74) 知的財産戦略大綱은 2002년 7월 지적재산권전략위원회가 결정한 일본의 지식재산권정책에 관한 기본정책으로서 동 헌장 제2장에서는 지식재산입국의 실현을 위해 지적창조 사이클(IP Creation Cycle)의 각각의 국면에서의 지식재산의 창조 보호 활용과 이들을 지탱하는 인적 기반의 충실이라는 4개 분야에 대한 기본적 방향을 제시하였다 제4장은 구체적 행동계획으로서 2005년도를 목표로 지식재산의 창조, 보호, 활용과 이들을 지탱하는 인적 기반의 충실에 대해 각 부서별 추진과제와 실시목표 기한을 정하고 있다.

75) 제1조(목적) 이 법은 지식재산의 창출·보호 및 활용을 촉진하고 그 기반을 조성하기 위한 정부의 기본 정책과 추진 체계를 마련하여 우리 사회에서 지식재산의 가치가 최대한 발휘될 수 있도록 함으로써 국가의 경제·사회 및 문화 등의 발전과 국민의 삶의 질 향상에 이바지하는 것을 목적으로 한다.

76) Robert D. Atkinson, "IP Protection in the Data Economy: Getting the Balance Right on 13 Critical Issues", 2019, p. 2.

고 추리하는 일"이라고 정의된다.[77] 데이터의 유추 대상으로 가장 많이 거론되는 것이 바로 지식재산이다.[78] 양자는 앞서 살펴본 바와 같이 무형적 자산으로의 공통성과 5가지 특성의 대부분을 공유하고 있어 적절한 보호가 주어지지 않을 때 공유재의 성격으로 인한 시장실패(market failure),[79] 공유지의 비극(The Tragedy of the Commons)에 대응되는[80] 반공유지의 비극(tragedy of anticommons)[81] 등이 초래된다. 이를 방지하기 위해 자구책으로서 데이터 보안대책이 필요하며, 정책적으로는 인위적인 인센티브의 부여, 정보의 공개(특허)와 공정이용 법리를 통해 타인의 접근은 널리 허용하되 무단이용은 일정기간 금지하는 체제 등 정책적 측면에서 접근할 때 유추할 만한 공통점이 많다. 특히 데이터와 저작물의 단일체계 내에서의 보호 방안을 검토하는 견해[82]도 있다.

---

77) 두산백과 사전.

78) 김창화, 앞의 논문, 3면.

79) 시장경제에 있어서 자원의 배분은 애덤 스미스의 '보이지 않는 손', 즉 가격기구에 의해 효율적으로 이루어진다. 그러나 시장 여건의 불완전성이나 재화와 서비스의 특성 등으로 가격기구가 제대로 작동하지 못하여 자원의 배분이 효율적으로 이루어지지 않는 일이 종종 생기는데, 이 경우 시장이 효율적인 자원배분에 실패한다는 의미에서 시장실패(market failure)라고 한다.

80) 공유지의 비극은 미국의 생물학자 가렛 하딘(Garrett Hardin)에 의해 만들어진 개념으로, 환경을 파괴하게 만드는 메커니즘을 설명하기 위해 사용했다. 공유지의 비극은 "초지·삼림·공기·물고기·지하자원과 같이 공동체 모두가 사용해야 할 자원은 시장기능에 맡겨 두면 이를 당 세대에서 남용해 자원이 고갈될 위험이 있다"는 내용을 담고 있다(Garrett Hardin, The Tragedy of the Commons, New Series, Vol. 162, No. 3859 (Dec. 13, 1968), pp. 1243-1248). 이 문제에 대한 해법으로 주류 경제학은 시장기능의 도입이나 사적 재산권을 강조한다. 그러나 노벨경제학상 수상자인 엘리너 오스트롬(Elinor Ostrom)은 시장기능의 도입 없이 지역 행정체계나 주민이 일정한 합의를 통해 관리하는 방법을 제시하기도 했다.

81) 반공유지의 비극(The Tragedy of the Anticommons)은 공유지의 비극이 이용자가 과다하여 과다이용으로 인한 총가치의 하락이 문제임에 반하여, 권리자가 과다하여 과소이용이 문제되어 총가치가 하락하는 점이 문제이다(Michael Heller, "The Tragedy of the Anticommons: Property in the Transition from Marx to Markets" 111 Harv. L. Rev.(1998) 참고). 데이터의 경우 그 특성으로 인해 과다이용의 문제에서 자유롭지만 권리자가 과다할 경우 과소이용에 있어 총가치의 하락의 문제점이 발생할 수 있다. 새로운 데이터 자산의 규율 방향은 이 점을 염두에 두고 설계되어야 한다.

82) Maurizio Borghi, Stavroula Karapapa, Works and Data: Towards a Unitary Regulatory Framework, Copyright and Mass Digitization, Oxford Scholarship Online: May 2013.

(2) 법목적 달성을 위한 보호와 활용의 균형

특허법,[83] 저작권법[84] 등의 목적조항을 보면 창작자의 권리 보호와 발명과 저작물의 공정하고 원활한 이용 도모 간의 균형을 도모하고 있으며 궁극적 목적은 (문화)산업발전에 있음을 알 수 있다. 이에 따라 IP정책의 영원한 과제는 보호정책과 이용활성화 또는 공유정책(public domain policy) 간의 균형 유지라 할 수 있다. 데이터 정책도 마찬가지로 보호와 활용정책 간의 균형유지가 핵심이라 할 수 있으나 산업데이터의 경우 데이터의 특성에 비추어 활용 쪽에 방점을 두는 것이 바람직해 보인다.

(3) 광범위한 접근허용 장치(공정이용, 비자발적 이용허락)

지식재산으로의 데이터와 가장 근접한 유추대상 법률은 저작권법이다. 특허법과 달리 얕고 길게 보호하는 저작권법은 보호의 예외와 권리제한(exception & limitation)을 통해 자유이용과 공정이용을 보장하는 등 광범위한 접근허용 장치를 두고 있다. 예컨대 저작권법은 저작물의 공정한 이용을 도모할 수 있도록 보호받지 못하는 저작물에 관한 규정을 두고(제7조), 저작재산권의 보호기간을 유한한 것으로 제한하며(제39조), 저작재산권의 제한에 관한 일반조항(제35조의5)과 구체적인 제한규정(제23조 내지 35조의4)을 두고 있다. 특허는 상대적으로 예외인정을 통한 접근인정은 약하지만 '표준필수특허' 제도는 투명하고 예측 가능한 라이선스 규정(FRAND)을 통한 기술접근 보장책이라 할 수 있다. 법정허락과 강제허락 등 비자발적 이용허락제도도 이와 같은 취지의 제도적 장치라 할 수 있다. 데이터 정책도 마찬가지 맥락에서 데이터 접근 강화를 위해 강제접근이나 강제공유정책[85]을 취하여야 할 필요가 있다.

---

83) 특허법 제1조(목적) 이 법은 발명을 보호·장려하고 그 이용을 도모함으로써 기술의 발전을 촉진하여 산업발전에 이바지함을 목적으로 한다.

84) 제1조(목적) 이 법은 저작자의 권리와 이에 인접하는 권리를 보호하고 저작물의 공정한 이용을 도모함으로써 문화 및 관련 산업의 향상발전에 이바지함을 목적으로 한다.

85) 이 주제에 대해서는 뒤에서 별도로 자세히 논해 보고자 한다.

(4) 2차적 저작물, 이용발명(개량발명) 등 결합, 재사용, 파생물의 권리병존

지식재산의 창작은 무에서 유를 창작하는 것은 아니다. 기존의 선행 창작으로부터 파생된 파생물(derivative work)인 이용발명이나, 2차적 저작물에 대해서도 새롭게 권리를 인정한다. 이용발명이란 선원발명의 구성요소를 전부 포함하고 이를 그대로 이용하면서 창작적 가치를 새롭게 부가한 발명[86]이라 할 수 있다. 2차적 저작물이란 "원저작물을 번역·편곡·변형·각색·영상제작 그 밖의 방법으로 작성한 저작물"을 말하며 독자적인 저작물로서 보호된다(제5조 제1항). 데이터도 가공과 결합을 통해 새로운 부가가치를 창출하는 데 주된 목적이 있다. 따라서 데이터 법제에 있어서도 가공처리된 데이터의 권리귀속문제나 데이터의 재사용에 관한 나름대로의 기준을 정립할 필요가 있다.

(5) 디지털화에 대한 고민과 디지털 이슈

디지털 기술과 인터넷 네트워킹 기술 발전에 수반하여 저작물의 발행과 배포 및 이용환경이 변화함에 따라 저작권법 체제에는 코페르니쿠스적 혁명이 초래되었다. 그 근본 원인은 '매체와 저작의 분리'[87]에 있으며, 이에 따라 저작권법은 매체의 유통에서 저작의 유통으로, 매체중심의 저작권법 체제에서 저작물 중심의 저작권체제로 이행되었고, 디지털저작물의 이용도 전송과 공중송신 중심으로 변화하였다. WIPO도 기술적 보호조치와 그 무력화, 권리관리정보, OSP책임론 등 디지털저작권 이슈를 다룬 저작권조약(WCT)을 탄생시켰다.

데이터가 각광을 받는 것도 데이터의 수집·가공·분석이 용이한 디지털 데이터 시대가 도래했기 때문이다. 특히 데이터의 거래와 관련하여 데이터가 상품이 되려면

---

86) 특허법 제98조에서는 "특허권자, 전용실시권자 또는 통상실시권자는"과 같이 규정함으로써 특허발명만이 이용발명이 될 수 있는 것으로 정의하고 있으나, 광의의 이용발명은 후출원이 등록된 특허발명뿐만 아니라 출원 중인 발명이나 미출원인 발명도 포함한다.

87) 전자 프런티어 재단(EFF)를 창립자인 존페리 발로(John Perry Barlow)는 병 없이 포도주를 거래, 유통시킬 수 있는 세상이 되었다고 평하였다.

마찬가지로 기술적보호조치 등 데이터 보안조치가 필요하고 그 무력화 행위 및 권리관리정보에 대한 규제가 필요하며, 데이터 수집과 거래 플랫폼의 OSP책임론 등이 쟁점화될 수 있을 것으로 보인다.

(6) 국제적 보호와 국제적 규범(국제조약 시스템) 마련의 필요성

지식재산권은 본질적으로 국제적 보호의 필요성이 크다. 그리하여 이미 1883년 산업재산권 보호에 관한 파리 동맹조약(Paris Union)[88]이 체결되었고, 저작권에 관하여서는 1986년에 베른동맹조약(Berne Union)이 체결되어 지식재산 보호에 관한 국제적 규범이 형성되었다. 1893년에 양 동맹조약의 국제사무국이 통합되고 1967년에 WIPO가 설립되어 UN의 전문기구로 운영되고 있다. 2022년 4월 현재 WIPO회원국의 수는 193개국에 달한다. WIPO는 지식재산의 실체적 보호기준, 절차적 통일, 국제등록 및 국제분류와 관련된 24개의 국제조약을 관장하고 있다. 한편 WTO도 지식재산의 무역관련 측면을 고려해 TRIPs협정[89] 채택을 주도하였고 국가간 지식재산 분쟁해결절차를 운영하고 있다. 동 협정은 지식재산 보호의 최소한의 기준을 제시한 국제적 규범헌장의 역할을 하고 있다. 이에 비해 데이터의 국제적 보호와 이용에 관해서는 간간히 UN[90]과 OECD의 프라이버시 가이드라인,[91] 오픈 거번먼트 데이터(Open

---

88) Paris Convention for the Protection of Industrial Property of 1883.

89) WTO에 의한 무역관련 지적재산권 협정(TRIPs: Agreement on Trade Related Aspect of Intellectual Property Rights)은 세계 경제의 변화를 신축적으로 수용하고 신국제무역질서를 재편하기 위하여 WTO 설립협정의 부속서형태로 채택되었다. WTO의 모든 회원국에 유효한 영향을 미치며 이에 따라 각 회원국은 자국의 지식재산권 관련 국내법령을 TRIPs 협정에 일치하도록 개정할 의무를 부담한다. TRIPs는 "세계무역기구설립을 위한 마라케쉬협정"의 15번째 부속서(부속협정)로써, "세계무역기구 설립을 위한 마라케쉬협정"의 발효일(1995년 1월 1일)에 동시에 발효되었으며 동일자로 우리나라에 대해 발효되었다. 본 협정은 전문과 총 7부 및 73개의 조문으로 구성되어 있으며, 지식재산권의 거의 모든 분야를 망라한다. 제1부에서 총론적 규정으로 내국민대우, 최혜국 대우 등의 일반원칙을 다루고, 전통적 의미에서의 지식재산권 자체의 보호에 관한 규정은 제2부에서 다루고 있다. TRIPs와 관련하여 개도국을 중심으로 전통지식, 유전자원 등 새로운 분야의 신지식재산권 보호의 필요성과 TRIPs 협정 내에 설정되어 있는 기존 지식재산권 제도와의 조화 문제 등이 제기되고 있다.

90) UN은 1990년 12월 4일 총회의 결의로 전산처리된 개인정보파일의 규제를 위한 가이드라인(Guideline for the Regulation of Computerized Personal Data Files)을 채택·공포하였다.

Government Data)[92]를 통해 강제력 없는 가이드라인이 마련되거나, FTA 등[93]을 통해 일정 국가들의 합의가 도출되고 있지만, 아직 규범성 있는 국제조약으로까지 발전하지 못하고 있다. 디지털 무역의 범위가 확대되면서 데이터 거래의 국제규칙[94] 마련도 필요하며, 국경을 넘는 데이터 역외이전,[95] 데이터 주권과 로컬라이제이션, 클라우드 컴퓨팅이 야기하는 문제에 이르기까지 국제적 합의를 요하는 사항이 상당하다.

(7) 권리자의 독점적 지위 콘트롤 필요

지식재산권법은 독점규제법의 적용예외[96]로서 독점배타적 지위를 인정하는 권리를 부여하고 있다. 그러나 이는 정당한 권리행사를 전제로 한 것이므로 특허권 등의 남용 시에는 당연히 독점규제법의 적용을 받게 된다. 지식재산권의 행사가 남용되

---

91) OECD 가이드라인은 국내적용 기본원칙(Basic Principles of National Application)과 국제적용 기본원칙 (Basic Principles of International Application)을 따로 규정하고 있는바, 그 중 국내적용 기본원칙에 해당하는 8가지의 원칙인 ① 수집제한의 원칙 ② 정확성 확보의 원칙 ③ 목적 명시의 원칙 ④ 이용제한의 원칙 ⑤ 안전성 확보의 원칙 ⑥ 공개의 원칙 ⑦ 개인 참여의 원칙 ⑧ 책임성의 원칙을 통상적으로 OECD 개인정보보호 8원칙 또는 OECD 프라이버시 원칙이라고 한다.

92) Daniel Castro and Travis Korte, "Open Data in the G8: A Review of Progress on the G8 Open Data Charter" (Information Technology and Innovation Foundation, Center for Open Data, March 17, 2015), http://www2.datainnovation.org/2015-open-data-g8.pdf.

93) 데이터사업과 관련한 국제 규정은 현재 특정 지역을 묶는 자유무역협정(FTA) 등에만 적용되고 있다. 미국을 제외한 11개국이 참여한 환태평양경제동반자협정(TPP)이나 미국·멕시코·캐나다협정(USMCA)에서는 데이터의 자유로운 유통을 보장하는 규칙이 있다. 인터넷을 통해 유통되는 데이터는 국경을 쉽게 넘나들기 때문에 일부 국가만 참여하는 무역협정으로는 관리가 제대로 이뤄질 수 없다.

94) 2019년 세계무역기구(WTO)가 데이터 이용 비즈니스에 관한 국제규정 제정을 추진한다. 규정에는 국가가 개인이나 기업의 정보를 검열하는 등 지나친 개입으로 경쟁환경이 왜곡되는 걸 막기 위해 국가에 의한 데이터 공개요구를 금지하는 내용이 담길 것으로 보인다. 데이터 관리를 강화하고 있는 중국 등을 염두에 둔 조치다.

95) 국제적으로 자유이동 입장을 취하는 미국과 EU의 GDPR은 개인정보 철저보호 조건부이고, 중국은 네트워크안전법에서 안보를 이유로 국외이동을 제한하는 등 다양한 입장을 견지하고 있다; 김일환, "개인정보 국외이전에 대한 국제적 기준과 내용에 관한 고찰", 미국헌법연구, 24(1), 2013, 125-154면 참조.

96) 독점규제법 제117조에서 이 법의 규정은 "…특허법에 따른 권리의 정당한 행사라고 인정되는 행위에 대해서는 적용하지 않는다"는 일괄 적용배제 규정을 두고 있다.

는 것에 대비한 장치[97]를 두고 있고 지식재산권 라이선스 규제 및 병행수입품 규제[98]와 관련한 가이드라인을 제시하고 있다. 데이터의 영역에서도 대용량의 빅데이터 수집·보유·활용이 시장지배적 지위를 가진 일부 온라인플랫폼 사업자에게 쏠리는 현상 발생함에 따라 데이터 독점의 폐해가 나타나기 쉽다. 기업들도 데이터확보를 위한 수단으로서 전략적 기업결합 정책을 추진하고 있어 더욱 문제 된다.

이 밖에 고질적인 데이터오너십 문제를 보다 거시적 차원에서 검토해 보기 위해 지식재산의 집단적 권리귀속체제도 살펴보고, 데이터의 거래활성화 차원에서 지식재산의 양도와 라이선스 체제로부터 유추적용할 수 있는 것은 없는지도 살펴본다. 특히 비자발적 이용허락시스템과 저작권 집중관리 시스템으로부터 데이터 보호·활용 촉진 방안으로 모색해 볼 만한 시사점은 없는지도 점검해 본다.

IV. 기타 IP시스템을 유추적용한 데이터정책 검토

1. 집단적 권리귀속과 데이터 총유개념

(1) 지리적 표시와 단체표장

지리적 표시(geographical indication: GI로 약칭)란 상품의 품질, 명성, 또는 기타 특징이 본질적으로 원산지의 영토·토지에 유래하는 경우, 그 토지의 원산(출처)이라는 것

---

97) 지식재산권은 새로운 기술 혁신의 유인을 제공하는 한편 관련 시장의 질서를 왜곡하지 않는 범위에서 정당하게 행사해야 한다. 지식재산권을 남용하여 관련 기술의 이용과 새로운 기술 혁신을 부당하게 저해하는 행위는 독점규제법뿐만 아니라 지식재산 제도의 기본 목적에도 반한다. 그러므로 이 법은 정당한 지식재산권의 행사를 존중하는 한편 동 제도의 근본 취지를 벗어나는 행위를 규율함으로써 이 법과 지식재산 제도가 추구하는 공통의 목표를 달성하는 데에 기여할 수 있다.(지식재산권의 부당한 행사에 대한 심사지침[시행 2021. 12. 30.][공정거래위원회예규 제389호, 2021. 12. 30. 일부개정])

98) 병행수입에 있어서의 불공정거래행위의 유형 고시 [시행 2021. 12. 30.] [공정거래위원회고시 제2021-20호, 2021. 12. 30. 일부개정]

을 나타내는 표시이다. TRIPs협정[99]에서는 이와 같이 생산지역에 바탕을 둔 지역적 특성과 명성을 법적으로 보호받을 만한 가치가 있는 지식재산으로 보아 협상의제로 채택, 수용함으로써 GI는 새로운 지식재산의 한 범주로 부각되었다. GI는 상표와 달리 개인의 배타적 권리로써 보호받을 수 없다. 왜냐하면 GI는 지역공동체가 공동으로 사용해 온 지역 명칭을 기반으로 한 것이므로 그 고유한 지리적 환경의 특성에 의해 획득한 품질이나 명성의 재산적 가치도 지역관계자 전체가 공동으로 향유하여야 할 공유재산이기 때문이다. 따라서 GI에 대한 권리는 어느 특정 개인에게 독점배타권을 부여할 수 없는 체제이며 개인에게 배타적 사용권의 부여는 모든 지역관계자에 의한 '지리적 표시의 자유사용의 원칙'에 위배된다. 우리 상표법은 지리적 표시 단체표장으로만 등록가능하도록 운영하고 있고 프랑스는 이미 1919년 5월 6일의 원산지 명칭에 관한 법에서 원산지 명칭을 집단적 지식재산권(collective intellectual property right)으로 규정하였다.[100]

(2) 데이터 총유개념 도입

이러한 GI의 집단적 권리귀속체제와 비슷한 맥락에서 최근 다각도로 논의되고 있는 데이터 소유권의 개념을 관념적인 집합체의 권리로 설정하고 민법상 총유 개념을 준용하는 이론 구성을 시도하는 견해[101]가 있다. 불완전한 데이터 소유권문제 해결과 데이터의 집단적 이용의 필요성에 근거한 주장이다. 이 견해에 따르면 '데이터 총유' 개념은 개인들 간의 사적 소유권 인정을 일정 부분 제한하고 집합적 재산관계를 설정하는 것을 골자로 한다. 파편화된 데이터의 사적 소유권을 설정하는 것의 한계점을 지적하며 이에 관한 대안으로 '데이터총유공동체' 전체의 '집합적 데이터(빅데이터)'

---

99) TRIPs 제22조 제1항: 이 협정의 목적상 지리적 표시(geographical indication)란 상품의 특정 품질, 명성 또는 그 밖의 특성이 본질적으로 지리적 근원에서 비롯되는 경우, 회원국의 영토 또는 회원국의 지역 또는 지방을 원산지로 하는 상품임을 명시하는 표시이다.

100) Bernard O'Cornor, The Law of Geographical Indication, Cameron May(2004), p. 166.

101) 박기주, "데이터 기반 소유권의 형성과 그 본질에 관한 연구─'데이터 총유(總有)' 개념의 설정을 중심으로", 법학연구 제24집 제3호, 인하대 법학연구소, 2021.09, 315-349면.

를 '공동체'가 소유하는 형식을 제안한 것이다.[102] 필자의 데이터 총유 개념은 현행 민법상 공동소유[103]의 한 형태로부터 유추한 것으로 공동체와 외부와의 관계에서는 배제성이 적용되지만 공동체 내부에서는 비배제성이 적용되는 2원적 체제로 대표된다. '데이터총유공동체'가 외부의 데이터기업 등에게 '집합적 데이터'의 관리·처분권을 대외적으로 행사할 수 있는 이론구성[104]을 하고 있다. 이러한 데이터 총유 개념은 데이터 생태계 참여주체 간 새로운 사회적 합의가 전제가 되어야 하겠지만 집단적 권리 귀속과 관리의 필요성이라는 새로운 관점을 제시한다. 데이터 총유이론의 의미는 사회적 공유재산으로서 데이터총유공동체의 데이터 자산을 사회 전체가 가지는 부(富)에 편입시켜 기본소득의 근거가 될 수 있도록 하자는 것으로 이어지고 있다. 향후 인공지능 데이터 학습이 필수적이고 데이터가 창출하는 부가가치가 점점 커져 가는 점을 고려하면 검토 의의가 있는 제안으로 보인다.

2. 비자발적 라이선스와 데이터 강제공유

(1) 지식재산권법상 비자발적 이용허락

지식재산권은 개인의 사유재산이므로 지식재산권의 이용은 권리자와 이용자 간 자유로운 계약에 의해 이루어져야 함이 원칙이다. 그러나 실시촉구, 경쟁촉진 등 공익상의 이유 및 협상이 불가한 상황, 높은 거래비용 등을 이유로 권리자의 개인적 의사 와 무관하게 이용이나 실시를 강제하여 소정의 목적을 달성할 수 있도록 국제조약[105]이나 법률에 규정한 것이 비자발적 라이선스(non-voluntary license)제도이다. 이에

---

102) Ibid, 342-344면.
103) 현행 민법상 총유는 물건에 각자의 지분이 인정되지 않는다는 점에서 합유와 구분된다. 단체의 회원 지위를 취득 또는 상실함에 따라 총유물의 이용에 관한 자격도 취득 또는 상실된다(민법 제277조). 물건의 총유관계는 정관과 그 밖의 내부 계약에 따라 우선 처리하고, 정관 등에 정함이 없는 경우 민법 규정에 의한다. 민법은 총유물의 관리 및 처분은 사원총회의 결의에 의하고, 각 사원은 정관 기타의 규약에 좇아 총유물을 사용, 수익할 수 있다고 정하고 있다(민법 제276조).
104) 박기주, 앞의 논문, 345면 이하.
105) 국제조약으로 (1) 세계저작권협약은 번역권에 대하여 7년 강제허락제도를 인정하고 있으며(제5조

는 특허법상의 강제실시권제도와 저작권법상 법정허락(statutory license)과 협의의 강제허락(compulsory license)이 있다.

특허법상 강제실시권은 그 목적과 처분근거에 따라 구분하면, i) 공익상 필요에 의하여 주무부 장관의 신청에 따라 특허청장의 처분에 의하여 발생하는 실시권[106] ii) 특허발명의 실시를 구하는 자의 청구에 따라 특허청장의 재정(裁定)에 의하여 발생하는 실시권[107] 및 iii) 이용, 저촉발명의 경우 일방의 청구에 의하여 특허심판원의 심결로 발생하는 실시권[108]으로 나눌 수 있다. 특허법상 강제실시 제도와 같이 공유의 영역이 마련되어 있다. 저작권법상의 비자발적 이용허락 중 강학상의 강제허락(compulsory license)이란 이용자가 저작권자와 협의시도를 하였으나 협의성립이 결렬된 경우 사용조건에 대한 교섭권한을 박탈하지 않은 채 저작재산권자의 의사여하에 불구하고 공익적인 견지에서 대가의 공탁 등 소정의 절차를 거쳐 권한 있는 기관이 저작재산권자를 대신하여 제3자에게 그 저작물의 이용을 허락하는 제도를 말한다. 이에 비해 협의의 법정허락은 배타적 저작권을 (채권적) 보상청구권으로 변화시키는 기능을 한다. 이러한 저작권법상 비자발적 이용허락의 허용 논거[109]로는 거래비용의 절감, 저작물의 이용 보장, 유치산업 육성[110] 등이 거론된다.

제2항), 개발도상국에 대하여는 교육·연구목적에 한하여 번역권과 복제권에 관한 특례를 규정하고 있다(제5조의3 내지 4). (2) 베른협약은 방송권과 음악저작물의 녹음권에 대하여 강제허락을 인정하며(제11조의2 제2항, 제13조 제1항), 복제권과 번역권의 경우에는 개발도상국을 위한 특례를 인정한다(부속서 제2조, 제3조) (3) TRIPs협정은 강제실시권 규정(제31조)을 두고 추가로 DDA협상에서 공중보건 차원에서 의약품 수출을 위한 강제실시(제31조의2 신설) 문제가 부각되기도 하였다.

106) 특허법 제106조의2(정부 등에 의한 특허발명의 실시).

107) 특허법 제107조(통상실시권 설정의 재정).

108) 특허법 제138조(통상실시권 허락의 심판) ① 특허권자, 전용실시권자 또는 통상실시권자는 해당 특허발명이 제98조에 해당하여 실시의 허락을 받으려는 경우에 그 타인이 정당한 이유 없이 허락하지 아니하거나 그 타인의 허락을 받을 수 없을 때에는 자기의 특허발명의 실시에 필요한 범위에서 통상실시권 허락의 심판을 청구할 수 있다.

109) 임원선, 실무자를 위한 저작권법(제6판), 한국저작권위원회, 2020. 256-259면.

110) 육성이 필요한 초기산업(주로 생산적 이용자: 미국 유선방송산업 정착 초기)에 대한 정책적 고려, 저작권처리 의무 과도한 부담 해소/이용료를 국가 또는 제3자가 결정/저작권자 희생으로 보조금 지급 등.

(2) 데이터에의 강제접근과 강제공유

기업 내부데이터의 자발적 외부 공유가 이루어지기도 하지만 영업비밀이나 경쟁상의 이유로 보편적으로 기대하기 어려운 실정이다. 특히 대량의 데이터를 보유한 몇몇 기업은 정당성 없이 자신들의 시장 지배력을 활용해 특정 데이터셋에 대한 독점적 접근권을 행사하고 있다. 이러한 유형의 경쟁침해 행위[111]는 혁신을 제한[112]하고 소비자들에게 피해를 주므로 정책적 개입이 요구된다. 그리하여 정부가 주로 경쟁보장 정책의 수단으로 '공개 API'[113]를 통한 데이터 공개를 요구해야 하는 경우도 존재할 수 있다. 그렇다면, 어떤 경우에 공개 API가 허용되어야 하며, 어떤 경우에 혁신과 경쟁이 피해를 받을 것인가? 우선적으로 허용해야 하는 경우는 소비자들이 스스로 혹은 대리인을 통해 자신의 데이터에 접근하려는 경우이다. 금융, 부동산, 전자기기(예: 스마트 계량기를 통한 전기 사용량 데이터)를 대표적인 예로 꼽을 수 있다. 이 경우 공개 API는 혁신을 촉진하고, 다른 기업들이 개인의 데이터로부터 부가가치를 창출할 수 있는 긍정적인 방향으로 작동할 것이다. 허용되어야 하는 두 번째 경우로 데이터가(그 형식이 다르더라도) 이미 소비자와 경쟁자들에게 제공된 경우[114]를 꼽을 수 있다. 대상정보가 영업비밀이 아니며, 암호화되어 있거나 기술적으로 보호받고 있지 않아 소비자

---

111) 예를 들어 부동산, 금융 서비스 및 항공여객 산업에서 기업과 관련 협회들은 자사 데이터에 대한 제3자의 접근을 제한시키는 방법으로 경쟁을 제한했고, 시장 투명성을 낮추었으며 소비자에게 피해를 주기도 하였다(Robert D. Atkinson, IP Protection in the Data Economy: Getting the Balance Right on 13 Critical Issues, 2019. p.19).

112) 몇몇 금융 기관은 위와 같은 데이터 집약기업의 고객 데이디 다운로드를 제한할 유인을 가지고 있는데, 이 다운로드 서비스들이 혁신적 기술을 통해 금융 서비스를 개선하려는 핀테크 기업에 의해 사용되고 있기 때문이다.

113) API란 소프트웨어의 기능으로 개발자들은 이를 통해 컴퓨터의 언어로 작성된 데이터에 접근할 수 있다. API는 대개 조직 내에서 쓰이지만, '공개 API'는 제3자의 정보 접근을 허용한다. 외부 집단에게 공개 API를 통한 접근을 허용하는 것은 시장 투명성과 소비자 선택권 개선에 일조한다.

114) 예를 들어, 항공여객 산업의 경우 델타와 사우스웨스트와 같은 몇몇 항공사들은 특정 외부 집단이 자사의 빈 좌석과 가격 정보를 외부 집단의 사이트에 게재하는 것을 금지한다. 항공사는 또한 BookIt.com과 Onetravel과 같은 온라인 여행사(OTA), 그리고 Trip Advisor와 Hipmunk와 같이 소비자가 여러 항공사의 가격을 비교할 수 있는 검색 엔진을 타깃으로 한다(Robert D. Atkinson, op.cit., p.19).

와 경쟁사는 시간이 오래 걸리더라도 직접 온라인에서 이 정보를 찾을 수 있다. 공개 API는 투명성과 경쟁을 촉진할 수 있을 것이다.[115]

한편, 비슷한 맥락에서 기업들이 보유한 데이터를 공유하고 공동사용하도록 강제하는 강제적 공유(forced sharing)가 데이터 독점에 대한 반독점 규제의 일환으로서 가능할 수 있다. 세계의 전문가들과 여러 국가의 정부들은 정당한 경쟁을 위해 데이터의 강제적 공유 체계를 요구하고 있다.[116] 데이터의 강제적 공유는 일반적으로 합병에 의한 새로운 기업이 특정 데이터 시장에서 지배적인 위치를 차지하거나 해당 시장에 신규 진입을 장려하거나 기존 경쟁자의 위치를 보호하기 위해 발생하며, 이 경우 규제자(regulator)는 데이터 보유자가 경쟁업자에게 데이터를 이용할 수 있도록 요구하거나 시장 가격으로 데이터를 판매하도록 요구한다.[117]

하지만 데이터의 강제적 공유는 시장실패가 광범위한 곳 또는 경쟁사들보다 매우 큰 경쟁적 이익을 가진 곳에서만 가능할 것이다. 또한 중소기업의 이익을 보호하기 위해서는 그 허용 정도가 클 것이고 그 대상에 있어서도 공공데이터는 비교적 넓게 허용될 수 있지만 일반 기업이 보유하고 있는 데이터에는 허용범위가 좁아야 할 것이다.[118]

3. 신탁을 통한 저작권 집중관리시스템의 시사점과 사례검토

(1) 신탁을 통한 저작권 집중관리

저작권 관리는 거래비용(transaction cost)의 문제를 해결하기 위해 저작권 집중관리

---

115) Robert D. Atkinson, op.cit., at 19.
116) Viktor Mayer-Schönberger and Thomas Ramge, "A Big Choice for Big Tech," Foreign Affairs, September 2018, 〈https://www.foreignaffairs.com/articles/world/2018-08-13/ big-choice-big-tech, 2022. 5. 16 최종방문〉.
117) Lisa Kimmel and Janis Kestenbaum, "What's Up With WhatsApp? A Transatlantic View on Privacy and Merger Enforcement in Digital Markets," Antitrust, Fall 2014, 53, 〈https://www.crowell.com/files/Whats-Up-With-WhatsApp.pdf., 2022. 5. 16 최종방문〉.
118) 김창화, 앞의 논문, 21면.

단체(collective management organization)로 불리는 저작권자로 구성된 단체를 통한 신탁관리방식[119]으로 이루어진다. 저작권 신탁관리업이란 저작권자 등(저작재산권자, 배타적 발행권자, 출판권자, 저작인접권자 또는 데이터베이스제작자의 권리를 가진 사람)을 위하여 그 권리를 신탁받아 이를 지속적으로 관리하는 업을 말한다. 저작권법상 저작권 신탁관리의 법적 성질은 「신탁법」상의 신탁에 해당한다. 이는 위탁자가 수탁자로 하여금 수익자의 이익 또는 특정한 목적을 위하여 특정한 재산권을 수탁자에게 이전하여 그 재산권을 관리·처분하게 하는 법률관계를 말한다.[120] 위탁자와 수탁자 간에 어떤 권리에 관하여 신탁계약이 체결되면 그 권리는 법률상 위탁자로부터 수탁자에게 완전히 이전하여 수탁자가 권리자가 되고 그 권리에 대하여 소(訴)제기의 권한을 포함한 모든 관리처분권이 수탁자에게 속하게 된다.[121]

(2) 신탁의 법리가 데이터의 법률관계에 가지는 시사점

신탁관계에서 수탁자는 선관의무, 충실의무, 공평의무 등 자신의 이익을 우선적으로 추구하지 않으며 수익자의 이익을 보호하기 위한 각종의무를 부담한다.(신탁법 32조~37조) 데이터는 집적될수록 그 활용가치가 커지므로 집중되는 경향을 보이는데 개인정보는 수익이 환류되는 신탁계약을 통해 집적될 수 있고 신탁적 동의, 신탁적 양도로 이론 구성하면 데이터의 자유로운 이용은 가능하되 수탁받은 데이터의 오남용 등을 방지할 수 있는 장치가 될 수 있어 데이터 거래가 활성화될 수 있는 소지가 있다. 또한 신탁관계는 권리귀속을 단순화함으로써 그 후속거래를 용이하게 하되, 그 거래로 인한 수익은 수익자들에게 분배할 수 있는 구조를 가진다. 신탁의 방법은 데이터 오너나 수집자의 인센티브 시스템으로 적절할 수 있다. 나아가 중장기적으로 소

---

119) 저작권 신탁관리의 가장 큰 특징은 저작물의 이용료 등 이용조건과 이용료의 분배 등이 단체가 미리 정하고 있는 관련 규정을 통하여 정해진다는 것이다. 권리자들은 단체가 정하고 있는 절차에 따라 규정을 정할 때에 의사를 표시할 수 있을 뿐 비록 자신의 저작물이라고 하더라도 미리 정해진 특별한 경우를 제외하고는 개별적으로 그의 이용조건 등을 정할 수 없다.

120) 신탁법 제2조

121) 서울고등법원 1996. 7. 12 선고 95나41279 판결 참조. 한국음악저작권협회 신탁계약 약관(2009. 3. 18) 제3조도 이 점을 명시적으로 규정하고 있다.

수의 기업들이 다수의 데이터 주체들이 생산한 데이터 및 그 이익을 독점하는 구조를 깨뜨리고, 기본소득 유사하게 그 데이터의 수익을 데이터 주체들에게 배분하는 법제로 나아가는 디딤돌이 될 수도 있다.

(3) 일본의 정보은행 사례

1) 정보은행 서비스의 기본 구도

정보은행(사업주체)이 개인과 데이터 활용 계약 등을 체결한 후 PDS(Personal Data Store) 시스템을 통해 개인정보를 관리하고, 개인의 위임에 따라 개인 대신 정보제공에 대한 타당성을 판단하여 제3자에게 정보를 제공한다. 제3의 사업자에 대한 정보제공의 최종 판단은 정보은행이 자체적으로 결정하며(다양한 변형 모델[122]도 등장), 이 과정에서 정보은행은 정보제공의 대가 중에서 일부를 수수료로 받는 수익구조를 확보한다. 정보를 제공받은 기업('정보제공기업')은 비즈니스에 활용하여 이익을 얻을 수 있고, 수익의 일부를 금전 혹은 다른 편익으로 개인에게 환원한다. 정보은행을 통해 개인은 경제적인 이익을 얻을 수 있고, 기업도 사업 추진에 필요한 정보를 확보함으로써 정보은행의 유통구조가 개인데이터 활성화에 기여할 수 있다.

2) 법적 및 이론적 근거

이러한 일본의 정보은행(Data Bank)은 신탁의 개념에 기초하고 있으며, 명시적인 법률상 근거 없이 「관민데이터 활용 추진 기본법」[123]에 근거한 정부사업[124] 일환으로

---

122) 2021년 6월 현재 6개의 기관이 인증을 받고 운영되고 있는데, 개인정보의 유형과 활용 목적에 따라 일부 변형된 다양한 비즈니스모델을 보여주고 있다.

123) 제12조(개인 등 다양한 주체의 참여에 의한 관민데이터의 적절한 활용) 국가는 개인 데이터의 원활한 유통을 촉진하기 위하여 사업자의 경제적 지위 및 기타 정당한 이익의 보호를 배려하면서 다양한 당사자들이 개인데이터를 본인 참여 하에 적절히 활용할 수 있도록 하기 위한 기반 정비 및 필요한 조치를 강구하여야 한다.

124) 일본 총무성은 2018. 6. '정보신탁 기능의 인정에 관한 지침 ver 1.0[情報信託機能の認定に係る指針 ver1.0」(案)]'라는 정보은행 제도의 가이드라인을 발표하였음; 2018. 9. 일본 IT단체연맹이 '정보은행 인정사업'을 시작하였으며, 2018. 11.부터는 미츠비시 UFJ신탁은행이 DPRIME이라는 정보은

추진 중이다. 다만 일본은 우리와 달리, 개인정보보호법에서 "제3자 제공에 대한 옵트 아웃"과 "포괄적 동의"를 허용하고 있어 개인정보 처리 전반에 대한 신탁이 가능하다고 볼 수 있다.

V. 결 론

　이상과 같이 데이터와 지식재산의 공통점과 연결고리를 확인하고 그 유사점에 착안하여 데이터정책 수립에 있어 지식재산 시스템으로부터 유추적용 가능한 제도는 어떤 것이 있는지를 중심으로 살펴보았다. 양자는 공유재의 성격으로 인한 시장실패 (market failure), 반공유지의 비극 등이 초래될 수 있어 이를 방지하기 위해 자구책으로 데이터 보안조치가 요구되며, 정책적으로는 인위적인 인센티브의 부여, 정보의 공개 (특허)와 공정이용 법리(저작물) 통해 타인의 접근은 널리 허용하되 무단이용은 일정기간 금지하는 체제 등 정책적 측면에서 접근할 때 접점과 공통점이 많다. 이에 따라 데이터와 저작물의 단일체계 내에서의 보호 방안을 검토하는 견해[125])까지도 등장하고 있다. 특허 등 산업재산권의 보호 및 활용시스템은 정보공개에 대한 대가로 일정기간 독점권 부여한 후 보호기간이 경과하면 권리가 소멸되어 누구나 이용가능한 공유자산이 되는 체제이다. 문화자산의 점진적 축적을 유도하는 저작권의 보호방식은 전술한 바와 같이 그 법목적과 보호대상의 본질적 차이로 접근방법에 차이가 있음을 확인해 볼 수 있다. 데이터의 보호 및 활용시스템의 구축에 있어서도 기본적인 공통점에서 유추적용 가능한 포인트를 찾아냄과 동시에 데이터가 지식재산 보호대상과 비교해 본 차이점과 데이터경제 생태계 참여자의 이해관계 조정과 인센티브의 차이점을 고려한 거버넌스와 정책이 수립되어야 할 것으로 보인다.

　　행 서비스를 시범 운영함.

125) Maurizio Borghi, Stavroula Karapapa, Works and Data: Towards a Unitary Regulatory Framework, Copyright and Mass Digitization, Oxford Scholarship Online: May 2013.

지식재산도 보호정책과 공유정책의 적절한 균형과 조화가 영원한 숙제이듯이 데이터 정책도 맥락을 같이한다. 따라서 데이터자산도 보호를 강화하는 쪽으로 너무 많이 기울어진 체제는 필요한 데이터에의 접근과 활용을 억제할 위험이 있는 반면, 반대 방향으로 너무 많이 기울어진 체제는 데이터 수집 및 혁신에 대한 인센티브를 제한할 위험이 있다. 따라서 적절한 균형 정책을 유지하는 것이 중요하다. 결합된 데이터가 개별 데이터의 단순한 총합보다 가치 있다는 사실은 데이터에 대한 시스템이 데이터 공유 쪽으로 기울어야 함을 시사한다. 특히 개인정보 침해 소지가 없는 산업데이터의 수집·활용·거래는 널리 장려되어야 하며 이를 위해 데이터 마이닝 자유를 보장해 주기 위한 저작권 제한도 필요하다. 디지털기술의 발전에 따라 공정이용에 대한 접근도, 종래 경제적 접근에서 기술적 접근으로 변하고 있는 점도 주목할 만하다. 이러한 측면에서 데이터경제의 뒷받침을 위한 지식재산 정책고려에 대한 후속연구도 이어져야 할 것으로 보인다.

산업재산정보 관리 및 활용 촉진법 제정안*

김원오(인하대학교 법학전문대학원 교수, 법학연구소 소장)
정윤경(인하대학교 AI·데이터법센터 책임연구원)

I. 서 론

특허, 상표, 디자인 등 산업재산을 창출·보호·활용하는 과정에서 수집·가공된 정보(情報)는 기업과 개인이 상당한 시간과 비용을 들여 만들어 낸 자료로서, 여기에는 권리 부여 대상에 대한 상세한 설명뿐만 아니라 발명자, 권리자, 출원 분야, 소송 여부 등 부가적(附加的) 정보까지 포함하고 있어 효율적 연구·개발(R&D)을 하는 데 매우 중요한 가치를 갖는다.[1] 특히 최근에는 정보통신 기술 및 빅데이터 처리 기술이 급속하게 발전함에 따라 세계 각국에서는 산업재산정보 활용에 대한 관심이 높아지고 법 제도 정비에도 적극적인 상황이다. 예컨대, 일본에서는 2020년 4월 「부정경쟁방지법」(不正競争防止法),[2] 2021년 5월 「공업소유권에 관한 절차 등의 특례에 관한 법률」(工業所有権に関する手続等の特例に関する法律),[3] 2021년 9월 「디지털 사회형성 기본법」(デジ

---

* 이 글은 한남대학교 과학기술법연구원 「과학기술법연구」 제28권 2호에 게재한 "산업재산정보 관리 및 활용 촉진법 제정안에 관한 소고"를 각색, 보완한 것입니다.

1) 특허청, "특허정보 전략적 활용 활성화를 위한 특허데이터 활용 및 보급 확산 방안", 2021. 7. 1~2면.

2) 不正競争防止法(平成五年法律 第47号).

3) 工業所有権に関する手続等の特例に関する法律(平成二年法律 第30号).

タル社会形成基本法)[4] 등의 개정을 통해 디지털 환경에서의 산업재산정보 수집·제공 및 원활한 유통을 위한 법적 근거를 마련하였으며, 중국에서는 2019년 11월 「국가정보 공개에 관한 지식재산청의 시행조치」(国家知识产权局政府信息公开),[5] 2021년 12월 「지식재산 정보 공공서비스 지침 발행에 대한 통지」(国家知识产权局关于印发知识产权公共服务十四五 规划的通知)[6] 등의 제·개정을 통해 국가기관이 주도하는 산업재산정보 활용 교육, 컨설팅, R&D 이용, 산업별 DB 구축 등에 대한 법적 근거를 명시하였다. 우리나라 역시 지식재산 및 관련 정보 활용의 중요성을 인식하고 2021년 8월에는 「특허법」, 「실용신안법」, 「상표법」을, 12월에는 「부정경쟁방지법」을 순차적으로 개정하였으며, 2022년 2월에는 10개 부처가 모여 제1회 '범부처 지식재산 보호정책 협의회'를 개최하는 등 여러 노력을 기울이고 있다.[7] 하지만 산업재산정보의 활용·지원과 관련해서는 「데이터산업법」,[8] 「공공데이터법」[9] 등처럼 데이터에 관한 사항을 일반적으로 규율하는 법 외에 산업재산정보의 활용을 체계적으로 도모하는 별도의 법률은 아직 마련되어 있지 않은 상황이며, 현재 「발명진흥법」, 「특허법」 등에서 일부 조항으로 간략히 언급되고 있을 뿐이다. 반면, 관계부처, 외국특허청, 산업계, IP 정보 서비스업계 등에서 요구하는 산업재산권 정보 수준 및 제공 기준은 점차 높아지고 있으며, 민간 기업에서도 산업재산정보의 품질 향상 및 보급 활성화를 위한 정부의 시책 마련이 시급하다는 의견이 제기되고 있다.[10] 산업재산정보의 활용·지원에 관한 입법 미비는 국가 및 기업의 산업·기술 전략 수립에 필수적인 산업재산정보의 전략적 활용을 저해할 수

---

4) デジタル社会形成基本法(令和三年法律 第35号).

5) 国家知识产权局办公室关于印发 〈国家知识产权局政府信息公开实施办法(修订)〉 等文件的通知(2019) 第43号.

6) 国家知识产权局关于印发知识产权公共服务 '十四五' 规划的通知 国知发服字(2021) 第39号.

7) 국가지식재산위원회 보도자료, "산업기술 유출 예방대응 등을 위해 10개 부처 맞손—22년도 제1회 범부처「지식재산 보호정책 협의회」개최", 지식재산전략기획단 보호정책과(2022. 2. 24.), 1~2면.

8) 데이터 산업진흥 및 이용촉진에 관한 기본법 [시행 2022. 4. 20.] [법률 제18475호, 2021. 10. 19. 제정]의 약칭이다.

9) 공공데이터의 제공 및 이용 활성화에 관한 법률 [시행 2020. 12. 10.] [법률 제17344호, 2020. 6. 9. 타법개정]의 약칭이다.

10) 채수근, 「산업재산 정보의 관리 및 활용 촉진에 관한 법률안 검토보고서」, 산업통상자원중소벤처기업위원회, 2022, 10면.

있으며 나아가 주요국과의 첨단기술 선점 경쟁에서 뒤처지는 결과를 초래할 우려가 있다.[11] 이러한 배경하에 2021년 11월 「산업재산정보의 관리 및 활용 촉진에 관한 법률」제정안이 발명진흥법 분법(分法) 형태로 발의되어 현재 소관위원회에서 심사 중이다.[12] 산업재산정보 이용이 활성화될수록 관련 분야의 기술 동향 분석이 신속하고 정확해져 신기술 개발 전략 및 분쟁 대응책 수립이 수월해질 뿐만 아니라, 분야별 핵심 연구자의 파악을 통해 인재를 적재적소에 배치하고 융합 분야 공동 연구의 범위를 넓히는 긍정적 측면을 갖는다.[13] 하지만, 짧은 시간 내에 유사한 법률이 여럿 제정됨으로써 자칫 법 적용의 혼란을 초래할 우려가 존재하며,[14] 특히 「공공데이터법」, 「지식재산기본법」 등처럼 상위법 또는 특별법과의 관계에서 본법의 적용 위상을 정립해 보아야 하는 과제도 안고 있다. 이하 본 논문에서는 「산업재산정보의 관리 및 활용 촉진에 관한 법률」(이하 '산업재산정보 활용촉진법'이라 한다)의 제정 배경, 주요 내용 그리고 타법과의 조화 및 해석 기준 등에 대하여 검토해 보기로 하겠다.

---

11) 한국경제TV, "4차 산업혁명 시대, 지식재산권은 선택이 아닌 필수다", 〈https://www.wowtv.co.kr/NewsCenter/News/Read?articleId=A202106100221〉(2023. 1. 30. 최종방문).

12) 의안번호 제13079호【강훈식 의원 등 10인, 제안날짜 2021. 11. 2.】, 〈http://likms.assembly.go.kr/bill/billDetail.do?billId=PRC_U2B1K1T0P0A7S1E5N1H8C5I9F5F9S4〉(2023. 1. 30. 최종방문).

13) 이에 주관관청은 위 법률안이 최종 통과될 경우 미국, 중국 등 강대국 위주의 기술패권 국면에서 우리나라가 기술주권 선도국 중 하나로서 경쟁력을 갖추게 될 것으로 기대하고 있다.[특허뉴스. "김용래 특허청장, 디지털 전환에 대응, 지식재산 창출·활용·보호 선순환 체계 정착에 노력", 〈https://www.e-patentnews.com/8102〉(2023. 1. 30. 최종방문)].

14) 아이뉴스24, "규제 남발한 20대 국회… ICT 법안 73% 규제", 〈https://www.inews24.com/view/1343978〉(2023. 1. 30. 최종방문).

II. 산업재산정보 활용촉진법의 제정 배경과 비교법적 검토

1. 산업재산정보의 의의

(1) 산업재산정보의 개념과 기능

산업재산정보(Industrial Property Information)란 산업재산의 창출, 보호 및 활용을 위해 수집·생성되거나 이를 조사·분석·가공·연계하는 등의 방법으로 처리한 모든 종류의 지식 또는 자료를 의미한다(산업재산정보 활용촉진법 제2조 제2호). 이는 종래 「발명진흥법」에서 사용되어 온 '산업재산권 정보', '산업재산권 정보화', '특허정보' 등의 용어를 총괄하는 개념이라고 할 수 있다.[15] 특허, 브랜드, 디자인, 라이선스 등 무형의 자산을 통해 기업의 수익을 증대시키는 사례가 증가하면서[16] 애플(Apple), 구글(Google) 등 글로벌 기업들은 지식재산권 확보를 위해 경쟁적으로 전략을 세워 추진하고 있다.[17] 특히 최근 들어 기업이 보유한 지식재산권의 경제적 가치를 평가하여 이를 담보로 금융자금을 조달받거나 민간으로부터 투자를 받는 제도[18]가 활성화됨에 따라 어떻게 하면 기업의 미래 가치를 최대한 입증하여 수익 창출로 연계시킬 것인지

---

15) 발명진흥법 [시행 2021. 11. 18., 법률 제18405호] 제2조(정의).
　　7. "산업재산권 정보"란 산업재산권의 권리화 과정 또는 산업재산권에 대한 조사·분석 등의 과정에서 생성되는 자료를 말한다.
　　8. "산업재산권 정보화"란 국가 및 민간의 연구개발의 효율성을 높이고 연구개발 성과의 신속한 권리화를 지원하기 위하여 산업재산권 정보를 체계적으로 생산·관리·제공 및 활용하는 것을 말한다.
16) 전 세계 기업들이 보유한 무형적 자산 가치는 지난 25년 동안 10배 이상 증가한 것으로 나타났으며, 2050년에는 총 1조 달러(한화 약 1,204조 원)를 넘을 것이라고 예측된다(David Haigh, *Global Intangible Finance Tracker(GIFT™)-an annual review of the world's intangible value*, Brand Finance, 2021. p.9.).
17) 예컨대, 구글(Google)사는 스마트한 IP 활동(Activity)을 통해 기술 혁신을 이끌어내고 특허 보유 및 매입 전략과 혁신 기술별 인용 네트워크 등을 통해 미래 비즈니스 전략을 세우고 있다[특허뉴스, "Google 특허 포트폴리오 전략", 〈https://www.e-patentnews.com/5647〉(2023. 1. 30. 최종방문)].
18) '지식재산 평가보증제도'란 지식재산(IP)의 가치를 평가한 후 가치금액 범위 내에서 보증 지원해 주는 상품을 의미한다[기술보증기금, 〈https://www.kibo.or.kr/main/work/work010802.do〉(2023. 1. 30. 최종방문)].

에 대해 관심이 집중되고 있다.[19] 이런 가운데 산업재산정보는 급속한 기술 발전 및 치열한 기술 경쟁의 환경 속에서 기업이 효율적으로 지식재산경영 전략을 세우고 새로운 기술을 개발하기 위한 핵심 자원(Source)으로 기능하고 있다. 정부의 입장에서도 실제 반도체, 미래자동차, 바이오헬스 등 핵심 기술 분야에 대한 지원을 확대(2021년 385억 원→2022년 400억 원)하고, 대출·투자를 포함한 IP 사업화자금 지원 역시 그 규모를 확대(2021년 547억 원→2022년 810억 원)하였는데,[20] 이러한 정부의 지원체제를 구축함에 있어서 산업재산정보 현황을 신속하고 정확하게 파악하는 것만으로도 국가 차원에서 신기술 도입 방향 및 투자 규모 등을 결정하는 데 많은 도움이 될 수 있다.[21]

(2) 산업재산정보의 활용 영역

산업재산정보는 연구·개발(R&D) 분야 중 선행기술 조사, 신기술 개발, 비즈니스 모델 구축, 분쟁 대응책 수립 등 다양한 목적을 위해 활용된다. 먼저, 선행기술 조사 부문과 관련해서 발명자는 산업재산정보 조사를 통해 기존에 권리화된 발명과 동일·유사한 사항이 있는지를 검토함으로써 추후 등록이 거절되거나 소송, 심판 등으로 진행되는 불필요한 시간과 비용을 단축시킬 수 있다. 오늘날에는 경제 현상의 복잡화로 편면적 정보만으로는 신기술 개발의 방향성을 정하기 어렵고 다층적 정보를 복합적·유기적으로 분석해야만 미래 전략 수립이 가능하다는 점에서 이와 같은 정보의 활용은 그 의미가 더욱 크다고 할 수 있다. 한편, 산업재산정보는 기업이 비즈니스 모델을 혁신하는 데에도 중요한 판단 자료가 된다.[22] 수익 창출 가능 여부를 점검하기 위해

---

19) 우리나라 전체 지식재산(IP) 금융 규모는 2020년 사상 최초로 2조원 대를 돌파한 것으로 조사되었는데, 유형별로는 IP 담보대출액 1조 930억 원, IP 보증액 7,089억 원, IP 투자액 2,621억 원 순으로 나타났다[대한민국 정책브리핑, "우리나라 지식재산(IP) 금융 2조원 돌파", 〈https://www.korea.kr/news/pressReleaseView.do?newsId=156435397〉(2023. 1. 30. 최종방문)].

20) 특허청 보도자료, "디지털 경제를 선도하여 지식재산 강국으로 이끌다", 기획재정담당관(2021. 12. 28. 자). 3면, 〈https://www.kipo.go.kr/ko/kpoBultnDetail.do?menuCd=SCD0200618&parntMenuCd2=SCD0200052&aprchId=BUT0000029&pgmSeq=19348&ntatcSeq=19348〉(2023. 1. 30. 최종방문).

21) 허재관, "기업경쟁력 강화를 위한 지식재산경영전략", 상장협연구 제61호, 한국상장회사협의회, 2010, 111~112면.

서는 과거부터 현재까지의 기술 및 시장 동향, 지식재산 가치평가 그리고 금융 서비스 연계까지 전 영역을 아우르는 자료가 필요한데, 산업재산정보는 고객의 현재 또는 미래 니즈를 적절하게 파악하는 데 활용되기 때문이다. 그 외에도 산업재산정보는 분쟁 예방 및 대응책 모색 등에 있어서도 필수 자료로서 이용된다. 분쟁 실태조사, 특허 회피 설계, 권리 비침해 및 무효화 논리 개발, 유사상표 분석, 상품형태 모방 대응 등을 위해서 해당 분야의 선례 및 행정 단속 조치 등에 대한 자료가 뒷받침되어야 하므로 산업재산정보 분석이 필수적이다. 정부에서는 이처럼 산업재산정보 활용의 중요성을 인식하고, 양질의 국내외 산업재산 데이터 확보 및 검색 품질 향상을 위해 '데이터 관리 센터',[23] '차세대 스마트 특허넷'[24] 등을 신설하는 등 많은 노력을 기울이고 있다. 다만, 이러한 데이터 관리 및 검색 시스템을 활발하게 이용하기 위해서는 산업재산정보를 체계적으로 관리·운용할 수 있는 법 제도가 뒷받침될 필요가 있다.

2. 입법 미비와 문제점

(1) 현행법 규정

산업재산정보에 관한 내용은 현행법 중 「발명진흥법」, 「특허법」, 「상표법」, 「디자인보호법」, 「지식재산기본법」 등의 일부 조항으로 분산되어 있다. 그중에서도 산업재산권 활용·지원에 관한 내용은 주로 「발명진흥법」에서 다루고 있으나, 특허청에서

---

22) 한국지식재산연구원, "한국형 IP 서비스 비즈니스 모델 도입을 위한 정부지원 방안 연구", 특허청, 2013, 45~48면.

23) 한국특허정보원에서는 데이터 품질관리, 해외 데이터 수집 및 구축, 국제표준 적용·배포 등을 위해 '데이터 관리센터'를 운영하고 있다[한국특허정보원, 〈https://www.kipi.or.kr/EgovPageLink.do?link=/main/sub03/sub010201〉(2023. 1. 30. 최종방문)].

24) '차세대 스마트 특허넷'에는 인공지능을 적용한 검색시스템을 도입하여 유사한 대상에 대한 검색 결과를 제공받을 수 있으며 난해한 정보를 자동으로 추출할 뿐만 아니라 유사한 선행문헌을 검색하여 번역 서비스를 제공받을 수 있는 기능을 탑재하였다[특허뉴스, "특허청, AI 기술을 적용한 고품질 특허서비스 '차세대 특허넷' 개통", 〈https://www.e-patentnews.com/6494〉(2023. 1. 30. 최종방문)].

해외 연계 정보 제공 촉진을 위해 추진하고 있는 데이터베이스 및 정보시스템 사업에 관한 사항 등까지는 동법에서 규율하고 있지 않으므로 산업재산정보의 수집·가공·거래·활용을 전반적으로 뒷받침하는 법적 근거로는 미비하다고 평가된다.[25] 또한 「특허법」, 「상표법」, 「디자인보호법」에서 산업재산정보에 대해 명시하고 있는 내용은 「발명진흥법」에 따라 산업재산권의 출원, 심사, 등록 및 심판의 과정에서 정보를 제공하는 것에 그치며, 산업재산정보를 적극적으로 분석·가공·연계하여 활용하기 위한 내용은 아니라는 점에서 한계점을 갖는다. 이러한 점에 비춰 보았을 때, 현행법과 같은 규율 체계는 산업재산정보를 다양한 영역에서 신속하게 활용하는 데 효율적이지 않다고 여겨진다. 동일한 법률 내에서도 산업재산정보에 관한 법 조항이 여기저기 흩어져 있어서 빠르게 법 내용을 파악하여 해석·적용하는 것이 용이하지 않을 뿐만 아니라, 각 법률의 입법 목적 및 달성 수단을 고려해 보았을 때[26] 산업재산정보를 전문적, 효율적으로 관리하여 국가·민간 R&D, 기술산업 정책 수립 등에 활용하기 위해서는 분법[27]을 통해 별도의 법률을 마련하는 것이 합리적이라고 생각되기 때문이다.[28]

---

25) 채수근, 앞의 보고서, 10~11면.

26) 예컨대, 발명진흥법 제1조에서는 '산업의 기술경쟁력을 높이고 국민경제 발전에 이바지'라는 입법 목적과 '발명의 장려' 및 '신속하고 효율적인 권리화, 사업화 촉진'이라는 달성 수단을 제시하고 있다. 반면, 산업재산정보 활용촉진법 제정안에서 '국가 기술혁신역량 및 산업경쟁력 제고, 국민경제 발전에 이바지'라는 입법 목적은 유사하지만 '산업재산의 창출 활용 등 전 과정에서 생성되는 정보를 최대한 관리·활용'이라는 달성 수단은 차이가 난다(채수근, 앞의 보고서, 13면).

27) 분법(分法)의 원칙 및 기준은 수범자인 국민이 해당 법률에 대해 어느 정도 충분한 이해를 바탕으로 자신의 자유와 권리를 실현해 나갈 수 있는지이다. 상호관련성이 없거나 미약한 내용을 함께 규정하거나, 집행권한·책임부담의 기관이 상이함에도 불구하고 하나의 법률에 규정하는 것은 수범자에게 불편을 초래할 수 있으므로 적절하지 않다(한국입법정책학회, "법제도 선진화를 위한 법령 통폐합과 분법의 기준에 관한 연구—국토해양부 소관사항 법령을 중심으로", 법제처, 2011, 3~8면).

28) 산업재산정보가 갖는 전략적, 경제적 활용가치, 안정적이고 일관성 있는 정책 추진의 필요성을 감안할 때, 현행 발명진흥법을 개정하는 방식이 아닌 별도의 법률을 제정하는 것이 합리적이다(채수근, 앞의 보고서, 12면).

〈표 1〉 '산업재산정보'에 관한 현행 법 조항

법 종류	법 조항	내용
발명진흥법	제20조	산업재산권 정보화추진계획의 수립 등
	제20조의2	산업재산권 정보의 제공
	제20조의3	한국특허정보원의 설립
	제20조의4	산업재산권 정보화 연구개발의 지원
	제20조의5	연구개발 성과의 민간 이전
	제20조의8	산업재산권 통계와 지표의 조사·분석
	제25조	선행기술 조사
	제36조	산업재산권진단기관의 지정 등
	제37조	산업재산권진단기관의 지정취소 등
	제55조의5	한국특허전략개발원의 설립
	제55조의6	전략원의 사업
특허법	제217조의2	특허문서 전자화업무의 대행
상표법	제217조	상표문서 전자화업무의 대행
디자인 보호법	제208조	디자인문서 전자화업무의 대행
지식재산 기본법	제17조	연구개발과 지식재산 창출의 연계

(2) 분쟁과 대응 문제

　기업에서 무형자산 특히 지식재산권을 바탕으로 한 수익 및 가치 창출이 증가하면서 이와 관련한 국가 간 분쟁 사례도 늘어나고 있다. 2022년 2월 특허청 발표에 따르면, 국제 지식재산권 분쟁으로 정부에 지원을 요청한 기업은 2019년 692개사, 2020년 902개사, 2021년 986개사로 계속해서 증가하는 추세로 파악된다.[29] 대표적 사례로서 2018년 6월 '애플사와 삼성전자의 지식재산권 분쟁' 사건을 들 수 있다. 이 사건에서

---

29) 아주경제, "코로나시대, 해외 '특허괴물' 공세 격화 … 韓기업 보호 방패 세운 로펌들", 〈https://www.ajunews.com/view/20220216130348200〉 (2023. 1. 30. 최종방문).

는 특허뿐만 아니라 디자인, 트레이드 드레스(Trade Dress) 등 다양한 사항이 쟁점이 되었는데,[30] 약 8년에 걸친 긴 소송 끝에 합의로 종결되었으나 이로 인해 삼성전자가 애플사에게 배상해야 하는 합의금은 약 6,000~7,000억 원에 달하는 것으로 추정된다.[31] 또 다른 국제 지식재산권 분쟁으로 2021년 4월 'LG에너지솔루션과 SK이노베이션의 배터리 전쟁' 사건을 들 수 있다. 이 사건에서는 LG에너지솔루션의 배터리 관련 기술 노하우를 SK이노베이션이 무단으로 이용하여 문제 되었는데, 약 23,000건이 넘는 특허권 및 영업비밀 침해 건에 대해 SK이노베이션이 LG에너지솔루션에게 약 2조 원의 손해배상액을 지급하는 것으로 종결되었다.[32] 한편, 최근에는 특허관리전문업체(NPE)가 국내 기업을 대상으로 소송을 제기하는 사례도 증가하고 있다.[33] 2021년 1월에는 스웨덴 기업 에릭슨(Ericsson)이 삼성전자를 상대로 자사의 4세대(G) 및 5세대(G) 무선이동통신 일부 특허를 침해했다며 미국 국제무역위원회(ITC)에 제소하였으며,[34] 2021년 8월에는 LG스마트폰의 특허를 사들인 아일랜드 기업 스크래모지 테크놀로지(Scramoge Technology)가 갤럭시S21 시리즈, 갤럭시Z폴드, 갤럭시Z폴드2 5G 등 스마

---

30) 이 사건에서는 고속 패킷 전송 방식 통신표준 기술, 광대역 부호 다중 분할 접속 기술, 테더링 관련 기술 등 특허권뿐만 아니라 삼성 갤럭시 S, 삼성 갤럭시 S Ⅱ, 삼성 갤럭시 탭 등의 디자인권 및 트레이드 드레스 침해 등이 문제되었다(Apple Inc. v. Samsung Elecs. Co. 786 F.3d 983 (Fed. Cir. 2015).

31) 2014년 1심에서 삼성전자는 애플사에게 9억 3000만 달러(한화 약 1조 원)를 배상하라는 판결을 받았다가, 2022년 2월 다시 진행된 배심원 평결에서 총 배상액을 6억 8900만 달러(한화 약 7,700억 원)로 감경했다. 이후 20일 만에 양사는 특허 분쟁 종결에 합의했는데, 미국 법원에서 제시한 배상금 규모를 감안하면 합의금은 대략 6,000~7,000억 원 사이로 추정된다[Chosun Biz, "삼성·애플, 7년 특허戰 종지부 … 누구도 승리 못한 소송", 〈https://biz.chosun.com/site/data/html_dir/2018/06/29/2018062900018.html〉(2023. 1. 30. 최종방문)].

32) 매일경제, "배터리 전쟁 종료. LG-SK, 2조 합의", 〈https://www.mk.co.kr/news/business/view/2021/04/346613/〉(2023. 1. 30. 최종방문).

33) 한국지식재산보호원의 「2021 IP Trend 보고서」에 의하면, 해외 특허관리전문업체(NPE)에 의한 소위 '특허괴물' 소송이 증가하고 있는 이유로서 코로나19 위기로 재정적 위기를 맞은 제조업체들이 자사가 보유한 특허 중 일부를 NPE에 인수하거나 파트너십을 체결하여 소송 또는 합의금 등의 방법으로 수익화(monetization)하려 한다는 점을 지적한다[이정숙 외, "2021 IP Trend 국제 지재권분쟁 동향(3분기)", 특허청·한국지식재산보호원, 2021, 49~50면].

34) Ericsson Inc. v. Samsung Elecs. Co., No. 2:20-CV-00380-JRG (E.D. Tex. Jan. 11, 2021).

트폰 28종이 자사의 특허를 침해했다면서 삼성전자를 상대로 소송을 제기하였고,[35] 2022년 2월에는 미국 스페이스타임3D사(SpaceTime3D)가 사용자 인터페이스 특허권을 침해했다며 LG전자를 상대로 소송을 제기한 바 있다.[36] 이처럼 핵심 기술을 보유한 국내 기업들이 무차별적 소송과 공격으로 큰 피해를 입고 있음에도 불구하고, 우리나라에서는 산업재산정보를 전략적으로 관리 및 활용하기 위한 법 제도의 마련은 미흡한 상황이다.

3. 비교법적 검토

4차산업혁명 및 지능정보화 시대로 접어들면서 세계 주요국 사이에서는 소위 '보이지 않는 전쟁'이라고 불리우는 지식재산 경쟁이 데이터기반 혁신과 디지털 전환을 촉발시키며 더욱 치열하게 전개되고 있다. 다음에서는 유사 입법을 추진하였던 일본과 중국의 산업재산정보 활용 관련 법 제도 동향을 비교법적으로 살펴보도록 한다.

(1) 일 본

일본은 정부 주도의 디지털화 정책을 추진함으로써 산업재산정보 활용을 위한 사회적 기반을 조성하고 있다. 우선, 정책적으로는 2021년 7월 일본 지적재산전략본부(知的財産戰略本部)가 '2021년 지적재산추진계획'(知的財産推進計画 2021)[37]을 발표하고 지식재산 투자·활용 촉진을 위한 자본 금융 시장의 기능 강화, 시장 확대를 위한 표준 활용 서비스 플랫폼 마련, 데이터 유통 거래에서의 데이터 취급 규칙 정비, 중소기업·스타트업의 지식재산 거래 활성화, 농림수산 분야의 지식재산 보호·활용을 위한 제도 개선 등을 추진하였으며, 2021년 9월에는 내각총리대신 직속 조직으로 '디지

---

35) PCJOW, "Scramoge Technology has filed a new lawsuit against Samsung", 〈https://pcjow.com/scramoge-technology-has-filed-a-new-lawsuit-against-samsung/〉 (2023. 1. 30. 최종방문).

36) Space Time 3D, Inc. v. LG Electronics Inc. et al. (2:22-cv-00049).

37) 知的財産戰略本部, "知的財産推進計画 2021", 〈https://www.kantei.go.jp/jp/singi/titeki2/kettei/chizaikeikaku20210713.pdf〉 (2023. 1. 30. 최종방문).

털청'(デジタル庁)을 설립하여 여러 부처에 분산되어 있던 디지털 관련 업무를 일원화함으로써 지식재산정보의 수집·운용 및 관리를 위한 인프라를 개선하였다.[38] 한편, 법 제도적으로는 2020년 4월 「부정경쟁방지법」(不正競争防止法)을 개정하여 전자적 방법에 의하여 대량으로 축적·관리되고 있는 기술상 또는 영업상의 정보인 한정제공 데이터를 부정취득·사용·공개하는 행위를 부정경쟁행위로 추가하였으며,[39] 2021년 5월 「공업소유권에 관한 절차 등의 특례에 관한 법률」(工業所有権に関する手続等の特例に関する法律)을 개정하여 전자정보를 처리함에 있어서 특허청 대신 경제산업성이 정하는 바에 따라 자기디스크를 제출하여 특정 절차를 수행할 수 있도록 하였다.[40] 그 외에도 2021년 9월 새롭게 도입된 「디지털 사회형성 기본법」(デジタル社会形成基本法)에서는 국가, 지방공공단체 및 사업자의 책무, 정보교환시스템 정비, 공적 기초정보데이터베이스 구축 등에 관한 규정을 마련함으로써 산업재산정보를 더 원활하게 유통시킬 수 있는 기반을 구축하였다.[41] 이러한 일본의 태도는 향후 글로벌 지식재산 경쟁의 핵심 요소를 신속한 디지털화, 데이터화에 있다고 보고 이에 맞춰 자국의 법체계를 재정비하고

---

38) 국회도서관 보도자료, "일본 디지털청 신설과 디지털사회형성기본법", 기획담당관실(2021. 8. 31.자), 〈https://www.assembly.go.kr/flexer/view.jsp?fid=bodo1&a.bbs_num=51831&file_num=51516&fpath=Bodo〉(2023. 1. 30. 최종방문).

39) 「부정경쟁방지법」 제2조(정의).
   이 법에서 '부정경쟁'이란 다음의 행위를 말한다.
   12. 그 한정제공 데이터에 대하여 한정제공 데이터 부정취득행위가 존재하는 것을 알고 그 한정제공데이터를 취득하거나, 또는 그 취득한 한정 제공데이터를 사용하거나 공개하는 행위

40) 「공업소유권에 관한 절차 등의 특례에 관한 법률」 제6조(전자 정보 처리 조직에 의한 특정 수속의 특례)
   ① 전자정보처리조직을 사용하여 특정 절차를 하는 자는 전기통신회선의 고장 기타 사유로 인해 해당 특정 절차를 수행할 수 없는 경우에 특허청 장관이 필요하다고 인정하는 경우 전자정보처리조직의 사용 대신 경제산업성령으로 정하는 바에 따라 자기디스크(이에 준하는 방법에 따라 일정한 사항을 확실히 기록해 둘 수 있는 것을 포함한다)의 제출에 의해 그 특정 절차를 수행할 수 있다.

41) 「디지털 사회형성 기본법」 제31조(공적 기초 정보 데이터베이스 정비 등)
   디지털 사회 형성에 관한 시책 마련에 있어서, 공적 기초 정보 데이터베이스(국가, 지방 공공단체 그 외의 공공 기관 및 공공 분야의 사업자가 보유하는 정보 중 사회생활 또는 사업 활동에 수반하여 필요한 수많은 절차 처리의 기초가 되는 집합체로서 다양한 주체가 해당 정보를 전자 컴퓨터를 사용하여 적절한 제어하에 검색할 수 있도록 체계적으로 구성하는 것을 말한다)를 정비하는 것과 동시에 그 이용 촉진을 위해 필요한 조치가 강구되어야 한다.

있는 것으로 파악된다.

(2) 중국

중국은 미국과의 무역분쟁[42] 이후 산업재산권 제도 정비 및 전략 수립에 적극적인 상황이다. 우선, 정책적으로는 2021년 9월 국가 지식재산 전략인 '지식재산권강국 건설강요 2021-2035'(知识产权强国建设纲要)를 발표하여[43] 2025년까지 특허 집약적 산업 부가가치 GDP 13%, 저작권 산업 부가가치 GDP 7.5%, 지식재산권 사용료 연간 수출입 총액 3,500억 위안(한화 약 64조 원), 인구 10,000명당 고부가가치 발명 특허보유량 12건을 달성하겠다는 목표를 밝혔으며, 그 후 2021년 10월 '14차 5개년 국가 지식재산권 보호 및 활용 규획'(十四五国家知识产权保护和运用规划)을 발표하여 지식재산권 법률 및 정책 체계 개선, 지식재산권 사법적 보호 강화, 지식재산권 이전 및 전환의 시스템과 메커니즘 개선, 지식재산권 이전 및 전환의 효율성 강화, 지식재산권 글로벌 거버넌스 적극적 참여, 지식재산권 국제 협력 강화 등 지식재산권강국 건설 강요의 목표 달성을 위해 향후 5년 동안 추진할 중국 지식재산 정책을 구체화하였다.[44] 한편, 법 제도적으로는 2019년 4월 「반부정당경쟁법」(反不正当竞争法)을 개정하여 영업비밀 침해 유형에 '전자침입'으로 정보를 부정취득하는 행위를 추가하였으며,[45] 2019년 11월 「정부 정보 공개를 위한 국가 특허청 시행 조치」(国家知识产权局政府信息公开实施办法)를 개정하여 정보 공개 표준화 방침에 맞춰 산업재산정보를 처리, 공개하도록 규정하였다.[46] 그리

---

42) 미·중 무역분쟁은 트럼프 대통령이 2018년 불공정 무역관행 등을 이유로 중국에 고율의 관세를 부과하면서 시작하였다. 이는 외면적으로는 무역에 관한 것이지만 오늘날 첨단기술 개발이 곧 국가 안보 문제와 직결된다는 점에서 산업재산권 기술 확보가 그 핵심이라고 할 수 있다(연원호·나수엽·박민숙·김영선, 「미·중 간 기술패권 경쟁과 시사점」, 대외경제정책연구원, 2020, 17~18면).

43) 中华人民共和国中央人民政府, "中共中央 国务院印发《知识产权强国建设纲要(2021-2035年)》全文", 〈http://www.gov.cn/zhengce/2021-09/22/content_5638714.htm〉(2023. 1. 30. 최종방문).

44) 中华人民共和国中央人民政府, "国务院印发十四五国家知识产权保护和运用规划", 〈http://www.gov.cn/xinwen/2021-10/28/content_5647335.htm〉(2023. 1. 30. 최종방문).

45) 国家法律法规数据库, "中华人民共和国反不正当竞争法", 〈https://flk.npc.gov.cn/detail2.html?ZmY4MDgwODE2ZjEzNWY0NjcAxNmYyMTY5ZGU5YjFhY2U%3D〉(2023. 1. 30. 최종방문).

46) 国家知识产权局办公室关于印发"国家知识产权局政府信息公开实施办法(修订)"等文件的通知(2019) 第43号,

고 2021년 12월 「지식재산정보 공공서비스를 위한 '제14차 5개년' 계획 인쇄 및 배포에 관한 국가 특허청 고시」(国家知识产权局关于印发知识产权公共服务'十四五'规划的通知)를 마련함으로써 중국의 지식재산 공공시스템을 최고 수준으로 설계하고 고품질의 서비스를 촉진하기 위하여 각급 지식재산 정부부처 및 관리부서가 상호 협력하고 지원한다는 원칙을 명시하였다.[47] 이러한 중국의 태도는 자국의 지식재산권 수준을 글로벌 최고 수준으로 끌어올리는 한편, 다른 나라와의 지식재산권 분쟁에 대비하여 권리 보호를 강화하겠다는 의지 표명으로 평가된다.

III. 산업재산정보 활용촉진법의 주요 내용

1. 계획수립 및 실태조사

(1) 기본계획의 수립

「산업재산정보 활용 촉진법」에 따르면, 특허청장은 5년마다 산업재산정보의 관리 및 활용 촉진에 관한 기본계획을 관계 중앙행정기관의 장과 협의하여 수립하여야 한다(동법 제5조 제1항). 기본계획에는 산업재산정보의 관리 및 활용 촉진의 기본방향·중장기 발전방향, 산업재산정보 데이터베이스의 구축·관리, 산업재산정보 시스템의 구축·운영 및 연계, 산업재산정보의 관리 및 활용 촉진을 위한 관련 법령·제도의 정비 및 사업의 추진, 산업재산정보서비스업의 육성, 산업재산정보 관련 국제협력, 그 밖에 산업재산정보의 관리 및 활용 촉진을 위하여 필요한 사항을 포함해야 한다(동법 제5조 제2항). 특허청장은 산업재산정보의 관리 및 활용을 위하여 필요한 경우 관계 중앙행정기관의 장과 협의하여 기본계획을 변경할 수 있으며(동법 제5조 제3항),

---

〈https://www.cnipa.gov.cn/art/2019/11/18/art_537_146324.html?xxgkhide=1〉(2023. 1. 30. 최종방문).

47) 国家知识产权局关于印发知识产权公共服务 '十四五' 规划的通知 国知发服字(2021) 第39号, 〈http://www.gov.cn/zhengce/zhengceku/2022-01/09/content_5667251.htm〉(2023. 1. 30. 최종방문).

이를 위해서 관계 중앙행정기관의 장, 지방자치단체의 장 및 공공기관의 장에게 필요한 자료의 제출 또는 협조를 요청할 수 있다(동법 제5조 제4항). 이와 같이 산업재산정보 관리 및 활용에 대해 기본계획을 수립하도록 법 조항을 둔 취지는 중장기 발전 방향을 고려하여 순차적, 단계적 목표를 설정하게 하도록 함으로써 현행 「발명진흥법」에서 단순하게 산업재산권 정보화 계획수립에 대해 명시하고 있는 형태[48]에서 더 나아가 그 실효성을 높이려는 의도로 여겨진다.

(2) 시행계획의 수립

특허청장은 기본계획에 따라 매년 산업재산정보의 관리 및 활용 촉진에 관한 시행계획을 수립·시행하여야 하며(동법 제6조 제1항), 시행계획의 수립·시행에 관하여 필요한 사항은 대통령령으로 정해야 한다(동법 제6조 제2항). 이처럼 시행계획 수립에 관한 규정을 둔 취지는 5년 주기로 수립되는 산업재산정보의 관리 및 활용촉진 기본계획을 보다 효과적으로 시행하기 위하여 세부적 내용을 1년마다 계획하고 추진하도록 한 것으로 파악된다.[49]

(3) 실태조사

특허청장은 산업재산정보의 관리 및 활용 촉진 정책을 효율적으로 수립·추진 및 평가하기 위하여 산업재산정보의 수요 및 활용 등에 관한 실태조사를 실시할 수 있으며(동법 제7조 제1항), 이를 위하여 특허청장은 관계 중앙행정기관의 장, 지방자치단

---

48) 발명진흥법 제20조(산업재산권 정보화추진계획의 수립 등)
   ① 특허청장은 산업재산권 정보화를 효율적이고 체계적으로 추진하기 위하여 산업재산권 정보화 추진계획을 수립·시행하여야 한다.

49) 「지식재산 기본법」에서도 5년마다 기본계획을 수립하도록 하고 있으며, 이에 따른 시행계획 수립 지침을 매년 10월 31일까지 마련하여 관계 중앙행정기관의 장 및 시·도지사에게 통보하도록 규정하고 있다(동법 제9조, 동법 시행령 제10조 참고). 이에 따라 관계 기관에서는 추진계획(안)을 수립하여 다음해 1월까지 제출하여야 하며, 국가지식재산위원회에서는 다음해 3월까지 이를 심의·의결한다 [국가지식재산위원회, "국가지식재산시행계획", 〈https://ipkorea.go.kr/policy/direction.do〉(2023. 1. 30. 최종방문)].

체의 장, 공공기관의 장 및 관련 기업·법인 또는 단체 등에게 필요한 자료의 제출 또는 협조를 요청할 수 있다(동법 제7조 제2항). 이처럼 실태조사 규정을 둔 이유는 특허청에서 산업재산정보 정책 수립을 위해 관련 시장을 분석하기 위한 것으로 파악되며, 내용상 실태조사 여부 및 결과 공포를 의무화한 것이 아니라는 점에서[50] 정부 부처의 운영상 자율성을 반영하고자 한 것으로 해석된다.

2. 정보 시스템의 구축·운영

(1) 산업재산정보 데이터베이스의 구축

특허청장은 업무 수행과정에서 수집·생성된 산업재산정보를 체계적으로 관리하기 위하여 산업재산정보 데이터베이스를 구축할 수 있으며(동법 제9조 제1항), 산업재산정보 데이터베이스의 구축·관리 등을 위하여 관계 중앙행정기관의 장, 지방자치단체의 장, 공공기관의 장 및 관련 기업·법인 또는 단체 등에게 필요한 자료의 제출 또는 협조를 요청할 수 있다(동법 제9조 제2항). 이처럼 특허청 업무 수행과정 중 수집·생성되는 산업재산정보에 관한 데이터베이스(Data Base) 법 조항을 둔 취지는 데이터베이스 관리 시스템을 통해 자료 항목의 중복을 없애고 구조화하여 저장함으로써 양질의 데이터를 확보하고 실시간 접근 및 표준화가 용이하도록 하기 위함으로 여겨진다.[51] 나아가 이 조항은 현행 「발명진흥법」에서 단순히 한국특허정보원의 사업 내용 중 하나로 산업재산정보 데이터베이스를 구축·관리를 포함시킨 것[52]과 달리, 특허청

---

50) 예컨대, 하도급거래 공정화에 관한 법률 제22조의2 제1항에서는 "공정거래위원회는 공정한 하도급 거래질서 확립을 위하여 하도급거래에 관한 서면실태조사를 실시하여 그 조사 결과를 공표하여야 한다"고 하여 실태조사 및 결과 공표를 의무화하고 있다.

51) 두산백과, "데이터베이스", 〈https://terms.naver.com/entry.naver?docId=1082446&cid=40942&categor yId=32840〉(2023. 1. 30. 최종방문).

52) 발명진흥법 [전문개정 2022. 2. 3.] [시행일: 2022. 8. 4.]
제20조의3(한국특허정보원의 설립)
④ 정보원은 다음 각 호의 사업을 한다.
1. 산업재산권 정보 데이터베이스의 구축·관리 지원

장이 기관의 장 또는 단체 등에게 필요한 자료의 제출 또는 협조를 요청할 수 있다고 명시함으로써 산업재산정보 관리를 적극적으로 수행하기 위한 법적 근거를 마련한 것으로 평가된다.

(2) 산업재산정보 시스템의 구축

특허청장은 산업재산정보의 수집·검색·가공 및 분석 등의 업무를 효율적으로 수행하고 산업재산정보 이용자에게 산업재산정보를 원활하게 제공하기 위하여 산업재산정보 시스템을 구축·운영할 수 있으며(동법 제10조 제1항), 필요한 경우 관계 중앙행정기관의 장, 지방자치단체의 장 및 공공기관의 장에게 해당 기관이 운영하는 정보 시스템과의 연계를 요청할 수 있다(동법 제10조 제2항). 이와 같이 산업재산정보 시스템 구축·운영에 관한 법 조항을 둔 이유는 산업재산정보를 수집·검색·가공 및 분석 등을 위해 관련 기관으로부터 원천 자료를 확보하기 위한 법적 근거로 여겨진다.[53] 나아가 특허청장은 정보 시스템의 원활한 운영을 위해 산업재산 문서를 전자화하는 업무를 할 수 있으며(동법 제12조 제1항), 이때 특허청장은 「특허법」 제28조의3[54]·「실용신안법」 제3조[55]·「디자인보호법」 제30조 제1항[56] 및 「상표법」 제30조 제1항[57]에 따

---

53) 정보 시스템을 활성화하기 위해서는 이음새 없는(Seamless) 정보 공유 및 연계 체계를 구성함으로써 질적 수준 및 양적 규모를 확대해야 한다. 이처럼 연계·통합 시스템의 활성화를 위해서는 범정부 차원의 포괄적이고 표준적인 기준과 절차, 방법 등을 법 제도로 규정할 필요가 있다(이민호, "정보공유 및 시스템 연계통합 활성화 방안", 한국행정연구원 Vol.32., 2015, 7~9면).

54) 특허법 제28조의3(전자문서에 의한 특허에 관한 절차의 수행).
① 특허에 관한 절차를 밟는 자는 이 법에 따라 특허청장 또는 특허심판원장에게 제출하는 특허출원서, 그 밖의 서류를 산업통상자원부령으로 정하는 방식에 따라 전자문서화하고, 이를 정보통신망을 이용하여 제출하거나 이동식 저장장치 등 전자적 기록매체에 수록하여 제출할 수 있다.

55) 실용신안법 제3조(「특허법」의 준용)
실용신안에 관하여는 「특허법」 제3조부터 제7조까지, 제7조의2, 제8조부터 제25조까지, 제28조, 제28조의2부터 제28조의5까지의 규정을 준용한다.

56) 디자인보호법 제30조(전자문서에 의한 디자인에 관한 절차의 수행)
① 디자인에 관한 절차를 밟는 자는 이 법에 따라 특허청장 또는 특허심판원장에게 제출하는 디자인등록출원서, 그 밖의 서류를 산업통상자원부령으로 정하는 방식에 따라 전자문서화하고 이를 정보통신망을 이용하여 제출하거나 이동식 저장장치 또는 광디스크 등 전자적 기록매체에 수록

른 전자문서로 제출되지 아니한 출원서나 그 밖에 대통령령으로 정하는 산업재산문서를 전자화하고 특허청 또는 특허심판원에서 사용하는 전산정보처리조직의 파일에 수록할 수 있다(동법 제12조 제2항). 이처럼 전자문서화에 관한 규정을 둔 이유 역시 산업재산정보 시스템 이용을 활성화하기 위한 기초 작업의 하나로서 이해된다. 그 외에도 특허청장은 산업재산정보화 및 산업재산정보의 활용 기반 구축에 관한 사업을 효율적으로 지원하기 위하여 한국특허정보원을 설립하여 운영할 수 있으며(동법 제25조 제1항·제9항), 이 기관에 산업재산정보 시스템의 구축·운영 및 연계 지원, 산업재산정보의 가공 및 보급 지원, 산업재산 통계 및 정보검색 서비스 제공, 산업재산정보화 연구개발 및 성과의 민간 이전 지원 등의 업무를 위탁하여 수행할 수 있다(동법 제25조 제4항). 이러한 조항들은 모두 산업재산정보 시스템을 구축하여 활성화시키고 원활한 운영을 위해 요구되는 내용들로 파악된다.

(3) 분류정보의 이용 촉진

특허청장은 산업재산정보의 체계적 관리 및 효과적 활용을 위하여 「특허법」 제58조[58]에 따른 특허분류, 「상표법」 제51조[59]에 따른 상품분류 등 산업재산에 관한 분류정보의 이용을 촉진하여야 한다(동법 제11조 제1항). 정부는 산업재산정보의 활용 가

하여 제출할 수 있다.

57) 상표법 제30조(전자문서에 의한 상표에 관한 절차의 수행)
　① 상표에 관한 절차를 밟는 자는 이 법에 따라 특허청장 또는 특허심판원장에게 제출하는 상표등록출원서와 그 밖의 서류를 산업통상자원부령으로 정하는 방식에 따라 전자문서화하고, 이를 「정보통신망 이용촉진 및 정보보호 등에 관한 법률」 제2조 제1항 제1호에 따른 정보통신망을 이용하여 제출하거나 이동식 저장매체 등 전자적 기록매체에 수록하여 제출할 수 있다.

58) 특허법 제58조(전문기관의 등록 등)
　① 특허청장은 출원인이 특허출원할 때 필요하거나 특허출원을 심사(국제출원에 대한 국제조사 및 국제예비심사를 포함한다)할 때에 필요하다고 인정하면 제2항에 따른 전문기관에 미생물의 기탁·분양, 선행기술의 조사, 특허분류의 부여, 그 밖에 대통령령으로 정하는 업무를 의뢰할 수 있다.

59) 상표법 제51조(상표전문기관의 등록 등)
　① 특허청장은 상표등록출원의 심사에 필요하다고 인정하면 제2항에 따른 전문기관에 다음 각 호의 업무를 의뢰할 수 있다. 2. 상품분류

치를 높이고 산업·경제 등 다양한 부문으로의 활용을 확산하기 위하여 제1항에 따른 분류정보와 「통계법」 제22조[60]에 따른 산업에 관한 표준분류, 「과학기술기본법」 제27조[61]에 따른 국가과학기술표준분류표 등 다른 분야의 분류정보 간 연계표를 작성·활용할 수 있다(동법 제11조 제2항). 특허청장은 위 조항에 따른 분류정보 간 연계표 작성 업무를 대통령령으로 정하는 기관 또는 단체에 위탁하여 수행하게 할 수 있으며, 이 경우 특허청장은 업무를 수행하는 데 필요한 비용의 전부 또는 일부를 지원할 수 있다(동법 제11조 제3항). 이처럼 분류이용 촉진에 관한 규정을 둔 취지는 특허, 상표, 디자인 등 업무 수행 과정에서 파생되는 산업재산정보를 표준산업분류(KSIC),[62] 국가과학기술표준분류[63] 등 다른 분류 체계에 연계시킴으로써 로봇, 의학, 게임, 반도체, 신소재 등 정보의 흐름이 빠른 분야에 신속하고 다각적으로 대응하려는 것으로 이해된다.[64]

---

60) 통계법 제22조(표준분류)
① 통계청장은 통계작성기관이 동일한 기준에 따라 통계를 작성할 수 있도록 국제표준분류를 기준으로 산업, 직업, 질병·사인(死因) 등에 관한 표준분류를 작성·고시하여야 한다.
61) 과학기술기본법 제27조(국가과학기술표준분류체계의 확립)
① 과학기술정보통신부장관은 과학기술 관련 정보·인력·연구개발사업 등을 효율적으로 관리할 수 있도록 관계 중앙행정기관의 장과 협의하여 과학기술에 관한 국가표준분류체계를 세우고 국가과학기술표준분류표를 만들어 시행하여야 한다.
② 정부는 제1항에 따른 국가과학기술표준분류표를 널리 활용하도록 노력하여야 한다.
62) '한국표준산업분류(KSIC)'란 생산단위(사업체, 기업체)가 주로 수행하는 산업 활동을 그 유사성에 따라 체계적으로 유형화한 것을 의미한다[통계청, "한국표준산업분류", ⟨http://kssc.kostat.go.kr/ksscNew_web/kssc/main/main.do?gubun=1&pageChk=Y#⟩ (2023. 1. 30. 최종방문)].
63) '국가과학기술표준분류'란 연구개발사업의 기획·관리, 과학기술정보의 관리·유통, 과학기술 인력 관리 등의 효율화를 목적으로 수립된 것으로서, 연구 분야(대분류 33개, 중분류 371개, 소분류 2,898개)와 적용 분야(대분류 33개)가 독립적으로 운영되는 이원적 체계를 가지고 있다[국가과학기술표준분류체계, 과학기술정보통신부고시(제2018-10호), 2018. 2. 7. 일부개정 참고].
64) 표준산업분류를 연계하여 통계정보를 산출하는 경우 기술, 경제, 산업구조 및 산업 간 유기적 구성이 가능하며 상관성의 비교·분석이 용이해진다. 산업분류체계의 경우 한 국가의 산업 활동을 분석하기 위한 기준을 제시하며 특허 분류체계의 경우 특허 활동 및 기술 동향에 대한 분석을 용이하게 한다. 두 가지 분류 체계는 서로 산업 구조 안에서 맞물려 있기 때문에 생산성 또는 개발비용 등을 분석하기 위해서는 기준의 연계가 요구된다(이성기 외, "미래전략 연구—지식재산 정보의 연계 분석", 특허청·한국지식재산연구원, 2016, 13면).

3. 연구개발 및 사업 지원

(1) 산업재산정보의 제공

특허청장은 국가 및 민간 연구개발의 효율성을 높이고 기술·산업 관련 전략의 수립·추진 및 평가 등을 효과적으로 지원하기 위하여 특허법 등 관련 법령에 따라 공개된 산업재산정보를 수집·가공하여 이용하거나, 수집·가공된 정보를 제공할 수 있으며(동법 제14조 제1항), 산업재산정보의 이용·제공 절차 및 방법 등에 관하여 필요한 사항은 대통령령으로 정한다(동법 제14조 제3항). 이와 같은 법 조항을 둔 취지는 현행 「발명진흥법」에서 명시하고 있는 내용[65]에 비하여 정보 수집의 목적과 범위를 명확히 함으로써 개인정보보호법 위반 소지를 방지하기 위한 것[66]으로 여겨진다. 그 외에도 특허청장은 국가의 안전보장 또는 국가의 중대한 이익과 관련된 기술 등의 유출 방지 및 보호를 위하여 필요한 산업재산정보를 관계 중앙행정기관에 제공할 수 있으며(동법 제15조 제1항), 이에 관한 내용 및 절차 등에 관하여 필요한 사항은 대통령령으로 정한다(동법 제15조 제2항). 이러한 내용들은 최근 국내 핵심기술 유출 문제가 심각해짐에 따라[67] 정부가 산업재산정보 관리 체계 정비를 통해 산업기술 해외유출 방지 및 보호 강화를 추진하려는 의도로 파악된다.[68]

---

65) 발명진흥법 제20조의2(산업재산권 정보의 제공)
　① 특허청장은 산업재산권 정보를 이용하려는 자에게 「특허법」 등 관련 법령이 허용하는 범위에서 산업재산권 정보를 제공할 수 있다. 이 경우 대통령령으로 정하는 바에 따라 「개인정보 보호법」에 따른 개인정보의 제공을 제한할 수 있다.

66) 개인정보보호법 제15조(개인정보의 수집·이용)
　① 개인정보처리자는 다음 각 호의 어느 하나에 해당하는 경우에는 개인정보를 수집할 수 있으며 그 수집 목적의 범위에서 이용할 수 있다.
　　1. 정보주체의 동의를 받은 경우
　　2. 법률에 특별한 규정이 있거나 법령상 의무를 준수하기 위하여 불가피한 경우
　　3. 공공기관이 법령 등에서 정하는 소관 업무의 수행을 위하여 불가피한 경우

67) 최근 1년 동안(2020. 9.~2021. 8.) 주요 방산업체 해킹 시도는 정보수집 54만 건, 악성코드의심 39만 건에 달한다[관계부처 합동, "글로벌 기술패권 경쟁(下) 우리기술 보호 전략(안)", 2021, 12면].

68) 특허청은 2022년부터 국가핵심기술의 체계적 관리를 돕는 프로그램을 도입하여 해외유출 방지 및 보호체계를 강화할 것이라면서, 이에 따라 반도체, 디스플레이, 조선 등 12개 분야 총 73개 핵심기

(2) 연구개발에서의 정보 활용

특허청장은 산업재산정보를 효과적으로 활용함으로써 국가 및 민간 연구개발의 효율적인 추진을 지원해야 한다. 이를 위해 구체적으로 i) 미래유망기술 및 연구개발과제 발굴을 위한 산업재산정보의 동향 조사, ii) 연구개발과제의 효율적 추진을 위한 전체 연구개발 기간 동안의 산업재산정보의 전략적 조사·분석, iii) 표준특허 창출을 위한 산업재산정보의 전략적 조사·분석, iv) 연구개발 성과의 평가·이전·거래 및 사업화 등에서의 산업재산정보의 활용을 위한 지원, v) 공공기관 등의 산업재산정보의 조사·분석 역량 강화를 위한 지원, vi) 그 밖에 국가 및 민간 연구개발의 효율적 추진을 위하여 산업재산정보의 활용이 필요한 사항에 대한 시책을 수립·추진해야 한다(동법 제16조 제1항). 이처럼 연구개발 지원에 관한 법 조항을 둔 취지는 연구개발의 기획부터 수행 및 평가·사업화에 이르는 전 단계에서 산업재산정보를 효과적으로 활용하고, 과학·산업기술 연구자 등에 대한 산업재산 정보의 조사·분석 역량을 강화하는 데 필요한 지원시책의 추진 근거를 마련하기 위함으로 파악된다.[69] 나아가 정부는 산업재산정보의 관리 및 활용과 관련된 기술, 서비스 및 소프트웨어에 대한 연구개발을 촉진하도록 노력하여야 하며(동법 제18조 제1항), 연구개발을 효율적으로 추진하기 위하여 필요한 경우 관련 기관 또는 단체에 연구개발을 수행하게 할 수 있고 필요한 비용의 전부 또는 일부를 지원할 수 있다(동법 제18조 제2항). 이러한 법 조항은 연구기관에서 산업재산정보를 실질적으로 이용할 수 있도록 인프라 측면, 즉 프로그램 개발까지도 지원함으로써, 현행 「발명진흥법」[70]에 비하여 연구개발을 위한 지원 사항들을

술에 대한 관리체계를 우선적으로 구축할 계획이라고 밝혔다[전자신문, "특허청, 국가핵심기술 관리체계 구축 … 해외유출·보호체계 강화", 〈https://www.etnews.com/20220121000102〉(2023. 1. 30. 최종방문)].

69) 「국가연구개발혁신법」에 의하면 정부는 "국가연구개발사업의 추진 체제를 혁신하고 자율적이고 책임 있는 연구 환경 조성을 위하여 '연구개발정보의 공개를 통한 개방형 혁신의 확산 유도 및 연구개발성과의 활용·사업화 촉진'에 관한 시책을 마련하고 추진해야 한다"고 규정하고 있다(동법 제1조 및 제5조 제7호 참고).

70) 발명진흥법 제20조의4(산업재산권 정보화 연구개발의 지원)
　① 정부는 산업재산권 정보의 제공 및 활용과 관련된 기술 및 소프트웨어에 대한 연구개발을 촉진

세부화, 구체화한 것으로 평가된다.

(3) 인력 양성 및 사업 지원

　　정부는 산업재산정보 관련 전문인력의 양성을 위하여 전문인력의 수요 실태 파악 및 중장기 수급 계획, 전문인력 양성 교육·훈련 프로그램의 개발 및 활용, 전문인력의 고용 창출 지원, 그 밖에 산업재산정보 관련 전문인력의 양성을 위하여 필요한 사항의 정책을 수립·추진할 수 있다(동법 제19조). 나아가 특허청장은 산업재산정보서비스업을 육성하기 위하여 i) 산업재산정보서비스업과 관련된 창업 지원, ii) 민간 산업재산정보서비스 홍보를 위한 박람회·전시회 등 행사의 개최, iii) 우수 산업재산정보서비스 사업자 및 창업사례에 대한 포상, iv) 민간 산업재산정보서비스에 대한 정부 구매 및 해외시장 진출 지원, v) 그 밖에 산업재산정보서비스업의 육성을 위하여 필요한 사업 등의 사업을 추진할 수 있다(동법 제23조). 다만, 정부는 산업재산정보화 사업을 추진하는 경우 시장에 미치는 영향을 사전에 조사하여 민간 서비스의 개발 및 상용화 촉진을 방해하지 아니하도록 하여야 한다(동법 제24조). 이러한 법 조항을 둔 이유는 정부가 산업재산정보화 서비스 인력 양성 및 서비스업을 추진하되 기존의 민간 시장이 축소·저해되지 않도록 균형적 정책을 펼치기 위함으로 이해된다.[71] 그 외에도 특허청은 산업재산정보화 및 산업재산정보의 활용 기반 구축에 관한 사업을 효율적으로 지원하기 위하여 한국특허정보원을, 중앙행정기관·지방자치단체·공공연구기관 등의 산업재산전략 수립 및 연구개발 수행에 관한 사업을 효율적으로 지원하기 위하여 한국특허전략개발원을 각각 설립하여 지도·감독할 수 있다(동법 제25조, 제

　　할 수 있도록 노력하여야 한다.

　　② 정부는 제1항에 따른 연구개발을 수행하는 자에게 그 사용되는 자금의 전부 또는 일부를 지원할 수 있다.

71) 정부의 역할은 선진국의 중장기 기술 예측 프로그램(예, 영국의 Foresight, 독일의 Futur 등)처럼 민간이 수행하기 어려운 분야에 대해 기획내용을 제공하는 데에 그쳐야 한다. …미래를 위해 개발해야 할 기술을 기업에 제시하고 취사선택하게 하면서 근본적으로 필요한 원천기술을 지원하는 등의 장기적 관점이 정착되어야 산업기술정책의 공공성이 확보될 수 있을 것이다(장효성·성지은, "산업기술정책의 정부개입 정당성과 정부의 역할 변화", 과학기술학연구 제9권 2호, 한국과학기술학회, 2009, 94~95면).

26조). 이러한 조항은 정보화 전문기관의 설립·운영에 대한 법적 근거를 명시함으로써 산업재산정보 사업화 추진을 체계적, 일원적으로 적용하기 위함으로 여겨진다.

4. 보안 유지 및 벌칙 조항

(1) 보안 및 품질관리

특허청장은 산업재산정보 데이터베이스 및 산업재산정보 시스템에 대한 부당한 접근과 이용 또는 산업재산정보의 위조·변조·훼손 또는 유출을 방지하기 위하여 필요한 보안대책을 수립·시행하여야 한다(동법 제22조 제1항). 특허청장은 산업재산정보의 정확성과 신뢰성을 확보하기 위하여 품질 진단·평가 및 개선지원 등 산업재산정보의 품질관리에 필요한 지원을 하여야 하며(동법 제22조 제2항), 품질관리의 대상, 기준 및 절차 등에 관하여 필요한 사항은 대통령령으로 정한다(동법 제22조 제3항). 이처럼 보안 및 품질관리에 관한 법 조항을 둔 취지는 산업재산정보 데이터베이스 및 정보시스템을 원활하게 운영하기 위한 안전 대책을 세우기 위한 것으로[72] 산업재산정보 역시 데이터의 일종이라는 점을 감안하여 해킹 등 불법 접근으로 인한 피해를 줄이기 위한 것으로 이해된다.[73]

(2) 비밀유지의무 및 벌칙 조항

한국특허정보원, 한국지식재산전략원 등과 같은 문서전자화기관의 임직원 또는 임직원이었던 사람은 직무상 알게 된 출원 중인 산업재산에 관한 비밀을 누설하거나

---

[72] 예컨대, 데이터 접속 권한을 IP(Internet Protocol) 주소 등으로 제한하여 인가받지 않은 접근을 제한한 다든지, 정보통신망을 통해 외부에서 개인정보처리시스템에 접속하려는 경우 가상사설망(VPN) 또는 전용선 등 안전한 접속수단 내지 안전한 인증수단을 적용하도록 하는 방법 등이 이에 해당할 수 있다[개인정보의 안전성 확보 조치 기준(개인정보보호위원회고시 제2020-2호, 2020. 8. 11. 시행) 참고)].

[73] 코로나19로 재택근무가 늘고 기업들의 클라우드 전환이 급속히 이루어지면서 해킹, 유출 등 보안 사고가 급증하였다. IBM 시큐리티에 의하면, 조사 대상 500개 기업에서 데이터 유출로 인한 피해액은 평균 424만 달러(한화 약 49억 원)에 달하며, 한국 기업도 총 27곳이 포함된 것으로 분석하였다[매일경제, "코로나發 해킹 활개 … 기업 피해액 최대", 〈https://www.mk.co.kr/news/it/

도용하여서는 아니 되며(동법 제28조 제1항), 이를 위반한 경우에는 5년 이하의 징역 또는 5천만원 이하의 벌금에 처한다(동법 제31조 제1항). 그리고 관계 중앙행정기관 또는 업무를 위탁받은 기관·법인·단체의 임직원 또는 임직원이었던 사람도 직무상 알게 된 비밀을 누설하거나 도용하여서는 안 되며(동법 제28조 제2항), 이를 위반한 경우에는 3년 이하의 징역 또는 3천만 원 이하의 벌금에 처한다(동법 제31조 제2항). 이러한 법 조항들은 문서전자화기관이 산업재산정보 운용이라는 특수한 목적을 위해 설립된 기관이라는 점을 감안하여, 관계 기관 또는 업무를 위탁받은 기관·법인·단체의 임직원이거나 임직원이었던 자가 비밀을 누설하거나 도용한 경우보다 가중하여 처벌하도록 규정한 것으로 파악된다.[74]

IV. 타법과의 적용 및 법적 위상에 관한 검토

1. 발명진흥법 분법으로서의 지위

(1) 발명진흥법의 확장과 분법의 목적

「발명진흥법」은 발명을 장려하고 발명의 신속하고 효율적인 권리화와 사업화를 촉진함으로써 산업의 기술경쟁력을 높이고 나아가 국민경제 발전에 이바지함을 목적으로 한다(동법 제1조).[75] 「발명진흥법」이 처음 제정될 당시에는 기존 「발명보호법」[76]에서 좀 더 혁신 내지 진화된 형태로 발명가의 의욕을 고취하고 전문 기술 인력

---

view/2021/08/747530/〉(2023. 1. 30. 최종방문)].

74) 우리 법제에서는 공공기관, 금융기관 등의 임직원, 공공성이 높은 업무를 수행하는 법인이나 단체의 임직원과 개인 또는 위원회 위원 등이 업무와 관련하여 불법행위를 한 경우에 가중 처벌받도록 규정하는 경향이 있다. 예컨대, 한국조폐공사법 제10조, 금융위원회의 설치 등에 관한 법률 제69조, 공공기관의 운영에 관한 법률 제53조, 공무원연금법 제16조 등이 모두 그러하다.

75) 발명진흥법 [시행 2021. 11. 18.] [법률 제18405호, 2021. 8. 17. 일부개정].

76) 「발명보호법」은 1958년 3월 시행되었다가, 1994년 3월 「발명진흥법」의 제정으로 폐지되었다.

을 양성하기 위함을 주된 목적으로 하였으나,[77] 2000년대에 들어와 지식경제 산업이 본격적으로 육성화됨에 따라 산업재산권 정보화 추진계획, 산업재산권 담보 및 자금 조성, 한국특허전략개발원 등에 이르기까지 그 규율 범위가 점차 다양화, 확대되었다.[78] 이로써 「발명진흥법」의 경우 산업재산 영역 중 발명의 장려, 진흥 그리고 권리화·사업화 촉진 전반에 걸친 광범위한 목적을 가지고 있다. 반면 이로부터 분법된 「산업재산정보 활용촉진법」의 경우 발명진흥으로 인해 창출된 정보를 보다 체계적으로 관리함으로써 국가의 경제적 이익 창출로 연계하는 것을 주된 목적으로 한정한 것으로 볼 수 있다.

(2) 발명진흥법 분법(分法)으로서 충돌조항 이관과 조정

「산업재산정보 활용촉진법」의 경우 4차산업혁명 및 디지털경제 시대의 중요한 자원 또는 가치 원천으로 주목되는 산업재산정보가 「발명진흥법」 일부 조항으로 규율되는 것이 적절하지 않다는 시각에서 분법화(分法化)를 시도한 것이다.[79] 산업재산정보는 디지털 시대를 이끌어 갈 주요 자원인 데이터(Data)의 하나로서[80] 단순히 발명의 진흥이나 장려 차원이 아니라, 정보의 수집·분석·처리별로 보다 세분화된 계획 및 관리·운용을 요구한다는 점에서 별도의 전문적 법률로 규율할 필요에서 분법화된 것이다. 그러므로 「산업재산정보 활용촉진법」에서 새롭게 도입된 일부 조항을 제

---

77) 발명진흥법 [시행 1994. 3. 24.] [법률 제4757호, 1994. 3. 24. 제정].

78) 급변하는 첨단 기술 시장 변화에 따라 「발명진흥법」이 잦은 개정과 새로운 제도의 도입을 지속화하면서, 본래 입법의도 및 목적과 실제 규정의 내용이 상이해지고 법체계 역시 정합성을 상실하고 있다는 문제점이 지적되고 있다(허인 외,「지식재산 제도의 실효성 제고―발명진흥법 법체계 정비방안 연구」, 특허청·한국지식재산연구원, 2015, 3면).

79) 강훈식 의원은 산업재산정보의 활용 촉진을 위한 적극적 정책의 일환으로 기존 「발명진흥법」에 규정된 산업재산정보 관련 일부 조항을 이관하는 한편, 산업재산정보의 활용 촉진을 위한 조항들을 신설해 「산업재산정보의 관리 및 활용 촉진에 관한 법률안」을 마련했다고 밝힌 바 있다[매일안전신문, "기술패권시대 속, 산업재산정보 진단·전략적 활용토대 마련", 〈http://www.idsn.co.kr/news/articleView.html?idxno=57860〉, (2023. 1. 30. 최종방문)].

80) 2019~2020 국가전략 산업 분야에 대한 특허분석을 통해 155개 유망기술을 발굴하고 100개 정부 R&D 기획('20)에 반영한 바 있다(특허청, "특허데이터 활용 및 보급 확산 방안", 3면).

외하고는 많은 부분이 현행 「발명진흥법」 조항과 중첩될 수밖에 없다. 따라서 이러한 중첩 조항[81]들은 「산업재산정보 활용촉진법」으로 이관(移關)시켜 충돌의 여지를 없애 는 것이 분법시행 후 요청되는 기본적 작업이다. 그러므로 모법과 분법에서 중첩되 는 내용을 새롭게 도입 예정인 「산업재산정보 활용촉진법」에 명시하고, 「발명진흥법」 의 기존 조항들을 삭제하는 작업이 동시에 진행되어야 할 필요가 있었다. 강훈식 의 원 외 10인이 「산업재산정보 활용촉진법」 제정안과 함께 「발명진흥법」 개정안을 동시 에 제출한 것도 이와 같은 취지라고 해석된다.[82]

〈표 2〉 「발명진흥법」과 「산업재산정보 활용촉진법」의 비교

	발명진흥법	산업재산정보 활용촉진법
법의 목적	• 발명의 장려 • 발명의 신속하고 효율적인 권리화· 사업화	• 산업재산정보 체계적 관리 • 산업재산정보의 효과적 활용·확산
공통점 (이관 조항)	• 산업재산정보화추진계획 수립(제20 조) ⇨	• 산업재산정보화 사업의 추진(제8조)
	• 산업재산정보의 제공(제20조의2) ⇨	• 산업재산정보의 이용 및 제공(제14조)
	• 산업재산정보화전문기관(제20조의3) ⇨	• 한국특허정보원의 설립 등(제25조)

---

81) 예컨대, 특허청장이 정보화 추진계획을 수립·시행하여야 한다는 내용(발명진흥법 제20조), 특허청 장이 산업재산권 정보를 이용하려는 자에게 특허법 등 관련 법령이 허용하는 범위에서 산업재산권 정보를 제공할 수 있다는 내용(발명진흥법 제20조의2), 특허청장은 전문기관 또는 단체를 산업재산권 정보화전문기관으로 지정하여 산업재산권 정보화에 관한 업무를 대행하게 할 수 있다는 내용(발명 진흥법 제20조의3), 정부는 산업재산권과 관련된 지식재산 활동 전반에 관한 실태를 파악하기 위하 여 매년 실태조사를 실시하여야 한다는 내용(발명진흥법 제20조의6), 특허청장은 개인발명가 및 사용 자등의 산업재산권 관리 능력을 높이고 연구개발의 중복 투자를 방지하기 위하여 산업재산권진단 기관으로 지정할 수 있다는 내용(발명진흥법 제36조) 등이 모두 그러하다.

82) 발명진흥법 일부개정법률안【강훈식 의원 등 10인, 의안번호: 13081, 제안날짜: 2021. 11. 2.】에서 제 안이유를 "특허·디자인 등 산업재산 정보의 활용 촉진을 위한 「산업재산 정보의 관리 및 활용 촉 진에 관한 법률」 제정안 발의에 따라, 기존 「발명진흥법」에서 제정 법률안으로 이관되는 산업재산 정보 관련 조항들을 삭제하는 등의 정리를 통해 두 법률간 정합성을 제고하고자 함"이라고 언급하 였다.

공통점 (이관 조항)	• 산업재산정보화 연구개발의 지원(제20조의4)	⇨	• 연구개발의 지원(제18조)
	• 연구개발 성과의 민간 이전(제20조의5)	⇨	• 민간 서비스의 개발·상용화 촉진(제24조)
	• 산업재산권 통계와 지표의 조사·분석(제20조의8)	⇨	• 통계·지표의 조사·분석(제13조)
	• 산업재산권진단기관의 지정(제36조) • 산업재산권진단기관의 지정 취소(제37조)	⇨	• 산업재산권진단기관의 지정 등(제17조)
	• 한국특허전략개발원의 설립(제55조의5) • 전략원의 사업(제55조의6) • 전략원에 대한 지도·감독(제55조의7)	⇨	• 한국특허전략개발원의 설립 등(제26조)
	• 과태료(제60조 제1항 제7호)	⇨	• 과태료(제32조)
차이점 (신설 조항)	–		• 기본계획 수립(제5조) • 시행계획의 수립(제6조) • 실태조사(제7조) • 산업재산정보 데이터베이스의 구축·관리(제9조) • 산업재산정보 시스템의 구축·운영(제10조) • 분류정보 이용 촉진(제11조) • 산업재산문서 전자화 업무(제12조) • 전문인력의 양성(제19조) • 인식제고 및 저변확대(제20조) • 국제협력(제21조) • 보안 및 품질관리(제22조) 등
해석 기준	• 「발명진흥법」의 중첩적 조항은「산업재산정보 활용촉진법」으로 이관하도록 함 • 산업재산정보의 관리 및 활용에 관하여 다른 법률에 특별한 규정이 있는 경우를 제외하고는「산업재산정보 활용촉진법」에 정하는 바에 따라야 함(동법 제4조)		

2. 공공데이터법과의 적용 관계

(1) 목적 및 범위 비교

「공공데이터의 제공 및 이용 활성화에 관한 법률」(이하 '공공데이터법'이라 한다)은 공공기관이 보유·관리하는 데이터의 제공 및 그 이용 활성화에 관한 사항을 규정함으로써 국민의 공공데이터에 대한 이용권을 보장하고 공공데이터의 민간 활용을 통해 국민의 삶의 질 향상과 경제발전에 이바지함을 목적으로 한다(동법 제1조).[83] 「공공데이터법」은 교통, 보건, 복지, 환경 등 국민 생활 전반에 걸쳐 생성된 데이터가 스마트산업의 핵심 자원으로 부각됨에 따라, 공공기관이 공공데이터를 민간에 원활히 제공하게 함으로써 민간의 창의성과 결합하여 고부가 신산업 발전 기반을 마련하고자 2013년 7월 제정되어 같은 해 10월부터 시행되었다.[84] 「공공데이터법」과 「산업재산정보 활용촉진법」은 정보통신 기술의 발달을 바탕으로 수집·축적된 정보의 이용 범위를 확대함으로써 국가 및 기업의 신산업 기술 발굴에 이바지하고자 한다는 면에서 공통점을 가진다. 하지만 「공공데이터법」의 경우 국가기관, 지방자치단체 및 지능정보화 기본법[85]에 따른 공공기관이 생성 또는 취득하여 관리하는 모든 분야의 행정정보, 전자기록물을 그 규율 대상으로 하는 반면, 「산업재산정보 활용촉진법」의 경우 특허청 등에서 업무 과정 중 발생한 정보뿐만 아니라 민간에서 생성·분석 및 연계하는 정보라도 특허·실용신안·상표·디자인 등 산업재산권 분야에 해당하는 경우에는 규율 대상에 포함될 수 있다는 점에서 차이가 난다.

(2) 충돌 가능성 및 해석 기준

공공데이터법에서는 공공기관이 보유·관리하는 데이터의 제공 및 이용에 관한

---

83) 공공데이터의 제공 및 이용 활성화에 관한 법률 [시행 2020. 12. 10.] [법률 제17344호, 2020. 6. 9. 타법개정].

84) 위키백과, "공공 데이터", 〈https://ko.wikipedia.org/wiki/%EA%B3%B5%EA%B3%B5_%EB%8D%B0%EC%9D%B4%ED%84%B0〉 (2023. 1. 30. 최종방문).

85) 지능정보화 기본법 제2조(정의)
   이 법에서 사용하는 용어의 뜻은 다음과 같다.
   16. "공공기관"이란 다음 각 목의 어느 하나에 해당하는 기관을 말한다.
      가. 「공공기관의 운영에 관한 법률」에 따른 공공기관
      나. 「지방공기업법」에 따른 지방공사 및 지방공단
      다. 특별법에 따라 설립된 특수법인
      라. 「초·중등교육법」, 「고등교육법」 및 그 밖의 다른 법률에 따라 설치된 각급 학교
      마. 그 밖에 대통령령으로 정하는 법인·기관 및 단체

사항을 정하도록 규정하고 있는데, 여기에는 특허·실용신안·상표·디자인 등 산업재산 분야의 데이터도 포함될 수 있다는 점에서 「산업재산정보 활용촉진법」과 충돌되는지에 대해 의문이 제기될 수 있다. 예컨대, 공공데이터의 제공 및 이용 활성화에 관한 기본계획에 관한 내용(공공데이터법 제7조), 공공데이터 이용 활성화에 관한 내용(공공데이터법 제14조), 중복·유사 서비스 개발제공 방지에 관한 내용(공공데이터법 제15조의2), 제공대상 공공데이터의 범위에 관한 내용(공공데이터법 제17조), 공공데이터 제공에 관한 내용(공공데이터법 제26조) 등이 모두 그러하다. 생각건대, 산업재산정보는 공공데이터 중의 하나라고 할 수 있고 「산업재산정보 활용촉진법」은 「공공데이터법」과의 관계에서 특별법과 일반법의 관계[86]에 놓인다고 할 수 있다. 따라서 특별법우선의 원칙에 따라 산업재산분야의 정보경우에는 「산업재산정보 활용촉진법」을 우선적으로 적용하는 것이 타당하다고 본다. 다만, 공공데이터 수집 및 관리에 관한 사항을 별도의 법률로서 규율하도록 한 취지는 여러 기관에 분산되어 있는 데이터를 통합 관리함으로써 표준적, 일원적 기준을 적용하여 신속한 업무 처리 및 민간 활용을 극대화하기 위함이다.[87] 따라서 산업재산정보 중 공공데이터에 포함되는 경우에는 「공공데이터법」에서 정한 사항을 우선적으로 준수하고, 보다 전문화된 법 규율을 필요로 하는 경우 「산업재산정보 활용촉진법」의 법 조항을 적용하는 것이 바람직하다고 본다.[88] 예컨대, 공공데이터의 품질관리에 관한 사항을 기본적으로 준수하되 산업재산

---

86) 일반법(一般法)이란 어떠한 사항에 관하여 널리 규정하는 법령을 의미하며 특별법(特別法)은 일정한 사항에 관하여 일반법보다 제한된 범위를 정하여 효력이 미치도록 규정한 법령이다. 일반법과 특별법과의 구별은 상대적이나, 특별법은 항상 일반법에 우선하여 적용된다는 점에서 구별 실익이 있다[위키백과, "일반법과 특별법", 〈https://ko.wikipedia.org/wiki/%EC%9D%BC%EB%B0%98%EB%B2%95%EA%B3%BC_%ED%8A%B9%EB%B3%84%EB%B2%95>〉 (2023. 1. 30. 최종방문)].

87) 공공데이터법 제21조에 의해 종래 개별 기관에서 운영 중인 포털들이 공공데이터포털(https://www.data.go.kr/)로 통합·연계됨으로써 공공데이터에 대한 이용자의 편의성과 접근성이 높아지게 되었다(행정안전부·한국지능정보사회진흥원, "공공부문 데이터 분석·활용 우수사례집", 2021. 12. 113~115면).

88) 공공데이터법 관련 세부 기준(행정규칙)으로 '특허청 공공데이터 제공에 관한 규정' [시행 2021. 6. 1.] [훈령 제1045호, 2021. 5. 26., 일부개정], '특허청 데이터 품질관리 규정' [시행 2020. 1. 1.] [훈령 제967호, 2019. 12. 26., 일부개정], '과학기술정보통신부 공공데이터 관리지침' [시행 2019. 6. 5.] [훈령 제71호, 2019. 6. 5., 제정] 등이 존재한다.

정보 특성을 감안하여 보안 및 품질관리 등의 사항을 추가하거나, 공공데이터 제공 및 이용 활성화에 관한 기본계획을 바탕으로 산업재산정보의 관리 및 활용 세부 계획을 세우도록 하는 것이다. 각 법률의 목적 및 상·하위 법체계를 고려했을 때 이와 같은 해석 태도가 합리적이라고 여겨진다.

〈표 3〉 「공공데이터법」과 「산업재산정보활용촉진법」의 비교

	공공데이터법		산업재산정보 활용촉진법
법의 목적	• 공공기관이 보유·관리하는 데이터 제공 및 이용 활성화 • 공공데이터의 민간 활용 증대	⇨	• 산업재산정보 체계적 관리 • 산업재산정보의 효과적 활용·확산
충돌 가능한 내용	• 공공데이터의 제공 및 이용활성화에 관한 기본계획(제7조)	⇨	• 기본계획 수립(제5조)
	• 공공데이터의 제공 및 이용 활성화에 관한 시행계획(제8조)	⇨	• 시행계획의 수립(제6조)
	• 공공데이터 이용 활성화(제14조) • 공공데이터의 제공(제26조) • 공공데이터의 제공중단(제28조) • 공공데이터활용지원센터(제13조)	⇨	• 산업재산 정보화 사업 추진(제8조) • 산업재산 정보 시스템의 구축·운영(제10조) • 산업재산정보의 이용 및 제공(제14조) • 국가 및 민간 연구개발에서의 정보 활용(제16조)
	• 민간협력(제15조) • 중복·유사 서비스 개발제공의 방지(제15조의2)	⇨	• 민간 서비스의 개발·상용화 촉진(제24조)
	• 제공대상 공공데이터의 범위(제17조)	⇨	• 산업재산정보의 이용 및 제공(제14조)
	• 공공데이터의 품질관리(제22조)	⇨	• 보안 및 품질관리(제22조)
해석 기준	• 산업재산정보 중 공공데이터에 해당하는 부분은 「공공데이터법」 법 조항을 우선 적용해야 함 • 공공데이터의 관리, 제공 및 이용에 관하여 다른 법률에 특별한 규정이 있는 경우를 제외하고는 「공공데이터법」에서 정하는 바에 따라야 함(동법 제4조)		

3. 데이터산업법과의 적용 관계

(1) 목적 및 범위 비교

「데이터 산업진흥 및 이용촉진에 관한 기본법」(이하 '데이터산업법'이라고 한다)은 데이터의 생산, 거래 및 활용 촉진에 관하여 필요한 사항을 정함으로써 데이터로부터 경제적 가치를 창출하고 데이터산업 발전의 기반을 조성하여 국민생활의 향상과 국민경제의 발전에 이바지함을 목적으로 한다(동법 제1조).[89] 「데이터산업법」은 디지털 전환 시대를 맞이하여 우리나라에서는 공공 부문 외 민간 데이터의 생산 및 활용 촉진을 위한 기본 법제가 부족하다는 인식하에[90] 민간 데이터 사업자 지원을 위한 정책 방안을 마련하고 체계적 규율을 도모하기 위해 2021년 10월 제정되었다. 「데이터산업법」과 「산업재산정보 활용촉진법」은 데이터의 생산·거래 및 활용을 촉진하고 데이터 산업 기반을 조성하기 위한 정책을 마련하고자 한다는 점에서 공통적 성격을 가진다. 하지만 「데이터산업법」의 경우 모든 산업 분야에서 생성되어 부가가치를 창출하는 다양한 데이터[91]를 그 규율 대상으로 하는 반면, 「산업재산정보 활용촉진법」의 경우 특허·실용신안·상표·디자인 등의 업무 처리 과정 중에 수집, 가공된 산업재산정보를 법적 규율 대상으로 한다는 점에서 차이가 난다.[92]

---

89) 데이터 산업진흥 및 이용촉진에 관한 기본법 [시행 2022. 4. 25.] [법률 제18475호, 2021. 10. 19., 제정].

90) 공공데이터의 생산·거래 및 활용을 위한 법적 근거로는 「공공데이터의 제공 및 이용 활성화에 관한 법률」과 「데이터기반 행정 활성화에 관한 법률」 등이 존재하나, 민간데이터의 생산, 거래 및 활용을 위한 기본법제는 부재한 상황이다[이성엽, "데이터기본법의 주요 내용의 분석과 평가", 법률신문 연구논단, 2021. 12. 23. 기사, 〈https://m.lawtimes.co.kr/Content/Info?serial=175209〉(2023. 1. 30. 최종방문)].

91) "이 법에서 '데이터'란 다양한 부가가치 창출을 위하여 관찰, 실험, 조사, 수집 등으로 취득하거나 정보시스템 및 「소프트웨어 진흥법」 제2조 제1호에 따른 소프트웨어 등을 통하여 생성된 것으로서 광(光) 또는 전자적 방식으로 처리될 수 있는 자료 또는 정보를 말한다." (데이터산업법 제2조 제1호)

92) "'산업재산정보'란 산업재산의 창출·보호 및 활용 과정에서 수집·생성되거나 이를 조사·분석·가공·연계하는 등의 방법으로 처리한 모든 종류의 지식 또는 자료를 말한다." (산업재산정보의 관리 및 활용 촉진에 관한 법률 제2조 제2호)

(2) 충돌 가능성 및 해석 기준

「데이터산업법」에서는 모든 산업 분야의 데이터 생산·거래 및 활용에 관한 사항을 정하도록 규정하고 있는데, 여기에는 산업재산 가치를 갖는 데이터에 관한 사항도 포함된다는 점에서 두 법이 충돌되는지 의문이 제기된다. 예컨대, 기본계획에 관한 내용(데이터산업법 제4조), 시행계획에 관한 내용(데이터산업법 제5조), 데이터 유통 및 거래 체계에 관한 내용(데이터산업법 제18조), 데이터 품질관리에 관한 내용(데이터산업법 제20조), 전문인력의 양성에 관한 내용(데이터산업법 제25조), 실태조사에 관한 내용(데이터산업법 제27조), 전문기관의 지정·운영에 관한 내용(제32조) 등이 모두 그러하다. 생각건대, 데이터의 창출·보호·활용에 관한 사항 중 산업재산정보에 해당하는 부분에 대해서는 「산업재산정보 활용촉진법」을 우선적으로 적용하는 것이 바람직하다고 본다. 「데이터산업법」은 데이터의 생산, 거래 및 활용 촉진 등을 위해 기본적 사항을 정한 법률로서 일반법(一般法)적 성격을 가지는 반면, 「산업재산정보 활용촉진법」은 산업재산의 창출·보호 및 활용 과정에서 수집·생성되는 정보의 관리 및 활용 등에 관한 사항을 정한다는 점에서 특별법(特別法)적 성격을 가진다. 뿐만 아니라 데이터산업법 제4조 제3항에서는 데이터의 생산, 거래 및 활용을 촉진하고 데이터산업 기반 조성을 위해 데이터산업 진흥 계획을 수립함에 있어서 공공데이터의 생성·수립·관리·활용 촉진에 관해서는 「공공데이터법」[93] 및 「데이터기반행정법」[94]에 따라 수립된 기본계획을 반영하도록 규정하고 있다.[95] 이러한 점에 비춰 보았을 때, 「데이터산업법」은 데이터에 관한 일반적 사항을 정하는 기본법이라고 할 수 있으므로, 산업재산정보를 처리하는 과정에서 수집·생성된 데이터에 대해서는 「산업재산정보 활용촉진법」을 적

---

93) 「공공데이터의 제공 및 이용 활성화에 관한 법률」 [시행 2020. 12. 10.] [법률 제17344호, 2020. 6. 9. 타법개정의 약칭이다.

94) 「데이터기반행정 활성화에 관한 법률」 [시행 2020. 12. 10.] [법률 제17370호, 2020. 6. 9. 제정]의 약칭이다.

95) 데이터 산업진흥 및 이용촉진에 관한 기본법 제4조(기본계획)

　③ 기본계획에는 다음 각 호의 사항이 포함되어야 한다. 이 경우 공공데이터의 생성, 수집, 관리, 활용 촉진에 관한 사항에 대해서는 「공공데이터의 제공 및 이용 활성화에 관한 법률」 및 「데이터기반행정 활성화에 관한 법률」에 따라 수립된 기본계획을 반영한다.

용하는 것이 합리적이라고 여겨진다.

〈표 4〉「데이터산업법」과 「산업재산정보활용촉진법」의 비교

	데이터산업법		산업재산정보 활용촉진법
법의 목적	• 데이터의 생산, 거래 및 활용 촉진 • 데이터산업 발전의 기반 조성		• 산업재산정보 체계적 관리 • 산업재산정보의 효과적 활용·확산
충돌 가능한 내용	• 기본계획(제4조)	⇨	• 기본계획의 수립(제5조)
	• 시행계획(제5조)	⇨	• 시행계획의 수립(제6조)
	• 데이터의 생산 활성화(제9조) • 데이터자산의 보호(제12조) • 데이터 유통 및 거래 체계 구축(제18조) • 데이터 플랫폼에 대한 지원(제19조)	⇨	• 산업재산정보화 사업의 추진(제8조) • 산업재산정보 데이터베이스의 구축·관리(제9조) • 산업재산정보 시스템의 구축·운영(제10조) • 산업재산정보서비스업의 육성(제23조) • 민간 서비스의 개발상용화 촉진(제24조)
	• 데이터 품질관리 등(제20조)	⇨	• 보안 및 품질관리(제22조)
	• 전문인력의 양성(제25조)	⇨	• 전문인력의 양성(제19조)
	• 실태조사(제27조)	⇨	• 실태조사(제7조)
	• 전문기관의 지정·운영(제32조)	⇨	• 한국특허정보원의 설립 등(제25조) • 한국특허전략개발원의 설립 등(제26조)
해석 기준	• 데이터 규율의 일반 사항에 대해서는「데이터산업법」법 조항을 따르되, • 산업재산정보의 창출·보호·활용 업무 처리 과정에서 파생되는 데이터에 대해서는 「산업재산정보 활용촉진법」의 법 조항을 우선적으로 적용하도록 함.		

4. 산업디지털전환법과의 적용 관계

(1) 목적 및 범위 비교

「산업 디지털 전환 촉진법」(이하 '산업디지털전환법'이라고 한다)은 산업데이터 생성·활용의 활성화 및 지능정보기술의 산업 적용을 통해 산업의 디지털 전환을 촉진함으로써 경쟁력을 확보하고 국민 삶의 질을 향상하고 국가 경제발전에 이바지함을 목적으로 한다(동법 제1조).[96] 이 법은 최근 인공지능, 빅데이터와 같은 기술이 산업 전반에 응용되는 디지털 전환 추세가 확산됨에 따라 벨류체인을 혁신하고 산업의 고부

가가치화를 위한 종합적 정책을 추진하고자 2022년 1월 제정되어 같은 해 7월부터 시행되었다.[97] 「산업디지털전환법」과 「산업재산정보 활용촉진법」 모두 4차산업혁명 가속화에 대응하고자 새롭게 마련된 법률로서 국내 산업 데이터 보호 및 활용을 촉진하고 디지털 서비스업을 지원함으로써 궁극적으로 국가 경쟁력을 높이고자 한다는 면에서는 공통적 성격을 가진다. 하지만 「산업디지털전환법」의 경우 광업, 에너지, 콘텐츠 등 모든 산업 분야의 디지털 전환을 주된 목표로 하는 반면, 「산업재산정보 활용촉진법」의 경우 특허·상표·디자인 등과 같이 산업재산적 가치를 가진 정보의 관리, 활용 촉진만을 목표로 한다는 점에서 차이가 난다고 할 것이다.

(2) 충돌 가능성 및 해석 기준

「산업디지털전환법」은 모든 산업 분야의 디지털화를 촉구한다는 측면에서, 산업재산정보의 데이터화, 시스템화 내용을 포함하는 「산업재산정보 활용촉진법」과 충돌이 발생하는지 의문이 제기될 수 있다. 예컨대, 산업 디지털 전환 종합계획의 수립에 관한 내용(산업디지털전환법 제5조), 산업데이터 활용 촉진에 관한 내용(산업디지털전환법 제10조), 산업데이터 품질관리 지원에 관한 내용(산업디지털전환법 제13조), 산업데이터 플랫폼에 관한 내용(산업디지털전환법 제14조), 기술서비스 개발 촉진에 관한 내용(산업디지털전환법 제20조), 산업 디지털 전환 전문인력의 양성에 관한 내용(산업디지털전환법 제21조) 등이 그러하다. 생각건대, 「산업디지털전환법」은 산업 활동 과정에서 상당한 투자와 노력을 통하여 생성한 산업데이터[98]를 수집·저장·가공·분석·연계함으

---

96) 산업 디지털 전환 촉진법 [시행 2022. 7. 5.] [법률 제18692호, 2022. 1. 4. 제정].

97) 「산업 디지털 전환 촉진법」은 산업데이터 활용 과정에서의 법적 불확실성을 해소하기 위해 산업데이터의 활용과 보호에 관한 원칙을 제시하고 산업의 디지털 전환을 뒷받침하기 위한 지원 근거를 명시하였으며 체계적인 정책수립과 시행을 위한 추진체계도 포함하였다[대한민국 정책브리핑, "'산업디지털전환촉진법 제정안' 국회 본회의 통과", 〈https://www.korea.kr/news/pressReleaseView.do?newsId=156485561〉 (2023. 1. 30. 최종방문)].

98) 산업 디지털 전환 촉진법 제2조(정의)
　1. "산업데이터"란 「산업발전법」 제2조에 따른 산업, 「광업법」 제3조 제2호에 따른 광업, 「에너지법」 제2조 제1호에 따른 에너지 관련 산업 및 「신에너지 및 재생에너지 개발·이용·보급 촉진법」 제2

〈표 5〉「산업디지털전환촉진법」과 「산업재산정보활용촉진법」의 비교

	산업디지털전환촉진법		산업재산정보 활용촉진법
법의 목적	• 데이터의 생산, 거래 및 활용 촉진 • 데이터산업 발전의 기반 조성		• 산업재산정보 체계적 관리 • 산업재산정보의 효과적 활용·확산
충돌 가능한 내용	• 산업디지털전환 종합계획의 수립 등 (제5조)	⇔	• 기본계획의 수립(제5조)
	• 산업데이터 활용 촉진(제10조)	⇔	• 산업재산정보화 사업의 추진(제8조) • 분류정보의 이용 촉진(제11조) • 산업재산문서 전자화업무(제12조) • 산업재산정보의 이용 및 제공(제14조)
충돌 가능한 내용	• 산업데이터 품질관리 지원(제13조)	⇔	• 보안 및 품질관리(제22조)
	• 산업데이터 플랫폼(제14조)	⇔	• 산업재산정보 시스템의 구축·운영(제10조)
	• 기술서비스 개발 등의 촉진(제20조)	⇔	• 산업재산정보서비스의 육성(제23조)
	• 산업 디지털 전환 전문인력의 양성 (제21조)	⇔	• 전문인력의 양성(제19조)
해석 기준	• 산업 과정에서 파생되는 일반적 사항의 디지털화와 관련해서는 「산업디지털전환법」을 적용하되, 그중에서 특허·실용신안·상표·디자인 등 산업재산정보의 데이터화, 시스템화와 관련해서는 「산업재산정보 활용촉진법」을 우선적으로 적용하도록 함.		

로써 새로운 부가가치를 창출해 나가도록 한다는 점에서 「산업재산정보 활용촉진법」
과 중첩되는 부분이 존재할 수밖에 없으나, 두 법은 입법 목적에 따라 영역을 분리해
서 우선 적용하도록 해석하는 것이 바람직하다고 본다. 「산업디지털전환법」의 경우
산업데이터 생성·활용을 통해 '디지털 전환'에 주된 초점을 맞추는 반면,[99] 「산업재산

조 제1호 및 제2호에 따른 신에너지 및 재생에너지 관련 산업의 제품 또는 서비스 개발·생산·유
통·소비 등 활동(이하 "산업활동"이라 한다)과정에서 생성 또는 활용되는 것으로서 광(光) 또는 전
자적 방식으로 처리될 수 있는 모든 종류의 자료 또는 정보를 말한다.

4. "산업 디지털 전환"이란 산업데이터와 「지능정보화 기본법」 제2조 제4호에 따른 지능정보기술을
산업에 적용하여 산업활동 과정을 효율화하고 새로운 부가가치를 창출하여 나가는 일련의 행위
를 말한다.

99) 산업통상자원부 보도자료, "산업 디지털 전환, 민간에 답이 있다," 산업기술시장혁신과(2022. 4. 7.),
1~2면.

정보 활용촉진법」의 경우 산업재산정보의 창출, 보호, 활용이라는 일련의 과정을 '체계적, 효율적으로 관리'하는 데 주안점을 둔다. 따라서 산업 활동 과정에서 파생된 요소들을 디지털화하는 일반적 사항에 대해서는 「산업디지털전환법」을 적용하되, 그중에서 특허·실용신안·상표·디자인 등처럼 산업재산정보의 관리·활용을 위한 데이터베이스 및 시스템 구축 등에 관한 사항에 대해서는 「산업재산정보 활용촉진법」을 우선적으로 적용하는 것이 조화로운 해석 태도라고 여겨진다.

5. 지식재산기본법과의 적용 관계

(1) 목적 및 범위의 비교

「지식재산기본법」과 「산업재산정보 활용촉진법」의 적용 관계를 분석하기 위해 입법 목적을 비교해 보면 다음과 같다. 「지식재산기본법」은 지식재산의 창출·보호 및 활용을 촉진하고 그 기반을 조성하기 위한 정부의 기본 정책과 추진 체계를 마련하여 우리 사회에서 지식재산의 가치가 최대한 발휘될 수 있도록 함으로써 국가의 경제, 사회 및 문화 등의 발전과 국민의 삶의 질 향상에 이바지하는 것을 목적으로 한다(동법 제1조).[100] 「지식재산기본법」은 발명, 상표, 반도체 설계, 게임물 등 여러 개별 법률에 근거를 두고 있는 지식재산에 관한 정책이 통일되고 일관된 원칙에 따라 추진될 수 있도록 기본 원칙과 주요 정책 방향을 제시하기 위하여 2011년에 제정된 후[101] 두 차례의 개정을 거쳤다.[102] 「지식재산기본법」과 「산업재산정보 활용촉진법」은 지식재산의 보호 및 활용을 촉진하고 그 기반을 조성한다는 면에서는 공통적 성격을 가진다. 하지만 「지식재산기본법」의 경우 헌법과 개별법의 중간적 지위로서 지식재산 관

---

100) 지식재산 기본법 [시행 2018. 6. 20.] [법률 제15245호, 2017. 12. 19. 일부개정]

101) 국가 지식재산 경쟁력 제고를 위하여 지식재산 정책을 종합적·체계적으로 추진할 수 있는 제도적 장치로서 국가 전략체계를 구축한다는 점에서 "지식재산기본법" 제정의 의의는 크다고 할 것이다(신지연 외, 「지식재산기본법 제정에 따른 관련 법령 제·개정 방안에 대한 연구」, 특허청, 2010, 2면).

102) [법률 제15245호, 2017. 12. 19. 일부개정]을 통하여 '지식재산의 날' 도입에 관한 법 조항(제29조의2)을 마련하였다.

련 개별법에 대해서 기본적 원칙과 정책 방향을 제시하는 데 주안점을 두는 반면, 「산업재산정보 활용촉진법」의 경우 지식재산 분야 중 특허·실용신안·상표·디자인 등을 위한 업무 처리 과정 중에 수집·가공된 산업재산정보를 구체적으로 관리 및 활용 방안을 제시하고 관계 기관 또는 단체의 수행 내용을 실제적으로 지도·감독[103]해야 한다는 점에서 차이가 난다고 할 수 있다.

(2) 충돌 가능성 및 해석 기준

「지식재산기본법」은 지식재산에 대한 기본 정책을 마련하고 추진하는 법으로서 여기에는 산업재산 창출 및 활용에 대한 정보도 포함되므로, 이러한 내용이 「산업재산정보 활용촉진법」에 명시된 법 조항들과 충돌되지 않을까 의문이 제기될 수 있다. 두 법에서 충돌 가능성 문제가 제기되는 부분은 다음과 같다. 예컨대, 기본계획의 수립에 관한 내용(지식재산기본법 제8조), 시행계획의 수립에 관한 내용(지식재산기본법 제9조), 지식재산 관련 통계 및 지표의 조사·분석에 관한 내용(지식재산기본법 제16조 제1호), 연구개발과 지식재산 창출의 연계에 관한 내용(지식재산기본법 제17조), 지식재산의 활용 촉진에 관한 내용(지식재산기본법 제25조), 지식재산서비스산업의 육성에 관한 내용(지식재산기본법 제26조), 지식재산 전문인력 양성에 관한 내용(지식재산기본법 제34조), 지식재산 제도의 국제화에 관한 내용(지식재산기본법 제36조), 비밀 누설 금지에 관한 내용(지식재산기본법 제39조) 등이 그러하다. 생각건대, 「지식재산기본법」과 「산업재산정보 활용촉진법」의 관계는 상위법과 하위법 체계로 파악하여 법 적용 및 해석하는 것이 타당하다고 본다.[104] 지식재산기본법 제6조 제1항에서는 지식재산에 관한 정

---

103) 예컨대, 「산업재산정보의 관리 및 활용촉진에 관한 법률」 제25조 제9항에서는 "특허청장은 정보원의 업무를 지도·감독한다"라고, 제26조 제9항에서는 "특허청장은 한국특허전략개발원의 업무를 지도·감독한다"라고 규정하고 있다.

104) 지식재산기본법 제정으로 지식재산 관계 법령은 '헌법 → 지식재산기본법 → 개별법 → 명령'이라는 법체계를 갖게 되며, 지식재산기본법은 다른 지식재산 관련 개별법에 대해서 기본적인 원칙 및 정책방향을 제시하고 관련 정책의 체계화를 도모하는 역할을 수행한다고 할 수 있다(윤원길, "지식재산기본법의 의의 및 정책방향에 관한 소고", 지식재산연구 제6권 제2호, 한국지식재산연구원, 2011, 236~237면).

〈표 6〉「지식재산기본법」과 「산업재산정보촉진활용법」의 비교

	지식재산기본법		산업재산정보 활용촉진법
법의 목적	• 지식재산의 창출·보호 및 활용 촉진 • 정부의 기본 정책 및 추진체계 마련		• 산업재산정보 체계적 관리 • 산업재산정보의 효과적 활용·확산
중첩적 내용 (연계 조항)	• 국가지식재산 기본계획의 수립(제8조)	⇔	• 기본계획 수립(제5조)
	• 국가지식재산 시행계획의 수립(제9조)	⇔	• 시행계획의 수립(제6조)
	• 지식재산의 창출 촉진(제16조)	⇔	• 산업재산정보화 사업의 추진(제8조), 분류정보 이용 촉진(제11조), 산업재산정보의 이용 및 제공(제14조) 외 다수
	• 연구개발과 지식재산 창출의 연계(제17조)	⇔	• 연구개발의 지원(제18조)
	• 지식재산의 활용 촉진(제25조)	⇔	• 국가 및 민간 연구개발에서의 정보 활용(제16조)
중첩적 내용 (연계 조항)	• 지식재산서비스산업의 육성(제26조)	⇔	• 산업재산정보서비스업의 육성(제23조)
	• 지식재산 전문인력 양성(제34조)	⇔	• 전문인력의 양성(제19조)
	• 지식재산 제도의 국제화(제36조)	⇔	• 국제협력(제21조)
	• 비밀 누설의 금지(제39조)	⇔	• 비밀유지 의무(제28조)
해석 기준	• 「지식재산기본법」의 목적과 기본 이념에 맞도록 「산업재산정보 활용촉진법」의 법 조항을 조화롭게 적용해야 함 • 두 법에서 중첩적 조항은 연계적으로 해석하는 것이 바람직함.		

부의 주요 정책과 계획에 관한 심의·조정 및 추진상황 점검·평가 등 지식재산 분야의 컨트롤 타워 역할을 하는 기관으로서 대통령 소속 국가지식재산위원회 설립 근거를 명시하고 있으며, 동법 제5조 제1항에서는 지식재산과 관련되는 다른 법률을 제정하거나 개정하는 경우에는 본법의 목적과 기본이념에 맞도록 해야 한다고 규정하고 있다. 이러한 점 등에 비추어 볼 때, 「지식재산기본법」에서 제시하는 이념과 정책 방향에 따라 「산업재산정보 활용촉진법」의 세부 조항을 적용 및 해석하는 것이 적절하다고 생각한다. 그러므로 우선적으로 「지식재산기본법」상의 기본계획 및 시행계획에 따라 큰 틀을 정하되, 세부적으로 산업재산정보의 관리 및 활용과 관련해서는 「산업

재산정보 활용촉진법」에 의해 특허청장 내지 관계 중앙행정기관의 장과 세부 내용을 협의하여 정하도록 해석하는 것이 바람직하다고 본다.

V. 결 론

디지털 경제 및 지식경제 시대로 접어들면서 다양한 분야의 정보들을 디지털화, 네트워크화하여 효율적으로 관리하려는 시도가 이루어지고 있다. 다량의 정보들이 실시간으로 생성된다고 하더라도 이를 체계적으로 파악, 관리하지 못한다면 자칫 무용지물(無用之物)이 될 수 있기 때문이다. 최근 들어 인공지능 및 빅데이터 기술이 급속히 발전함에 따라 이에 결합시킬 수 있는 데이터를 전략적으로 생성, 관리해야 한다는 목소리가 높아지고 있다. 이러한 배경하에 「산업재산정보 활용촉진법」 제정안이 2021년 11월 발의되어 현재 국회에 계류 중인 상황이다.[105] 「산업재산정보 활용촉진법」의 주요 골자로는 i) 산업재산정보의 체계적 관리 및 활용을 위한 계획을 수립하고 실천할 것, ii) 산업재산정보의 생성·수집부터 분석·활용까지 체계적으로 관리할 수 있는 데이터베이스 및 정보시스템을 구축할 것, iii) 국가 및 민간 연구기관에서 산업재산정보를 연구개발(R&D)에 활용할 수 있도록 법적 근거를 마련할 것, iv) 정부는 전문인력을 양성하고 민간 산업재산정보서비스업 육성을 지원할 것, v) 산업재산정보 시스템에 부당한 접근 및 위조·변조·훼손·유출 등을 방지하기 위한 보안 조치를 마련할 것 등으로 요약해 볼 수 있다. 새로운 법률의 제정은 규율 대상에 대한 목표를 분명히 하고 정책을 구체화한다는 점에서 의의가 있다고 할 수 있다. 다만, 비슷한 시

---

105) 특허청은 "2022년 업무계획"에서 디지털 전환에 대응하는 지식재산 창출·활용·보호 선순환 생태계를 정착하기 위해 법 제도를 구축하겠다면서, 국가와 민간의 연구개발 전략 수립 시 지식재산 데이터 활용이 확산되도록 「산업재산정보 관리 및 활용 촉진법」을 제정하겠다고 밝힌 바 있다 [특허청 보도자료, "디지털 경제를 선도하여, 지식재산 강국으로 이끌다", 기획조정관 기획재정담당관(2021. 12. 28.), 3면].

기에 유사 영역의 법률이 잇따라 제정됨으로 인해[106] 자칫 법 적용에 있어서 혼란이 발생하지 않을까 하는 우려와 함께 타법과의 관계에서 적용 위상을 정립해 보아야 하는 문제도 제기된다. 이와 관련하여 본 논문에서는 다음과 같은 해석 기준을 제시하였다. 먼저, 「산업재산정보 활용촉진법」은 「발명진흥법」으로부터 분법된 법제이고 산업재산정보는 디지털 시대의 주요 자원으로서 보다 전문적이고 세분화된 규율이 요구된다는 점에서 전자의 현행법 조항들을 삭제하고 중첩되는 내용을 후자로 이관함으로써 두 법 사이에 정합성을 제고하는 것이 타당하다. 다음으로, 「공공데이터법」과 「산업재산정보 활용촉진법」의 적용 관계와 관련해서는 여러 기관에 분산된 데이터를 통합 관리함으로써 효율성을 높이고 민간 활용을 극대화해야 한다는 점에서, 산업재산정보 중 공공데이터에 관한 사항에 대해서는 전자를 우선적으로 적용하는 것이 합리적이라고 보았다. 그리고 「데이터산업법」과 「산업재산정보 활용촉진법」의 적용 관계와 관련해서는 두 법을 일반법-특별법으로 보아 데이터 일반 사항에 대해서는 전자를 따르되 특허·실용신안·디자인 등의 업무 영역에서 파생되는 데이터 처리에 대해서는 후자를 우선 적용하는 것이 적절하다. 나아가 「산업디지털전환법」과 「산업재산정보 활용촉진법」의 적용 관계와 관련해서는 양자의 주된 목적이 각각 산업데이터의 '디지털 전환'과 산업재산정보 창출·보호·활용의 '체계적 관리'에 있다는 점에서 산업 활동 과정에서 생성되는 모든 요소를 디지털화하는 데에는 전자를 적용하되 그중에서 산업재산정보를 관리·활용하는 데에는 후자를 적용하는 것이 조화로운 법 해석이라 할 수 있다. 마지막으로, 「지식재산기본법」과 「산업재산정보 활용촉진법」의 적용 관계와 관련해서는 양자를 상위법-하위법 체계로서 파악하여 전자의 기본 이념 및 취지에 맞춰 후자의 기본계획, 시행계획 등을 구체화하는 것이 바람직하다. IMD의 「세계 디지털 경쟁력 순위 2021」 보고서에 따르면 조사대상 64개국 가운데 우리나라 디지털 경쟁력 종합 순위는 12위이지만, 세부 항목으로서 '기술 개

---

106) 「데이터 산업진흥 및 이용촉진에 관한 기본법」은 2021년 10월 19일 제정되어 2022년 4월 20일부터 시행되었으며, 「산업 디지털 전환 촉진법」은 2022년 1월 4일 제정되어 2022년 7월 5일부터 시행되었다.

발 및 적용에 관한 규제 프레임워크(Regulatory Framework for Technology Development and Application)'와 '지식재산권에 관한 규제 프레임워크(Regulatory Framework for Intellectual Property Rights)'는 각각 45위, 36위에 불과한 것으로 조사되었다.[107] 이는 현재 우리나라에서 지식재산 분야 특히 산업재산 정보를 디지털 전환 시대에 대응하는 연구개발에 활용할 수 있게 하는 법 제도의 뒷받침이 부족한 상황이며, 이에 대한 보완책 마련이 시급하다는 점을 잘 보여 준다. 산업재산정보는 효용성 높은 고부가가치 자원으로서 미래 사회를 이끌어 갈 핵심 요소 중 하나라고 할 수 있다. 그러므로 본 논문에서 논의한 내용을 바탕으로 「산업재산정보 활용촉진법」을 조화롭게 해석 및 적용함으로써 디지털 경제라는 새로운 패러다임의 경쟁에서 우리나라가 선도적 지위를 확보하는 데 이바지해야 할 것이다.

---

107) IMD(International Institute for Management Development), 「IMD WORLD DIGITAL COMPETITIVENESS RANKING 2021」, IMD world competition center, 2021, pp.110~111, ⟨https://www.imd.org/globalassets/wcc/docs/release-2021/digital_2021.pdf⟩(2023. 1. 30. 최종방문).

미국 특허와 기술체제분석을 이용한 데이터 익명화 기술의 동향과 전망*

홍은아(한국환경산업기술원 책임연구원)
김준엽(서울대학교 경제학부 박사과정)
이종호(인하대학교 AI·데이터법센터 책임연구원)

I. 데이터에 대한 익명화 기술은 왜 중요하게 되었는가?

2016년 다보스포럼에서 클라우스 슈밥은 제4차 산업혁명이 지속성장을 위한 전 세계 미래의 새로운 물결이 될 것이라고 주장하였다. 여기서 말하는 제4차 산업혁명은 사람과 사물이 유기적으로 결합하는 초연결(Hyper Connectivity)이라고 정의한다. 이러한 초연결은 어떤 요소의 사용과 이동이 필수적인데 바로 데이터가 그 역할을 담당한다. 그러나 데이터가 원활하게 이동하고 공유되기 위해서는 '안전함'이라는 조건이 충족되어야 한다. 여기에서 말하는 '안전함'이란 데이터가 개인정보를 포함하고 있기 때문에 개인이 식별될 수 없게 하거나 익명화하는 것이라고 말할 수 있다.

데이터 익명화에 특히 민감한 분야는 보건 또는 금융 데이터와 같이 민감한 디지털 콘텐츠에서 가져온 데이터를 이용하는 경우이다. 이러한 유형의 데이터는 데이터 활용의 전제 조건인 일부 데이터 익명화 기술 및 방법을 사용하여 익명화하는 동시에 데이터 프라이버시를 유지해야만 한다. 데이터 익명화에는 알고리즘 및 물리적 장비들뿐만 아니라 다양한 수단이 사용될 수 있다. 코르모드와 스리바스타바는 "데이터 익명화 기법은 원천 데이터에서 정보를 제거, 일반화, 작은 변화(노이지 추가) 또는

---

* 이 글은 2022년 디지털콘텐츠학회논문지 23권 제7호에 게재된 글을 일부 수정한 것이다.

치환(연관성 바꾸기)"이라고 하였다. 우리가 데이터 익명화에 관심을 갖기 시작한 것은 그리 오래되지 않았으며 최근 관련 연구가 증가하고 있다.

세계지적재산기구(World Intellectual Property Organization: WIPO)에 따르면, 특허는 어떤 일을 하는 새로운 방법 또는 문제에 대한 새로운 기술 솔루션을 제공하는 제품 또는 프로세스 등의 발명에 대해 부여된 배타적 권리이다. 즉, 특허권은 소유자의 허가 없이 특허 발명을 상업적으로 제작, 사용, 배포, 수입 또는 판매하는 것을 중지하거나 방지할 수 있는 독점적인 권리를 제공한다. 물론 이 권리는 특허가 출원되거나 부여된 국가 또는 지역에서만 유효하다. 그리고 일반적으로 출원일로부터 20년이라는 제한된 기간 동안 보호된다. 대다수의 국가들은 특허협력조약에 따라 만들어진 '세계 특허 출원(PCT)'을 기반으로 하는 국가 특허 시스템을 사용하고 있는데, WIPO는 1971년 스트라스부르 협정에 의해 설립된 국제특허분류시스템(IPC)을 사용하여 공개된 국제특허출원 데이터베이스를 유지 관리하고 있으며 현재 전 세계 100개국 이상에서 사용되고 있다. 특허 문서는 특허 제목, 설명, 단순 가족 ID, 발행/발행 연도, 출원/출원 연도, 우선 국가 코드, 양수인 국가, 양수인 원본/발명자, IPC 코드, CPC 코드 등과 같은 필드를 포함한다. 특허 정보를 이용한 연구는 혁신에 관심을 두는 슘페테리안 학파의 연구자들에게서 특히 많이 발견된다. 특히 최근에는 미국 특허 데이터를 이용하여 국가, 산업, 기업의 혁신시스템 수준을 측정하는 방법으로 특허 분석의 유용성을 확인시켜 준 바 있다. 더 나아가 이종호와 이근의 연구는 3차 산업혁명 기술과 4차 산업혁명 기술의 혁신수준을 비교하여 AI가 다른 기술들과 구별되는 혁신성이 높은 기술이라는 것을 보여 주기도 하였다. 이렇게 기술동향 분석에는 특허가 매우 유용하게 이용되고 있다. 따라서 우리는 기존 연구자들이 제시한 연구방법론을 기반으로 익명화 기술의 기술적 특성과 기술적 관계에 대해 분석해 볼 것이다.

II. 빅데이터, 특허분석방법론, 그리고 익명화연구의 동향

1970년대에 시작된 제3차 산업혁명은 정보통신기술을 기반으로 아날로그에서 현재의 디지털 기술까지 변화하는 디지털 혁명을 시작으로 데이터 혁명으로 이어지고 있다. 제3차 산업혁명의 발전에는 개인용 컴퓨터, 인터넷, 그리고 ICT기술이 포함된다. 그리고 새로이 등장한 제4차 산업혁명은 기술이 사회와 심지어 인간의 신체와 융합하는 새로운 방식으로 등장하고 있다. 또한 제4차 산업혁명은 로봇 공학, 인공 지능, 나노 기술, 양자 프로그래밍, 생명 공학, IoT, 3D프린팅 및 자율주행 차량 등을 비롯한 다양한 분야에서 새로운 방식으로 나타나고 있다. 클라우스 슈밥은 4차 산업혁명이 기술 발전에 의해 특징지어졌던 이전 세대의 혁명과는 근본적으로 다른 점이 있다고 언급하였다. 새로운 기술들은 전 세계 사람들을 웹에서 연결하고 조직, 비즈니스 등을 효율적으로 향상시키는 커다란 잠재력을 갖고 있다. 이 과정에서 디지털 콘텐츠(즉, 데이터)가 무엇보다 중요한 요소로서 강조된다. 모든 플랫폼에는 데이터가 기반이기 때문이다.

특히 빅데이터는 기존 방식으로는 저장 및 관리, 분석이 거의 불가능할 정도로 규모가 크고, 변화의 속도가 빠르며, 다양한 형태를 갖는 데이터를 일컫는다. Doug Laney는 빅데이터의 주된 특성으로 크기(volume), 다양성(variety), 속도(velocity) 등 3V를 제시하였다. 첫 번째 V는 크기인 Volume을 말한다. 기업 데이터, 감지기 데이터, SNS 데이터 등의 규모가 페타바이트(petabyte, 1 PB = 1024TB)나 엑사바이트(exabyte, 1 EB = 1024 PB) 이상으로 커지고 있다. 두 번째는 다양성인 Variety이다. 데이터는 관계형 데이터베이스 등과 같은 정형(structured) 데이터에서부터 HTML, XML, JSON 등과 같은 반정형(semi-structured) 데이터, 이미지, 비디오, SNS, 감지기 데이터 등과 같은 비정형(unstructured) 데이터까지 모든 형태를 가지기 때문에 다양하다. 마지막은 속도라 불리는 Velocity이다. 데이터 수집 및 가공, 분석 등 연속적인 과정을 실시간 또는 특정 시기에 처리할 수 있는 데이터 처리 능력을 말한다. 그리고 최근 빅데이터의 기존 특성인 3V에 진실성(veracity) 혹은 가치(value)를 추가하여 4V, 둘 다 추가하여 5V, 시각화(visualization)까지 추가하여 6V 등으로 확대하기도 하였다. 여기서 진실성인 Veracity는 의사 결정이나 기업 활동에 활용될 수 있도록 진실하고 정확해야 한다는 것을 말한다. 그리고 가치인 Value는 비즈니스에 실현될 궁극적 가치에 중점을 둔다는 것을 의미한다. 마지막으로 시각화인 Visualization은 사용자 친화적인 시각적 기능을 통하는 방식을 말한다.

빅데이터가 의미를 갖기 위해서는 큰 규모의 데이터를 수집하는 것을 넘어 이러한 데이터를 통해 통찰력(insight)을 얻고 실제 기업 활동에 활용하여 가치를 창출할 수 있어야 한다. 웹사이트 검색 통계, SNS 데이터 분석 등을 통해 시장 예측 및 상품 개발을 하고 소비자의 방문 및 구매 패턴을 분석하여 마케팅 전략을 수립하며, 제조 과정에서 발생하는 감지기 데이터를 이용하여 불필요한 작업 제거 및 개선으로 생산성 향상 등을 꾀해야 한다는 것이다. 이런 빅데이터를 이용하기 위한 기술은 수집·공유 단계, 저장·관리 단계, 처리 단계, 분석 단계, 지식 시각화 단계 등 각 처리 프로세스마다 다양한 기술이 존재한다. 그런데 이러한 복잡한 처리 과정이 필요한 데이터를 자유롭게 활용하기 위해서는 데이터의 원천소유자에게 허락을 받는 것이 중요하고 그 데이터를 익명화하여 원천이 어디인지 알 수 없게 해야 대중에게 개방이 가능하다.

대체로 데이터를 처리하는 기술은 특허로서 나타난다. 특허는 코카콜라의 조리법처럼 공개될 때 복제가 수월한 아이디어를 제외하면 대부분의 기술을 보호하는 역할을 한다. 즉, 기업, 산업, 국가의 경쟁력을 결정하는 미래 사회의 핵심 요소라고 할 수 있다. 이러한 특허는 Competitive Technical Intelligence Report, White Space Analysis 또는 Technical Gap Analysis 같은 다양한 방식으로 분석되고 있다. 특허 분석은 특정 분야를 이해하는 데 필요한 유용한 정보를 추출하기 위해 방대한 특허 데이터 세트를 사용하는 연구이다. 특허 분석을 통해 특허의 공개 추세 또는 특허의 출원 추세에 대한 통찰력을 얻을 수 있으며, 특허 양수인 또는 특허를 출원한 회사 및 그 수 그리고 특허가 국가에 걸쳐 확산되는 방식 등에 연구가 이루어지고 다른 접근 방식도 자주 사용된다. 예를 들어, 노희영 외 2인은 특허 분석을 위한 키워드 전략에 초점을 맞추고 특허 분석을 위한 키워드 선택 및 처리에 대한 지침을 제공했으며, 브루그만 외 14인은 특허 문서의 분석 및 요약을 위한 방법론을 제시하였다. 아바스 외 2인은 텍스트 마이닝 및 시각화 기반 접근 방식을 방대한 문헌에서 특허 내용을 분석하는 데에도 사용하였다. 한은진과 손소영은 정보통신기술과 관련된 표준에서 기술적 융합을 확인하기도 하였다. 그들은 연구방법론으로 소셜 네트워크와 연관 규칙 분석을 적용하였다. 최진호와 황용식은 트렌드 분석과 네트워크 기반 연구와 키워드 기반 연구를 결합한 방법을 사용하여 발광 다이오드 및 무선 광대역 분야 관련 특허를 분석하였다. 그리고 주샤오핑 외 2인은 미국의 가상화 기술 개발을 탐색하고 기술 수명 주기, 양수인 조직 및 국가, 특허 분류 및 특허 인용을 분석하는 데도 사용하였다. 체체리 외 3인은 네트워크 분석을 사용하여 Green ICT의 기술 보급과 혁신주체의 다양성을 조사하였다. 그리고 이근은 미국특허 데이터를 이용하여 5개 지수인 기술의 독창성, 기술의 현지화, 기술의 다각화, 기술수명주기, 기술의 집중화를 측정하여 혁신체제의 중요성을 강조한 바 있다. 이근의 연구를 발전시킨 바 있는 이근과 이종호의 공동연구는 이들 5개 지표가 하우스만 등이 제시한 경제복합지수(Economic complexity index)와 비교할 때 상대적으로 외부 환경에 독립적이라는 것을 확인하였다. 또한 이근은 이종호 및 이준영과의 공동연구를 통하여 국가별 혁신체제의 형태가 다르다는 것을 보이며 유형별 성장에 차이가 있음을 보였다. 그리고 이근과 이종호는 ICT기술과 비교 시 AI기술은 혁신성이 크고 기존 기술의 발전형태보다는 새로운 형태의 기술에 가깝다는 결론을 제시하였다. 이러한 다양한 특허분석 연구에도 불구하고 우리가 아는 한, 데이터 익명화와 관련된 특허에 대한 분석은 바흐 외 2인 공동연구를 제외하면 거의 없다. 물론 코르모드와 스리바스타바는 익명화에 대한 지침 등을 규정하였으나 관련 기술에 대한 분석을 하지는 않았다. 따라서 익명화 관련 특허 기술의 분석은 해당 분야의 개념을 이해하는 데 도움이 될 것이고 개인정보 보호 수단에 대해 더욱 많은 정보를 제공할 수 있다.

III. 익명화 기술을 어떻게 분석할 것인가?

우리는 특허를 사용하여 익명화 기술을 분석하였다. 일반적으로 특허분석을 위한 단계는 다음 4단계로 구성된다. (i) 특허 선택, (ii) 기술 분야에 대한 분석, (iii) 특허권자인 국가와 기업에 대한 분석, 그리고 (iv) 기술체제 측정 및 텍스트 마이닝 분석이다. 특허 검색 및 선택을 위한 자료는 미국특허청의 등록특허 데이터를 이용한다. 미국 특허청의 등록특허 데이터베이스는 미국에서 등록된 특허에 대한 원특허

문서를 텍스트 파일형태로 제공하고 있다. 데이터 익명화와 관련된 특허를 분석하기 위해 abstract에서 "data"를 포함하는 특허 중에서 "anonymizing", "anonymization", "anonymized", "anonymizy", "anonymize"와 영국식 철자인 "anonymisation" 같은 단어 중 하나가 포함된 특허를 추출하였다. 그리고 데이터 익명화와 비교하기 위한 대조군으로서 데이터 보호에 관한 특허를 추가로 분석한다. 데이터 익명화와 마찬가지로 abstract에서 "data"를 포함하는 특허 중에서 protect를 포함하는 특허를 대상으로 한다. 분석 기간은 1976년 1월 1일 이후 2021년 12월 31일까지 USPTO에 등록된 모든 특허를 대상으로 한다. 약 8백만 건의 특허와 1억여 건의 인용정보가 포함된다. 특허는 상태에 따라 활성, 비활성-거부, 거부, 정지 또는 비활성-철회/양도 등으로 구분할 수 있는데, 우리의 분석에서는 활성화 여부와는 상관없이 원특허문서에 존재하는 모든 특허를 대상으로 하였다.

데이터 익명화에 대한 특허의 기술적 내용을 판별하기 위해서 우리는 기존 연구인Bach 외 2인의 공동연구가 국제특허분류(International patent classification: IPC)를 사용한 것과 달리 CPC(Cooperative patent system)를 사용하기로 한다. CPC는 IPC와 섹션 측면에서는 차이가 없고 더 세부적으로 구분된 것이 특징이다. 물론 큰 분류에서는 사실상 차이가 없다. CPC는 Section, Class, Subclass, Group, Subgroup로 세분화되는데 특허지표 생성의 기술적 한계가 존재하기 때문에 우리는 Subclass 단위에서 특허를 추출하고 분류하여 분석한다.

우리는 익명화 관련 특허의 기술체제를 측정하고 기존 연구들과 비교를 위하여 이근과 이종호의 공동 연구에서 사용된 지표들을 도입한다. Technological cycle time(기술수명주기: TCT), Localization(기술의 현지화), Originality(기술적 창의성), Scifi(과학기술논문 인용도), Generality(기술의 범용성), Appropriability(전유성) 등을 추정한다. 각 지표들은 다음과 같이 측정될 수 있다. 먼저 TCT는 원특허가 인용한 특허들이 얼마나 최근 특허인지 그 기간의 차이를 측정하는 것이다. 최근 특허를 인용할수록 기존 특허를 검토하는 시간이 줄어들어 후발자가 추격하는 데 우월하다고 볼 수 있다.

$$TCT_i = (원특허의\ 등록년도 - 인용된\ 특허의\ 등록년도)/N \tag{1}$$

여기서, TCT_i는 i특허의 등록연도에서 i특허가 인용한 특허의 등록연도를 차감한 값을 의미한다. 그리고 인용된 특허의 수로 나누어 평균 기술수명주기를 측정한다. 다음 현지화(Localization)는 인용한 특허에서 자국 특허의 비율을 측정하는 것이다. 자국 특허 인용 비율이 높을수록 기술의 외주화를 지양하고 기술적 독립성이 높다는 것을 의미한다.

$$Localization_i = \frac{n_{ii}}{n_i} \tag{2}$$

여기서, n_i는 i특허가 인용한 특허의 총특허수이고, n_{ii}는 i특허가 인용한 특허 중에서 국적이 같은 특허의 수이다. 다음 창의성(Originality)은 기술적 창의성을 의미하며 얼마나 다양한 분야의 특허를 인용했는지를 측정한다. 이 지표 값이 클수록 다양한 분야의 특허를 인용하여 기술적 창의성이 크다고 볼 수 있다.

$$Originality_i = 1 - \sum_{k=1}^{N_i} \left(\frac{NCited_{ik}}{NCited_i} \right)^2 \tag{3}$$

여기서, k는 Subclass 단위의 CPC, $NCited_{ik}$는 k는 Subclass k에 속해 있는 i특허가 인용한 특허수, $NCited_i$는 i특허가 인용한 특허수이다. 그리고 HHI(Herfindal-Hershman Index: 허핀달-허쉬만 지수)는 수식 (3)과 동일한 수식을 사용하여 특허분류를 대체하여 특허권자의 이름으로 특허권자의 분산도를 측정한다. 다음 Scifi는 특허출원 시 특허를 제외한 비특허 논문을 이용한 횟수를 측정한 것이다. 기술이 고도화될수록 과학기술논문인용도가 증가한다는 기존 연구의 증거가 있다.

$$Scifi_{it} = N_{it} \tag{4}$$

여기서 N_{it}는 인용된 과학기술논문의 개수를 의미한다. 다음 범용성(Generality)은 현 특허가 후행 특허의 어떤 분야에서 인용되고 있는지를 측정하는 지표이다. 즉, 범용성이 높다는 것은 다양한 분야에서 인용되고 있는 범용성이 높은 특허라고 생각할 수 있다.

$$Generality_i = 1 - \sum_{k=1}^{N_i} \left(\frac{NCiting_{ik}}{NCiting_i} \right)^2 \tag{5}$$

여기서, k는 Subclass 단위의 CPC, $NCiting_{ik}$는 k가 Subclass k에 속해 있는 i특허가 인용한 특허수, $NCiting_i$는 특허가 인용한 특허수이다. 그리고 전유가능성(Appropriability)은 이익 창출이 가능한지를 살펴보는 지표로서 개발되었다. 여기서는 전체 인용한 특허에서 자기 특허의 비율을 측정하여 자기인용비율(self-citation ratio)을 측정하기 위함이다.

$$Appropriability_i = \sum_{t=t_1}^{t_n} SC_{it} / \sum_{t=t_1}^{t_n} TC_{it} \tag{6}$$

여기서 SC_{it}는 t년도의 i특허에 의한 자기인용 특허수, TC_{it}는 t년도의 i특허에 의한 총인용 특허수를 말하는데 특허권자의 이름을 기준으로 하며, n은 분석기간이다.

우리는 이러한 다양한 지표들을 이용하여 데이터 익명화와 관련된 특허들이 어떤 기술체제 특성을 갖고 있는지 그리고 다른 기술들과 어떤 차별성이 있는지를 분석하였다. 그리고 각 지표 중 기술수명주기. 창의성, 현지화, 범용성, 과학기술논문 인용도는 해당하는 지수의 연도별 전체 특허의 평균값으로 당해년도 값을 나누어 추세에 따른 변화를 최소화시켰다.

그리고 조금 뒤에 살펴볼 텍스트 마이닝 접근 방식은 데이터 익명화와 관련된 특허에서 등장하는 주요 주제를 감지하는 데 활용되고 있다. 특허 제목에 대한 텍스트 마이닝은 데이터 익명화와 관련된 가장 자주 등장한 주제를 결정하는 데 사용된다. 이 방식은 보통 단어의 가변성의 크기를 줄이기 위해서 필터링, 표제어 추출 또는 형태소 분석과 같은 다양한 접근 방식을 사용하고 있다.

IV. 익명화 기술의 기술혁신체제와 특허동향

1. 익명화 관련 특허권의 소유와 기술분류 동향

우리가 분석에 사용한 자료는 미국특허청(USPTO)의 등록특허 데이터로 1976년 1월 1일에서 2021년 12월 31일 사이의 자료이다. 분석의 편의를 위하여 특허권자의 이름과 국적은 첫 번째 특허권자를 기준으로 하였다. 다음 〈그림 1〉은 1976년에서 2021년 사이의 데이터 보호 및 익명화와 관련된 특허수 추세를 나타내고 있다. 데이터 보호와 관련된 특허수가 급격히 증가하는 모습을 보이는 가운데 익명화와 관련된 특허수는 2010년대 이후 서서히 증가하는 것으로 나타났다. 1976년~2021년 사이 데이터 보호 관련 특허는 13,431건이고 익명화 관련 특허는 581건이다. 추출된 특허들의 특허번호를 비교해 보면, 익명화 기술 581건 중 데이터 보호 특허와 겹치는 특허는 50건에 불과하였다. 익명화 기술이 데이터 보호보다는 개인정보 보호에 더 가까운 측면이 있기 때문에 두 범주에 차이가 나타나는 것으로 볼 수 있다.

다음 〈그림 2〉는 검색된 특허가 속해 있는 주요 CPC 특허분류를 나타낸 것이다. 익명화 관련 특허는 대체로 3가지 CPC 섹션에 집중되어 있음이 밝혀졌는데, A섹션 (인간에게 필요한 기술), G섹션(물리학) 및 H섹션(전기)이다. 이 중 G06F로 분류된 특허가 264건, H04L이 107건, G06Q가 58건, G16H가 45건, A61B가 14건 등의 순이다. 여기서 G06F는 전기 디지털 데이터 처리(Electric digital data processing), H04L은 디지털 정보 전송(Transmission of digital information), G06Q는 데이터 처리 시스템 또는 방법(Data processing systems or methods), G16H는 보건 정보과학(Healthcare informatics), 그리고 A61B는 진단, 수술 또는 식별(Diagnosis; Surgery; Identification)로 구성된다. 우리는 특허의 기술 분류를 보다 직관적으로 살펴보기 위해서 클라우드 분석을 실시하였다.

〈그림 1〉 데이터 보호 및 익명화 관련 특허수 추세

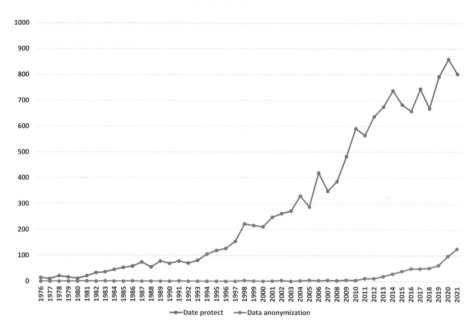

〈그림 2〉 익명화 관련 특허의 특허분류

클라우드 분석은 텍스트에서 가장 흔한 단어를 단어의 크기와 상대적 빈도와 관련하여 시각화하기 때문에 가장 많이 발생하는 주제를 시각화하는 일반적인 방법이다. 따라서 더 자주 발생하는 단어가 더 크게 나타난다. 즉, 데이터 익명화 분야의 기술이 특정 분야인 G06F에 집중되어 있다는 것을 의미한다. 단순히 빈도수로 보면 G06F에 속한 기술이 다른 분야에 속한 기술들 모두를 합친 것과 거의 유사한 수치를 나타내고 있다.

다음 〈표 1〉은 첫 번째 특허권자를 기준으로 특허권자의 국적을 보여 준다. 미국 특허를 대상으로 분석했기 때문이기도 하지만 기술적으로 대규모 IT기업이 존재하는 미국의 특허가 409건으로 전체의 70%를 차지하고 있으며, 독일이 34건으로 2위, 일본 24건, 캐나다 20건, 아일랜드 11건, 중국 7건, 프랑스 7건 등이었다. 한국은 2건에 그치고 있다. 조사에 따르면 특허 활동이 여러 국가에 걸쳐 있는 것으로 나타났지만 미국, 일본 및 독일이 80%이상을 점유하고 있었다. 1976년에서 2021년 사이의 기간 동안 국가별 특허 소유 현황을 간략하게 보여 준다. 분석한 특허데이터가 미국 특허를 기반으로 했기 때문에 미국 특허가 가장 많은 것은 당연하지만, 유독 그 차이가 컸다.

〈표 1〉 국가별 익명화 관련 특허수

국가	특허수	점유율 (%)
미국	409	70.4
독일	34	5.9
일본	24	4.1
캐나다	20	3.4
아일랜드	11	1.9
중국	7	1.2
프랑스	7	1.2
스위스	6	1.0
국가아님(Non-country)	23	4.0
기타 유럽	21	3.6
기타 국가	19	3.3
총계	581	100.0

주어진 기간에 5개 이상의 특허를 할당한 유럽 국가는 독일(34개), 프랑스(7개), 스위스(6개) 등이다. 발명인은 존재하지만 특허권자는 명시하지 않은 특허도 23개나 되며 기타 유럽국가도 21, 그리고 기타 국가들은 19개로 나타난다.

다음 〈표 2〉는 익명화 관련 특허의 특허권자별 보유현황을 보여 준다. 최소 특허 8개 이상을 가진 특허권자를 대상으로 정리하였다.

〈표 2〉 특허권자별 익명화 관련 특허수

특허권자	국적	특허수	점유율 (%)
IBM	미국	68	11.7
CipherCloud	미국	18	3.1
MS	미국	18	3.1
SAP	독일	16	2.8
AT&T	미국	12	2.1
ADP	아일랜드	10	1.7
Privacy Analytics	캐나다	10	1.7
AMAZON	미국	8	1.4
기타	-	421	72.5
총계	-	581	100.0

특허권자는 회사, 학술 기관 및 개인 등을 모두 포괄하는데, 관측 기간 중 데이터 익명화와 관련된 단순 특허수가 가장 많은 기관은 미국의 IBM으로 68개이며, CipherCloud, MS, SAP, AT&T가 뒤를 잇고 있다. 상위 21개 특허권자 중에서 독일, 아일랜드, 캐나다, 일본을 제외하면 다른 국가가 없는 것도 특징이다. 다만 기타 특허권자의 비율이 72.5%에 달하며 소수의 특허를 보유한 특허권자가 많다는 것이 확인된다. 〈표 1〉과 〈표 2〉를 통해 알 수 있는 것은 익명화 기술 특허가 국가별로는 편중되어 있는 것으로 나타나지만 내부적으로 보면 다수의 기업들이 특허를 보유하고 있어 상대적으로 기술적 분산도가 높은 것으로 볼 수 있다. 즉, 뚜렷한 선발자가 존재하지 않는다는 것이다. 이 결과는 다음 기술체제 분석을 통해 확인할 수 있다.

2. 익명화 관련 특허의 기술체제 분석

다음 〈표 3〉은 익명화 관련 기술 특허의 기술체제를 측정하고 데이터 보호 관련 기술과의 차이를 보여 주고 있다. 데이터를 보호하기 위해서는 익명화, 암호화, 네트워크를 보호하는 보안 등 다양한 방법이 동원된다. 데이터 보호는 디지털 콘텐츠 데이터가 범람하는 21세기에 중요한 이슈이다. 특히 그중에서 개인정보 보호를 위한 익명화 기술은 데이터를 원활히 사용하기 위한 필수적 조건으로 주목받고 있다. 따라서 기존 선발자들이 존재하는 데이터 보호 기술 분야와 비교하여 익명화 기술 분야에 후발자를 위한 기회의 창이 존재하는지를 살펴보는 것은 기업의 입장에서 중요하다. 기회의 창이란 기술적 패러다임의 전환이 있을 시 기존 기술의 선발자와 새로운 기술에 진입하려는 후발자가 모두 동일한 출발선상에 서 있다는 것을 말한다. 따라서 두 기술 집단 간의 비교는 익명화 기술이 새로운 기술인지 여부와 후발자에게 경쟁 기회가 있는지 여부를 확인하는 데 중요한 자료가 된다.

〈표 3〉 기술체제 분석 (익명화 vs. 데이터 보호)

	Anony (A)	Protect (B)	(H0:A-B=0) t -value
기술수명주기	0.81 (0.06)	0.79 (0.01)	0.44
창의성	0.98 (0.09)	1.02 (0.02)	-0.43
현지화	1.38 (0.07)	1.15 (0.02)	3.03***
범용성	1.28 (0.86)	1.13 (0.02)	1.69
과학기술논문 인용도	0.66 (0.08)	0.92 (0.05)	-2.87**
특허권자 집중도	0.32 (0.06)	0.07 (0.02)	4.15**
전유가능성	0.41 (0.01)	0.80 (0.003)	-4.21**

Note: 1) Anony는 데이터 익명화의 약자로 표기하였다.
2) Protect는 데이터 보호의 약자로 표기하였다.
3) 괄호안의 값은 표준편차이다; * p≦0.10, ** p≦0.05, *** p≦0.01

두 기술 집단의 평균 비교에는 이분산을 가정한 두 표본 t-테스트를 적용하였다.

익명화 기술과 데이터 보호 기술은 기술수명주기, 기술적 창의성, 기술의 현지성과 기술의 범용성에서 큰 차이가 없는 것으로 나타났다. 두 기술 모두 디지털 자료에 대한 보호 또는 변환을 목적으로 하기 때문에 같은 세대의 기술 범주에 속한다고 생각해 보면 이해에 큰 무리가 없다. 다만, 과학기술논문인용도와 특허권자 집중도, 전유 가능성 측면에서는 차이가 컸다. 익명화 기술 관련 특허가 상대적으로 비특허 자료를 적게 이용하고 있는데 익명화 이슈가 등장한 시기가 오래되지 않았기 때문에 관련 연구의 수가 상대적으로 부족하기 때문이다. 그리고 특허권자 분포는 익명화 기술 분야에서 더 높은데 이는 아직 익명화 기술 분야는 새로이 떠오르는 기술로서 상대적으로 집중하고 있는 기업이 적다는 것을 의미한다. 그리고 전유가능성은 특허권자의 자기인용 정도를 측정하는 것으로서 데이터 보호에 비하면 상대적으로 낮았다. 익명화 기술의 특허권자의 분산도는 상대적으로 높지만 전유성은 낮기 때문에 다수의 특허권자가 외부의 기술을 이용하여 기술을 개발하고 있다는 것으로 해석할 수 있다. 반면, 데이터 보호 관련 특허는 분산도는 낮은 대신 전유성이 높아서 다양한 특허권자들이 자신만의 기술로서 경쟁하는 독점적 경쟁시장에 가깝다고 추정할 수 있다.

그리고 우리의 분석은 이근과 이종호의 공동연구와 연계된 데이터 셋을 사용하였기 때문에 기존 연구와 직접적으로 비교가 가능하다. 그들의 연구에서 제시한 4차 산업혁명이나 3차 산업혁명 기술들과 비교하면, AI관련 기술과 유사한 수준의 기술수명주기 값을 나타내고 있어 다른 4차 산업혁명 기술 대비 길게 나타났다. 그리고 창의성은 1.38로 다른 기술대비 높았고 일반성은 큰 차이가 없었다. 과학기술논문 인용도를 보면 본 연구에서는 0.66으로 기존 연구에서 주요 4차 산업혁명 기술의 평균값 0.85에 비해 상대적으로 낮았다. 익명화 기술과 데이터 보호 관련 기술은 기술수명주기 측면에서 보면 4차 산업혁명 기술에 가깝지만 다른 기술체제 값에서는 특정 분야에 해당하는 기술이라고 확정할 수 있는 근거는 없었다.

후발자에게 중요한 기회의 창 존재 여부는 기술의 창의성, 기술수명주기, 그리고 기술의 현지화 등으로 평가해 볼 수 있다. 우선 기술수명주기가 짧으면 기술의 변화가 빠르기 때문에 후발자에게 유리하다는 것은 기존 연구에서 증명된 바 있다. 본 연구에서는 익명화 기술의 기술수명주기가 조금 길었다 하더라도 통계적으로 유의성이 떨어져 기술수명주기로 판단은 어려웠다. 다만, 데이터 보호 기술이나 익명화 기술 모두 데이터 기반 산업에서 핵심을 담당하는 기술로서 신기술에 속하는 분야이기 때문에 기술수명주기가 짧은 것은 두 분야 모두에서 기회의 창이 열려 있다는 것을 의미한다. 다만, 익명화 기술 분야에서 기술의 현지화 수준이 높고 자기인용비율이 상대적으로 낮기 때문에 뚜렷한 기술적 우위를 가진 기업이 존재하지 않는다는 것을 의미하며 데이터 보호 기술보다는 기회의 창이 더 넓다고 볼 수 있다. 더불어 두 기술의 기술체제 특성이 차이가 존재하기 때문에 기술의 동질성 여부를 분석해 보면 581개 익명화 기술 중 데이터 보호와 중복되는 기술은 50개 정도로 10%가 되지 않는 것으로 나타났기 때문에 두 분야의 선발자가 중복되지 않을 가능성도 높다는 것을 의미한다.

3. 특허 주제 식별을 위한 텍스트 마이닝 분석

우리는 형태소 접근 방식을 사용하여 특허 제목에서 나타나는 대표적인 단어들을 추출하기 위하여 텍스트 마이닝 분석을 사용하였다. 익명화 기술이 어떤 키워드로서 등장하고 어떤 분야에서 가장 많이 활용되고 있는지를 확인해 볼 수 있다. 즉, 다음 〈그림 3〉은 데이터 익명화와 관련된 특허의 제목에서 가장 많이 사용되는 어간 또는 구문을 보여 준다. 분석된 결과를 보면, 익명화 기술이라는 용어를 제외하고 computing, medical 등이 눈에 띈다. 즉, 익명화 기술이 의료분야에서 많이 적용되는 컴퓨터 기술이라고 간단히 설명할 수 있다.

그리고 특허의 제목에서 가장 많이 등장한 단어는 "data"이다. 또한 "method", "anony*", "identification" 순으로 가장 자주 사용되는 문구이다. 또한 "data"가 291건, "method"가 241건, "anony*"가 231건으로 세 단어가 대다수를 차지하고 있다. 다음 주제 그룹도 확인되었는데, (i) "정보" 또는 "장치"와 같은 물리적 장비와 관련된 주제; (ii) "프로그램", "프로세스" 및 "분석" 또는 "관리"와 같은 소프트웨어와 관련된 주제; (iii) "프라이버시", "정보"와 같은 특허의 목표와 관련된 주제 (iv) "컴퓨터", "의학" 또는 "네트워크"와 같은 구현 영역과 관련된 일부 특정 주제가 도출되었다.

〈그림 3〉 데이터 익명화와 관련된 특허의 제목에서 자주 사용되는 단어의 클라우드

V. 결 론

우리는 데이터 익명화와 관련하여 미국 특허청에서 제공하는 특허문서를 기반으로 분석해 보았다. 분석기간은 1976년부터 2021년까지이며 데이터 익명화와 관련된 581개의 특허가 조사되었다. 또한 대조군으로서 익명화와 관련이 깊은 데이터 보호 기술을 추가하였는데 약 13,000여 건이었고 익명화 기술과는 50건 정도만 겹치게 나타났다. 실증 분석은 (i) 데이터 익명화 및 보호에 관한 특허 검색, (ii) 익명화 특허의 기술 분류 분석, (iii) 익명화 특허의 특허권자와 특허권자가 속한 국가에 대한 분석, 그리고 (iv) 기술체제에 대한 분석과 주제 식별을 위한 텍스트 마이닝의 4단계로 수행되었다. 우리 분석은 디지털 콘텐츠의 활용과 개인정보 보호 사이에서 어떤 기술적 흐름이 있는지에 대한 의문에 답변을 제공한다. 또한 익명화 관련 기술의 특허 환경에 대한 상세한 정보를 제공한다.

첫 번째 연구 목표는 데이터 익명화 기술의 개발 현황, 즉 특허 동향을 파악하는 것이었다. 특허수는 2011년 이후 서서히 증가하기 시작하여 2014년을 기점으로 급격히 증가하였다. 그리고 2019년에 급성장하였는데 이는 4차 산업혁명에 대한 관심이 대중으로 확대되면서 개인정보 보호에 대한 관심이 커졌기 때문이다. 데이터의 양이 적은 경우에는 수작업으로 익명화 작업이 가능하였으나 데이터가 빅데이터라는 새로운 분야로 발전하면서 기술의 중요성도 커졌기 때문이다. 두 번째 연구 목표는 익명화와 관련한 특허들이 보호되는 기술 분류에 대하여 조사하는 것이었다. 즉, 유럽과 미국에서 사용되고 점점 확대되고 있는 CPC라고 불리는 특허분류 시스템에 기반을 두어 분석하는 것이다. 익명화와 관련된 특허는 대다수가 CPC 기준으로 G에 해당하는 물리학에서 추출되었다. 특히 G06F(전기 디지털 데이터 처리)라는 특허클래스에서 발견되었다. 특히 세부적으로 보면, 정보 검색 및 데이터베이스 구조에 맞는 디지털 컴퓨팅 또는 데이터 처리 장비 또는 방법 등에 사용되는 기술로서 정의된다. 즉 발명의 초점이 정보의 디지털화에 따른 데이터 프라이버시 보호가 주요 관심사였다는 것을 확인할 수 있었다. 세 번째 연구 목표는 익명화 혁신에 대해 특허를 보유한 국가와 조직을 구별해 내는 것이었다. 분석에 따르면 익명화 기술은 다양한 국가에서 보유하고 있지만 상당수가 미국, 독일, 일본 등 기술 선진국에서 나타나고 있는 것을 확인하였다. 분석기간 중 IBM이 가장 많은 특허를 갖고 있었으며, CipherCloud, MS, SAP, AMAZON, 카드회사, 은행에서 관련 기술들을 보유하고 있는 것으로 나타났다. 네 번째 연구 목표는 기술체제를 분석하는 것이었다. 본 연구에서 추출한 익명화 기술과 데이터 보호 기술을 비교하고 기존 연구에서 수행된 기술과 어떤 차이가 있는지 살펴보았다. 익명화와 데이터 보호 기술은 겹치는 특허가 50건 정도밖에 존재하지 않지만 기술수명주기, 창의성, 현지화, 범용성 등의 지표에서 큰 차이가 없었다. 다만 과학기술논문인용은 데이터 보호 측면에서 더 높았고 특허권자 분산도는 익명화 분야에서 더 높았다. 그리고 자기인용은 데이터 보호 분야에서 더 높았다. 익명화 기술의 출현 시점이 최근 10년 이내이고 관심도가 높아진 시점은 최근 5년 이내라고 본다면 다양한 기업들이 진입하였으나 아직 경쟁력 있는 선도 기업은 없다는 것을 의미한다. 더불어 이종호와 이근의 공동 연구 결과와 비교하면, 익명화 기술과 데이터 보호 기술을 4차 산업혁명 기술이라고 볼 근거는 약하였다. 이 두 기술은 정보의 디지털화가 촉진되면서 그 중요성이 높아지고 있지만 데이터 보호 기술은 이미 1970년대에도 존재하던 오래된 기술이었고 익명화 기술은 상대적으로 늦게 태동하였지만 AI처럼 다른 기술과 격차를 나타내는 기술이라고 볼 근거는 없었다. 그리고 익명화와 관련된 특허의 주제로 가장 많이 등장하는 이슈를 식별하였다. 가장 많이 사용된 단어는 "데이터", "방법", "익명"이었다. 물리적 장비, 소프트웨어, 보호, 식별, 암호화 또는 개인 정보 보호, 커뮤니티, 의료 또는 서비스와 같은 특정 주제도 등장하였다.

우리는 다양한 측면에서 익명화 기술의 현황과 기술체제를 살펴보았지만, 분석에 여전히 한계도 존재한다. 익명화 기술추출 과정에서 데이터와 익명화를 모두 포괄하는 특허만 검색하는 키워드 추출방식을 이용하였기 때문이다. 키워드 추출방식은 다양한 특허분석연구에서 사용되고 있는 것이 현실이지만 기술적 특성을 반영하지 못할 수도 있다는 한계가 있다. 기술이라는 것이 어떤 한 분야에서만 이용되는 것도 아니고 특정 키워드가 없이도 제품이나 후행 기술에 사용될 수 있다는 가능성을 감안하지 못하기 때문이다. 이는 특허의 특성으로 인한 것으로서 익명화 기술에 대한 상세한 필수 기술정보를 분석하여 필요한 기술에 대한 특허만 추출하는 방법으로 보완이 필요할 것 같다.

AI 반도체 산업의 기술발전 방향과 후발자의 추격 가능성에 대한 고찰*
-미국 특허를 이용한 기술수명주기 분석을 중심으로

이종호(인하대학교 AI·데이터법센터 책임연구원)
오철(상명대학교 글로벌경영학과 교수)

I. 서 론

2016년 다보스포럼에서 클라우스 슈밥이 제4차 산업혁명을 언급한 이래로 미래 성장 동력에 대한 관심이 더욱 커지고 있다. 이제 제4차 산업혁명이라는 용어는 대다수의 사람들이 알고 있을 만큼 대중화된 것도 사실이다. 슈밥은 제4차 산업혁명에서 중심이 되는 기술, 즉 영향력이 큰 기술로 10여 가지를 꼽았는데, 무인운송수단, 3D프린팅, 로봇공학, 신소재, 사물인터넷(IoT: Internet of things), 블록체인, 온디맨드 경제, 유전자분석기술, 신경과학, 바이오프린팅 등이다. 그리고 슈밥은 2018년에 핵심기술을 12가지로 재구성하여 공개하였는데, 큰 틀에서 보면 뉴컴퓨팅, 블록체인, 사물인터넷, 인공지능(AI: Artificial intelligence) & 로봇, 나노기술(NT: Nano technology), 3D프린팅, 바이오기술(BT: Bio technology), 뇌신경기술, 가상현실/증강현실(VR: Virtual reality/AR: Augmented reality), 에너지 관련 기술, 지구공학, 우주기술 등이다. 슈밥이 제시한 모든 기술들이 중요하지만 AI는 단독기술이 아닌 다른 기술들의 기초기술로서 주목받고 있는데, 이근과 이종호의 공동연구는 AI가 다른 기술들과 달리 기존 기술들과 구별되는 새로운 기술이라고 논한 바 있다.

---

* 이 글은 2022년 한국혁신학회지 17권 제3호에 게재된 글을 일부 수정한 것이다.

AI 기술의 핵심 부품 또는 요소는 인간의 두뇌와 유사한 역할을 하는 AI반도체이다. AI반도체는 CPU(Central processing unit) 및 GPU(Graphics processing unit)를 활용한 1세대에서 시작하여, Neural(신경), FPGA(Field-programmable gate array) 및 ASIC(Application-specific integrated circuit) 칩을 활용하는 2세대를 거쳐, 현재에는 Neuromorphic(기존 기술과 달리 병렬로 동작하는 뇌를 모방하여 처리하는 반도체) 칩을 활용하는 3세대 AI 반도체 개발이 진행되고 있다. CPU 및 GPU에 기반을 둔 1세대의 경우, 기존 CPU 및 GPU 생산업체인 인텔, AMD, 엔비디아 등이 시장을 주도하고 있다. 반면 2세대 및 3세대는 아마존, 삼성, 애플, 테슬라 등 다양한 IT 업체들과 더불어 다수의 스타트업 기업들이 진출하고 있다.

4차 산업혁명과 관련된 신기술을 적용한 제품의 등장은 메모리 반도체뿐만 아니라 시스템 반도체의 수요를 급격히 증가시키고 있다. 코로나19로 인하여 반도체의 부족이 세계 공급 사슬에 영향을 끼치는 현상은 국내 자동차산업에도 이미 확인된 바 있다. 차량의 자동화 성능을 제어하는 반도체의 부족으로 주문량 대비 출고량이 매우 부족한 것은 모두 알고 있는 사실이다. AI기술이 사용되는 분야는 우리가 흔히 접하고 있는 곳에서도 나타난다. 고화질 동영상 압축, 무인자동차, 웹서핑 시 등장하는 맞춤 광고, 유튜브(YOUTUBE) 시청 시 등장하는 콘텐츠 추천기능 등은 모두 AI 기술이 실생활에서 사용되고 있다는 증거이다. 이러한 AI 기술이 보편화됨에 따라 AI반도체의 수요도 급증하고 있다. 지금처럼 반도체 산업이 국가 경제와 안보 등에서 차지하는 중요성이 강조된 시기는 별로 없었고, 이러한 추세에 대한 세계 각국의 대응은 전략적으로 반도체 산업 및 AI 기술 개발에 참여하는 것이다. 특히, 최근 미·중 무역 갈등 상황에서 반도체 기술은 '기술블록화'의 주요 쟁점으로 부상하였다. 우리는 이렇게 국가의 핵심 경쟁력으로 평가받고 있는 반도체 산업의 생산물 중에서 미래 산업에 가장 큰 영향을 줄 수 있을 것으로 예상되는 AI기술의 핵심 요소인 AI반도체에 주목하고자 한다.

II. AI관련 연구 동향 및 기회의 창

1. 기존연구와의 차이점은 무엇인가?

AI반도체 시장은 반도체 산업의 중심으로 성장하고 있다. 복잡하고 방대한 정보 처리를 수월하게 해 내는 AI반도체는 빅데이터, IoT, 무인자동차, AR 등의 기술에서 핵심적인 역할을 담당하고 있기 때문이다. 따라서 AI반도체에 대한 특허 분석 연구도 점점 그 규모를 키워 나가고 있다. 다만 현재까지는 AI반도체 특허에 대한 분석보다는 AI라는 기술 자체에 대한 특허 분석이 주를 이루고 있다.

후지이 마나기는 2000~2016년 중 13,567개의 AI 기술 특허로 구성된 미국, 일본, 중국, 유럽 및 특허 협력 조약(PCT) 특허데이터를 분석한 바 있다. 미국과 일본에서는 AI관련 특허의 우선순위가 생물학 및 지식 기반 모델에서 수학적 모델 및 기타 AI 기술로 이동했음이 발견되었다. 아다비와 페크트는 2008~2018년 중 미국 특허데이터를 이용하여 AI와 관련된 특허의 동향을 분석하였다. 미국을 제외하면, 한국, 일본, 독일의 순으로 특허권자가 가장 많이 나타난 것을 확인하였다. 특히 중국 국적의 특허권자가 보유한 AI관련 특허의 수가 급격히 증가하고 있다는 것을 밝힌 바 있다. 엄대호 외 2인은 베이지안 인터벌 추론을 이용하여 AI 기술과 관련된 특허 문서를 검색하여 추출하고 이를 분석하여 AI 기술 동향을 파악하였다. 이처럼 다양한 연구자들이 특허 데이터로부터 AI 특허를 구별해 내고 AI의 기술동향과 향후 기술전망을 미국 특허데이터를 이용하는 연구들이 수행하고 있다. 그리고 정명석 외 2인은 IP5 국가들의 특허를 비교하는 연구도 수행하였다. 곽현과 이성원은 Derwent Innovation을 이용하여 IP5 중 중국을 제외하고 PCT를 포함한 특허데이터를 1970년부터 약 40년간의 자료를 분석하였다. AI특허를 추출하기 위하여 자연어처리, 행동인지, 공간이해 등의 핵심키워드를 분석하여 한국이 2010년 이후 추격성과를 보이고 있다는 것을 보여 주었다. 그러나 AI 특허 선행 분석들은 대체로 특허의 양적인 측면에 초점을 맞춰 특허의 국가별, 기간별, 상세기술별 건수 분석에 집중하였다.

이근과 이종호의 공동연구는 단순 수치가 아닌 특허지표를 활용한 연구이다. 4

차 산업혁명 기술과 3차 산업혁명 기술의 기술체계를 비교하여 4차 산업혁명 기술과 3차 산업혁명 기술의 차이점이 존재함을 확인하였다. 여기서 4차 산업혁명 기술은 3D프린팅, AI, IoT, 빅데이터, 클라우드컴퓨팅이 선택되었고 3차 산업혁명 기술로는 모바일폰, ASIC, 인터넷, 메모리칩, PC가 대표로 분석되었다. 미국 특허를 이용하여 기술수명주기, 상대적 기술수명주기, 독창성, 상대적 독창성, 일반성, 상대적 일반성, 인용된 과학논문수, 누적성, 전유성, 상대적 전유성 같은 특허 지표에 대한 비교를 통하여 4차 산업혁명 기술과 3차 산업혁명 기술 간의 기술적 차이를 분석하였다. 여기서 AI 기술은 기술수명주기가 상대적으로 길고 다른 4차 산업혁명 기술들과 달리 3차 산업혁명 기술들과 구별되는 기술이라는 것을 발견한 바 있다. 그러나 지금까지 언급된 연구들은 AI와 관련된 특허 분석을 수행하였지만 AI의 핵심 요소인 AI 반도체에 대한 설명이 빠져 있다.

많은 산업에서 인공지능의 수요중가로 인해 시장의 확대와 함께 관련기술이 지속적으로 개발되고 있다. 기술 개발의 핵심은 인공지능 연산 성능과 전력 효율성을 높이는 것이고, 기존의 CPU와 GPU를 이용해 이에 대한 수요를 충족시키기에는 기술적인 한계가 있기 때문에 기존 폰 노이만(Von Neumann) 구조의 디지털 컴퓨팅의 한계를 극복할 수 있는 전용 AI반도체의 개발이 향후 AI기술의 핵심이 될 수밖에 없다. 따라서 본 연구는 기존 연구와 달리 AI반도체 관련 특허로 그 범위를 좁혀 보고자 한다.

주시형과 이근은 우리나라가 1990년대 이후 나타난 디지털 혁명이라 불리는 기회의 창을 통하여 전기전자 분야의 기술패러다임이 변화한 것을 경험하였다고 말한다. 이 패러다임 변화의 시기에 디지털 텔레비전, MP3 플레이어, 스마트 폰 등이 등장하였고, 기회의 창을 통과한 후발자 삼성이 선발자인 SONY를 매출과 기술에서 모두 추격할 수 있었다. 우리도 이러한 관점에서 기술수명주기라는 특허지표를 바탕으로 AI반도체 관련 기술의 분석을 통하여 인공 지능과 관련 산업에서 후발주자에게도 추격의 기회가 있는지에 대해 설명하려고 한다.

2. 기회의 창은 존재하는가?

추격은 후발자가 선발자를 쫓아가며 격차를 좁히는 현상을 말한다. 추격이란 말의 기원은 1986년 아브라모비츠의 논문에서 Catching-up이라는 용어를 쓰면서 유명해졌다. 후발자가 선발자를 어떻게 추격할 수 있는지에 대한 문제인식을 본격적으로 받아들여서 기술적으로 많은 실증분석을 하게 된 것은 슘페터경제학자들의 공헌이 크다고 할 수 있다. 이후 이러한 추격에 대한 연구는 후발자의 가파른 성장의 원인을 기술역량 축적과 강화, 그리고 정부의 정책 관점 등을 통하여 논의되고 있다. 우리 분석은 추격의 출발점이 될 수 있는 기회의 창이라는 개념과 기술추격이라는 측면에 기반하고 있다. 페레즈와 소에테가 언급되기 시작한 기회의 창은 슘페테리안 연구자들의 추격 연구에서 주요한 관심사이다. 이근 외 2인은 기술추격의 관점에서 기회의 창은 새로운 기술-경제적 패러다임의 등장이 후발자가 기존 선발자보다 더욱 빠르게 그 물결을 타고 도약하는 전략을 펼치게 되는 현상을 말하며, 이 경우 기존 기술에 덜 의존하게 된다고 하였다. 패러다임의 전환은 기회가 될 수 있는데, 모두 새로운 기술을 이용하는 측면에서는 동일한 출발선에 있다고 봐야 하기 때문이다. 그렇기 때문에 상대적으로 진입장벽이 낮다. 기회의 창을 이용하여 특정 산업에서 리더십의 전환에 관한 근거를 제공한 연구는 적지 않다. 매튜스는 반도체 산업과 액정 디스플레이 산업에서 경기 침체기에 기회의 창이 있다는 것을 보였다. 또한 구에니프와 라마니는 제약 산업에 주목하였던 인도와 브라질이 현재 시점에서는 어떻게 인도가 제약 산업에 강자가 되고 브라질은 상대적으로 미흡했는지를 풀어서 설명하였다. 기회의 창과 관련하여 동아시아의 사례에서 정부의 역할이 매우 중요하였다. 무칭과 이근은 중국통신장비산업에 대해 분석하였고 이근과 임채성, 또 매튜스의 한국과 대만의 첨단기술 산업에 대한 분석은 대표적인 연구로 손꼽을 수 있다. 이근 외 2인은 이러한 기회의 창 연구를 다양한 산업으로 확장하였다. 휴대폰, 게임, 휴대용 음악기기, 반도체, 자동차, 철도 및 제약 산업에서 기존의 선발자가 추락하고 후발자가 추격하고 결국 추월할 수 있는지에 대한 구조를 분석하였다. 그리고 주시형 외 2인은 다른 연구들과 달리 특허 데이터를 이용하여 에릭슨을 빠르게 추격한 중국 화웨이의 기술 추격에 대한 분석을 수행하였는데, 후발자가 기존 선발자의 기술을 따라가는 것보다는 자신의 기술적 성장 경로를 만들어 나가는 것이 추격하고 추월하는 데 더 유리하다는 사실을 제시하였다. 이처럼 기회의 창에 관한 기존 연구들을 보면 우리는 오래되고 기존 선발자가 점유하고 있는 분야의 기술의 사용은 후발자가 기존 선발자를 추격하기 어렵게 만들지만, 새롭게 등장한 기술은 기존 선발자와 후발자 모두 유사한 조건에서 경쟁할 수 있는 토대가 된다는 것을 알 수 있다. 따라서 신기술 그리고 그중에서도 패러다임의 전환을 가져올 만한 새로운 기술은 후발자에게 기회의 창이 넓게 열려 있는 것이다.

III. 기술혁신체제 지표를 이용한 AI반도체 분야 분석

1. AI반도체 기술의 세대별 분류

AI라는 개념이 등장한 시기는 오래되었지만 AI반도체 기술이 등장하기 시작한 것은 그리 오래되지 않았다. 따라서 AI반도체에 대한 기존 문헌과 관련 보고서들을 바탕으로 관련 키워드(key words)를 분류할 수 있다. 그리고 관련된 키워드를 적용하여 특허자료를 추출하고 세대별로 특허를 정리할 수 있다. 기존 연구들에서도 특허를 기술 분석의 지표로서 활용하고 그 연구 결과가 객관적이고 일관된다는 사실은 이미 그릴리치, 자페와 트라즈텐버그 등의 다양한 문헌에서 발견되고 있다. 또한 산업분석 측면에서도 특허를 이용하는 방법은 이미 다른 연구에서 객관적으로 검증되고 있다.

AI반도체 기술의 분류를 위해서 기존 문헌의 검토와 분석을 통하여 표준 용어를 설정하였고 그리고 IPC 코드상의 기술 분류를 종합적으로 판단하여 특허를 분류한다. 문헌 및 관련 자료의 검토 결과 AI반도체 기술과 관련된 기술들은 1세대, 2세대 및 3세대로 분류하였고 각 분류 안에 포함된 세부 키워드를 〈표 1〉과 같이 도출할 수 있다.

〈표 1〉 AI반도체 핵심어(Key Words)

구분	주요 키워드
1세대	Central Processing Unit * CPU와 관련하여 artificial intelligence / deep learn과 관련된 기술
	Graphic Processing Unit * GPU와 관련하여 artificial intelligence / deep learn과 관련된 기술
2세대	Field Programmable Gate Array * FPGA와 관련하여 artificial intelligence / deep learn / neural과 관련된 기술
	Neural Processing Unit (ASIC 소자) * 뉴럴과 관련하여 network / process / comput / semiconductor / unit / processor / controller / chip / device / apparatus / system과 관련된 기술
3세대	Neuromorphic * 뉴로모픽과 관련하여 chip / comput / device / process / semiconductor / unit 와 관련된 기술

2. AI관련 특허의 추출과 데이터 구축

AI반도체와 관련되는 IPC(또는 CPC)는 G06N(특정 계산모델 방식의 컴퓨터시스템), G06F(전기에 의한 디지털 데이터처리), G06K(그래픽 데이터의 판독; 데이터의 표현; 기록 매체; 기록 매체 처리), G06Q(관리용, 상업용, 금융용, 경영용, 감독용 또는 예측용으로 특히 적합한 데이터 처리 시스템 또는 방법), G06T(이미지 데이터 처리 또는 발생, 일반), H04L(디지털 정보의 전송), G10L(음성분석 또는 합성; 음성 인식; 음성 또는 음성 처리; 음성 또는 오디오 부호화 또는 복호화), G16H(헬스케어 인포매틱스), H01L(반도체 장치: 다른 곳에 속하지 않는 전기적 고체 장치), H04N(화상통신), A61B(진단: 수술; 개인 식별), G05B(제어계 또는 조정계 일반), G05D(비전기적 변량의 제어 또는 조정계), B60W(다른 종류 또는 다른 기능의 차량용 부품의 관련 제어), G08B(신호 또는 호출시스템), B25J(메니플레이터), G08G(교통제어시스템), H04M(전화통신), G01N(재료의 화학적 또는 물리적 성질의 검출에 의한 재료의 조사 또는 분석), A63F(카드게임, 보드게임 또는 룰렛게임; 작은 움직이는 물체를 사용하는 실내용게임; 비디오 게임; 그 밖에 분류되지 않는 게임) 등이다. 이 분류는 특허청이 제공하는 기준을 도입하였다.

AI반도체 관련 특허 중 1세대 특허를 추출하기 위해서는 특허의 제목, 청구항, 요약 부분에서 CPU(Central processing unit) 또는 GPU(Graphic processing unit)와 함께 Artificial intelligence 또는 deep learn과 교차되는 특허를 추출한다. 그리고 2세대 특허 중 FPGA(Field programmable gate array)와 관련된 특허는 Artificial intelligence 또는 deep learn 또는 neural과 관련된 기술이다. 그리고 2세대 특허 중 NPU(Neural processing unit)와 관련된 특허는 관련 특허 중 network, process, comput, semiconductor, unit, processor, controller, chip, device, apparatus, system과 연관된 특허를 추출한다. 그리고 마지막 3세대는 Neuromorphic chip으로 대표되며, chip, comput, device, process, semiconductor, unit와 관련된 특허들을 추출한다. 그리고 추출되는 특허는 이종호와 이근의 공동연구와 같이 미국 특허를 대상으로 한다.

AI반도체 관련 특허의 추출을 위해서는 특허청의 도움을 받아 곽현과 이성원처럼 Derwent innovation에서 제공하는 전 세계 특허자료 데이터베이스를 활용하였다. Derwent innovation은 전 세계 모든 특허청에서 출원되거나 등록된 특허 전체를 수록하고 있다. 그러나 본 분석은 이 중에서 미국특허청(USPTO)에서 등록된 특허만을 대상으로 한다. 이러한 키워드 검색 방법은 송영화 외 4인의 연구에서 사용하고 있는 것처럼 기술 분석에서 일반적으로 사용되고 있는 방식이다. 더불어 AI 반도체와 관련된 기술의 세대별 누적성은 해당 분야의 특허를 보유한 특허권자의 누적특허수를 기반의 랭킹으로 측정할 수 있으며, 특허권자의 랭킹 변화를 통하여 경쟁 관계를 확인할 수 있다.

미국 특허청의 특허를 사용하는 이유는 크게 두 가지를 꼽을 수 있다. 첫 번째는 미국이 세계에서 가장 큰 상품 시장을 보유하고 있기 때문에 주요 기술들은 미국에 출원되고 있다는 것이다. 그리고 두 번째는 특허제도가 가장 선진화된 국가로 평가받고 있기 때문에 특허자료에 대한 신뢰성이 가장 높은 것을 들 수 있다. 물론 크리스큐올로가 지적한 것처럼 자국편이로 인하여 미국 소재 기업들의 특허가 과잉 대표되는 문제는 존재하지만 개별 기업이나 국가들을 비교하기 위해서는 한 표본 내에서 분석하는 것이 타당한 것으로 생각된다.

이미 서두에서 언급하였지만 AI라는 기술은 현재 대다수의 혁신 IT기술이 포함된 제품에는 모두 적용되어 있다. 그렇기 때문에 AI반도체와 연관된 특허 기술은 특허분류로도 찾기 힘들고 국제표준산업분류상에도 구분해 내기 어렵다. 이는 기술이라는 것이 어떤 기술 분류 한 군데에만 적용되는 것이 아니라 다양하게 사용되는 특성이 있기 때문이다. 따라서 특허 기술 분류에 따라 어떤 기술그룹을 선택하느냐에 따라 해당되는 특허의 수에 변동이 있을 수밖에 없다. 또한 모고우토프와 카핸이 말한 것처럼 어떤 키워드를 선택하느냐에 따라서 특허수가 변동되기 때문에 약점이 있는 것은 사실이다. 따라서 우리는 선행연구와 우리나라 특허청 도움을 받아 실무적으로 분류하고 있는 기준을 적용하여 일관성을 유지하고자 하였으며 오류를 피하고자 하였다.

3. 상대적 기술수명주기의 측정

지식의 중요한 속성 중 하나는 시간이 지남에 따라 쓸모가 없어지고 지식이 시대에 따라 다르다는 것인데 어떤 지식은 빨리 쓸모없게 되고 반면 어떤 지식은 오래 지속된다. 기술의 이러한 측면을 기술의 사이클 타임이라고 하며, 이는 최근 또는 오래된 각 특허기술에 포착된 혁신의 정도를 반영한다. 기술수명주기가 짧다는 것은 어떤 기술(또는 혁신)이 최근 지식을 활용하는 경향이 있음을 의미하는데, 기술수명주기(TCT: Technological cycle time)는 선행특허와 후행특허 사이의 시간(출원연도 또는 등록연도)의 간격으로 측정될 수 있다. 이 분석을 위해 반도체의 세대별 평균 기술수명주기를 계산한다. 그러나 기술수명주기의 연도별 평균치에 전반적인 상승세가 있을 것을 고려하여(시간이 지남에 따라 더 길어질 수 있음), 상대적 기술수명주기(Relative technological cycle time)를 계산한다. 수명주기 측정은 다음과 같이 이루어진다.

$$TCT_A = \frac{1}{n}\sum_{j=1}^{n} = (\text{특허 A의 등록연도} - \text{특허 A가 인용한 특허 } j \text{의 등록연도})_j \quad (1)$$

여기서 j는 특허 A가 인용한 모든 등록 특허를 말하며, 특허 A의 기술수명주기

값은 모든 인용된 특허들과의 등록연도 차이의 평균으로 측정할 수 있다. 그리고 식 (2)에서 그룹 i는 1세대, 2세대 및 3세대 반도체를 말하며, TCT_{it}는 그룹 i의 t년도 평균기술수명주기이고, TCT_t는 t년도 모든 특허의 평균기술수명주기를 말한다. 본 지표는 개별 특허별로 수명주기를 측정한 후 세대별로 평균값을 추정한다. 또한, 미국에서 등록되는 모든 Utility 특허를 대상으로 연도별 평균 기술수명주기를 구하여 세대별 평균 기술수명주기를 나누는 것으로 상대적 기술수명주기를 측정한다.

$$\text{Relative technological cycle time} = \frac{TCT_{it}}{TCT_t} \tag{2}$$

IV. 기술수명주기 분석을 통한 기회의 창

1. AI반도체 관련 특허의 추세

2000년~2021년 중 미국특허청(USPTO)에 출원되어 등록된 AI반도체 관련 특허는 총 3,590건이다. 2010년대 초반부터 특허수가 증가하기 시작하여 2018년을 기점으로 폭발적인 성장세가 나타나는 것을 알 수 있다. 1세대, 2세대 및 3세대 중 가장 많은 등록 특허를 갖고 있는 AI반도체 분야는 CPU와 GPU로 대변되는 1세대 반도체로 나타났다. Artificial Intelligence 및 Deep learning과 관련된 1세대 AI 반도체는 2012년을 기점으로 점차 증가하기 시작하여 2017년 이후 폭발적인 상승세를 보이고 있다. 2세대 반도체의 경우는 2012년까지는 1세대와 유사한 흐름을 나타내고 있으나 2017년을 기점으로 폭발적인 증가세를 보이고 있다. 3세대 특허의 경우 등록 특허는 2010년부터 등장하고 있고, 역시 2017년을 기점으로 폭발적인 증가세를 보인다.

〈그림 1〉 AI반도체 특허의 시계열 추이(2000~2021)

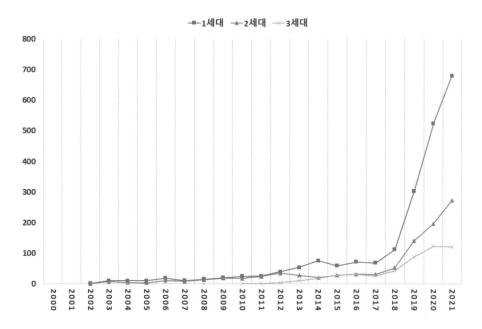

2017년을 기점으로 2018년 이후 AI 반도체의 등록 특허수가 전 세대별로 증가하고 있는 것은 2016년 1월 세계 경제 포럼에서 클라우스 슈밥이 제4차 산업혁명을 언급하며 새로운 시대의 성장 동력에 대한 논의의 확산 및 2016년 3월 구글의 알파고와 한국의 이세돌이 참여한 구글 딥마인드 챌린지 매치(Google deepmind challenge match) 이후 인공지능에 대한 전 세계적인 관심이 그 배경이 된 것으로 추측할 수 있다.

2. 기술수명주기 분석

기술수명주기는 얼마나 최신 기술을 자신의 특허에 인용하고 있는지로 측정된다. 그림 2를 보면, 1세대와 2세대의 기술수명주기는 2010년대 초반까지는 유사한 추세를 나타내고 있다. 그러나 2010년대 초반에 등장한 3세대 AI반도체 관련 특허의 기술수명주기는 1세대 및 2세대에서 연도별 낙폭은 있으나 평균적으로 0.8~0.9인 것에 비하면 최근까지도 감소하는 추세를 보이고 있다. 그리고 2010년대 들어서 1세대와

2세대 반도체 특허의 기술수명주기가 1세대보다 2세대에서 상대적으로 증가한 것을 나타내며 차이가 있는 것으로 나타났다. 특히, 최근 4년인 2018~2021년의 분석결과를 보면 3세대의 기술수명주기가 상대적으로 가장 짧았다. 이는 제3세대 AI반도체가 다른 세대보다 좀 더 최신 기술 특허를 사용해 기술이 발전하고 있고, 시장에서 빠르게 활용될 수 있는 가능성이 높다는 것을 의미한다. 기술이 빨리 변하면 후발자의 불리함은 작아지게 되고, 새로운 기회의 창이 열림과 동시에 진입 장벽이 낮아 기존 선발자는 새로운 도전에 직면할 수도 있음을 의미한다. 최근 4년에 대한 분석을 검토한 것은 4차 산업혁명이 본격적으로 세계 공감대로 떠오른 것이 2016년 다보스 포럼이기 때문이다. 미국 특허청이 발간한 '2020 성과 및 책임 보고서'(FY 2020 Performance and Accountability Report)에 따르면 미국 특허의 출원 후 등록까지 걸리는 시간이 평균 23개월로 나타났다. 따라서 4차 산업혁명 확산에 영향을 받은 3세대 관련 특허가 본격적으로 공개되는 시점은 출원 후 2년이 지난 시점인 2018년으로 추정할 수 있다.

〈그림 2〉 세대별 상대적 기술수명주기

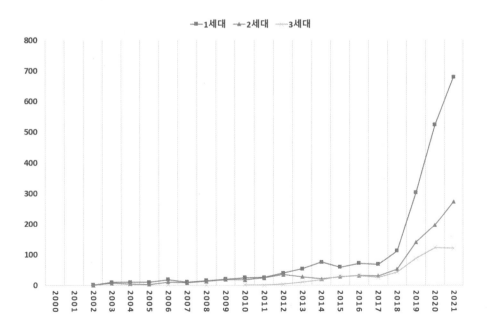

상대적 기술수명주기의 값을 2000~2021년, 2010~2021년, 2018-2021년 세 기간에 대하여 각 세대별 평균의 차이가 있는지 ANOVA(Analysis of variance: 분산분석)를 통하여 분석하였다. 각 세대별 상대적 기술수명주기 값은 0.7~1.0 사이에 있어 미국 특허의 연도별 평균값에 비하여 상대적으로 짧다고 볼 수 있다. 그리고 세대 간 평균값을 비교하기 위한 귀무가설과 대립가설은 다음과 같이 설정된다. 모든 평균이 같다는 것이 귀무가설 H_0이고 셋 중 하나라도 같지 않으면 대립가설 H_1이다.

귀무가설: $H_0 : \mu_1 = \mu_2 = \mu_3$

대립가설: H_a : 적어도 하나의 평균은 다르다

ANOVA 분석에 따르면, 제1기인 2000~2021년의 분석결과는 F값이 1.83이고 유의확률이 0.1701이므로 10% 유의수준에서 귀무가설을 기각할 수 없었다. 즉, 그룹 간에 평균의 차이가 없다는 것이다. 본페르니 수정(1936), 세페 수정(1952), 시닥 수정(1967)의 검정을 이용한 경우에도 세 그룹 간에 차이를 발견할 수 없었다. 제2기인 2010~2021년의 분석결과에 따르면, 10% 수준에서 세대별 평균값에 차이가 있었다. 그러나 세 가지 검정을 수행한 결과를 보면 세 그룹 간에 통계적으로 유의미한 차이는 없었다.

〈표 2〉 세대별 기술수명주기 ANOVA

기간	항목	N	평균	표준편차	F	H0: μa=μb=μc (a) Bonferroni (b) Scheffe (c) Sidak
	1세대	20	0.8493	0.0933		(a) H0 기각할 수 없음
2000~2021	2세대	20	0.9014	0.2063	1.83	(b) H0 기각할 수 없음
	3세대	14	0.9644	0.2048		(c) H0 기각할 수 없음

	1세대	12	0.8431	0.0545		(a) H0 기각할 수 없음
2010~2021	2세대	12	0.9645	0.0750	3.05*	(b) H0 기각할 수 없음
	3세대	11	0.9691	0.2321		(c) H0 기각할 수 없음
	1세대	4	0.8273	0.0171		(a) H0 기각: 2세대>1세대, 3세대
2018~2021	2세대	4	0.9930	0.0776	20.60***	(b) H0 기각: 2세대>1세대, 3세대
	3세대	4	0.7813	0.0302		(c) H0 기각: 2세대>1세대, 3세대

주: *** 1%, ** 5%, * 1% 수준에서 통계적으로 유의하다는 의미임

이론적으로 기술수명주기가 길다는 것은 오래된 지식의 중요성이 크다는 것을 의미하므로 신규진입자의 진입 장벽에도 영향을 미칠 수 있다. 반면 기술수명주기가 짧다는 것은 일반적으로 해당 분야의 기술이 오래되거나 빠르게 파괴되는 경향이 있기 때문에 진입 장벽이 낮다는 것을 의미한다. 3세대 반도체의 경우 최근 등록되고 있다는 현실을 감안하여 위 분석을 제3기인 2018년~2021년 최근 4년으로 좁혀서 분석하면, 세 그룹 간에 평균 상대적 기술수명주기에 통계적으로 차이가 있는 것으로 나타났다. 1세대, 2세대 및 3세대의 4년 평균값은 각각 0.83, 0.99, 0.78이었다. 그룹 간 비교에 대한 F값이 20.60이고 유의확률이 0.0004이므로 1% 유의수준에서 귀무가설을 기각하고 대립가설을 선택한다. 즉, 세 그룹 사이에서 평균값이 다른 그룹이 있다는 것을 의미한다. 그룹 간 비교를 보면 1세대와 2세대 간에, 그리고 2세대와 3세대 간에 1% 유의수준에서 차이가 있는 것으로 나타났다.

2세대 기술의 상대적 기술수명주기가 가장 긴 이유는 2세대 AI반도체로 구분한 FPGA, ASIC소자 및 Neural 관련 기술들이 1세대와 3세대 사이에 있는 중간단계에 있는 기술이기 때문이다. 그러나 기술적으로 보면, 1세대에서 2세대로 그리고 다시 3세대로 연대기적 발전단계를 따르는 것이 아니라, 1세대에서 2세대, 2세대에서 3세대로 개발 목적에 따른 발전으로 보아야 하므로 1세대 기술수명주기가 가장 길어야 할 필요는 없다. 2세대 기술의 경우 기존 1세대 기술을 포함하고 3차 산업혁명 시기에도 존재했던 ASIC, FPGA 기술들을 접목함으로써 기술수명주기가 1세대보다 더욱 길어질 수 있는 것이다. 다만 3세대의 경우 기술적 패러다임 전환이 관찰되는 기술로서 가장

짧은 기술수명주기를 나타낸다고 볼 수 있다.

다시 말해, AI반도체에서 1세대 기술인 CPU와 GPU가 상대적으로 값이 싸고 기존 일반 반도체의 진화형이기 때문에 기존 시장 점유 업체들이 선발자 위치에 있다. 그리고 2세대 반도체(혹은 1.5세대)인 FPGA와 ASIC 역시도 1세대와의 연장선에 있는데, AI 연산 최적화를 위해 반도체 구성을 변경하였다는 기술적 특성 때문에 기존 선발자가 가지는 우위가 있고 진입장벽이 높기 때문에 기존 기술의 이용이 더 많다. 그러나 3세대의 경우에는 AI반도체 가운데 가장 연산성능과 효율은 높지만 기술성숙도가 낮고 범용성이 아직은 낮기 때문에 최근 기술을 많이 이용하는 특성이 있어 기술수명주기가 상대적으로 짧다. 즉, 기존 1세대 및 2세대 반도체 시장의 선발자가 확고한 기술적 우위를 갖지 못하고 있다는 것을 의미한다. 또한 3세대 기술은 기존 기술과 달리 인간의 신경망을 반영하는 새로운 흐름에 속하는 기술혁신으로 1세대 및 2세대와 구별되는 기술이다. 다만 ANOVA분석에서 1세대와 3세대 간의 차이가 통계적으로 명확하게 나타나지는 않았다. 1세대와 3세대 기술수명주기의 절대값 차이는 분명히 존재하지만 3세대 특허의 출현시기가 상대적으로 늦었기 때문에 표본의 부족으로 인하여 통계적 유의성을 확보하기는 어려웠다. 3세대 특허의 기술수명주기 감소 추세가 좀 더 관찰되는 2021년 이후의 기간이 추가된다면 통계적 유의성은 높아질 것으로 기대할 수 있다.

1세대와 3세대 간의 등록 특허의 10대 특허권자 비교를 통하여 기회의 창이 존재하는지에 대하여 추정할 수 있다. 다음 표에서 보는 것처럼 1세대의 경우 INTEL이 가장 많은 331개의 특허를 보유하고 있으며, IBM, MICROSOFT, SAMSUNG, NVIDIA, DIGIMARC, SONY, COGNITIVE SCALE, AMAZON, AMD가 그 뒤를 잇고 있다. 2세대의 경우는 전통적인 선발자인 IBM, MICROSOFT, INTEL, SAMSUNG 등이 상위권을 차지하고 있으며, MICRON, XILINX, ADOBE, GOOGLE 같은 대규모 ICT 기업도 등장하고 있다. 그러나 3세대의 경우를 보면 1세대, 2세대를 아울러 반도체 분야의 선발자라고 볼 수 있는 IBM, SAMSUNG, INTEL이 상위권을 차지하고 있으나 HRL LABORATORIES, SK HYNIX, QUALCOMM, UNIVERSITY OF DAYTON, BRAIN CORPORATION, UNIVERSITY OF CALIFORNIA, SILICON STORAGE

TECHNOLOGY 같은 대학 및 소규모 기업이 등장하고 있는 것을 확인할 수 있다. 3세대 기술의 경우 새로운 기술이 기반이 된 반도체 분야이기 때문에 반도체 설비의 우수성을 기반으로 한 IBM, SAMSUNG, INTEL이 상위권에 존재하는 것은 기존 반도체의 성능 향상을 위한 연구개발 측면에서 이해가 가능하다. 그러나 아직 상용화된 기술이 등장하지 않았기 때문에 선발자(마켓 리더)의 지위가 확고하다고 보기는 어려운 측면이 있다. 그리고 IBM의 경우 3세대에서 가장 많은 특허를 보유하고 있는 것으로 나타났는데, 2000년 이후 AI반도체 전체적으로 보면 INTEL이 400건, IBM이 349건으로 IBM이 기술적으로 추출했다고 단정하기는 어렵다. 그리고 2세대의 경우 특정 목적으로만 사용되는 반도체이기 때문에 2세대 기술특허가 많은 것이 기술 우위를 가졌다고 단정하기는 어려운 면이 있다. 3세대 특허의 경우도 아직 상용화가 되지 않고 기술의 개발 단계에 있는 분야이기 때문에 IBM의 특허가 많기는 하지만 기술적으로 추월했다고 단정하기는 어려울 것이다. 다만, 기회의 창 관점에서 볼 때, 새로운 기술 혁신 패러다임이 3세대 AI반도체에서 나타나고 있고 기존 기술의 선발자들이 아닌 IBM이 신분야에서 선도역할을 하고 있다는 것이 기회의 창이 존재한다는 것을 확인시키는 결과라고 할 수 있다. 3세대 특허 순위에서 상위 10대 기업 중 3개 기업을 제외한 나머지 기업들이 1세대 반도체 상위 10대 기업에는 포함되지 않았던 기업들이라는 점에서 기회의 창이 상당부분 존재한다는 것을 보여 준다. 즉, 이근 외 2인의 연구에서 말하는 것처럼 새로운 패러다임이 등장하는 경우에는 기존 기술의 선발자가 당연히 새로운 기술 패러다임에서 선발자의 자리를 차지하는 것이 아닌 신규 진입자와 후발자에게 새로운 기회의 창이 열린다는 것을 확인할 수 있는 것이다.

〈표 3〉 세대별 등록 특허의 주요 출원인(2000년~2021년)

세대	출원인	특허수
1세대	INTEL CORPORATION	331
	INTERNATIONAL BUSINESS MACHINES CORP	140
	MICROSOFT TECHNOLOGY LICENSING LLC	77
	SAMSUNG ELECTRONICS CO. LTD.	67

1세대	NVIDIA CORP.	62
	DIGIMARC CORP.	34
	SONY INTERACTIVE ENTERTAINMENT INC.	25
	COGNITIVE SCALE INC.	22
	AMAZON.COM INC.	22
	ADVANCED MICRO DEVICES INC.	20
2세대	INTERNATIONAL BUSINESS MACHINES CORP.	49
	MICROSOFT TECHNOLOGY LICENSING LLC	47
	INTEL CORPORATION	44
	VIA TECHNOLOGIES INC.	32
	ICOMETRUE CO. LTD.	20
	MICRON TECHNOLOGY INC.	20
	SAMSUNG ELECTRONICS CO. LTD.	19
	XILINX INC.	14
	GOOGLE INC.	13
	ADOBE INC. (FORMER ADOBE SYSTEMS INC.)	12
3세대	INTERNATIONAL BUSINESS MACHINES CORP.	160
	SAMSUNG ELECTRONICS CO. LTD.	42
	HRL LABORATORIES LLC	32
	INTEL CORPORATION	25
	SK HYNIX INC.	20
	QUALCOMM INC.	19
	UNIVERSITY OF DAYTON	9
	BRAIN CORPORATION	8
	UNIVERSITY OF CALIFORNIA	7
	SILICON STORAGE TECHNOLOGY INC.	7

V. 결론 및 시사점

4차 산업혁명의 등장과 신기술과 신기술을 적용한 제품의 등장은 메모리 반도체 뿐만 아니라 시스템 반도체의 수요를 급격히 증가시키고 있고, 최근 반도체의 부족이 세계 공급 사슬에 영향을 끼쳐 국내 산업에도 막대한 영향을 미치고 있다. 이러한 위기는 다시 말하면 우리의 산업 취약점을 검증하고 회복할 수 있는 반전의 계기로 삼아야 한다는 것이다. 이런 시점에서 미래 산업을 이끌어 나갈 AI기술에 대한 연구는 급격히 증가하고 있다. AI기술이 어떻게 정의되고 있는지 특허를 이용하여 분석하고 있으며, 향후 더 발전할 분야는 어디인지 추정하는 연구도 등장하고 있다. 다만 기존 연구들은 대다수가 AI기술에 대한 연구를 수행할 뿐 AI기술을 활용하기 위한 AI반도체 특허에 대한 연구는 부족한 것이 사실이었다. 이종호와 이근의 연구에서 AI기술은 상대적으로 과학기술을 더 인용하고 기술수명주기도 다른 4차산업혁명 기술에 비하여 더 긴 것으로 나타났다. 물론 본 연구에서 최근 지식을 이용하느냐 오래된 지식을 이용하느냐를 결정하는 기술수명주기에는 반도체 기술 간에 큰 차이가 없었다. 그리고 상대적 기술수명주기가 1보다 작은 값을 나타내므로 기존 연구에 비춰 보더라도 IT기술이 짧은 기술수명주기를 나타낸다는 것은 일치하고 있다.

우리는 AI반도체 특허에 대한 기술수명주기 분석을 통하여 기존의 반도체 강자들이 차지하고 있는 AI반도체시장에서 후발자의 추격 가능성이 존재하는지에 대하여 분석하였다. 특허수로 보면 여전히 1세대 AI반도체 특허인 CPU와 GPU가 매우 큰 비중을 차지하고 있는데 암호 화폐의 급성장이 컴퓨터 수요를 증대시켜서 그 영향으로 1세대 반도체의 수요가 급격히 증가하였기 때문으로 볼 수 있다. 2세대 AI반도체 특허의 경우는 그 수가 적고 증가폭도 1세대보다 낮았다. 2세대 반도체의 경우 범용목적의 반도체가 아니기 때문에 그 수요가 적어서 기술개발도 한정적이다. 그리고 마지막으로 3세대 AI반도체 특허는 상대적으로 특허의 출원도 늦고 등록된 특허수도 많지 않았다.

세대별 기술수명주기 특성을 보면, 1세대와 2세대 AI반도체 분야는 기술수명주기가 각각 0.8과 1.0 내외에서 평균적으로 안정되어 있는 것을 볼 수 있다. 그러나 3세대 AI반도체 특허의 경우는 낙폭이 크고 현재시점까지는 가장 짧은 그리고 하락하는 추세를 보이고 있다. 전체기간, 2010년대 이후, 2018년 이후의 세가지 기간으로 나누어 살펴본 결과에 따르면, 2000~2021년 중 1세대와 2세대는 크게 차이가 없는 것으로 나타난다. 그러나 2010~2021년 중에는 세 그룹 간에 10% 유의수준에서 차이가 존재하였고, 2018~2021년 중 분석에서는 1% 수준에서 세 그룹 간 차이가 있는 것으로 나타났다. 더불어 3세대 특허는 특허가 나타나기 시작한 초기에는 기술수명주기가 길어 암묵지가 매우 중요한 기술로서의 특징을 보였다. 그러나 어느 정도 특허수가 증가하면서 나타난 현상은 기술수명주기가 급격하게 감소하고 있는 것을 볼 수 있다. 즉, 최근 4~5년에는 가장 짧은 기술수명주기를 나타내는 것을 볼 수 있다. 이런 현상은 제3세대 AI반도체 특허들이 아직 상용화되지 않아 다양한 가능성을 제시하고 있는 것으로 해석이 가능하다. 즉, 기술의 표준이 정해지지 않았기 때문에 기존 기술을 이용하는 것이 아닌 최신 기술을 인용하는 특성을 보인다는 것이다. 다만, 세 그룹에서 두 그룹을 별도로 추출한 분석에서는 최근 기간에는 2세대와 1세대·3세대 간에는 차이가 명확히 존재하였지만 1세대와 3세대 특허 간에는 기술수명주기의 차이가 명확하게 나타나지 않았다. 그 이유는 분석기간이 4년으로 한계가 있었기 때문인데, 2021년 이후 기간이 추가되어 3세대 반도체의 기술수명주기 하락 추세가 더 관찰된다면 더 유의미한 차이를 볼 수 있을 것으로 보인다. 이를 보완하기 위해 세대별 상위 10대 특허권자를 살펴본 결과에 따르면 3세대 상위 10대 특허권자 중 7개의 기업은 1세대 상위 10대 특허권자에서 나타나지 않는 소규모 기업과 대학이었다. 이는 이근 외 2인이 말하는 기술 패러다임의 전환이 기존 기술의 선발자에게 선발자의 지위를 보장하지 않고 새로운 선발자가 나타날 수 있는 기회의 창이 존재함을 증명한다고 할 수 있다. 최근 급격하게 발전하고 있는 AI반도체 기술의 등장은 기존의 1세대와 2세대 반도체와는 다른 방향으로 나가고 있다. 이것은 1990년대 중반의 디지털 전환기에 이를 통해 새로운 제품이 등장했던 것과 같다. 기술적으로 보면, 1세대 반도체의 경우 컴퓨터의 기본 구성인 CPU와 GPU를 기반으로 한 반도체로 IT관련 기업에서 강점을 갖고 있었다. 그러나 3세대 반도체의 경우는 인간의 두뇌를 모방한 신경망을 기반으로 하고 있기 때문에 IT기기의 제작 기법과는 다른 기술에 기반을 하고 있다. 따라서 1세대 기술 보유자가 3세대 기술을 모두 갖고 있는 것은 아니다. 따라서 1세대 기술의 선발자가 당연히 3세대 기술의 선발자로 자리를 잡기는 어려운 측면이 있다. 보다 풍부한 자본력을 바탕으로 새로운 분야에 진입은 가능하지만, 후발자가 선발자를 추격할 수 있는 기회의 창도 열리게 되는 것이다. 기술패러다임의 변환기는 누구나 초심

자가 되기 때문에 페레즈와 소에테가 말한 것처럼 전환기가 추격자에게는 새로운 도약의 기회의 창이 된다.

우리의 분석은 COVID19로 인하여 세계 공급망의 위기를 겪고 반도체 수급이 국제경쟁력으로 나타나고 있는 현실에서 우리나라 정부, 기업, 그리고 학계에 여러 시사점을 준다. 1세대와 2세대 AI반도체의 경우는 매우 확고한 시장지배력을 가진 기업들이 이미 존재한다. 그러나 3세대 AI반도체의 경우는 아직 기술개발 초기이기 때문에 경쟁자도 적고 기술표준도 없어 다양한 도전이 가능한 분야이다. 대기업은 기존 기술을 방어하고 유지해야 하기 때문에 신기술에 막대한 투자를 진행하기에는 어려움이 있을 수 있다. 그에 비하여 벤처기업이나 산학연구소 같은 소규모 기업들은 상대적으로 후발자의 이익을 얻을 수 있는 기회가 있다. 기술의 생성과 변화가 수시로 발생하는 4차 산업혁명시대에는 벤처기업의 동적 역량과 혁신활동이 기술혁신과 경영성과에 상당한 영향을 주고 있다는 사실을 유념해야 한다. 또한 국가와 기업을 경영하는 리더는 기존 산업에만 집중하는 것이 아니라 미래 비전을 가지고 창의적 아이디어를 통하여 새로운 혁신 산업 세대로의 진전을 이룰 수 있도록 리더십을 발휘해야 한다. 기존 산업에 대한 지속적인 투자도 중요하지만 새로이 떠오르는 분야에 대한 지원이 국가경쟁력 확보를 위해 필요할 것이다.

제3장

—

개인정보의 보호와 활용

제1절 보건의료 데이터와 개인정보 보호와의 관계에 대한 소고*

정영진

(인하대학교 법학전문대학원 교수)

I. 서 설

2006년 힌튼(Geoffrey Hinton)이 딥 러닝(deep learning) 기술[1]을 통하여 인공지능 기술에 새로운 돌파구를 마련하였고, 같은 해 커팅(Doug Cutting)과 캐퍼렐라(Mike Cafarella)에 의하여 빅데이터로부터 유용한 정보를 채굴하여 저장하는 하둡(Hadoop)[2]이 개발되면서 본격적으로 빅데이터[3]의 시대를 열었다.

---

* 본 논문은 2021년 12월 21일 목포대학교에서 개최된 목포대 인하대 보험법학회 공동학술대회에서 발표한 논문을 수정한 것임. 본 논문은 2020년 대한민국 교육부와 한국연구재단의 지원을 받아 수행된 연구임(NRF-2020S1A5C2A02093223).

1) 딥 러닝은 뇌의 신경세포를 모방해서 만든 인공신경망(artificial neural network: ANN) 기술에 근거를 두고 있는데, 2006년 힌튼(Geoffrey Hinton) 교수의 기념비적인 논문인 "심층 신뢰망을 위한 빠른 학습 알고리즘"(A fast learning algorithm for deep belief nets)에서 주장한 딥 러닝으로 이름을 변경하였다. Geoffrey Hinton et al, "A fast learning algorithm for deep belief nets", *Neural Computation*, vol. 18 (7), 2006 참조.

2) 하둡은 대용량 데이터를 분산저장하고 관리하는 시스템인 '하둡 분산파일시스템'(Hadoop Distributed File System: "HDFS")과 데이터 분석을 수행하는 프로그램인 '맵 리듀스'("Mapreduce")로 구성되어 있다. 이긍희 외, 『빅데이터의 이해』, (서울: 한국방송통신대학교 출판문화원, 2014), 79-82면.

3) 2001년 래니(Doug Laney)는 빅데이터의 특성으로 3V를 제시하였다. 기존의 데이터보다 양이 훨씬 방대하고(Volume), 정형 데이터뿐만 아니라 반정형·비정형 데이터와 같이 매우 다양한 데이터를 포함하며(Variety), 데이터가 실시간으로 생성되어 매우 빠른 속도로 증가한다는 것(Velocity)이다. 최근에는 여기에 정확성(Veracity)와 가치(Value)를 추가하여 5V가 주장되고 있다. Yusuf Perwej, "An

우리나라 보건의료분야의 빅데이터는 전 국민을 대상으로 한 환자진료기록, 임상데이터, 의료영상 이미지뿐만 아니라 유전자 통계, 질병정보, 생활·소득·환경 정보 등 그 범위가 방대하다. 이러한 빅데이터를 활용할 경우 의료진의 임상적 의사결정, 맞춤형 의료제공, 유전성 질환의 조기발견, 예방과 질환 관리, 전염성 질환 등 보건의료 혁신과 의료의 질 향상에 크게 기여할 것이다.[4] 그러나 보건의료 분야에서 빅데이터 활용은 여전히 초기 단계에 있다. 이를 극복하기 위해서는 데이터의 표준화와 통합, 플랫폼의 구축, 빅 데이터의 활용과 보건의료서비스와의 연계, 법과 제도의 정비 등 4가지 전략이 필요하지만,[5] 전문가들은 이 중 법과 제도의 정비가 빅데이터의 경쟁력 강화를 위해 가장 중요한 요소로 꼽고 있다.[6]

보건의료 분야에서 법과 제도의 정비가 중요한 이유는, 보건의료 데이터는 '개인정보의 보호'와 '데이터 활용의 자유'가 충돌되는 대표적인 분야인데, 아직까지 정책 당국이 국민들이 납득할 수 있는 합리적인 기준을 제시하지 못하고 있기 때문이다. 보건의료 데이터는 「개인정보 보호법」상 민감정보에 해당되어 그 특성상 일단 외부에 노출되면 개인에게 치명적인 피해가 될 수 있기 때문에 엄격한 규제를 받고 있다. 한편 보건의료 빅데이터는 대량 수집되어야 유용한데, 데이터가 많아질수록 정보주체에 대한 식별가능성이 높아져서 개인정보 침해의 위험성이 커진다.

이하에서는 우선 데이터의 성질을 살펴보고, 보건의료 데이터의 현황과 활용, 보건의료 데이터의 특징과 환자의 개인정보 보호를 차례로 살펴본 다음, 공공의 이익을 위하여 「개인정보 보호법」의 가명정보를 적극적으로 활용하여 보건의료 빅데이터를 활용할 필요가 있다는 결론을 내리고자 한다.

Experiential Study of the Big Data", *International Transaction of Electrical and Computer Engineers System*, vol. 4, no. 1 (2017), pp.16-17.

4) 황의동, "보건의료 분야 빅데이터 활성화와 과제," 『HIRA 정책동향』, 8권 6호 (2014), 27면.

5) 오미애, "보건복지청책에서의 빅데이터 활용 전략과 과제", 『보건의료정보원』, 제1차 보건복지포럼 제274호 (2019), 32-33면.

6) 황의동, 전게논문, 23면.

II. 데이터의 성질

1. 데이터와 정보

데이터와 정보의 관계와 관련하여 일반적으로 "DIKW 피라미드"가 자주 인용된다. DIKW는 데이터(Data), 정보(Information), 지식(Knowledge), 지혜(Wisdom)가 위계(hierarchy)적인 관계에 있다는 것이다. 이를 정리하면 아래 그림과 같다.

〈그림 1〉[7]

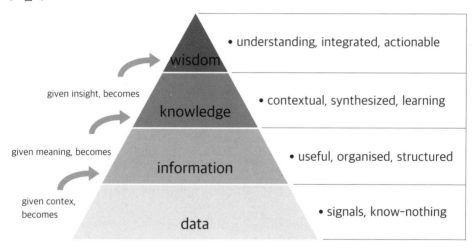

DIKW에 대하여는 다양한 설명이 있는데, 이를 체계적으로 정리한 사람은 애코프(Russel L. Ackoff)이다. 그는 "1 온스(1/16 파운드)의 정보는 1 파운드 데이터의 가치가 있고, 1 온스의 지식은 1 파운드 정보의 가치가 있으며, 1 온스의 이해는 1 파운드 지식의 가치가 있다.[8] 그런데 사람들은 정보 습득에 대부분의 시간을 소비하고, 지식

---

7) IT위키의 DIKW 피라미드 참조. 〈http://itwiki.kr/w/DIKW_피라미드〉 2022년 1월 20일 방문함.

8) An ounce of information is worth a pound of data. An ounce of knowledge is worth a pound of information. An ounce of understanding is worth a pound of knowledge.

습득에는 시간투자를 적게 하며, 이해를 위해서는 시간을 투자하지 않는다"고 하면 서,[9] "정보는 데이터보다 더 압축적이고 유용하다. 즉, 데이터와 정보의 차이는 구조 적인 것이 아니라 기능적이다[10]"라고 주장하였다.[11] 정보와 지식의 위계에 대하여는, 엘리엇(T.S. Eliot)의 바위(The Rock, 1932년)라는 시에서도 유사한 표현이 나온다.[12] 애케프에 따르면, 인간은 1차적으로 데이터를 지각하고 데이터로부터 정보를 도출한 다. 즉, 정보는 데이터이지만 데이터가 모두 정보인 것은 아니다

그런데 양자의 관계를 반대로 이해하는 견해도 있다. 인간은 정보의 바다 속에서 생활하면서 정보 속에서 의미가 있는 데이터를 도출한다는 것이다. 즉, 베이츠(Marcia J. Bates)는 "정보는 인간이 그것을 인식하는지 여부와 관계없이 우주 도처에 존재하는 것이고 … 데이터는 인간이 이용할 수 있는 정보의 일부로서 인간에 의해서 받아들여 지고 가공된 것이다. 따라서 인간의 지각 범위를 벗어나 있는 것은 데이터가 아니라 단순한 정보에 불과하다"[13]고 한다.[14] 이에 따르면 데이터는 정보이지만 정보가 모두 데이터인 것은 아니다.

EU에서는 data를 미국에서는 information[15]을 주로 사용하는데, 우리나라의 경 우 양자를 혼용하여 사용하고 있다. 예를 들면 EU GDPR에서 GDP는 General Data Protection인데, 통상 개인정보 보호로 번역한다. 일반적으로 데이터 과학(data science)

---

9) Russel Ackoff, "From data to wisdom", *Journal of Applied Systems Analysis,* 16: (1989), p.3.

10) Information does so more compactly and usefully than data. The difference between data and information is functional, not structural.

11) Russel Ackoff, "From data to wisdom", *Journal of Applied Systems Analysis,* 16: (1989), pp.3-9.

12) Where is the wisdom that we have lost in knowledge? (지식 속에서 잃어버린 우리의 지혜는 어디에 있는가?) Where is the knowledge that we have lost in information? (정보 속에서 잃어버린 우리의 지식은 어디에 있 는가?)

13) Information is understood to exist throughout the universe, whether or not humans or other living beings perceive or use it … data may be seen as that portion of the entire information environment available to a sensing organism that is taken in, or processed, by that organism. What is too distant or otherwise outside the sensing purview of the animal cannot be data, it is simply information.

14) Marcia J. Bates, "Information and knowledge: an evolutionary framework for information science", *Information Research,* vol 10, no. 4 (2005), pp.239-240.

15) 1974년의 미국 프라이버시법에서는 records라는 용어를 사용하고 있다

에서는 애코프의 견해에 따른다. 즉, 데이터를 정보보다 원초적인 형태로 본다. 1983년 로벨(Michael Lovell)에 의하여 처음 사용된 데이터 마이닝(datamining)[16]은 데이터로부터 패턴(정보)를 추출하는 것을 의미한다.[17] 또한 1996년 파야드(Usama Fayyad)에 의하여 주장된 "데이터베이스에서 지식발견"(Knowledge Discovery in Database: "KDD")[18]에서도 데이터에서 정보와 지식을 추출한다.[19] 2006년 험비(Clive Humby)는 "전국 광고메니저 연합회"(Association of National Advertising Managers: ANA)의 "선임 마케터 최고회의"(Senior marketer's summit)에서 "데이터는 새로운 오일이다. 가치가 있지만 정제되지 않으면 사용될 수 없다"[20]고 했는데, 이에 따르면 원유는 데이터이고 정제된 석유는 정보에 해당한다.

정보통신의 경우 정보와 데이터의 지위가 역전된다. 「정보통신망 이용촉진 및 정보보호 등에 관한 법률」(이하 "정보통신망법"이라 함)에 따르면 정보통신 서비스란 전기통신설비를 이용하여 정보를 제공하거나 정보의 전달을 매개하는 것을 의미하는데(제2조 제1항 제2호), 전기통신설비를 이용하기 위해서는 정보를 적절한 전기신호로 변경하여야 한다. 예를 들면, 송신자가 이메일을 보내고자 하는 경우, 단말기(컴퓨터 또는 휴대폰 등, 이하 "컴퓨터"를 전제로 함)를 통하여 인터넷에 접속하여 컴퓨터의 전자우편 프로그램을 가동한 후 정보를 입력한다. 이러한 입력데이터는 컴퓨터의 임시 메모리

---

16) Michael C. Lovell, "Data Mining", *The Review of Economics and Statistics*, vol. 65, no. 1 (1983), pp.1-3.

17) 데이터 마이닝 자체는 오해의 소지가 있는 용어이다. 왜냐하면 우리가 바위나 모래에서 금을 캔다면, "금 캐기"라고 하지 "바위 캐기"나 "모래 캐기"라 하지 않는다. 데이터 마이닝의 목적은 데이터 자체를 찾는 것이 아니라 데이터로부터 패턴이나 새로운 정보를 얻는 것이기 때문이다. Jiawei Han et al., *Data mining: concepts and techniques*, 3rd ed. (Massachusetts: Morgan Kaufmann, 2012), pp.5-6.

18) Usama Fayyad et al., "From Data Mining to Knowledge Discovery in Databases", *AI Magazine*, 17(3) (1996), p.37.

19) 데이터 마이닝이 대중적으로 널리 알려졌지만 학계에서는 KDD라는 용어를 더 많이 사용한다. KDD는 데이터 마이닝을 포함하는 개념이다. 즉, KDD는 데이터 청소(Data cleaning), 데이터 통합(Data integration), 데이터 선별(Data selection), 데이터 변형(Data transformation), 데이터 추출(Data mining), 패턴 평가(Pattern evaluation), 지식 표현(Knowledge presentation) 등의 절차를 거친다. Jiawei Han et al., ibid, pp.6-8.

20) Data is the new oil. It's valuable, but if unrefined it cannot really be used.

공간(buffer)에 저장된다. 송신자가 이메일의 발송을 명하면, 컴퓨터의 송수신기(LAN 카드 또는 모뎀)는 위 입력데이터를 전자적 전송매체에 적합한 형식(아날로그 또는 디지털)[21]의 신호로 변환한 다음 반송파(carrier wave)와 함께 송신한다. 즉, 정보통신의 경우 일정한 정보를 데이터 형식으로 변화하여 보내게 된다.[22] 이에 따라 정보가 디지털화 된 것을 데이터로 정의하면서, 정보가 데이터보다 더 근원적인 것으로 파악하는 견해도 있다.[23]

그러나 수신자의 입장에서 보면 다시 그 관계가 역전된다. 위 송신신호가 전송되는 동안 첨가된 각종 잡음이 포함된 상태로 데이터가 수신자의 컴퓨터에 도달하면, 컴퓨터의 송수신기는 출력에 적합한 데이터로 변환시킨다. 그리고 수신자는 컴퓨터의 출력장치를 통해 위 데이터의 내용, 즉 정보를 인식하게 된다. 수신자는 자신의 컴퓨터에 이메일이 도달하면 데이터를 취득하지만 그 이메일을 보기 전에는 정보를 취득한 것이 아니다. 이상과 같이 데이터와 정보는 맥락에 따라서 다양한 의미로 사용된다. 대체로 개인정보나 신용정보와 같이 데이터의 내용에 대한 이해관계를 강조하는 경우에는 정보라는 용어를 사용[24]하고, 데이터 자체의 귀속이나 처분을 강조할 경우에는 데이터라는 용어를 사용[25]하고 있다.

한편, 「지능정보화 기본법」에서 정보와 데이터에 대한 정의 규정을 두고 있는데,[26] 이에 따르면 정보란 광(光) 또는 전자적 방식[27]으로 처리되는 부호, 문자, 음성,

---

21) 베이스밴드(baseband) 방식은 컴퓨터 내부 코드에 해당하는 디지털 신호를 변조하지 않고 직접 통신 회신을 통하여 전송하지만, 브로드밴드(broadband) 방식은 원신호를 아날로그 신호로 변조해서 전송한다. 손진곤·길준민, 『정보통신망』, (서울: 한국방송통신대학교 출판문화원, 2017), 34-37면.

22) 이종형, 『광통신 공학』, (서울: 한빛아카데미, 2015), 17-19면.

23) 양천수, "데이터법의 형성과 분화", 『데이터와 법』, (서울: 박영사, 2021), 35-36면.

24) 「개인정보 보호법」, 「신용정보의 이용 및 보호에 관한 법률」, 「공공기관의 정보공개에 관한 법률」, 「국가공간정보 기본법」, 「공간정보산업 진흥법」, 등에서는 정보라는 용어를 사용하고 있다.

25) 「공공데이터의 제고 및 이용 활성화에 관한 법률」, 「데이터 산업진흥 및 이용촉진에 관한 기본법」, 「데이터 기반행정 활성화에 관한 법률」 등에서는 데이터를 사용하고 있다.

26) 「정보통신망 이용촉진 및 정보보호 등에 관한 법률」에서도 위 정의규정을 준용하고 있다(제2조 제2항).

27) 전자적 방식에는 아날로그 방식과 디지털 방식이 있다. 즉, 전자적 방식이 디지털을 의미하는것이 아니다. 아날로그 전화도 전자적 방식으로 데이터를 전송한다. 손진곤·길준민, 『정보통신망』, (서

음향 및 영상 등으로 표현된 모든 종류의 자료 또는 지식을 말하고(제2조 1호), 데이터 란 부호, 문자, 음성, 음향 및 영상 등[28)]으로 표현된 모든 종류의 자료 또는 지식을 말 한다(제2조 4호 나목). 즉, 정보란 데이터 중에서 광 또는 전자적 방식으로 처리된 데이 터를 의미한다. 광으로 처리된 데이터란 전기 신호의 형식의 데이터를 빛 신호 형식 의 데이터로 변환시킨 것을 말하는데, 광통신에서 활용된다. 즉, 광송신부가 빛 신호 를 광섬유케이블(optical fiber cable)을 통하여 보내면, 광수신부가 전달된 빛 신호를 전 기신호로 변경하게 된다.[29)] 전자적 방식으로 처리된 데이터란 전기 신호로 변경된 데 이터를 말하는데,[30)] 전술한 바와 같이 디지털 데이터를 전자적 전송매체를 통하여 전 송하기 위하여는 디지털 데이터를 아날로그 신호 또는 디지털 신호로 변경하여야 한 다.[31)] **이러한 정보의 개념에 대하여는 정보통신망을 통해 전송중인 데이터를 전제로 한 것으로 그 범위가 지나치게 좁다는 비판이 있을 수 있고, 데이터의 개념에 대하여는 한계가 불명확하여 그 범위가 지나치게 넓다는 비판이 있을 수 있다.** 빅데이터와 관련 하여 컴퓨터에 의하여 작성 또는 처리되는 디지털 데이터가 점차 중요해지고 있으므 로, 이하에서 디지털 데이터를 전제로 설명하겠다.

데이터와 정보는 물리적 실체를 기준으로 구분할 수 있다. 정보는 데이터의 내용 으로 물질적(material)이지 않다. 즉, 일찍이 위너(N. Wiener)는 "정보는 정보이고, 물질 이나 에너지가 아니다(Information is information, not matter or energy)"라고 주장한 바 있 다.[32)] 이에 반하여 데이터는 파일 형식의 물리적 실체를 갖고 있어서, 복제, 전송, 삭

울: 한국방송통신대학교 출판문화원, 2017), 34-37면.

28) 정보는 일반적으로 4가지 형태, 즉 텍스트, 그래픽, 오디오, 비디오(애니메이션 포함) 중 하나로 되어 있으며, 최근에는 이들이 서로 융합된 멀티미디어 형태가 증가하는 추세이다.

29) 이종형, 『광통신 공학』, (서울: 한빛아카데미, 2015), 17-19면.

30) 통신 시스템을 이용해 정보를 전송하기 위해서는 정보를 적절한 전기신호로 변경하여야 한다. 예 를 들면, 음성은 마이크로폰에 의해 전기신호로 변환되며, 스피커에 의해 전기신호가 다시 음성으 로 변환된다. 이종형, 전게서, 17-19면.

31) 아날로그 형식으로 전송된 데이터를 컴퓨터가 인식하기 위해서는 최종적으로 디지털 형식으로 변 경되어야 한다.

32) Nobert Wiener, *Cybernetics: or control and communication in the animal and the machine*, 2nd ed. (Boston: The MIT Press. 1961), p.132.

제가 가능하다. 이러한 디지털 데이터는 싱글바이트로 존재할 수 있고, 양자컴퓨터의 경우 큐빗(qubit)은 더 작을 수 있다.[33]

2. 디지털 데이터의 특징

디지털 데이터란 이진수 형태로 컴퓨터 또는 기타 디지털 저장매체에 저장되거나 정보통신망을 통해 전송중인 파일을 말하는데,[34] 정보통신망은 데이터의 이송수단으로 전자가 더 본질적이다. 디지털 데이터는 비트(bit)로 구성되어 있다. 비트는 색깔도 무게도 없지만, 빛의 속도로 여행한다.[35] 데이터는 데이터를 저장하는 물리적 매체[36]와 구별된다. 이를 데이터의 매체독립성이라 한다. 매체독립성은 원래 저작권법에서 저작물과 저작물이 담긴 유형물을 구분하기 위하여 사용되었다. 즉, 편지 자체의 소유권은 수신인에게 있지만 편지의 저작권은 편지를 쓴 발신인에게 남아 있다(서울지법 1995. 6. 23. 선고 94카합9230 판결). 유형물의 형태인 저작물이 판매 등의 방법으로 거래에 제공된 경우, 저작물의 양수인이 저작물의 소유권을 취득하고 또한 저작물을 제3자에게 배포할 수 있지만(저작권법 제20조 단서), 저작권 중 배포권을 제외한 나머지 저작권은 여전히 원래 저작권자가 가진다.[37] 그런데 컴퓨터 파일은 유형물이 아니므로,[38] 파일 자체를 매체로 볼 수 없고, 저장장치(하드웨어에 해당함)를 매체로 보

---

33) 우라옥, "AI-지적재산권의 관점에서", 『서울대학교 법학평론』, 제11권 (2021), 269면.

34) 디지털 데이터기 소송에서 증거로 제출될 때에는 디지털 증거(digital evidence) 또는 전자증거(electronic evidence)라고 하는데, 그 특성에 관하여 잠재성, 취약성, 디지털성, 대량성, 다양성, 네트워크 관련성을 제시하거나, 비가시성, 변조가능성, 복제용이성, 대규모성, 휘발성, 초국가성을 제기하기도 하며, 비가시성, 비가독성, 매체독립성, 취약성, 원본과 복사본 구별곤란성, 대량성, 전문성, 네트워크 관련성을 제시하거나, 무체정보성, 취약성, 대량성, 네트워크 관련성을 제시하기도 한다. 이관희, 『디지털증거 압수수색절차의 개선방안에 관한 연구』, 박사학위논문, 고려대 정보보호학과, 2021, 7면.

35) 니콜라스 네글로폰테(백운인 역), 『디지털이다』(서울: 커뮤니케이션북스, 2010), 16면.

36) 형사소송법에서는 이를 "정보저장매체"라 한다(제313조, 제314조)

37) 윤태식, 『저작권법』, 제2판(서울: 박영사, 2021), 202-203면.

38) "복제"는 인쇄·사진촬영·복사·녹음·녹화 그 밖의 방법으로 일시적 또는 영구적으로 유형물에 고

아야 한다.[39] 그러나 디지털 데이터의 가치는 데이터의 형식에 있는 것이 아니라 그 내용에 있다. 디지털 파일은 기술적으로 압축될 수 있지만 데이터의 가치에는 변경이 없다.

또한 디지털 데이터는 소프트웨어가 생성한 것으로, 소프트웨어가 데이터인 것은 아니다. 소프트웨어는 프로그램과는 다르다. 일정한 컴퓨터프로그램에 대하여는 저작권법에서 보호하고 있다(제4조 제1항 제9호).[40] 소프트웨어진흥법에 따르면, "소프트웨어"란 ① 컴퓨터, 통신, 자동화 등의 장비와 그 주변장치에 대하여 명령·제어·입력·처리·저장·출력·상호작용이 가능하게 하는 지시·명령(음성이나 영상정보 등을 포함)의 집합과 ② 이를 작성하기 위하여 사용된 기술서(記述書)나 그 밖의 관련 자료를 말하는데(제2조 제1호), 전자(①)가 프로그램에 해당한다. 소프트웨어가 프로그램을 포함하고 있으므로 프로그램 보다 넓은 개념이라 할 수 있다. 데이터는 생성된 소프트웨어에 따라 일정한 확장자를 가진 파일(file) 형식으로 되어 있다. 디지털 파일은 비가시적이다. 따라서 육안으로는 주기억장치나 서버에서 찾을 수 없고, 파일을 읽기 위해서는 그에 적합한 소프트웨어가 필요하다. 그리고 모니터로 현출되거나 인쇄물로 출력될 수 있다.

디지털 데이터는 컴퓨터의 주기억장치나 서버에 저장되어 있는데, 저장매체가 훼손되지 않는 한 파일 자체는 시간의 흐름에 영향을 받지 않는 보전성을 갖고 있다. 또한 디지털 데이터는 쉽게 복제하거나 전송[41]될 수 있고, 반복적인 복제와 전송에

정하거나 다시 제작하는 것을 말하는데, 유형물에는 특별한 제한이 없으므로 컴퓨터의 하드디스크가 이에 포함됨은 물론이지만, 하드디스크에 전자적으로 저장하는 MPEG-1 Audio Layer-3 (MP3) 파일을 일컬어 유형물이라고는 할 수 없다(대법원 2007. 12. 14. 선고 2005도872 판결).

39) MP3 파일을 Peer-To-Peer(P2P) 방식으로 전송받아 자신의 컴퓨터 하드디스크에 전자적으로 저장하는 행위는 '유형물로 다시 제작하는 것'에 해당된다고는 할 수 없을 것이지만, '유형물에 고정하는 것'에는 해당된다(대법원 2007. 12. 14. 선고 2005도872 판결).

40) 컴퓨터프로그램저작물은 특정한 결과를 얻기 위하여 컴퓨터 등 정보처리능력을 가진 장치("컴퓨터") 내에서 직접 또는 간접으로 사용되는 일련의 지시·명령으로 표현된 창작물을 말한다(제2조 제16호).

41) 컴퓨터가 각종 네트워크를 통해 서로 연결되어 있는 경우, 통신 프로토콜을 통해 원격으로 컴퓨터에 접근하여 데이터를 수정하거나 편집할 수 있는데, 이를 네트워크 관련성이라 한다.

도 불구하고 원형 그대로 보전이 가능하고, 원본과 사본의 구분이 곤란하다.[42] 반면에 디지털 데이터는 쉽게 변조될 수 있으므로, 디지털 증거를 증거로 제출하는 경우 원본과 동일성을 보증하는 것이 중요하다.[43] 이에 따라 검찰에서 디지털증거에 대하여 압수·수색을 행하는 경우, 해당 사건 주임검사 주도하에 피압수자 등을 참여시킨 상태에서 사건과 관련성이 있는 정보를 선별하고 압수·수색한 디지털 증거에 대하여 해시값(Hash Value)을 생성한 후, 확인서를 작성하여 피압수자 등의 확인·서명을 받는다(『디지털 증거의 수집·분석 및 관리 규정』[44] 제15조 제3항).

3. 데이터와 재산권

데이터 주도 경제(data-driven economy)에서 데이터에 대한 권리관계를 명확히 하면 좋겠다는 요청이 많고, 이에 따라 우리나라에서도 데이터 오너십(ownership)에 대한 논쟁이 활발하다.[45] 코즈(Coase Theorem)에 따르면, ① 거래비용이 존재하지 않는 경우

---

42) 원본과 복사본의 동일성 판단은 원래의 파일 해시값과 복사본의 해시값을 비교하여 파일의 변조 여부를 확인한다. 이관희, 전게논문, 8면. 해시값은 해시함수에 의해 구해지는 16진수(0~9, A~F)로 표현되는 코드이다. 해시함수는 입력받은 값이 길이에 상관없이 고정된 길이의 비트열을 만들어낸다. 파일의 내용이 수정 또는 삭제되면 해시함수의 입력값이 달라지는 것이므로 출력값 또한 바뀌게 되는 것이다. 따라서 원래 파일의 해시값과 대상 파일의 해시값을 비교하여 파일의 위변조 여부를 확인할 수 있다. 박종욱, 『해시값 훼손 또는 결여시 디지털증거의 증거능력 인정에 관한 연구』, 석사학위논문, 성균관대학교 과학수사학과, 2020, 40-41면.

43) "압수물인 디지털 저장매체로부터 출력된 문건이 증거로 사용되기 위해서는 디지털 저장매체 원본에 저장된 내용과 출력된 문건의 동일성이 인정되어야 한다"고 판시하여(대법원 2007. 12. 13. 선고 2007도7257 판결), 디지털 증거의 동일성을 디지털 증거의 증거능력을 부여하기 위한 요건으로 보고 있다.

44) 대검찰청예규 제876호, 2016. 12. 26.

45) 고학수·임용 편, 『데이터 오너십』, (서울: 박영사, 2019); 박상철, "데이터 소유권 개념을 통한 정보보호 법제의 재구성", 『법경제학연구』 제15권 제2호 (2018); 이동진, "데이터 소유권 개념과 그 실익", 『정보법학』 제22권 제3호(2018); 최경진, "데이터와 사법상의 권리, 그리고 데이터 소유권", 『정보법학』 제23권 제3호(2019); 박준석, "빅 데이터 등 새로운 데이터에 대한 지식재산권법 차원의 보호가 능성", 『산업재산권』 제58호(2019); 강준모 외, "데이터 소유권에 관한 법, 제도 및 정책 연구", 『정책연구』 제16호, (2019) 등

정부는 재산권만 명확히 해 주면 시장에 의해 자원이 효율적으로 배분되고, ② 거래 비용이 존재한다면 정부가 어떤 식으로 재산권을 설정하느냐가 자원의 배분에 상당한 영향을 미치므로,[46) 위와 같은 주장은 충분히 이해가 된다.

데이터 오너십은 데이터 소유권, 데이터 재산권, 데이터권 등으로 다양하게 번역되고 있다. 해석론적으로는 오너십을 우리 민법상 소유권으로 해석할 수는 없다. 왜냐하면 민법상 소유권의 객체는 물건이어야 하는데(제98조), 데이터는 물건이 아니기 때문이다. 이에 따라 본 논문에서는 오너십을 그대로 오너십으로 표기하겠다. 물론 입법론적으로 오스트리아 민법과 같이 개정한다면 데이터는 소유권의 객체가 될 수 있을 것이다. 오스트리아 민법에 따르면 사람과 구별될 수 있고, 사람의 이용에 제공될 수 있는 모든 것은 법적인 의미에서 물건으로 지칭되고(285조), 유체물뿐만 아니라 무체물도 소유권의 대상이 될 수 있다고 규정하고 있다(353조).

현재 데이터 오너십에 대한 논의에서 ① 모든 유형의 데이터를 대상으로 하는지 아니면 특정 유형의 데이터만 논의의 대상으로 하는지? ② 위 오너십이 우리나라 민법상 소유권을 의미하는지? ③ 해석론으로 주장하는 것인지 아니면 입법론으로 주장하는지? 등이 명확하지 않다. 미국에서의 데이터 오너십은 주로 개인정보의 영역에서 논의되는 양상을 보이고, 독일에서는 비개인정보의 영역에서 논의되는 양상을 보인다. 왜냐하면 독일에서는 재산권과 인격권을 준별하고 있는데, 인격권의 성질을 갖는 개인정보에 대하여는 재산권을 논의하기가 쉽지 않기 때문이다.[47) 앞서 본 바와 같이 데이터의 범위가 광범위하고, 또한 데이터는 그 활용 맥락과 다른 데이터와의 결합 여부에 따라 가치가 크게 변하므로, 모든 유형의 데이터에 대하여 논의한다는 것은 어렵다.[48) 또한 입법적으로 볼 때에도 일반적이고 포괄적인 데이터 오너십을 도

---

46) 김일중·김우얼 편, 『법경제학: 이론과 응용』(서울: 해남, 2011), 118-120면.

47) 권영준, "데이터 귀속·거래·보호에 관한 법리 체계와 방향", 『데이터와 법』(서울: 박영사, 2021), 65-67면.

48) 가령 자율주행자동차에서 생성된 데이터는 자동차 제조업자, 소프트웨어 회사, 차주, 운전자 중 누구에게 귀속되어야 하는가를 해결할 필요가 있다. Sylvia Zhang, "Who owns the Data Generated by your smart Car?", *32 Harv. L.J. & Tech.*, vol. 32, no. 1 (2018) 참조.

입하려는 시도는 아직 발견되지 않고 있다.[49)]

　데이터에 대한 권리는 대륙법계에서 상정하는 단일한 권리라기보다는 미국 재산법에서 상정하는 권리의 다발(bundle of rights)에 가깝다. 따라서 데이터 오너십은 우리나라 법제에서 민법상 소유권보다는 오히려 저작인격권과 저작재산권에 속하는 여러 개별적 지분권들의 총합으로 구성된 저작권과 구조가 비슷하다는 견해가 유력하다.[50)] 여기에서는 지식재산권의 대상이 아닌 데이터가 재산권의 객체가 될 수 있는지를 살펴보기로 하겠다.

　우선 저작권법은 데이터베이스[51)]에 대하여는 저작권을 인정하고 있다(제91조). 그러나 데이터베이스 단계에 이르지 않더라도 경제적 가치가 있는 데이터도 거래의 대상이 될 수 있고, 실제 거래가 되고 있다. 또한 보호할 가치가 있는 데이터를 침해하면 민법상 불법행위가 성립할 수 있고(제750조), 「부정경쟁방지 및 영업비밀보호에 관한 법률」에 의하여도 보호를 받을 수 있다(제2조 제1호 카목).[52)] 따라서 경제적 가치가 있고 보호할 가치가 있는 데이터를 자산으로 볼 수 있는데, 통상 재산은 유체물을 의미하므로 자산이라는 용어가 타당하다. 이러한 데이터는 재산권의 객체는 될 수 있

---

49) 권영준, 전게논문, 69면.

50) 권영준, 전게논문, 71면.

51) 여기서 "데이터베이스"는 소재를 체계적으로 배열 또는 구성한 편집물로서 개별적으로 그 소재에 접근하거나 그 소재를 검색할 수 있도록 한 것을 말한다(제2조 제19호).

52) 제2조 제1호 카. 데이터(「데이터 산업진흥 및 이용촉진에 관한 기본법」 제2조 제1호에 따른 데이터 중 업(業)으로서 특정인 또는 특정 다수에게 제공되는 것으로, 전자적 방법으로 상당량 축적·관리되고 있으며, 비밀로서 관리되고 있지 아니한 기술상 또는 영업상의 정보를 말함)를 부정하게 사용하는 행위로서 다음의 어느 하나에 해당하는 행위. 1) 접근권한이 없는 자가 절취·기망·부정접속 또는 그 밖의 부정한 수단으로 데이터를 취득하거나 그 취득한 데이터를 사용·공개하는 행위. 2) 데이터 보유자와의 계약관계 등에 따라 데이터에 접근권한이 있는 자가 부정한 이익을 얻거나 데이터 보유자에게 손해를 입힐 목적으로 그 데이터를 사용·공개하거나 제3자에게 제공하는 행위. 3) 1) 또는 2)가 개입된 사실을 알고 데이터를 취득하거나 그 취득한 데이터를 사용·공개하는 행위. 4) 정당한 권한 없이 데이터의 보호를 위하여 적용한 기술적 보호조치를 회피·제거 또는 변경("무력화")하는 것을 주된 목적으로 하는 기술·서비스·장치 또는 그 장치의 부품을 제공·수입·수출·제조·양도·대여 또는 전송하거나 이를 양도·대여하기 위하여 전시하는 행위. 다만, 기술적 보호조치의 연구·개발을 위하여 기술적 보호조치를 무력화하는 장치 또는 그 부품을 제조하는 경우에는 그러하지 아니하다.

다. 왜냐하면 재산권이란 강학상 용어로서 재산권의 객체는 유체물이 아니더라도 가능하기 때문이다. 즉 채권도 재산권의 객체이다. 이하 재산권의 객체인 데이터를 전제로 논의하겠다.

Ⅲ. 보건의료 데이터의 현황과 활용

1. 개 설

인간은 사회적 동물이다. 원시시대에 사회적 고립은 죽음과 마찬가지였다. 인터넷[53]의 발달로 인간은 소통의 지역적 한계를 극복하였는데, 2019년 COVID-19 발발 이후 디지털 전환(digital transformation)이 가속화되면서 비대면 소통이 일상화되어 가고 있다. 인간은 태어나면서 죽을 때까지 삶에 대한 흔적을 남기는데, 특히 가상세계에서의 흔적을 디지털 흔적(digital footprint)이라고 하는데, 컴퓨터 또는 서버에 디지털 데이터(digital data)의 형식으로 저장된다.

특정인에 대한 디지털 데이터는 자발적으로 생산하는 경우도 있지만 법인(국가, 공공기관, 플랫폼기업 등), 다른 사람 또는 기계에 의하여 복제되거나 생산되는 경우가 더 많다. 자발적으로 생산하는 대표적인 예가 소셜 네트워크 서비스(Social Network Service: SNS)인데, SNS는 송신자가 보낸 데이터를 다수의 수신자가 받는 구조로 설계

---

53) 전 세계의 컴퓨터를 연결하여 개별 컴퓨터에서 다른 컴퓨터의 프로그램과 데이터에 접속한다는 개념은 1962년 MIT 대학교의 릭클라이더(J.C.R. Licklider)의 은하 네트워크(Galactic Network)의 개념에서 발견될 수 있는데, 이를 최초로 구현한 것은 1969년의 ARPANET(ARPA+network)이다. 인터넷(internet)이란 명칭은 1974년 세르프(Vint Cerf)와 칸(Robert Kahn)이 TCP/IP 개념을 정립하면서, 모든 컴퓨터를 하나의 통신망 안에 연결(International Network)한다는 의미로 처음 사용하였다. 인터넷의 대중화는 1990년에 개발된 "월드 와이드 웹"(World Wide Web: WWW)에 기초하여, 1993년 텍스트 외에 그래픽, 음성과 영상 등의 전송이 가능한 인터넷 브라우저인 모자이크(Mosaic)가 등장하면서부터이다. Raphael Cohen-Almagor, "Internet History", *International Journal of Techno-ethics,* vol. 2(2) (2011), p.50.

되어 있고, 또한 디지털 데이터의 특성상 공유가 용이하다. 예를 들면, 유명 연예인이 트위터(Twitter)에 글을 하나 올리면 이를 리트윗(retweet)하는 사람은 수만 명이 넘을 수 있다. 복제 데이터의 양은 원본 데이터의 수만 배 이상이 될 수 있다. 또한 네이버와 유튜브의 검색정보, 사이버몰의 쇼핑정보, 휴대폰의 위치정보, 웨어러블 디바이스(Wearable Device)에 의한 운동정보와 심박수 등 생리정보가 디지털 공간에 기록되고 있다. 나아가 폐쇄회로 텔레비전(Closed Circuit Television: CCTV)에 의한 물리적 세상에서 우리 삶의 모습이 디지털 공간에 저장되고 있다.

자연인에 대한 데이터 중 사회적으로 중요한 것은 국가가 관리한다. 즉, 출생, 결혼, 입양(친양자입양 포함), 사망 등에 대한 입력은 시·읍·면의 전산정보조직이 하는데, 대법원 법원행정처 산하의 전산정보중앙관리소가 총괄한다(「가족관계의 등록에 관한 법률」 제1조, 제9조, 제12조).[54] 부동산의 경우 등기제도를 운영하고 있고(부동산등기법), 지식재산권은 등록제도를 운영하고 있다(특허법, 실용신안법, 디자인보호법, 상표법). 저작권의 경우 저작물을 창작함과 동시에 권리를 취득하나 등록도 가능하다(저작권법 제53조). 한편 의료계약의 경우 의료법에 의하여 환자의 주민등록번호 등 개인정보뿐만 아니라 진료정보와 처방정보의 기록이 강제된다(제22조, 제23조, 제17조의2, 제18조).

2. 보건의료 데이터의 현황

「보건의료기본법」에 보건의료정보에 대하여 정의하고 있는데, 통상 이를 보건의료데이터의 정의 규정으로 사용하고 있다.[55] 이에 따르면 "보건의료데이터"란 보건의료와 관련한 지식 또는 부호·숫자·문자·음성·음향·영상 등으로 표현된 모든 종류의 자료를 말한다(제3조 제6호). 그리고 위 "보건의료"란 국민의 건강을 보호·증진하기

---

54) 이해관계자는 기본증명서(본인의 등록기준지·성명·성별·본·출생연월일 및 주민등록번호, 본인의 출생, 사망, 국적상실에 관한 사항), 가족관계증명서, 혼인관계증명서, 입양관계증명서, 친양자입양관계증명서 등 5개의 증명서의 발급을 신청할 수 있다(제14조, 제15조).
55) 이병철, "보건의료 데이터 재정사업 분석 보고서", 『국회예산정책처』(2021), 6면.

위하여 국가·지방자치단체·보건의료기관 또는 보건의료인[56] 등이 행하는 모든 활동을 말한다(제3조 제1호).

보건의료 데이터를 생산영역 측면에서 보면 공공영역과 민간영역으로 구분할 수 있다. ① 공공영역은 국민건강보험공단, 건강보험심사평가원, 질병관리청, 국립암센터 등에서 생산되는 진료내역, 건강정보, 암 데이터 등이며(표 1 참조),[57] ② 민간영역은 의료기관의 전자의무기록(Electronic Medical Record: EMR), 의료영상저장전송시스템(Picture Archiving Communication System: PACS) 등 진료정보와 제약회사의 의약품 정보와 연구소의 실험정보 등이다.

〈표 1〉

기관	데이터의 종류
국민건강보험공단	대상자별 코호트 DB, 건강검진 DB 진료내역 DB, 의약품처방 DB
건강보험심사평가원	요양기관현황 DB, 병원평가 DB 진료내역 DB, 의약품처방 DB
질병관리청	각종 건강조사 DB
국립암센터	암 종별 레지스트리(registry)

전통적으로 보건의료 데이터는 병원 내에서 생성되고 축적되었지만 사물인터넷

---

56) 보건의료인이란 ① 의료법에 따른 의료인(간호사 포함)·간호조무사, ② 「의료기사 등에 관한 법률」에 따른 의료기사, ③ 「응급의료에 관한 법률」에 따른 응급구조사 및 ④ 약사법에 따른 약사·한약사로서 보건의료기관에 종사하는 사람을 말한다(의료분쟁조정법 제2조 제3호). 그리고 의료법에 따른 "의료인"이란 보건복지부장관의 면허를 받은 의사·치과의사·한의사·조산사 및 간호사를 말하는데(제2조 제1항), 의사는 의료와 보건지도를 임무로 하고(제2조 제2항 제1호), 치과의사는 치과 의료와 구강 보건지도를 임무로 한다(제2조 제2항 제2호). 한의사는 한방 의료와 한방 보건지도를 임무로 한다(제2조 제2항 제2호). 이에 따르면 간호사조무사는 의료인은 아니지만 보건의료인이다.

57) 공공 의료데이터의 경우에도 국민건강보험공단, 건강보험심사평가원, 질병관리청, 국립암센터 등 4개 공공기관 외에 데이터 개방을 확대할 필요가 있다. 이상영, "보건의료데이터 인공지능혁신전략", 『보건의료정보원』, 제1차 보건의료데이터 혁신 포럼(2021), 6-8면.

(Internet of Things: IoT)[58]의 발달로 기계가 수집한 데이터의 양이 인간이 생산한 데이터보다 훨씬 더 많아졌다. 2014년 IBM의 "건강 및 사회 프로그램 최고회의"(IBM Health and Social Programs Summit)에 따르면, 인간이 만드는 보건의료 데이터는 의료데이터(clinical data)가 10%, 유전체데이터(genomics data)가 30%, 외부적 활동 데이터(exogenous data) 60%로 구성된다고 보았다.

〈그림 2〉[59]

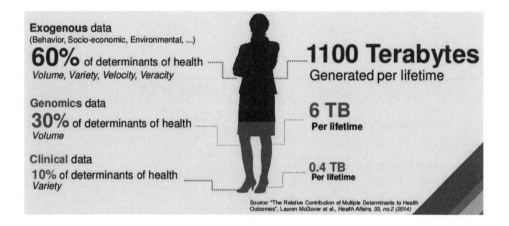

라이프로그(lifelog)[60]란 개인의 일상을 디지털 데이터로 저장하는 것을 말하는데, 스마트폰 또는 웨어러블 디바이스 등을 통하여 개인의 라이프로그 데이터를 수집하여 생활습관을 분석하고 건강상태를 진단하고 예방하는 헬스케어(Healthcare)[61] 서비

---

58) IOT는 단어의 뜻 그대로 '사물들(things)'이 '서로 연결된(Internet)' 것 혹은 '사물들로 구성된 인터넷'을 말한다. Internet of Things 개념은 애시톤(Kevin Ashton)이 1999년 P&G 회사의 브랜드 메니저로 일할 때 처음 사용했다.

59) 〈Common Data Model of Everything in Medicine: Journey for integration of Genomic data, Radiology, Free-text, and Patient-Generated Health Data with clinical data in OMOP-CDM (ohdsi.org)〉 2022년 2월 10일 방문함.

60) 라이프로그의 개념은 1945년 부시(Vannevar Bush)가 "As We May Think"라는 글에서 주장한 가상적인 전자기계 장치(hypothetical electromechanical device)인 "MEMEX"(Memory와 Index의 합성어)에서 기원한다. 라이프로그는 "일상의 디지털화"라 할 수 있다.

스가 발달하고 있다.[62] 헬스케어는 정보통신기술(ICT)을 의료분야에 결합하여, 기존의 치료 중심의 의료에서 예측(predictive), 예방(preventive), 맞춤형(personalized), 참여형(participatory) 중심의 의료로 전환을 가져오고 있다.[63] 이상 보건의료 데이터를 유형별로 정리하면 다음과 같다.[64]

〈표 2〉

구 분	주요내용
진료 데이터	전자의무기록, 전자건강기록 정보, 처방정보, 입/퇴원 기록, 의료영상자료 등 데이터
임상연구 데이터	의약품 임상시험 데이터, 의료기기 임상시험 데이터, 유전자 연구 데이터, 인체유래물 연구 데이터, 조사관찰 연구 데이터, 개인정보를 직·간접적으로 활용한 연구 데이터
공공기관 데이터	자격 및 보험료 관련 데이터, 진료 내역, 건강검진결과, 사망정보 등 공공기관에서 수집·보관·관리하는 데이터
라이프로그 데이터	웨어러블, 홈모니터링 장치, IoT, 모바일 앱 등에서 수집된 데이터로, 한 개인의 일상생활 활동에 관한 모든 데이터(체중, 심박수, 혈당, 몸무게, 식습관, 운동 습관, 약물 복용 여부, 행동과 정서에 대한 데이터 등으로 많은 사람들이 스스로 건강정보를 관리하기 시작함)

한편, 우리나라의 경우 65세 이상의 노령인구의 비율(2020년 15.4%, 2026년 20.83% 초고령사회 진입)이 급증함에 따라, 연도별 노인 요양급여비용 및 구성비가 점차 증가하고 있는데, 건강보험 적자에 상당한 원인을 제공한 것으로 평가되고 있다.[65] 건강보험심사평가원이 작성한 2020년 국민건강보험통계연보에 따르면 65세 이상 노인진료비 현황은 아래와 같다.

---

61) 라이프케어(life-care)라고도 한다.
62) 조위덕 외, "사물인터넷기반 라이프케어 빅데이터 센싱기술", 『정보와 통신』, 제32권 제11호 (2015), 21-22면.
63) 이병철, 전게 보고서, 41면.
64) 유소영, "헬스케어 빅데이터 딜레마와 해결방안", 『카카오 AI 리포트』(2018), 25면.
65) 김동진, "공공분야에서의 디지털 헬스케어", 『보건의료정보원』, 제2차 보건의료데이터 혁신포럼 (2021), 4-5면.

〈표 3〉

구 분	2019년	2020년
전체인구(천명)	51,391	51,345
65세 이상 인구(천명)(비율)	7,463(14.5%)	7,904(15.4%)
65세 이상 진료비(억원)(증가율)	357,925(12.5%)	376,135(5.1%)
노인 1인당 연평균 진료비(천원)	4,910	4,870
전체 1인당 연평균 진료비(천원)	1,681	1,688

3. 보건의료 데이터의 활용

보건복지부의 제1차 보건의료데이터 혁신포럼에 대한 보도자료(2021년 4월 22일)에 따르면 보건의료 데이터의 가치는 2조 원을 넘을 것으로 추정된다. 이러한 보건의료 데이터를 활용하기 위하여 정부는 그동안 상당한 노력을 기울었지만, 일부 건강검진·노인 등 동일집단(코호트[66]) 데이터를 개방하거나 공익적 연구에만 제한적으로 활용되고 있다.

〈표 4〉

병원정보화기(2005~15)	활용준비기(2016~20)
병원데이터 표준화, 데이터 교류 추친	활용법제 개선, 데이터 플랫폼 구축
(2005) EMR 사업단 출범 (2006) 보건의료정보화 사업단 출범 (2008) 보건소 정보시스템 도입 (2014) 진료정보교류/기반구축 연구	(2017) 진료정보교류(의료법개정) (2018) 전자의무기록 인증제 (2018) 보건의료빅데이터 플랫폼 (2020) 바이오빅데이터 시범사업 (2020) 데이터3법 개정

---

[66] 오늘날의 소대나 중대처럼 고대 로마 군대의 세부 조직 단위를 일컫는 단어다. 이들은 함께 훈련하며 생활하고 전쟁하는 과정에서 높은 내부적 동질성을 갖는다. 사회학에서는 같은 시기를 살아가면서 특정한 사건을 함께 겪은 사람들의 집합을 코호트라 부른다. 하나의 코호트는 같은 시대의 역

보건의료 데이터의 활용도가 낮은 이유는 데이터의 품질이 낮고, 데이터 공유 문화가 미성숙되었기 때문이라고 평가되고 있다. 데이터 품질이 낮은 이유는 임상데이터의 표준화가 지체되고, 라이프로그 데이터 상호 간에 호환성이 없기 때문이다. 데이터 호환·연계·결합을 위한 표준화가 필요하다. 또한 그동안 병원 간의 진료데이터는 공유되지 않았는데, 정부는 2020년 의료데이터중심병원 프로젝트(5개 주관병원과 20개 참여병원, 38개 참여기업)를 통하여, 의료기관이 독점·폐쇄적으로 관리·운용하던 의료 데이터의 활용을 위해 의료데이터저장소(Clinical Data Warehouse)의 구축을 추진하고 있다.[67] 그러나 보건의료 데이터의 활용도가 낮은 근본적인 배경에는 개인정보 보호의 문제가 있다. 즉, 보건의료 데이터의 가명처리의 안정성에 대한 과도한 요구로 인하여 개인정보 침해의 가능성이 있는 데이터 간의 결합을 엄격하게 제한하고 있기 때문이다.

IV. 보건의료 데이터의 특징과 환자의 개인정보 보호

1. 보건의료 데이터의 특성

재산권 제도를 설계하기 위해서는, ① 어떤 것이 재산권의 대상이 될 수 있는가? ② 누가 어떻게 재산권을 취득하는가? ③ 재산권 행사에 어떠한 제한이 있는가? ④ 재산권이 침해당했을 때 어떻게 보호되어야 하는가? 등의 문제를 검토하여야 한다.[68] 법경제학에서는 재산권 제도를 크게 공유(共有)제와 비공유제로 나누고 있다.[69] 공유

사적 사건들을 함께 겪고 공동의 문화를 향유하면서 비슷한 가치체계와 태도, 믿음을 공유하게 되므로, 소비자로서의 동질성 역시 높다고 봐 시장세분화 단위로 활용한다. 네이버의 『한경 경제용어 사전』. 〈코호트 (naver.com)〉 2020년 2월 10일 방문함.

67) 〈비전 및 추진방향 | 사업소개: 의료데이터 중심병원(hins.or.kr)〉 2022년 2월 10일 방문.

68) Robert Cooter & Thomas Ulen, *Law and Economics*, 5th ed. , (Boston: Addison Wesley, 2008) p.77.

69) 박세일 외, 『법경제학』, 재개정판(서울: 박영사, 2019), 135면. 이에 따르면, 공유(共有, common property)와 공유(公有, public property)는 구분된다. 公有와 국유와 마찬가지로 사유와 동일한 범주이다. 왜냐하

제란 재화에 대한 배타적 지배권이 존재하지 않는 것을 말하고, 이러한 재화를 자유재라 한다. 비공유제란 재화에 대한 비공유란 배타적 지배권이 존재하는 경우를 말하고, 국가 또는 시장에 의하여 배분된다.

그런데 특정 데이터가 재산권의 객체가 될 수 있는 경우, 누가 그 데이터의 귀속주체가 될 수 있는지를 살펴보아야 하는데, 데이터의 특성이 중요한 기준이 된다. 재화의 특성은 경제학적으로 배재성과 경합성을 기준으로 다음과 같이 구분하고 있다.[70]

〈표 5〉

구분		경합성	
		있음	없음
배제성	있음	사적 재화(private goods)	요금재(toll goods)
	없음	공유재(common resources)	공공재(public goods)

위 분류를 공급주체인 국가, 공동체, 기업(자연인 또는 법인)을 중심으로 평가하면 다음과 같다. 공공재는 국가 영역(government sector)이 공급하고, 사적 재화는 시장(market)이 공급하며, 공유재는 공동체가 제공한다. 요금재는 국가영역과 시장이 겹치는 부분으로 재화의 성격에 따라 국가(전기 등) 또는 시장(영화 등)에서 제공한다. 공유재의 경우, 다수의 개인들이 공유하고 공동으로 사용 가능하지만 한 개인의 사용량이 증가함에 따라 다른 사용자들이 사용할 수 있는 양이 감소하며 동시에 잠재적인 사용자들을 배제하기 불가능한 특징을 가진 재화이다. 공유재는 잠재적인 사용자들을 배제하지 못한 채, 사용자들의 개개인의 이익극대화에 따른 전체 사용량의 증가로 공유

면 공유 또는 국유의 경우 그 제화의 사용, 수익, 처분 등의 의사결정이 공동체 또는 국가의 의사를 대변하기 때문이다.

70) Vincent Ostrom & Elinor Ostrom, "Public Goods and Public Choices", *Workshop in Political Theory and Policy Analysis*, Indiana University (1977), p.11. 요금재(toll goods) 대신에 클럽재(club goods)도 사용한다.

재의 비극(tragedy of commons)[71]이 발생할 가능성이 높다.[72]

그런데 보건의료 데이터의 경우, 개인정보 보호의 문제를 무시하면, 비경합성을 가진다. 또한 보건의료 데이터는 동료 전문가에 의하여 공유되면 될수록 사회 전체의 효용은 증가된다. 보건의료 데이터가 공유되어서 담당의사가 더 많은 정보를 갖게 되어 더 정확한 진단을 하면 할수록 그 혜택은 환자들에게 돌아간다. 암 환자들이 의사보다는 인공지능의 처방을 더 신뢰한다는 기사가 있다.[73] 이는 의사의 진단에 데이터가 중요하다는 것은 환자들도 알고 있다는 사실을 반증한다.

보건의료 데이터가 비경합적이고 공유가 사회적으로 바람직하다는 면에서 지식재산과 유사한 면이 있는데, 지식재산의 경우 지식재산권으로 보호하는 이유는 지식재산권자에게 독점적 지위를 부여함으로써 지식재산의 창출을 격려하기 위함이다. 그런데 보건의료 데이터 중 의사의 진료데이터의 경우 인센티브를 주지 않는다고 해서 진료를 거부할 수 있는 것이 아니고(의료법 제15조), 인센티브를 준다고 해서 보건의료 데이터가 더 많이 생성되는 것이 아니다. 따라서 보건의료 데이터의 경우 지식재산권으로 보호할 필요가 없다. 따라서 제도적으로 보건의료 데이터에 대하여 치료 내지 연구 목적으로 전문가들과의 공유를 유도하는 것이 사회 전체적으로 바람직하다.

---

71) Garret Hardin, "The Tragedy of the Commons", *Science New Series*, vol. 162, no. 3859 (1968), p.1244. 비극이라는 용어는 화이트헤드의 말에서 인용했다. 극적인 비극의 요체는 불행이 아니라, 사물들의 무자비한 작동의 엄숙함에 존재한다(The essence of dramatic tragedy is not unhappiness. It resides in the solemnity of the remorseless working of things). Alfred North Whitehead, *Science and the Modern World*, (New York: New American Library, 1948), p.17. 공유지의 비극이 발생하는 이유는 소위 행위자의 외부효과가 내부화되지 않았기 때문이다. 박세일 외, 전게서, 137면.

72) 오스트롬(Elinor Ostrom)은 1990년 『공유의 비극을 넘어』(Governing the Commons)에서 공유자원이 사유화되거나 정부에 의해서 통제되어야 한다는 기존의 이론들을 수많은 경험적 사례들을 바탕으로 반박하고 자치적인 제도의 가능성과 조건을 보여 주었다. 그러나 자치적인 관리가 가능하기 위해서는 '조건부 협동의 전략,' '공유된 믿음,' '저비용의 감시체제' 그리고 '점증적인 제재 조치' 등이 필요하다. 안도경, "공유의 비극을 넘어: 공유자원 관리를 위한 제도의 진화", 『한국경제포럼』 제5권 3호 (2012), 120면.

73) 〈암환자들, 의사보다 인공지능의 처방 더 따른다―조선일보 (chosun.com)〉 2022년 1월20일 방문함.

2. 의료데이터와 환자의 권리

의료인의 진료기록부 등의 작성은 환자와의 의료계약의 이행을 위하여 의료법에서 정한 형식과 내용에 따라 작성하는 것으로(제22조 제1항), 진료기록부 등에 대한 권리는 의료계약의 당사자인 의사 또는 의료법인 등[74](이하 "의료법인 등"이라 함)에게 있다고 할 것이다. 즉, 의료법인 등 소속 의사가 진료기록부를 작성하였다고 하더라도 그에 대한 권리는 의료법인 등이 갖는다. 의료기관이 보건의료 데이터에 대한 권리를 갖고 있다고 해서 아무런 제한 없이 사용할 수 있는 것이 아니다. 왜냐하면 보건의료 데이터에는 환자의 민감정보(「개인정보 보호법」 제23조)를 담고 있기 때문이다.

이에 따라 의료기관은 환자의 개인정보를 보호할 의무가 있고, 환자는 자신의 보건의료 데이터에 대하여 일정한 권리가 있다. 의료법상 진료정보의 경우 「개인정보 보호법」의 원칙 규정에 대한 예외적인 규정이 많다. 즉, 의료법에 의하여 환자의 개인정보에 대한 권리가 많이 제한되어 있다. ① 의료인이 환자의 개인정보를 수집하는 경우 환자의 동의가 필요 없다(「개인정보 보호법」 제15항 제1항 2호, 의료법 제22조). ② 의료인이 건강보험심사평가원에 환자의 개인정보를 제공할 경우 환자의 동의가 필요 없다(「개인정보 보호법」 제17조 제1항 2호). ③ 「개인정보 보호법」에서 정보주체만이 열람이 가능하나(제35조), 의료법에서 일정한 경우 배우자 등도 열람이 가능하다(제21조 제3항). ④ 의료인인 진료기록부 등의 보존의무가 있기 때문에 환자는 자신의 개인정보가 담긴 문서의 폐기를 요청할 수 없다(「개인정보 보호법」 제21조, 의료법 제22조 제2항).

우리나라 「개인정보 보호법」에 따르면 정보주체는 데이터에 대하여 특정한 권리(specific rights, 즉, 동의권, 열람권 등)를 갖고, 개인정보처리자가 데이터에 대한 잔여권리(residual right)를 갖는다. 경제학적으로 잔여청구권자를 소유자(owner)라 한다.[75] EU GDPR에 따르면 정보주체(data subject)가 제한적 권리를 갖고, 정보처리자(data controller)

---

74) 의료기관을 개설할 수 있는 법인에는 의료법인 외에도 학교법인(인하대병원), 사회복지법인(삼성병원, 아산병원) 등이 있다(의료법 제33조 제2항).

75) Sanford Grossman & Oliver Hart, "The Costs and Benefits of Ownership: A Theory of Vertical and Lateral Integration", *Journal of Political Economy*, 94(4)(1986), p.692.

가 데이터에 대한 잔여권리를 갖는 대신에 정보주체에 대하여 신인역할(fiduciary role)을 담당한다.[76] 통상 정보주체는 개인정보처리자로부터 일정한 서비스를 제공받는 대신에 자발적으로 개인정보를 제공한다.[77] 정보주체가 그 서비스를 이용하지 않으면 개인정보의 제공도 끝나게 된다. 이 경우 과거에 발생된 개인정보에 대한 이전 또는 삭제 등을 요구할 수 있는 지는 데이터의 성질과 내용에 따라 다르다.

3. 보건의료 데이터의 가명처리와 개인정보 보호

정보주체는 개인정보를 치료나 처방 등 일정한 목적하에서 제공한 것으로, 과학적 연구 목적 등에 보건의료 데이터를 사용하기 위해서는 정보주체의 동의를 받아야한다(「개인정보 보호법」 제17조). 만약 그 보건의료 데이터가 개인을 식별할 수 있는 정보인 경우에는 정보주체의 동의 외에 기관생명윤리위원회의 심의를 받아야 한다(생명윤리법 제10조, 제15조). 그런데 과학적 연구 목적으로 대량의 보건의료 데이터를 사용할 필요가 있는 경우 정보주체의 동의를 받는다는 것은 현실적으로 불가능하다. 이에 따라 개인정보처리자는 통계작성, 과학적 연구, 공익적 기록보존 등을 위하여 정보주체의 동의 없이 가명정보를 처리할 수 있다(제28조의2 제1항). 실제로 가명처리된 보건의료 데이터를 활용하는 것이 일반적이다. 그러나 서로 다른 개인정보처리자 간의 가명정보의 결합은 개인정보 보호위원회 또는 관계 중앙행정기관의 장이 지정하는 전문기관이 수행한다(제28조의3).

문제는 데이터가 많으면 많을수록 정보의 가치가 높아지는, 그럴수록 개인을 식별할 가능성이 높아진다는 점이다. 즉 아래 그래프에서 보는 바와 같이 데이터의 양

---

76) Nestor Duch-Brown et al., "The Economics of Ownership, Access and Trade in Digital Data", *JRC Technical Report*(2017), p.17.

77) 정보주체가 개인정보에 대해 걱정을 많이 한다고 주장하면서 실제로 자신의 개인정보를 보호하는 데 신경을 쓰지 않는 행위를 프라이버시 역설이라고 한다. Susanne Barth & Menno D.T. de Jong, "The privacy paradox: Investigating discrepancies between expressed privacy concerns and actual online behavior", *Telematics and Informatics*, 34(2017), p.1039.

과 개인정보 보호는 트레이드-오프(trade off) 관계에 있다.

〈그래프〉[78]

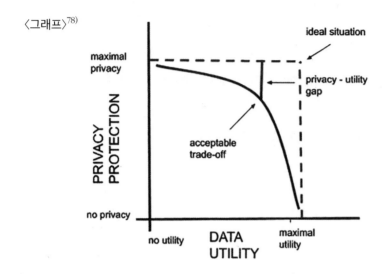

그러나 경제적 가치를 가지면서 100% 안전한 가명화는 존재할 수 없다. 개인의
식별성은 대상자에 대한 배경지식에 의존적이기 때문에 항상 모호한 영역이 존재한
다. 100% 익명화가 되면 그 정보는 경제적 가치가 없다. 그런데 지금 우리나라의 분
위기는 100% 완벽한 익명성을 요구하는 듯한 분위기인 것 같아서 보건의료 빅데이
터의 활용이 저조하다. 참고로, 유네스코의 국제생명윤리위원회가 2017년 발표한 보
고서에서는 정책의 중심을 정보주체의 권리의 보호에서 개인정보처리자의 신인의무
(custodianship)와 이익공유(benefit-sharing)로 전환할 것을 요청하고 있다.[79] 즉, 완전한
개인정보 보호는 비현실적이므로, 개인정보처리자에게 관리의무를 부과하고 그에 따
른 성과를 공유하는 것이, 국내 또는 국제적 수준에서 달성가능한 최고의 건강수준을
평등하게 누릴 수 있게 한다는 것이다.

---

78) 〈Only a little bit re-identifiable?! Good luck with that… — MOSTLY AI〉 2022년 2월 10일 방문함.

79) International Bioethics Committee "Report of the IBC on Big Data and Health", *UNESCO*(2017), p.15.

IV. 결 론

정보주체가 개인정보의 재식별 위험을 피하기 위해 보건의료 빅데이터에서 자신의 데이터를 제거하면, 한편으로 자신의 개인정보는 보호하면서도 다른 한편으로 빅데이터에 남아 있는 데이터를 활용한 의료서비스의 향상이라는 경제적 효익을 누릴 수 있다. 그러나 정보주체가 보건의료 데이터에서 자신의 정보를 제거하면 할수록 공유지의 비극과 같은 결과를 초래할 수 있다.

보건의료 빅데이터는 민감정보로서 그 활용에 앞서 보호가 우선되어야 한다. 기술적으로 보건의료 데이터의 보안을 위한 기술적인 노력을 기울여야 하지만 완벽한 보안이란 존재할 수 없다. 이에 따라 제도적으로 개인정보 보호를 위하여 제로 트러스트(Zero Trust) 보안 원칙을 채택할 필요가 있다. 제로 트러스트 보안 모델은 기본적으로 '세상에 믿을 사람은 하나도 없다'는 태도를 의미한다. 즉, 조직 내부와 외부를 막론하고 그 누구도 신뢰해서는 안 되며, 보안원칙에 따라 접속권한을 배분한 다음, 인증 절차를 거쳐 신원을 확인한 후 데이터 서버에 접속할 수 있도록 하고, 접속기록을 보관하여야 한다. 'Never Trust, Always Verify' 라고 표현할 수 있다. 또한 보건의료 데이터가 복제되는 경우 개인정보처리자에게 데이터 추적을 가능하게 할 의무(data traceability obligation)를 부과할 필요가 있다.

보건의료 데이터 등 민감정보를 「개인정보 보호법」에 위반하여 처리한 경우 5년 이하의 징역에 처할 수 있는데(제71조 3호), 위법하게 처리된 민감정보를 취득 또는 보관하거나 제3자에 제공한 자에 대하여는 더욱 엄격하게 처벌할 필요가 있다. 참고로 형법의 경우에는 절도죄에 대하여는 6년 이하의 징역에 처하나(제329조), 절도죄의 결과물인 장물을 취득, 양도, 운반 또는 보관한 자에 대하여는 7년 이하의 징역에 처한다(제362조). 또한, 절도죄의 경우 업무상과실 절도죄와 중과실 절도죄가 없지만 장물죄의 경우 업무상과실 장물죄와 중과실 장물죄를 처벌하고 있다(제364조).

제2절

정보통신기술의 발전과 개인정보 보호*

손영화
(인하대학교 법학전문대학원 교수)

I. 서 론

인간은 사생활과 개인 삶의 영역을 보호받는 것을 중요시한다. 자신의 개인정보에 대하여 언제든지 누구라도 접근할 수 있는 것을 원하지 않는다. 또한 타인이 자신에 대해 무엇을 알고 있는지에 대하여 통제할 수 있기를 원한다. 그러나 최근 정보통신기술의 발전은 프라이버시를 위협하고 개인정보에 대한 통제력을 감소시키며 개인정보에 대한 다양한 접근의 결과로 인한 부정적인 결과가 발생할 가능성이 있다. 20세기 후반에는 개인정보의 처리 수준 증가에 대한 대응으로 데이터 보호체제가 구축되었다. 21세기는 빅데이터와 첨단 정보기술(예: 딥러닝의 형태), 빅테크 기업의 부상과 엑사바이트급 데이터 저장 및 처리와 함께 플랫폼 경제의 세기가 시작되고 있다.

전화 통화, 인터넷 검색 및 전자 결제에 관한 대량의 데이터를 수집, 저장 및 검색할 수 있는 기술적 기능이 현재 마련되어 있다. 정부 기관과 기업 행위자 모두가 그러한 기술을 일상적으로 사용하고 있다. 중국의 부상과 감시와 통제를 위한 첨단 디지털 기술의 대규모 사용과 확산은 많은 사람들의 우려를 자아내고 있다. 기업에게는 고객과 잠재 고객에 대한 개인정보가 이제 핵심 자산이기도 하다. 빅테크(Google,

* 이 논문은 기업법연구 제36권 제1호(2022)에 게재된 논문입니다.

Amazon, Facebook, Microsoft, Apple)의 개인정보 중심 비즈니스 모델의 범위와 목적은 '감시 자본주의'라는 표현을 자아내기도 한다.

동시에 사생활의 의미와 가치는 상당한 논란의 대상으로 남아 있다. 신기술의 힘이 증가하고 사생활에 대한 명확성과 동의가 감소함에 따라 법률, 정책 및 윤리에 관한 문제가 발생한다. 이러한 많은 개념적 논쟁과 이슈는 EU 1995 Directives의 후속으로 2018년 봄에 EU에 의해 채택된 일반데이터보호규정(GDPR)의 해석과 분석의 맥락에서 평가할 수 있다. 일반데이터보호규정(GDPR)은 유럽연합의 국경을 훨씬 넘어 적용되고 있다.[1]

정보통신기술과 프라이버시 보호 사이의 관계를 탐구하고자 한다. IT가 프라이버시에 미치는 구체적인 위협과 IT의 혁신에 대해 설명하고, IT가 "프라이버시 민감", "프라이버시 강화" 또는 "프라이버시 존중"이라고 할 수 있는 방식으로 개발되어 프라이버시 문제를 어떻게 극복할 수 있는지에 대하여 살펴보고자 한다.

II. 프라이버시의 개념과 가치

사생활에 대한 논의는 기술의 사용과 관련되어 있다. 서구 세계에서 사생활에 대한 논쟁은 신문 인쇄기와 사진의 도입으로 시작되었다. 1890년 새뮤얼 D. 워렌과 루이스 브랜다이스는 "존중되어야 할 인격(inviolate personality)"의 원칙에 근거하여 "혼자 남겨질 권리(right to be left alone)"가 있다고 주장하였다.[2] 그 논문이 발표된 이후, 사생활에 대한 논쟁은 다른 사람들이 자신들에게 접근할 수 있는 정도를 결정하는 개인의

---

[1] GDPR은 우리나라 기업이 EU 거주자에게 직접 상품이나 서비스를 제공하면서 EU 거주자의 개인정보를 취급하는 경우, EU 역외의 사업자라 하더라도 동법의 적용대상이 된다(GDPR 제3조 「역외적용」) [손영화·손수진, "EU 일반데이터보호규정(GDPR)에 대한 우리나라 기업의 대응방안", 「비교사법」 제26권 제1호(한국비교사법학회, 2019), 413면].

[2] 미국인은 개인에게 집행 가능한 프라이버시 권리가 있으며 "사회의 보호는 주로 개인의 권리의 인식을 통해 이루어져야 한다"고 주장한다[Samuel D. Warren & Louis D. Brandeis, The Right To Privacy, 4 HARV. L. REV. 193, 219-220 (1890)].

권리와 개인에 대해 알 수 있는 사회의 권리에 관한 주장으로 촉발되었다. 개인에 대한 접근의 초석이 된 개인정보 보호 논쟁은 정보기술의 발전과 함께, 그리고 이에 대응하여 함께 발전되어 왔다. 따라서 컴퓨터, 인터넷, 모바일 컴퓨팅 및 이러한 기본 기술의 많은 응용 프로그램과는 별개로 개인정보 보호 개념과 데이터 보호에 대한 논의를 하는 것은 쉽지 않다.

1. 정보 프라이버시

미국 법률의 발전에 따라 (1) 헌법적(또는 결정적) 프라이버시와 (2) 정보적 프라이버시를 구별할 수 있다. 첫째는 피임약 사용이나 낙태 결정 등 친밀하고 개인적인 일로 보이는 사안에 대해 타인의 간섭 없이 스스로 결정할 수 있는 자유를 말한다. 둘째는 자신에 대한 정보에 대한 접근에 대한 통제권을 행사하는 개인의 이익과 관련이 있으며, 가장 흔히 "정보 프라이버시"라고 불린다. 예를 들어, 페이스북이나 다른 소셜 미디어에 공개된 정보에 대해 생각해 보자. 너무 쉽게, 그러한 정보는 개인의 통제를 벗어날 수 있다.[3]

사생활에 대한 진술은 사람들이 사생활의 상황과 조건을 정의하는 방법, 그리고 그것을 가치 있게 평가하는 방법을 설명하는 데 사용되는지에 따라 서술적이거나 규범적일 수 있다. 또는 정보 또는 정보 처리의 사용에 제약이 있어야 한다는 것을 나타내는 데 사용된다. 이러한 조건이나 제약은 일반적으로 개인정보 또는 개인에게 영향을 미칠 수 있는 정보 처리 방법을 포함한다. 규범적 의미에서 정보 프라이버시는 전형적으로 (1) 자신에 대한 정보에 대한 직·간접적인 접근, (2) 자신에 대한 정보를 획득할 수 있는 상황, (3) 온라인에 대한 정보를 생성, 처리 또는 전파하는 데 사용될 수 있는 기술에 대한 개인의 절대적인 도덕적 권리를 의미한다.[4]

---

3) J van den Hoven, Privacy and Information Technology, Stanford Encyclopedia of Philosophy, First published Thu Nov 20, 2014; substantive revision Wed Oct 30, 2019. 〈https://plato.stanford.edu/entries/it-privacy/〉.

4) J van den Hoven, op. cit., (Privacy and Information Technology).

정보 프라이버시란 데이터, 기술, 프라이버시에 대한 국민의 기대 및 그들을 둘러
싼 법적, 정치적 문제의 수집과 보급 관계이다.[5] 데이터 프라이버시 또는 데이터 보
호라고도 불린다. 데이터 프라이버시는 개인의 프라이버시 취향과 개인 식별 가능한
정보를 보호하면서 데이터를 사용하려고 하기 때문에 곤란하다.[6] 컴퓨터 보안, 데이
터 보안 및 정보보안의 각 분야는 소프트웨어, 하드웨어 및 인력을 설계하거나 사용
하여 이 문제에 대처하고 있다.

2. 프라이버시의 가치

프라이버시에 대한 논쟁은 유전학, 바이오 마커, 뇌 영상, 드론, 웨어러블 센서 및
센서 네트워크, 소셜 미디어, 스마트폰, 폐쇄회로 텔레비전(CCTV), 정부 사이버 보안
프로그램, 직접 마케팅, RFID 태그, 빅데이터, 검색엔진에 이르기까지 거의 항상 새
로운 기술을 중심으로 이루어지고 있다. 신기술의 홍수와 그것이 개인정보와 프라이
버시에 미치는 영향에 대해 기본적으로 두 가지 반응이 있다. IT 산업과 연구개발 분
야의 많은 사람들이 제기하는 첫 번째 반응은 디지털 시대에 프라이버시가 제로이며,
우리가 그것을 보호할 방법이 없기 때문에 우리는 새로운 세계에 익숙해지고 극복해
야 한다는 것이다.[7] 또 다른 반응은 우리의 사생활이 그 어느 때보다도 중요하며 우
리는 그것을 보호할 수 있고 또 보호해야 한다는 것이다.[8]

---

5) M. G. Michael/Katrina Michael, Uberveillance and the Social Implications of Microchip Implants:
   Emerging Technologies, Information Science Reference, 2013.

6) Vicenç Torra, Data Privacy: Foundations, New Developments and the Big Data Challenge, Springer
   International Publishing, 2017, pp.1-21.

7) 1999년 Sun Microsystems의 공동 창업자이자 전 CEO인 Scott McNealy는 기자단에게 "어쨌든 당신
   은 사생활이 전혀 없다. 그걸 극복하라."고 말한 바 있다(Adam Cochran, You have zero privacy. Get over it.
   BEACON, Mar 03, 2020. 〈https://www.beaconseniornews.com/2020/03/03/327977/you-have-zero-privacy-get-
   over-it-〉).

8) 제68차 국제연합총회는 2013년 12월 18일에 정부와 기업, 개인에 의해 인권침해가 될 수 있는 통신
   의 감청이나 데이터 수집이 최근 정보통신 기술의 발전으로 기술적으로 가능해진 사태에서 국외를
   포함한 통신 감청이나 개인정보의 수집이 이루어지고 있는 현 상황을 들어 프라이버시의 권리가 민

한편에서는 프라이버시 주장은 도덕적인 관점에서 중요한 다른 가치관이나 기타 사항에 관한 것이라고 주장하고 있다. 이러한 관점에 따르면 프라이버시의 가치는 이러한 다른 가치와 가치의 원천에 의해 감소될 수 있다.[9] 그 연장선에서 옹호되어 온 제안들은 재산권, 안전보장, 자치, 친밀함 또는 우정, 민주주의, 자유, 존엄성 또는 효용과 경제적 가치를 언급하고 있다. 다른 한편에서는 프라이버시는 그 자체로 가치가 있으며 그 가치와 중요성은 다른 고려사항에서 도출되지 않는다고 주장한다. 사생활과 개인의 삶의 영역을 인권으로 해석하는 견해는 이러한 환원주의 개념의 한 예가 될 것이다.[10]

프라이버시에 대하여 특히 개인정보 보호에 대한 유럽과 미국의 접근법에는 차이가 있다. 첫째는 '데이터 보호' 측면에서 정보 프라이버시 문제를 개념화하고, 둘째는 '개인정보 보호' 측면에서 개념화하고 있다.[11] 프라이버시 문제와 기술의 관계를 논의할 때 데이터 보호의 개념은 보호의 대상이 무엇이고, 어떤 기술적 수단을 통해 데이터를 보호할 수 있는지에 대한 비교적 명확한 그림으로 이어지기 때문에 가장 도움이 된다. 동시에 개인정보의 기술적, 법적 및 제도적 보호가 정당화될 수 있는 여러

주적 사회의 기초의 일부이며, 표현의 자유와 의견을 가진 자유를 실현하기 위해 중요하다는 것을 재확인하는 결의를 채택했다(United Nations, General Assembly backs right to privacy in digital age, 19 December 2013. 〈https://news.un.org/en/story/2013/12/458232-general-assembly-backs-right-privacy-digital-age〉).

9) 톰슨(1975)은 도덕적으로나 합법적으로 프라이버시에 대한 권리는 개념적으로 불필요하다는 강한 주장을 한다. 그녀는 사생활의 권리에 대해 축소론적인 분석을 제공하고, 사생활은 재산권이나 개인에 대한 권리(신체적 성실성이나 자기결정권과 유사한 권리)와 같은 다른 권리들의 모임으로 이루어져 있다고 주장한다. 게다가 그녀는 "프라이버시 클러스터에 대한 권리는, 다른 권리 클러스터에도 있다"라고 주장하고 있다[Judith Jarvis Thomson, The Right to Privacy. Philosophy and Public Affairs, 4(4) (1975), p.312].

10) 환원주의의 이러한 형태는 사람들이 사생활을 원하고, 이 소망의 만족이 인간의 중요한 열망을 나타낸다는 인정과 일치한다[Ruth Gavison, Privacy and the Limits of Law, The Yale Law Journal Vol. 89, No. 3(1980), p.422].

11) 데이터 보호와 개인정보라고 하는 제목하에서 논의되는 프라이버시는 프라이버시에 대한 논의에서 제외한다. 미국에서는 프라이버시가 지배적인 용어이며 유럽의 개인정보와 데이터 흐름에 관한 윤리적 이슈를 논하기 위해 데이터 보호가 선호되는 어휘이다[Richard Heersmink/Jeroen van den Hoven/Nees Jan van Eck/Jan van den Berg, Bibliometric mapping of computer and information ethics, Ethics Inf Technol Vol. 13(2011), pp.245-246].

가지 뚜렷한 도덕적 근거를 지적하면서 데이터를 보호해야 하는 이유에 대한 질문에 대한 답을 제시한다. 따라서 정보 프라이버시는 개인정보의 보호 측면에서 재검토된다. 이것은 개인정보 및 데이터 보호를 제한하지 않고 개인정보, 기술 및 데이터 보호의 관계를 보여 준다.

3. 개인정보 또는 개인데이터

개인정보 또는 개인데이터는 개인과 연계되거나 연계될 수 있는 정보 또는 데이터를 말한다.[12] 예를 들어, 개인의 생년월일, 성적 선호, 소재지, 종교 등 명시적인 특성뿐만 아니라 컴퓨터의 IP 주소나 이러한 종류의 정보와 관련된 메타데이터도 포함된다. 또한 개인정보는 예를 들어, 소셜 미디어에서 개인과 연결될 수 있는 행동 데이터의 형태로 더 암시적일 수 있다. 개인정보는 기밀 요리법, 재무 데이터 또는 군사정보 등과 같은 다른 이유로 민감하거나 가치가 있거나 중요하다고 간주되는 데이터와 대조될 수 있다. 암호와 같은 기타 정보를 보호하는 데 사용되는 데이터는 여기에 포함되지 않는다. 이러한 보안조치(암호)가 프라이버시에 기여할 수 있다. 보안조치의 보호는 다른 더 사적인 정보의 보호에 있어서 중요하므로 보안조치의 품질은 개인정보와 관련해서는 논하지 않는다.

개인정보는 법률로 자연인과 연계할 수 있는 데이터로 정의되어 있다. 이 링크를 작성하려면 참조 모드와 비참조 모드 2가지 방법이 있다. 이 법은 주로 기술 또는 속성의 '참조 사용'과 관련되어 있다. 이것은 화자와 지식의 대상과의 (가능성이 있는) 인식 관계에 근거해 행해지는 사용 타입이다. 법정에서 케네디의 살인자를 가리키며 말

---

12) 개인정보와 개인데이터는 구분되는 개념이다. 엄밀하게 말하면, 개인정보는 개인정보보호법 등에 의하여 보호되는 개인에 관한 정보를 의미하고, 개인데이터는 이와 같은 개인정보를 포함하여 법상 보호받지 못하는 데이터까지도 포함하는 개념이다. 그러나 프라이버시 보호와 관련되는 개인데이터는 개인정보와 동일한 개념이다. 본 논문에서는 개인정보와 개인데이터를 혼용하여 사용하고, 법상 보호받지 못하는 개인의 데이터는 데이터라고 표현한다. 본문 중에 데이터라고 할 때에는 가치중립적으로 모든 데이터를 포괄하는 개념으로 표현하고자 한다.

한 "케네디의 살인자는 미쳤음이 틀림없다"는 참조용 서술의 한 예이다. 이것은 "케네디의 살인자는 그가 누구든지 간에 미쳤음에 틀림없다"에서와 같이 연속적으로 사용되는 표현과 대조될 수 있다. 이 경우, 설명의 사용자는 자신이 말하고 있거나 언급하고자 하는 자와 전혀 친분이 없거나 없을 수 있다. 개인정보의 법적 정의가 참조용으로 해석된다면, 특정 시점에 개인과 관련될 수 있는 데이터의 대부분은 보호되지 않을 것이다.[13] 즉, 이 데이터의 처리는 프라이버시 또는 개인 삶의 범위와 관련된 도덕적 근거에 의해 제한되지 않는다. 왜냐하면, 이 데이터는 사람을 직접적으로 "지칭(refer)"하지 않기 때문에 엄격한 의미에서 "개인정보"를 구성하지 않기 때문이다.[14]

4. 개인정보를 보호해야 하는 도덕적 이유

개인정보의 보호와 타인에 의한 데이터에 대한 접근에 대한 직접 또는 간접적인 통제(control)를 제공하는 것에 대한 다음과 같은 도덕적 이유를 구별할 수 있다.

(1) 위해 예방

다른 사람이 자신의 은행 계좌, 프로필, 소셜 미디어 계정, 클라우드 저장소, 특성 및 행방에 제한 없이 액세스하는 것은 다양한 방법으로 데이터 주체에 해를 끼칠 수 있다. 다만, 개인 데이터 처리 활동 및 개인 데이터 침해로 인해 사용자에게 발생하는 다양한 위험과 위해는 식별 및 예측하기가 매우 어려울 수 있다.[15] 이러한 위해를 예방(prevention of harm)할 필요가 있다.

(2) 정보 불평등

개인정보는 일용품이 되었다. 개인은 대개 자신의 데이터 사용에 대한 계약을 협

---

13) J van den Hoven, op. cit.. (Privacy and Information Technology).

14) J van den Hoven, op. cit.. (Privacy and Information Technology).

15) Srikara Prasad, Defining "Harm" in the digital ecosystem, May 6, 2019. 〈https://www.dvara.com/research/blog/2019/05/06/defining-harm-in-the-digital-ecosystem/〉.

상할 수 있는 좋은 위치에 있지 않고 파트너가 계약 조건에 부합하는지 확인할 수단이 없다. 데이터 보호법, 규제 및 거버넌스는 개인정보 전송 및 교환에 관한 계약서를 작성하기 위한 공정한 조건(fair conditions)을 구축하고 데이터 주체에게 견제와 균형, 보상 보장 및 계약조건 준수를 감시하는 수단을 제공하는 것을 목적으로 한다.[16] 유연한 가격 책정, 가격 타겟팅 및 가격 측정(price gauging), 역동적 협상은 일반적으로 비대칭 정보(asymmetrical information)와 정보 접근에 있어 큰 불평등(disparities)을 바탕으로 이루어진다. 또한 마케팅에서의 선택 모델링, 정치 캠페인의 마이크로 타겟팅(micro-targeting)[17] 및 정책 실시에서의 넛지(nudging)[18]는 본인과 대리인의 기본적인 정보 불평등(informational inequality)을 활용한다.

---

16) 현행 EU 데이터보호규칙을 대폭 개정하는 것은 사람들이 자기의 개인 데이터를 컨트롤하에 두는 것과 함께 기업이 유럽 전역에서 데이터를 이동시키는 것을 용이하게 하는 것으로 월요일에 인권위원회(the Civil Liberties Committee)에 의해 채택되었다. 대규모감시(mass surveillance)의 경우에 대처하기 위해 유럽의회 의원은 EU외 국가들의 데이터 이전에 대해 보다 강화된 안전조치를 신설하였다. 그들은 또 명시적 동의요건(an explicit consent requirement), 삭제할 권리(a right to erasure) 및 규칙을 위반한 기업에 대한 벌금액수의 증액을 신설하였다[손영화, "빅데이터 시대의 개인정보 보호방안", 「기업법연구」 제28권 제3호(한국기업법학회, 2014), 362면].

17) 정치 캠페인은 개인 유권자들을 다루기 위해 사용되는 특정한 기술인 마이크로 타겟팅을 사용한다. 미국에서 마이크로 타겟팅은 개인에 대해 수집된 광범위한 데이터 세트에 의존한다. 그러나 독일에서 유사한 데이터를 사용할 수 없기 때문에 마이크로 타겟팅의 실천이 훨씬 더 어렵다. … 디지털 추적은 풍부한 정보 풀을 제공하며, 적절한 알고리즘 처리에 따라 정치적 마이크로 타겟팅에 필요한 조건을 만들 수 있다. 보다 구체적으로, 데이터 마이닝 기술은 사람들의 일반적인 의견, 정당 선호도 및 기타 비정치적 특성에 대한 정보를 수집할 수 있게 한다. 데이터 집약적 알고리즘의 적용을 통해 공통 속성과 관련하여 사용자를 클러스터링하고 프로파일링을 통해 누가 어떻게 영향을 미치는지 식별할 수 있다(Orestis Papakyriakopoulos/Simon Hegelich/Morteza Shahrezaye/Juan Carlos Medina Serrano, Social media and microtargeting: Political data processing and the consequences for Germany, Big Data & Society, July—December 2018, p.1).

18) 넛지(nudge)는 강압적이지 않은 방법으로 사람들의 행동을 바꾸는 현상을 의미한다. 넛지의 사전적 의미는 '팔꿈치로 슬쩍 찌르다', '주위를 환기하다'인데, 시카고대 교수인 행동경제학자 리처드 탈러(Richard H. Thaler)와 하버드대 로스쿨 교수 캐스 선스타인(Cass R. Sunstein)은 2008년 "Nudge: Improving Decisions about Health, Wealth, and Happiness"란 책을 내놓으면서 넛지를 '사람들의 선택을 유도하는 부드러운 개입'이라고 정의하였다(이병호, "사회 이슈: 세상을 바꾸는 작은 변화, 넛지 (nudge)", 경기연구원, 2017. 1. 2. 〈https://www.gri.re.kr/%EA%B8%B0%ED%83%80-4/?pageid=3&uid=25836&mod=document〉).

(3) 정보상의 불공정 및 차별

어떤 영역 또는 컨텍스트(예: 의료)에서 제공되는 개인정보는 다른 영역 또는 컨텍스트(예: 상업적 거래)에서 사용될 때 그 의미를 변화시킬 수 있으며 개인에게 차별과 불이익을 초래할 수 있다. 예를 들어, 의료 맥락에서 환자는 의사가 개인 의료정보를 지속적으로 유지하기를 기대하지만 필요에 따라 전문가와 공유할 수 있다는 것을 받아들인다. 만약 그들의 의사가 마케팅 회사에 정보를 팔았다는 것을 알게 된다면, 환자들은 충격을 받고 당황하게 될 것이다. 이러한 경우 건강 관리 맥락에 대한 정보 규범을 위반했다고 할 수 있다.[19)20)]

(4) 도덕적 자율성과 인간의 존엄성에 대한 침해

사생활의 부족[21)]은 개인들을 그들의 선택에 영향을 미치는 외부 힘에 노출시키고 그들이 다른 방법으로는 하지 않았을 결정을 내리게 할 수 있다. 대량 감시는 일상적이고 조직적이며 지속적으로 개인이 선택과 결정을 내리는 상황으로 이어진다. 이것은 자율적인 존재로서의 그들의 지위에 영향을 미치며 때때로 그들과 사회에 "위축 효과(chilling effect)"[22)]로 묘사되는 것을 가지고 있다. 인간의 존엄성[23)]에 대한 침해

---

19) Helen Nissenbaum, A Contextual Approach to Privacy Online, Journal of the American Academy of Arts & Sciences, Fall 2011, p.33.

20) 우리나라의 경우 개정 개인정보보호법, 정보통신망 이용촉진 및 정보보호 등에 관한 법률(정보통신망법), 신용정보의 이용 및 보호에 관한 법률(신용정보법)(통칭 '데이터 3법')이 2020. 2. 4. 공포되어 2020. 8. 5.부터 시행되고 있다. 새로운 데이터 3법에 의하는 경우에도 개인식별이 가능한 유전체 정보 등을 수집할 경우에는 개인으로부터 동의를 구하지 않으면 안 된다. 그러나 그 외 의료데이터 다시 말해, 가명처리가 된 개인의 의료정보에 대해서는 개인 동의 없이 과학적 연구 등을 위해 이를 이용 및 활용할 수 있고, 심지어는 기업이 상업적 목적으로 활용하는 것도 가능하다[손영화, "플랫폼 경제시대 데이터 3법의 개정과 개인 의료데이터의 활용", 「산업재산권」 제67호(한국산업재산권법학회, 2021), 446-447면].

21) 모든 사람은 다른 사람에 대한 개인정보를 가지고 있다. 따라서 각 개인의 사생활은 여러 행위자의 상호작용에 따라 결정적으로 달라진다. 기술 통합 시대에 데이터 보호의 이러한 상호 의존성은 프라이버시 보호에 대한 주요 위협이 되고 있다[Bernadette Kamleitner/Vince Mitchell, Your Data Is My Data: A Framework for Addressing Interdependent Privacy Infringements, Journal of Public Policy & Marketing, Vol. 38(4)(2019), p.433].

에 대한 고려가 밀접하게 관련되어 있다. 개인의 정체성과 관련된 방대한 데이터 축
적[예: 뇌-컴퓨터 인터페이스, ID 그래프, 디지털 더블 또는 디지털 트윈(digital twins)[24]]은 개인
에 대한 많은 정보가 있기 때문에 우리가 특정인을 알고 있다고 생각할 수 있다.[25] 빅
데이터를 기반으로 사람을 파악할 수 있다는 것은 인간이 외부적 관점(제3자 또는 타자
관점)에서 접근 불가능한 일정한 자질을 가진 사적 정신 상태를 가진 주체라는 사실을
존중하지 않는 인식론적 도덕적 부정직을 구성한다고 주장할 수 있다.[26][27] 아무리 상

---

22) 위축효과(chilling effect)란 형벌이나 규제를 규정한 법령의 문구가 불명확하거나 지나치게 광범위하
여 해당 법령에 저촉되는 것을 우려해 본래 자유롭게 할 수 있는 표현이나 행위를 삼가는 것을 말
한다.

23) 인권법은 고문이나 비인간적 또는 품위를 손상시키는 대우나 처벌을 금지하고 있다. 또한, 품위
를 손상시키는 대우 금지의 해석과 적용에 구체화된 품위 저하와 인간 존엄 사이의 개념적 상호
작용의 관계에 대한 하나의 단서를 제공한다[Elaine Webster, Degradation: A Human Rights Law
Perspective, LIBRARY OF ETHICS AND APPLIED PHILOSOPHY, Vol. 24(Springer, 2010), p.67].

24) 디지털 트윈 개념은 2000년대 초에 복잡한 산업 시설 및 시스템 모델링 등에 도입되었다(Grieves,
M., Virtually Intelligent Product Systems: Digital and Physical Twins, in Complex Systems Engineering: Theory and
Practice, S. Flumerfelt et al., Editors. American Institute of Aeronautics and Astronautics. 2019, pp.175-200). 그
러나 최근에는 사람을 포함한 다양한 야생 생물 개체를 복제하는 데도 사용된다[Abdulmotaleb El
Saddik. Digital Twins: The Convergence of Multimedia Technologies. IEEE MultiMedia. Vol. 25, Issue
2(IEEE, 2018), pp.87-92]. 디지털 트윈은 딥 러닝 신경망(DNN)으로 대표되는 모든 인프라 자산의 가
상 디지털 사본을 기반으로 하는 시스템이다. 디지털 트윈은 데이터(사물인터넷, IoT의 센서)와 디지
털 트윈에 정보를 전달하는 '디지털 스레드' 그리고 계산(인공지능, AI)의 세 가지 주요 구성요소에
의존한다(Tom Campbell, Digital Twins and Digital Doubles: Populating our Virtual Worlds, Sep 7, 2018. 〈https://
www.futuregrasp.com/digital-twins-and-digital-doubles#_edn4〉).

25) 인간의 디지털 트윈은 삶의 질을 개선하고 웰빙을 향상시키기 위해 물리적, 생리학적 및 상황별 데
이터의 수집과 분석을 가능하게 할 것이다. 예를 들어 뇌졸중이 발생하기 전에 예측할 수 있어 예
방 조치를 취할 수 있다. 기계와 딥러닝 기술은 또한 라이프 스타일 패턴을 감지하고 잠재적인 건강
문제를 예측하는 데 사용될 수 있다. 또한 환경, 나이, 감정 상태 및 선호도와 같은 상황별 데이터
를 수집하고 분석하여 사용자의 전체적인 상태를 완전히 이해하고 특성화할 수 있다(Abdulmotaleb El
Saddik. op. cit., p. 88).

26) 빅데이터는 가치 있는 정보를 식별하기 위한 방대한 양의 분석 가능한 데이터 수집 노력을 대표
하여 개인정보에 대한 제한된 접근 권한과 개인정보에 대한 통제권을 포함한 개인 프라이버시 이
상에 대한 주요 과제를 제시하고 있다(Anita L. Allen, Protecting One's Own Privacy in a Big Data Economy
Law, Privacy & Technology Commentary Series, 130 Harv. L. Rev. F. 71(2016). 〈https://harvardlawreview.
org/2016/12/protecting-ones-own-privacy-in-a-big-data-economy/〉).

세하고 정확할지라도 프라이버시를 존중한다는 것은 인간의 도덕적 현상에 대한 인식, 즉, 인간이 항상 진보된 디지털 기술이 전달할 수 있는 것 이상의 존재라는 인식을 의미할 것이다.[28] 이러한 고려사항은 모두 개인정보에 대한 액세스를 제한하며 개인에게 데이터에 대한 통제권을 제공하는 데 대한 훌륭한 도덕적 이유를 제공한다.

5. 개인정보 보호를 위한 법체계

개인정보를 보호해야 하는 도덕적인 이유가 인정되어 거의 모든 국가에서 데이터 보호법이 시행되고 있다. 이러한 법률의 기초가 되는 기본적인 도덕적 원칙은 데이터 주체에 의한 처리에 대한 사전 동의의 요구이다.[29] 이는 데이터 주체인 대상자에게 잠재적인 부정적 영향에 대한 통제를 제공한다. 또한 개인정보를 처리하려면 그 목적을 명시하고, 그 사용이 제한되며, 개인에게 통지하고 부정확성을 시정할 수 있어야 하며, 데이터 보유자는 감독 당국에 대한 책임을 져야 한다.[30] 전통적인 방식으

---

27) 고정관념(stereotypes)에는 비용이 따른다는 것은 누구나 알고 있다. 고정관념은 우리가 인식론적 실수(epistemic mistakes)를 하게 만든다. 그것은 또한 차별, 부당한 대우, 낙인찍힘과 같은 해를 끼친다. 이러한 해악은 종종 사회의 가장 취약한 구성원인 여성, 소수 민족, 장애인, 노인, 그리고 가난한 사람들에게 영향을 미친다(Erin Marie Beeghly, Seeing Difference: The Ethics and Epistemology of Stereotyping, A dissertation submitted in partial satisfaction of the degree requirements for the degree of Doctor of Philosophy in Philosophy in the Graduate Division of the University of California, Berkeley, Spring 2014, p.5).

28) AI를 사용하는 기업은 미국의 HIPAA나 EU의 GDPR을 비롯한 다양한 규제를 준수해야 한다. GDPR은 개인정보를 사용하는 기업에 이름, 자택 주소, 메일 주소, 컴퓨터의 IP 주소와 같은 개인정보를 수집해 사용하기 전에 명시적인 동의를 얻을 것을 요구하는 것이다. 미국에는 AI에 영향을 줄 가능성이 있는 프라이버시법이 있지만 많은 기업은 HIPAA에 중점을 두고 있다(Grant Gross, "プライバシー権はAIの妨げとなるのか", Hewlett Packard Enterprise. ⟨https://www.hpe.com/jp/ja/japan/insights/reports/will-privacy-rights-stymie-ai-1805.html⟩).

29) EU GDPR의 경우 개인정보를 처리하는 조직의 정보주체로부터의 동의 시 동의방식과 조건이 강화되었다. 개인정보를 처리하는 조직(컨트롤러, 프로세서)은 개인정보의 수집 등을 위한 동의를 받을 때, 그 동의는 분명하고 다른 사항과 구별될 수 있어야 하며 명백하고 평이한 언어를 사용하여 정보주체가 쉽게 이해할 수 있도록 해야 하며, 정보주체가 쉽게 접근할 수 있는 형태로 제공되어야 한다[조수영, "개인정보보호법과 EU의 GDPR에서의 프라이버시 보호에 관한 연구", 「법학논고」 제61집(경북대학교 법학연구원, 2018), 123면].

로 이러한 모든 영역과 애플리케이션에서 이러한 규칙과 법률의 준수를 보장하는 것
은 불가능하기 때문에 소위 '개인정보 보호 강화 기술'과 신원 관리 시스템이 많은 경
우에 인간의 감독을 대체할 것으로 예상된다. 21세기의 프라이버시에 관한 과제는
기술이 소프트웨어, 아키텍처, 인프라 및 업무 프로세스에 프라이버시 요구 사항을
통합하는 방식으로 사생활 침해가 발생하지 않도록 설계되도록 하는 것이다. 새로
운 세대의 프라이버시 규정(예: GDPR)은 이제 표준적으로 "프라이버시를 고려한 설계
(privacy by design)"[31] 접근방식을 요구한다. 인센티브 구조, 비즈니스 프로세스, 기술
하드웨어 및 소프트웨어, 직원 교육을 포함한 데이터 생태계 및 사회 기술 시스템, 공
급망, 조직은 모두 프라이버시 침해 가능성이 가능한 한 낮도록 설계되어야 한다.[32]

III. 정보기술이 프라이버시에 미치는 영향

프라이버시에 대한 논쟁은 유전학과 바이오 마커(bio-markers),[33] 뇌 영상, 드론, 웨

---

30) 개인정보인 데이터의 경우 거래를 하려면 정보주체의 동의를 받거나 비식별화·익명화를 거쳐야
한다. 주의할 점은 비식별화·익명화를 거친다 하더라도 대개 데이터 수령자로 하여금 계속 기술
적·관리적 조치를 취하게 할 필요가 있다는 사실이다[이동진, 데이터 3법 시대의 과제(이슈페이퍼
2020-1(서울대학교 인공지능정책 이니셔티브, 2020)), 4면].

31) 설계단계에서부터 개인정보/프라이버시 보호를 염두에 두고 하는 것을 말한다. 개인정보보호적용
설계(Privacy by Design)의 예로서는 익명화로 개인을 특정하지 못하도록 정보를 가공하거나 개인정
보의 수집·보유를 필요최소한으로 하는 설정과 운용을 하는 것 등을 들 수 있다(손영화/손수진, 전게
논문, 441-442면).

32) EU GDPR 제25조, 제42조에서와 같이 GDPR의 법적인 요구 사항의 일부가 되어, '컨트롤러는 이 법
규의 요구 사항을 충족시키고 정보주체의 권리를 보호하기 위해 적절한 기술적 및 조직적 조치를
효과적인 방법으로 이행해야 하며(GDPR 제25조), 프로세서가 업무 수행을 위해 필요한 개인정보에
대한 접근을 제한할 뿐만 아니라 직무 수행을 위해 절대적으로 필요한 데이터 (데이터 최소화)를 보
유하고 처리하도록 요구하고 있다는 점에서, 시스템 설계 중에 프라이버시를 추가시키는 것이 아
닌, 그 전단계인 시스템 설계의 개시에서부터 프라이버시 보호를 위한 데이터 보호를 포함시켜 설
계하도록 하고 있다는 점이 특징이다(조수영, 전게논문, 124면).

33) 바이오 마커란 '통상적인 생물학적 과정, 병리학적 과정, 혹은 치료적 개입에 대한 약리학적 응답
지표로서 객관적으로 측정되고 평가되는 특성'이라고 정의되어 있으며 넓은 의미로는 일상진료에

어러블 센서 및 센서 네트워크, 소셜 미디어, 스마트폰, 폐쇄회로 텔레비전(CCTV), 정부 사이버 보안 프로그램, 직접 마케팅, 감시, RFID 태그, 빅데이터, 헤드 마운티드 디스플레이 및 검색 엔진 등 거의 항상 새로운 기술을 중심으로 돌아간다. 특히 정보기술(information technology)에 초점을 맞춘 이러한 신기술의 프라이버시에 미치는 영향은 매우 크다고 할 것이다.

1. 정보기술의 발전

'정보기술'은 정보를 저장, 처리, 유통하기 위한 자동화된 시스템을 말한다. 일반적으로, 이것은 컴퓨터와 통신 네트워크의 사용을 포함한다. 정보 시스템에 저장되거나 처리될 수 있는 정보의 양은 사용되는 기술에 따라 달라진다. 이 기술의 용량은 무어의 법칙(Moore's law)[34]에 따라 지난 수십 년 동안 빠르게 증가했다. 여기에는 스토리지 용량, 처리 용량 및 통신 대역폭이 포함된다. 오늘날은 엑사바이트(Exabyte, EB) 수준에서 데이터를 저장하고 처리할 수 있다. 예를 들어, 100 엑사바이트의 데이터를 720MB CD-ROM 디스크에 저장하기 위해서는 달에 거의 도달할 정도의 디스크가 필요하다. 이러한 발전은 정보 제공에 대한 우리의 관행을 근본적으로 변화시킨다. 급격한 변화로 인해 효과의 만족도에 대한 신중한 고려의 필요성이 증가한다. 일각에서는 디지털 혁명(digital revolution)을 산업혁명과 비슷한 기술적 도약이라거나 코페르니쿠스, 다윈, 프로이트의 혁명[35]과 유사하게 인간의 본성과 세계를 이해하는 혁명으로

서 사용되는 바이탈 사인이나 생화학 검사, 혈액검사, 종양 마커 등의 각종 임상검사 값이나 화상진단 데이터 등이 포함된다[Biomarkers Definitions Working Group, Biomarkers and surrogate endpoints: Preferred definitions and conceptual framework, CLINICAL PHARMACOLOGY & THERAPEUTICS Vol. 69 No. 3(2001), p.91].

34) 1965년 고든 무어는 밀도가 높은 집적회로의 트랜지스터 수가 18개월마다 두 배씩 증가한다는 것을 관찰하였다. 1968년, 무어는 로버트 노이스와 함께 인텔을 공동 설립했고 그의 관찰은 반도체 칩으로 인텔의 성공을 이끄는 원동력이 되었다. 무어의 법칙은 혁신을 위한 지침으로 50년 넘게 살아남았다(Przemek Chojecki, Moore's Law Is Dead. Now What?, November 10, 2021(Updated: November 12, 2021), 〈https://builtin.com/hardware/moores-law〉).

디지털 혁명을 말하기도 한다. 기술적 의미와 인식론적 의미 모두에서 연결성과 상호
작용이 강조되고 있다. 물리적 공간은 덜 중요해지고, 정보는 어디에나 있으며, 사회
적 관계도 적응되어 왔다.[36)]

    개인정보에 대한 접근 및 사용에 제약을 가하는 도덕적 이유를 설명했듯이, 정보
기술에 의해 부과되는 연결성의 증가는 많은 의문을 제기한다. 기술적 의미에서 접근
성이 증가했으며, 일반적인 의미에서 이러한 개발의 바람직성과 기술, 제도 및 법률
에 의한 규제 가능성의 평가를 필요로 한다. '테크노 규제'는 일반 사용자의 행동에 대
한 통제력을 높이고 사이버 보안을 강화하는 효과적이고 저렴한 방법으로 보여 인기
를 끌고 있다. 그러나 기술규제를 사용하는 것은 중대한 단점이 있으며, 따라서 인터
넷 확보를 위한 지배적인 규제전략으로 이용하는 것이 현명하지 못하다. 다른 규제
전략도 가장 중요하게 고려되어야 한다. 바로 신뢰이다. 신뢰를 사이버 보안을 강화
하기 위한 암묵적 전략 또는 동일한 목표에 대한 명시적 메커니즘으로 사용할 수 있
다고 한다.[37)]

    연결성이 정보에 대한 접근성을 높이면 대리인(agents)이 새로운 정보 소스를 기
반으로 행동할 가능성도 증가한다.[38)] 이러한 정보 소스가 개인정보를 담고 있을 때,

---

35) 코페르니쿠스는 지구가 우주의 중심이 아니며 지구는 단지 상상조차 할 수 없는 거대한 우주의 한
    귀퉁이에 있는 작은 조각일 뿐이라고 선언했다. 찰스 다윈은 인간이란 동물의 후손에 불과하다는
    것을 입증했다. 신이 천지를 창조할 때 보장했던 인간의 우월적 지위는 다윈에 의해 박탈되었다.
    프로이트는 자아가 육체의 주인이 아니라 무의식의 진행에 관한 적은 정보로 만족해야 하는 불쌍
    한 존재임을 입증했다[이강룡, "브루스 매즐리시 '네 번째 불연속' 블로거의 과학고전 읽기— (2)", 사
    이언스타임즈, 2005. 12. 28].
36) 모바일은 '장소의 동시성'(물리적 공간과 대화적 상호작용의 가상 공간)을 만들어 냈다. 또한 이동
    가능한 '사회적 공간'의 생성과 병렬 배치를 통해 물리적 공간의 확장이 있었다고 할 수 있다
    [L. SRIVASTAVA, Mobile phones and the evolution of social behaviour, Behaviour & Information
    Technology, Vol. 24, No. 2(March-April 2005), p.123].
37) Bibi van den Berga/Esther Keymolen, Regulating security on the Internet: control versus trust,
    INTERNATIONAL REVIEW OF LAW, COMPUTERS & TECHNOLOGY VOL. 31, NO. 2(2017), p.
    188.
38) 정보의 공개는 사회적 배척과 배제의 가능성 때문에 무섭다. 그것은 고용, 교육 및 직업 기회, 양육
    권, 의료에 실질적인 영향을 미칠 수 있다[Susan Stefan, "Discredited" and "Discreditable:" The Search

위해의 위험, 불평등, 차별, 자율성 상실이 쉽게 나타난다.[39] 예를 들어, 당신의 적들은 당신이 어디에 있는지 찾는 데 어려움을 덜 겪을 수 있고, 사용자들은 온라인 환경에서 인식된 이익을 위해 사생활을 포기하도록 유혹받을 수 있으며, 고용주들은 특정 그룹의 사람들을 고용하는 것을 피하기 위해 온라인 정보를 사용할 수 있다.[40] 더욱이, 사용자보다는 시스템이 어떤 정보가 표시되는지를 결정할 수 있으므로, 사용자 프로필과 일치하는 뉴스만을 사용자에게 제공할 수 있다.[41]

비록 이 기술이 장치 단계에서 작동하지만, 정보기술은 복잡한 사회의 기술 관행 시스템으로 구성되며, 정보에의 접근 가능성 변화와 그에 따른 프라이버시에 영향을 미치는 역할을 논의하는 기반이 된다.

2. 인터넷

인터넷은 정부 연구원들이 정보를 공유하는 방법으로 1960년대에 시작되었다.[42]

---

for Political Identity by People with Psychiatric Diagnoses, William & Mary Law Review Volume 44 Issue 3(February 2003), p.1364].

39) 민감한 개인정보가 공개돼 피해를 볼 수 있는 방법은 여러 가지가 있다. 의료 기록, 심리 테스트 및 인터뷰, 법원 기록, 금융 기록(은행, 신용국, 국세청 등), 복지 기록, 인터넷 및 기타 다양한 출처에서 한 개인의 삶에 대한 많은 친밀한 세부 정보를 담고 있다(Michael McFarland, Why We Care about Privacy, Jun 1, 2012. 〈https://www.scu.edu/ethics/focus-areas/internet-ethics/resources/why-we-care-about-privacy/〉).

40) 정보는 오용되거나 심지어 악의적인 목적으로도 사용된다. 예를 들어 정신질환과 정신질환자에 대한 오해가 우리 사회에 팽배하다. 정신질환 이력이 있다는 사실이 알려지면 그 사람은 이웃들로부터 괴롭힘과 외면을 받을 수 있다. 타인의 무신경한 언행은 그 사람에게 심각한 고통과 당혹감을 줄 수 있다. 편견과 차별 때문에, 정상적이고 생산적인 삶을 살 능력이 있는 정신질환자는 주거, 고용, 그리고 다른 기본적인 요구를 거절당할 수 있다(Jolie Solomon, Breaking the Silence, Newsweek, May 20, 1996, pp.20-22). 마찬가지로, 구속 전과가 있는 사람은 심지어 유죄가 아닌 무죄인 경우에도 심한 괴롭힘과 차별을 겪을 수 있다. 고용주는 혐의가 취하되거나 무죄가 선고된 경우에도 구속 전력이 있는 사람을 고용할 가능성이 훨씬 낮다는 다수의 연구결과가 있다(David Burnham, The Rise of the Computer State, Random House Inc, 1984, pp.79-80).

41) Smartmicros, Issues of privacy in the Ever Broadening IT World — Smartmicros, May 17, 2019. 〈https://medium.com/@marketing_94582/issues-of-privacy-in-the-ever-broadening-it-world-smartmicros-46a665fcfaf〉.

1980년대에는 정보 교환을 위한 과학적 네트워크로 개발되었다.[43] 그러나 인터넷은 정보 흐름을 분리하기 위한 목적으로 설계되지는 않았다.[44] 오늘날의 월드 와이드 웹 (World Wide Web)은 예견되지 않았고, 인터넷의 오용 가능성도 없었다. 소셜 네트워크[45] 사이트는 전 세계적인 사용자 커뮤니티를 위해 개발된 것이 아니라, 처음에는 주로 학문적 환경에서 서로를 아는 사람들의 커뮤니티 내에서 사용하기 위해 등장했다. 친한 친구들과 공유해도 피해가 없을 것으로 추정했고, 사생활과 보안은 네트워크가 커져야만 의제에 등장했다. 즉, 개인정보 보호 우려는 설계에(by-design) 의하는 것[46]보다는 추가 기능(add-ons)으로 처리해야 하는 경우가 많았다.[47]

---

42) 1960년대의 컴퓨터는 크고 움직일 수 없었기 때문에 어떤 컴퓨터에 저장된 정보를 이용하기 위해서는 컴퓨터 장소로 이동하거나 기존의 우편 시스템을 통해 보내진 자기 컴퓨터 테이프를 가지고 있어야 했다.

43) 1983년 1월 1일, 아파넷(Arpanet)은 TCP/IP를 채택하였고, 그 이후 연구자들은 현대 인터넷이 된 "네트워크"를 조립하기 시작하였다. 온라인 세계는 1990년 컴퓨터 과학자 팀 버너스 리가 월드 와이드 웹(World Wide Web)을 발명하면서 더 알아보기 쉬운 형태를 띠게 되었다. 종종 인터넷 그 자체와 혼동되지만, 웹은 실제로 웹사이트와 하이퍼링크의 형태로 온라인 데이터에 액세스하는 가장 일반적인 수단일 뿐이다(EVAN ANDREWS, Who Invented the Internet?, DEC 18, 2013(UPDATED: OCT 28, 2019). 〈https://www.history.com/news/who-invented-the-internet〉).

44) J van den Hoven, op. cit.. (Privacy and Information Technology).

45) 모바일 사용자는 기술 네트워크의 일부일 뿐만 아니라 중요한 소셜 네트워크의 일부이기도 하다. 사용자는 네트워크에 포함할 다른 사용자를 선택할 수 있으며, 따라서 자신의 모바일 아이덴터티를 구성할 수 있다. 이 소셜 네트워크는 끊임없이 발전하고 있다. 예를 들어, 일본의 한 10대 소녀는 3개월마다 자신의 휴대폰과 전화번호를 바꾼다고 신고했는데, 그 이유는 그만큼 소셜네트워크(친구 모임)가 빠르게 바뀌었기 때문이다(L. SRIVASTAVA, op. cit., p.112).

46) 설계에 의한 개인정보 보호(Privacy by Design)는 1) IT 시스템, 2) 책임 있는 비즈니스 관행, 3) 물리적 설계 및 네트워크 인프라 등 애플리케이션을 포괄하는 "3가지 방식"으로 확장된다. 설계에 의한 개인정보 보호원칙은 모든 유형의 개인정보에 적용할 수 있지만 의료정보, 금융데이터 등 민감한 데이터에는 특별히 더 강하게 적용돼야 한다. 개인정보 보호수단의 강도는 데이터의 민감도에 비례하는 경향이 있다(Ann Cavoukian, Privacy by Design The 7 Foundational Principles, August 2009(Revised: January 2011), p.1. 〈https://www.ipc.on.ca/wp-content/uploads/resources/7foundationalprinciples. pdf〉).

47) 디자인에 내재된 프라이버시(Privacy Embedded into Design) : 설계에 의해 보호되는 개인정보는 IT 시스템 및 비즈니스 관행의 설계 및 아키텍처에 내장되어 있다. 나중에 추가 기능으로 고정되지 않는다. 그 결과 프라이버시는 전달되는 핵심 기능성의 필수적인 요소가 된다. 개인정보 보호는 기능

인터넷 프라이버시(Internet privacy)에 대한 논의의 주요 주제는 쿠키(cookies)의 사용에 관한 것이다. 쿠키는 서버가 '상태'를 등록하기 위해 고객의 컴퓨터에서 설정하고 읽을 수 있는 작은 텍스트 조각이다.[48] 그러나 일부 쿠키는 여러 웹 사이트에서 사용자를 추적(쿠키 추적)하는 데 사용될 수 있으며, 예를 들어, 사용자가 최근에 완전히 다른 사이트에서 본 제품에 대한 광고를 가능하게 한다.[49] 다시 말하지만, 생성된 정보가 무엇에 사용되는지 항상 명확하지는 않다. 쿠키 사용에 대한 사용자 동의가 필요한 법률의 경우 동의 요청이 작업 흐름을 방해하기 때문에 항상 적절하게 쿠키에 대한 통제 수준을 높이는 데 성공적이지는 않다. 우리나라나 EU에서는 쿠키를 사용하려는 웹 사이트는 컴퓨터 또는 모바일 장치에 쿠키를 설치하기 전에 사용자의 동의를 얻어야 한다. 웹 사이트는 단순히 쿠키를 사용하고 있음을 알리거나 사용자가 쿠키를 비활성화하는 방법을 설명하는 것이 허용되지 않는다. 또한 웹사이트는 쿠키 정보가 어떻게 사용될 것인지 설명해야 한다. 고객은 또한 자신이 한 동의를 철회할 수 있어야 한다. 고객이 동의를 철회한 경우에도 웹 사이트는 예를 들어 웹 사이트의 일부에 대한 액세스 권한을 제공하는 등 사용자를 위한 최소한의 서비스를 제공해야 한다.[50] 마찬가지로, 다른 사이트에 내장된 소셜 네트워크 사이트의 특징(예: "좋아요" 버

저하 없이 시스템에 필수적이다(Ann Cavoukian, op. cit., p.2).

48) 쿠키는 엄밀하게 지정된 구조를 가지고 있으며 각각 4KB 이하의 데이터를 포함할 수 있다. 사용자가 특정 도메인을 탐색할 때 도메인은 스크립트를 호출하여 사용자의 컴퓨터에 쿠키를 설정할 수 있다. 브라우저는 쿠키가 만료되거나 서버에 의해 재설정될 때까지 클라이언트와 서버 간의 모든 후속 통신에서 이 쿠키를 보낸다(Sonal Mittal, User Privacy and the Evolution of Third-party Tracking Mechanisms on the World Wide Web, May 18, 2010, p.10. 〈https://stacks.stanford.edu/file/druid:hw648fn9717/SonalMittal_Thesis.pdf〉).

49) 웹 사이트 추적(Website tracking)은 웹 사이트가 사이트 사용자의 온라인 동작을 모니터링하기 위해 사이트 사용자에 대한 정보를 수집하는 경우이다. 이 관행은 디지털 광고와 웹사이트 분석을 포함한 많은 온라인 서비스에 동력을 공급하기 위해 사용된다. 웹사이트 추적은 믿을 수 없을 정도로 흔하다. 2017년 조사에 따르면 웹사이트의 79%가 사용자 데이터를 수집하는 추적기를 사용하는 것으로 나타났다(CookiePro, Website Tracking Technologies. 〈https://www.cookiepro.com/knowledge/website-tracking-technologies/〉).

50) Your Europe, Data protection and online privacy, 26. 03. 2021. 〈https://europa.eu/youreurope/citizens/consumers/internet-telecoms/data-protection-online-privacy/index_en.htm〉.

튼)을 통해 소셜 네트워크 사이트에서 사용자가 방문한 사이트를 식별할 수 있다.[51]

최근 클라우드 컴퓨팅의 발달로 인해 많은 개인정보 보호 문제가 증가하고 있다.[52] 클라우드 컴퓨팅 서비스에 대한 개인정보 보호 고려사항은 물리적 저장위치에 따른 이슈, 개인정보의 보존, 활용 및 파기, 운영 및 위탁에 따른 이슈가 있다.[53] 이전에는 웹에서 정보를 얻을 수 있었지만 사용자 데이터와 프로그램은 여전히 로컬에 저장되므로 프로그램 공급업체가 데이터와 사용 통계에 접근할 수 없었다. 클라우드 컴퓨팅에서 데이터와 프로그램은 모두 온라인(클라우드 내)이며, 사용자가 생성한 데이터와 시스템 생성 데이터가 무엇에 사용되는지 항상 명확한 것은 아니다. 더욱이 데이터가 세계 다른 곳에 위치하기 때문에 어떤 법이 적용 가능하고 어떤 당국이 데이터에 대한 액세스를 요구할 수 있는지조차 항상 명확하지 않다. 최근에는 특히, 검색엔진, 게임 등 온라인 서비스와 앱이 수집한 데이터가 특히 관심의 대상이 되고 있는데, 어린이의 경우에는 더욱 그러하다.[54] 응용 프로그램에서 사용하고 통신하는 데이

---

51) SNS의 이용자 중 상당수가 정보 공유와 관련된 데이터 도용을 인지하지 못하기 때문에 SNS와 개인정보를 자유롭게 공유한다. 따라서 SNS는 친숙한 사람 또는 모르는 사람, 소속사에 의해 이용자의 성격과 사회적 습관을 조사하는 데 사용될 수 있다[Pallavi I. Powale/Ganesh D. Bhutkar, Overview of Privacy in Social Networking Sites (SNS), International Journal of Computer Applications Volume 74-No.19(July 2013), p.39].

52) 클라우드 컴퓨팅을 도입하면 많은 이점이 있지만, 채택에 있어 몇 가지 중요한 장벽도 있다. 채택에 있어 가장 중요한 장벽 중 하나는 보안이며 법규준수, 개인정보 보호 등의 법적 문제가 그 뒤를 잇는다. 클라우드 컴퓨팅은 비교적 새로운 컴퓨팅 모델을 나타내기 때문에 모든 수준(예: 네트워크, 호스트, 애플리케이션 및 데이터 수준)에서 보안을 어떻게 달성할 수 있는지와 애플리케이션 보안이 클라우드 컴퓨팅으로 어떻게 이동되는지에 대한 불확실성이 매우 크다[Rosado DG/Gómez R/Mellado D/Fernández-Medina E, Security analysis in the migration to cloud environments. Future Internet 4(2) (2012) pp.469-487]. 이러한 불확실성으로 인해 정보 임원들은 클라우드 컴퓨팅의 가장 큰 관심사는 보안이라고 일관되게 주장해 왔다(Keiko Hashizume/David G Rosado/Eduardo Fernández-Medina/Eduardo B Fernandez, An analysis of security issues for cloud computing, Hashizume et al. Journal of Internet Services and Applications 2013, 4:5, p.1).

53) 김진형, "클라우드 컴퓨팅 환경에서의 개인정보보호 이슈", 「정보보호학회지」 제24권 제6호(한국정보보호학회, 2014), 28면.

54) 영국의 2018년 데이터 보호법 제123조는 그러한 대표적인 예이다. 2020년 1월 21일, 정보 권리를 유지하기 위해 설립된 영국의 독립 기구인 정보 커미셔너 사무실(ICO)은 어린이의 사생활을 보호하기 위한 온라인 서비스가 따라야 하는 실천 강령을 발표했다. 이 강령은 영국의 18세 이하가 접

터(검색 기록, 연락처 목록 등)가 항상 명확하지는 않으며, 사용자가 사용할 수 있는 유일한 선택은 응용 프로그램을 사용하지 않는 것일 수 있다.[55]

소셜 미디어 및 빅데이터 등 인터넷 프라이버시와 관련된 일부 특수한 현상에 대해서는 항을 나누어 살펴보고자 한다.

3. 소셜 미디어

소셜 미디어는 추가적인 도전을 제기한다. 문제는 단순히 정보에 대한 접근을 제한하는 도덕적 이유에 관한 것이 아니라, 이용자들에게 모든 종류의 개인정보를 제출하라는 초대를 제한하는 도덕적 이유에 관한 것이다. 소셜 네트워크 사이트는 사이트의 가치를 높일 수 있도록 사용자로 하여금 더 많은 데이터를 생성하도록 초대한다. 이용자들은 서비스 이용의 이점을 위해 개인정보를 교환하고, 이 데이터와 그들의 관심을 서비스에 대한 지불로 제공하고자 한다.[56][57] 또한 사용자는 앞서 언급한 다른

근하기 쉬운 정보사회 서비스에 적용된다. 이는 앱, 소셜 미디어 플랫폼, 검색 엔진, 온라인 게임, 교육 웹사이트 및 스트리밍 서비스와 같은 온라인 제품 또는 서비스 제공자와 어린이 장난감 및 기타 지원 장치를 포함한다. 이 강령은 위험 기반 접근법을 채택하고 어린이가 온라인에서 놀거나 학습할 때 내장 데이터 보호를 보장하는 연령에 적합한 설계 표준을 제시한다. 이는 개인정보 보호 설정을 기본적으로 높음으로 설정하고 넛지 기법을 사용하여 아동에게 개인정보 보호를 해제하거나 불필요한 개인정보를 제공하도록 해서는 안 된다는 것을 의미한다(Alexandros K. Antoniou, [GB] ICO publishes its Age Appropriate Design Code of Practice, IRIS 2020-4:1/17, p.1. 〈http://merlin.obs.coe.int/download/8844/pdf〉).

55) 회사와 웹 사이트가 온라인에서 수행하는 모든 작업을 추적한다. 모든 광고, 소셜 네트워크 단추 및 웹 사이트는 사용자의 위치, 검색 습관 등에 대한 정보를 수집한다. 수집된 데이터는 고객이 예상하는 것보다 고객에 대해 더 많은 것을 드러낸다. 예를 들어, 고객은 자신의 의학적인 문제를 트윗하지 않거나 페이스북에서 자신의 모든 종교적 믿음을 공유하지 않는 것에 대해 스스로 똑똑하다고 생각할지도 모른다. 그러나 고객이 방문하는 웹사이트들이 정기적으로 광고주들에게 고객의 유형을 정확히 밝히기 위해 필요한 모든 자료를 제공할 가능성이 높다. 이것은 표적 광고가 인터넷의 가장 불안하게 하는 혁신 중 하나로 남아 있는 방법의 일부이다(Thorin Klosowski, How to Protect Your Digital Privacy, Newyork Times. Jul 9, 2019. 〈https://www.nytimes.com/guides/privacy-project/how-to-protect-your-digital-privacy〉).

56) 잘못된 정보와 루머는 소셜 미디어에서 국경을 넘어 정보를 공유할 수 있게 된 것에 대해 우리가 지

사이트의 "좋아요" 버튼의 경우처럼 어떤 정보를 제공하고 있는지 모를 수도 있다.[58] 단순히 개인정보에 대한 접근을 제한하는 것은 여기 있는 문제들을 정당하게 다루지 못한다. 보다 근본적인 문제는 이용자들의 공유 행동을 통제하는 데 있다.[59] 소셜 네트워크 서비스 회사 차원에서 정보 공유를 위한 시스템을 구축하기도 한다. 예컨대, 트위터는 일반적으로 API라고 불리는 애플리케이션 프로그래밍 인터페이스를 통해 연구원들이 트위터의 많은 부분을 이용할 수 있게 한다. 이러한 도구는 회사 외부의 사람들이 애플리케이션 소프트웨어를 구축하고 소셜 미디어 플랫폼의 데이터를 활용할 수 있도록 지원한다. 그들은 소셜 미디어 커뮤니케이션의 패턴을 연구할 수 있고 사람들이 시사에 대해 어떻게 논평하거나 반응하는지 볼 수 있다.[60] 서비스가 무료일

불하는 대가이다(UNHCR, Using Social Media in Community-Based Protection, January 2021, p. 130).

57) 미국 정부와 의회는 클라우드컴퓨팅을 포함하여 인터넷상의 빅테크 기업에 대하여 대표적 주자인 GAFA(Google, Apple, Facebook, Amazon)를 중심으로 반트러스트법 적용을 적극적으로 추진하고 있다[손영화, "미국 빅테크 기업에 대한 최근 규제 동향―클라우드컴퓨팅에 대한 반트러스트법 쟁점을 중심으로", 「경제법연구」 제20권 제2호(한국경제법학회, 2021), 235-277면 참조]. 클라우드컴퓨팅 환경하에서의 경쟁제한적 거래관행에 대한 규제는 다음 논문을 참조하시오. 신영수, "클라우드컴퓨팅(cloud computing) 환경하에서의 경쟁제한적 거래관행에 관한 규제법리 연구", 「경제법연구」 제15권 제1호(한국경제법학회, 2016).

58) 이렇게 방대한 양의 수집된 데이터는 분명하고 상당한 경제적 가치를 지닌다. 개인의 특성 및 속성(예: 개인의 나이, 주소, 성별, 소득, 선호도 및 예약 가격 등)은 점점 더 서비스나 제안을 대상으로 하거나 관련 광고를 제공하는 데 사용할 수 있는 비즈니스 자산으로 간주되고 있다. 다른 사람들과 거래될 수 있다. 개인정보에 내재된 가치를 활용하기 위한 노력의 일환으로, 새로운 서비스(검색 엔진 및 추천 시스템), 새로운 회사(소셜 네트워킹 사이트 및 블로그 플랫폼 등) 및 새로운 시장(예: 클라우드 소싱 시장 또는 복잡한 온라인 광고 생태계)이 출현했다[Alessandro Acquisti/Curtis Taylor/Liad Wagman, The Economics of Privacy, Journal of Economic Literature 2016, 54(2), 444].

59) 구글은 오랫동안 연구자들과 일반 대중들을 위해 집계된 형태로 이용 가능한 검색 결과를 만들어 왔다. 트렌드 사이트를 통해 학자들은 트럼프에 대한 관심, 민주주의에 대한 견해, 경제 전반에 대한 관점 등의 주제를 분석할 수 있다(Darrell M. West, What Internet Search Data Reveals about Donald Trump's First Year in Office, Brookings Institution policy report, January 17, 2018). 그것은 사람들이 공익의 움직임을 추적하고 일반 대중을 자극하는 주제를 식별하는 데 도움이 된다.

60) 오늘날 대부분의 소셜 미디어 회사들은 API를 제공하여 타사 개발자들이 플랫폼 위에 새로운 애플리케이션을 구축할 수 있도록 한다. API는 타사 개발자가 데이터의 일부에 접근할 수 있는 방법을 제공할 뿐만 아니라, 이러한 회사들이 웹 전반으로 확장과 성장을 할 수 있는 유용한 방법이 되었다. API를 출시하는 대부분의 소셜 미디어 회사들이 전개하는 수사적인 움직임을 고려할 때, '개

때는 결제 형태로 데이터가 필요하다.

　사용자의 공유 유혹을 제한하는 한 가지 방법은 기본 프라이버시 설정이 엄격하도록 요구하는 것이다. 이 경우에도 다른 사용자("친구의 친구")의 접근은 제한되지만 서비스 제공자의 접근은 제한되지 않는다. 또한 이러한 제한은 소셜 네트워크 사이트 자체의 가치와 유용성을 제한하고, 서비스의 긍정적인 효과를 감소시킬 수 있다.[61] 프라이버시 친화적인 채무 불이행의 특별한 예는 옵트아웃(opt-out) 접근법과 반대되는 옵트인(opt-in) 접근법이다.[62] 사용자가 데이터를 공유하거나 서비스나 메일링 목록에 가입하기 위해 명시적인 조치를 취해야 할 때, 그 결과는 사용자가 더 잘 받아들일 수 있다. 그러나 여전히 많은 것은 그 선택이 어떻게 이루어지느냐에 달려 있다.[63] 우리나라의 경우 '데이터 3법'(개인정보보호법·신용정보법·정보통신망법)의 개정 이후 정

방성'이라는 개념이 중요한 역할을 한다는 것은 금세 명백해진다[Taina Bucher, Objects of Intense Feeling: The Case of the Twitter API, Computational Culture 3 (16h November 2013), pp.6-7].

[61] 지식 또는 정보 공유는 소셜 네트워크 내의 상호작용 관계에서 얻은 사회적 자본의 한 유형이다. 정보 공유는 소셜 네트워크와 같은 가상 커뮤니티의 핵심 구성요소이다. 사용자의 존재, 상호작용 및 정보 공유가 없다면 소셜 네트워크는 제한된 가치를 제공한다. 사용자가 제공하는 컨텐츠 또는 정보는 소셜 네트워크의 성공에 매우 중요하다[C. M. H. Chiu and T. Wang, Understanding Knowledge sharing in Virtual Communities: An integration of social capital and social cognitive theories, Decision Support Systems, vol. 42, no. 2(2006), pp. 1872-1888; Belinda Shipps/Brandis Phillips, Social Networks, Interactivity and Satisfaction: Assessing Socio-Technical Behavioral Factors as an Extension to Technology Acceptance, Journal of Theoretical and Applied Electronic Commerce Research VOL 8, ISSUE 1(APRIL 2013), p.38].

[62] 엄격한 옵트인형을 채용하면 스마트미터의 이용가능성이 금속도로 높아질 때마다 소비자에게 동의를 새로이 얻을 필요가 생겨 기술진보에 위축효과를 줄 수 있다. 한편, 옵트아웃형은 소비자의 눈이 닿지 않는 곳에서 예상치 못한 데이터 이용이 이뤄진다는 결과를 초래하게 될 수도 있다[손영화, 전게논문(빅데이터 시대의 개인정보 보호방안), 370면].

[63] 허가 마케팅은 웹 사이트가 쿠키로 추적하거나, 마케팅 이메일을 보내거나, 데이터를 다른 회사에 판매하기 전에 소비자의 동의가 필요하다. 그러나 사이버 다이얼로그의 연구는 미국 인터넷 사용자의 69%가 이메일 배포 목록에 포함되기로 동의했다는 것을 알지 못한다는 것을 발견했다. 방법은 다음과 같다. 질문 프레임과 기본 답변의 올바른 조합을 사용하여, 온라인 조직은 사이트를 방문하는 거의 모든 사람의 동의를 얻을 수 있다고 거의 보장할 수 있다[Steven Bellman/Eric J. Johnson/Gerald L. Lohse, To Opt-In or Opt-Out?, COMMUNICATIONS OF THE ACM Vol. 44, No. 2(February 2001), p.25].

부가 바이오헬스 산업 육성을 위한 의료데이터 활용에 속도를 내고 있다. 정부는 진료정보 등은 사생활 침해 우려가 큰 만큼 당사자가 거부의사를 밝히면 활용을 중지하는 '옵트아웃제' 등을 포함한 보완 조처를 마련하겠다는 방침이다.[64]

4. 빅데이터

사용자는 온라인 상태일 때 데이터 로드를 생성한다. 이것은 사용자가 명시적으로 입력한 데이터일 뿐만 아니라 방문한 사이트, 링크 클릭, 검색어 입력 등 사용자 행동에 대한 수많은 통계이다.[65] 데이터 마이닝은 이러한 데이터에서 패턴을 추출하기 위해 사용될 수 있으며, 그 후 사용자에 대한 결정을 내리는 데 사용될 수 있다.[66] 이는 온라인 경험(표시된 광고)에 영향을 미칠 수 있지만, 정보에 액세스할 수 있는 당사자에 따라 완전히 다른 맥락에서 사용자에게 영향을 미칠 수도 있다.

특히 빅데이터는 사용자 프로파일링에 사용되어 사용자 속성의 일반적인 조합의 패턴을 만들 수 있으며, 이 패턴은 관심사와 행동을 예측하는 데 사용될 수 있다. 프로파일링에는 정보 과학, 의료 환경, 법의학, 마케팅 등과 같은 다양한 맥락이 있다. 빅데이터는 새로운 패턴 감지 및 자동화된 의사 결정을 위한 프로파일링의 사용 가능성을 높인다.[67][68] 순수한 적용은 소비자(고객) 또한 좋아할 수 있는데, 이용 가능한 데

---

64) 손영화, 전게논문(플랫폼 경제시대 데이터 3법의 개정과 개인 의료데이터의 활용), 449면.

65) 웹에서 수집된 데이터는 마케터들의 능력을 크게 향상시켰다. 사람들이 정기적으로 온라인과 인터넷 쿠키에서 클릭할 때마다 추적하는 개인정보를 공유함에 따라, 기업들은 이제 개별 소비자에 대한 전례 없는 통찰력을 얻고 맞춤형 광고로 소비자를 공략할 수 있다[Leslie K. John/Tami Kim/Kate Barasz, Ads That Don't Overstep, Harvard Business Review(January—February 2018). 〈https://hbr.org/2018/01/ads-that-dont-overstep〉].

66) 발견할 수 있는 패턴의 종류는 채택된 데이터 마이닝 작업에 따라 달라진다. 대체로 기존 데이터의 일반적인 속성을 설명하는 서술형 데이터 마이닝 작업과 사용 가능한 데이터에 기반한 추론을 기반으로 예측을 시도하는 예측 데이터 마이닝 작업의 2가지 유형이 있다(Osmar R. Zaiane, Chapter I: Introduction to Data Mining, University of Alberta, 1999, p.9. 〈https://webdocs.cs.ualberta.ca/~zaiane/courses/cmput690/notes/Chapter1/ch1.pdf〉).

67) Murat Sariyar/Irene Schlünder, Challenges and Legal Gaps of Genetic Profiling in the Era of Big Data,

이터에 따라, 가장 가능성 있는 종교나 성적 선호와 같이 더 민감한 파생이 이루어질 수 있다. 이러한 파생은 결국 불평등 대우나 차별을 초래할 수 있다.[69] 사용자를 특정 그룹에 할당할 수 있는 경우 또는 확률적으로 할당할 수 있는 경우, 다른 그룹에 의해 수행되는 조치에 영향을 미칠 수 있다. 예를 들어 프로파일링은 보험이나 신용카드[70]를 거부할 수 있는데, 이 경우 이익이 차별의 주요 원인이 된다. 그러한 결정들이 프로파일링에 기반을 둔다면, 그것에 도전하거나 심지어 그 뒤에 있는 설명들을 알아내는 것이 어려울 수도 있다. 프로파일링은 또한 특정 집단을 정치적 의제로 차별하는 조직이나 가능한 미래 정부에 의해 그들의 대상을 찾고 서비스에 대한 접근을 거부하기 위해 사용될 수 있다.[71]

Front Big Data. 2019; 2: 40. Published online 2019 Nov 12. doi: 10.3389/fdata.2019.00040.

(68) 자동화된 프로파일링은 데이터 마이닝 프로그램의 결과이다. 이 과정에서 알고리즘은 데이터 내의 상관관계 패턴을 마이닝한다. 따라서 프로파일링은 유익하다. 즉, 상관관계를 분석하여 기존 지식으로부터 새로운 지식을 창출한다[Moritz Büchi/Eduard Fosch-Villaronga/Christoph Lutz/Aurelia Tamò-Larrieux/Shruthi Velidi/Salome Viljoen, The chilling effects of algorithmic profiling: Mapping the issues, computer law & security review 36(2020) 105367, p.2].

(69) 채용과정은 오랫동안 편견과 차별에 시달려 왔다. 이에 대응해 이 과정에서 인간의 편견을 없애겠다는 목표로 AI를 활용하는 산업 전반이 등장했다. 그러나 많은 제품들은 궁극적으로 그들이 완화하고자 하는 바로 그 편견을 영속시킬 위험이 있다. 다른 영역과 마찬가지로 이것의 주요 원인은 기계학습 모델을 훈련시키기 위해 과거 "성공한" 직원들의 과거 데이터를 널리 사용했기 때문에 자연스럽게 이전의 고용에 대한 편견을 재현한다(Access Now, HUMAN RIGHTS IN THE AGE OF ARTIFICIAL INTELLIGENCE, Nov, 2018, p.16).

(70) 업계의 비즈니스 모델이 진화하면서 신용카드 소지자 처우에서의 인종적 불균형이 나타났다. 처음에 신용카드 회사들은 매달 말에 어음을 갚을 부유한 소비자들을 찾았다. 그러나 직관에 반하여, 그들은 실제로 어음을 완전히 갚지 못하고 매달 그들에게 약간의 돈을 지불하는 고위험 소비자들을 목표로 함으로써 주주들을 위해 더 큰 이익을 얻을 수 있다는 것을 알게 되었다. 이러한 자들은 "최저생활 사용자" 즉, 적어도 부분적으로나마 삶의 필수품을 위해 신용카드에 의존하는 소비자들이다. 그들은 주로 근로빈곤층이고 그들 중 다수는 체계적으로 번영에 중대한 장애물에 직면하고, 역사적으로 구조적 불평등에 직면하고 있는 유색인종 사람들이다[Andrea Freeman, Racism in the Credit Card Industry, NORTH CAROLINA LAW REVIEW Volume 95, Number 4(U.C. Berkeley School of Law, 2017), pp.1095-1096].

(71) 2009년 윌리엄스 리크래프트 대 스페인 사건(Communication No. 1493/2006 Rosalind Williams Lecraft v. Spain, Views adopted on 27 July 2009)에서 인권위원회는 인종 프로파일링을 불법 차별이라고 직접적으로 인정한 최초의 조약 감시기관이 되었다. 인권위원회는 이민자, 망명 신청자, 아프리카 혈통의

빅데이터가 인터넷 거래에서만 나오는 것은 아니다. 마찬가지로, 쇼핑할 때, 공공 또는 개인 공간에서 감시 카메라에 녹화될 때, 또는 스마트카드 기반 대중교통 결제 시스템을 사용할 때 데이터가 수집될 수 있다.[72] 이 모든 데이터는 시민을 프로파일 링하고 이러한 프로파일을 기반으로 의사결정을 내리는 데 사용될 수 있다. 예를 들어, 쇼핑 데이터는 특정 개인에게 건강한 음식 습관에 대한 정보를 보내는 데 사용될 수 있고, 보험에 대한 의사 결정에도 사용될 수 있다. 유럽연합(EU) 일반데이터보호규정에 따르면 개인정보를 처리할 때는 동의가 필요하며, 동의가 이루어진 목적에서만 처리가 가능하다.[73][74] 따라서 특정 과제는 (a) 사용자가 명시적으로 거래에 관여하지 않을 때 허락를 얻는 방법(감시의 경우)[75] 및 (b) 데이터를 수집한 후 다른 목적으로 사

사람들, 원주민들, 그리고 종교와 소수민족들과 같은 특정한 집단을 대상으로 법 집행관들에 의한 지속적인 인종 프로파일링 관행에 대해 정기적으로 우려를 표명하였다(Committee on the Elimination of Racial Discrimination, General recommendation No. 36, Preventing and Combating Racial Profiling by Law Enforcement Officials, 24 November 2020, pp. 2-3).

72) 애플리케이션과 센서의 보급으로 인해 개별 시민은 미래 도시의 디지털 일부가 될 수밖에 없다. 사용자가 기꺼이 개인정보를 공개하는 소셜네트워크(SNS)와 달리, 많은 스마트시티 애플리케이션은 사용자가 어떤 데이터가 수집되거나 전송되는지 통제할 것을 요구하거나 심지어 허용하지도 않는다. 스마트 시티를 탈퇴하는 것은 많은 사람들에게 실현 불가능하기 때문에 이러한 데이터 주권의 상실은 우려스러운 일이다[David Eckhoff/Isabel Wagner, Privacy in the Smart City—Applications, Technologies, Challenges and Solutions, IEEE COMMUNICATIONS SURVEYS & TUTORIALS, VOL. 20, NO. 1(FIRST QUARTER 2018), p. 489].

73) Article 5 EU GDPR "Principles relating to processing of personal data".

74) 회사/조직은 다음과 같은 경우에만 개인정보를 처리할 수 있다.
관계자의 동의를 얻어서; 계약상 의무(당신 회사/조직과 고객 사이의 계약)가 있는 경우; EU 또는 회원국의 국내법에 따른 법적 의무를 충족하는 경우; EU 또는 회원국의 국내법에 따라 공익적으로 수행되는 업무의 수행을 위해 처리가 필요한 경우; 개인의 중요한 이익을 보호하는 경우; 데이터를 처리하는 사람의 기본적 권리와 자유에 심각한 영향을 미치지 않는지 확인한 후에야 조직의 정당한 이익을 위해 사용할 수 있다. 만약 그 사람의 권리가 당신의 이익보다 우선한다면, 정당한 이익에 따라 처리를 할 수 없다. 귀하의 회사/조직이 처리에 대한 정당한 이해관계가 있는지 여부에 대한 평가는 사례의 개별 상황에 따라 달라진다(European Commission, When can personal data be processed?, 〈https://ec.europa.eu/info/law/law-topic/data-protection/reform/rules-business-and-organisations/legal-grounds-processing-data/grounds-processing/when-can-personal-data-be-processed_en〉).

75) 본인을 판별할 수 있는 카메라 이미지나 거기에서 얻어진 얼굴 인증 데이터를 취급할 경우 개인정보의 이용 목적을 가능한 한 특정하고 해당 이용 목적의 범위 내에서 카메라 이미지나 얼굴 인증 데

용되는 "함수 크립(function creep or surveillance creep)"[76]을 방지하는 방법이다(예: DNA 데이터베이스).

유전학과 게놈 데이터에서 한 가지 특별한 문제가 발생할 수 있다.[77] 다른 데이터와 마찬가지로 게놈 데이터는 예측에 사용될 수 있으며, 특히 질병의 위험을 예측할 수 있다.[78] 다른 사람들이 상세하게 사용자 프로필에 접근할 수 있는 것과는 별개로, 근본적인 질문은 개인이 사용자에 대해 알고 있는 것을 알아야 하는가이다. 일반적으

이터를 이용해야 한다. 본인을 판별 가능한 카메라 화상을 촬영 녹화하는 경우는, 개인정보의 취득이 되기 때문에, 개인정보의 이용 목적을 미리 공표해 두거나, 개인정보의 취득 후 신속하게 본인에게 통지 혹은 공표하는 것이 필요하다.

방범 카메라에 의해 방범 목적만을 위해 촬영하는 경우, '취득 상황으로 보아 이용 목적이 명확'(법 제18조 제4항 제4호)하므로 이용 목적의 통지·공표는 불필요하다고 해석되지만, 방범 카메라가 작동 중임을 점포 입구나 설치 장소 등에 게시하는 등 본인에게 자신의 개인정보가 취득되어 있음을 인식시키기 위한 조치를 강구하는 것이 바람직하다고 생각된다. 또한 카메라 화상의 취득 주체나 내용을 확인할 수 있도록 문의처 등에 대해 점포의 입구나 설치 장소에 명시하거나 이것을 게재한 웹사이트의 URL 또는 QR 코드 등을 나타내는 것을 생각할 수 있다. 또한 카메라 이미지나 얼굴인식 데이터를 체계적으로 구성하여 개인정보 데이터베이스 등을 구축한 경우 개개의 카메라 이미지나 얼굴인식 데이터를 포함한 정보는 개인정보에 해당하기 때문에 개인정보보호법에 의거한 적절한 취급이 필요하다(個人情報保護委員會, "「個人情報の保護に関する法律についてのガイドライン」及び「個人データの漏えい等の事案が発生した場合等の対応について」に関するQ&Aの更新", 2019. 6. 7, 1面).

76) 강력한 새로운 감시 전술이 개발됨에 따라, 그들의 합법적이고 불법적인 사용의 범위가 확산될 것 같다. 길이 있는 곳에 의지가 있는 경우가 많다. 거의 감지할 수 없는 감시 크리프의 위험이 있다 [Gary T. Marx, DNA 'Fingerprints' May One Day Be Our National ID Card, Wall Street Journal, April 20, 1998; Dahl, J. Y./Sætnan, A. R. (2009). "It all happened so slowly": On controlling function creep in forensic DNA databases, International Journal of Law, Crime and Justice, 37(3), 83-103].

77) 개인의 유전체 정보가 식별가능한 개인정보인가가 문제된다. 현재까지 우리나라 및 외국에서의 원칙적인 견해에 의하면 이와 같은 정보는 개인을 식별할 수 있는 고유의 정보를 포함하고 있는 것으로서 개인정보라고 하는 것에 이의가 없다[손영화, 전게논문(플랫폼 경제시대 데이터 3법의 개정과 개인 의료데이터의 활용), 466-467면].

78) 개인 맞춤 의학(Personalized medicine)은 개인에 대한 세밀한 정보를 사용하여 정상에서 벗어난 부분을 정확히 파악한다. 엔지니어링의 '디지털 트윈스(Digital Twins)'는 치료, 예방 치료 및 인간 향상에 대한 개념적, 윤리적 영향뿐만 아니라 이러한 데이터 중심 의료 관행을 분석하기 위한 개념적 프레임워크를 제공한다[Koen Bruynseels/Filippo Santoni de Sio/Jeroen van den Hoven, Digital Twins in Health Care: Ethical Implications of an Emerging Engineering Paradigm, Frontiers in Genetics, Volume 9(February 2018), p.1].

로 사용자는 자신에 대해 저장된 정보에 접근할 권리(right to access)가 있다고 할 수 있지만, 이 경우 특히 데이터에 대한 지식(예: 질병의 위험)이 치료를 활성화하지 않고 두려움을 유발하여 행복을 감소시킬 수 있는 경우 알지 못할 권리(right not to know; 모르고 있을 권리)도 있을 수 있다.[79] 경우에 따라서는 고객은 자신의 쇼핑 행동의 패턴도 알고 싶지 않을 수 있다.

5. 모바일 장치

스마트폰과 같은 네트워크 기기를 사용자가 점점 더 많이 보유함에 따라 모바일 기기들은 점점 더 많은 데이터를 수집하여 전송한다. 이러한 장치들은 일반적으로 GPS(Global Positioning System),[80] 이동 센서, 카메라를 포함한 다양한 데이터 생성 센서를 포함하고 있으며 인터넷이나 다른 네트워크를 통해 결과 데이터를 전송할 수 있다. 한 가지 특별한 예는 위치 데이터와 관련이 있다.[81] 많은 모바일 기기들은 사용자

---

79) 특히 발병 전 유전학적 검사(장래의 질환 발병과 강하게 관련된 유전자의 유무를 건강할 때 알아내는 것)가 환자/장애인의 개념 변경, 피검자나 가족에게 미치는 심리적 영향 등 의료인도 참여시키면서 논의가 축적되어 운용규칙이 책정되어 왔다. 그 근간을 이루는 것은 "the right not to know" 즉 「모르고 있을 권리」이다. '모르고 있을 권리'란 피검자에게 자신의 유전정보(genetic information)를 발증전유전학적 검사를 통해 '알' 권리뿐만 아니라 '알지 못할' 혹은 제3자로부터 '알지 못할' 권리도 있다는 미국에서의 논의에서 생겨났다. 1990년대 이후 환자의 자율, 프라이버시 존중이라는 윤리원칙과 더불어 '모르고 있을 권리' 보장은 인간 게놈, 유전자 해석연구 및 이의 응용인 유전의료에서 기본적인 규범으로 간주되어 왔다(李怡然/武藤香織, "ゲノム医療時代における「知らないでいる権利」", 「保健医療社会学論集」第29巻 第1号(日本保健医療社会学会, 2018), 72-73面).

80) 주어진 공간에서 사용자나 기기의 위치는 상황 정보의 가장 중요한 요소 중 하나이다. 센서의 광범위한 사용은 그러한 정보의 풍부함을 증가시켰다. 위치는 광고 및 소셜 네트워크와 같은 상용 애플리케이션을 활용할 수 있는 잠재력 때문에 그 자체로 큰 관심을 불러일으켰다(Ramon F. Brena/Juan Pablo García-Vázquez/Carlos E. Galván-Tejada/David Muñoz-Rodriguez/Cesar Vargas-Rosales/James Fangmeyer Jr., Evolution of Indoor Positioning Technologies: A Survey, Hindawi Journal of Sensors Volume 2017, p.1).

81) 수사기관이 당사자의 신체나 소유물에 동의 없이 GPS 수신장치를 부착하고 이를 이용해서 위치정보를 수집하는 데에는 영장이 필요하다. 또한 이미 부착되어 있는 GPS를 이용하여 위치를 추적하는 데에도 법원의 통제가 요구되는바, 이때 그 통제의 정도는 일반적인 영장에 비해 완화될 수 있다. 수사기관이 휴대전화 위치추적을 행하기 위해서는 법원의 허가를 받아 통신사실확인자료를 제

의 위치를 등록하는 GPS 센서를 가지고 있지만, GPS 센서가 없어도, 예를 들어 사용 가능한 무선 네트워크를 모니터링함으로써 대략적인 위치를 도출할 수 있다.[82] 위치 데이터는 온라인 세계를 사용자의 물리적 환경과 연결하며 물리적 피해(스토킹, 휴일 동안의 강도 등)의 가능성을 가지고 있기 때문에 이러한 데이터는 종종 특히 민감한 것으로 간주된다.[83]

이 장치들 중 다수는 응용 프로그램이 접근할 때 사진을 찍는 데 사용될 수 있는 카메라를 포함하고 있다. 이것들은 센서로도 간주될 수 있으며, 센서들이 생성하는 데이터는 특히 비공개일 수 있다. 카메라와 같은 센서의 경우 사용자가 센서가 활성화될 때 인지하고 있다고 가정되며, 개인정보 보호는 그러한 지식에 달려 있다. 웹캠의 경우 일반적으로 라이트(light)는 카메라가 켜져 있는지 여부를 나타내지만 이 라이트는 악성 소프트웨어에 의해 조작될 수 있다. 일반적으로 '재구성 가능한 기술 (reconfigurable technology)'은 구성에 대한 사용자 지식 문제를 제기하는 개인정보를 처리한다.[84]

공받을 수 있는데, 사법적 통제 장치를 마련하고 있다는 점에서 우리의 입법례는 미국의 경우보다 진일보한 것으로 평가된다(윤지영·이천현·최민영·윤재왕·전지연, 「법과학을 적용한 형사사법의 선진화 방안(IV)」, 한국형사정책연구원, 2014, 21면).

82) 대표적인 것이 WPS(Wi-Fi Positioning Service)이다. 이는 Wi-Fi로 들어오는 무선 AP(Access Point)의 정보를 이용해서 위치값을 얻어내는 서비스로, GPS나 이동통신회사 서비스 이용이 불가능한 단말의 경우도 무선랜 사용이 가능하면 위치를 얻어낼 수 있다. WPS는 무선 AP 정보를 얻어내는 기술, 얻어낸 데이터를 최적화하여 데이터베이스를 구축하는 기술, 이용자의 모바일 디바이스에서 필요한 정보를 얻어내는 기술로 구성되어 있다. 우선 스캐닝 차량을 통해서 얻어낸 무선 AP의 MAC(Medium Access Control) 주소 등 정보와 GPS를 통해서 얻어낸 무선 AP 위치 정보를 합쳐 무선 AP에 대한 데이터베이스 정보를 구축한다. 그 후 이용자의 모바일 디바이스 근처에 있는 무선 AP 들의 정보를 수집하면, 구축된 데이터베이스를 통해 해당되는 무선 AP들의 위치 정보를 결합하여 삼각측량을 통해 해당 모바일 디바이스의 단말기 위치를 측정한다(정상조 외, "비식별개인정보의 보호 및 활용에 관한 연구", 방송통신위원회, 2010, 16-17면).

83) IPSOS, Data Privacy and Security: what are the real concerns?, 20 April 2017. 〈https://www.ipsos.com/ipsos-mori/en-uk/data-privacy-and-security-what-are-real-concerns〉.

84) 재구성 가능한 센서 네트워크에 대해 설명된 사용 사례가 프라이버시를 중심으로 하지 않는다는 사실에도 불구하고, 향후 이 기술이 프라이버시에 민감한 방식으로 적용될 수 있을 것으로 기대한 다. … 사회의 모든 거래를 둘러싼 데이터 수집과 데이터베이스의 연결로 인해 객체 및 트랜잭션 추

6. 사물인터넷

인터넷에 연결된 기기는 스마트폰과 같은 사용자 소유의 컴퓨팅 기기에만 국한되지 않는다. 많은 장치들이 칩을 포함하고 있거나 소위 사물인터넷에 연결되어 있다. RFID[radio frequency identification: 무선 주파수 식별(일명 전자태그라고도 한다)] 칩은 제한된 거리에서 판독기 앞에 있으면 판독이 가능하도록 한다.[85] 우리나라와 미국 및 EU 여권은 생체 데이터가 보호되는 RFID 칩을 가지고 있는데, 사용자의 국적과 같은 정보는 그러한 장치를 읽으려고 시도할 때 쉽게 유출될 수 있다. "스마트" RFID는 대중교통 결제시스템에도 내장되어 있다. 기본적으로 숫자를 포함하는 "덤(Dumb)" RFID는 바코드를 대체하고 물류에서 사용하기 위해 많은 종류의 제품에 나타난다. 하지만 칩이 들어 있는 물건을 가지고 있다는 것이 알려지면, 그 칩은 사람을 추적하는 데 사용될 수 있다.[86]

적은 점점 더 쉽게 사람과 연결될 수 있기 때문이다. 이는 오브젝트 데이터(object data)가 사후적으로 개인정보로 바뀔 수 있음을 의미한다[Francien Dechesne/Martijn Warnier/Jeroen van den Hoven, Ethical requirements for reconfigurable sensor technology: A challenge for value sensitive design, Ethics and Information Technology(August 2013), p.5].

85) 무선 주파수 식별 기술(RFID)은 1970년대부터 다양한 형태로 상용화되었다. 그것은 전파를 통해 통신하는 태그와 리더의 무선 시스템을 말한다. 미국 식품의약국(FDA)에 따르면 판독기는 전파를 방출하고 근처의 태그로부터 신호를 수신하는 하나 이상의 안테나를 가지고 있다. 태그는 하나의 일련 번호에서 여러 페이지의 데이터에 이르는 정보를 포함할 수 있다(Camille Caldera, Fact check: Americans won't have microchips implanted by end of 2020, USA TODAY, Aug. 1. 2020. 〈https://www.usatoday.com/story/news/factcheck/2020/08/01/fact-check-americans-will-not-receive-microchips-end-2020/5413714002/〉).

86) 인간에게 직접 침을 이식하는 것도 기술적으로는 가능한 시대가 되었다. 많은 고용주들에게는 매력적일 수 있다. 그러나 우리는 고용주들이 직원들에게 이러한 임플란트를 받을 것을 요구하는 것을 법률로 금지할 것으로 기대한다. 직원을 위한 RFID 마이크로칩 이식의 법적 의미는 "강력한 기술과 함께 남용의 가능성이 있다"고 말한다. 캘리포니아, 콜로라도, 플로리다, 조지아, 미주리, 노스다코타, 오하이오, 오클라호마 및 위스콘신을 포함한 주에서는 인간 마이크로칩 착상을 다루는 법을 채택했으며, 캘리포니아와 미주리는 이를 고용 상황에서 구체적으로 다루고 있다(Katherine F. Mendez/Christina Jaremus, Future Employer: Are Humans With Microchips In Their Brains The Future of Work?, May 19, 2021. 〈https://www.seyfarth.com/news-insights/future-employer-are-humans-with-microchips-in-their-brains-the-future-of-work.html〉). 예컨대 캘리포니아 민법 제52.7조(a)는 개인에게 식별 장치

가정 내에는 전기와 수도 소비량을 자동으로 읽고 보낼 수 있는 스마트 계량기와 주인이 원격으로 제어할 수 있는 온도조절기 등이 있다. 이러한 장치는 다시 통계를 생성하며 마이닝 및 프로파일링에 사용할 수 있다. 앞으로 점점 더 많은 가전제품이 연결되고, 각각의 가전제품이 자체 정보를 생성할 것이다. 주변 지능(Ambient intelligence)과 유비쿼터스 컴퓨팅(ubiquitous computing)은 사물인터넷(Internet of Things)과 함께 사용자에게 환경을 자동으로 적응시킬 수 있으며, 사용자 자율성(user autonomy)은 이러한 장치의 프라이버시에 대한 영향을 고려할 때 중심 주제이다. 일반적으로, IT 및 관련 연결을 통해 제품이 어떻게 사용되는지에 대해 공급업체가 정보를 제공받는 서비스 지향적 상품 제공으로의 이동은 관련된 프라이버시 보호 및 투명성[87] 우려를 고려해야 한다. 예를 들어 사용자는 연결된 기기에 마이크가 포함되어 있을 때 그리고 마이크가 사용되는 방법과 시기를 알려야 한다.[88]

7. 전자정부

정부와 공공 행정 또한 첨단 IT 시스템의 가용성으로 인해 급격한 변화를 겪었

의 피하 삽입을 요구, 강요 또는 강요해서는 안 된다고 규정하고 있다[California Civil Code section 52.7(a)]. 미주리주에서도 이와 유사하게 "고용주는 어떤 이유로든 직원에게 개인 식별 마이크로칩 기술을 이식할 것을 요구해서는 안 된다"고 규정하고 있다[Missouri Rev. Stat §285.035(1.)].

87) 투명성은 GDPR의 핵심 원칙으로, 개인정보는 "데이터 주체와 관련하여 합법적이고, 공정하며, 투명한 방식으로 처리되어야 한다"고 명시하고 있으며, 따라서 투명성, 합법성 및 공정성 사이의 긴밀한 연관성을 보여 준다(Art. 5(1)(a))(Heike Felzmann/Eduard Fosch Villaronga/Christoph Lutz/Aurelia Tamò-Larrieux, Transparency you can trust: Transparency requirements for artificial intelligence between legal norms and contextual concerns, Big Data & Society(2019), p.2).

88) 신뢰와 고지에 입각한 동의(informed consent)의 핵심 원칙은 사용자가 기기가 켜지고 녹음될 때 이해해야 한다는 것을 나타내며, 많은 회사가 녹음할 때 눈에 띄는 시각적 신호를 기기에 통합하였다. 이것의 예로서, 헬로 바비는 인형의 목걸이에 있는 LED 조명의 색상과 패턴에 기초하여 인형이 와이파이 신호를 듣고 있는지, 전송하고 있는지 또는 찾고 있는지를 사용자에게 알려 주는 일련의 뚜렷한 시각적 신호를 가지고 있다. 예를 들어, 마이크가 내장된 착용 가능한 손목 밴드인 Kapture는 사용자와 관찰자가 분명히 알 수 있도록 마이크와 같은 격자무늬의 밝은 색상으로 의도적으로 설계되었다(STACEY GRAY, Always On: Privacy Implications of Microphone-Enabled Devices, Future of Privacy Forum, APRIL 2016, p.9).

다. 이러한 변화의 예로는 생체인식 여권(biometric passports), 온라인 전자정부 서비스
(online e-government services), 투표 시스템, 다양한 온라인 시민 참여 도구 및 플랫폼, 의
회 및 정부 위원회 회의 세션 녹취록에 대한 온라인 액세스 등이 있다.

　선거에서 투표하는 경우를 생각해 보자. 정보기술은 투표 과정에서 서로 다른 단
계에서 역할을 할 수 있으며, 이는 유권자의 프라이버시에 영향을 미칠 수 있다. 대부
분의 국가는 투표 매수 및 강요를 방지하기 위해 비밀투표로 선거를 치르도록 규정하
고 있다. 이 경우, 비록 유권자가 투표를 밝히고 싶어 할지라도, 그는 자신의 투표를
공개해서는 안 된다. 투표에 사용되는 정보기술의 경우, 매매방지(receipt-freeness) 또는
강제저항(coercion-resistance)의 요건으로 정의된다. 투표소에서는 유권자가 비공개로
투표하는 것으로 보고 있지만 우편이나 온라인으로 투표할 때는 이런 감시가 불가능
하고, 유권자가 투표하는 동안 항상 지켜볼 수 있도록 기술적 수단으로 강제할 수도
없다.[89] 이 경우 프라이버시는 권리일 뿐만 아니라 의무이며, 정보기술 발전은 유권
자가 이 의무를 이행할 가능성뿐만 아니라 당국이 이를 확인할 가능성에도 중요한 역
할을 한다. 더 넓은 의미에서, 전자 민주주의 이니셔티브(e-democracy initiatives)는 정치
적 과정에서 프라이버시를 바라보는 방식을 바꿀 수 있다.[90]

---

89) 미국에서는 2008년 대선에서 투표용지(marksheets)를 광학 스캔하는 방식을 채택한 선거인의 수가
　　과반수를 넘었다. 여기에는 다음과 같은 배경이 있다. 2004년 대선에서 많은 주들이 컴퓨터에 투
　　표를 기록하는 DRE(Direct-Recording Electronic Device) 방식 전자투표기를 사용했지만 많은 장애를 일
　　으켜 선거인들로부터 사용에 대한 의구심이 높아졌다. 이 때문에 각 주는 다른 방법을 채택하거나
　　DRE 방식 전자투표기에 유권자의 확인을 거친 종이의 감사증거 발행을 의무화하는 것이 주류를
　　이루고 있다. 이 다른 방법이 투표용지를 광학 스캔하는 방식이다. 감사증거 발행을 의무화해도
　　아직 반대론이나 회의론이 뿌리 깊기 때문에 미국 전자투표의 주류는 광학 스캔 방식이다.

90) 2016년 미국 대통령 선거에서의 데이터 부정이용 문제가 발생했다. 미국의 선거전에서는 대규모
　　데이터베이스를 만들어, 잠재적으로 자당을 지지하기 쉬운 속성을 가진 사람에게 집중적으로 작용
　　하는 것에 더욱 많은 비용을 들이고 있다. 부정하게 얻은 데이터를 기초로 필터링으로 사람들의 정
　　치 선호를 조작하여 선거 결과에 영향을 미쳤다고도 하며, 민주주의 과정을 왜곡함과 동시에 내심
　　의 자유의 침해에 해당한다. 이러한 문제에 대해 프라이버시는 데이터 사용방법의 선택과 필터링
　　으로부터의 도피 등에 의해 민주주의 촉진이 가능할 것이다(丹下 智, "プライバシーとデモクラシー ―ネットワ
　　ーク社会における新局面", 3面. 〈https://www.sg.kyoto-u.ac.jp/sg/wp-content/uploads/2019/06/bd76ee349287b26532
　　d00515fd6bc067.pdf〉).

더 일반적으로, 프라이버시는 민주주의에서 과도한 영향력을 막기 위해 중요하다.[91] 투표 과정에서 사생활의 부족은 투표매매와 강요를 가능하게 할 수 있지만, 표적화된 (잘못된) 정보 캠페인을 통해 민주주의 과정에 영향을 미치는 더 미묘한 방법들이 있다. 예를 들어 소셜 미디어와 같은 시민들의 온라인 (정치) 활동은 행동 프로파일링을 통한 타겟팅 가능성 때문에 그러한 시도를 용이하게 한다.[92] 오프라인 정치 활동에 비해 선호도와 활동을 감추기 어렵고, 기밀유지가 침해될 가능성이 높으며, 여론에 영향을 미치기 위한 시도도 확장성이 높아진다.

8. 감시

정보기술은 모든 종류의 감시 업무에 사용된다. 예를 들어, 군중 속에서 특정 개인을 식별하거나 얼굴인식 기술을 사용하거나 원치 않는 행동을 하는 특정 장소를 모

---

91) 헌법재판소 2021. 1. 28. 선고 2018헌마456 등 결정에서 헌법재판소는 심판대상조항인 제82조의6 제1항 등의 입법목적은 정당하나, 모든 익명표현을 사전적·포괄적으로 규율하는 것은 표현의 자유보다 행정편의와 단속편의를 우선함으로써 익명표현의 자유와 개인정보자기결정권 등을 지나치게 제한한다고 판단하였다. 심판대상조항은 정치적 의사표현이 가장 긴요한 선거운동기간 중에 인터넷언론사 홈페이지 게시판 등 이용자로 하여금 실명확인을 하도록 강제함으로써 익명표현의 자유와 언론의 자유를 제한하고, 모든 익명표현을 규제함으로써 대다수 국민의 개인정보자기결정권도 광범위하게 제한하고 있다는 점에서 이와 같은 불이익은 선거의 공정성 유지라는 공익보다 결코 과소평가될 수 없다는 것이다. 그러므로 심판대상조항은 과잉금지원칙에 반하여 인터넷언론사 홈페이지 게시판 등 이용자의 익명표현의 자유와 개인정보자기결정권, 인터넷언론사의 언론의 자유를 침해한다고 하였다(장영수, "선거운동기간 중 인터넷게시판 실명제의 의미와 기능—헌법재판소 2021. 1. 28. 선고 2018헌마456 등 결정", 법률신문, 2021. 8. 26. 〈https://m.lawtimes.co.kr/Content/Info?serial=172316&kind=CC01〉).
92) 현재까지 프로파일링 기술이 가장 활발하게 사용되고 있는 분야는 온라인 광고 분야이다. 그 외에도 검색 및 콘텐츠 추천이나 신용평가 등 주로 상업적 영역에서 프로파일링 기술이 활용되어 왔다. 그러나 치안 유지 등 공공적 영역에서도 활용될 수 있고, 프로파일링 기술을 통하여 개인의 선호나 기호 등의 정보를 파악하고 분석하는 것이 가능해지면 유권자별 맞춤형 선거 운동 등이 가능하게 되어 정당 등에 의하여 정치권에서 활용되기도 하는 등 프로파일링 기술의 활용 영역은 점차 확대되고 있는 추세이다(고학수, "프로파일링 관련 기술 동향 분석 및 개인정보 정책 방안 연구", 한국인터넷진흥원, 2018, 54-55면).

니터링하기 위해 CCTV 및 기타 카메라 시스템과 같은 전통적인 감시 시스템을 강화하고 확장하는 데 사용할 수 있다. 그러한 접근방식은 사물인터넷 장치의 모니터링과 같은 다른 기술과 결합할 때 훨씬 더 강력해진다.[93]

기존 보안 감시 시스템을 강화하는 것 외에도, ICT 기술은 일반적으로 '감시 자본주의(surveillance capitalism)'[94]라는 용어로 함께 묶인 디지털 영역에서 주로 사용되고 있다. 소셜 미디어와 기타 온라인 시스템은 개인에 대한 많은 양의 데이터를 수집하는 데 사용된다. 사용자들은 특정 서비스(구글, 페이스북)에 가입하면서 '자발적으로' 또는 덜 투명한 방식으로 모든 종류의 사용자 관련 데이터를 수집하는 것에 따라 비자발적으로 자신들의 데이터를 제공하고 있다. 그런 다음 데이터 분석 및 머신러닝 기술은 개별 사용자의 예측 모델을 생성하는 데 사용된다. 예를 들어 표적 광고에 사용될 수 있을 뿐만 아니라 선거나 브렉시트와 같은 경우 영향을 주기 위해 사기 또는 마이크로 타겟팅[95]과 같은 더 많은 악의적인 의도를 생성하는 데 사용되기도 한다.[96]

---

93) 예컨대, 비디오 카메라와 같은 적절한 IoT 장치와 함께 무인항공기(UAV)를 사용하면 효율적인 군중 감시 시스템을 제공할 수 있다. 이상한 움직임과 수상한 행동을 감지하고 범죄자의 얼굴을 인식한다. 이 기술의 사용은 군중감시와 얼굴인식을 위한 조감도 제공한다. 따라서 군중 안전과 보안을 강화하는 동시에 지상에 배치되는 경비 인원을 줄일 수 있다[Naser Hossein Motlagh, Miloud Bagaa, and Tarik Taleb, UAV-Based IoT Platform: A Crowd Surveillance Use Case, IEEE Communications Magazine(February 2017), p.132].

94) 2019년 하버드대 비즈니스스쿨의 쇼샤나 즈보프 명예교수가 감시 자본주의의 시대(원제 The Age of Surveillance Capitalism)라는 용어를 처음 사용하였다. 책에서는 인간의 경험을 원자재 삼아 상품과 서비스를 만들어 내는 경제에 '감시자본주의'라는 이름을 붙였다. 기존의 상품과 서비스를 개선하기 위해 필요한 것 이상으로 '잉여적인' 행동 데이터를 수집하고, 이를 이용해 소비자가 지금, 곧 미래에 무엇을 할지 예측하는 상품을 만들어 내 수익을 얻는 자본주의를 뜻한다(주영재, "'감시자본주의'에 빼앗긴 인간의 자유 의지", 경향신문, 2020. 7. 4). 데이터 수집을 위한 핵심적인 활동은 감시다. 휴대전화나 PC를 통한 디지털 감시활동을 바로 자본주의의 구조와 결부시킨 「감시자본주의」라는 말은 학술 용어의 범위를 넘어 세계적 규모로 사람들의 사고방식에 변화를 재촉하고 있다.

95) 특정 데이터 세트를 분석함으로써 정당은 유권자의 행동, 의견 및 감정에 대한 매우 상세한 이해를 달성할 수 있으며, 정당은 복잡한 그룹으로 유권자를 묶을 수 있다. 이러한 단체(clusters)는 이후에 그들의 관심사를 말하고 그들의 의견에 부합하는 온라인 정치 광고의 표적이 될 수 있다. 이러한 온라인 메시지는 대상 단체의 유권자만 볼 수 있다. 이것을 디지털 마이크로타겟팅(digital microtargeting)이라고 한다(International Institute for Democracy and Electoral Assistance, Digital Microtargeting Political Party Innovation Primer 1, 2018, p.6).

　　민간부문 보안감시 산업에 더하여 대규모 보안 감시 기술을 사용하는 또 다른 전통적인 그룹은 정보 서비스를 제공하거나 또는 법 집행기관으로서의 정부이다. 이러한 유형의 감시 시스템은 일반적으로 '더 큰 이익(greater good)'에 호소하고 시민을 보호하는 것으로 정당화되지만, 그 사용은 또한 논란의 대상이 되고 있다. 그러한 시스템의 경우, 사생활에 대한 부정적인 영향이 기술에 의해 달성되는 이익에 비례한다는 것을 일반적으로 보장하고자 한다. 특히 이러한 시스템은 일반적으로 비밀에 싸여 있기 때문에 외부인들은 그러한 시스템이 비례적으로 사용되는지, 또는 실제로 그들의 업무에 유용한지 확인하기가 어렵다. 특히 정부가 민간 부문 데이터나 서비스를 감시 목적으로 사용할 때 더욱 그러하다.[97] 인공지능에 의한 데이터의 이용 등과 관련하여 최근 유럽연합(EU)에서는 인공지능에 대하여 위험의 등급화를 실행하여 4가지 수준의 피라미드(허용할 수 없는 위험, 고위험, 제한된 위험 및 최소 위험)를 사용하여 표현하고 있다. 특히 EU AI 규칙안에서는 허용할 수 없는 위험의 경우 전면금지를 규정하고 있다.[98]

　　통신 시스템에 우수한 암호화 기술이 거의 보편적으로 사용됨에 따라 효과적인 감시 정보 수집도 어려워져 통신 시스템에서 정부가 독점적으로 사용할 수 있는 '백도어(back doors)'에 대한 요구가 점점 더 많아지고 있다. 프라이버시 관점에서 이것은 정부에게 사적인 대화에 대한 접근 권한을 줄 뿐만 아니라 이 기법을 사용하는 통신 시

---

96) 마이크로 타겟팅과 관련하여 EU의 일반데이터보호규정(GDPR)의 규칙이 적용되지만, 그 밖에도 온라인 정치 마이크로 타겟팅을 포함한 정치광고는 표현의 자유에 대한 권리에 의해 보호된다. 그러나 그것은 절대적인 권리는 아니다. 유럽 인권 관점에서 국회의원들의 정치광고 가능성을 제한하는 것은 가능하다. 실제로, 어떤 나라들은 선거 기간 동안 정당에 대한 TV 광고를 금지하고 있다[Tom Dobber/Ronan Ó Fathaigh/Frederik J. Zuiderveen Borgesius, The regulation of online political micro-targeting in Europe, INTERNET POLICY REVIEW Journal on internet regulation, Volume 8, Issue 4(2019), p.1].

97) J van den Hoven, op. cit.. (Privacy and Information Technology).

98) 사회적 점수(social scoring) 매기기, 다크패턴(dark-pattern) AI, 조작(manipulation), 실시간 생체인식 시스템(real-time biometric identification systems) 등 4가지 유형의 기술이 이 범주에 포함된다[손영화, "EU AI 규칙안에 대한 일고찰", 「IP & Data 법」 제1권 제2호(2021) 참조].

스템의 전반적인 보안을 낮추기 때문에 바람직하지 않은 것으로 평가될 수 있다.[99]

IV. 결론 및 시사점

현대 정보통신기술의 발전에 따라 개인정보를 이용하고자 하는 기업 및 정부 등의 욕구가 커지고 있다. 한편, 정보주체인 개인의 자기정보에 대한 접근권과 통제권이 강화되어 왔다. 그럼에도 불구하고 정보통신기술의 발전은 개인정보 보호에 새로운 과제를 꾸준히 제공하고 있다. 이상에서는 EU를 중심으로 미국, 일본 등의 입법과 판례 및 학설을 비교고찰하며 새로운 정보통신기술의 발전에 따른 개인정보 보호의 과제를 살펴보았다. 간략하게 요약 정리하면 다음과 같다.

정보통신기술은 정보에 대한 접근성을 변화시킴으로써 사생활에 영향을 미칠 뿐만 아니라 사생활 규범 자체를 변화시키기도 한다. 예를 들어, 소셜 네트워킹 사이트는 사용자가 다른 방법보다 더 많은 정보를 공유하도록 초대한다. 이러한 「과도한 정보공유」는 특정한 그룹 내에서 인정되고 있는 관행이 된다. 이러한 새로운 문제에 대처해 가지 않으면 안 된다. 신기술의 홍수 속에서 그것이 개인정보와 프라이버시에 미치는 영향에 대해 정확히 인식하면서 적절한 규제와 보호가 이루어질 필요가 있다.

디지털 혁명(digital revolution) 시대에 물리적 공간은 덜 중요해지고, 정보는 인터

---

99) 그에 따라 휴대폰에 대한 법적 평가 역시 엄격해지고 있다. 라일리 대 캘리포니아 사건에서 법원은 경찰이 영장 없이 휴대폰을 검색할 수 있는지 여부에 대한 문제를 제기했다. 대법원은 휴대폰에 대한 영장 없는 검색이 수정헌법 제4조에 위배되는 것으로 간주되어 허용되지 않는다고 판결했다. 휴대폰은 그들의 거대한 저장 용량, 개인 사진, 의료 기록, 위치 정보, 그리고 장기간에 걸쳐 저장된 다른 데이터들 때문에, 개인이 휴대할 수 있는 다른 물품들과는 본질적으로 다르다고 여겨졌다. 미국 정부 계약자인 에드워드 스노든이 2013년 미국 국가안보국(NSA) 감시 관행의 확장성에 대해 폭로한 것은 정부, 기술 커뮤니티 및 기타 이해 관계자들의 많은 반응을 불러일으켰다. 2013년 12월, 유엔 총회는 디지털 시대의 프라이버시 권리에 대한 결의안을 채택하여 "오프라인에 있는 사람들이 가지는 권리도 온라인으로 보호되어야 한다"고 단언했다(UN. Office of the High Commissioner for Human Rights, The right to privacy in the digital age: report of the Office of the United Nations High Commissioner for Human Rights, 2014, p.4).

넷상에서 자유롭게 획득되고, 결합하고, 유통되고 있다. 이러한 현실 속에서 개인의 프라이버시 보호는 그 중요성이 더욱 커지는 면도 있다. 우선, 인터넷 프라이버시 (Internet privacy)와 관련하여 이른바 쿠키(cookies)의 사용에 관한 규제의 문제가 있다. 개인의 프라이버시를 과도하게 침해하지 않으면서 정보공유 및 공유효율성을 달성하기 위한 접점을 찾아야 할 것이다.

둘째, 클라우드 컴퓨팅의 발달에 따른 개인정보 보호의 문제가 있다. 클라우드 컴퓨팅에서 데이터와 프로그램은 모두 온라인(클라우드 내)이며, 사용자가 생성한 데이터와 시스템 생성 데이터가 무엇에 사용되는지 항상 명확한 것은 아니다. 더욱이 데이터가 세계 다른 곳에 위치하기 때문에 어떤 국가의 법이 적용되고 어떤 국가의 규제당국이 데이터에 대한 액세스를 요구할 수 있는지조차 불명확한 경우가 있다. 국제 정합성 있는 규범의 마련을 위한 노력이 경주되어야 할 것이다.

셋째, 빅데이터의 이용 및 활용에 따른 개인정보 보호의 문제가 있다. 빅데이터는 사용자 프로파일링에 사용되어 사용자에 대한 일반적인 속성을 각종 정보의 조합에 의하여 그 패턴을 만들 수 있다. 이러한 패턴은 관심사와 행동을 예측하는 데 사용될 수 있는데, 특히, 개인의 민감한 프라이버시와 관련될 수도 있다. 이른바 예측정보의 활용에 있어서 개인의 프라이버시 보호를 어느 범위에서 인정할 것인지가 문제된다. 직접적인 프라이버시의 보호가 아닌 간접적인 프라이버시 보호의 방안이 보다 합리적일 수 있어 보인다. 즉, 예측정보의 일반적인 활용금지의 방안이 아닌 구체적인 사안별 금지방안을 마련할 필요도 있다.

넷째, 사물인터넷의 발전에 따라 개인정보의 침해 가능성도 높아지고 있다. GPS를 이용한 위치정보 등의 이용과 활용도 그러한 내용 중의 하나이다. 일반적으로 '재구성 가능한 기술(reconfigurable technology)'을 사용한 개인정보의 취득 및 이용의 경우 그러한 기술의 정보에 대하여 개인에게 알려 주는 방법에 의하여 이를 해결할 수 있을 것이다. 위치정보에 대한 것과 같이 구체적인 입법을 마련할 필요도 있다.

다섯째, 정보통신기술의 발전은 투표 과정에서의 변화를 초래할 수 있다. 이른바 E-거버넌스 또는 전자정부의 과제이다. 어느 단계에서의 기술이용이든지 간에 유권자의 자유투표 및 비밀투표가 이루어질 수 있도록 하여 투표매매와 강요를 방지함으로써 전자 민주주의를 달성하여야 할 것이다.

　　마지막으로 감시카메라 등을 이용한 보안시스템의 발전에 따른 반작용이라고 할 수 있는 이른바 감시 자본주의를 해결하지 않으면 안 된다. 적어도 국가에 의한 대중의 감시는 엄격하게 금지하여야 할 것이다. 또한 개인의 프라이버시 등의 침해를 최소화하기 위하여 개인이나 사기업이 이용하는 경우에도, 우선 대중이 이를 알 수 있도록 그러한 감시 사실을 알리고, 획득한 정보의 이용에 있어서도 개인의 프라이버시가 침해되지 않도록 하는 법과 제도의 마련이 필요할 것이다.

제3절

개인정보자기결정권의 범위와 한계*

정윤경
(인하대학교 법학연구소 AI·데이터법센터 책임연구원)

I. 서 론

4차산업혁명 및 지식정보사회의 도래가 급속하게 진전되면서 사회의 다양한 분야에서 데이터의 수집과 이용의 요구가 증가하고 있다. 유럽연합(EU)은 2018년 5월 일반 개인정보보호법(GDPR)을,[1] 중국은 2021년 11월 전면 개정된 개인정보보호법(PIPL)을 각각 시행하였으며[2] 미국도 최근 연방 차원의 개인정보보호법(Federal Data Privacy Law) 제정을 추진하는[3] 등 세계 주요 국가에서는 개인정보 관련 법 제도의 중요성을 인식하고 재정비를 위해 노력하고 있다. 우리나라는 2011년 9월 개인정보보호법을 처음 시행한 이후 현재까지 17차례의 법 개정을 거쳤으며, 특히 2020년 2월 소위 데이터 3법이라고 불리우는 법 개정을 통해 개인정보 범위의 기준을 명확히 하

---

* 이 글은 경북대학교 IT와 법연구소 「IT와법연구」 제24권에 게재한 "개인정보자기결정권의 범위와 한계에 관한 고찰—개인정보보호법 일부개정법률안을 중심으로"를 각색, 보완한 것입니다.

1) European Commission, "Data protection in the EU", ⟨https://ec.europa.eu/info/law/law-topic/data-protection/data-protection-eu_en⟩(2023. 1. 30. 최종방문).

2) China Business Law Journal(2021. 11. 26.), "中国建立全面的信息保护制度", ⟨https://url.kr/a6dxch⟩(2023. 1. 30. 최종방문).

3) Nytimes(2021. 9. 6.), "The State of Consumer Data Privacy Laws in the US", ⟨https://www.nytimes.com/wirecutter/blog/state-of-privacy-laws-in-us/⟩(2023. 1. 30. 최종방문).

고 통계작성·과학적 연구·공익적 기록 보존 등을 위한 개인정보 활용의 법적 근거를 마련하여 데이터의 경제적 가치를 높였다는 평가를 받기도 하였다.[4] 하지만 이러한 법 개정이 데이터의 활용 측면에만 너무 집중한 나머지 자칫 정보주체의 자기결정권을 축소시키는 결과를 초래하는 것이 아닌가 하는 비판[5]과 함께, 이처럼 데이터의 활용이 거스를 수 없는 세계적 추세라면 정보주체의 권리를 소극적·방어적으로만 규제하는 것이 아니라 적극적·능동적으로 통제할 수 있는 권리도 부여해야 한다는 목소리도 높아졌다.[6] 이에 2021년 9월 정부는 지난 데이터 3법 개정을 보완하려는 취지에서 개인정보보호법 일부개정안을 발의하였다.[7] 여기에는 정보주체의 개인정보 전송요구권, 자동화된 결정에 대한 개인정보 열람·거부권, 개인정보 수집·이용·제공 요건의 개선, 개인정보 국외 이전 요건 다양화 등의 사항이 포함되어 있으며, 이 발의안은 2020년 11월 위원회 심사를 마친 상태이다.[8] 하지만 일부 시민단체들은 정부의 발의안이 피상적으로 정보주체의 권리를 강화하려는 데 그칠 뿐 개인정보에 대한 국민의 권리를 진정으로 보호하지 못한다는 비판적 의견을 발표하였고,[9] 이에 국회에는 2022년 1월에만 다섯 차례나 개인정보보호법 일부개정법률안이 발의되어 소관위에 접수된 상태이다.[10] 이 발의안에는 정보주체의 통제권을 강화하여야 한다는 인식

---

4) IT DAILY(2021. 10. 15.), "가명정보 결합, 데이터 활용 활성화 이끈다", 〈http://www.itdaily.kr/news/articleView.html?idxno=204687〉(2023. 1. 30. 최종방문).

5) 디지털데일리(2021. 12. 13.), "초읽기 들어간 마이데이터 … 이용자 자기결정권에는 의문부호", 〈http://m.ddaily.co.kr/m/m_article/?no=227284〉(2023. 1. 30. 최종방문).

6) 대학신문(2021. 10. 17.), "마이데이터, 데이터 활용에서 데이터 주권 행사로", 〈http://www.snunews.com/news/articleView.html?idxno=22545〉(2023. 1. 30. 최종방문).

7) 개인정보보호법 일부개정법률안[의안번호 제2112723호, 제안일자 2021. 9. 28.(정부 제출)].

8) 의안정보시스템, "[2112723] 개인정보 보호법 일부개정법률안(정부)", 〈https://likms.assembly.go.kr/bill/billDetail.do?billId=ARC_O2N1V0O9E2Y8Q1D8V2C5N4E9A0K8E2〉(2023. 1. 30. 최종방문).

9) 이들 단체는 정부 개정안이 계약의 체결 및 이행을 목적으로 개인정보를 수집하는 요건도 현행 규정에 비해 완화하고, 정보주체의 통제권 강화라는 그럴듯한 명분으로 도입하겠다는 정보전송권은 사실상 마이데이터 산업 육성을 통한 개인정보의 유통과 활용을 확대하겠다는 것과 다르지 않다고 지적했다[여성소비자신문(2021. 11. 16.), "소비자단체 9곳, 개인정보보호법 정부안 관련 입법 의견서 국회 제출", 〈http://www.wsobi.com/news/articleView.html?idxno=145907〉(2023. 1. 30. 최종방문)].

10) 개인정보보호법 일부개정법률안[의안번호 제2114253호, 제안일자 2022. 1. 3.(배진교 의원 등 11인)],

하에 글로벌 데이터 거래 및 이동에 대비하는 내용 등이 담겨 있다. 그렇다면 4차산업혁명의 원유라고 불리며 그 중요성이 점차 강조되고 있는 데이터 그리고 그중 다수를 차지하고 있는 개인정보 데이터를 어떻게 규율하는 것이, 보호와 활용이라는 두 가지 목표를 조화롭게 실현하여 데이터 경제에 이바지할 것인지가 과제로 대두된다. 다음에서는 개인정보자기결정권의 개념 및 보호 범위를 살펴본 후, 현재 논의되고 있는 개인정보보호법 일부개정법률안의 주요 내용에 관한 타당성 여부에 대하여 검토해 보도록 하겠다.

II. 개인정보자기결정권의 의의 및 근거

1. 개념 및 적용 대상

(1) 의 의

개인정보자기결정권(個人情報自己決定權)이란 정보주체가 자신에 대한 정보의 수집과 이용을 스스로 결정하고 관리할 수 있는 권리를 의미한다. 이는 자유롭고 합리적인 인간상을 전제로 한 개인정보보호 법제의 중요한 개념 중 하나로서, 정보주체가 자신에 관한 정보를 제공할지 여부뿐만 아니라 그 이용 범위까지 스스로 선택할 수 있다는 의미를 포함한다. 개인정보자기결정권은 법률에 명시되어 있지는 않으나 판례[11]와 이론[12] 등에서 인정되고 있는 권리이다. 헌법재판소는 "컴퓨터를 통한 개인정

개인정보보호법 일부개정법률안[의안번호 제2114268호, 제안일자 2022. 1. 5.(민병덕 의원 등 12인)], 개인정보보호법 일부개정법률안[의안번호 제2114592호, 제안일자 2022. 1. 27.(백혜련 의원 등 10인)], 개인정보보호법 일부개정법률안[의안번호 제2114627호, 제안일자 2022. 1. 28.(이종배 의원 등 10인)], 개인정보보호법 일부개정법률안[의안번호 제2114634호, 제안일자 2022. 1. 28.(이용호 의원 등 10인)]이 그러하다.

11) 대법원 2016. 3. 10. 선고 2012다105482 판결; 대법원 2014. 7. 24. 선고 2012다49933 판결; 헌법재판소 2005. 5. 26.자 99헌마513 결정; 헌법재판소 2005. 7. 21.자 2003헌마282, 425 전원재판부 결정 등.

보의 데이터베이스화가 진행되면서 개인정보의 처리·이용이 시공에 구애됨이 없이 간편하고 신속하게 이루어질 수 있게 되고 개인의 인적 사항이나 생활상의 각종 정보가 정보주체의 의사와는 전혀 무관하게 타인에 의해 무한대로 집적·이용·공개될 수 있는 새로운 정보환경에 처하게 된 상황하에서, 개인정보자기결정권을 헌법상 기본권으로 승인하는 것이 현대의 정보통신기술의 발달에 내재된 위험성으로부터 궁극적으로 개인 결정의 자유를 보호하고 자유민주체제의 근간이 총체적으로 훼손될 가능성을 차단하기 위해 필요한 최소한의 헌법적 보장장치"라고 함으로써 개인정보자기결정권의 인정이유를 설명한 바 있다.[13]

(2) 적용 대상

개인정보보호법의 규율 대상이 되는 것은 수많은 데이터 중 '개인정보(個人情報)'에 해당하는 것으로서 구체적으로 다음의 요건을 충족해야 한다(법 제2조 제1호). 첫째, '살아 있는 개인'에 관한 정보여야 한다. 개인정보보호법은 정보주체의 인격권 보호를 법 이념의 바탕으로 하기 때문에 살아 있는 자연인에 관한 정보가 규율 대상이 된다.[14] 따라서 정보주체가 사망(死亡)한 경우에는 법의 적용 대상에서 제외된다. 단체·법인에 관한 정보나 사물에 관한 정보 등은 '살아 있는 개인에 관한 정보'가 아니므로 법의 적용 대상에서 제외된다. 하지만 사물에 관한 정보라 하더라도 이것이 개인을 식별하는 데 이용된다면 개인정보의 하나로 취급될 수 있다.[15] 둘째, 살아 있는 개인에 '관한' 정보여야 한다. 정보주체와 관련되어 있으면 성별, 나이, 몸무게 등 객관적 사실에 관한 정보나 그 사람에 대한 제3자의 의견 등 주관적 평가 정보 모두 개인정보

---

12) 권영준, "개인정보 자기결정권과 동의 제도에 대한 고찰", 법학논총 vol.36, no.1, 전남대학교 법학연구소, 2016, 662면.

13) 헌법재판소 2005. 5. 26.자 99헌마513 전원재판부 결정.

14) 사망한 개인에 관한 정보라 하더라도 그것이 가족 등 다른 개인과 관련하여 의미를 갖는 경우에는 예외적으로 보호 대상이 될 수 있다(개인정보보호위원회, 「개인정보 보호 법령 및 지침·고시 해설」, 2020, 10면).

15) 예컨대, 특정 건물이나 아파트의 소유자가 자연인이고, 그 건물 또는 아파트의 주소가 특정 소유자를 알아보는 데 이용되는 경우에는 개인정보에 해당할 수 있다(개인정보보호위원회, 위 해설서, 11면).

가 될 수 있다. 특히 '생체정보(Biometic Data)'도 개인정보의 하나로 이용될 수 있는데, 여기에는 지문·안면·홍채·망막·정맥·귓바퀴 모양 등 신체적 특징, 심전도·뇌파·유전정보·질환 등 생리적 특징, 그리고 음성·필적·자판 입력 속도·걸음걸이 등 행동적 특징 등이 포함된다.[16] 한편, 개인에 관한 정보라고 하더라도 반드시 1인에 대한 내용만을 포함하고 있어야 하는 것은 아니다. 예컨대, 여러 명이 함께 나온 사진, 한 사업장에 방문한 사람들의 방명록, 한 주택의 공동거주자 명단 등과 같이 2인 이상이 관련된 정보라도 개인 각각을 식별할 수 있는 경우에는 개인정보로서 인정될 수 있다. 셋째, 개인을 '알아볼 수 있는' 정보여야 한다. 즉, 이미 식별된(Identified) 정보 외에 식별가능한(Identifiable) 것도 개인정보가 된다. 정보처리자의 입장에서 기술, 비용, 시간 등 합리적 수단을 고려해 보았을 때 개인을 알아볼 수 있는 경우에는 개인정보로 인정될 수 있다.[17] 여기서 개인을 알아볼 수 있는 자에는 '현재 정보를 처리하는 자' 외에 상황에 따라 '향후 처리가 예정된 자'도 포함된다.[18] 다만, 이때 정보를 결합하려는 시도는 합법적 접근을 전제하며, 해킹, 절취 등 불법적인 방법으로 얻은 정보는 제외된다.

2. 법적 근거

개인정보자기결정권의 법적 근거에 대해서는 인간으로서의 존엄과 가치 및 행복추구권 규정(헌법 제10조)에 근거한다고 보는 견해, 사생활의 비밀과 자유 보장 규정(헌법 제17조)에 근거한다고 보는 견해, 그리고 이 두 규정 모두 개인정보자기결정권의 근거로 해석하는 견해로 나누어진다. 먼저, 개인정보자기결정권의 근거를 인간으로

---

16) 개인정보보호위원회, 「생체정보 보호 가이드라인」, 2021, 3면.

17) EU GDPR에서는 개인을 '알아볼 수 있는지'를 판단하는 데 정보처리자 또는 다른 자가 그 개인을 직·간접적으로 식별하는 데 합리적으로 사용되는 모든 수단(all the means reasonably likely to be used)이 고려된다면서, 여기에는 당시 이용 가능한 기술과 이를 처리하기 위해 요구되는 비용, 시간 등 모든 객관적 요소(all objective factors)가 포함된다고 서술하고 있다(EU GDPR Recital 26 참조).

18) 개인정보보호위원회, 「개인정보 보호 법령 및 지침·고시 해설」, 2020, 12~13면.

서의 존엄과 가치 및 행복추구권 규정으로 보는 견해에서는 개인정보자기결정권은 인격의 자유로운 발현을 포괄적으로 보호하는 법 규정에 의해 뒷받침되어야 한다는 점,[19] 개인정보는 공적 영역에서 형성된 정보나 이미 공개된 정보도 그 대상으로 하고 있으므로 사생활의 비밀과 자유 보호 조항만으로는 이를 포섭하기 어렵다는 점,[20] 개인정보자기결정권은 소극적·방어권적 성격 외에 적극적·청구권적 성격을 가지므로 인간으로서의 존엄과 가치 및 행복추구권 규정을 근거로 해야 한다는 점[21] 등을 근거로 제시한다. 다음으로, 개인정보자기결정권의 근거를 사생활의 비밀과 자유 보장 규정으로 보는 견해에서는 개인정보의 공개 또는 비공개 여부를 결정하는 것은 결국 사생활의 비밀과 자유에 대한 보장의 일환으로 볼 수 있다는 점,[22] 인간으로서의 존엄과 가치 및 행복추구권은 사생활의 비밀과 자유의 보장 조항과의 관계에서 보충적인 의미로 적용되므로 보다 구체화된 법 조항인 후자를 근거로 삼아야 한다는 점,[23] 개인정보는 여러 법 조항에 의해 보호가 가능한데 그중 자신에 관한 정보에 대한 통제는 사생활의 자유에서 나오는 것이므로 이를 바탕으로 권리를 주장하여야 하는 것이 적절하다는 점[24] 등을 그 근거로 제시한다. 마지막으로, 개인정보자기결정권의 근거를 두 규정 모두로 해석하는 견해에서는 개인정보자기결정권의 보호 대상이 되는 정보는 개인의 사적 영역에 관한 정보 외에도 공적·사회적 영역에서 형성되거나 이미 공개된 정보도 포함하고 있으므로 두 규정 모두 적용되어야 한다는 점,[25] 개인정보자기결정권의 소극적·방어적 성격의 근거는 사생활 비밀과 자유 규정에서 찾을 수 있고 적극적·능동적 성격의 근거는 인간으로서의 존엄과 가치 및 행복추구권 규정에

---

19) 한수웅, "헌법상의 인격권", 헌법논총 제13집, 헌법재판소, 2002, 649면.
20) 문제완, "개인정보보호법제의 헌법적 고찰", 세계헌법연구 제9권 제2호, 2013, 280~281면; 정태호, "개인정보자결권의 헌법적 근거 및 구조에 대한 고찰", 헌법논총 제14집, 2003, 423~430면.
21) 양건, 「헌법강의」, 법문사, 2018, 553~554면.
22) 권영성, 「헌법학원론」, 법문사, 2010, 458면.
23) 성낙인, 「헌법학」, 법문사, 2018, 1272~1273면.
24) 권건보, "개인정보보호의 헌법적 기초와 과제", 저스티스 통권 제144호, 한국법학원, 2014, 91~93면.
25) 김하열, 「헌법강의」, 박영사, 2018, 528~530면.

서 찾을 수 있으므로 두 규정 모두 적용해야 한다는 점[26] 등을 그 근거로 제시한다. 판례 역시 개인정보자기결정권의 법적 근거를 제10조와 제17조 모두에서 찾을 수 있다는 입장인데, 헌법재판소 2005. 5. 26.자 99헌마513 결정에서는 "개인정보자기결정권으로 보호하려는 내용을 위 각 기본권들 및 헌법 원리들 중 일부에 완전히 포섭시키는 것은 불가능하므로 헌법적 근거를 굳이 어느 한두 개에 국한시키는 것은 바람직하지 않고 오히려 개인정보자기결정권은 이들을 이념적 기초로 하는 독자적 기본권으로서 헌법에 명시되지 아니한 기본권이라고 보는 것이 타당하다"고 판단하였다. 그리고 헌법재판소 2005. 7. 21.자 2003헌마282 결정에서도 "인간의 존엄과 가치 및 행복추구권을 규정한 헌법 제10조 제1문에서 도출되는 일반적 인격권 및 헌법 제17조의 사생활의 비밀과 자유에 의하여 보장되는 개인정보자기결정권"이라고 하여 두 조문이 모두 법적 근거가 될 수 있다고 명시한 바 있다.

III. 개인정보자기결정권 침해 여부 논란

현행 개인정보보호법에서는 정보주체의 개인정보자기결정권을 다음과 같이 다섯 가지 권리로 규율하고 있다.

1. 정보주체의 권리 일반

(1) 개인정보의 처리에 관한 정보를 제공받을 권리

개인정보보호법상 정보주체는 자신의 정보 처리에 관한 사항을 제공받을 권리를 가진다(법 제4조 제1호). 개인정보처리자는 원칙적으로 정보주체의 동의를 얻은 경우 개인정보를 수집·이용할 수 있는데, 이때 개인정보의 수집·이용 목적, 수집하려는 개인정보의 항목, 개인정보의 보유 및 이용 기간, 동의를 거부할 권리가 있다는 사실

---

26) 김철수, 「헌법학개론」, 박영사, 2010, 667면.

및 동의 거부에 따른 불이익 등의 정보를 제공하여야 한다(법 제15조 제1항 및 제2항). 또한 개인정보처리자가 개인정보를 제3자에게 제공하는 경우, 수집·이용의 항목이나 목적 등에 변경이 생긴 경우에도 정보주체에게 알리고 동의를 얻어야 한다(법 제17조 제1항 및 제2항). 나아가 개인정보를 동의받은 목적 외로 이용·제공하기 위해서도 정보주체에게 개인정보를 제공받는 자, 개인정보의 이용 목적, 개인정보의 보유 및 이용기간 등의 정보를 고지하고 별도의 동의를 얻어야 한다(법 제18조 제2항 및 제3항). 그 외에 개인정보처리자는 본인 외 출처로부터 개인정보를 수집하여 처리하는 경우 개인정보의 수집 출처, 처리 목적, 처리 정지 요구권 등에 관한 정보를 제공할 수 있는데(법 제20조 제1항), 처리하는 개인정보의 종류·규모, 종업원 수 및 매출액 규모 등에서 대통령령으로 정하는 기준에 해당하는 개인정보처리자[27]는 정보주체의 요구가 없어도 위 사항들을 정보주체에게 제공하여야 한다(법 제20조 제2항).

(2) 개인정보의 처리 사항을 선택하고 결정할 권리

정보주체는 개인정보의 처리에 관한 동의 여부, 동의 범위 등을 선택하고 결정할 권리를 가진다(법 제4조 제2호). 이는 개인정보자기결정권의 기본 사항으로 정보주체가 자신에 관한 정보 공개 또는 비공개 여부, 그 이용 범위 등을 선택할 수 있다는 것을 의미한다. 정보주체는 개인정보처리자가 개인정보를 수집, 생성, 연계, 연동, 기록, 저장, 보유, 가공, 편집, 이용, 제공, 공개, 파기(破棄) 등을 하는 데 동의하거나 동의하지 않을 수 있으며(법 제2조 제2호), 이를 제3자에게 제공하는 데 동의하거나 동의하지 않을 수 있다(법 제17조 제1항). 또한 기존에 동의한 정보라 할지라도 목적 외로 이용하거나 국외로 이동하는 것에 대해서는 별도로 동의 또는 비동의할 수 있다(법 제18조 제

---

27) 개인정보보호법 시행령 제15조의2(개인정보 수집 출처 등 고지 대상·방법·절차).
   ① 법 제20조 제2항 본문에서 "대통령령으로 정하는 기준에 해당하는 개인정보처리자"란 다음 각 호의 어느 하나에 해당하는 개인정보처리자를 말한다.
   1. 5만명 이상의 정보주체에 관하여 법 제23조에 따른 민감정보 또는 법 제24조 제1항에 따른 고유식별정보를 처리하는 자
   2. 100만명 이상의 정보주체에 관하여 개인정보를 처리하는 자

2항 및 제39조의12). 다만, 정보주체가 개인정보 처리에 관한 사항을 모두 선택할 수 있는 것은 아니며, 법률에 특별한 규정이 있거나 법령상 의무를 준수하기 위하여 불가피한 경우, 공공기관이 법령 등에서 정하는 소관 업무의 수행을 위하여 불가피한 경우, 개인정보처리자의 정당한 이익을 달성하기 위하여 필요한 경우로서 명백하게 정보주체의 권리보다 우선하는 경우 등에는 개인정보처리자가 개인정보를 동의 없이도 수집·이용할 수 있다(법 제15조 제1항 제2~6호).

(3) 개인정보 처리 확인 및 열람을 요구할 권리

정보주체는 자신의 개인정보 처리 여부를 확인하고 이에 대하여 열람을 요구할 권리를 갖는다(법 제4조 제3호). 정보주체는 개인정보처리자에게 자신의 개인정보에 대한 열람을 요구할 수 있는데, 이때 개인정보처리자는 열람요구를 받은 지 10일 이내에 정보주체가 해당 정보를 열람할 수 있도록 제공하여야 한다(법 제35조 제1항 및 시행령 제41조 제5항). 또한 정보주체는 자신의 개인정보에 대한 열람을 공공기관에 요구할 수 있는데 이때 공공기관에 직접 열람을 요구할 수도 있고 대통령령으로 정하는 바에 따라 보호위원회를 통하여 열람을 요구할 수도 있다(법 제35조 제2항). 다만, 법률에 따라 열람이 금지되거나 제한되는 경우, 다른 사람의 생명·신체를 해할 우려가 있거나 다른 사람의 재산과 그 밖의 이익을 부당하게 침해할 우려가 있는 경우, 공공기관의 업무 수행에 중대한 지장을 초래하는 경우 등에는 예외적으로 개인정보처리자는 정보주체에게 그 사유를 알리고 열람을 제한하거나 거절할 수 있다(법 제35조 제4항).

(4) 개인정보 처리정지, 정정·삭제 및 파기를 요구할 권리

정보주체는 자신의 개인정보에 대해 처리정지, 정정·삭제 및 파기를 요구할 권리를 가진다(법 제4조 제4호). 정보주체는 개인정보처리자에 대하여 자신의 개인정보 처리의 정지를 요구할 수 있으며(법 제37조 제1항), 자신이 열람한 개인정보에 대하여 정정 또는 삭제를 요구할 수도 있다(법 제36조 제1항). 개인정보처리자는 정보주체로부터 처리정지, 정정, 삭제 등의 요구를 받았을 때에는 다른 법령에 특별한 절차가 규

정되어 있는 경우를 제외하고는 지체 없이 그 개인정보를 조사하여 정보주체의 요구
에 따라 정정·삭제 등 필요한 조치를 한 후 그 결과를 정보주체에게 알려야 한다(법
제36조 제2항). 그 외에도 정보주체는 개인정보처리자에게 처리 정지된 개인정보에 대
하여 파기 등 필요한 조치를 하도록 요청할 수 있으며, 보유기간이 경과하였거나 처
리 목적이 이미 달성된 개인정보에 대해서도 파기를 요청할 수 있다(법 제21조 제1항 및
제37조 제4항).

(5) 개인정보 처리 피해를 구제받을 수 있는 권리

정보주체는 자신의 개인정보 처리로 인하여 발생한 피해를 신속하고 공정한 절
차에 따라 구제받을 권리를 가진다(법 제4조 제5호). 개인정보처리자의 개인정보 수
집·이용 및 제공 등으로 피해를 입은 경우 정보주체는 개인정보처리자를 상대로 손
해배상을 청구할 수 있다(법 제39조 제1항). 개인정보처리자의 고의 또는 중대한 과
실로 인하여 개인정보가 분실·도난·유출·위조·변조 또는 훼손된 경우로서 정보
주체에게 손해가 발생한 때에는 법원은 그 손해액의 3배를 넘지 아니하는 범위에서
손해배상액을 정할 수 있는데(법 제39조 제3항), 이때 배상액은 고의 또는 손해 발생
의 우려를 인식한 정도, 위반행위로 인하여 입은 피해 규모, 위법행위로 인하여 개인
정보처리자가 취득한 경제적 이익, 위반행위에 따른 벌금 및 과징금, 위반행위의 기
간·횟수, 개인정보처리자의 재산 상태, 개인정보처리자가 정보주체의 개인정보 분
실·도난·유출 후 해당 개인정보를 회수하기 위하여 노력한 정도, 개인정보처리자
가 정보주체의 피해구제를 위하여 노력한 정도 등을 고려하여 정하게 된다(법 제39조
제4항).[28]

---

28) 개인정보보호법에서 이처럼 개인정보 처리 피해에 대하여 다중적인 손해배상시스템을 규정한 것
   은 개인정보 유출과 오·남용을 방지하고 정보주체의 권리보호를 강화하기 위한 것으로 해석된다
   (김창조, "정보주체의 개인정보자기결정권의 보장과 개인정보의 활용", 법학논고 제75집, 2021, 62면).

2. 법 개정 요구사항 분석

2020년 8월 소위 데이터 3법[29]으로 불리는 법 개정이 시행되면서 개인정보의 수집과 이용은 이전에 비해 훨씬 유연한 환경으로 거듭나게 되었다. 하지만 데이터의 활용에만 너무 집중한 나머지 개인정보자기결정권 등을 비롯한 정보주체의 권리가 침해되는 것이 아닌지에 대한 비판이 제기되었고, 현재 국회에서는 다수의 개인정보보호법 일부개정안이 계류 중에 있는 상황이다.[30] 다음에서는 소위 데이터 3법 개정으로 변경된 내용과 이에 대한 보완책으로 최근 접수된 발의안을 중심으로 개인정보보호법의 변경 요구사항에 대하여 분석해 보도록 하겠다.

(1) 2020년 8월, 법 개정의 내용[31]

주요 내용은 다음과 같다. 첫째, 데이터 이용 활성화를 위해 가명정보 개념을 도입하였다(법 제2조 제1호의2). 법 개정을 통해 개인정보처리자는 통계작성, 과학적 연구, 공익적 기록보존 등을 위하여 정보주체의 동의 없이 가명정보를 처리할 수 있도록 하였고, 서로 다른 개인정보처리자 간의 가명정보의 결합은 개인정보보호위원회 또는 관계 중앙행정기관의 장이 지정하는 전문기관이 수행하도록 하였으며(법 제28조의2 및 제28조의3) 가명정보가 분실·도난·유출·위조·변조 또는 훼손되지 않도록 안전성 확보에 필요한 기술적·관리적 및 물리적 조치를 개인정보처리자가 하도록 명시하였다(법 제28조의4). 둘째, 관련 법률의 유사 중복 규정을 정비하고 개인정보보호법 중심으로 일원화하였다. 개인정보 보호 관련 법령뿐만 아니라 감독기구 역시 여러 곳에 분산되어 있었던 규정을 개인정보보호법으로 통합하고 정보통신서비스 제공자 등의 개인정보 처리에 관한 특례 규정 등을 신설하였다(법 제6장). 셋째, 데이터 이용 확대에 따른 개인정보처리자의 책임을 강화하였다. 법 개정을 통해 가명정보 개념이 새

---

29) '데이터 3법'이란 데이터 이용 활성화와 관련된 「개인정보 보호법」, 「신용정보의 이용 및 보호에 관한 법률」, 「정보통신망 이용촉진 및 정보보호 등에 관한 법률」을 의미한다.

30) 의안정보시스템, 〈https://likms.assembly.go.kr/bill/BillSearchResult.do〉(2023. 1. 30. 최종방문).

31) 개인정보보호법[시행 2020. 8. 5.] [법률 제16930호, 2020. 2. 4. 일부개정]

롭게 도입됨에 따라 해당 정보가 외부에 유출되거나 다른 정보와 결합하여 특정 개인을 식별하는 것을 방지하기 위해서 필수 안전조치 사항을 추가하였으며, 이에 따라 개인정보처리자는 가명정보를 원래의 상태로 복원하기 위한 추가정보를 별도로 분리하여 보관·관리하는 등 해당 정보가 분실·도난·유출·위조·변조 또는 훼손되지 않도록 안전성 확보에 필요한 기술적, 관리적 및 물리적 조치를 하도록 하였다(법 제28조의4 및 시행령 제29조의5). 넷째, 개인정보 개념의 명확화를 시도하였다. 종래 법에는 개인정보를 "살아 있는 개인에 관한 정보로서 성명, 주민등록번호 및 영상 등을 통하여 개인을 알아볼 수 있는 정보를 말한다"고 하여 다소 모호하다는 비판이 존재했다.[32] 이에 개인정보의 개념을 보다 구체화하여 성명, 주민등록번호 및 영상 등을 통하여 개인을 알아볼 수 있는 정보 그리고 해당 정보만으로는 특정 개인을 알아볼 수 없더라도 다른 정보와 쉽게 결합하여 알아볼 수 있는 정보라고 세분화하였으며(법 제2조 제1호 가목·나목), 개인정보의 일부를 삭제하거나 일부 또는 전부를 대체하는 등의 방법으로 추가정보가 없이는 특정 개인을 알아볼 수 없도록 처리함으로써 원래의 상태로 복원하기 위한 추가정보의 사용·결합 없이는 특정 개인을 알아볼 수 없는 정보를 가명정보라고 정의하였다(법 제2조 제1호 다목). 이와 같은 법 개정은 인공지능, 클라우드, 사물인터넷 등 신기술 활용을 위한 데이터를 충분히 확보하게 함으로써 최종 소비자인 개인에게 서비스의 질을 높이도록 했다는 점에서는 긍정적이라고 여겨진다.[33] 하지만 새로운 개념을 도입하면서 관련 사항들을 세밀하게 검토하지 못하여 여전히 모호한 부분이 존재한다는 점[34]과 개인정보의 이용 범위를 확대한 만큼 정보주

---

32) 개인정보보호위원회, 「개인정보의 범위에 관한 연구」, 2014, 13~17면.

33) 메디컬투데이(2020. 5. 18.), "데이터 3법 개정, 생활 편의성과 삶의 질↑…의료 가장 유용 전망", ⟨http://www.mdtoday.co.kr/mdtoday/index.html?no=386993⟩(2023. 1. 30. 최종방문).

34) 데이터 3법이 시행된 지 수개월이 지났으나, 기업에서는 개인정보 활용 범위가 여전히 모호해 데이터를 보유하고도 적극적으로 이용하지 못하는 것으로 나타났다. 예컨대, 개인정보를 가명정보 처리 시 정보주체의 동의 없이도 사용 가능하지만 다른 정보와 결합할 경우 재식별이 가능하므로 사용 범위에 대해 모호함을 느끼는 것으로 조사됐다[정보통신신문, "데이터 활용 범위 아직 모호…가이드라인 필요", ⟨https://www.koit.co.kr/news/articleView.html?idxno=84837⟩(2023. 1. 30. 최종방문)].

체의 권리 범위도 이에 대응하여 상향 조정하여야 하는데 그렇지 못했다는 점[35] 등이 아쉬운 부분이라고 평가된다.

(2) 2021년 9월, 개인정보보호법 일부개정법률안[36]

2021년 9월 28일 정부가 제출한 개인정보보호법 일부개정법률안의 내용을 살펴보면 다음과 같다. 첫째, 비대면·온라인 서비스 확산에 대응한 정보주체의 권리 실질화이다. 이 발의안에서는 정보주체가 개인정보처리자에게 자신의 개인정보를 본인, 개인정보 관리 전문기관, 기타 대통령령으로 정하는 자에게 전송할 것을 요구하는 권리(안 제35조의2 신설)와 인공지능 기술을 적용한 시스템을 포함하는 자동화된 시스템으로 처리하여 결정이 정보주체의 권리 또는 의무에 중대한 영향을 미치는 경우에는 정보주체가 해당 결정을 거부하거나 해당 결정에 대한 설명 등을 요구할 수 있는 권리(안 제4조 제6호 및 제37조의2 신설)를 도입해야 한다고 제안하였다. 반면, 정보주체와 체결한 계약을 이행하거나 계약을 체결하는 과정에서 정보주체의 요청에 따른 조치를 이행하기 위하여 필요한 경우에는 개인정보처리자가 개인정보를 수집할 수 있으며(안 제15조 제1항 제4호), 개인정보가 이전되는 국가 또는 국제기구에서 개인정보를 국내법과 실질적으로 동등한 수준으로 보호한다고 보호위원회가 인정하는 경우에도 정보주체의 동의 없이 개인정보를 국외로 이전할 수 있는 규정(안 제28조의8, 제28조의9 신설)의 도입을 주장하였다. 둘째, 정보통신망법 특례 규정 신설을 통한 개인정보보호법의 법 체계 정비이다. 현행 개인정보보호법에는 기존 정보통신망법상 개인정보보호 특례 규정을 단순 통합함에 따라 온라인과 오프라인 사업자 간 규제가 서로 달라 법 적용상의 혼란을 지속해 왔다는 비판이 존재했다.[37] 이에 발의안에서는 정보통

---

35) 참여연대, 진보넷, 민주사회를 위한 변호사모임 등 11개 시민단체들은 데이터 3법 개정 후속조치로서 가명처리 수준의 강화 및 과학적 연구 활용 범위 구체화, 가명정보에 대한 안전조치 강화, 결합조건 강화 등의 내용을 담은 개인정보보호법 개정 관련 의견서를 정부에 제출하였다[Byline Network(2020. 2. 19.), "데이터3법 핵심, 개인정보보호법 시행 둘러싼 쟁점과 전문가 시각", 〈https://byline.network/2020/02/19-92/〉(2023. 1. 30. 최종방문)].

36) 개인정보보호법 일부개정법률안[의안번호 제2112723호, 제안일자 2021. 9. 28. (정부 제출)].

37) 대한민국 정책브리핑(2020. 12. 23.), "개인정보 보호법 일부 개정안 관련", 〈https://www.korea.kr/

신서비스 제공자 등의 개인정보 처리에 관하여는 정보통신망법에서 이관된 특례 규정을 적용하도록 하던 것을 모든 개인정보처리자가 통일적으로 규율할 수 있도록 하기 위해 종래의 특례 규정을 삭제하고 이를 모든 개인정보처리자에 대한 일반 규정으로 변경하는 것을 제안하였다(현행 제39조의3부터 제39조의15까지 삭제). 셋째, 개인정보 위반에 대한 경제적 제재의 강화이다. 그동안 개인정보 유출 피해에 대한 처벌 수준은 경미해서[38] 의도적인 법 회피 경향이 나타난다는 지적이 존재했다.[39] 이에 발의안에서는 종전에는 위반행위에 대한 과징금 상한액을 위반행위와 관련한 매출액의 100분의 3 이하에 해당하는 금액으로 산정하던 것을, 전체 매출액의 100분의 3 이하에 해당하는 금액으로 변경하도록 제안하였다(안 제64조의2 신설).[40] 넷째, 신기술 변화에 선제적으로 대응할 수 있는 제도 마련이다. 현행 개인정보보호법에서는 CCTV와 같은 고정형 영상기기에 관한 규정만을 규율하고 있어 드론, 자율주행차 등 이동형 영상기기를 이용하는 경우에는 원칙적으로 국민의 사전동의를 일일이 받아야만 해 산업적 측면에서 비현실적 규제라는 비판을 받아 왔다.[41] 이에 발의안에서는 CCTV와 같은 고정형 영상정보처리기기를 제외하고 드론, 자율주행자동차 등 이동형 영상정보처리기기를 통해서는 공개된 장소에서 업무를 목적으로 원칙적으로 사람 또는 그 사람과 관련된 사물의 영상을 촬영하는 것을 금지하도록 제안하였다(안 제25조의2 신설). 이와 같은 정부의 발의안은 소위 데이터 3법 개정에서 미비했던 점을 보완하기 위해 산업계, 시민단체, 관계부처 등의 다양한 의견을 수렴하고자 하였다는 점에서 의의가 있다고 여겨진다.[42] 하지만 발의안 내용 중 정보주체와 체결한 계약을 이행하

---

news/policyBriefingView.do?newsId=156428911〉(2023. 1. 30. 최종방문).

38) 연합뉴스(2020. 10. 8.), "5년간 개인정보유출 6천400만건 넘는데 … 과징금은 건당 258원", 〈https://www.yna.co.kr/view/AKR20201008024600530〉(2023. 1. 30. 최종방문).

39) 한경 경제(2021. 3. 17.), "개인정보 침해 과징금 강화, 산업계와 적극 소통", 〈https://www.hankyung.com/economy/article/2021031605901〉(2023. 1. 30. 최종방문).

40) 이는 EU(4%), 중국(5%) 등 해외 주요국의 입법례를 고려하여 국제적 기준에 부합하도록 상향 조정한 조치이다.

41) Zdnet Korea(2021. 6. 10.), "알쏭달쏭한 영상정보 처리 … AI 예외 규정 둬야", 〈https://zdnet.co.kr/view/?no=20210610160528〉(2023. 1. 30. 최종방문).

거나 계약을 체결하는 과정에서 정보주체의 요청에 따른 조치를 이행하기 위하여 필요한 경우 내지 데이터를 이전하려는 국가의 개인정보 보호 법제 수준을 개인정보 보호위원회가 국내 법과 동등하다고 인정하는 경우에 각각 정보주체의 동의 없이 개인정보를 수집·이용할 수 있도록 한 규정은 정보주체의 권리 강화를 위해 과연 도움이 되는지 논란이 있을 수 있으므로[43] 이에 대한 추가적 검토가 요구된다고 평가된다.

(3) 2022년 1월, 개인정보보호법 일부개정안[44]

2022년 1월에만 무려 다섯 차례 개인정보보호법 일부개정안이 발의되어 현재 소관위에 접수된 상태로서[45] 주요 내용을 살펴보면 다음과 같다.

먼저, 2022년 1월 3일 배진교 의원 등 11인(정의당)이 제출한 개인정보보호법 일부개정법률안(제2114253호)에서는 비동의 개인정보 수집·이용 범위를 축소하기 위해서 정보주체의 동의 없이 이용할 수 있는 항목 중 하나로 '범죄의 수사와 공소의 제기 및 유지를 위하여 필요한 경우'라고 명시하였던 것을 '공소의 제기 및 유지를 위하여 필요한 경우'로 변경하도록 할 것(안 제18조 제2항 제7호), 가명정보의 처리에 있어서 '정보주체의 동의를 받는 것이 불가능하거나 동의를 받으면 그 목적을 달성할 수 없는 경우', '처리의 목적이 정보주체의 권리보다 우선하는 경우' 등 정보주체의 비동의 적용 요건을 구체화할 것(안 제28조의2 제1항), 개인정보처리자의 개인정보 국외 이전을 원

---

42) 보안뉴스(2021. 9. 28.), "각계 의견 반영한 「개인정보 보호법 개정안」 국회 제출한다", 〈https://www.boannews.com/media/view.asp?idx=101032〉(2023. 1. 30. 최종방문).

43) 국민의 개인정보는 국외로 이전할 경우 통제가 어렵기 때문에, 부적절한 처리가 존재할 경우 개인정보 주체에게 막대한 정신적·경제적 피해를 야기할 가능성을 배제할 수 없다(이경희·최경진, 「해외 이전 우리 국민의 개인정보 보호방안 마련 연구」, 한국법제연구원, 2018, 83면).

44) 개인정보보호법 일부개정법률안[의안번호 제2114253호, 제안일자 2022. 1. 3.(배진교 의원 등 11인)], 개인정보보호법 일부개정법률안[의안번호 제2114268호, 제안일자 2022. 1. 5.(민병덕 의원 등 12인)], 개인정보보호법 일부개정법률안[의안번호 제2114592호, 제안일자 2022. 1. 27.(백혜련 의원 등 10인)], 개인정보보호법 일부개정법률안[의안번호 제2114627호, 제안일자 2022. 1. 28.(이종배 의원 등 10인)], 개인정보보호법 일부개정법률안[의안번호 제2114634호, 제안일자 2022. 1. 28.(이용호 의원 등 10인)] 이다.

45) 의안정보시스템, 〈https://likms.assembly.go.kr/bill/BillSearchResult.do〉(2023. 1. 30. 최종방문).

칙적으로 금지하되 일정한 경우에는 정보주체 동의 없이도 국외 이전을 할 수 있도록 할 것(안 제28조의8 신설), 개인정보처리자는 개인정보의 처리 방법을 결정하거나 그 처리가 이루어지는 시점에 개인정보를 안전하게 보호할 수 있는 적절한 기술적·관리적 조치를 이행하고 설계하도록 하여 정보주체의 권리 침해를 최소화하도록 할 것(안 제29조의2 신설), 자동화된 개인정보처리에만 의존하여 정보주체에게 생명·신체·정신·재산에 중대한 영향을 미치는 결정의 적용을 원칙적으로 금지할 것(안 제37조의2 신설), 개인정보처리자가 위반행위를 하는 경우 전체 매출액의 100분의 4 이하에 해당하는 금액을 과징금으로 부과할 수 있도록 할 것(안 제39조의15 삭제 및 제64조의2 신설) 등의 내용을 제안하였다.

다음으로, 2022년 1월 5일 민병덕 의원 등 12인(더불어민주당)이 제출한 개인정보 보호법 일부개정법률안(제2114268호)에서는 현행법에서 공중위생 등 공공의 안전과 안녕을 위하여 긴급히 필요한 경우로서 일시적으로 처리하는 경우 개인정보보호법 적용이 일부 배제되도록 하는 규정을 개인정보의 적법한 처리 근거로 추가하여 개인정보 보호조치 등을 준수하도록 변경하도록 할 것(안 제15조 제1항 제7호 및 제17조 제1항 제2호), 범죄의 수사목적을 위해서 개인정보를 제3자에게 제공하는 문구를 예외 조항에서 삭제하여 수사 절차에서도 형사소송법 등이 정한 적법절차 원칙을 지키고 정보주체에게 알리도록 할 것(안 제18조 제2항 제7호 삭제), 정보주체 이외로부터 수집한 개인정보를 처리하는 경우 정보주체의 요구가 있는 경우에만 이에 대한 정보를 고지하던 것을 정보주체의 요구가 없는 때에도 정보주체에게 고지하도록 할 것(안 제20조 제1항), 정보주체가 개인정보처리자에게 그가 처리하는 자신의 개인정보를 정보주체 본인, 다른 개인정보처리자에게 전송할 것을 요구할 수 있는 권리를 도입할 것(안 제35조의2 신설), 인공지능을 포함한 신기술의 적용에 따라 생명·신체·재산 등에 중대한 영향을 미치는 자동화 의사결정 등에 대하여 일정한 경우를 제외하고는 정보주체가 그 대상이 되지 않으며, 그 대상이 될 경우라도 이의제기 및 설명을 요구할 수 있도록 할 것(안 제37조의2 신설) 등의 내용을 제안하였다.

그 외에도 2022년 1월 27일 백혜련 의원 등 10인(더불어민주당)이 제출한 개인정보 보호법 일부개정법률안(제2114592호)에서는 개인정보 영향평가를 실시하지 않거나 그

결과를 보호위원회에 제출하지 아니한 자에게 과태료를 부과할 수 있도록 하는 규정
을 도입하도록 할 것(안 제75조 제2항 제7호의4 신설)을 제안하였으며, 2022년 1월 28일
이종배 의원 등 10인(국민의힘)이 제출한 개인정보보호법 일부개정안(제2114627호)에
서는 공무원이 개인정보를 불법적으로 이용하거나 제공한 경우 가중처벌하도록 하며
공공기관의 장으로 하여금 개인정보파일에 대한 접근기록을 주기적으로 점검하도록
할 것(안 제33조의2 및 제73조의2 신설), 같은 날 이용호 의원 등 10인이 제출한 개인정보
보호법 일부개정안(제2114634호)에서도 공무원이 직권을 이용하여 영리 또는 부정한
목적으로 개인정보 침해행위를 한 경우 이를 가중처벌하도록 할 것(안 제73조의2)의 내
용을 각각 제안하였다.

생각건대, 최근 발의된 개정안들은 지난 정부 발의안에 비하여 개인정보 침해 행
위를 엄격히 규율하고 정보주체의 권리를 강화하고자 한 의도가 반영되어 있다고 여
겨진다. 예컨대, 비동의 개인정보 수집 이용 예외 항목 중 수사 또는 공소 제기를 위
해 필요한 경우를 삭제하고자 한 규정, 정보주체 이외의 대상로부터 개인정보를 수
집·처리한 경우 기존에는 정보 주체의 요구가 있는 경우에만 이를 알리던 것을 정보
주체의 요구가 없는 때에도 정보주체에게 고지하도록 한 규정, 공무원이 개인정보를
불법적으로 이용하거나 제공한 경우 가중처벌하고 접근기록을 주기적으로 점검받도
록 한 규정 등이 그러하다. 반면, 발의안 중에는 글로벌 데이터 시대에 신속하게 대응
하기 위해 보다 개방적 입장을 취한 부분도 발견된다. 예컨대, 개인정보처리자의 개
인정보 국외 이전을 원칙적으로 금지하되 일정한 경우에는 정부주체 동의 없이도 국
외 이전을 할 수 있도록 한 규정, 정보주체에게 자신의 개인정보를 정보주체 본인, 다
른 개인정보처리자에게 전송할 것을 요구할 수 있는 권리를 도입하도록 한 규정 등이
그러하다. 이와 관련하여 위 발의안 내용들이 정보주체의 개인정보자기결정권 보호
측면에서 고려해 보았을 때 적절한 조항인지, 나아가 데이터를 안전한 환경에서 최대
한 활용한다는 측면에서 주요 국가의 법 제도와 비교했을 때 합리적 규범으로 평가되
는지 등에 대한 추가적 검토가 요구된다고 할 것이다.

IV. 개인정보자기결정권의 범위 및 한계의 판단기준

다음에서는 최근 발의된 개인정보보호법 일부개정법률안 중 정보주체의 개인정보자기결정권 보호 여부가 논란이 되는 주요 쟁점에 대하여 살펴본 후 타당성 여부를 검토해 보도록 하겠다.

1. 개인정보 전송요구권 도입에 관한 사항

(1) 논의 사항

디지털 형태로 생성되는 전체 데이터 중 약 70%가 개인정보에 해당하는 것임에도 불구하고[46] 데이터의 활용 시 정보주체의 의사를 적극적으로 반영할 수 없다는 점에 대하여 그동안 비판이 존재하였다.[47] 반면, 금융 분야에서는 데이터 3법 개정을 통해 마이데이터(My Data) 서비스가 2022년 1월 5일부터 시행되고 있다.[48] 종래에는 금융회사 서비스를 이용하기 위해 정보주체가 통신사, 공공기관, 기업 등에서 발행하는 서류를 직접 발급받아 제출해야 했으나, 법 시행으로 인해 소비자가 마이데이터 이동에 동의한 경우 금융회사가 위 기관들로부터 직접 개인정보를 넘겨받는 것이 가능하게 된 것이다. 이와 관련하여 데이터 이동 서비스를 금융 분야에만 한정 적용하는 것이 아니라 전 산업 분야에 확대함으로써 데이터의 활용도 및 편리성을 더욱 높여야 한다는 의견이 대두되었다.[49] 위 발의안에는 이러한 내용을 반영하고 있다. 먼

---

46) 전문컨설팅 업체 인터내셔널데이터코퍼레이션(IDC)의 조사 결과에 의하면 디지털 데이터에서 개인 데이터가 차지하는 비중이 약 70%에 달한다고 한다(통계청, 〈http://sti.kostat.go.kr/window/2019b/main/2019_win_02.html〉(2023. 1. 30. 최종방문)).

47) 아이뉴스24(2021. 12. 12.), "마이데이터, 기업에만 맡겨선 안 된다 … 개인 권리 강화", 〈https://www.inews24.com/view/1431339〉(2023. 1. 30. 최종방문).

48) 2022년 1월 5일부터 내 금융 데이터를 한곳에서, 한눈에 확인할 수 있는 금융 마이데이터 서비스가 전면 시행됐다[대한민국 정책브리핑(2022. 1. 7.), "마이데이터 가입하니 내 금융정보가 한눈에!", 〈https://www.korea.kr/news/policyNewsView.do?newsId=148897772〉(2023. 1. 30. 최종방문)].

49) Zdnet Korea(2021. 6. 11.), "정부 마이데이터 전산업 확산 … 세계 최고 마이데이터 국가로", 〈https://

저, 2021년 9월 28일에 접수된 개인정보보호법 일부개정법률안(의안번호 제2112723호, 정부)에서는 정보주체는 개인정보처리자에게 그가 처리하는 자신의 개인정보를 정보주체 본인, 개인정보관리 전문기관 또는 안전조치의무를 이행하고 대통령령으로 정하는 시설 및 기술 기준을 충족하는 자에게 전송할 것을 요구할 수 있는 규정의 신설을 제안하였다(안 제35조의2). 그리고 그 후 2022년 1월 5일에 접수된 개인정보보호법 일부개정법률안(의안번호 제2114268호, 민병덕 의원 등 12인)에서도 이와 유사한 내용을 포함하고 있다. 두 발의안의 내용을 비교해 보면 조문 내 순서, 항목 배치 등에 있어서 약간 차이는 있으나 정보주체는 자신의 개인정보를 본인 또는 다른 개인정보처리자에게 전송하도록 요구할 수 있다는 점, 개인정보 전송요구권의 대상이 되는 정보는 정보주체의 동의를 받아 처리한 것이어야 한다는 점, 전송을 요구받는 개인정보처리자는 매출액·개인정보 규모 및 처리능력, 산업별 특성 등에서 일정 기준 이상이어야 한다는 점, 전송을 요구하는 개인정보는 개인정보처리자가 수집한 개인정보를 기초로 분석·가공하여 별도로 생성한 정보가 아니어야 한다는 점 등이 공통된 사항으로 파악된다. 이와 같은 개인정보 전송요구권 도입은 개별법에 도입된 데이터 이동권을 개인정보보호법에 명시함으로써 정보주체의 일반적 자기정보 통제권을 강화하고 맞춤형 서비스를 확대하기 위한 의도로 이해된다.

〈표 1〉 '개인정보 전송요구권' 발의안 내용 비교

정 부 【의안번호 제21127223호】	민병덕 국회의원 능 12인 【의안번호 제2114268호】
〈신설〉 제35조의2(개인정보의 전송 요구) ① 정보주체는 개인정보처리자에게 그가 처리하는 자신의 개인정보를 다음 각 호의 자에게 전송할 것을 요구할 수 있다. 1. 정보주체 본인	〈신설〉 제35조의2(개인정보의 전송요구) ① 정보주체는 종류·규모, 종업원 수 및 매출액의 규모 등을 고려하여 대통령령으로 정하는 기준에 해당하는 개인정보처리자에 대하여 해당 개인정보처리자가

법조항	2. 제35조의3 제1항에 따른 개인정보관리 전문기관 3. 제29조에 따른 안전조치의무를 이행하고 대통령령으로 정하는 시설 및 기술 기준을 충족하는 자 ② 제1항에 따른 전송 요구는 다음 각 호의 요건을 모두 갖추어야 한다. 　1. 정보주체가 전송을 요구하는 개인정보가 정보주체 본인에 관한 개인정보로서 다음 각 목의 어느 하나에 해당하는 정보일 것 　　… 　2. 전송을 요구하는 개인정보가 개인정보처리자가 수집한 개인정보를 기초로 분석·가공하여 별도로 생성한 정보가 아닐 것 　3. 전송을 요구하는 개인정보가 컴퓨터 등 정보처리장치로 처리되는 개인정보일 것 　4. 전송 요구를 받은 개인정보처리자가 매출액, 개인정보의 규모, 개인 정보 처리능력, 산업별 특성 등을 고려하여 대통령령으로 정하는 기준에 해당할 것	처리하는 정보주체 본인의 개인정보를 본인 또는 다른 개인정보처리자에게 전송할 것을 요구할 수 있다. 이 경우 해당 개인정보는 다음 각 호의 요건을 모두 충족하여야 한다. 　1. 제15조 제1항 제1호 또는 제4호에 따라 처리되는 개인정보일 것 　2. 컴퓨터 등 정보처리장치에 의하여 자동화된 방법으로 처리되는 개인정보일 것 　3. 개인정보처리자가 수집한 개인정보를 기반으로 생성한 정보가 아닐 것 　4. 제3자의 정당한 권리 또는 이익과 관련된 정보가 아닐 것 ② 개인정보처리자는 제1항에 따른 전송을 요구받은 경우 보호위원회가 고시로 정하는 바에 따라 컴퓨터 등 정보처리장치로 처리가능하고 통상적으로 이용되는 구조화된 형식으로 전송하여야 한다. 다만, 시간, 비용 및 기술 등의 사정을 고려하여 정당한 사유가 있는 경우에는 전송을 전부 또는 일부 거절할 수 있다.

(2) 검 토

생각건대, 정보주체의 개인정보자기결정권을 강화하기 위해서는 개인정보 전송요구권을 도입하는 것이 바람직하다고 본다. 현재 일부 분야에만 인정되고 있는 마이데이터에 대한 권리를 모든 분야에 공평하게 적용할 때 비로소 정보주체의 데이터에 대한 의사결정권이 실현될 수 있기 때문이다. 기업 입장에서는 정보주체의 의사에 따라 개인정보를 이동하게 함으로써 일부 기업이나 기관이 독점하고 있는 데이터를 획득할 수 있는 기회를 얻게 되고, 소비자 입장에서는 보다 다양한 서비스를 경쟁적으로 제공받게 됨으로써 궁극적으로 선택의 폭이 넓어질 수 있다.[50] 한편, 다른 나라의

---

50) 아주경제(2022. 1. 11.), "개인정보 전송요구권, 마이데이터 확대 위한 선결 과제", 〈https://www.

입법례를 살펴보면 다수 국가에서 법 제도에 개인정보 전송요구권을 도입하려는 추세임을 알 수 있다. 미국은 2011년부터 연방정부의 주도하에 정부가 보유하고 있는 개인 데이터를 이전받을 수 있도록 하는 스마트 공개(Smart Disclosure) 정책을 통해 소비자의 개인정보 이동권을 구현하고 있으며,[51] 유럽연합(EU)은 2018년 5월 일반개인정보보호법(GDPR)을 제정하면서 '정보 이동성에 대한 권리(Right to Data Portability)'라는 규정을 신설하였다.[52] 그 외에도 싱가포르에서는 2020년 11월 개인정보보호법(PDPA) 개정[53]을 통해, 캐나다에서는 2020년 12월 소비자 개인정보보호법(CPPA) 개정[54]을 통해 각각 개인정보 전송요구권을 도입한 바 있다. 앞으로 국경을 초월하여 생성되는 데이터의 규모와 종류가 확대되고 그 거래 방식도 다양해질 것이라는 점에 비춰 보았을 때 정보주체에게 자신의 개인정보 이동 흐름을 파악하고 선택할 수 있도록 하는 권리를 부여하는 것이 타당하다고 생각한다. 다만, 개인정보보호법에 개인정보 전송요구권 도입이 원활하게 이루어지기 위해서는 데이터 이동을 위한 사회적 인프라 기반 조성이 우선적으로 갖춰져야 할 것이다. 그렇지 않을 경우 무분별한 데이터 전송으로 정보처리자와 소비자 사이에 혼란이 가중되거나 비효율적 방식으로 추가적 비용이나 시간 지연 등의 문제가 발생할 수 있기 때문이다. 따라서 일정한 과도 기간을

---

ajunews.com/view/20220110140206043〉(2023. 1. 30. 최종방문).

51) The White House(2013. 5. 13.), "Empowering Consumers through the Smart Disclosure of Data", 〈https://obamawhitehouse.archives.gov/blog/2013/05/30/empowering-consumers-through-smart-disclosure-data〉(2023. 1. 30. 최종방문).

52) Article 20 GDPR(Right to data portability)

　　1. The data subject shall have the right to receive the personal data concerning him or her, which he or she has provided to a controller, in a structured, commonly used and machine-readable format and have the right to transmit those data to another controller without hindrance from the controller to which the personal data have been provided.

53) JUSUPRA(2021. 7. 14.), "Singapore Makes Significant Changes to Data Privacy Legislation", 〈https://www.jdsupra.com/legalnews/singapore-makes-significant-changes-to-3528451/〉(2023. 1. 30. 최종방문).

54) Justice Canada (2021. 9. 1.), "Bill C-11: An Act to enact the Consumer Privacy Protection Act and the Personal Information and Data Protection Tribunal Act and to make related and consequential amendments to other Acts", 〈https://www.justice.gc.ca/eng/csj-sjc/pl/charter-charte/c11.html〉(2023. 1. 30. 최종방문).

두고 데이터 표준화,[55] 안전 보안 조치[56] 등 사회적 혼란을 줄일 수 있는 방안을 최대한 모색한 후 개인정보 전송요구권을 신설하는 것이 보다 적절하다고 생각한다.

2. 개인정보 목적 외 이용 제한에 관한 사항

(1) 논의 사항

개인정보처리자는 수집한 정보를 정보주체로부터 동의받은 범위를 초과하여 이용하거나 제3자에게 제공해서는 안 되며(법 제18조 제1항), 만약 이를 위반할 경우 개인정보처리자는 5년 이하의 징역에 처해지거나 또는 5천만원 이하의 벌금이 부과될 수 있다(법 제71조 제1호·제2호). 따라서 이미 수집된 개인정보라고 하더라도 그것을 처음 목적과 다른 용도로 사용하거나 제3자에게 제공하기 위해서는 별도의 동의를 얻어야만 한다(법 제18조 제2항 제1호). 그런데 2020년 한국정보보호산업협회 보고서에 의하면 만 12세~69세 인터넷 이용자 4,500명을 대상으로 개인정보 침해 사고 경험을 조사한 결과 '개인정보처리자가 개인정보를 무단으로 수집하여 마케팅 목적으로 이용한 경우'(46.4%)와 '내부의 보완 관리 소홀로 개인정보가 유출된 경우'(40.1%)가 각각 1위, 2위를 차지한 것으로 조사되었다.[57] 이는 현행 규정에도 불구하고 실제로는 개인정보를 목적 외 이용하는 사례가 다수 존재함을 알 수 있게 해 준다.[58] 이와 관련하여 2021년 9월 28일 개인정보보호법 일부개정법률안(의안번호 제2112723호, 정부)에서는 기존 법 조항 중 일부 문구를 수정하도록 제안하였다. 즉, 개인정보 처리 금지행위

---

55) IT Chosun(2021. 12. 12.), "마이데이터 시대 개막, 데이터 표준화 시급", 〈http://it.chosun.com/site/data/html_dir/2021/12/10/2021121001854.html〉(2023. 1. 30. 최종방문).

56) 벤처스퀘어(2021. 4. 30.), "마이데이터 사업자 대상 보안 취약점 진단 서비스 출시", 〈https://www.venturesquare.net/828142〉(2023. 1. 30. 최종방문).

57) 과학기술정보통신부/한국정보보호산업협회, 「(글로벌리서치) 2020 정보보호 실태조사」, 2020, 138면.

58) 예를 들어, 구직사이트에 회원 가입을 하면서 휴대전화번호를 기재하였는데 이를 비채용 기업에서 열람한 뒤 홍보 문자를 발송한 경우라든지, 보험사의 기존 고객정보를 바탕으로 새로운 보험 상품 가입을 유도하기 위해 연락하는 경우 등이 모두 그러하다(개인정보보호위원회, 「2019 개인정보 보호 상담 사례집」, 2020, 32~34면).

중 하나로 '훼손'을 추가하였으며(안 제59조 제3호), 벌칙 조항에서도 '이용', '훼손'이라
는 단어를 추가함으로써(안 제71조 제10호) 개인정보 목적 외 이용행위를 엄격히 규율
하고자 하였다. 한편, 2022년 1월 3일에 접수된 개인정보보호법 일부개정법률안(의안
번호 제2114253호, 배진교 의원 등 11인)에서는 개인정보의 목적 외 이용 금지의 예외 사
항을 축소하도록 제안하고 있다. 즉, 현행법 제18조 제2항 제7호에서 '범죄의 수사와
공소의 제기 및 유지를 위하여 필요한 경우'라고 명시한 것을, '공소의 제기 및 유지를
위하여 필요한 경우'라고 변경하여 범죄 수사의 경우에는 정보주체의 동의를 받도록
하자는 것이다(안 법 제18조 제2항 제7호). 그리고 2022년 1월 5일에 접수된 개인정보보
호법 일부개정법률안(의안번호 제2114268호, 민병덕 국회의원 등 12인)에서도 이와 유사한
내용을 담고 있는데, 다만 앞의 발의안 보다 더 강화된 형태로서 제18조 제2항 단서
중 제7호를 아예 삭제하자고 제안하고 있다. 이에 따르면 공소 제기뿐만 아니라 범죄
의 수사를 위한 경우 모두 정보주체의 동의를 얻어야 하는 것으로 변경된다(안 제18조
제2항 제7호). 이는 모두 개인정보의 목적 외 이용 범위를 현행법보다 좁게 적용하고자
하는 의도로 파악된다.

〈표 2〉 '개인정보 목적 외 이용 제한' 발의안 내용 비교

	정 부 【의안번호 제21127223호】	배진교 국회의원 등 11인 【의안번호 제2114253호】	민병덕 국회의원 등 12인 【의안번호 제2114268호】
법 조 항	제59조(금지행위) 개인정보를 처리하거나 처리하였던 자는 다음 각 호의 어느 하나에 해당하는 행위를 하여서는 아니 된다. 1·2. (생 략) 3. 정당한 권한 없이 또는 허용된 권한을 초과하여 다른 사람의 개인정보를 <u>훼손</u>, 멸실, 변경, 위조 또는 유출하는 행위	제18조(개인정보이 목적 외 이용·제공 제한) ② 제1항에도 불구하고 개인정보처리자는 다음 각 호의 어느 하나에 해당하는 경우에는 정보주체 또는 제3자의 이익을 부당하게 침해할 우려가 있을 때를 제외하고는 개인정보를 목적 외의 용도로 이용하거나 이를 제3자에게 제공할 수 있다. 다만, 제5호부터 제9호까	제18조(개인전보의 목적 외 이용·제공 제한) ② ---------------------- --- ---------------------- ---------------------- ---------------------- ---------------------- ---------------------- ---------------------- ---------------------- ----------------------

제71조(벌칙) 다음 각 호의 어느 하나에 해당하는 자는 5년 이하의 징역 또는 5천만원 이하의 벌금에 처한다. 6. 제59조 제3호를 위반하여 다른 사람의 개인정보를 이용, 훼손, 멸실, 변경, 위조 또는 유출한 자	지의 경우는 공공기관의 경우로 한정한다. 1.~6. (현행과 같음) 7. 공소의 제기 및 유지를 위하여 필요한 경우	---------------------- ---------------------- ---. 1. ~6. (현행과 같음) 7. 〈삭 제〉

(2) 검 토

생각건대, 개인정보처리자가 수집한 개인정보를 목적 외 이용하는 행위는 제한적으로 규율하는 것이 타당하다고 본다. 향후 개인정보를 이용·가공하는 사례는 더욱 많아질 것이며 이때 당초 수집목적과의 관련성을 폭넓게 해석할 우려가 존재한다는 점에서 예외적 사항은 엄격히 해석하는 것이 바람직하기 때문이다.[59] 2019년에는 대학수학능력시험 감독관이 수험생 응시원서에서 개인정보를 취득한 후 사적으로 연락하여 개인정보보호법 위반 여부가 문제 된 사례가 존재한다.[60] 이에 대해 1심 법원[61]은 감독관의 행위가 부적절하다는 사실은 인정하면서도 현행 개인정보보호법 제59조에서 개인정보처리자가 정당한 권한 없이 다른 사람의 개인정보를 '멸실·변

---

[59] 기존 개인정보보호법은 목적 내 범위와 목적 외 범위로만 구별되어 비교적 단순했던 반면, 개정 개인정보보호법은 제15조 제3항 등에 '당초 수집 목적과 합리적으로 관련된 범위'라는 중간영역을 등장시켰는바, 목적범위를 획정하고 목적제한성을 이해하는 것이 매우 복잡해졌다[NEPLA(2021. 7. 13.), "개인정보 처리목적의 합리적 관련 범위", 〈https://url.kr/4fhkud〉(2023. 1. 30. 최종방문)].

[60] Daily Goodnews(2019. 12. 20.), "마음에 든다 수험생 연락처 알아낸 수능감독관 무죄?", 〈https://www.goodnews1.com/news/articleView.html?idxno=92977〉(2023. 1. 30. 최종방문).

[61] "죄형법정주의 원칙상 형벌법규의 해석은 엄격하여야 하고, 문언의 가능한 의미를 벗어나 피고인에게 불리한 방향으로 해석하는 것은 죄형법정주의의 내용인 확장해석금지에 따라 허용되지 아니한다. 공소사실 기재 피고인의 행위가 부적절하다는 점에 관해서는 의문의 여지가 없다. 그러나 위와 같은 죄형법정주의의 원칙상 그와 같은 사정만으로 피고인의 행위를 법 제59조 소정의 금지행위에 포섭하여 해석할 수는 없다."(서울중앙지방법원 2019. 12. 12. 선고 2019고단3278 판결).

경·위조·유출'하는 행위에 대해서만 금지하고 '훼손' 행위에 대해서는 아무런 규정이 없어서 개인정보보호법 위반으로 처벌하기 어렵다고 판시하여 논란이 된 적이 있었다.[62] 정부는 이러한 문제의 인식하에 2021년 9월 28일 발의안(의안번호 제2112723호)에서 개인정보 처리 금지 및 처벌 조항에 '훼손' 내지 '이용'이라는 단어를 추가하도록 한 것으로 보인다(안 제59조 내지 제71조). 이러한 법 조항의 변경은 개인정보를 처리하거나 처리하였던 자가 다른 사람의 개인정보를 함부로 이용하지 못하게 하여 개인정보의 무분별한 이용을 방지할 수 있다는 측면에서 적절하다고 평가된다. 한편, 현행법 제18조 제2항 제7호 단서 조항과 관련하여서는, 2022년 1월 5일 개인정보보호법 일부개정법률안(의안번호 제2114268호, 민병덕 국회의원 등 12인)처럼 아예 삭제해 버리기보다 2022년 1월 3일 개인정보보호법 일부개정법률안(의안번호 제2114253호, 배진교 의원 등 11인)과 같이 '공소의 제기 및 유지를 위하여 필요한 경우'라고 범위를 축소·한정한 것이 보다 합리적이라고 여겨진다. 범죄의 수사 단계에서의 개인정보 수집·이용을 모두 정보주체의 동의 없이 가능한 것으로 명시할 경우, 사건과 개연성이 크지 않은 정보까지 열람·조회하여 개인의 사생활 침해로 이어질 수 있으므로 이를 한정적으로 적용할 필요가 있다.[63] 반면, 국가 치안 및 공공질서 확립을 위해 반드시 필요한 경우에도 무조건 정보주체의 사전적 동의를 요구하도록 한다면 이는 오히려 수사의 신속성과 효율성을 떨어뜨려 정보주체에게 더 큰 피해를 초래할 수 있다. 따라서 2022년 1월 3일 개인정보보호법 일부개정법률안(의안번호 제2114253호, 배진교 의원 등 11인)과 같이 '공소의 제기 및 유지를 위한 경우' 등 최소한의 예외 상황을 남겨 두는 것이 타당하다고 본다. 주요 국가에서도 개인정보 목적 외 이용 허용 사항으로 이와 유사한 내용을 포함하고 있다. 예컨대, 유럽연합(EU)의 일반개인정보보호법(GDPR)에서는 개인정보의 목적 외 이용이 허용되는 사항 중 하나로 '공익을 위하여 수행되

---

62) 다만, 2심 법원에서는 수능감독관을 법 제19조의 '개인정보처리자로부터 개인정보를 제공받은 자'에 포섭된다고 해석하여 유죄(징역 4월, 집행유예 1년)를 선고했다(서울중앙지방법원 2020. 10. 15. 선고 2019노4259 판결).

63) 중앙일보(2021. 12. 31.), "野 수사기관 통신조회는 불법사찰 與 전형적인 내로남불", 〈https://www.joongang.co.kr/article/25037182#home〉(2023. 1. 30. 최종방문).

는 직무의 이행 또는 컨트롤러에게 부여된 공적 권한의 행사에 필요한 처리'라는 규정을 두고 있으며(Article 1. (e)),[64] 미국의 개인정보 보호 규칙(HIPAA Privacy Rule)에서는 개인정보의 목적 외 이용이 허용되는 사항으로 국가 우선순위 목적(National Priority Purposes)이라고 하여 '법률 또는 기타 적법한 절차(법원 명령, 법원 영장, 소환장)에서 요구하는 경우', '법 집행관의 범죄 피해자 또는 피해자에 대한 정보 요청에 대한 응답' 등을 세부 항목으로 서술하고 있다(45 CFR 164.512(f)(1)(ii)).[65] 이러한 점에 비춰 보았을 때, 무분별한 개인정보 이용 및 유출을 방지하기 위해 개인정보처리자가 수집한 개인정보를 목적 외로 이용하거나 제3자에게 제공하는 행위를 엄격하게 규율할 필요성은 있으나, 공익적 측면에서 반드시 필요한 경우에는 활용할 수 있도록 최소한의 예외 규정을 남겨 둘 필요는 있다고 생각된다.

3. 자동결정 거부 및 설명요구권에 관한 사항

(1) 논의 사항

자동화된 의사결정(Automated Decision Making)이란 기술적 수단(Technological Means)으로 데이터를 처리하여 정보주체의 개입이 전혀 없는 결정을 의미한다. 이는 수집된 데이터를 분석하여 개인 또는 그룹에 대한 새로운 형태의 정보를 생성·적용하는 프로파일링(Profiling) 작업 중 하나라고 할 수 있다.[66] 예를 들어, 온라인 쇼핑몰에서 패션에 관심이 많은 여성이 접속할 때 의류 아울렛 쇼핑몰 광고를 의도적으로 노출한다

---

64) GDPR Article 6 (Lawfulness of processing)

    1. Processing shall be lawful only if and to the extent that at least one of the following applies: (e) processing is necessary for the performance of a task carried out in the public interest or in the exercise of official authority vested in the controller;

65) HHS.gov('When does the Privacy Rule allow covered entities to disclose protected health information to law enforcement officials?'), https://www.hhs.gov/hipaa/for-professionals/faq/505/what-does-the-privacy-rule-allow-covered-entities-to-disclose-to-law-enforcement-officials/index.html, 2023. 1. 30. 최종 방문.

66) 한국인터넷진흥원, 「개인정보 처리에서의 프로파일링 사례집」, 2020. 3, 3면.

든지, 최근 7일 동안 장바구니에 담은 물품의 종류를 분석하여 이용자에게 해당 상품
이 포함된 프로모션이나 이벤트 배너를 반복적으로 노출시키는 행위 등이 모두 여기
에 해당한다. 기업들은 해시(Hash)[67]된 정보를 바탕으로 이용자의 성향을 분석하여 맞
춤형 서비스를 제공하는 사업을 최근 중요한 비즈니스 모델로 주목하고 있다. 그런데
문제는 자동화된 의사결정에서 수집 및 분석의 대상이 된 개인정보가 불충분하거나
부정확한 경우에는 객관적이지 못한 평가 및 판단이 내려질 수 있다는 점이다.[68] 이
러한 문제가 지적되자 국회에는 자동화된 의사결정에 대한 거부 또는 금지 등의 내용
을 담은 발의안이 제출되었다. 먼저, 2021년 9월 28일 개인정보보호법 일부개정법률
안(의안번호 제2112723호, 정부)에서는 현행법상 인정되는 정보주체의 다섯 가지 권리에
'완전히 자동화된 개인정보 처리에 따른 결정을 거부하거나 그에 대한 설명 등을 요구
할 수 있는 권리'를 여섯 번째 권리로 추가하고(안 제4조 제6호), 인공지능 기술 등 완전
히 자동화된 시스템으로 개인정보를 처리하여 이루어진 결정이 정보주체의 권리 또
는 의무에 중대한 영향을 미치는 경우에 정보주체는 해당 개인정보처리자에 대하여
해당 결정을 거부하거나 해당 결정에 대한 설명 등을 요구할 수 있는 규정을 신설하
자고 제안하였다(안 제37조의2).[69] 한편, 2022년 1월 3일 개인정보보호법 일부개정법률
안(의안번호 제2114253호, 배진교 의원 등 11인)과 2022년 1월 5일 개인정보보호법 일부개
정법률안(의안번호 제2114268호, 민병덕 의원 등 12인)에서도 자동화된 의사결정을 금지하
도록 하는 내용을 포함하고 있다. 두 발의안은 유사한 형태를 취하고 있는데, 인공지

---

67) 해시(Hash)란 다양한 크기를 가진 데이터를 고정된 길이를 가진 데이터로 매핑(Mapping)한 값을 의
   미한다. 이를 통해 특정한 배열의 인덱스나 위치 그리고 입력하고자 하는 데이터 값을 신속하게 찾
   을 수 있다[해시넷('해시'), 〈http://wiki.hash.kr/index.php/%ED%95%B4%EC%8B%9C〉(2023. 1. 30. 최
   종방문)].

68) 예를 들어, A는 출퇴근 시간이 다소 소요되어도 지인이 많은 B 지역에서 영업을 하고 싶으나, 자동
   화된 의사결정에 의할 때에는 거리·시간·출퇴근 거리 등 객관적 자료만 가지고 C 지역으로 인사
   발령을 받는 경우가 발생할 수 있다.

69) 해당 조항은 완전히 자동화된 시스템으로 개인정보를 처리하여 이루어지는 결정을 대상으로 하고
   있으므로 일부라도 인적 개입이 존재하는 경우에는 자동화된 결정에 대한 거부권이나 설명요구권
   등을 행사할 수 없다(정무위원회, "개인정보 보호법 일부개정법률안 검토보고", 2021. 11. 34~35면).

능 기술 등 자동화된 개인정보처리에만 의존하여 정보주체에게 개별적으로 법적 효력 또는 생명·신체·정신·재산에 중대한 영향을 미치는 결정의 적용은 금지하되, 예외적으로 i) 정보주체가 자동화 의사결정에 대하여 설명을 듣고 명백하게 동의의 의사표시를 한 경우, ii) 법률에 특별한 규정이 있거나 법령상 의무를 준수하기 위하여 불가피한 경우, iii) 계약의 체결 및 이행을 위하여 불가피하게 필요한 경우에는 결정의 금지가 적용되지 않는다고 규정하고 있다(안 제37조의2 단서). 위 발의안들은 자동화된 의사결정에 의해 정보주체가 원하지 않는 피해를 받는 것을 방지하려는 의도로 이해된다.[70)]

〈표 3〉 '자동결정에 대한 거부 및 설명요구권' 발의안 내용 비교

	정 부 【의안번호 제21127223호】	배진교 국회의원 등 11인 【의안번호 제2114253호】	민병덕 국회의원 등 12인 【의안번호 제2114268호】
법 조 항	〈신설〉 제37조의2(자동화된 결정에 대한 정보주체의 권리 등) ① 정보주체는 완전히 자동화된 시스템(인공지능 기술을 적용한 시스템을 포함한다)으로 개인정보를 처리하여 이루어지는 결정이 자신의 권리 또는 의무에 중대한 영향을 미치는 경우에는 해당 개인정보처리자에 대하여 해당 결정을 거부하거나 해당 결정에 대한 설명 등을 요구할 수 있다. 다만, 자동화된 결정에 대한 거부는 개인정보가 제15조 제1항 제3호 또는 제5호부	〈신설〉 제37조의2(자동화 의사결정에 대한 배제 등의 권리) ① 정보주체는 자동화된 개인정보처리에만 의존하여 정보주체에게 개별적으로 법적 효력 또는 생명·신체·정신·재산에 중대한 영향을 미치는 결정의 적용은 금지된다. 다만, 다음 각 호의 경우에는 그러하지 아니하다. 다만, 다음 각 호 중 어느 하나에 해당하는 경우에는 그러하지 아니하다. 1. 정보주체가 자동화 의사결정에 대하여 설명을 듣고 명백하게 동의	〈신설〉 제37조의2(자동화된 의사결정에 대한 배제 등의 권리) ① 개인정보처리자는 완전히 자동화된 시스템으로 개인정보를 처리하여 정보주체의 생명·신체·재산 또는 자신의 권리 또는 의무에 중대한 영향을 미치는 결정(이하 "자동화된 의사결정"이라 한다)을 하여서는 아니 된다. 다만, 다음 각 호 중 어느 하나에 해당하는 경우에는 그러하지 아니하다. 1. 정보주체가 해당 결정에 대하여 설명을 듣고 명백한 동의의 의사표

---

70) 중앙일보(2021. 1. 16.), "스마트하다고? AI는 차별을 학습한다", 〈https://www.joongang.co.kr/article/23971664#home〉(2023. 1. 30. 최종방문).

터 제7호까지의 규정에 따라 처리되는 경우에만 할 수 있다. ② 개인정보처리자는 제1항에 따라 정보주체가 자동화된 결정을 거부하거나 이에 대한 설명 등을 요구한 경우에는 정당한 사유가 없는 한 그에 따라야 한다.	의 의사표시를 한 경우 2. 법률에 특별한 규정이 있거나 법령상 의무를 준수하기 위하여 불가피한 경우 3. 계약의 체결 및 이행을 위하여 불가피하게 필요한 경우 ② 정보주체는 제1항 제1호부터 제3호까지의 경우에는 그 결정에 대하여 이의제기 또는 설명 등을 요구할 수 있다.	시를 한 경우 2. 법률에 특별한 규정이 있거나 법령상 의무를 준수하기 위하여 불가피한 경우 3. 계약의 체결 및 이행을 위하여 불가피한 경우 ② 정보주체는 제1항 단서에 따라 이루어진 자동화된 의사결정이 있는 경우 그 결정에 대하여 이의를 제기하거나 설명을 요구할 수 있다.

(2) 검 토

생각건대, 자동화된 의사결정에 대하여 거부 및 설명요구권을 신설하는 것은 타당하다고 본다. 향후 인공지능 기술의 발전으로 데이터를 자동으로 수집·분석하고 이를 기반으로 새로운 정보를 생성하는 사례가 늘어날 것을 고려했을 때, 정보주체에게 자신이 원하지 않는 분석 및 평가에서 배제될 수 있는 권리를 부여하는 것이 반드시 필요하다고 여겨진다. 주요 국가의 입법례를 살펴보아도, 대체적으로 자동화된 의사결정에 대하여 거부 내지 설명요구권을 도입하고 있는 경향임을 알 수 있다. 예컨대, 유럽연합(EU) 일반개인정보보호법(GDPR)에서는 정보주체가 자신에 관한 법적 효력을 초래하거나 이와 유사한 중대한 영향을 미치는 프로파일링 등 자동화된 의사결정의 적용을 받지 않을 권리를 가진다고 규정하고 있으며(Article 22),[71] 캐나다 개인정보보호법(CPPA)에서는 조직이 자동화된 의사결정 시스템을 이용하여 개인에 대해 결과 예측, 추천 또는 결정을 내린 경우 그 조직은 정보주체의 요청에 따라 이러한 결과

---

71) GDPR Article 22 (Automated individual decision-making, including profiling)

　　1. The data subject shall have the right not to be subject to a decision based solely on automated processing, including profiling, which produces legal effects concerning him or her or similarly significantly affects him or her.

예측, 추천 또는 결정에 대해 설명을 제공해야 하는 의무를 갖는다고 명시하고 있다 (Section 63(3)).[72] 그리고 중국 개인정보보호법(中华人民共和国个人信息保护法)에서도 개인정 보처리자는 자동화 의사결정의 투명성과 결과의 공정성을 보증하고 거래 조건에 있 어서 개인에게 불합리한 차별 대우를 하여서는 아니되며, 또한 자동화 의사결정 방식 으로 개인에게 정보 푸시 알림, 상업 마케팅을 진행하는 경우 개인의 특징과 연계되 지 않을 수 있는 옵션 제공 및 개인에게 편리한 거절 방식을 제공해야 한다고 규정하 고 있다(동법 제24조).[73] 이러한 태도에 비춰 보았을 때, 자동화된 의사결정에 대하여 정보주체의 거부권 내지 설명요구권을 신설하는 것이 국제적 수준에 부합하는 보호 방안이라 여겨진다. 다만, 이를 구체적으로 어떠한 방식으로 법률에 명시할 것인지에 관한 사항은 논의대상이 될 수 있다. 2021년 9월 28일 개인정보보호법 일부개정법률 안(의안번호 제2112723호, 정부)보다는 2022년 1월 3일 개인정보보호법 일부개정법률안 (의안번호 제2114253호, 배진교 의원 등 11인)과 2022년 1월 5일 개인정보보호법 일부개정 법률안(의안번호 제2114268호, 민병덕 의원 등 12인)이 정보주체의 실질적 권리 확보에 유 리한 방안으로 평가된다. 즉, 정보주체의 생명, 신체, 재산 또는 자신의 권리 또는 의 무에 중대한 영향을 미치는 자동결정은 원칙적으로 금지하되, 예외적으로 각호 1~3 에 해당하는 경우에는 자동화된 의사결정의 적용을 가능하도록 하는 형식이다(안 제 15조 제1항). 이는 법 조항에서 원칙과 예외 사항을 분명히 파악하도록 할 뿐만 아니라, 정보주체의 거부권 요건을 한정하지 않음으로써 정보주체의 권리 행사 범위를 보다

---

72) CPPA BILL C-11 (Automated decision system)

    63. (3). If the organization has used an automated decision system to make a prediction, recommen-dation or decision about the individual, the organization must, on request by the individual, provide them with an explanation of the prediction, recommendation or decision and of how the personal information that was used to make the prediction, recommendation or decision was obtained.

73) 中华人民共和国个人信息保护法 第24条

    个人信息处理者利用个人信息进行自动化决策, 应当保证决策的透明度和结果公平, 公正, 不得对个人在交易价格等交易条件上实行不合理的差别待遇. 通过自动化决策方式向个人进行信息推送、商业营销,应当同时提供不针对其个人特征的选项, 或者向个人提供便捷的拒绝方式. 通过自动化决策方式作出对个人权益有重大影响的决定, 个人有权要求个人信息处理者予以说明, 并有权拒绝个人信息处理者仅通过自动化决策的方式作出决定.

넓게 해석하도록 한다. 나아가 다음 조항에서 자동결정이 적용되었을 경우 정보주체가 이에 대해 설명 요구 외에 이의 제기를 할 수 있다는 내용을 명시한 것(안 제15조 제2항) 또한 정보주체의 개인정보자기결정권을 보다 적극적으로 보장하였다는 점에서 바람직하다고 본다. 한편, 2021년 9월 28일 개인정보보호법 일부개정법률안(의안번호 제2112723호, 정부)의 내용 중 정보주체의 기존 다섯가지 권리에 자동결정에 대한 거부권 내지 설명요구권을 하나 더 추가하는 방안은 정보주체 자기결정권의 인식을 강화시킨다는 측면에서 고려해 볼 만하다고 여겨진다(안 제4조 제6호).

4. 개인정보 수집·이용 항목 추가에 관한 사항

(1) 논의 사항

개인정보의 수집·이용은 적법한 근거 및 절차에 의해서 이루어져야 하며(법 제15조 제1항), 법령상 의무를 준수하기 위하여 불가피한 경우 등처럼 예외적으로 개인정보 수집이 허용되는 경우라 하더라도 이용 범위는 처리 목적을 달성하는 데 필요한 최소한에 그쳐야 한다(법 제16조 제1항). 그런데 실제 사례에서는 개인정보 수집·이용이 허용되는 범위인지 나아가 그것이 필요 최소한의 범위에 해당하는지가 모호한 경우가 종종 존재한다. 예를 들어, 질병관리청이 코로나19 확산 방지 및 역학조사를 위해 다수인의 개인정보를 수집하였으나 이를 영구 보존할 수 있는 법적 근거가 명확하지 않아서 폐기 처리 여부가 논란이 된 경우[74]라든지, 부동산 시장 감독을 위해 특정 조직에게 개인의 금융, 과세정보 등을 조회하도록 한 것이 개인정보보호법 위반에 해당하는지가 논란이 된 경우[75] 등이 그러하다. 이러한 문제들이 제기됨에 따라 개인정보 수집·이용의 근거 규정을 재정비해야 한다는 견해가 대두되었고, 이를 반영한 발의안들이 국회에 제출되었다. 먼저, 2021년 9월 28일 개인정보보호법 일부개정법률

---

74) Medical observer(2020. 10. 22.), "코로나 관련 개인정보 연구보존? ⋯ 명확한 근거 必", 〈http://www. monews.co.kr/news/articleView.html?idxno=214632〉(2023. 1. 30. 최종방문).

75) 국민일보(2020. 9. 2.), "부동산거래분석원, 내 계좌 다 들여다보나 ⋯ 빅 브러더 논란", 〈http://news. kmib.co.kr/article/view.asp?arcid=0014971936&code=61141511〉(2023. 1. 30. 최종방문).

안(의안번호 제2112723호, 정부)의 내용을 살펴보면, 종전에는 개인정보처리자가 정보주체와 계약 체결 및 이행을 위하여 불가피하게 필요한 경우에만 개인정보를 수집할 수 있도록 하던 것을 '정보주체와 체결한 계약을 이행하거나 계약을 체결하는 과정에서 정보주체의 요청에 따른 조치를 이행하기 위하여 필요한 경우'로 변경하도록 제안하고(안 제15조 제1항 제4호), 나아가 '공중위생 등 공공의 안전과 안녕을 위하여 긴급히 필요한 경우'라는 항목을 새롭게 추가하자는 내용을 담고 있다(안 제15조 제1항 제7호). 이는 코로나19와 같은 새로운 환경적 요인에 유연하게 대응하면서도 불명확한 문구를 되도록 줄이고자 하는 의도로 이해된다. 다음으로 2022년 1월 5일 개인정보보호법 일부개정법률안(의안번호 제2114268호, 민병덕 국회의원 등 12인)을 살펴보면, 개인정보 수집·이용의 동의 면제 항목으로 '공중위생 등 공공의 안전과 안녕을 위하여 긴급히 필요한 경우로서 일시적으로 개인정보가 처리되는 경우'를 추가하도록 한 것은 위 정부발의안과 같은 맥락으로 여겨진다. 그런데 이 발의안에서는 더 나아가 개인정보처리자의 고지의무를 추가적으로 명시하고 있다. 즉, 정보주체의 동의를 받아 개인정보를 수집·이용하는 경우 외에 법률에 특별한 규정이 있거나 법령상 의무를 준수하기 위하여 불가피한 경우, 공공기관이 법령 등에서 정하는 소관 업무의 수행을 위하여 불가피한 경우, 정보주체와의 계약의 체결 및 이행을 위하여 불가피하게 필요한 경우 등에도 개인정보 수집·이용에 대한 법적 근거를 정보주체에게 알리도록 변경하는 것이다(안 제15조 제3항 신설, 종전 제3항은 제4항으로 변경). 이는 개인정보 수집·이용 절차를 투명하게 함으로써 정보처리자의 개인정보 오·남용을 줄이고자 한 것으로 파악된다.

〈표 4〉 '개인정보 수집·이용 근거' 발의안 내용 비교

정 부 【의안번호 제21127223호】	민병덕 국회의원 등 12인 【의안번호 제2114268호】
제15조(개인정보의 수집·이용) ① 개인정보처리자는 다음 각 호의 어느 하나에 해당하는 경우에는 개인정보를 수집할 수 있으며 그 수집 목적의 범위에서	제15조(개인정보의 수집·이용) ① 개인정보처리자는 다음 각 호의 어느 하나에 해당하는 경우에는 개인정보를 수집할 수 있으며 그 수집 목적의 범위에서

법조항	이용할 수 있다. 1. ~3. (생 략) 4. 정보주체와 체결한 계약을 이행하거나 계약을 체결하는 과정에서 정보주체의 요청에 따른 조치를 이행하기 위하여 필요한 경우 5.·6. (현행과 같음) 7. 공중위생 등 공공의 안전과 안녕을 위하여 긴급히 필요한 경우	이용할 수 있다. 1. ~6. (현행과 같음) 7. 공중위생 등 공공의 안전과 안녕을 위하여 긴급히 필요한 경우로서 일시적으로 개인정보가 처리되는 경우 ② (현행과 같음) ③ 개인정보처리자는 제1항 제2호부터 제4호까지 및 제6호에 따라 개인정보를 수집하는 때에는 다음 각 호의 사항을 정보주체에게 사전에 알려야 한다. 다음 각 호의 어느 하나의 사항을 변경하는 경우에도 또한 같다. 1. 제2항제1호부터 제3호까지의 사항 2. 개인정보의 수집·이용에 대한 법적 근거

(2) 검 토

생각건대, 개인정보 수집·이용에 관한 법 조항을 명확히 하는 것은 개인정보자기결정권 보호의 측면에서 매우 중요한 사항이라고 여겨진다. 그런데 위 발의안과 같이 개인정보 수집·이용에서 동의가 면제되는 사항을 변경 또는 추가하는 것이 정보주체에게 과연 도움이 되는지에 대해서는 의문이 제기된다. 먼저, 2021년 9월 28일 개인정보보호법 일부개정법률안(의안번호 제2112723호, 정부)에서 종래의 '계약 체결 및 이행을 위하여 불가피하게 필요한 경우'라는 문구를 '정보주체와 체결한 계약을 이행하거나 계약을 체결하는 과정에서 정보주체의 요청에 따른 조치를 이행하기 위하여 필요한 경우'로 변경하도록 제안한 것(안 제15조 제1항 제4호)과 관련해서는, 정보주체의 입장에서 판단했을 때 그다지 실익이 없다고 여겨진다. 문맥을 약간 수정하였다고 하더라도 법률의 개방성(開放性)으로 인해 구체적 기준을 제시하기란 어려우며, 오히려 이로 인해 정보주체와 계약 체결을 위해 필요한 모든 경우에 개인정보 수집·이용에 대한 동의가 면제되는 것으로 오인할 우려가 존재하기 때문이다.[76] 이는 고시(告

---

76) Chosunbiz(2020. 9. 23.). "데이터 수집부터 겁나는 기업들… 불법인지 합법인지 모르겠다", 〈https://

示), 가이드라인 등에서 세부적 예시를 제시함으로써 해결하는 것이 바람직하다고 본다.[77] 반면, 2021년 9월 28일 개인정보보호법 일부개정법률안(의안번호 제2112723호, 정부)과 2022년 1월 5일 개인정보보호법 일부개정법률안(의안번호 제2114268호, 민병덕 국회의원 등 12인)에서 공통적으로 제안하고 있는 '공중위생 등 공공의 안전과 안녕을 위하여 긴급히 필요한 경우' 항목(안 제15조 제1항 제7호)과 관련해서는, 공익적 목적 달성을 위하여 필요한 사항이라고 생각된다. 현행법에서는 공중위생 등 공공의 안전과 안녕을 위하여 긴급히 필요한 경우에 대해서 개인정보보호법 일반 적용을 제외하고 있는데(법 제58조 제1항 제3호),[78] 이로 인해 최근 코로나19 확산 방지를 위해 수집한 개인정보의 처리·보관에 혼란이 야기되었다는 점에 비춰 보았을 때, 위 사항을 개인정보 수집·이용의 비동의 항목으로 추가하여 이후 절차에 대해서는 개인정보보호법 일반 규정을 따르도록 하는 것이 적절하다고 본다.[79] 한편, 일본 개인정보보호법에서도 개인정보 수집·이용 사전 동의 예외 요건으로 '인간의 생명, 신체 또는 재산의 보호를 위해 필요한 경우로서 본인의 동의를 얻는 것이 곤란할 때', '공중위생의 향상 또는 아동의 건전한 육성을 위해 특히 필요한 경우로서 본인의 동의를 얻는 것이 곤란할 때'를 명시하고 있으며(동법 제17조 제2항 제2호·제3호),[80] 중국 개인정보보호법에

---

biz.chosun.com/site/data/html_dir/2020/09/23/2020092300325.html〉(2023. 1. 30. 최종방문).

77) 현재 「(사례 중심) 개인정보 보호법령 해석 실무 교재」에는 개인정보보호법 제15조 제1항 제4호에 대한 예시가 누락되어 있으므로, 이에 대해 상세히 보충할 필요가 있다고 여겨진다(개인정보보호위원회, 「(사례 중심) 개인정보 보호법령 해석 실무 교재」, 2021. 58~60면).

78) 제58조(적용의 일부 제외) ① 다음 각 호의 어느 하나에 해당하는 개인정보에 관하여는 제3장부터 제7장까지를 적용하지 아니한다.
3. 공중위생 등 공공의 안전과 안녕을 위하여 긴급히 필요한 경우로서 일시적으로 처리되는 개인정보

79) 「감염병의 예방 및 관리에 관한 법률」은 2020년 10월 법 개정을 통해 공중위생 등의 필요에 의한 경우 개인정보 처리 근거 조항을 이미 마련한 바 있다(동법 제34조의2, 제40조의5 등 참고).

80) 個人情報の保護に関する法律 第17条(第2項)
2. 個人情報取扱事業者は、次に掲げる場合を除くほか、あらかじめ本人の同意を得ないで、要配慮個人情報を取得してはならない。
(2) 人の生命、身体又は財産の保護のために必要がある場合であって、本人の同意を得ることが困難であるとき。
(3) 公衆衛生の向上又は児童の健全な育成の推進のために特に必要がある場合であって、本人の同意を得ることが困難であるとき。

서도 '돌발적인 공공위생 사건 대응 또는 이와 유사한 긴급상황에서 개인의 생명·재산·안전 보호를 위해 필요한 경우'(동법 제13조 제3호)라는 유사한 항목을 포함하고 있다.[81] 이러한 점에 비춰 보았을 때 개인정보 수집·이용의 정보주체 동의 면제 요건의 하나로서 위 항목을 추가하는 것이 정보주체의 개인정보자기결정권을 부당하게 해치는 것으로 여겨지지 않는다.[82]

5. 개인정보 국외 이전 조항 추가에 관한 사항

(1) 논의 사항

개인정보의 국외 이전(Transborder Data Flow)이란 정보주체의 개인정보를 국경을 넘어 이동시키는 것을 의미한다. 종래에는 법적 규제를 회피하려는 목적에서 개인정보 보호 법제가 약한 나라로 개인정보를 이전하는 경우가 대부분이어서 흔하지 않았으나, 최근에는 사물인터넷(IoT), 클라우드(Cloud) 등 정보통신기술의 발달로 국경을 넘은 서비스가 증가하면서 개인정보의 국외 이전은 빈번한 현상으로 변모하였다.[83] 그런데 현행법에 의할 때 국내 기업이 개인정보를 국외로 이전하기 위해서는 반드시 정보주체의 사전동의를 얻어야만 하므로(법 제17조 제3항 및 제39조의12), 이에 대해 글로벌 서비스 제공 측면에서 불편함이 존재한다는 비판이 제기되었다.[84] 2021년 9월

---

81) 中华人民共和国个人信息保护法 第十三条(符合下列情形之一的，个人信息处理者方可处理个人信息)

　　三. 为履行法定职责或者法定义务所必需

82) "정보주체의 동의 없이 개인정보를 공개함으로써 침해되는 인격적 법익과 정보주체의 동의 없이 자유롭게 개인정보를 공개하는 표현행위로서 보호받을 수 있는 법적 이익이 하나의 법률관계를 둘러싸고 충돌하는 경우에는 … 개인정보에 관한 인격권 보호에 의하여 얻을 수 있는 이익(비공개 이익)과 표현행위에 의하여 얻을 수 있는 이익(공개 이익)을 구체적으로 비교 형량하여 어느 쪽 이익이 더욱 우월한 것으로 평가할 수 있는지에 따라 그 행위의 최종적인 위법성 유무를 판단하여야 한다."(대법원 2011. 9. 2. 선고 2008다42430 전원합의체 판결)

83) 전자신문(2019. 9. 26.), "구글 페이스북, 네이버 카카오보다 3배 쉽게 개인정보 획득…포괄동의 선택제 대안으로 제기", ⟨https://m.etnews.com/20190926000185?obj=Tzo4OiJzdGRbGFzcyI6Mjp7czo3OiJyZWZlcmVyIjtOO3M6NzoiZm9yd2FyZCI7czoxMzoid2ViHRvIG1vYmlsZSI7fQ%3D%3D⟩, (2023. 1. 30. 최종방문).

28일 개인정보보호법 일부개정법률안(의안번호 제2112723호, 정부)에서는 이러한 내용을 반영하여, 개인정보 국외 이전을 종래 일률적 기준에서 다양한 기준을 적용하는 방식으로 변경할 것을 제안하였다(안 제28조의8부터 제28조의11까지 신설). 이에 따르면 개인정보처리자의 개인정보 국외 이전은 원칙적으로 금지하되, 예외적으로 법률, 대한민국을 당사자로 하는 조약 또는 그 밖의 국제협정에 개인정보의 국외 이전에 관한 특별한 규정이 있는 경우, 정보주체와의 계약의 체결 및 이행을 위하여 개인정보의 처리위탁·보관이 필요한 경우, 개인정보가 이전되는 국가 또는 국제기구의 개인정보 보호체계, 정보주체 권리보장 범위, 피해구제 절차 등에서 국내법과 실질적으로 동등한 수준의 개인정보 보호 체계를 갖추었다고 보호위원회가 인정하는 경우 등에는 정보주체 동의 없이도 국외 이전을 할 수 있도록 규정한다(안 제28조의8). 한편, 개인정보처리자가 처리 목적을 달성한 후에도 개인정보를 계속해서 이전하고 있거나 추가적으로 국외 이전이 예상되는 경우에는 보호위원회가 개인정보 국외 이전 중지 명령을 내릴 수 있으며(안 제28조의9), 나아가 상호주의 적용하에 개인정보의 국외 이전을 제한하는 국가의 개인정보처리자에 대해서는 해당 국가의 수준에 상응하는 제한을 할 수 있다는 내용도 포함하고 있다(안 제28조의 10).

〈표 5〉 '개인정보 국외 이전' 발의안(조항) 내용 비교

현행법 【법률 제16930호】	정부 【의안번호 제21127223호】
제17조(개인정보의 제공) ③ 개인정보처리자가 개인정보를 국외의 제3자에게 제공할 때에는 제2항 각 호에 따른 사항을 정보주체에게 알리고 동의를 받아야 하며, 이 법을 위반하는 내용으로	〈신설〉 제28조의8(개인정보의 국외 이전) ① 개인정보처리자는 개인정보를 국외로 이전하여서는 아니 된다. 다만, 다음 각 호의 어느 하나에 해당하는 경우에는 개인정보

---

84) "기업의 상황에 상관없이, 이전 목적에 상관없이 일단 수집한 개인정보를 국외에 이전하려면 오직 정보주체의 동의를 얻어야만 가능하게 되어 있는데, 기업은 개인정보의 국외 이전을 꼭 해야만 하는 상황임에도 불구하고 정보주체의 동의를 다시 얻는 게 불가능하므로 이를 포기하는 기업이 매우 많다." [김경환, "엄격·경직의 법체계에서 엄격·유연의 법체계로", 〈https://url.kr/aprg4u〉(2023. 1. 30. 최종방문)]

<table>
<tr><td rowspan="1">법
조
항</td><td>

개인정보의 국외 이전에 관한 계약을 체결하여서는 아니 된다.

제39조의12(국외 이전 개인정보의 보호)

② 제17조 제3항에도 불구하고 정보통신서비스 제공자 등은 이용자의 개인정보를 국외에 제공(조회되는 경우를 포함한다)·처리위탁·보관(이하 이 조에서 "이전"이라 한다)하려면 이용자의 동의를 받아야 한다.

③ 정보통신서비스 제공자 등은 제2항 본문에 따른 동의를 받으려면 미리 다음 각 호의 사항 모두를 이용자에게 고지하여야 한다.

1. 이전되는 개인정보 항목
2. 개인정보가 이전되는 국가, 이전일시 및 이전방법
3. 개인정보를 이전받는 자의 성명(법인인 경우에는 그 명칭 및 정보관리책임자의 연락처를 말한다)
4. 개인정보를 이전받는 자의 개인정보 이용목적 및 보유·이용

</td><td>

를 국외로 이전할 수 있다.

1. 정보주체로부터 국외 이전에 관한 별도의 동의를 받은 경우
2. 법률, 대한민국을 당사자로 하는 조약 또는 그 밖의 국제협정에 개인정보의 국외 이전에 관한 특별한 규정이 있는 경우
3. 정보주체와의 계약의 체결 및 이행을 위하여 개인정보의 처리위탁·보관이 필요한 경우 …
4. 개인정보를 이전받는 자가 제32조의2에 따른 개인정보 보호 인증 등 보호위원회가 정하여 고시하는 인증을 받은 경우 …
5. 개인정보가 이전되는 국가 또는 국제기구의 개인정보 보호체계, 정보주체 권리보장 범위, 피해구제 절차 등이 이 법에 따른 개인정보 보호 수준과 실질적으로 동등한 수준의 개인정보 보호 수준을 갖추었다고 보호위원회가 인정하는 경우

제28조의9(개인정보의 국외 이전 중지 명령)

① 보호위원회는 개인정보의 국외 이전이 계속되고 있거나 추가적인 국외 이전이 예상되는 경우로서 다음 각 호의 어느 하나에 해당하는 경우에는 개인정보처리자에게 개인정보의 국외 이전을 중지할 것을 명할 수 있다.

2. 개인정보를 이전받는 자나 개인정보가 이전되는 국가 또는 국제기구가 이 법에 따른 개인정보 보호 수준에 비하여 개인정보를 적정하게 보호하고 있지 아니하다고 인정할 만한 명백한 사유가 있는 경우

</td></tr>
</table>

(2) 검 토

생각건대, 개인정보 국외 이전 조항을 명시적으로 도입하는 것이 글로벌 규제의 정합성 확보를 위해 바람직하다고 본다. 오늘날 정보통신기술의 발달로 인해 기업의

서비스 대상을 특정 지역에 국한하는 것은 더 이상 적절하지 않을 뿐만 아니라, 데이
터의 수집·이용이 신기술 개발을 위한 핵심 요소가 되는 상황[85]하에 국가 간 데이터
거래를 너무 경직되게 바라보는 것은 시대적 흐름에 부합하지 않는다고 여겨지기 때
문이다.[86] 주요 국가의 입법례를 살펴보아도 개인정보 국외 이전 조항과 함께 비동
의 허용 요건을 두고 있음을 알 수 있다. 예컨대, 유럽연합(EU) 일반개인정보보호법
(GDPR)에서는 제3국 또는 국제기구로 이전 후 처리 중이거나 처리 예정인 개인정보
에 대하여 위원회가 그 보호 수준을 적절성 평가에 적합하다고 결정한 경우에는 정보
주체의 동의 없이도 개인정보 국외 이전이 가능하다고 명시하고 있으며(Article 45),[87]
일본 개인정보보호법에서는 개인정보 국외 이전을 위해서는 원칙적으로 정보주체의
동의를 얻어야 하나 예외적으로 개인정보호위원회 규칙에서 자국과 동등한 수준을
갖춘 국가로 인정한 경우에는 정보주체 동의 없이도 개인정보 국외 이전이 가능하다
고 명시하고 있다(동법 제24조).[88] 그리고 중국 개인정보보호법에서도 중국 네트워크
정보부서의 안전 평가 및 전문기관의 개인정보보호 인증을 통과하고, 중국 네트워크
정보부서에서 제정한 표준계약서에 따라 해외의 개인정보 수령자와 계약을 체결하였

---

85) 매일경제(2020. 10. 5.) "빅데이터는 어떻게 마케팅의 무기가 되는가", 〈https://www.mk.co.kr/news/culture/view/2020/10/1014153/〉(2023. 1. 30. 최종방문).

86) 안덕근, "국경 사라진 데이터, 디지털 통상정책 발등의 불", 중앙일보 오피니언(2022. 1. 5. 기사), 〈https://www.joongang.co.kr/article/25038229#home〉(2023. 1. 30. 최종방문).

87) GDPR Article 45 (Transfers on the basis of an adequacy decision)

1. A transfer of personal data to a third country or an international organisation may take place where the Commission has decided that the third country, a territory or one or more specified sectors within that third country, or the international organisation in question ensures an adequate level of protection.

2. Such a transfer shall not require any specific authorisation.

88) 個人情報の保護に関する法律 第24条(外国にある第三者への提供の制限)

個人情報取扱事業者は、外国(個人の権利利益を保護する上で我が国と同等の水準にあると認められる個人情報の保護に関する制度を有している外国として個人情報保護委員会規則で定めるものを除く。以下この条において同じ。)にある第三者(個人データの取扱いについてこの節の規定により個人情報取扱事業者が講ずべきこととされている措置に相当する措置を継続的に講ずるために必要なものとして個人情報保護委員会規則で定める基準に適合する体制を整備している者を除く。以下この条において同じ。)に個人データを提供する場合には、前条第一項各号に掲げる場合を除くほか、あらかじめ外国にある第三者への提供を認める旨の本人の同意を得なければならない。この場合においては、同条の規定は、適用しない。

으며, 법률 또는 중국 네트워크 정보부서에서 규정한 기타 조건을 충족하는 경우에는 개인정보 국외 이전이 가능하다고 규정하고 있다(동법 제38조).[89] 특히 2021년 12월 우리나라는 EU 집행위원회의 개인정보보호 적정성 심사(Adequacy Decision)를 최종 통과했는데,[90] 이로 인해 앞으로 한국 기업들이 유럽연합 시민의 개인정보를 추가적 인증이나 절차 없이 국내로 이전할 수 있게 되는 점을 고려했을 때 국제적 수준과 동등한 법 체계로 전환할 필요가 있다고 여겨진다. 다만, 개인정보 이용 규모가 증가함에 따라 정보주체가 불합리한 피해를 입지 않도록 보다 신중하게 안전조치 제도를 두는 것이 타당하다. 이와 관련하여 위 발의안 중 '이 법에 따른 개인정보 보호 수준에 비하여 개인정보를 적정하게 보호하고 있지 아니하다고 인정할 만한 명백한 사유가 있는 경우'라는 문구는 '이 법에 따른 개인정보 보호 수준으로 개인정보를 적정하게 보호하지 아니함으로 인해 정보주체에게 피해를 발생시키거나 피해가 발생할 우려가 현저한 경우'로 수정할 필요가 있다고 생각한다(안 제28조의9 제1항 2호). 전자의 경우 개인정보 처리자의 부적절한 관리로 정보주체에게 피해가 막대해진 다음에 행해지는 사후적 처리에 불과할 가능성이 존재하기 때문이다.[91]

---

89) 中华人民共和国个人信息保护法 第38条

　　个人信息处理者因业务等需要, 确需向中华人民共和国境外提供个人信息的, 应当具备下列条件之一.

　　1. 依照本法第四十条的规定通过国家网信部门组织的安全评估

　　2. 按照国家网信部门的规定经专业机构进行个人信息保护认证

　　3. 按照国家网信部门制定的标准合同与境外接收方订立合同, 约定双方的权利和义务

　　4. 法律, 行政法规或者国家网信部门规定的其他条件

90) 적정성 심사는 非유럽연합 국가들이 GDPR와 동등한 수준의 개인정보 보호 체계를 갖추고 있는지를 유럽연합이 평가·승인하는 제도다. 한국은 지난 2017년 1월 유럽연합과 적정성 협의를 시작한 지 약 6년 만에 승인을 얻었다[한겨레(2021. 12. 17.), "유럽 개인정보법 적정성 심사 통과 … 한-EU 데이터교류 늘어날 듯", 〈https://www.hani.co.kr/arti/economy/it/1023792.html〉(2023. 1. 30. 최종방문)].

91) 2021년에는 세계 최대 소셜 미디어 서비스(SNS) 페이스북에서 5억 3,300만 명의 개인정보가 유출된 것으로 드러났는데, 이 가운데 12만 명의 한국인 개인정보도 포함된 것으로 알려졌다[보안뉴스(2021. 4. 4.), "페이스북 5억명 개인정보 유출 … 한국인 12만명도 포함, 사용자 보안대책은?", 〈https://www.boannews.com/media/view.asp?idx=96191〉(2023. 1. 30. 최종방문)].

V. 결 론

개인정보자기결정권은 개인정보보호법의 궁극적 목적을 달성하기 위한 중요한 개념 중 하나이지만 무한하게 인정되는 것은 아니며, 국가안전보장·질서유지·공공복리 등 공익적 사유에 의해 제한될 수밖에 없다. 따라서 개인정보보호법 개정 여부는 법 조항의 신설, 변경 등으로 인해 실현되는 사적 영역의 이익과 공적 영역의 이익을 비교 형량하여 통합적 시각에서 판단해 나가는 것이 타당하다. 이와 관련하여 본 논문에서는 최근 발의된 개인정보보호법 일부개정법률안을 바탕으로 주요 쟁점의 타당성 여부에 대해서 고찰해 보았다. 첫째, 개인정보 전송요구권의 도입과 관련해서는 정보주체에게 자신의 정보에 관한 흐름을 파악하고 선택할 수 있도록 한다는 점에서 적절하다고 보았다. 다만, 무분별한 데이터 전송으로 정보처리자와 소비자 사이에 혼란을 초래하고 시간, 비용 등이 가중되지 않도록 데이터 표준화, 안전조치 등 사회적 인프라를 우선적으로 갖춰야 한다고 제언하였다. 둘째, 개인정보 목적 외 이용과 관련해서는 향후 개인정보를 이용·가공하는 사례가 다양해짐에 따라 당초 목적과의 관련성을 폭넓게 해석할 여지가 있다는 점에서 예외 항목은 되도록 엄격하게 규율하는 것이 타당하다고 보았다. 다만, 국가 치안 및 공공질서 확립 등 공익적 목적의 경우에는 최소한의 예외 사항을 구체적으로 제시하는 것이 바람직하다고 제언하였다. 셋째, 자동화된 의사결정에 대한 거부 내지 설명요구권 도입과 관련해서는 불충분하거나 부정확한 데이터의 수집·분석으로 인해 부당한 피해를 받지 않을 수 있는 권리를 정보주체에게 부여해야 한다는 점에서 해당 조항을 신설하는 것이 적절하다고 주장하였다. 나아가 정보주체의 현재 다섯가지 권리에 이를 하나 더 명시적으로 추가하는 방안도 고려해 볼 만하다고 언급하였다. 넷째, 개인정보 수집·이용 조항과 관련해서는 동의 면제 항목으로 '공중위생 등 공공의 안전과 안녕을 위하여 긴급히 필요한 경우로서 일시적으로 처리되는 경우'는 최근 코로나 확산 방지 및 조사를 위해 수집한 개인정보 처리의 법적 근거가 명확하지 않아서 혼란이 초래되었다는 점에서 해당 조항을 추가하는 것이 바람직하다고 보았다. 반면, 동의 면제 항목으로 '정보주체와 체결한 계약을 이행하거나 계약을 체결하는 과정에서 정보주체의 요청에 따른 조치를 이행하기 위하여 필요한 경우'는 현재 법 조항을 약간 변경하였다고 하더라도 법률의 개방성으로 인해 구체적 기준을 도출하기 어려우며, 이는 오히려 고시, 가이드라인 등을 통해 해결해야 하는 것이 바람직하다는 점에서 실익이 크지 않다고 평가했다. 다섯째, 개인정보 국외 이전 조항 도입과 관련해서는 정보통신기술의 발달로 기업의 서비스 대상을 특정 지역으로 한정하기 어려우며 데이터 국제 거래에 대비하여 선진 국과 동등한 수준의 법 체계를 갖추어야 한다는 점에서 원칙적 금지 및 예외적 허용 의 내용을 신설하는 것이 적절하다고 주장하였다. 다만, 개인정보 국외 이전의 경우 피해 규모가 커질 수 있다는 점에서 안전 제도를 보완해야 하며, 이와 같은 맥락에서 '개인정보 침해가 명백하게 인정되는 경우' 외에 '피해가 발생할 우려가 현저한 경우' 에도 국외 이전 중지 명령을 내릴 수 있도록 발의안을 변경해야 한다고 제언하였다. 이처럼 본 논문에서 모색한 합리적 방안을 바탕으로 개인정보의 활용과 보호라는 두 가지 측면을 조화롭게 적용하여, 글로벌 데이터 시대에 경쟁력 우위를 확보할 수 있 는 법 체계를 구축해 나가야 할 것이다.

제4절

개인정보 보호와
활용의 균형 모색*

이상우
(인하대학교 AI·데이터법센터 책임연구원)

I. 개인정보 입법 동향

중국 「개인정보보호법(个人信息保护法)」(이하 '「개보법」')은 2020년 10월 21일 공개된 후, 3차례의 심의를 거쳐 2021년 8월 20일 제정되었으며, 2021년 11월 1일부터 시행 중이다.[1] 「개보법」 제1조는 "개인정보 권익을 보호하고, 개인정보 처리활동을 규범 화하며, 개인정보의 합리적인 이용을 촉진하기 위해 헌법에 의거하여 이 법을 제정한 다"고 규정하여, 동법이 개인정보 보호와 활용의 조화로운 균형점을 찾기 위해 입법

---

* 이 글은 「외법논집」 제46권 제2호(2022)에 실린 "개인정보 보호와 이용의 균형 모색 — 중국 개인정보 보호법과의 비교연구를 중심으로 "의 논문을 일부 수정·보완한 것임을 밝힌다.

1) 총 8장·74개 조항으로 구성된 「개보법」은 '제1장 총칙(제1조 내지 제12조)', '제2장 개인정보 처리규칙 ['제1절 일반규정(제13조 내지 제27조)', '제2절 민감개인정보(敏感个人信息) 처리규칙(제28조 내지 제32조)', '제3절 국가기관의 개인정보 처리에 관한 특별규정(제33조 내지 제37조)']', '제3장 개인정보 역외제공 규칙(제38조 내지 제43조)', '제4장 개인정보 처리활동 중 정보주체의 권리(제44조 내지 제50조)', '제5장 개인정보처리자의 의무(제51조 내지 제59조)', '제6장 개인정보 보호 담당기관(제60조 내지 제65조)', '제7장 법적 책임(제66조 내지 제71조)', '제8장 부칙(제72조 내지 제74조)'을 담고 있다. 이상우, "중국 개인정보 보호법의 시사점", KISO JOURNAL(제45호), 한국인터넷자율정책기구(2021), 9면; 아울러 중국 「개보법」은 '정보주체'라는 개념을 '개인(个人)'으로 표기하고 있기 때문에, 조항의 내용을 번역하는 과정에서 직역된 표현을 사용하였으나, 한국인 독자의 이해를 돕기 위해 본문 중에는 '정보주체'라는 단어를 혼용하였음을 밝힌다.

되었음을 밝히고 있다.[2] 특히 제2차 심의과정을 통해 "헌법에 의거하여(根据宪法)"라는 문구를 추가하여 입법목적을 명확히 전달하기 위해 공들였으며,[3] 본조는 중국 「개보법」이 규정한 다양한 규칙·권리·의무·책임 등에 관한 이해·해석의 출발점이자 기준점의 역할을 한다.

우리나라 「개인정보 보호법」은 2014년 3월 24일, "이 법은 개인정보의 처리 및 보호에 관한 사항을 정함으로써 개인의 자유와 권리를 보호하고, 나아가 개인의 존엄과 가치를 구현함을 목적으로 함(제1조)"으로 개정된 이래 현재까지 유지되고 있다.[4] 본 입법목적에 따라 동법은 '개인정보의 처리 및 보호에 관한 사항'을 대상으로 하여 개인정보 처리와 안전한 관리 및 정보주체의 권리 등 개인정보 처리에 있어서 개인의 보호에 관해 구체적으로 규정하고 있다.[5] EU의 「개인정보 보호 일반규칙(General Data Protection Regulation)」(이하 'GDPR')이 규정하는 국제적 기준의 개인정보 보호 조치와의 정합성 유지 필요성과 4차 산업혁명 시대 신(新)성장 동력인 데이터 활용에 대한 시대적 요구를 반영하여 2020년 2월 4일 일부 개정을 통해 개인정보의 보호와 관련 산업의 발전이 조화될 수 있도록 개인정보 보호 관련 법령을 체계적으로 정비하였으나,[6]

---

2) 일반적으로 중국법 제1조는 입법목적 및 근거를 제시하고 있으나, 추상적이라는 이유로 무시되는 경우가 많다. 그러나 입법목적을 기반으로 「개보법」이 작성되었으며, 다양한 규정들이 설계되었음을 고려해 본다면, 동법의 이해에 있어서 중요한 역할을 하고 있다. 申卫星, "论个人信息保护与利用的平衡", 中国法律评论 2021年第5期, 2021, 29页 참조.

3) 중국 「헌법」은 개인정보와 관련된 권리를 중국 국민(公民)의 기본권 안에 포함하고 있지는 않으나, 인격권의 중요한 구성 부분으로 보고 있다.

4) 개정 전 우리나라 「개인정보 보호법」 [시행 2014. 8. 7] [법률 제11990호, 2013. 8. 6, 일부개정] 제1조, 이 법은 개인정보의 수집·유출·오용·남용으로부터 사생활의 비밀 등을 보호함으로써 국민의 권리와 이익을 증진하고, 나아가 개인의 존엄과 가치를 구현하기 위하여 개인정보 처리에 관한 사항을 규정함을 목적으로 한다.

5) 박노형, 『개인정보보호법』, 박영사(2020), 51-52면.

6) 이상우, "중국 개인정보 보호체계에 관한 연구―신(新) 개인정보보호법의 주요내용" 중국법연구(제45집), 한중법학회(2021), 353면; 정보주체의 동의 없이 과학적 연구, 통계작성, 공익적 기록보존 등의 목적으로 가명정보를 이용할 수 있는 근거를 마련하되, 개인정보처리자의 책임성 강화 등 개인정보를 안전하게 보호하기 위한 제도적 장치를 마련하는 한편, 개인정보의 오용·남용 및 유출 등을 감독할 감독기구는 개인정보 보호위원회로, 관련 법률의 유사·중복 규정은 「개인정보 보호법」으로 일원화하였다. 법제처 국가법령정보센터 개정·개정이유 참조.

GDPR과는 달리 '개인정보의 자유로운 이동', 즉 '개인정보 활용'을 입법목적에 반영하지 않았다. EU의 GDPR과 중국 「개보법」 모두 입법목적에 '개인정보 보호와 활용'을 명시함에 반해, 우리나라 「개인정보 보호법」은 데이터 경제 활성화에 있어서 개인정보 활용의 중요성과 가치가 과거와는 달리 높게 평가되고 있는 현실을 반영하지 못한 구(舊)법의 입법목적이 유지된 것이다.

이에 본고는 중국 「개보법」의 입법목적인 '개인정보 보호와 활용 간의 균형'의 관점에서 동법을 분석하고, 우리나라 입법에의 시사점을 도출하였다. 우선, 개인정보 활용의 중요성 및 가치와 관련하여 정보이론(information theory) 관점에서 살펴보고, 중국의 관련 판례를 통해 개인정보 보호와 프라이버시와의 관계를 분석하였다. 또한 중국 「개보법」의 다양한 규정이 어떠한 작용을 통해 균형을 모색하고 있는지 '사전동의 제도(知情同意制度)'와 '위험관리 제도(风险管理制度)'를 중심으로 살펴보았다. 다만, '위험관리 제도'의 일반적인 내용은 이미 선행연구를 통해 소개되었는바,[7] 본고에서는 '개인정보 보호와 활용 간의 균형'의 관점에서 '민감개인정보와 일반개인정보', '중요 온라인 플랫폼 서비스 사업자와 일반 온라인 플랫폼 서비스 사업자', '타율규제와 자율규제'로 구분하여 분석하였다.

우리나라는 개인정보 보호와 활용의 균형 있는 규율을 통한 신뢰 기반의 데이터 경제 가속화를 위해 '개인정보 전송요구권(데이터 이동권)'[8] 등을 규정한 '개인정보 보호법 2차 개정안'이 2022년 12월 5일 국회 정무위원회를 통과하였으며, 개인정보(안면인식 정보)의 활용을 위해 생체식별정보의 정의 및 처리제한에 관한 사항을 법률에

---

7) 이상우, 앞의 각주 6)의 논문, 333-361면; 정태인·정수연·윤재석, "중국 개인정보보호법 제정 동향", 정보보호학회논문지(제31권 제1호), 한국정보보호학회(2021), 65-73면; 박용숙, "중국의 개인정보보호에 대한 일고찰", 인권법평론(제26권 제1호), 전남대학교 법학연구소 공익인권법센터(2021), 3-36면; 배덕현, "중국의 개인정보보호 법제 구축에 대한 소고—중화인민공화국 개인정보보호법(초안)을 중심으로", IT와 법연구(제22권 제22호), 경북대학교 IT와 법연구소(2021), 247-300면; 윤현석, "중국 개인정보보호 관련 법제의 동향—한국의 개인정보보호법제와 비교", 법과정책연구(제21권 제1호), 한국법정책학회(2021), 351-380면; 이상우, 앞의 각주 1)의 자료, 9-14면 외 인터넷 자료 등 다수.
8) 개인정보 전송요구권은 본인 정보를 본인 또는 제3자(다른 개인정보처리자 또는 개인정보관리 전문기관)에게 전송 요구할 수 있는 일반적 권리를 의미한다.

별도로 명시한 '개인정보 보호법 일부개정법률안'(박진 의원 대표발의)도 2021년 12월 30일 발의되었다.[9] 이처럼 우리나라도 세계 주요국과 마찬가지로 개인정보 보호와 활용의 균형점을 찾아 4차 산업혁명 시대의 데이터 경제를 활성화시켜야 한다는 공통된 시대적 과제를 안고 있는 것이다. 이와 같은 상황에서 중국 「개보법」의 '개인정보 보호와 활용 간의 균형 모색'에 관한 고민이 우리에게도 적지 않은 시사점을 던져줄 것이다.

II. 개인정보 활용의 중요성 및 가치

1. 정보이론(information theory)[10] 관점에서의 접근

입법자가 개인정보의 보호와 활용 사이의 균형을 모색하는 근본적인 이유는 '정보의 본질'에서 찾아볼 수 있다.[11] 먼저 사전적 의미로의 '정보(情報)'는 "관찰이나 측정을 통하여 수집한 자료를 실제 문제에 도움이 될 수 있도록 정리한 지식 또는 그 자료"로 정의된다.[12] DIKW 피라미드에 따르면, 데이터(data)-정보(information)-지식(knowledge)-지혜(wisdom)는 아래 〈그림 1〉과 같이 구분·정의되나, 일반적으로 정보와 지식을 동일하게 보는 경향이 있다. 또한 우리나라 법령에서는 정보를 설명하는 하위 개념으로써 데이터를 자료·지식 등의 개념과 혼용하여 사용하고 있으며,[13] 이에 법

---

9) 개인정보 보호법 일부개정법률안(박진 의원 대표발의), 의안번호 제2114206호.

10) 정보의 전송(傳送), 송신(送信), 수신(受信), 개발 등에 관한 수리적, 공학적인 이론을 총칭하여 정보이론이라고 한다. 정보이론에 포함된 대표적인 이론 분야로서 통신이론, 부호이론, 암호이론 등이 있으며 네트워크 사회의 기반을 이루는 정보통신 네트워크의 설계나 운용에 관한 중요한 논리적 기초를 제공하고 있다. 정보이론[information theory, 情報理論]. 21세기 정치학대사전(정치학대사전 편찬위원회), https://terms.naver.com/entry.naver?docId=729287&cid=42140&categoryId=42140(최종방문일: 2022.1.3.).

11) 申卫星, 앞의 논문, 29页.

12) 『표준국어대사전』.

〈그림 1〉 데이터 관점에서 서술한 DIKW 피라미드

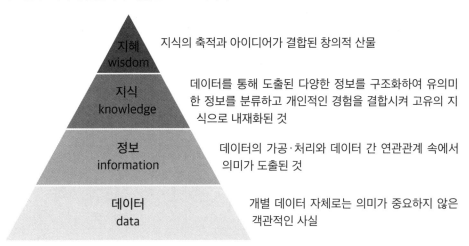

출처: 한국정보화진흥원, "데이터 경제 기반 정책 연구", 2018, 12-13면의 내용을 필자 재구성.

학적 관점에서의 정보와 데이터·지식 간의 경계를 구분 짓는 연구는 현재도 진행 중이다.

　중국도 우리나라와 마찬가지로 법령상에 '정보'와 관련된 용어가 혼재되어 사용되고 있다. 아래 〈표 1〉과 같이 일상에서 '정보'의 개념으로 이해되고 있는 7개의 대표 용어, '정보(信息), 데이터(数据), 개인정보(个人信息), 개인데이터(个人数据), 개인프라이버시(个人隐私), 개인자료(个人资料), 개인전자정보(个人电子信息)'가 중국의 법률·규범성문건·부문규장·사법해석 등에서 광범위하게 혼용되고 있다.[14] 이처럼 한·중 양국 모두 관

---

13) 한국정보화진흥원, "데이터 경제 기반 정책 연구", 2018, 12면.

14) 입법상 정보(信息)와 데이터(数据)의 관계에 있어서 1) 정보와 데이터를 구분 지을 수 없다는 '정보와 데이터 동일설(信息与数据等同说, 정보=데이터)', 程啸, "论大数据时代的个人数据权利", 中国社会科学 2018年第3期, 2018; 2) 데이터는 정보가 발현되는 형식이기 때문에 두 개념을 구분할 수 있다는 '정보와 데이터 상대설(信息与数据相对说, 정보≠데이터)', 纪海龙, "数据的私法定位与保护", 法学研究 2018年第6期, 2018; 3) 데이터는 온라인상의 처리의 용이함을 위해 이진법으로 표현되는 하나의 형식에 불과하기 때문에 '정보의 범위가 더 넓다는 설(信息范围大于数据说, 정보〉데이터)', 梅夏英, "数据的法律属性及其民法定位", 中国社会科学 2016年第9期, 2016; 4) 정보는 데이터를 가공한 후에 나타나는 하나의 형식에 불과하기 때문에 '정보의 범위가 더 좁다는 설(信息范围小于数据说, 정보〈데이터)', 黄国彬·张莎莎·闫鑫, "个人数据的概念

런 법령에서의 정보와 관련된 용어 정의가 명확하게 정립되지 않았다는 점을 고려해 보면 본고에서 논의하고자 하는 '개인정보의 보호와 활용 사이의 균형 모색'과 관련한 '정보의 본질'에 있어서 '정보'는 '정보이론'상의 정보량(information of quantitation)의 개념과 궤를 같이하는 것으로 보아도 무리가 없을 것이다.

〈표 1〉 '정보' 관련 대표용어의 법령상 사용현황(2019.5.20. 기준)

	정보 (信息)	데이터 (数据)	개인정보 (个人信息)	개인데이터 (个人数据)	개인 프라이버시 (个人隐私)	개인자료 (个人资料)	개인 전자정보 (个人电子信息)
법률	163	59	23	0	29	0	0
규범성문건[15]	2,320	812	50	1	61	5	0
부문규장	1,997	1,258	58	1	163	4	0
사법해석[16]	888	297	63	0	81	0	0

출처: 彭诚信·向秦, ""信息"与"数据"的私法界定", 河南社会科学 第27卷第11期, 2019, 27页〈표 2〉의 내용을 필자 재구성.

'정보이론의 아버지'라 불리는 클로드 섀넌(Claude Elwood Shannon)은 『통신의 수학적 이론(The Mathematical Theory of Communication)』에서 불확실성(uncertainty)의 감소를 정량적으로 나타내는 정보량(information of quantitation)의 개념을 제시하였다.[17] 정보이론 관점에서 당연한 사실(사건이 발생할 확률이 높음)일수록 정보량은 적어지고 정보의 가치는 낮다. 반면 불확실성이 높을수록(사건이 발생할 확률이 낮음. 〈그림 2〉에서 x→0) 정보량은 많아지고 정보의 가치는 높다. 정보량은 발생 확률의 반비례적인 함수가 된다.[18][19]

范畴与基本类型研究", 图书情报工作 2017年第5期, 2017이 논의되고 있다.

15) 행정법규 및 국무원 규범성 문건(行政法规及国务院规范性文件).

16) 사법해석, 사법해석성문건 및 공작문건(司法解释及司法解释性质文件, "两高"工作文件).

17) Claude. E. Shannon, "A Mathematical Theory of Communication", The Bell System Technical Journal Vol. 27(Issue 3), 1984, pp. 379-423.

18) Information of Quantitation 정보량(2021.5.11.), 정보통신기술용어해설, http://www.ktword.co.kr/word/abbr_view.php?m_temp1=3660(최종방문일: 2022.1.3.).

19) 예를 들어, 완벽하게 작동되는 스마트폰 제작방법은 한 가지일 것이나, 반대로 망가지거나 분해

'MIT 미디어 랩'의 세사르 이
달고(Cesar A. Hidalgo) 교수는
이와 같은 정보이론을 기반
으로 많은 사람의 정보가 연
결된다면 우리는 더 많은 정
보를 만들어 낼 수 있고, 결국
더 많은 정보는 더 많은 질서
를 가능케 하기 때문에, 복잡
하고 다양하며 연결된 사회
만이 더 많은 '부(富)'를 창출할
수 있다고 주장하였다.[20] 상
기 살펴본 정보이론 관점에

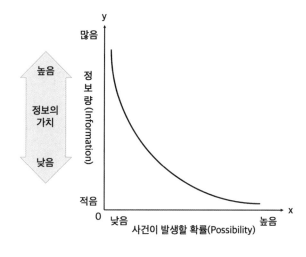

〈그림 2〉 발생 확률과 정보량의 관계

출처: 필자 작성.

서 입법목적을 바라보면 "개인정보의 합리적인 활용을 촉진"하여 더 많은 부(富)와 가
치를 창출하겠다는 것은 타당하다 할 것이다.

다만 중국 「개보법」 제4조에서 정의하고 있는 바와 같이 "개인정보란 전자 또는
기타방식으로 기록된 이미 식별되었거나 식별 가능한 개인과 관련된 각 유형의 정보
들"로서 식별과 기록이라는 두 가지 요소를 가지고 있으며, 이 중 '식별'은 '실질적인
요소'이고, '기록(저장)'은 '형식적인 요소'이다.[21] 개인정보에서 식별이라는 실질적인
요소가 중요한 이유는 식별을 통하여 정보주체의 프라이버시 영역에 접근할 수 있기
때문이다.[22] 따라서 중국 「개보법」의 다양한 규정을 분석하기 위해서는 '개인정보'를

될 수 있는 상태는 무한에 가깝다. '잘 작동하는 스마트폰'이라는 '질서'를 만들기 위해서는 스마트
폰에 필요한 부품들을 정확한 순서로 조합할 수 있는 정보가 필요하며, 이 발생 확률이 작은 정보
는 가치가 높은 정보인 것이다. 조선비즈(2015.7.11.), [김대식의 북스토리] 정보는 왜 증가하는가,
https://biz.chosun.com/site/data/html_dir/2015/07/10/ 2015071002670.html(최종방문일: 2022.1.3.).

20) Cesar A. Hidalgo, "Why Information Grows: The Evolution of Order, from Atoms to Economies", Basic
Books, 2015.

21) 齐爱民, "个人信息保护法研究", 河北法学 2008年第4期, 2008, 17页.

22) 이소은, "개인정보 보호법의 주요 개정 내용과 그에 대한 평가", 법학논집(제24권 제3호), 이화여자대

단순히 정보이론상의 '정보'로만 취급하는 것은 무리가 있으며, 개인정보와 프라이버시와의 관계를 살펴보아야 할 것이다.

2. 개인정보 보호와 프라이버시와의 관계[23]

개인정보 보호의 국제적 발전을 살펴보면, 개인정보 보호와 프라이버시 보호는 종종 혼용되어 이해되었으며,[24] 중국에서도 개인정보와 프라이버시를 동일하게 보는 일원론(一元論)과[25] 이를 구분하여 보는 이원론(二元論)이 논의되어 왔다.[26][27] 다만, 개인정보를 보호한다는 것과 프라이버시를 보호한다는 것이 일대일 대응되지 않는 것과 같이 두 개념은 구별이 가능한데, 2021년 1월 1일부터 시행 중인 「민법전」은 제4편(인격권) 제6장 '프라이버시와 개인정보의 보호'에서 개인정보의 개념과 유형, 개인정보 보호와 프라이버시와의 관계를 규정하였으며,[28] 최근 '개인정보와 프라이버시 침해'를 다룬 사안에서도 개인정보 보호와 프라이버시 보호를 구분 지으려는 것을 확인할 수 있다.

(1) 사건의 개요

중국의 대표 숏폼 콘텐츠 플랫폼 '틱톡(TikTok)'[29] APP 사용자인 링(淩)모 씨(원고)가 '틱톡' 개발사(北京微播視界科技有限公司, 피고)를 상대로 '알 수도 있는 사람(可能认识的人)'

학교 법학연구소(2020), 249-286면.

23) 본절(節)에서 논의되는 판례((2019)京0491民初6694号)의 상세한 분석내용은 필자의 졸고 이상우, "SNS '친구추천'은 개인정보 침해인가?—중국의 틱톡(TikTok) 판례분석", 신산업규제법제리뷰(제21-3호), 한국법제연구원(2021), 65-79면의 내용 참조.

24) 박노형, 앞의 책, 28면.

25) 齐爱民, 「个人资料保护法原理及跨国流通法律问题研究」, 『武汉大学出版社』, 2004, 34页.

26) 王利明, "个人信息权的法律保护--以个人信息权与隐私权的界分为中心", 现代法学 2013年第4期, 2013.

27) 彭诚信·向秦, ""信息"与"数据"的私法界定", 河南社会科学 第27卷第11期, 2019, 29页.

28) 중국 「민법전」 제1034조 내지 제1039조.

29) 중국의 바이트댄스사가 서비스하는 글로벌 숏폼 모바일 비디오 플랫폼으로 15초~3분짜리 짧은 동영상을 제작하고 공유하는 기능을 제공한다.

추천 기능과 관련하여 '개인정보와 프라이버시를 침해'했다는 이유로 소송을 제기하였다.[30] 원고는 '틱톡'의 사용을 위해 APP 설치 후 본인의 휴대전화번호를 사용하여 로그인하였는데, 오랜 기간 연락하지 않았던 친구들이 '알 수도 있는 사람'으로 추천된 것을 확인할 수 있었다. 이에 원고는 명시적 동의 없이 처리된 성명·휴대전화번호 등에 대한 처리중지를 청구하는 소를 2019년 3월 7일 베이징인터넷법원(北京互联网法院)[31]에 제기하였다.

(2) 판결내용

법원은 성명·휴대전화번호를 동의 없이 처리하는 행위가 정보주체의 권리를 침해하는지에 관하여,[32] 개인정보에 대한 지나친 보호는 개인정보 활용에 대한 높은 비용을 초래하고, 이는 데이터 경제발전을 저해하는 요소로 작용할 수 있으므로, 정보주체에게 피해를 주지 않으면서 합리적인 목적 범위 내에서 그러한 개인정보를 이용하는지에 대해 종합적으로 판단해야 한다고 보았다.[33]

---

30) (2019)京0491民初6694号. 본 사안의 판결일은 중국 「민법전」(2021.1.1.)과 「개보법」(2021.11.1.)의 시행 전인 2020년 7월 30일이기 때문에 「민법전」·「개보법」의 관련 조항이 직접 적용되지는 않았다. 그러나 '프라이버시와 개인정보의 보호'를 별도로 규정하는 '장(章)'을 신설한 「민법전」 제정일(2020.5.28.) 이후의 판례이며, 「개보법」이 2012년 전국인민대표대회 상무위원회의 「인터넷 정보보호 강화에 관한 결정(全国人民代表大会常务委员会关于加强网络信息保护的决定)」 채택 이후 본격적으로 논의된 끝에 제정되었다는 점을 고려해 보면, 법원의 판단에 영향을 미쳤음을 예상할 수 있다. 이상우, 앞의 각주 23)의 자료, 68면 참조.

31) 인터넷 관련 사건 전문 법원인 인터넷법원은 중국이 2017년 8월 저장성 항저우(杭州)에 첫 인터넷법원을 설치한 이후, 베이징과 광저우로 확대돼 총 3곳에서 운영 중이며, 소(訴)제기부터 종결까지의 모든 절차가 온라인에서 진행된다.

32) 법원은 성명이 자연인을 하나의 사회적 개체로서 타인과 구분 짓고, 식별할 수 있도록 하는 호칭 또는 기호이며, 휴대전화번호는 2015년 '휴대전화 실명제' 시행 이후, 특정 자연인과의 관계가 더욱 밀접한 관계를 형성하게 되었기 때문에, '성명'과 '휴대전화번호'는 단독으로 또는 정보를 결합하여 특정 정보주체를 식별할 수 있는 개인정보에 해당한다고 판시하였다. 현재는 「민법전」 제1034조(2021.1.1. 시행), 「개인정보보호법」 제4조(2021.11.1. 시행)의 개인정보 정의 규정에 의거 휴대전화번호는 개인정보에 해당한다.

33) 법원은 '틱톡'의 프로세스가 광고수익 확보 등 상업적 목적도 있지만, 개인정보의 합리적인 이용에 관한 판단이 반드시 상업적 목적의 배제를 의미하는 것은 아니라고 판단하였다. 이상우, 앞의 각주

'틱톡' 사용자는 오프라인에서의 소셜 네트워크를 온라인상에서 구현하고자 하는 니즈가 있을 것인데, 연락처 목록에 포함된 모든 휴대전화번호 사용자의 개별동의를 받도록 한다면 오히려 해당 사용자의 불편함과 사회적 비용만을 초래할 것이기 때문에, 원고의 휴대전화번호 수집 및 추후 매칭 서비스를 제공하는 것만으로는 원고의 권리를 해치는 것이라 할 수 없고, 사용자의 이익과 사회적인 요구의 관점에서 본다면 합리적인 사용이라 할 수 있다고 보았다.[34]

성명·휴대전화번호 이용이 원고의 프라이버시를 침해하였는지에 대해서는, 성명·휴대전화번호는 일반적으로 타인에게 공개될 것이 예견되며, 사적인 정보에 해당하지 않고, 수집된 휴대전화번호 정보에 기반을 둔 '친구추천' 기능은 '틱톡'과 같은 SNS를 이용하고자 하는 사용자의 합리적인 기대 범위 내에 있는바, 원고의 프라이버시를 침해하지 않는다고 판시하였다.

즉 본 사안에서 법원은 개인정보 보호와 프라이버시 보호를 구별하였는데, 개인정보의 주된 가치를 사회적 상호작용의 식별 가능성에 두고, 개인정보가 개인과 타인 사이의 매개체 역할을 하는 것으로 판단하였다. 다시 말하면, 개인정보는 보호를 위해서 기록(저장)되는 것이 아니라, 활용을 위해서 기록되는 것으로 보았으며,[35] 이는 개인정보를 전통적인 프라이버시 영역과 구분 지어 개인정보 활용의 활성화를 도모하기 위한 이론적 기반을 조성한 것으로 풀이된다.[36)37]

---

23)의 자료, 71면.

34) 다만 본 사안에서 피고는 원고의 개인정보를 백엔드 시스템에 계속 저장하는 등[쿠키(cookie)의 보존 기간을 10년으로 설정하였으며, 제3자의 서버에 저장할 수 있도록 하였음], 합리적인 사용 범위에서 벗어났기 때문에, 법원은 피고가 원고의 개인정보에 관한 권리를 침해했다고 판시하였다.

35) 申卫桓, 앞의 논문, 30页.

36) 관련 판례가 축적되어야 중국 내 개인정보와 프라이버시 간의 개념 구분에 있어서 명확한 경계 설정이 가능할 것이나, 아직 충분한 판례가 축적되지 않은 상황을 고려하여 본고에서는 대표 판례로 거론되는 (2019)京0491民初6694号에서의 법원의 입장을 살펴봄으로써 해당 논의를 갈음하였다.

37) 판례((2019)京0491民初6694号)에서 살펴본 바와 같이 개인정보가 수집·공개된다는 것만으로 프라이버시가 침해된다고 보기는 어려울 것이나, 프라이버시가 사생활의 비밀·자유 및 인격권 등이 침해되었는지 판단하는 과정이 요구되는 권리라는 관점에서 보면, "일단 유출되거나 불법적으로 사용될 경우, 용이하게 자연인(정보주체)의 인격존엄성이 훼손될 수 있는 정보"(「개보법」 제28조)인 '민감

3. 우리나라 「개인정보 보호법」의 관련 논의

우리나라는 2014년 개정을 통해 「개인정보 보호법」의 원래 목적에서[38] "개인정보의 수집·유출·오용·남용으로부터 사생활의 비밀 등을 보호함"을 삭제하였다.[39] 이는 동법이 프라이버시 보호와의 전통적인 연계를 떠나서 개인정보 보호가 독립적으로 개인의 자유와 권리의 보호에 관련된 기본권임을 확인한 것으로 평가받는다.[40] 즉, 우리나라 현행 「개인정보 보호법」이 비록 제1조 목적에 '개인정보 활용'을 명시하지는 않았으나, 중국 판례분석에서 살펴본 바와 같이 개인정보 활용의 사회경제적 유용성을 고려하여 프라이버시와 구분하려는 노력을 하였음을 알 수 있다.[41]

실제 2008년 8월 이혜훈 의원이 대표 발의한 '개인정보보호법안'은 개인정보의 처리에 관한 개인의 자유와 권리의 보호와 함께 '개인정보의 적정한 이용'의 보장을 명시하였으며, 「개인정보 보호법」의 적용 대상으로서 개인정보 보호와 개인정보 활용을 명시하여 개인정보 보호에 대한 구체적 내용이 개인정보 보호 일변도가 아닌 개인

개인정보'의 경우, 민감개인정보와 프라이버시의 경계를 구분함에 있어서 본 사안에서 다루어진 일반적인 개인정보(성명·휴대전화번호)와는 달리 어려움이 예상된다. 관련 판례의 축적 및 후속 연구의 진행을 통해서 명확한 기준이 수립될 수 있을 것으로 사료된다.

38) 우리나라 「개인정보 보호법」(법률 제11990호, 2013. 8. 6, 일부개정) 제1조, 이 법은 개인정보의 수집·유출·오용·남용으로부터 사생활의 비밀 등을 보호함으로써 국민의 권리와 이익을 증진하고, 나아가 개인의 존엄과 가치를 구현하기 위하여 개인정보 처리에 관한 사항을 규정함을 목적으로 한다.

39) 법률 제12504호, 2014. 3. 24., 일부개정.

40) 다만, 동 참고문헌에서 "법 제5조 제1항은 국가 등의 책무에 개인정보의 목적 외 수집, 오용·남용 및 무분별한 감시·추적 등에 따른 폐해를 방지하여 인간의 존엄과 '개인의 사생활 보호'를 도모하기 위한 시책을 강구하도록 규정하는 점에서 이 법은 여전히 개인정보 보호와 사생활 보호를 연계하고 있는 것으로 보인다"는 견해가 공존하고 있다. 박노형, 앞의 책, 52면.

41) 우리나라 「개인정보 보호법」 제1조는 "이 법은 개인정보의 처리 및 보호에 관한 사항을 정함으로써"라고 규정한바, '보호'뿐만 아니라 '처리'도 그 대상으로 하고 있기 때문에, 동법이 개인정보의 '이용'을 전제로 하는 법이라는 의미가 내포되어 있다는 견해도 있다. 해당 선행연구에 따르면, 우리나라는 EU 또는 일본과 달리, 개인정보를 '자유로운 유통의 대상'으로 보는 관점이 결여되어 있기 때문에 동법이 아직까지도 개인정보를 '보호'의 대상으로만 하는 법으로 인식된다고 본다. 강달천, "개인정보자기결정권 보호의 한계의 관점에서 본 「개인정보보호법」 개정의 문제점", 중앙법학(제22집 제3호), 중앙법학회(2020), 22면.

정보 활용과 균형이 되도록 해석되고 적용해야 한다는 의견도 제기되는 등 우리나라도 '개인정보 보호와 활용'에 관한 논의와 의견이 지속해서 이어져 왔다.[42]

III. 보호와 활용의 균형을 위한 주요규정

개인정보의 활용을 명시하여 개인정보(데이터)의 사회경제적 가치를 중시하고 있음을 밝힌 중국 「개보법」은 본 입법목적에 기반하여 '개인정보 보호와 활용 간의 균형'을 고려한 다양한 규정을 포함하고 있다. 특히 '사전동의 제도'와 '위험관리 제도'는 이를 잘 반영하고 있다. 아래에서는 해당 제도의 주요내용을 살피고 우리나라 「개인정보 보호법」과 비교·분석해 보도록 하겠다.

1. 사전동의 제도(知情同意制度)[43]

(1) '알 권리'와 '알고 하는 동의권'

중국 「개보법」이 규정한 '알고 하는 동의(知情同意, informed consent)'에는 2가지 요건이 있다.[44] 첫째는 개인정보 수집·이용 시 관련 사항을 정보주체에게 충분히 제공(고

---

42) 박노형, 앞의 책, 53면 참조.

43) 중문 '知情同意'를 영문으로 번역하면 'informed consent'이며, 이는 우리나라와 동일하게 생명윤리의 법리에서 사용되는 '사전동의(事前同意)'를 뜻한다. 개인정보 보호법제에서 본 용어(知情同意)의 사용 의미를 고려해 보면 '알고 하는 동의', '고지에 입각한 동의', '설명에 근거한 동의', '인지된 동의' 등으로 번역될 수 있다. 이에 본고에서는 '제도'의 관점에서는 '사전동의 제도'라는 용어로 표현하였으며, 본문에는 개인정보 보호법제상에서의 의미를 살려 '알고 하는 동의(알고 하는 동의권)'라는 용어를 사용하였음을 밝힌다.

44) 이와 관련하여 GDPR은 정보주체의 동의는 본인과 관련된 개인정보의 처리에 대해 합의한다는 정보주체의 희망을 진술하는 명백하고 적극적인 행위로서, 자유롭고, 구체적으로, 인지(informed)한 상태에서 분명한 동의의 의사를 표시해야 한다고 규정하고 있다(전문 제32조). 윤종수, "사물인터넷, 블록체인, 인공지능의 상호운용에 있어서 개인정보자기결정권의 실현 및 데이터 이용 활성화", 정보법학(제24권 제3호), 한국정보법학회(2020), 118면.

지)하는 것이며,[45] 둘째는 정보주체가 이를 충분히 인지한 가운데 동의가 이루어져야 한다는 것이다.[46][47] 정보주체의 '알 권리(知情权·有权知悉)'는 개인정보 처리의 기본원칙 중 하나인 공개성·투명성의 원칙(제7조)의 기본요건이며,[48] 개인정보처리자는 개인정보 처리 활동에 관련된 사항을 정보주체에게 명확하고 알기 쉽게 알려야 한다.

2021년부터 시행 중인 중국 「민법전」은 비록 '알 권리'라는 용어를 명시적으로 사용하고 있지는 않으나, 제1035조는 개인정보 처리 시 "정보 처리 규칙의 공개(公开)"(제1035조 제2호)와 "정보 처리의 목적·방법·범위를 명시(明示)(제1035조 제3호)하여야 함"을 규정하고 있다.[49] 정보주체 입장에서는 개인정보 처리의 규칙·목적·방법·범위를 충분히 이해하고 처리 결과와 그에 따른 영향을 예상할 수 있어야만 자율적이고 진정성 있는 의사결정이 가능하다고 할 것이기 때문에, 「민법전」의 규정은 개인정보를 취급함에 있어서 개인정보처리자에게 공개성·투명성을 요구함[50]과 동시에 정보

---

45) 여기서 정보주체에게 고지하는 내용은 정보주체의 권리에 기반하고 있는데, 구체적으로 개인정보처리자의 기본정보·처리목적·보존기간 등이 해당된다.

46) 申卫星, 앞의 논문, 31頁.

47) 이와 관련된 우리나라 선행연구에 따르면, 알고 하는 동의가 되기 위해서는 요건에서 밝힌 바와 같이, 정보가 충분히 제공되고 이를 충분히 인지한 가운데 동의가 이루어져야 하나, 일련의 연구 결과들은 정보주체가 개인정보 처리에 관한 지침이나 개인정보 약관을 제대로 읽지 않은 채 동의하는 등, 실제로는 알고 하는 동의가 이루어지지 않고, 형식적인 동의에 그치고 있음을 보여 주고 있다. 이러한 현상의 원인으로는 정보주체가 ① 개인정보 보호의 중요성에 대해 추상적으로만 인식하고 있다는 점, ② 동의 내용에 대해 숙려할 합리적 인센티브가 부족하다는 점이 거론된다. 권영준, "개인정보 자기결정권과 동의 제도에 대한 고찰", 2015 NAVER Privacy White Paper, 네이버(2015), 122-123면 참조.

48) 중국 「개보법」 제7조, 개인정보 처리는 공개·투명의 원칙을 준수하여야 하는바, 개인정보 처리규칙을 공개하고 처리의 목적·방식·범위를 명시하여야 한다.

49) 중국 「민법전」 제1035조, 개인정보를 처리하는 경우, 반드시 합법·정당·필요의 원칙을 준수해야 하고, 과도하게 처리할 수 없으며, 아래의 조건에 부합해야 한다. (1) 자연인이나 그 후견인의 동의를 받을 경우, 정보를 처리할 수 있다, 단 법률·행정법규에 다른 규정이 있는 경우, 정하는 바에 따른다; (2) 정보를 처리하는 규칙을 공개(公开)한다; (3) 정보 처리의 목적·방법·범위를 명시(明示)한다; (4) 법률·행정법규의 규정과 쌍방의 계약(约定)을 위반하지 않는다; 개인정보의 처리는 개인정보의 수집·저장·사용·가공·전송·제공·공개 등을 포함한다.

50) 「민법전」 제1035조는 정보주체의 '알 권리'를 실현하기 위해서 "공개(公开)"와 "명시(明示)"라는 단어를 사용하고 있다. 즉 정보주체가 개인정보 처리와 관련한 주요 내용을 명확히 이해한 경우에만 개

주체에게는 '알 권리'를 보장하고 있다.[51]

중국 「개보법」 제44조는 "개인은 개인정보의 처리에 대해 이해하고 결정할 권리가 있으며, 타인의 개인정보 처리를 제한하거나 거절할 권리가 있다"고 규정한바,[52] 「민법전」과는 달리 정보주체의 '알 권리'를 명시하고 있다. 비록 개인정보처리자가 어떠한 사항을 공개해야 하는지 별개의 조항으로 규정하고 있진 않으나, '제1장 총칙' 제7조의 "개인정보 처리규칙을 공개하고 처리의 목적·방식·범위를 명시하여야 함" 과[53] '제2장 개인정보 처리규칙' 제14조[54] 및 제17조[55]의 "개인정보 처리에 있어서 정보주체에게 고지하여야 하는 방법·형태·내용의 규정을 통해서 정보주체에게 보장된 '알 권리'에 관한 내용을 확인할 수 있다.

「민법전」 제1035조 제1호는 "자연인(정보주체)이나 그 후견인의 동의를 받을 경우, 정보를 처리할 수 있다"고 규정하며, 「개보법」 제13조 제1항 제1호[56]는 개인정보 처

인정보처리자가 상응하는 의무를 이행한 것으로 볼 수 있는 것이다. 陈甦·谢鸿飞主编, 「民法典评注: 人格权编」, 『中国法制出版社』, 2020, 381页.

51) 黄薇主编, 「中华人民共和国民法典人格权编解读」, 『中国法制出版社』, 2020, 218页.

52) 중국 「개보법」 제44조, 개인은 개인정보의 처리에 대해 이해하고 결정할 권리가 있으며, 타인의 개인정보 처리를 제한하거나 거절할 권리가 있다. 단, 법률·행정법규에 다른 규정이 있는 경우에는 제외한다.

53) 중국 「개보법」 제7조, 개인정보 처리는 공개·투명의 원칙을 준수하여야 하는바, 개인정보 처리규칙을 공개하고 처리의 목적·방식·범위를 명시하여야 한다.

54) 중국 「개보법」 제14조, 개인정보의 처리가 개인(정보주체)의 동의에 근거한 경우, 그 동의는 반드시 그 개인이 개인정보의 처리에 관하여 충분히 이해하고 있는 상황 아래, 자발적·명시적으로 동의의 의사를 밝혀야 한다. 법률·행정법규에 의해 개인정보를 처리함에 있어서 서면동의가 필요한 경우, 해당 규정에 의하여야 한다. 개인정보 처리목적·방법 및 처리되는 개인정보의 종류가 변경되는 경우, 반드시 개인의 동의를 다시 얻어야 한다.

55) 중국 「개보법」 제17조, 개인정보처리자는 개인정보를 처리하기에 앞서, 다음 각호의 사항을 개인에게 명확하고 알기 쉬운 언어로 진실·명확·완전하게 통지하여야 한다. (1) 개인정보처리자의 명칭 또는 성명과 연락방법; (2) 개인정보의 처리목적·방식·처리하는 개인정보의 종류·보존기한; (3) 이 법에 근거한 개인의 권리행사방법과 절차; (4) 기타 법률·행정법규규정에 따라 통지해야 하는 사항. 각항에서 규정하는 사항에 변경이 있는 경우, 개인에게 변경사항을 통지하여야 한다. 개인정보처리자가 개인정보 처리규칙을 수립하여 제1항에서 규정한 사항을 통지하는 경우, 처리규칙은 공개되어야 하며, 열람과 보관이 편리해야 한다.

56) 중국 「개보법」 제13조, 개인정보처리자는 다음 각호의 어느 하나에 해당하는 경우에 한하여 개인정

리의 정당성에 대한 법적 근거로서 "개인의 동의를 얻는 경우"를 명시하고 있다. 또한 「개보법」 제14조는 "개인정보의 처리가 개인(정보주체)의 동의에 근거한 경우, 그 동의는 반드시 그 개인이 개인정보의 처리에 관하여 충분히 이해하고 있는 상황 아래, 자발적·명시적으로 동의의 의사를 밝혀야 한다"고 규정하고 있는바, 앞서 살펴본 관련 조항을 기반으로 개인정보의 이용에 관한 정보주체의 '알고 하는 동의권'을 확립하고 있다.

(2) 사정변경과 동의의 철회

사전동의 제도는 정보주체가 동의 전에 개인정보 처리의 결과를 쉽게 예상할 수 있도록 충분한 정보를 제공받고, 그에 따른 결과를 수용하는 것을 스스로 결정하도록 되어 있다. 이에 중국 「개보법」 제14조는 개인정보 처리목적·방법 및 처리되는 개인정보의 종류가 변경되는 경우, 정보주체의 동의를 다시 얻어야 함을 명시하고 있다. 또한 정보주체 보호를 위해, 개인정보를 제3자에게 제공하는 경우(제23조),[57] 민감개인정보를 처리하는 경우(제29조),[58] 개인정보의 역외제공(제39조)의 경우 엄격한 기준

보를 처리할 수 있다. (1) 개인의 동의를 얻은 경우; (2) 개인이 계약의 당사자로서 계약의 체결 또는 이행에 필요하거나, 또는 법령에 따라 정해진 근로기준법과 이에 따라 체결된 단체계약의 인적자원관리 이행에 필요한 경우; (3) 법적 책임 또는 법적 의무 이행을 위해 필요한 경우; (4) 공중보건 비상사태에 대응하거나, 또는 긴급한 상황에서 자연인의 생명 건강과 재산의 안전을 위해 필요한 경우; (5) 공공이익을 위한 언론 보도·여론감독 등을 시행함에 있어서 합리적인 범위 내에서 개인정보를 처리하는 경우; (6) 이 법의 규정에 따라 합리적인 범위 내에서 개인이 스스로 공개하거나 기타 다른 방식으로 합법적으로 공개된 자료를 처리하는 경우; (7) 기타 법률·행정법규규정에 의한 경우. 이 법의 다른 규정에 따라, 개인정보를 처리함에 있어서 개인의 동의를 얻어야 하지만, 제2호 내지 제7호에 해당되는 경우에는 개인의 동의가 필요하지 아니하다.

57) 중국 「개보법」 제23조, 개인정보처리자가 기타 다른 개인정보처리자에게 개인정보를 제공하는 경우, 개인에게 수취인의 명칭 또는 성명·연락방법·처리목적·처리방법과 개인정보의 종류를 알려야 하며, 개인의 동의를 얻어야 한다. 수취인은 상술한 처리목적·처리방법과 개인정보의 종류 등의 범위 내에서 개인정보를 처리해야 한다. 수취인이 원래의 처리목적·처리방식을 변경하는 경우, 이 법에 따라 개인의 동의를 다시 얻어야 한다.

58) 중국 「개보법」 제29조, 민감개인정보 처리 시 개인의 개별동의(单独同意)를 얻어야 하며; 법률·행정법규규정에 서면 동의(书面同意)가 필요하다고 규정된 경우에는 그 규정에 따라야 한다.

의 동의를 요구하며,[59] 만 14세 미만 미성년자의 개인정보 처리를 위해서는 부모 또는 후견인 등의 동의가 필요함을 규정한다(제31조).[60]

중국 「개보법」 제15조는 개인정보의 처리가 정보주체의 동의에 근거한 경우, 정보주체는 동의를 철회할 수 있다고 하여 철회권(撤回權)을 규정하고 있다.[61] 4차 산업혁명 시대의 개인정보 대부분은 복잡한 알고리즘을 기반으로 처리되고 있기 때문에 처리의 결과·영향을 예측하기 어려우며, 더욱이 알고리즘은 인공지능(AI)·머신러닝(machine learning) 기술을 통해 최초 개발자의 설계 의도에서 벗어나 스스로 진화한다는 점을 고려해 보면, 정보 주체가 최초 동의 시 예상했던 결과를 완전히 벗어날 우려가 있다. 이 같은 상황에서 정보주체에게 동의에 대한 철회권을 허용하지 않는다면, 개인정보자기결정권(个人信息自决权) 및 중국 「개보법」에서 규정하는 개인정보 처리의 기본원칙이 침해될 수 있다.[62] 이에 중국 「개보법」은 충분한 정보 제공에 기반한 사전 동의 제도를 통해 개인정보의 보호와 활용의 균형·조화를 추구하고 있다.

---

59) 중국 「개보법」 제39조, 개인정보처리자가 중국 역외에 개인정보를 제공할 때에는 반드시 개인에게 역외에서 개인정보를 수취하는 자의 명칭·성명·연락방법·처리목적·처리방법·개인정보의 종류와 이 법에서 규정하는 권리의 행사방법과 절차를 알려야 하며, 개별적으로 개인의 동의(单独同意)를 얻어야 한다.

60) 중국 「개보법」 제31조, 개인정보처리자가 만 14세 미만 미성년자의 개인정보를 처리하는 경우, 반드시 미성년자의 부모 또는 후견인의 동의를 얻어야 한다. 개인정보처리자가 만 14세 미만 미성년자의 개인정보를 처리하는 경우, 반드시 이에 관한 특별관리규정을 마련해야 한다.

61) 다만 개인(정보주체)이 동의를 철회하더라도 철회 전에 개인의 동의에 근거하여 진행된 개인정보 처리 활동에는 영향을 미치지 않는다고 하여, 소급효로 인하여 발생할 수 있는 불확실성을 제거하고 법적 안정성을 유지할 수 있도록 하였다. 중국 「개보법」 제15조 참조.

62) 개인정보 처리의 기본원칙은 '제1장 총칙'에 규정되어 있으며, 개인정보 권익의 중요성을 강조함으로써 개인정보 보호의 기본원칙을 강화하고 있다. 「개보법」 제2조는 "자연인의 개인정보는 법적 보호를 받고 어떠한 조직이나 개인도 자연인의 개인정보 권익을 침해해서는 아니 된다"고 규정하고, 동법 제10조는 "어떠한(任何) 조직·개인도 타인의 개인정보를 불법적으로 수집·이용·가공·전송하거나, 타인의 개인정보를 불법적으로 거래·제공 또는 공개하여서는 아니 되며; 국가안보·공공이익에 위해를 가하는 개인정보 처리 활동을 하여서는 아니 된다"고 규정한다. 이 두 조항은 2017년 「민법총칙(民法总则)」 제111조에서 유래한 것으로써 해당 조항은 2021년 1월 1일부터 시행 중인 「민법전(民法典)」 제111조로 계승되었다. 张新宝, "民法总则个人信息保护条文研究", 中外法学 2019年第1期, 2019, 66-68页.

(3) 우리나라 「개인정보 보호법」의 관련 규정

우리나라 「개인정보 보호법」은 정보주체를 보호하기 위해 개인정보의 적법·정당한 수집 및 적합한 처리와[63] 개인정보의 수집·이용을 위한 법적 근거를 요구한다.[64] 동법 제15조 제1항 제1호는 개인정보처리자가 '정보주체의 동의를 받은 경우' 개인정보를 수집할 수 있고, 그 수집 목적의 범위에서 개인정보를 이용할 수 있다고 규정한다.[65] 우리나라 「개인정보 보호법」은 동의의 개념을 별도로 정의하고 있지는 않으나, 개인정보처리자가 정보주체의 개인정보를 수집하여 이용하는 것에 대한 정보주체의 자발적 승낙의 의사표시로 볼 것이다.[66] 정보주체가 손해 없이 동의를 철회할 수 없거나 자유로운 선택을 할 수 없다면 자발적 동의라고 볼 수 없는바,[67] 동법은 철회권[68] 등 정보주체를 보호하기 위한 권리를 규정하고 있다.

우리나라 「개인정보 보호법」이 정보주체의 서면 동의를 요구하지 않는 반면 중국 「개보법」 제14조가 "서면동의가 필요한 경우, 해당 규정에 의하여야 한다"는 점과 비교해 보면 세부사항에 있어서 일부 차이가 존재하나, 양법 모두 법적 근거와 관련하여 GDPR 제6조 제1항을 모델로 삼았기 때문에,[69] 본질적으로 우리나라 「개인정보 보호법」도 동의와 관련하여 중국 「개보법」에서 확인된 바와 같이 개인정보의 활용과 정보주체의 보호 사이에서 합리적 균형을 이루려는 법적 노력이 있었음을 알 수 있다.[70]

---

63) 우리나라 「개인정보 보호법」 제3조 제1항 및 제2항.

64) 우리나라 「개인정보 보호법」 제15조 제1항 및 표준지침 제12조 제4항.

65) 민간 부문의 개인정보처리자에게 다른 법적 근거의 원용이 분명하지 않은 경우 정보주체의 동의가 가장 중요한 역할을 할 수 있을 것이다. Waltraut Kotschy, 'Article 6. Lawfulness of processing', in Christopher Kuner et al., The EU General Data Protection Regulation(GDPR): A Commentary, 2019, p.329.

66) 행정자치부, "개인정보보호 법령 및 지침·고시 해설", 2016, 71면.

67) GDPR 전문 제42항.

68) 우리나라 「개인정보 보호법」 제39조의7.

69) 우리나라 「개인정보 보호법」 제15조 제1항 및 중국 「개보법」 제13조.

70) 박노형, 앞의 책, 150면.

2. 위험관리 제도(风险管理制度)

앞서 정보이론 관점에서 살펴본 바와 같이 정보가 연결된다면 우리는 더 많은 정보를 만들어 낼 수 있고, 더 많은 정보는 더 많은 질서를 가능케 하기 때문에, 개인정보의 합리적인 활용을 촉진하여 더 많은 가치를 창출할 수 있을 것이다. 오늘날 우리가 '정보사회(information society)'[71]를 살아가고 있는 점을 고려해 보면 복잡한 이론에 기대어 보지 않더라도 개인정보 활용의 중요성을 쉽게 인지할 수 있다.

이와 같은 현실에서 개인정보의 보호 강화는 위험(리스크)의 절대적인 제거를 의미하는 것이 아니라, 데이터 경제의 발전과 인격의 존엄성을 보호라는 시대적 요구에 따라서 과학적으로 위험을 관리하여 개인정보의 보호와 활용의 균형을 모색하겠다는 것으로 이해해야 할 것이다. 중국 「개보법」은 개인정보 보호와 활용의 균형이라는 입법목적 아래, 개인정보 유출 시 정보주체에게 미치는 영향 및 사회적 파급력 등에 따라 개인정보를 구분하여 보호의 수준을 차등 적용(分类分级)하는 위험관리 제도(风险管理制度)를 도입하였다.

(1) 민감개인정보와 일반개인정보

중국 「개보법」은 개인정보를 민감개인정보와 일반개인정보로 구분한다. 민감개인정보란 일단 유출되거나 불법적으로 사용될 경우, 용이하게 자연인의 인격존엄성이 훼손되고, 신변·재산의 안전에 해를 끼칠 수 있는 개인정보로 정의되며, 생체식별·종교신앙·특정 신분·의료건강·금융계좌·이동 경로 등의 정보와 만 14세 미만 미성년자의 개인정보가 민감개인정보에 해당한다.[72] 미성년자는 판단능력이 불완전하므로 개인정보의 수집·이용에 관한 '개인의 동의능력(个人同意能力)'이 부족하여 정보주체의 권익이 침해받기 쉬우므로, 중국 「개보법」은 개인정보의 권리주체를 미성년

---

71) 공업을 주체로 발전해온 공업사회에서 벗어나 정보산업을 주체로 하며 다양한 정보의 생산과 전달을 중심으로 전개되는 사회. 두산백과, https://terms.naver.com/entry.naver?docId=1140453&cid=40942& categoryId=31614(최종방문일: 2022.1.4.).

72) 중국 「개보법」 제28조 제1항.

자와 성인으로 구분하여 규율하고, 만 14세 미만 미성년자의 개인정보를 민감개인정
보로 추가하여 미성년자 보호를 강화하였다. 다만 이러한 엄격한 보호 조치를 '개인
의 동의능력'을 온전히 지닌 성인에게까지는 확대하지 않음으로써 과도하게 개인정
보의 이용을 제한하지 않도록 하였다.

개인정보처리자는 특정한 목적 및 처리의 필요성이 요구되고 엄격한 보호 조치
를 취한 경우에만 민감개인정보를 처리할 수 있다.[73] 또한 민감개인정보 처리 시 개
인의 개별동의(单独同意)를 얻어야 하고, 법률·행정법규에 따라 서면 동의(书面同意)가
필요한 경우에는 그 규정에 따라야 한다고 하여,[74] 개인정보 침해·유출 시 일반개인
정보보다 피해가 더 클 것으로 예상되는 민감개인정보의 보호를 강화하였다.

(2) 중요/일반 온라인 플랫폼 서비스 사업자

알리바바, 텐센트로 대표되는 중국 빅테크 기업이 플랫폼 산업에서의 지배력이
높아짐에 따라 데이터(개인정보) 독점 등의 이슈가 발생하고 있다.[75] 이에 제1차 심의
과정을 통해 온라인 플랫폼 서비스 사업자에 대한 엄격한 개인정보 보호 의무 규정이
신설되었으며,[76] 제2차 심의과정에서 해당 기업(개인정보처리자)을 '중요 온라인 플랫
폼 서비스 사업자(重要互联网平台服务)'로 정의한 후 해당 개인정보처리자의 개인정보 보
호 의무를 강화하였다.[77] 중국 「개보법」 제58조 각호의 규정에 따르면, 중요 온라인
플랫폼 서비스 사업자는 (1) 국가 규정에 따라 개인정보 보호 컴플라이언스 시스템을
구축하고, 외부 인원이 중심이 되어 독립적으로 개인정보의 보호 현황을 모니터링하
는 조직을 설치하여야 하며; (2) 공개·공평·공정의 원칙에 근거하여 준법감시 규칙
을 제정하고, 플랫폼 내에서 상품 또는 서비스를 제공하는 자의 개인정보 처리 범위

---

73) 중국 「개보법」 제28조 제2항.

74) 중국 「개보법」 제29조.

75) 이상우, "중국의 빅테크 반독점 규제에 관한 연구―알리바바 사안에서의 행정처벌결정서 해설을
   중심으로", 법학연구(제24집 제2호), 인하대학교 법학연구소(2021), 4면.

76) 중국 「개보법(제2차 심의안)」(제1차 심의 결과가 반영된 안) 제57조.

77) 이상우, 앞의 각주 1)의 자료, 13면.

와 개인정보 보호 의무를 명확히 하여야 하고; (3) 플랫폼 내에서 상품 또는 서비스를 제공하는 자가 법률·행정규칙을 심각하게 위반한 경우, 서비스 제공을 중단하여야 한다; 또한 (4) 개인정보 보호에 관한 사회적 책임 보고서를 작성하고, 사회의 감독을 받아야 한다.

이와 같이 일반적인 개인정보처리자(일반 온라인 플랫폼 서비스 사업자, 개인 또는 중소기업 등)와는 달리 빅테크 기업의 개인정보 침해·유출의 경우 사회적 파급력이 크다는 점과 중요 온라인 플랫폼 서비스 사업자(빅테크 기업)가 개인정보 이용을 통해 많은 이익을 거두고 있는 점을 고려하여 해당 기업 역량에 부합하는 엄격한 개인정보 보호 의무를 부과함으로써 경제적 합리성을 꾀하였다. 또한 2022년 7월 5일 유럽의회가 시장지배력이 크고 소비자와 기업 간 관문 역할을 하는 기업(gatekeeper)의 독점구조를 개선하기 위해 통과시킨 「디지털 시장법(Digital Markets Act)」과 비교하면 세계화 추세에도 부합한다고 볼 것이다.[78][79]

(3) 타율규제와 자율규제

개인정보 보호와 관련하여 엄격한 관리가 있어야만 개인정보 유출 등의 위험이 경감된다는 오해가 있었으나, 빈번하게 발생하는 개인정보 침해·유출 사건을 보면 과거와 같이 정부 당국이 주도하는 타율적인 위험관리만으로는 개인정보 보호와 활

---

78) 미국도 2019년부터 본격적으로 애플(Apple), 아마존(Amazon), 구글(Google), 페이스북(Facebook) 등 기술 기반 거대 플랫폼(소위 Tech Giants)의 '디지털 독과점'에 대하여 규제 입장으로 선회하였으며, 미국 정부와 의회는 빅테크 기업인 GAFA(Google, Apple, Facebook, Amazon)에 대하여 반트러스트법 적용을 적극적으로 추진하고 있다. 손영화, "미국 빅테크 기업에 대한 최근 규제 동향—클라우드컴퓨팅에 대한 반트러스트법 쟁점을 중심으로", 경제법연구(제20권 제2호), 한국경제법학회(2021), 240면; 최난설헌, "혁신경쟁의 촉진과 플랫폼 단독행위 규제상의 과제—시장지배적지위 남용행위 규제를 중심으로", 경제법연구(제19권 제2호), 한국경제법학회(2020), 46면; 고영하, "클라우드컴퓨팅 발전법의 주요 내용 및 개선방향에 관한 소고", TECHNOLOGY(제7권 제3호), 서울대학교 기술과 법 센터(2011), 10-11면.

79) 법률신문(2021.8.26.), 중국 개인정보보호법 출범, 유럽보다는 유연하게 미국보다는 엄격하게. https://www. lawtimes.co.kr/Legal-Opinion/Legal-Opinion-View?serial=172318(최종방문일: 2022. 1.4.).

용 간의 균형이라는 입법목적 달성은 불가능하다는 것이 자명하다. 이에 중국 「개보법」은 위험관리 제도와 관련하여 타율규제와 자율규제가 융합된 다원화 메커니즘을 추구하고 있다.[80]

먼저 타율규제 측면에서 동법 '제6장 개인정보 보호 담당기관'에서 규정한 정부당국의 다양한 규제조치 외에도 개인정보처리자의 '개인정보 처리에 관한 준법감시(제54조)'[81] 및 '개인정보 보호 영향평가(제55조)'[82]를 규정하고 있다.[83] 이러한 제3자 관리·감독 조치는 당국의 일방적인 규제 등으로 발생될 수 있는 사회적 부작용을 방지하고, 개인정보처리자가 개인정보 보호를 강화하는 유인책으로 작용함으로써 효율적인 다원화 메커니즘의 한 축을 구성한다. 또한 본 다원화 메커니즘은 타율규제 성격을 지닌 공익소송(公益诉讼)도 포함한다. 개인정보 침해는 종종 다수의 정보주체에게 발생하는데, 이들 다수 정보주체가 개별적으로 개인정보처리자를 상대로 소송을 제기하는 것은 현실적으로 많은 어려움을 야기할 것이기 때문에, 효율적인 분쟁 해결을 위하여 일정한 자격을 갖춘 단체가 당사자 적격을 부여받아 정보주체를 위하여 소송을 수행하게 할 필요가 인정된다.[84] 이에 중국 「개보법」 제70조는 "인민검찰원·법률이 규정하는 소비자단체 및 국가인터넷정보부문(国家网信部门)이 정하는 조직은 법에 따라 인민법원에 기소할 수 있음"을 규정하여, 일련의 단체소송을 제기할 수 있는 법적

---

80) 申卫星, 앞의 논문, 35页.

81) 중국 「개보법」 제54조, 개인정보처리자는 반드시 법률·행정법규에 따라 개인정보 처리에 관한 준법감시를 정기적으로 실시해야 한다.

82) 중국 「개보법」 제55조, 개인정보처리자는 "(1) 민감개인정보를 처리하는 경우; (2) 개인정보를 자동화된 의사결정에 이용하는 경우; (3) 개인정보를 위탁하고 다른 개인정보처리자에게 개인정보를 제공하며, 개인정보를 공개하는 경우; (4) 역외에 개인정보를 제공하는 경우; (5) 기타 개인의 권익에 중대한 영향을 미치는 개인정보 처리활동" 중 어느 하나에 해당하는 경우, 사전에 개인정보보호 영향평가를 실시하고 기록하여야 한다.

83) 중국 「개보법」 제56조, 본 '개인정보 보호 영향평가'는 (1) 개인정보의 처리목적·방법 등의 합법성·정당성·필요성과 (2) 개인권익에 관한 영향과 보안의 위험성, 그리고 (3) 채택된 안전보호조치의 합법성·유효성이 위험도와 상응하는지 여부를 포함해야 하며, 개인정보 보호 영향평가 보고서 및 처리기록은 3년 이상 보관하여야 한다.

84) 박노형, 앞의 책, 556면.

근거를 마련하였다. 정보주체의 입장에서는 개인정보를 안전하게 보호받고 개인정보처리자는 그 이용에 주의를 기울일 수 있는 환경의 조성을 꾀하고자 하였다.

자율규제 측면에서 중국 「개보법」 제69조 제1항은 개인정보 권익이 침해되고 손해가 발생되었으나, 개인정보처리자가 본인의 과실 없음을 증명할 수 없는 경우에는 손해배상책임을 부담하여야 한다고 하여 과실 추정에 따른 법적 책임의 부과를 규정하였다. 이를 통해 개인정보처리자의 책임의식을 제고하고, 동시에 동법의 주된 수범자인 빅테크 기업의 시장지배적 지위를 고려하여 입증책임을 부담하도록 한 것이다.[85] 이와 같은 자율규제는 행정처벌에도 반영되어 있는데, 동법 제66조 제2항[86]은 개인정보의 불법 처리 정황이 엄중한 경우, "시정명령과 함께 해당 위법소득을 몰수하고, 5천만 위안 이하 또는 전년도 매출액의 5% 이하의 과징금을 부과·징수할 수 있다"고 규정한다. 본조는 GDPR 제83조와 유사한데, 이는 개인정보 보호의 의무를 지닌 개인정보처리자(빅테크 기업)에게 높은 수준의 책임을 요구하여 자발적으로 개인정보 보호 역량을 제고해 줄 것을 기대하고 있는 것이다.[87]

타율규제와 자율규제에 기반한 다원화 메커니즘에서 "국가는 개인정보 보호제도를 구축하고, 개인정보 권익에 위해를 가하는 행위를 예방·처벌하며, 개인정보 보호

---

85) 중국 「개보법」 제69조 제2항, 본 항의 손해배상책임은 "개인의 손실 또는 개인정보처리자가 얻은 이익에 따라 배상액을 정하며", "개인의 손실과 개인정보처리자가 얻은 이익을 산정하기 어려운 경우, 실제 정황에 근거하여 배상액을 산정"한다.

86) 중국 「개보법」 제66조, (1) 개인정보가 이 법의 규정에 위반하여 처리되거나, 또는 이 법에서 규정하는 개인정보 보호 의무를 이행하지 아니하는 경우, 개인정보 보호 당국은 시정명령, 경고, 위법소득 몰수, 개인정보를 처리하는 앱(APP)에 대한 서비스 중단 또는 종료를 명하고; 이를 따르지 않는 경우, 100만 위안 이하의 벌금을 부과·징수하며; 직접 책임이 있는 담당자(直接负责的主管人员)와 기타 직접책임인원(其他直接责任人员)에게 1만 위안 이상 10만 위안 이하의 과징금을 부과·징수할 수 있다. (2) 성급 이상의 개인정보 보호 당국은 시정명령과 함께 해당 위법소득을 몰수하고, 5천만 위안 이하 또는 전년도 매출액의 5% 이하의 과징금을 부과·징수할 수 있으며, 또한 영업정지 또는 휴업을 명할 수 있고, 관련 주무기관에 해당 영업허가를 취소하거나 영업허가를 취소하도록 통지할 수 있으며; 직접책임이 있는 담당자(直接负责的主管人员)와 기타 직접책임인원(其他直接责任人员)에게 10만 위안 이상 100만 위안 이하의 과징금을 부과·징수할 수 있고, 또한 일정 기간 동안 해당 기업의 이사·감독·고위 간부 및 개인정보보호책임자의 직무를 행하는 것을 금지할 수 있다.

87) 이상우, 앞의 각주 6)의 논문, 350면.

홍보교육을 강화하고, 정부·기업·관련 사회단체·공중이 공동으로 참여하는 양호(良好)한 개인정보보호 환경 조성을 촉진하여야 한다"(제11조)고 하여 다양한 주체가 참여하고 있는 메커니즘이 분절·유리(遊離)되지 않고, 융합되어 시너지를 낼 수 있도록 조화를 이룸에 있어서 국가의 역할을 명시해 두었다.

(4) 우리나라 「개인정보 보호법」의 관련 규정

첫째, 민감개인정보와 일반개인정보의 구분과 관련하여, 우리나라 「개인정보 보호법」이 만 14세 미만 미성년자의 개인정보를 민감정보[88]로 취급하지 않는다는 점에서 중국 「개보법」과는 차이가 있다. 그러나 원칙적으로 민감정보의 처리를 제한한 우리나라 「개인정보 보호법」 제23조 제1항의 규정과 만 14세 미만의 아동의 개인정보 보호를 위해 법정대리인의 권리를 규정한 제22조 제6항[89] 및 제38조 제2항[90]을 통해, 중국 「개보법」이 민감개인정보와 일반개인정보를 구분하여 규율한 목적과 실질적으로 동일한 효과를 기대할 수 있을 것이다.

둘째, 중요/일반 온라인 플랫폼 서비스 사업자의 구분과 관련하여, 우리나라 「개인정보 보호법」은 개인정보처리자가 처리하는 개인정보의 종류·규모, 종업원 수 및 매출액 규모 등을 고려하여 대통령령으로 정하는 기준[91]에 따라 차등하여 적용하도

---

88) 우리나라 「개인정보 보호법」 제23조 제1항에서 사상·신념, 노동조합·정당의 가입·탈퇴, 정치적 견해, 건강, 성생활 등에 관한 정보, 그 밖에 정보주체의 사생활을 현저히 침해할 우려가 있는 개인정보로서 대통령령으로 정하는 정보를 민감정보로 칭하며, 개인정보 보호법 시행령 제18조에서 민감정보의 범위를 규정하고 있다.

89) 우리나라 「개인정보 보호법」 제22조 제6항, 개인정보처리자는 만 14세 미만 아동의 개인정보를 처리하기 위하여 이 법에 따른 동의를 받아야 할 때는 그 법정대리인의 동의를 받아야 한다. 이 경우 법정대리인의 동의를 받기 위하여 필요한 최소한의 정보는 법정대리인의 동의 없이 해당 아동으로부터 직접 수집할 수 있다.

90) 우리나라 「개인정보 보호법」 제38조 제2항, 만 14세 미만 아동의 법정대리인은 개인정보처리자에게 그 아동의 개인정보 열람 등 요구를 할 수 있다.

91) 개인정보 보호법 시행령 제15조의2 제1항, 「개인정보 보호법」 제20조 제2항 본문에서 "대통령령으로 정하는 기준에 해당하는 개인정보처리자"란 다음 각호의 어느 하나에 해당하는 개인정보처리자를 말한다. 1. 5만 명 이상의 정보주체에 관하여 법 제23조에 따른 민감정보 또는 법 제24조 제1항에 따른 고유식별정보를 처리하는 자; 2. 100만 명 이상의 정보주체에 관하여 개인정보를 처

록 규정하고 있다(제20조 제2항[92] 및 제24조 제4항[93]). 비록 중국 「개보법」과 같이 빅테크 기업을 직접 겨냥하여 '중요 온라인 플랫폼 서비스 사업자'를 별도로 정의한 후, 개인 정보 보호 컴플라이언스 구축 의무를 부과[94]하는 등의 적극적인 규제조치가 우리나라 「개인정보 보호법」에는 아직 나타나고 있지 않으나, 최근 우리나라도 '온라인 플랫폼 공정화법안'과 같이 빅테크 기업 규제 관련 입법이 진행되고 있는 점을 고려해 보면 양국의 중요 온라인 서비스 사업자(빅테크 기업)에 관한 규정의 차이는 점차 좁혀질 것으로 예상된다.

셋째, 타율규제와 자율규제의 구분과 관련하여, 우선 타율규제 측면에서 살펴보면, 우리나라 「개인정보 보호법」 제29조의 개인정보처리자에 대한 안전조치의무 규정 등[95]이 중국 「개보법」에서 의도하고 있는 개인정보처리자의 개인정보 보호 강화 유인책으로 작용될 것이다. 비록 '개인정보 보호 영향평가(중국 「개보법」 제55조)'의 경우 우리나라는 공공기관을 대상으로 한다는 점에서 차이가 있으나(제33조), 세계 주요 국이 각국의 개인정보 보호 환경에 맞게 이를 규율하고 있다는 점을 상기해 보면 이질적인 것으로 보기는 어려울 것이다.[96] 또한 중국 「개보법」 제70조는 우리나라 「개

리하는 자.

92) 우리나라 「개인정보 보호법」 제20조 제2항, 제1항에도 불구하고 처리하는 개인정보의 종류·규모, 종업원 수 및 매출액 규모 등을 고려하여 대통령령으로 정하는 기준에 해당하는 개인정보처리자가 제17조 제1항 제1호에 따라 정보주체 이외로부터 개인정보를 수집하여 처리하는 때에는 제1항 각 호의 모든 사항을 정보주체에게 알려야 한다.

93) 우리나라 「개인정보 보호법」 제24조 제4항, 보호위원회는 처리하는 개인정보의 종류·규모, 종업원 수 및 매출액 규모 등을 고려하여 대통령령으로 정하는 기준에 해당하는 개인정보처리자가 제3항에 따라 안전성 확보에 필요한 조치를 하였는지에 관하여 대통령령으로 정하는 바에 따라 정기적으로 조사하여야 한다.

94) 중국 「개보법」 제58조 제1호.

95) 「개인정보 보호법」 제29조, 개인정보처리자의 안전조치의무는 개인정보 보호법 시행령 제30조 제1항에 규정되어 있으며, 개인정보처리자는 1. 개인정보의 안전한 처리를 위한 내부 관리계획의 수립·시행; 2. 개인정보에 대한 접근 통제 및 접근 권한의 제한 조치; 3. 개인정보를 안전하게 저장·전송할 수 있는 암호화 기술의 적용 또는 이에 상응하는 조치; 4. 개인정보 침해사고 발생에 대응하기 위한 접속기록의 보관 및 위조·변조 방지를 위한 조치; 5. 개인정보에 대한 보안프로그램의 설치 및 갱신; 6. 개인정보의 안전한 보관을 위한 보관시설의 마련 또는 잠금장치의 설치 등 물리적 조치를 취하여야 한다.

인정보 보호법」 제51조(단체소송의 대상 등)와 상응된다. 자율규제의 측면에서는 우리나라 「개인정보 보호법」도 제39조의 손해배상책임, 제74조의2의 몰수·추징, 그리고 가명정보 처리 시 금지의무 위반 등에 관하여 과징금을 부과할 수 있다고 규정하며,[97] 제13조에서 정부 당국(개인정보보호위원회)의 자율규제를 촉진하고 지원하는 역할을 명시하였다는 점에서 중국의 다원화 메커니즘에 비견할 수 있을 것이다.

이상에서 살펴본 바와 같이 우리나라 「개인정보 보호법」의 주요규정이 '개인정보의 보호와 활용'이라는 입법목적 아래 설계된 중국 「개보법」과 세부사항에서는 일부 차이점이 존재하나 전반적으로 유사한 구조를 띠고 있음을 확인할 수 있다. 양국모두 개인정보 보호 관련 규정을 입법하는 과정에서 선진화된 국제 기준(GDPR)과의 정합성을 맞추기 위함이 한 가지 요인일 것이고, 또한 데이터 경제 시대에서의 개인정보 보호와 활용의 중요성은 양국이 다르게 받아들일 수 없는 사안이기 때문일 것이다.

IV. 입법목적 개정 의의

중국은 「개보법」의 시행을 통해 개인정보의 권익을 보호하고, 개인정보 처리 활동을 규제하며, 합리적인 활용을 촉진하겠다는 의지를 내보였다. 본고에서는 이러한 의지 내면에 '개인정보 보호와 활용 간의 균형'에 대한 고민이 담겨 있으며, 주요규정을 통해 '보호와 활용'의 균형을 이루려는 노력이 있었음을 확인할 수 있었다. 우리나라는 개인정보의 보호와 관련 산업의 발전이 조화될 수 있도록 개인정보 보호 관련

---

96) 미국은 「전자정부법」 제208조에 전자정부 구현 과정에서 개인정보 및 프라이버시 보호를 위하여 개인정보 영향평가를 명문화하였고, 캐나다도 2002년부터 공공부문에 대한 개인정보 영향평가를 의무화하고 있다. 반면, EU는 GDPR 제35조에 개인정보 영향평가를 명문화하면서 일정한 경우 공공·민간 부문에 대한 개인정보 영향평가를 의무화하고 있으며, 그 밖에 뉴질랜드·홍콩·호주 등에서도 공공·민간 부문에 대하여 개인정보 영향평가를 권장하고 있다. 개인정보보호위원회, "개인정보 보호 법령 및 지침·고시 해설", 2020, 331면.

97) 우리나라 「개인정보 보호법」 제28조의6 제1항, 제34조의2 제1항, 제39조의15 제1항.

법령을 체계적으로 정비하기 위해 2020년 「개인정보 보호법」을 개정하였으나, 입법목적은 '개인정보의 활용'을 명시하지 않은 구(舊)법[98]의 조항이 그대로 유지되었다.

　하지만 비록 입법목적에는 반영되지 않았지만, 우리나라 「개인정보 보호법」도 중국 「개보법」과 마찬가지로 '개인정보 보호와 활용 간의 균형'을 위한 다양한 규정이 이미 마련되어 있고, 국회 정무위원회를 통과한 '개인정보 보호법 2차 개정안'에서도 GDPR 제20조 '개인정보 이동권'을 참고한 개인정보 전송요구권(안 제35조의2) 도입이 논의되고 있는 점을 고려하면,[99] 본격적으로 입법목적에 '개인정보 활용' 명기(明記)를 논의해야 할 시점이 되었다고 생각한다. 2022년 4월 20일부터 시행 중인 「데이터 산업진흥 및 이용촉진에 관한 기본법」[100]이 입법목적에 "데이터의 생산, 거래 및 활용 촉진에 관하여 필요한 사항을 정함으로써 데이터로부터 경제적 가치를 창출하고 데이터산업 발전의 기반을 조성하여 국민 생활의 향상과 국민경제의 발전에 이바지함을 목적으로 함"[101]을 명시한 것과 같이, 데이터 경제 활성화 정책의 법적 근거를 제공할 데이터·개인정보 관련 법제의 통일된 방향성 설정을 위해서 「개인정보 보호법」 입법목적에 '개인정보 보호와 활용 간의 균형'이 규정되어야 할 것이다.

　독일의 사회학자인 울리히 벡(Ulrich Beck)은 21세기의 위험(risk)이 자연재해나 전쟁 같은 불가항력적 재난이 아니라, 과학기술·경제사회 발전에 따른 의도되지 않은 부작용이거나, 커다란 위험이 아니지만, 그 대처 과정에서 잘못된 판단이나 행동이 개입해 재앙이 되는 인위적 위험(manufactured uncertainties)으로 보았다.[102] 우리가 개인정보를 보호함에 있어서 '개인정보 활용'의 중요성과 가치의 고찰 없이 파편화된 개별

---

98) 법률 제12504호, 2014.3.24. 제정·시행.

99) Newsis(2021.9.28.), 개인정보보호법 개정안 국회 제출 … 전송요구권 도입, https://www.newsis.com/view/?id= NISX20210927_0001594874(최종방문일: 2022.1.5.).

100) 법률 제18475호, 2021.10.19. 제정.

101) 「데이터 산업진흥 및 이용촉진에 관한 기본법」 제1조, 이 법은 데이터의 생산, 거래 및 활용 촉진에 관하여 필요한 사항을 정함으로써 데이터로부터 경제적 가치를 창출하고 데이터산업 발전의 기반을 조성하여 국민 생활의 향상과 국민경제의 발전에 이바지함을 목적으로 한다.([시행 2022. 4. 20.][법률 제18475호, 2021. 10. 19., 제정]).

102) Ulrich Beck, Risk Society: Towards a New Modernity, SAGE Publications Ltd., 1992.

규정만 입법한다면 각 조문에 기대하는 효과는 요원할 것이며, 울리히 벡이 지적했던 인위적 위험을 불러일으키게 될 것이다.[103]

우리는 종종 세부 규정의 정교한 설계에 시간과 노력을 들이는 것에 비해 입법목적의 중요성을 간과하는 경향을 보이기도 한다. 「개인정보 보호법」 제·개정 및 관련 입법 과정에서 '나무가 아니라 숲을 봐야 한다'는 말을 상기하고, 숲을 바라보는 시야를 넓히는 방안의 하나로 중국 「개보법」의 입법목적을 참고해 보아야 할 것이다.

---

103) 지식재산권 분야의 대표적인 3법인 특허법, 상표법, 저작권법은 제1조에서 그 목적을 잘 나타내고 있는데, 특허법은 '발명의 보호·장려'와 '그 이용'을, 상표법은 '상표 사용자의 업무상 신용 유지'와 '수요자의 이익보호', 저작권법은 '저작자의 권리 보호'와 '저작물의 공정한 이용'을 규정하여 상반되는 두 요소 간의 균형 모색을 통해 산업발전에 이바지하고자 함을 명확히 하고 있다. 끊임없이 변화하는 대내외 환경 속에서 해당 법의 정체성을 확립시켜 주는 것이 입법목적이며, 개정의 방향성을 수립하는 데에 중요한 역할을 한다는 점을 상기시켜 보면 우리나라 개인정보 보호 관련 입법에 있어서도 '활용'에 관한 고민이 필요할 것이다.

제4장

—

디지털 플랫폼과 빅테크

제1절

디지털 이코노미 시대의 경쟁정책의 과제
−디지털 플랫폼을 중심으로*

손영화
(인하대학교 법학전문대학원 교수)

I. 서 론

　인터넷 생태계(business ecosystem)에 출현한 거대 플랫폼에 의한 시장의 독점화·과
점화에의 염려가 높아지고 있다.[1] 구글이나 페이스북, 애플, 아마존 등의 지배적 플
랫폼은 데이터의 집적·이용을 통해서 현저한 독점력을 행사할 수 있는 지위를 확립
하고 있다. 이러한 움직임에 대해서 유럽연합(EU)은 2015년 5월에 공표한 「디지털 단
일시장 전략(A Digital Single Market Strategy for Europe)」[2]의 어젠다에 따라서 플랫폼 규제

---

* 이 논문은 경제법연구 제19권 제2호(2020)에 게재된 논문입니다.

1) 근년, 기업의 경쟁은 개별 기업 간의 경쟁으로부터 고객에게 가치를 제공하는 사업시스템 간의 경쟁
으로 이행하고 있다[井上達彦/真木圭亮/永山 晋, "ビジネス・エコシステムにおけるニッチの行動とハブ企業の戦
略─家庭用ゲーム業界における複眼的分析", 「組織科学」 Vol. 44 No. 4(組織学会, 2011), 67面]. 사업시스템이란,
고객에게 가치를 전달하기 위한 구조이다. 즉, 고객에게 제품 및 서비스를 효율적으로 제공하기 위
한 시스템, 고객에게 가치를 전달하기 위한 시스템 구축 경쟁이다. 사업시스템 간의 경쟁은 기업의
장기적인 경쟁우위성을 결정한다. 기업 간의 경쟁은 사업시스템 간의 경쟁이기도 하고, 고객에게 가
치를 제공하는 시스템 간의 차별화나 차별화의 원천이 되는 이노베이션이 논의의 중심이 되고 있다
(森田正人, "ビジネス・エコシステムにおけるボーングローバル企業の成長論理─通信機器スタートアップ企業の事例分析", 横浜国立
大学大学院 博士論文, 2015, 36面).

2) European Commission,　Communication from the Commission to the European Parliament, the Council,
the European Economic and Social Committee and the Committee of the Regionsa : Digital Single Market

의 체계 만들기를 착실하게 진행하고 있다.[3] 특히 주목되는 것은 2018년 5월 25일에 시행된 「일반데이터보호규칙(GDPR: General Data Protection Regulation)」 및 2019년 2월에 유럽의회·유럽이사회·유럽위원회에 의해 합의된 「온라인 플랫폼의 투명성 및 공정성 촉진법(Proposal for a Regulation of the European Parliament and of the Council on promoting fairness and transparency for business of the online intermedies)」이다. 이는 2019년 6월 20일에 EU이사회에서 EU규칙(P2B 규칙)으로 채택되었다.[4]

전자의 GDPR에서는 잊혀질 권리(right to be forgotten) 및 삭제권(right to erasure)이 명문으로 규정되고,[5] 제3국으로의 데이터의 역외 이전에 관한 규정이 설치되어 이를 위반하면 2000만 유로 또는 전 세계 매출액의 4% 중 큰 쪽을 상한으로 하는 제재금이 부과된다.[6] 또, 후자의 규칙에서는 온라인 중개서비스 제공자와 온라인 검색엔진 제

Strategy for Europe, COM(2015) 192 final, Brussels, 2015. 6. 5.

3) EU에서 이와 같은 어젠더가 나오게 된 배경으로는 EU 역내 디지털시장 환경에 관한 유럽위원회의 조사 결과가 있다. 역내 디지털시장에서는 그 54%를 미국기업의 온라인서비스가 차지하고 있으며, 42%가 EU가맹국의 국내서비스, EU가맹국 간을 넘나드는 서비스는 고작 4%를 차지하고 있다. 2014년 EU 회원국을 아우르는 온라인숍을 이용한 소비자는 전체의 15%에 그치고 있다. 이에 2015년 5월 6일에 유럽위원회가 공표한 유럽의 「디지털 단일시장전략」에서는 인터넷 쇼핑이나 컨텐츠 배신 서비스에 관한 룰의 통일, 통신 인프라의 정비를 포함한 DSM 구축에 필요한 다방면에 걸친 정책이 포함되었다(大橋善晃, "EUのデジタル単一市場戦略 欧州委員会によるEコマース・パッケージの公表", 日本証券経済研究所, 2016, 3面).

4) Regulation (EU) 2019/1150 of the European Parliament and of the Council of 20 June 2019 on promoting fairness and transparency for business users of online intermediation services, OJ L186, 2019.7.11. 〈http://data.europa.eu/eli/reg/2019/1150/oj〉.

5) GDPR은 일정한 경우에 데이터 주체가 관리자에 대해 개인 데이터의 삭제를 청구할 권리가 있음을 명확히 하고 있다. GDPR 제정 시, 이른바 「잊혀질 권리(right to be forgotten)」가 명문화되는지, 그렇다고 하면 어떠한 권리내용이 되는지가 주목받고 있었다. 결과적으로, 제17조의 표제는 어디까지나 「삭제의 권리(right to erasure)」라고 되었지만, 괄호 쓰기에서 「잊혀질 권리」도 부기되어 있다. GDPR은 일정한 경우에 데이터 주체가 관리자에게 개인데이터 삭제를 청구할 권리를 가지며, 이 경우 관리자는 지체 없이 개인데이터를 삭제해야 할 의무를 진다고 규정하고 있다. GDPR의 전신인 EU 데이터 보호지침에서도 같은 취지의 규정이 있었다. 일본의 개인정보보호법에서도 2015년 개정으로 인해 같은 청구권이 개인의 권리임이 명문화되어 있다(동법 제30조 제1항).

6) 2018년 6월 일반 데이터 보호 규칙(GDPR)이 발효된 이후 최초로 공개된 벌칙은 British Airways에 부과된 제재금이다. GDPR은 EU 역내의 고객 및 기타 사람의 개인정보를 보유하고 있는 회사에 데이터 보안 침해를 국가의 데이터 보호기관에 보고하는 것을 의무화하고 있다. 2019년 7월 8일 영국의

공자를 대상으로 투명성에 관한 여러 가지 의무가 규정되어 있다. 이들 규칙의 제정과 병행하여 유럽 경쟁당국은 플랫폼 기업에 대해서 활발하게 법집행을 실시하고 있다.[7]

이러한 유럽의 움직임에 촉발되어 일본에서도 2018년 6월에 각의결정된 「미래투자전략 2018」에 기초하여 2018년 7월부터 경제산업성·공정취인위원회·총무성에 의한 「디지털 플랫폼을 둘러싼 거래환경 정비에 관한 검토회」가 개최되어 같은 해 12월 12일에 「중간 논점정리」, 동월 18일에는 「플랫폼형 비즈니스 대두에 대응한 룰 정비의 기본원칙」이 공표되었다.[8] 그 후, 2019년 2월에 개최된 미래투자회의에서 디지털 플랫폼을 둘러싼 거래관행의 투명성과 공정성 확보를 위한 룰 정비, 데이터 이전·개방의 촉진 등을 포함한 「디지털 시장의 룰 정비」에 대해 논의가 이루어졌다. 각 워킹 그룹에서의 정리를 바탕으로 2019년 4월 24일에 개최된 동 검토회에서 논의가 이루어져 「거래환경의 투명성·공정성 확보를 위한 룰 정비의 기본방향에 관한 옵션」 및 「데이터 이전·개방 등의 기본방향에 관한 옵션」이 정리되어 공표되었다.[9] 향후 일본 정부는 각 옵션을 참고로 하면서 구체적 조치의 실시를 위해 보다 상세한 검토를 진행할 예정이다. 그 대표적인 예가 바로 「특정 디지털 플랫폼의 투명성 및 공정성의

데이터 프라이버시 감독기관은 British Airways에 1억 8300만 파운드의 제재금을 부과하고 있다. 이는 2018년 Cambridge Analytica 관련 위반에 대해 페이스북에 부과된 50만 파운드의 367배의 제재금이다. 2019년 7월 24일 미국의 연방거래위원회는 8세 어린이의 프라이버시 계약을 위반했다며 페이스북에 50억 달러의 벌금을 부과했다. 이는 소비자 사생활 침해로 부과된 벌금 중 단연 사상최대이다.

7) 주요 사건으로서 2017년 5월 Amazon에 의한 전자서적의 상품이나 가격 등에 관한 최혜국대우조항에 대한 확약 결정(2017년 5월), Google Search, Google Shopping에 있어서의 남용행위 위반 결정과 24억 유로 이상의 제재금(2017년 6월), Google Android의 지배적 지위를 배경으로 한 남용행위에 대한 위반 결정 및 43억 유로 이상의 제재금(2018년 7월), 이어 Google에 의한 검색연계형 광고(Adsense)의 남용행위 위반 결정과 14억 9천만 유로의 제재금(2019년 3월 20일)이 그 거액의 제재금과 함께 주목된다.

8) 経済産業省/公正取引委員会/総務省, "プラットフォーマー型ビジネスの台頭に対応したルール整備の基本原則", 2018. 12. 18.

9) デジタル·プラットフォーマーを巡る取引環境整備に関する検討会/透明性·公正性確保等に向けたワーキング·グループ, "取引環境の透明性·公正性確保に向けたルール整備の在り方に関するオプション", 2019. 5. 21.

향상에 관한 법률」이다. 그 법률안이 2020년 2월 18일 각의 결정되었고,[10] 5월 27일 참의원 본회의에서 가결, 성립된 바 있다.

우리나라의 경우에도 2020년 6월 25일 공정거래위원회가 제6차 반부패정책협의회에 온라인 플랫폼시장에서의 불공정 행위 근절과 디지털 공정경제 실현을 위한 공정위의 대책을 보고하고 추진하기로 했다. 그 추진배경으로는 코로나 사태로 인한 비대면(Untact) 거래의 폭발적인 증가로 인한 플랫폼의 모든 산업 분야에의 확산이 있다. 그에 따라 플랫폼이 입점 업체를 상대로 판촉비용을 떠넘기는 등의 불공정 행위를 할 위험이 있고, 일방적인 계약 해지, 하자 있는 제품 배송에 플랫폼의 책임 회피 등의 소비자 피해가 발생하고 있으며, 시장 선점 거대 플랫폼이 신규 플랫폼의 시장진입을 방해하거나 인수합병(M&A)를 통해 잠재적 경쟁기업을 제거하여 경쟁을 저해할 우려가 있다는 것이다.[11] 우리 공정거래위원회의 인식이 국제적인 경쟁당국의 인식과 대동소이하다고 할 것이다.

이하에서는 EU 및 일본에서의 동향을 중심으로 플랫폼 비즈니스의 기술 특성·산업 특성을 간결하게 정리하고, 우리나라에서 디지털 플랫폼을 둘러싼 새로운 경쟁법적 과제에 대하여 간략히 논하고자 한다.

---

10) 최근 디지털 플랫폼이 이용자의 시장 접근을 비약적으로 향상시켜 중요한 역할을 담당하고 있다. 한편, 일부의 시장에서는 규약의 변경이나 거래 거절의 이유가 나타나지 않는 등 거래의 투명성이 낮은 것이나, 상품 등 제공 이용자의 합리적인 요청에 대응하는 절차·체제가 불충분한 것 같은 염려가 지적되고 있다. 이러한 상황을 근거로 디지털 플랫폼에서의 거래의 투명성과 공정성의 향상을 도모하기 위해서, 거래 조건 등의 정보의 개시, 운영에 있어서의 공정성 확보, 운영 상황의 보고와 평가·평가 결과의 공표 등의 필요한 조치를 강구한 것이라고 한다(經濟産業省, "「特定デジタルプラットフォームの透明性及び公正性の向上に関する法律案」が閣議決定されました", 2020. 2. 18).

11) 공정거래위원회, "보도참고자료 '온라인 플랫폼 중개 거래의 공정화에 관한 법률' 제정 추진", 2020. 6. 25.

II. 디지털 플랫폼의 특징

디지털 이코노미의 특징을 간결하게 정리하면 다음과 같이 5가지로 정리할 수 있다. ① 요소기술의 급속한 진보, ② 분할된 기술리더십, ③ 플랫폼으로의 데이터 집중, ④ 플랫폼의 독점화, ⑤ 클라우드화가 그것이다.

1. 요소기술의 급속한 진보

인터넷이 처음 상업적으로 이용된 것은 1991년이다. 이후 최근까지 인터넷 비즈니스를 주도하는 주요 기업들이 속속 창업하고 있다.[12) 이러한 인터넷의 발전을 지지한 것은 다양한 요소기술의 향상이다. 예를 들면, 「18개월마다 반도체의 집적도가 2배가 된다」라고 하는 「무어의 법칙(Moore's law)」은 연구개발에 한계가 보이고 있다고도 하지만 현재에 이르기까지 거의 성립하고 있다.[13) 한편, 대표적인 버스 구조 방식의 근거리통신망(LAN) 이더넷(Ethernet)을 발명하고 스리콤(3com)을 설립한 밥 메트컬프(Bob Metcalfe)가 1980년에 주장한 데서 유래한 「메트컬프의 법칙(Metcalfe's Law)」도 있다. 이 법칙은 네트워크를 통해 적은 노력으로도 큰 결과를 얻어 낼 수 있다는 법칙이다. 소셜네트워크(SNS)와 같은 자기조직형 네트워크가 대표적인 사례다. 10만 가입자가 20만, 30만 명으로 늘어나면서 2~3배가 아닌 20~30배의 기하급수적인 가치를 창출하고 있다.[14)

또, 유선·무선의 통신 속도가 극적으로 향상되어 일부의 과소지역을 제외하면, 브로드밴드 서비스를 간편하게 염가로 이용할 수 있게 되어 있다. 게다가 2010년경부

---

12) 아마존이 서비스를 시작한 것은 1995년, 구글의 검색 엔진이 등장한 것은 1998년이다. 페이스북은 2004년, 트위터는 2006년에 창업됐다. 애플에 의한 iPhone의 판매 개시는 2007년이다.

13) 1971년 등장한 인텔 최초의 CPU 인텔 4004에서 현재 5세대 코어(Core) 프로세서(i5의 경우)를 비교하면 그 성능은 3500배 증가된 것이다. 또 전력 효율은 9만 배, 성능 대비 단가는 6만분의 1로 낮아졌다(우예진, "무어의 법칙 50주년, 코어 i5 성능 인텔 4004의 3500배", 「중앙일보」, 2015. 4. 21).

14) 이강봉, "'무어의 법칙' 50년, 회고와 재평가 지금은 '무어와 메트컬프' 쌍둥이 법칙 시대", ScienceTimes, 2015. 4. 20.

터는 「심층학습(deep learning)」에 의해서 인공지능(AI)이 고도의 패턴인식, 화상인식 능력을 획득하기에 이르고 있다.[15] 이들 요소기술의 발전은 시스템 LSI나 그래픽처리장치(GPU) 등 반도체의 고기능화에 의해서도 뒷받침되고 있다.[16]

이렇게 하여 인터넷상에 분산된 데이터센터에 데이터를 보존하고, 액세스(다운로드)나 보존(업로드)을 고속으로 실시함으로써 다양한 서비스와 콘텐츠를 인터넷상에서 쾌적하게 이용하는 환경이 갖추어진 것이다.

2. 분할된 기술리더십

여기서 주의해야 할 것은 차례차례로 등장하는 이러한 요소 기술에 있어서의 리더십이 반드시 시장의 리더십으로 연결되지 않았다는 것이다. 뛰어난 요소기술을 많이 보유한 기업이 인터넷 세계에서 반드시 주도적인 지위를 획득한다고 할 수 없다. 이런 상황을 브레스나한과 그린슈타인은 분할된 기술 리더십(divided technical leadership)이라고 불렀다.[17] 이것은 많은 보완적인 주요 구성요소(key component)가 다수의 기업에 의해서 개발되어 분산·소유되고 있는 상황을 가리킨다.[18] 예를 들면, 기술 단계에

---

15) 神嶌敏弘/松尾 豊, "Deep Learning(深層学習)", 「人工知能学会誌」, 第28卷 第3号(人工知能学会, 2013), 472-473面.

16) AAI가 보편화할수록 CPU나 GPU보다 딥러닝(Deep Learning)에 최적화된 '신경망처리장치(NPU: Neural Processing Unit)'가 차세대 반도체로 주목받고 있다. 삼성전자는 2018년 다양한 반도체를 칩 하나에 집약한 모바일 단일 칩 체제(SoC: System on Chip)에 삼성전자가 만든 NPU를 넣은 '엑시노스 9(9820)'을 선보였다. 이 제품은 클라우드 서버와 데이터를 주고받으며 수행하던 AI 연산을 기기에서 자체적으로 수행하는 '온 디바이스 AI(On-Device AI)'다. 삼성전자는 모바일부터 전장, 데이터센터, 사물인터넷(IoT) 등 정보기술(IT) 전 분야에 NPU를 탑재할 계획이다(이진솔, "삼성전자, AI칩 NPU 육성 … "시스템 반도체 1위 되겠다"", 「인더뉴스」, 2019. 6. 18).

17) 오늘날의 컴퓨터 산업에서 분할된 기술 리더십은 불가피하며 분할된 기술 리더십은 확고한 진입을 용이하게 한다고 주장한다[Timothy F. Bresnahan/Shane Greenstein, Technological Competition and the Structure of the Computer Industry, The Journal of Industrial Economics, Vol. 47, No. 1 (Mar., 1999), p.3].

18) 분산된 보완 기술을 서로 라이선스 공여하는 경우 각 기업의 기술선택의 자유가 유지되는 경우에는 교차라이선스(cross license)되는 지적재산권의 상호관계 여하에 의존하지 않고, 로열티의 지불, 신기술의 이용 지역을 한정한 라이선스(통상실시권의 경우)는 경쟁을 저해하지 않는다. 그러나 전용 실

서는 표준화를 둘러싸고 격렬하게 경합하는 기업들이 플랫폼상의 서비스에서는 보완관계에 있는 상황이 자주 발생한다.[19)]

3. 플랫폼으로의 데이터 집중

분할된 보완적인 주요 구성요소를 연결하는 기반이 되는 것이 플랫폼이다. 디지털 이코노미에서는 허브가 되는 플랫폼에 데이터가 집중되는 경향이 있다. 이 데이터 집중을 지렛대로 하여 복합적인 보완적 기술이 연결된 독점적인 플랫폼이 생기기 쉬워진다.[20)] 디지털 테크놀로지에 의해 대량의 데이터의 수집, 축적, 이용이 가능하게 되었다. 소셜미디어로의 발신내용 및 발신시각이나 위치정보, 스마트폰의 GPS 위치정보, 감시카메라의 화상 등 개인이 의식적, 무의식적으로 발생시킨 데이터 또는 기계나 자연계 등으로부터 센서에 의해 계측된 데이터가 날마다 대량으로 수집·축적된다. 2025년의 데이터량은 2016년에 생성되는 데이터량의 10배 이상인 163제타바이트(10의 21제곱바이트)에 이른다는 예측결과도 있다.[21)]

특히 주목해야 할 것은 당초는 기존 사업자와는 다른 부문(segment)의 고객을 대상으로 한 신규진입 사업자가 시행착오를 허용하는 실험적인 시장환경이 주어지는 것

시권의 경쟁기업간의 공여는 경합기술의 경우에는 카르텔화의 효과가 있어 경쟁법의 관심대상이 된다(長岡貞男/和久井理子/伊藤隆史, "マルティパーティー・ライセンスと競争政策", 公正取引委員会 競争政策研究センター, 2006, 33面). 특히, 종래와 달리 후발업체에 대한 진입장벽을 높이기 위한 수단으로 이용되는 경우가 그러한 예의 하나이다.

19) 어떠한 정보통신관련 표준이 제정되는 경우 그 표준은 많은 수의 특허와 연관되는 것이 필연적인 현상이라고 할 수 있다. 많은 수의 특허의 내용이 표준에 포함되어 있는 경우, 그 표준을 사용하여 제품을 생산하고자 하는 자들은 특허권자들에게 개별적으로 사용허락을 받아야 하는 등 매우 비효율적인 면이 나타날 수 있다. 이러한 문제의 해결책으로 거론되는 것이 특허풀(patent pool)과 특허플랫폼(patent platform)이다(한국정보통신기술협회, "제4장 표준화의 지적재산권", 「표준화백서」, 2006, 23면).

20) 岡田羊祐, "プラットフォーマーへのデータ集中と競争政策の課題", 「TASC MONTHLY」 No. 521(2019), 3面. 〈https://www.tasc.or.jp/educate/monthly/article_2/pdf/article_2_1906.pdf〉.

21) DIGITAL X 編集部, "News 2025年に全世界で発生するデータ量は163ゼッタバイトに IDC調査", DIGITAL X, 2017. 11. 30.

에 의해서 기존의 플랫폼에의 「파괴적」인 도전자로 변모할지도 모르는 점이다.[22] 디지털 이코노미에서는 주요 구성요소를 가지는 사업자의 진입의 용이함과 데이터 집중에 의한 플랫폼에의 진입의 곤란함이 상존하면서 다이나믹한 시장구조의 변화가 여러 가지 시장에서 관찰되어 왔다고 할 수 있을 것이다.[23]

4. 플랫폼의 독점화를 촉진하는 요인

플랫폼 비즈니스에는 「네트워크효과(network effect)」가 기능하기 쉽다고 하는 특징이 있다.[24] 네트워크 외부성이라고도 한다. 네트워크효과는 직접적 네트워크효과(direct effects)와 간접적 네트워크효과(indirect effects)로 분류된다. 직접적 네트워크효과란 전화의 이용자가 많을수록 이용자의 만족도가 증대한다고 하는 효과를 말한다.[25] 간접적 네트워크효과란 게임기의 소프트웨어 등 보완재가 많을수록 이용자의 만족도

---

22) 파괴적 도전자 즉, 파괴적 이노베이션(innovation)은 기존업자에게는 스스로의 현재 지위를 위협하는 존재이다. 그 때문에 기존업자는 파괴적 이노베이션에의 대항책을 취하는 것을 생각할 수 있다. 예를 들면, 기존업자가 파괴적 이노베이션을 구사하는 신규 진입업자를 배제하기 위해서 ① 원가를 밑도는 현저하게 낮은 가격으로 제품이나 서비스를 제공하는 경우, ② 공급업체나 고객에 대해서 신규 진입업자와의 거래를 제한하는 경우, ③ 신규 진입업자와 경합하는 제품·서비스를 기존업자의 주력 제품·서비스와 결합해 판매하는 것과 같은 대항책을 강구했을 경우, 해당 시장의 환경이나 기존업자의 지위 여하에 따라서는 불공정 거래행위나 시장지배적 지위 남용에 해당할 가능성이 있다.

23) 수요측면에서 성공기업이 주요 고객을 중시하고 틈새수요를 타깃으로 한 혁신으로 시장진입자를 과소평가하는 경우 그리고 공급 측면에서 기존 능력개발에 주력하는 기업이 새로운 능력을 개발하지 못하는 경우에는 파괴가 일어나게 된다(Joshua Gans, The Disruption Dilemma, MIT Press, 2016).

24) 2019년 4월에 「디지털 시대의 경쟁 정책(Competition Policy for the Digital Era)」이라는 제목의 보고서가 공표되었다. 이 보고서에서는 디지털 플랫폼의 주요 특징으로서 ① 규모의 경제성, ② 네트워크효과, ③ 데이터의 역할, ④ 선행자 이익을 들고 있다(JEITA(一般社団法人電子情報技術産業協会), "CEATEC 2019 国際シンポジウム「プラットフォームビジネスと競争政策」開催報告", 2019. 10. 16. 〈https://www.jeita.or.jp/japanese/pickup/category/2020/vol32-03.html〉).

25) 네트워크 외부성의 직접적 효과의 대표적인 예로는 SNS, 온라인 게임(전쟁게임이나 협력게임 등) 등의 통신서비스가 있다. SNS의 경우 이용자가 많아질수록 서비스의 질과 편의성이 높아진다. 친구 몇 명만 사용하는 SNS보다 거의 모든 친구들이 이용하는 SNS가 더 사용하기 즐거울 것이다.

가 중대하는 효과이다. 간접적 네트워크효과의 경우 타인이 마찬가지로 그것을 사는 것에 의해 해당 재화와 보완재의 수요가 보다 높아지게 되고, 또한 해당 보완재의 공급이 사용자에게 도움이 되기 때문에 사용자는 그 제품을 높게 평가하게 된다. 예를 들면, 비디오게임의 경우 그 사용자는 서로 연락하거나 하지 않기 때문에 직접적인 네트워크효과는 없다. 하지만 내가 쓰고 있는 게임기와 같은 종류의 게임기를 사용하는 소비자 수가 늘어나면 그 비디오게임에 대한 수요가 증가하고 게임 소프트웨어 업체는 보다 다양한 비디오게임을 공급하게 된다. 이에 의해 게임기 사용자의 선택사항의 폭은 넓어져 편익이 증가하게 된다. 이것은 간접적인 네트워크효과이다.[26][27] 현실적으로는 상기 비디오게임기 사례를 포함하여 간접적인 네트워크효과는 대부분의 경우 쌍방향으로 작용하고 있다.[28]

한편, 사용자 수가 늘어나면 광고 매체로서의 가치가 높아지고 광고주도 늘어나는 효과도 있다. 또한 플랫폼 비즈니스에서는 네트워크효과가 작용한 특정 제품 및 서비스가 급성장하면서 점유율이 높아지는 경향이 있다. 즉, 「승자독식(Winner-takes-all)」현상이 일어나기 쉬운 것이다. 디지털 이코노미라고 불리는 새로운 경제현상의 특성은 수확체증이 작용하는 것이다. 이것은 특정 승자에 의한 시장점유 현상을 가져온다.[29] 실제로도, 네트워크 외부성이 큰 양면시장에서는 하나의 플랫폼이 시장을 독점하는 승자독식 현상을 볼 수 있다고 알려져 있다. 예를 들어, 컴퓨터 운영체제나 타자기의 키보드처럼 하나의 플랫폼이 지배적인 지위를 획득한다.[30]

네트워크 외부성이 있으면 기능·가격면에서 뒤처져 있어도 소비자는 점유율이

---

26) 江副憲昭, "両面性市場と競争政策", 「経済学論集」 第43巻 第4号(西南学院大学学術研究所, 2009), 6面.

27) 또한 어떤 카드회사의 카드를 사용할 수 있는 소매점이 증가하면 개별 소비자에게 해당 회사의 카드를 보유하는 것에서 얻을 수 있는 편익이 증가하기 때문에 더 많은 소비자들이 그 회사의 카드를 보유하게 될 것이다.

28) 田中辰雄/矢﨑敬人/村上礼子/下津秀幸, "ネットワーク外部性とスイッチングコストの経済分析", 競争政策研究センター共同研究, 2005, 7面.

29) 山本仁志/岡田勇/小林伸睦/太田敏澄, "情報社会における Winner-Take-All 現象の事例調査とシミュレーションモデル", 1面. 〈http://hitoshi.isslab.org/study_work/ISS8wta-proc.pdf〉.

30) 江副憲昭, 前掲論文, 14面.

높다고 하는 이유에서 재화를 계속 선택한다. 이러한 효과를 잠금효과(lock in effect)라고 한다. 잠금효과가 크면 클수록 네트워크 외부성이 강하게 된다. 잠금효과를 일으키는 것으로는 네트워크 외부성뿐 아니라 전환비용(switching cost)이 있다. 전환비용은 이용자가 일단 이용하는 재화·서비스를 선택한 후 타사의 재화·서비스로 전환할 때에 발생하는 비용이다.[31] 전환비용이 높으면 높을수록 타사 재화·서비스로 전환하지 않게 된다. 전환비용으로 사용자는 서비스 사이를 이동하기 어려워지기 때문에 각 사업자의 시장에 있어서의 지위는 유지되기 쉬워진다.[32] 네트워크 외부성에 더하여 전환비용이 존재하는 경우 경쟁기업이 기존의 독점기업을 넘는 것은 더욱더 곤란하게 된다. 경쟁정책상의 관점에서 전환비용이 경쟁을 저해하고 있는지 어떤지에 대해 관심을 가져야 한다.[33]

5. 클라우드화의 진행

클라우드 컴퓨팅(Cloud computing)의 기반을 구성하는 정보통신기술의 대부분은 그 맹아가 1990년대부터 있었던 종래의 기술이다. 따라서 개개의 요소기술에 대해 그 신규성을 논해야 하는 것이 아니라 다양한 요소기술의 조합에 의해 고도의 가용성, 운용생산성·경제성 등을 실현할 수 있도록 재구성된 기술적 집적이라고 이해해야 한다. 클라우드 컴퓨팅은 지금까지 컴퓨터 하드웨어나 소프트웨어 패키지 같은 「물건」의 유통이나 인적 「노무」의 제공을 바탕으로 하여 구축되어 온 정보통신기술 산업구조를 하드웨어나 소프트웨어의 「기능」 혹은 그 기능을 이용한 「서비스」 제공을 기반

---

31) 田中辰雄/矢﨑敬人/村上礼子/下津秀幸, 前掲論文, 3面.

32) 전환비용은 소비자가 그룹 또는 특히 자신의 구매 시리즈가 서로 호환되기를 원하는 경우에 발생한다. 즉, 이는 단일기업에서 구매한 구매들 사이에서 범위경제(economies of scope)를 만든다. 네트워크효과는 사용자가 다른 사용자와 상호 작용하거나 거래하거나 동일한 보완재를 사용할 수 있도록 다른 사용자와 호환성을 원할 때 발생한다. 이것은 다른 사용자의 구매 간에 범위의 경제를 만든다(Joseph Farrell/Paul Klemperer, Coordination and Lock-In: Competition with Switching Costs and Network Effects, UC Berkeley, 2006, p. 6).

33) 田中辰雄/矢﨑敬人/村上礼子/下津秀幸, 前掲論文, 53面.

으로 하는 산업구조로 전환시키는 것이다.[34]

　가트너(Gartner)에 따르면 2018년 전 세계 IaaS 클라우드 시장 점유율 76.8%에 달하는 5개 벤더가 시장을 장악하고 있다. 이들 벤더는 아마존(47.8%), 마이크로소프트(15.5%), 알리바바(7.7%), 구글(4.0%), IBM(1.8%) 등이다.[35] IaaS 클라우드 시장에서는 이미 상당히 과점화가 진행되었음을 알 수 있다.[36)37)] 이에 대하여 가트너의 연구 부사장인 Sid Nag는 "퍼블릭 클라우드 IaaS 비즈니스에 있어서는 확장성이 중요하다는 것을 시사하는 것이다. 여러 지역에 걸쳐 규모에 맞는 데이터센터를 구축하기 위해 자본지출을 투자하는 통신사만이 성공하고 시장점유율을 계속 확보할 것이다. 클라우드기술 스택 전반에 걸쳐 풍부한 기능성을 제공하는 것도 성공의 티켓이 될 것이다."고 한 바 있다.[38]

---

34) 松田利夫, "クラウドが変える 情報通信技術産業構造", 公正取引委員會 競争政策研究センター, 2013. 5. 10, 2面, 〈https://www.jftc.go.jp/cprc/katsudo/bbl_files/150th-bbl.pdf〉.

35) "전반적으로 강력한 성장에도 불구하고 클라우드 시장의 통합은 거대하고 지배적인 공급자를 선호하며, 소규모 및 틈새 공급자들은 점유율을 잃는다."라고 Gartner의 연구 부사장인 Sid Nag가 말했다(Gartner, Gartner Says Worldwide IaaS Public Cloud Services Market Grew 31.3% in 2018, STAMFORD, Conn., 2019. 7. 29. 〈https://www.gartner.com/en/newsroom/press-releases/2019-07-29-gartner-says-worldwide-iaas-public-cloud-services-market-grew-31point3-percent-in-2018〉).

36) 2018년 1분기 클라우드 서비스의 세계시장(클라우드 시장) 점유율을 살펴보면, 아마존 웹 서비스(AWS)가 약 33% 전후로 나타났다. 견고한 성장을 나타내는 마이크로소프트는 약 13%이다. AWS, 마이크로소프트, IBM, 구글의 시장세어는 약 60%로 과점화가 진행되고 있다(プラットフォームサービスに関する研究会 事務局, "プラットフォームサービスを巡る現状と課題", 2018. 10. 18, 7面. 〈https://www.soumu.go.jp/main_content/000579800.pdf〉).

37) 클라우드 컴퓨팅은 테크놀로지, 제품 및 서비스가 거대하고 복잡한 친환경 시스템으로 성장했다. 수많은 클라우드 프로바이더가 끊임없이 확대되는 클라우드 시장점유율을 겨루는 수십억 달러 규모의 경제를 만들어 내고 있다. 소비자에게 있어서 이 클라우드 에코시스템(cloud ecosystem)의 탐구와 이해는 더욱더 곤란해지고 있다. 아마존 웹 Services, Microsoft Azure, Google Cloud Platform 등 업계 대기업 외에는 클라우드 시장의 많은 부분이 수수께끼로 남아 있다(Edward Jones, Cloud Market Share—a Look at the Cloud Ecosystem in 2020, Kinsta, 2020. 4. 20. 〈https://kinsta.com/blog/cloud-market-share/〉).

38) Ibid.

III. 데이터와 AI: 예측과 의사결정

1. 데이터의 집중과 알고리즘의 진화

이들 보완적 기술의 진보에 수반하는 데이터 집중[39]과 알고리즘(이른바 인공지능: AI)의 진화는 인간이나 조직의 의사결정에 도움을 준다. 표준적인 합리적 의사결정 모델은 행동과 결과 및 행동이 가져올 결과의 예측, 또한 예측에 기초한 판단과 그 근거가 되는 선호순서로 구성된다. 지금 우리가 살고 있는 4차 산업혁명시대의 핵심기술은 빅데이터, 인공지능, 자율주행자동차 등이다. 이 기술들은 모두 데이터 기반의 기술이며 데이터 활용 여부가 기술수준을 말한다.[40] 데이터의 집중과 알고리즘의 개발은 패턴인식과 예측의 정밀도를 극적으로 개선시킴으로써 소비자·기업·정부의 의사결정이나 이들 조직의 기본방향에 큰 영향을 주고 있다.[41]

2. AI 데이터 산업

2019년 10월 28일 문재인 대통령이 직접 발표한 대통령 인공지능 기본구상을 바탕으로, 경제·사회 전반의 혁신 프로젝트로서 인공지능 국가전략이 수립되었다. 정부는 동년 12월 17일 문 대통령 주재로 열린 제53회 국무회의에서 과학기술정보통신부를 비롯한 전 부처가 참여하여 마련한 「인공지능(AI) 국가전략」을 발표하였다.[42][43]

---

39) 2011년 시장조사업체인 가트너는 "데이터는 21세기의 원유이며 데이터가 미래 경쟁 우위를 좌우한다"고 강조한 바 있다.

40) 박성현, "[전문가 진단] 데이터 3법, 빅데이터·인공지능에 기여하려면", 「미래한국」, 2020. 3. 6.

41) AI는 인지·학습·추론 기능 등을 통해 산업의 생산성 향상과 부가가치 창출에 기여하고, 범죄 대응·노인 돌봄·맞춤형 서비스 제공 등을 가능케 함으로써 우리 사회의 당면과제 해결에 유력한 방안으로 부상하고 있다(윤상웅/이상국, "보도자료 인공지능(AI) 국가전략 발표", 과학기술정보통신부, 2019. 12. 17).

42) 정부는 'IT 강국을 넘어 AI 강국으로'를 비전으로, 2030년까지 ▲디지털 경쟁력 세계 3위, ▲AI를 통한 지능화 경제효과 최대 455조 원 창출, ▲삶의 질 세계 10위를 위해, 3대 분야의 9대 전략과 100대

국내 업계는 후발주자로, AI 데이터 수집 분석을 토대로 한 다각적인 딥러닝으로 산업 영역을 확대하며 기술을 고도화하고 있다. 국내 AI 데이터 산업은 AI 발전의 핵심 초석으로 불리며, 정부 및 기관은 물론 기업과 개인에 이르기까지 다양한 파급효과를 일으키며 차세대 산업으로 성장하고 있다.[44]

　인공지능 서비스는 ① 모바일 등을 통한 데이터(이미지, 텍스트 등) 획득, ② 데이터 가공, ③ 반복 학습을 통한 AI 모델(알고리즘) 생성 과정을 통해 ④ 최종적으로 서비스로 제공된다.[45] AI가 인간의 의사결정에 공헌하는 것은 패턴 인식 등에 근거해 행동이 가져올 결과를 예측하는 국면이라고 한다.[46] 현재의 AI는 대량의 데이터에 의해 알고리즘을 단련하고 인간이 하지 못한 패턴인식을 고속으로 하는 기술인데, 이것이 해당되는 영역, 예를 들어, 얼굴인증이나 번역에서는 눈부신 성과를 거두고 있다. 다

실행과제를 마련하고 있다(과학기술정보통신부, "보도자료 "IT 강국을 넘어 AI 강국으로!" 범정부 역량을 결집하여 AI 시대 미래 비전과 전략을 담은 'AI 국가전략'발표", 2019. 12. 17, 4면).

43) 2020년 1월 9일 데이터 3법(개인정보보호법, 정보통신망법, 신용정보법) 개정안이 발의된 지 1년 2개월 만에 어렵게 국회를 통과해 '데이터 강국'으로 가는 초석이 마련되었다. 이 개정안은 1월 28일 국무회의에서 의결되었고 2월 4일 공포되어 6개월 후인 8월 5일에 시행될 예정이다. 이번 법 개정의 핵심은 특정인을 식별할 수 있는 정보의 상당 부분을 가린 가명정보는 통계 작성, 공익적 기록 보존, 과학적 연구(산업적 연구 포함) 등에 정보 소유자의 사전 동의 없이 사용할 수 있게 한 것이다. 또한 이 법안에서는 익명정보(anonymous information)의 개념도 도입했다. 개인 식별이 가능해 마음대로 사용이 제한된 '개인정보'와, 식별이 불가능하지만 마음대로 사용이 허용된 '익명정보' 사이에 있는 '가명정보' 사용 범위에 대해 기업이 안심하고 개인 정보를 사용할 수 있도록 구체적인 시행령의 마련이 조속히 이루어져야 할 것이다(박동선, "[엔터테인&] 국내 AI데이터 시장, 모두가 함께 뛴다", 「전자신문」, 2019. 12. 11).

44) 박동선, 전게 신문보도.

45) 과학기술정보통신부, "(4차산업혁명위원회 심의안건 제1호) I-Korea 4.0 실현을 위한 인공지능(AI) R&D 전략", 2018. 5, 2면.

46) 복수의 알고리즘이 연계하여 종래의 통계에서는 달성 불가능하다고 생각할 수 있는 정도의 수준으로 예측을 할 수 있다. 예를 들면, 앙상블 머신러닝 알고리즘은 환자의 폐암단계 예측에 대한 기존 임상 의사결정 트리(감도 53%, 특이성 89%, 정밀도 72%)를 실질적으로 능가하고 93%의 민감도, 92%의 특이성, 93%의 정확도를 가진 완전한 샘플 성능을 제공한다는 것을 발견했다고 한다(Savannah L. Bergquist/Gabriel A. Brooks/Nancy L. Keating/Mary Beth Landrum/Sherri Rose, Classifying Lung Cancer Severity with Ensemble Machine Learning in Health Care Claims Data, Proceedings of Machine Learning Research. 2017, JMLR W&C Track Vol. 68, p.33).

만, 그것은 지금으로서는 인간만이 할 수 있는 의미를 만들어 이용하는 작업의 대체
는 불가능하다.

데이터 집중과 AI의 기계학습과 강화학습으로 인해 예측비용은 급격히 낮아지고
있다. 예측이라는 기능은 점차 상품화될 것으로 예상할 수 있다. 여기서 주의해야 할
점은 예측의 상품화에 의해 의사결정을 구성하는 다른 보완적 요소(판단이나 행동을 지
원하는 기능·서비스 등)의 희소성이 증대한다는 것이다. 예측가격이 낮아지면 대체재
(substitutes)의 가치는 낮아지고 보완재(complements)의 가치는 올라갈 것이다. AI는 인
간보다 훨씬 나은 예측 변수가 될 것이고, AI 예측의 질이 올라갈수록 인간 예측의 가
치는 떨어질 것이다.[47] 언론에서 가장 많이 다뤄진 보완재는 데이터이다. 데이터는
예측을 보완하는 중요한 보완재이기 때문에 예측비용이 하락함에 따라 기업의 데이
터 가치는 상승한다.[48]

향후 플랫폼 비즈니스에서 부가가치의 원천은 화상이나 음성을 포함한 대량의
데이터를 처리하기 위해서 필요한 센서나 반도체 등의 하드웨어나 그것을 처리하기
위한 비구조화된 데이터 처리를 효율적으로 실시하는 알고리즘이며, 그렇게 얻은 정
확한 예측치에 근거해 판단이나 행동을 지원하는 기기·서비스라고 예상할 수 있다.
이것은 향후 디지털 이코노미에 있어서 경쟁정책을 검토하는 데 있어서 충분히 유의

---

47) 옥스포드 대학의 Frey와 Osborne 연구원은 미국 직업의 47%가 자동화로 인한 높은 위험에 처해
있다고 결론짓는다(Carl B. Frey and Michael Osborne, The future of employment: How susceptible are jobs to
computerisation?, Oxford Martin School Working paper, 2013). OECD가 32개국을 대상으로 자동화에 따
른 일자리 대체 위험성을 분석한 결과에 따르면 미국은 10%로서 2013년 Frey와 Osborne의 연구 결
과 추정치인 47%보다는 낮게 나타났다. 한국은 OECD 32개국 평균보다는 일자리 대체 확률이 낮
은 것으로 나타났으며, 고위험 일자리는 평균보다 낮은 것으로 나타났다(유선실, "OECD의 자동화에
의한 일자리 대체 가능성 분석", 「동향」 제30권 제8호(2018), 23-24면; Melanie Arntz/Terry Gregory/Ulrich
Zierahn, The risk of automation for jobs in OECD countries, OECD Social, Employment and Migration
Working Papers, 2016).

48) Commentary, The economics of artificial intelligence, McKinsey Quarterly, 2018. 〈https://www.
mckinsey.com/business-functions/mckinsey-analytics/our-insights/the-economics-of-artificial-
intelligence#〉.

해야 할 점이라고 할 수 있다.[49]

IV. 디지털 이코노미 경쟁정책 과제

디지털 이코노미의 현저한 특징은 그 맹렬한 이노베이션(innovation)의 스피드에 있다. 제품개발과 연구개발은 병행된다. 신기능과 신서비스의 계속적인 개발이 디지털 이코노미에서 성공의 열쇠가 된다. 이것을 「시장에서의 경쟁(competition in the market)」이 아닌 「시장을 목표로 하는 경쟁(competition for the market)」이라고 부를 수 있다.[50] 디지털 이코노미에서는 네트워크효과의 존재나 양면시장의 기능이 사용자의 편익이나 프로바이더의 이익을 크게 높여 준다. 양면시장인 온라인 미디어 플랫폼의 경향은 광고로 모든 수익을 얻는 등 관련 콘텐츠가 소비자에게 무료로 제공되는 경우가 많다. 이는 부분적으로 온라인 플랫폼이 사용자 데이터를 활용하여 표적광고를 수행하는 능력에 기인한다. 시소효과(seesaw effect)로 소비자 가격은 0으로 떨어지는 반면 광고주들에게는 요금을 더 부과할 수 있다. 특히, 소셜미디어와 같은 일부 온라인 플랫폼은 소비자들 사이에서 플랫폼 내 네트워크효과가 강하다. 이에 따라 소비자들은 플랫폼이 더 널리 사용될수록 더 많은 가치를 얻는다. 이로 인해 사용량이 감소하여 플랫폼이 모든 사람(광고주 포함)의 관심을 덜 끌지 않도록 플랫폼이 사용자 가격을 부과하는 것을 막는다.[51] 많은 플랫폼은 무료서비스의 제공이나 과대하다고도 생각되는 화려한 광고선전을 실시하는 것에 의해서 소비자의 「주의·관심을 끄는 경쟁(competition for attention)」을 하고 있다.[52]

---

49) 岡田羊祐, 前揭論文, 4面.

50) 그러한 인식하에 경쟁법에 의한 시장에의 적극적인 정부의 개입에는 신중해야 한다는 인식이 미국을 중심으로 존재한다(Bernard A. Nigro, JR., 'Big Data' and Competition for the Market, 2017. 12. 13, p.7).

51) Glen E. Weyl, A Price Theory of Multi-Sided Platforms, 100 AM. ECON. REV. 1642, 1657-1663 (2010).

52) 岡田羊祐, 前揭論文, 4面.

디지털 이코노미에 있어서 데이터의 집중·이용을 수반하는 이러한 다원적인 경쟁은 새로운 기술이나 서비스의 등장을 촉진하고, 보다 효율적인 생산·유통 시스템을 가져오고, 한층 더 업계 재편이나 업종을 초월한 경쟁을 촉진하는 것으로 연결된다. 정부에 의한 과도한 규제로 인해 디지털 이코노미의 역동성이 억제되지 않도록 충분히 주의하지 않으면 안 된다.

그러나 디지털 이코노미의 기술 특성이나 산업 특성은 플랫폼의 지배적 지위를 강화하는 방향으로 작용하기도 한다. 이 상반되는 효과를 판별하고, 적절한 경쟁정책상의 지침을 얻는 것은 용이하지 않다. 이하에서는 디지털 이코노미 관련 경쟁정책상의 과제를 몇 가지 검토하고자 한다.

1. 플랫폼에 의한 단독행위

디지털 이코노미에 있어서의 데이터의 집적·이용은 플랫폼에 연결되지 않는 경쟁 상대를 관련시장으로부터 배제해 사용자의 선택사항을 제한할 위험이 있다.[53] 예를 들면, Booking.com나 아마존에 의한 최혜국 대우 조항(MFN: most-favored nation clause)이 경쟁자배제에 해당하는지의 여부가 문제되어 왔다.[54] 최근의 연구는 MFN 조항이 경쟁제한 효과를 가질 가능성을 강하게 시사하고 있다.[55]

---

53) 온라인시상에서의 수직제한 전반에 대해서는 다음을 참조하시오. OECD, Vertical Restraints for On-line Sales. Policy Roundtables, Paris, 2013; ICN, Online Vertical Restraints Special Project Report, the Australian Competition and Consumer Commission, 2015.

54) 和久井理子, "最惠国待遇条項(MFN)·価格均等条項と独占禁止法(上·下)", 「NBL」第1093号(商事法務, 2017), 19-27面, 第1095号(商事法務, 2017), 39-45面; 伊永大輔/寺西直子/小川聖史, "多面市場·プラットフォームビジネスと競争法", 「公正取引」第806号(公正取引協会, 2017), 32-38面; 伊永大輔/寺西直子/小川聖史, "最惠国待遇(MFN)条項と競争法", 「公正取引」第808号(公正取引協会, 2018), 45-52面.

55) Andre Boik/Kenneth S. Corts, The Effects of Platform Most-Favored-Nation Clauses on Competition and Entry, The Journal of Law and Economics Vol. 59, No. 1(2016), p.59; Justin P. Johnson, The Agency Model and MFN Clauses, The Review of Economic Studies, Vol. 84, Issue 3(2017), p.84; Matthias Hunold/Reinhold Kesler/Ulrich Laitenbergerb/Frank Schlütter, Evaluation of best price clauses in online hotel bookings, International Journal of Industrial Organization Vol. 61(2018).

플랫폼 비즈니스에서는 에이전시 모델(agency model)이 넓게 채용되고 있다. 에이전시 모델이란 상류기업에 소매가 결정을 맡겨 최종적으로 얻은 이익을 상류와 하류기업 간에 고정적 배분비율에 따라 분배하는 방식이다. 예를 들어 애플사의 경우 70%가 상류기업(콘텐츠업체), 30%가 대리점인 애플에 배분되고 있다.[56]

재판매 가격유지(resale price maintenance: RPM)와 에이전시 모델은 얼핏 비슷한데 큰 차이점은 계약의 주도권을 어느 쪽의 사업자가 가지는가 하는 점이다. 통상 RPM에서는 상류기업이 주도권을 가지는 것에 대해, 에이전시 모델에서는 하류의 플랫폼사업자가 계약의 주도권을 가진다. RPM에서는 이중한계성의 회피나 소매마진 확보에 의한 수요 창출 효과라고 하는 정당화 이유가 자주 지적된다. 그러나 에이전시 모델에서는 계약의 대상범위는 플랫폼 측이 결정하고, 한편, 마진의 배분비율은 고정되어 있으므로, RPM의 정당화 이유는 그대로 적용되지 않는 것이다.[57]

디지털 플랫폼에 의한 단독행위가 개량서비스 제공에 필요하고 상당한 데이터 수집 등 품질향상 의미에서 효율성에 의하지 않고, 소비자·사업자 사용자의 전환을 방해하거나 경제적 혹은 기술적으로 합리적 이유 없이 소비자·사업자 사용자에 의한 멀티호밍(multihoming)[58]을 저해하는 경우에는 경쟁법상 문제가 발생할 수 있다. 일반적으로 사용자에 의한 전환이나 멀티호밍은 디지털 플랫폼이 향유하는 네트워크효과를 감소시킨다. 경합하는 서비스가 본질적으로 같고 다른 제공자와의 계약 체결에 엄청난 비용이 드는 경우 등 소비자·사업자 사용자가 복수의 서비스를 동시에 이용하

---

56) Richard J. Gilbert, E-Books: A Tale of Digital Disruption, Journal of Economic Perspectives Vol. 29, No. 3(2015).

57) Amelia Fletcher/Morten Hviid, Broad Retail Price MFN Clauses: Are They RPM "At its Worst"? Antitrust Law Journal Vol. 81, No. 1(2016), p. 81. 에이전시 모델과 MFN이 결합될 경우 가격유지 효과가 강해질 가능성을 지적하는 의견도 있다. 다음을 참고하시오. Øystein Foros/Hans Jarle Kind/Greg Shaffe, Apple's agency model and the role of most-favored nation clauses, Rand Journal of Economics Volume 48, Issue 3(2017), p.48.

58) 멀티호밍(multi-homing)은 이용자들이 유사한 서비스를 제공하는 다수의 플랫폼을 사용하는 행태를 의미한다. 반면 싱글호밍(single-homing)은 이용자들이 특정한 하나의 플랫폼만을 사용하는 것을 일컫는다(홍동표/이선하/장보윤/이미지/권정원, "주제 1: 디지털 시장의 특성과 경쟁법 적용: 이론과 사례분석", 「2018년 법·경제분석그룹(LEG) 연구보고서」, 2018, 40면).

지 않고, 따라서 자연스럽게 싱글호밍이 되는 경향이 있다. 이때 경쟁이 유효하게 작용하는가는 이용자의 전환이 인위적으로 방해받지 않는지의 여부와 관련된다. 또 스마트폰에 유사한 앱을 여러 개 가진 소비자 사용자나 여러 디지털 플랫폼으로 동시에 상품 등을 판매하거나 광고를 내는 사업자 사용자처럼 경쟁하는 차별화된 서비스를 동시에 이용할 수 있으며 동시이용에 큰 비용이 들지 않을 경우 이들 사용자는 멀티호밍 능력과 유인을 갖는다. 이 경우에도 경쟁이 유효하게 작용하는지는 이용자의 멀티호밍이 인위적으로 방해받지 않는지의 여부에 좌우된다.[59] 시장지배적 기업은 이용자들의 멀티호밍이나 공급자 전환(switching)을 저해하는 행위 등으로 신규 플랫폼 등 경쟁사업자로의 쏠림현상을 방지하려고 할 수 있다.[60]

2. 디지털 기술을 이용한 공동행위

디지털 기술을 활용한 공동행위는 카르텔·담합 규제의 새로운 과제이다. 가격결정의 알고리즘을 공통화하는 것에 의해서 위법성 판단기준의 열쇠가 되는 「의사의 연락」이 명확하게 따르지 않은 채 가격유지 효과가 발생할 가능성이 있다.[61] 이런 행위가 카르텔·담합 규제의 허점이 되는 것 아니냐는 우려가 규제당국 사이에서 커지고 있다.[62]

가격정보의 투명화는 경쟁촉진효과와 경쟁제한효과가 모두 발생할 수 있음은 널리 알려져 왔다. 적잖은 온라인 판매자가 자동 가격설정 프로그램을 사용하는 것으로 알려져 있다. 온라인에 공개된 동종 상품의 가격정보를 모니터링하며 자사 상품가격

---

59) 土佐和生, "デジタルPF による単独行為に関する競争政策上の論点整理－イノベーション競争に対するデータ保有の意義", CPRC ディスカッション・ペーパー, 競争政策研究センター/公正取引委員会, 2019. 12, 12面.

60) 홍동표/이선하/장보윤/이미지/권정원, 전게보고서, 2018, 18면.

61) 소프트웨어에 의한 담합은 디지털 카르텔, 테크노 카르텔, 알고리즘 담합, 디지털 담합 등으로 불린다.

62) 池田毅, "デジタルカルテルと競争法", 「ジュリスト」第1508号(有斐閣, 2017), 55面 이하; 伊永大輔/寺西直子/小川聖史, "アルゴリズム・AI(人工知能)と競争法", 「公正取引」第810号(公正取引協会, 2018), 59-66面, 大橋弘, "デジタルカルテルと競争政策", 「経済セミナー」第698号(日本評論社, 2017), 24-28面 참조.

을 조정하는 소프트웨어이다. 대표적인 프로그램으로 IBM의 「DemandTec 가격 최적
화 소프트웨어」가 있다. 국내에서도 가격설정 프로그램이 활용되고 있다. 주요 가격
비교 사이트에서 검색되는 실시간 가격정보를 토대로 상품가격을 자동으로 조정해
준다. 주로 최저가를 파악해 그보다 낮은 가격으로 설정한다. 판매자는 가격변동 조
건과 시간 등을 미리 입력해 둘 수 있다. 이런 프로그램은 가격비교 사이트가 성행하
기 시작한 10여 년 전부터 활용됐다고 한다.[63]

가격 알고리즘이 고도화되면 시장 전체의 수급뿐만 아니라 경쟁 상대의 다음의
행동을 예측해 가격전략을 세우는 것이 가능하게 된다. 한편, 사업자가 같은 가격 알
고리즘을 이용하여 가격을 인하하여 고객 유치를 시도하더라도 경쟁자가 곧바로 추
종하여 가격을 인하할 인센티브가 없어지는 경우도 생각할 수 있다. 이렇게 되면, 가
격결정 알고리즘의 관점에서는 경쟁자 사이에서 가격을 인하하지 않는 것이 최적인
가격전략이 되어, 가격이 비싸게 설정되고 실질적으로는 카르텔과 같은 상황이 생길
수 있다.

가격결정 알고리즘을 사업자가 이용하여 카르텔과 같은 상황이 발생할 수 있는
경우는 크게 4가지로 나누어 볼 수 있다. ① 같은 가격결정 알고리즘의 이용을 합의하
는 경우, ② 제3자로부터 제공되는 같은 가격결정 알고리즘을 사용하는 경우, ③ 유사
한 가격결정 알고리즘의 채택으로 협조가 용이해지는 경우 그리고 ④ 가격결정 알고
리즘끼리 자율적으로 가격조정을 하는 경우이다.

①의 경우에는 경쟁자가 같은 가격결정 알고리즘을 같은 조건 아래에서 이용하
는 것에 합의하는 경우이다. 이 경우에는 직접 가격에 대한 합의가 없었다고 해도, 가
격결정에 일정한 계산식을 이용하는 것을 합의하고 있는 경우와 같이 전통적인 카르
텔 개념하에서도 카르텔이 성립하게 된다고 생각된다. ②의 경우에는 경쟁자가 우연
히 제3자로부터 제공되는 같은 가격결정 알고리즘을 이용했다고 해서 즉시 경쟁법
의 문제가 생기는 것은 아니다. 다만, 제3자를 통해서 경쟁자의 가격 데이터 그 자체

---

63) 김창욱, "'디지털 카르텔'을 아십니까, 고무줄 가격 뒤 '보이지 않는 담합' 온라인 가격, 인상 땐 더 빨
리 큰 폭으로 조정", 「국민일보」, 2018. 10. 6.

를 공유하고 그것을 서로 인식하고 있는 경우에는 해당 제3자를 통한 허브 앤드 스포크(hub-and-spoke)형의 카르텔이 성립할 가능성도 있다. 미국의 AppleeBooks 사건[64]에서 관찰되듯이 디지털 플랫폼과 사업자 사용자 사이의 판매가격 경쟁을 회피하는 허브 앤드 스포크형의 공동행위가 전형적으로 발생할 수 있다.[65] 가격결정 알고리즘의 사용 유무에 관계없이 본래 경쟁자끼리 직접 교환해서는 안 되는 데이터는 제3자를 통해서도 공유하지 않는 것이 중요하다. ③의 유사한 가격결정 알고리즘의 채택으로 협조가 용이해지는 경우에는 전통적인 카르텔 개념에 따르면 유사한 가격결정 알고리즘을 채택함으로써 협조가 쉬워진다 하더라도 카르텔로 적발하기는 어려울 것으로 보인다. ④의 가격결정 알고리즘끼리 자율적으로 가격조정을 하는 경우가 문제된다. AI의 발전에 의해 장래적으로는 자율적인 가격결정 알고리즘끼리 사업자의 의도와는 관계없이 가격조정을 실시하는 경우도 나올지 모른다. 이 경우 경쟁자 사이의 어떠한 인위적인 교환을 핵심으로 하고 있는 전통적인 카르텔 개념에서는 포착할 수 없다고 할 수 있다.[66][67] 특히 디지털 경제에서는 과점상태가 아니더라도 알고리즘에

---

64) United States v. Apple `Inc., 791 F.3d 290 (2d Cir. 2015).

65) 본건에서는 Amazon의 전자서적 단말기 Kindle의 발매와 서적판매 가격 9.99 달러의 설정 이래, 사업자 사용자인 출판사는 동일 종이서적의 매상 부진에 고민해 왔다. 2009년 Apple은, iBookstore라고 하는 전자서적 전달 사업을 운영하는 디지털 플랫폼의 시작을 기도하고, 전자서적의 보다 높은 판매가격 설정의 점에서 대기업 출판사 5개사와 이해를 같이하였다. Apple은 5개사와 전자책의 보다 높은 소매판매가격 설정을 주도하였으며, 5개사에 대해 기존의 전자책 판매방법인 도매모델(wholesale model: 출판사로부터 전자책을 공급받는 소매업자가 전자책 소매판매가격을 설정함)이 아닌 대리점모델(agency model: 출판사가 대리점인 소매판매가의 가격을 설정하고 Apple은 판매수수료 30%를 받는다) 및 소매판매가격 등과 관련한 동등성 조항을 채택하기로 합의하였다. 덧붙여 동 조항에 근거하는 의무는 본래, 출판사가 Apple에 대해 Amazon을 포함한 다른 모든 소매업자에 대한 소매판매가격 중 가장 낮은 가격으로 판매해야 하는 점에 있지만, 동시에, 본건에서는 이것은 전자서적의 고가 설정에 관한 Apple과 5사 간의 상기 공모의 준수를 감시하는 실효 확보 수단으로서 기능하도록 기도되고 있었다. 법원은 상기 공모를 셔먼법 제1조 위반이라고 하였다. 이와 같이 본건은 디지털 플랫폼이 사업자 사용자 사이에 경쟁을 서로 회피하는 공동행위를 주도·촉진하는 허브적 위치에 설 수 있는 것, 동등성 조항에는 디지털 플랫폼이 사업자 사용자 사이의 공모를 감시하고, 그 실효 확보 수단으로서 기능하는 면도 있는 것을 나타낸다.

66) 공표되고 있는 가격으로부터 경쟁 상대의 행동을 알아 거기에 추종하는 행위는 경쟁자 사이의 의사의 연락이 없는 한 이른바 의식적 병행행위로서 카르텔은 성립하지 않는다고 전통적으로 생각

의한 의식적 병행행위가 나타날 수 있다.[68] 인간의 행위가 개입되지 않는 알고리즘 담합에 대하여 향후 경쟁법의 적용을 고민할 필요가 있다.

3. 플랫폼에 의한 기업결합

글로벌한 인터넷 관련 서비스의 급성장을 배경으로 수평·수직에 걸친 다양한 기업결합 사례가 증대하고 있다. 세계적으로 고속 인터넷망과 스마트폰이 급속히 확산되면서 온라인상의 디지털 플랫폼들이 검색, 인터넷 포털, SNS, 오픈마켓 등 다양한 분야에서 폭발적인 성장을 거듭하고 있다. 이들 사업자들은 어느 분야에서 사업을 시작하였든 그곳에서 확보한 대규모 고객그룹과 인프라를 바탕으로 각종 연관사업 분야에 발 빠르게 진출하고 있다. 그 과정에서 대규모 플랫폼사업자들이 경쟁사업자나 인접시장의 혁신적 신생기업들을 잇달아 인수하면서 경쟁제한적 기업결합이 이

되어 왔다. 미국, 영국, EU, 뉴질랜드를 포함한 많은 관할구역들은 구체적인 가격신호조항을 가지고 있지 않으며, 가격신호행위는 일반적으로 반경쟁적 협정의 일반적인 금지 또는 공동관행 금지법에 따라 기소된다. 그렇게 함으로써, 전 세계 경쟁 당국은 반경쟁적 가격 공시를 규제하기 위해 카르텔 개념을 확장하려고 노력해 왔다(David H. Bamberger/Bertold Bär-Bouyssière/Alessandro Boso Caretta/Daniel Colgan/Massimo D'Andrea/Alina Lacatus/Alexandru Potlog/Simon Uthmeyer/Lorena Slevoaca/Martijn van Wanroij, Feature article: Signalling collusion: Global trends in combatting anticompetitive information disclosure, 2016. 7. 18).

67) 정보공유로 인한 시장의 투명성 증가는 소비자에게 직접적인 이익이 될 수 있을 뿐만 아니라 관련 기업의 효율성을 향상시켜 소비자 후생을 향상시킬 수 있다. 그러나 투명성 강화는 또한 경쟁자들 사이의 공모 평형성(collusive equilibria) 달성을 촉진하거나 비조정적인 반경쟁적 효과를 초래할 수 있다. 반경쟁적 효과의 잠재력은 교환되는 정보의 유형과 관련된 시장의 구조적 특성과 같은 여러 가지 주요 요인에 따라 결정된다(Organisation for Economic Co-operation and Development, Information Exchanges Between Competitors under Competition Law, 2010, DAF/COMP(2010)37, 2011. 7. 11). 최근에는 해외에서 가격인상의 의사를 미디어에 발표하는 것이 경쟁 상대와의 협조로 연결되는 시그널링으로서 문제시되는 사례가 나오고 있다. 또 해외 당국을 중심으로 경쟁자 사이의 단순한 가격정보의 교환이라고 해도 경쟁자 사이의 협조를 낳아 경쟁제한으로 연결될 우려가 있는 경우에는 카르텔로서 규제하려는 움직임도 나오고 있다[伊藤多嘉彦, "ロボットカルテル ―価格決定アルゴリズムと独禁法―", 「情報センサー」第132号(新日本有限責任監査法人, 2018), 25面].

68) 박창규, "디지털 경제에서 알고리즘 담합에 관한 연구", 「법학논총」, 제43권(숭실대학교 법학연구소, 2019), 79-80면.

루어질 우려도 함께 커지고 있다.[69] 특히 디지털 이코노미의 양면시장이라고 하는 특성에 비추어 플랫폼에의 기업결합의 평가방법이나 경제분석의 활용방법, 구제조치(remedies)의 타당성이 다시금 문제되고 있다.[70] 기본적으로는 네트워크효과가 미치는 범위를 사거리에 두고 수요구조를 특정화하지 않는 한 플랫폼에 있어서 합리적인 시장획정은 어렵다고 할 것이다.[71][72] 그러므로 종래 SSNIP 테스트는 무료서비스를 갖는 양면시장에서 플랫폼의 기업결합에 적용하기에 한계가 있다.[73] 그러므로 시장획정에 있어서 가격기준뿐 아니라 혁신성 등 다른 요인에 의하여 기업결합의 경쟁제한성을 평가할 수 있는 기준마련이 필요하다고 할 것이다.

플랫폼에 의한 기업결합의 경우 결합 이후 간접적 네트워크효과에 따른 선순환 효과에 기인하여 남용행위를 할 수 있고, 이에 따라 경쟁기업보다 상대적으로 시장지위를 확고하게 함으로써 시장이 독점화될 가능성이 있다. 그러므로 기업결합심사 시 이를 고려할 필요가 있다.[74] 독일 연방카르텔청은 Immonet/Immowelt 조인트벤처 건

69) 이기종, "디지털 플랫폼사업자 간의 기업결합 규제—EU의 Facebook/WhatsApp 사건을 중심으로", 「상사판례연구」 제29집 제1권(한국상사판례학회, 2016), 80면.

70) 岡田羊祐, 前揭論文, 6面.

71) 양면시장에 있어서의 시장획정의 구체적 방법이 문제가 된다. 플랫폼의 경쟁우위성이 이노베이션(innovation)이나 데이터의 집적에 의해 결정되는 것이라면, SSNIP나 SSNIP의 수정으로는 대응할 수 없다. SSNIP는 일면시장에 있어서의 가격시장을 염두에 두지만, 원래 플랫폼은 그러한 특성을 갖추는 일이 없다. 플랫폼에 대한 경쟁법규제의 문제는 전통적인 시장지배력 분석의 한계문제라는 성질을 가진다(川濵昇/武田邦宣, "プラットフォーム産業における市場画定", 「RIETI Discussion Paper Series 17-J-032」, 2017, 15面).

72) 다면시장을 단면시장으로 잘못 파악하는 경우, 종종 시장분석은 서로 다른 시장에서 분리하여 수행된다. 이렇게 되면, 모든 제약과 사업자들 간의 상호작용이 포착되지 않고 이는 시장평가의 정확성에 영향을 미친다. 다면시장의 경우 시장정의는 복잡하지만 적절한 시장평가를 위해 중요하다(GSMA, Competition Policy Digital Age, 2015, p.67).

73) SSNIP 테스트는 시장획정의 전통적 도구이나 본 사건과 같이 무료제품이 제공되는 시장의 경우에는 이를 적용하기 어렵다. 예컨대, 이 테스트는 "작지만 실질적이고 일시적이 아닌 가격의 인상(small but significant and non-transitory increase in price)"이 있은 경우 고객이 얼마나 이탈하는지를 보는 것이며, 통상적으로는 5~10%의 가격인상을 가정하는 것인데, 가격이 '0'인 경우 그 5~10%가 인상되어도 여전히 '0'인 결과가 되는 것이다(이기종, 전게논문, 87면).

74) 홍동표/이선하/장보윤/이미지/권정원, 전게보고서, 19면.

에서 두 기업의 조인트벤처에 따른 경쟁제한성 평가 시 간접적 네트워크효과를 고려하였다.[75] 연방카르텔청은 본건 부동산중개플랫폼시장처럼 양(+)의 쌍방향 간접적 네트워크효과가 존재하는 시장에서 시장쏠림현상이 나타날 수 있다고 우려하였다. 그러나 연방카르텔청은 해당 플랫폼의 양면에서 멀티호밍하는 추세가 상대적으로 강해 시장쏠림현상이 나타나지 않을 것이며, 본건 기업결합이 2, 3위 기업 간 조인트벤처인 만큼 간접적 네트워크효과를 통해 1위 기업의 시장지배력을 약화할 수 있을 것이라고 보았다. 또한 온라인 데이팅플랫폼 Oakley Capital/EliteMedianet 기업결합 사건[76]에서 연방카르텔청은 온라인 데이팅플랫폼에서 양(+)의 쌍방향 간접적 네트워크효과가 존재함에 따라 결합 이후 쏠림현상이 발생할 가능성이 존재하지만 멀티호밍 추세, 플랫폼 차별화, 경쟁사들 간 혁신경쟁이 활발하다는 이유로 경쟁저해성이 없다고 판단하였다.[77]

또한 디지털 이코노미 하에서의 플랫폼시장에서는 이른바 말살매수(killer acquisitions)라고 하여 특정 시장에서 지배적 지위에 있는 기업이 미래 대체재를 공급할 가능성이 있는 기업을 매수함으로써 잠재적인 경쟁상대를 사전에 배제하는 행위가 존재한다. 이와 같은 말살매수는 미래의 경쟁이나 이노베이션, 기술혁신을 저해할 것으로 우려되고 있다.[78] 말살매수는 취득자와 매수대상자의 상품의 중복이 높고 제품시장의 경쟁이 낮을 때 그 매수동기가 더 강하게 된다.[79] 경쟁당국은 거대 플랫폼

---

75) 쌍방향 간접 네트워크효과가 뚜렷한 플랫폼시장은 집중력이 상대적으로 강한 경향을 보이는 경우가 많다. 수수료는 보통 네트워크효과가 내부화되는 동안 양면에 모두 서비스되고 확산될 수 있는 방식으로 설정된다. 이는 플랫폼의 수가 감소하면 (일반적으로 일방적 시장의 경우처럼) 경쟁 강도가 낮아지는 것이 아니라 어쩌면 더 큰 강도로 이어질 수 있다는 것을 의미한다. 더 적은 플랫폼의 존재는 네트워크효과를 더 쉽게 내부화할 수 있게 해 주기 때문에 경쟁의 대상이며 이는 결국 플랫폼의 경쟁 가능성을 향상시킨다(Bundeskartellamt, Case Summary Clearance of Merger of Online Real Estate Platforms, B6-39/15, 2015. 6. 25, p.3).

76) Bundeskartellamt, Ref. B6-57/15(2015).

77) 홍동표/이선하/장보윤/이미지/권정원, 전게보고서, 19면.

78) Colleen Cunningham et al., Killer Acquisitions, Academy of Management Proceedings, Vol. 2018 No.1(2018. 8), pp.1-7.

79) Ibid., p.2, p.4.

에 의한 신흥기업의 매수가 이노베이션의 싹을 자르는 행위인지에 대해서도 관심을 가지고 보지 않으면 안 되는 시대가 된 것이다.[80][81]

V. 결 론

플랫폼 비즈니스는 사람들의 생활을 풍부하게 함과 동시에 경제성장을 재촉하며 글로벌하게 전개되어 왔다. 플랫폼의 특징 즉, 네트워크효과, 쏠림현상, 고착효과 등에 의하여 플랫폼시장에서는 독점 등이 발생하기 쉽고, 소비자나 사업자의 불이익, 이노베이션의 저해로 연결될 우려도 있다.[82] 이에 플랫폼 비즈니스나 데이터에 대한 경쟁정책이 국제적으로 중요해지고 있다. 각국 경쟁당국은 디지털 이코노미 발전에 대한 대응을 최우선 과제 중 하나로 꼽고 있다.

경쟁정책을 둘러싼 큰 관심의 하나로 플랫폼 등 디지털 분야의 경쟁환경의 정비를 어떻게 진행시켜 나가야 하는지가 큰 과제가 되고 있다. 신규진입자 등에 의한 새로운 도전이 저해되고 있지는 않는지, 남용적인 행위에 의해서 이노베이션이 억압되고 있지는 않는지에 대한 점에 초점을 두고서 경쟁당국은 경쟁정책을 펴야 할 것으로 생각된다.

디지털 플랫폼에 의한 과점·독점이 이노베이션에 의해서 확보되는 것인 한 경쟁

---

80) Brent Kendall et al., FTC Antitrust Probe of Facebook Scrutinizes Its Acquisitions: Regulators examining whether socialmedia giant bought companies to neutralize possible rivals, Wall Street Journal Online, 2019. 8. 1.

81) 한편, 스타트업 기업만으로는 스스로의 서비스를 시장에 제공할 수 없지만, 대규모 플랫폼에 매수되어 그 안에서 서비스를 제공하게 됨으로써 보다 높은 가치를 제공할 수 있는 경우도 있음에 주의하여야 한다.

82) 독일 독점금지국은 2015년 디지털 시장 특별보고서에서 다면시장의 중요성과 플랫폼의 모든 측면을 포함시킬 필요성과 분석에 있어서 직접·간접적 네트워크효과를 강조하고 있다 (Monopolkommission, Competition policy: The challenge of digital markets. Special Report by the Monopolies Commission pursuant to Section 44(1)(4) of the Act Against Restraints on Competition, 2015, paras 34-44. 〈http://www.monopolkommission.de/images/PDF/SG/SG68/S68_summary.pdf〉).

당국으로서도 문제 삼지 말아야 한다고 생각된다. 그러나 디지털 플랫폼이 스스로의 지배적 지위를 남용하여 소비자나 거래처 사업자에게 부당한 불이익을 부과하는 것으로 공정한 경쟁을 왜곡시키거나 스스로의 경쟁자가 될 가능성이 있는 신규진입자를 부당하게 배제하는 등 자유로운 경쟁을 방해하는 행위를 하는 경우에는 경쟁정책상 간과해서는 안 된다. 또한 디지털 시대에는 경쟁당국에 의한 집행의 지연이 종래의 시장보다 장기간에 걸쳐서 경쟁을 저해하게 된다. 이 때문에 경쟁당국은 문제가 커진 뒤 행동하는 것이 아니라 빨리 조치하는 것이 중요하다.

플랫폼에서의 데이터 집중도 경쟁법 집행에 있어서 관심을 가져야 할 현상이다. 데이터의 접근성 확보와 관련한 법제의 마련 및 법 집행의 필요성이 존재한다. 법정책의 과제로서는 플랫폼 내의 경쟁이나 플랫폼 간의 경쟁을 어떻게 평가해야 하는지의 문제가 있다. 데이터에 의한 이노베이션이 중요하며, 데이터가 경쟁상 어떠한 역할을 담당하고 있는지를 검토할 필요가 있다. 경쟁에의 영향을 검토하는 데 있어서 데이터의 종류를 보는 것이 중요하다.[83] 경쟁에 영향을 주는 요인으로서 디지털 플랫폼에서 데이터를 누구나 수집·공유할 수 있는지, 플랫폼의 멀티홈이 허용되는지, 데이터의 수집·축적에 관해서 투명성이 높은지 하는 관점 등을 들 수 있다.[84]

플랫폼의 행동 자체가 새로운 가치 창출을 목표로 저렴하고 양질의 서비스를 제공하는 반면, 경쟁자의 배제나 소비자에게 불이익을 준다고 하는 경쟁제한적 효과도 존재한다. 그러므로 이와 같은 양자의 밸런스를 어떻게 판단하고 경쟁정책을 집행할 것인가 하는 것은 매우 어려운 과제이다.[85] 이노베이션을 저해하는 일 없이 경쟁제한

---

83) 플랫폼은 데이터의 소유자이기도 하고, 관리자이기도 하다. 데이터는 3가지로 분류할 수 있다. ① 자발적으로 제공되는 데이터(Volunteered data)는 사용자 자신의 데이터이지만, 규제에 의해 이전이 가능하다. 한편, ② 관측데이터(Observed data)는 플랫폼이 운용되는 가운데 수집되는 데이터이며, 플랫폼의 수익화를 위해서 플랫폼 자신에 의해 유지되는 것이다. 또한, ③ 추정데이터(inferred data)로 분류할 수 있다. 데이터의 해당 유형은 경쟁자가 동일 정보를 독립하여 수집 또는 취득하는 해당 능력에 영향을 미칠 수 있다[松宮広和, "【翻訳】欧州委員会による「デジタル時代のための競争政策 最終報告書」(2019年)(2・完)", 「群馬大学社会情報学部研究論集」第27巻(2020), 182面].

84) EU에서는 GDPR 제20조에서 데이터의 이동성 권리가 상세히 규정되어 있다.

85) 정부에 의한 과도한 규제로 인해 디지털 이코노미의 역동성이 억제되지 않도록 충분한 주의가 필

행위를 배제하고, 디지털 플랫폼 이용자의 이익을 확보하고, 경제의 지속적인 성장을 실현하는 것을 경쟁당국은 목표로 해야 할 것이다. 디지털 플랫폼에 관해서 주로 다음과 같은 5가지 대응을 추진하여야 할 것이다. 첫째, 공정거래법을 위반하는 행위에 대해 엄정하고 신속하게 대응할 필요가 있다. 둘째, 디지털 플랫폼의 거래관행 등 실태조사를 실시하여야 한다. 셋째, 소비자와의 관계에서 우월적 지위남용 규제의 적용을 검토할 필요가 있다. 넷째, 데이터와 이노베이션을 고려한 기업결합심사를 할 필요가 있다. 다섯째, 각종 소프트웨어의 클라우드화에 대비한 경쟁정책의 검토 역시 필요해 보인다.

요하다. 플랫폼으로의 데이터 등의 집중은 새로운 기술이나 서비스의 등장을 촉진하고, 보다 효율적인 생산·유통 시스템을 가져오고, 한층 더 업계 재편이나 업종을 초월한 경쟁을 촉진하는 점에 주의를 환기해 두고자 한다.

인터넷상 인격권침해 게시물 접근제한조치의 지역적 범위
−CJEU의 최근 판결을 중심으로*

정찬모
(인하대학교 법학전문대학원 교수)

I. 서 론

인터넷이 국가관할권에 제기하는 쟁점은 이미 1990년대 후반부터 학계의 연구 대상이 되었다.[1] 초기의 개념적 탐색을 거쳐서 저작권침해, 명예훼손 등 불법행위 및 형사범에 대한 국제재판관할이 빈번히 논의되었으며[2] 국내법 역외적용의 가능성과 한계도 인식되었다.[3] 국가가 자국법의 규율범위를 외국인의 외국에서의 활동에까지 확대하는 역외적용은 국가관할권의 충돌과 이에 따른 외교적 갈등을 야기할 수 있다. 이런 이유로 유럽연합(European Union, 이하 'EU'로 약칭함)은 역외적용에 대하여 전통적

---

* 이 글은 「사법」 제56호(2021)에 실린 동제의 논문을 전재한 것임을 밝힌다.

1) 초기 연구로는 이성덕, "사이버공간(Cyberspace)에 대한 국가 관할권의 문제: 입법관할권을 중심으로 한 국제법적 조망", 서울국제법연구 6권 2호(1999.12), 219-238면; 우지숙·민은주·석광현·권헌영, "인터넷상 국가간 법적 관할권과 준거법 및 시행에 관한 연구", 정보통신정책연구원 정책연구 99-07(1999. 12); 장신, "정보화시대의 국가주권", 국제법평론 통권 제15호(2001. 8), 97-117면; 고영국, "사이버 공간에서 국가관할권 문제의 해결방안", 외법논집 제23집(2006. 8), 289-317면.

2) 이규호, "인터넷상 저작권침해에 관한 소송의 국제재판관할권", 법학연구(연세대) 15권 3호 통권27호 (2005. 9), 1-34면; 이숭희, "해외 인터넷언론에 의한 명예훼손의 국제재판관할권과 소송절차", 언론중재 23권 2호 통권87호(2003 여름), 38-49면.

3) 윤종수, "인터넷에서의 국가관할과 국내법의 역외적용", 공법연구 39집 1호(2010. 10), 27-58면.

으로 미국에 비하여 소극적인 입장을 견지하였다.[4] 그러나 21세기에 들어 EU도 자국법의 역외적용에 적극적인 경향을 보이고 있으며 이러한 변화는 특히 근년 인터넷 경제와 관련한 법의 적용에 있어 두드러지게 나타나고 있다.

이 글이 관심을 가지고 고찰하는 것은 직접적으로 타인의 인격권을 침해한 자는 아니지만 피해자에 대한 실효적 구제를 위하여 검색 또는 호스팅서비스를 제공한 인터넷 플랫폼에게[5] 부과되는 콘텐츠 접근제한 조치의무의 지역적 적용범위이다. 이 논문은 EU법 최고법원인 유럽연합사법재판소(Court of Justice of the European Union, 이하 'CJEU'로 약칭함)가 최근 구글(Google) 검색서비스에 대해서 개인정보주체의 권리행사를 이유로, 그리고 페이스북(Facebook)에 대하여 명예훼손 침해구제를 이유로 EU법령상 검색결과 데이터에의 접근제한조치를 취할 의무를 부과하면서 EU역내뿐만 아니라 역외에서도 적용하라고 명령할 것인지의 문제에 대하여 판단한 두 개의 사례와 인터넷 인격권 침해에 대한 손해배상의 범위와 국제재판적의 문제를 다룬 사례를 중심으로 외국 인터넷 플랫폼에게 자국법의 적용을 의무화하는 최근 추세의 현황과 문제점을 분석한다.

이들 사례에 대한 분석은 법이론적으로 인터넷 환경에서의 규제관할과 역외적용의 한계 설정에 중요한 의의를 가지며, 실무적으로도 인터넷 플랫폼의 이용자 행위에 대한 책임범위를 결정하는 문제와 관련되기에 데이터경제 시대의 주역인 국내외 인터넷 플랫폼의 초미의 관심사일 뿐 아니라 국내법위반 콘텐츠 유통의 온상이 되는 외국플랫폼에 대한 국내법 적용에 곤란을 겪고 있는 한국의 규세당국에 적지 않은 시사점을 던져 줄 것이다.

먼저 구글이나 페이스북이 본사를 미국에 둔 경우에도 EU, 예컨대 프랑스와 아일랜드에 지사 또는 사무소를 설치하여 광고수주 등의 영업활동을 하는 이상에는 속지주의에 의하더라도 EU법과 해당 회원국법을 적용할 국가관할권이 인정된다는 데에

---

4) 김석호, "E.U. 경쟁법의 역외적용 : 미국(U.S.A.)의 경우와의 대비적 관점에서", 국제법학회논총 47권 1호 통권92호(2002. 6), 1-21면.

5) 이 논문의 인터넷 플랫폼은 넓은 의미의 Internet Service Provider에서 단순도관, 캐싱 서비스를 제외하며 통상 OSP라고 불리는 SNS, 포털 등을 의미한다.

이견이 없다. 지사 등의 실체가 국내에 없는 외국 사업자라도 의도적으로 또는 상당한 인식을 가지고 자국의 영토에 거주하는 시민을 상대로 인터넷을 통해 거래를 하거나 불법행위를 수행한 경우에는 이 외국사업자에게 자국법을 적용할 수 있다는 데 의견이 수렴되고 있다.[6] 그러나 이는 직접적 침해행위자를 대상으로 한 관할행사이론으로 인터넷 플랫폼에 그대로 적용될 수 있는지는 명확하지 않았다. 이 글은 이 부분 즉, 행정당국이나 법원이 글로벌 플랫폼에 검색결과 접근제한조치 의무를 부과할 때 해당 회원국 내지 EU역내로 의무의 지역적 범위를 한정하느냐 아니면 국경 없는 인터넷이라는 매체의 특성 또는 글로벌 사업자라는 수범자의 특성상 범세계적으로 의무의 지역적 범위를 확대하느냐에 관한 CJEU의 최근 판결과 입법동향을 고찰한다.

II. 잊힐 권리의 역외적용

1. 배 경

EU의 과거 개인정보보호법인 「개인정보보호지침 95/46」[7]의 경우에도 제3국가로의 개인정보 이전을 위해서는 이전받는 국가가 적절한 수준의 개인정보보호를 보장할 것을 요구하면서 세계적으로 개인정보보호 강화를 선도하였다. 2018년부터 기존 지침을 대체하고 적용되는 「개인정보보호 일반규칙」[8](General Data Protection

---

6) Cody J. Jacobs, "In Defense of Territorial Jurisdiction", 85 University of Chicago Law Review 1589 (2018), pp.1641-44; Péter D. Szigeti, "The Illusion of Territorial Jurisdiction", 52(3) Texas International Law Journal 369 (2017), p.373.

7) Directive 95/46/EC of the European Parliament and of the Council of 24 October 1995 on the protection of individuals with regard to the processing of personal data and on the free movement of such data, OJ L 281, 23.11.1995, pp.31-50.

8) Regulation (EU) 2016/679 of the European Parliament and of the Council of 27 April 2016 on the protection of natural persons with regard to the processing of personal data and on the free movement of such data, and repealing Directive 95/46/EC (General Data Protection Regulation) OJ L 119, 4.5.2016, pp.

Regulation, 이하 'GDPR'로 약칭함)은 아래 인용하는 제3조에서 외국사업자인 경우에도 EU시민의 개인정보를 처리하는 경우에는 법의 적용범위에 들어옴을 분명히 하고 있다.

1. 본 규정은 유럽연합 역내의 개인정보처리자(controller) 또는 수탁처리자 (processor)의 사업장의 활동에 수반되는 개인정보의 처리에 적용되고, 이 때 해당 처리가 유럽연합 역내 또는 역외에서 이루어지는지 여부는 관계없다.

2. 본 규정은 개인정보의 처리가 다음 각 호와 관련되는 경우, 유럽연합 역내에 설립되지 않은 개인정보처리자 또는 수탁처리자가 유럽연합 역내에 거주하는 정보주체의 개인정보를 처리할 때도 적용된다.

   (a) 정보주체가 지불을 해야 하는지에 관계없이 유럽연합 역내의 정보주체에게 재화와 용역을 제공

   (b) 유럽연합 역내에서 발생하는 정보주체의 행태를 모니터링

3. 본 규정은 유럽연합 역내에 설립되지 않았으나 국제공법에 의해 회원국의 법률이 적용되는 장소에 설립된 개인정보처리자가 개인정보를 처리하는 데 적용된다.[9]

GDPR은 한편 CJEU가 수년 전에 판례로[10] 인정한 '잊힐 권리'를 제17조[11]에 명문

1-88.

9) 이 조항의 적용과 관련하여 유럽데이터보호이사회(European Data Protection Board)는 가이드라인을 채택하였다. Guidelines 3/2018 on the territorial scope of the GDPR (Article 3), Version 2.1, 07 January 2020. 관련 소개로는 박노형·정명현, "EU 개인정보보호법의 영토적 적용 범위에 관한 고찰", 법제연구 56호(2019), 85-112면.

10) Judgement of the Court of Justice of the European Union, Case C-131/12, *Google v. AEPD & González*, 13 May 2014. 재판부는 지침 95/46의 제12조와 제14조에서 이 권리가 도출됨을 인정했다. 관련 논문으로는 정찬모, "유럽사법법원의 '잊혀질 권리' 판결과 시사점 분석", 정보법학 18권 2호(2014. 8), 91-119면; 김민정, "실질적 잊힘(Practical Obscurity)의 관점에서 본 잊힐 권리(the right to be forgotten)의 성격 및 의의", 언론과 법 14권 1호(2015. 4), 219-248면.

11) 제17조 삭제권 ('잊힐 권리')

화하였다.[12] *구글 v. CNIL* 사건은 이용자 개인정보를 수집, 처리하여 이 법상 개인정보처리자에 해당하는 구글이 정보주체의 잊힐 권리 행사에 응하여 취해야 하는 의무적 조치의 영토적 적용범위와 관련된다.

2015년 프랑스 개인정보보호위원회 CNIL(Commission Nationale de l'Informatique et des Libertés)은 구글에 대하여 정보주체의 자기 이름 검색결과에 대한 삭제요청에 응해 삭제를 이행하는 경우에 EU 또는 그 회원국명을 최상위도메인으로 하는 검색서비스(즉, google.eu, google.fr 등)뿐만 아니라 구글이 운영하는 모든 최상위도메인의 검색서비스(즉, google.com, google.kr 등도 포함)에 대하여 해당 검색결과를 삭제할 것을 명령하였다. 구글은 이를 따르지 않고 EU와 그 회원국명을 최상위도메인으로 하는 검색결과에서만 이를 삭제하였다. 구글은 이후에 IP주소를 기반으로 EU회원국에서 구글에 접속하는 경우 정보접근을 차단하는 기술적 지역제한(지오블로킹, 'geo-blocking')을 제안하였으나[13] CNIL은 이용자가 이를 쉽게 조작할 수 있다는 이유로 불충분하다고 판단

---

1. 정보주체는 본인에 관한 개인정보를 부당한 지체 없이 삭제하도록 개인정보처리자에게 요청할 권리를 가지며, 개인정보처리자는 다음 각 호가 적용되는 경우, 부당한 지체 없이 개인정보를 삭제할 의무를 가진다.

   (a) 개인정보가 수집, 처리된 목적에 더 이상 필요하지 않은 경우

   (b) 정보주체가 제6조(1)의 (a)호 또는 제9조(2)의 (a)호에 따라 처리의 기반이 되는 동의를 철회하고, 해당 처리에 대한 기타의 법적 근거가 없는 경우

   (c) 정보주체가 제21조(1)에 따라 처리에 반대하고 관련 처리에 대해 우선하는 정당한 근거가 없거나, 정보주체가 제21조(2)에 따라 처리에 반대하는 경우

   (d) [이하 각호 생략]

2. 개인정보처리자가 개인정보를 공개하고 제1항에 따라 해당 개인정보를 삭제할 의무가 있는 경우, 개인정보처리자는 가용 기술과 시행 비용을 참작하여 개인정보를 처리하는 개인정보처리자에게 정보주체가 그 같은 개인정보처리자들에게 해당 개인정보에 대한 링크, 사본 또는 복제본의 삭제를 요청하였음을 고지하기 위한 기술적 조치 등, 적절한 조치를 취해야 한다.

3. 제1항 및 제2항은 다음 각 호를 위해 개인정보의 처리가 필요한 경우에는 적용되지 않는다.

   (a) 표현과 정보의 자유에 대한 권리의 행사

   (b) [이하 각호 생략]

12) 잊힐 권리에 관한 유럽에서 주목되는 최근 연구로는 Jef Ausloos, The Right to Erasure in EU Data Protection Law, Oxford University Press(2020).

13) 구글이 이용자의 위치를 파악하여 다른 검색 결과를 보여 줄 수 있는 반면에 이용자는 구글검색의 최상위도메인을 변경하여 검색을 시행할 수 있다. 어느 경우에나 검색의 기반이 되는 데이터베이

했다. 이어서 2016년 CNIL은 명령불이행을 이유로 구글에 10만 유로의 벌금을 부과

하였다. 구글은 불복하여 프랑스 최고행정법원(Conseil d'État)에 처분의 취소를 구하는

소를 제기하였다.[14] 구글은 CNIL의 조치는 국제법상 예양과 불간섭의 원칙을 무시한

것이며 유럽기본권헌장[15] 제11조의 표현, 정보, 통신, 언론의 자유를 침해한 것이라

고 주장하였다.

프랑스 최고행정법원은 자체 소송절차의 진행을 정지하고 CJEU에 EU법상 검색

결과 삭제가 검색장소와 그에 해당하는 최상위 도메인이름에 관련 없이 범세계적으

로 모든 최상위도메인에 대해서 수행되어야 하는지, EU회원국 전체 또는 해당회원국

최상위도메인하에서만 삭제하면 되는지에 대한 선결적 판단을 요청하였다.[16]

2. CJEU의 판단

CJEU는 먼저 검색엔진이 회원국 내에서 지사 또는 자회사를 통해 광고, 고객정

보 수집 등을 하는 경우 EU역내에서 개인정보처리를 수행하는 것에 해당함을 긍정

하고 GDPR 적용의 영토적 관할을 확인하였다.[17] 또한, 인터넷으로 연결된 세상에서

는 EU역외에서의 정보접속도 역내에서의 접속과 다름없이 "EU에 있는 개인에 즉각

적이고 실질적인 영향을 주므로"(is thus likely to have immediate and substantial effects on that

person within the Union)[18] 개인정보 주체의 검색결과 삭제권(right to de-referencing)의 범

위를 검색엔진의 모든 최상위도메인 버전에 걸쳐 적용히도록 하는 것이 정당화될 수

스는 동일하다.

14) Case C-507/17 Judgment of the Court (Grand Chamber) of 24 September 2019, *Google LLC, successor in law to Google Inc. v. CNIL*, Request for a preliminary ruling from the Conseil d'État (이하 '*CNIL* 판결문'으로 약칭).

15) Charter of Fundamental Rights of the European Union. 2009년 리스본조약의 발효와 함께 EU회원국이 EU법을 이행함에 있어 헌법적 구속력을 갖는다(개정 Treaty on European Union, Art. 6).

16) *CNIL* 판결문 paras. 30-39.

17) *CNIL* 판결문 paras. 48-52.

18) *CNIL* 판결문 para. 57.

있음을 인정하였다.[19]

그러나 CJEU는 이어서 검색결과에 대한 삭제권의 범세계적 적용을 제한하는 고려 사항을 제시하고 있다. 첫째, 잊힐 권리를 인정하지 않는 국가도 많으며 인정하더라도 이를 대하는 태도가 다르다는 점이다.[20] 둘째, 개인정보 보호권이 절대적인 권리는 아니며 비례의 원칙에 따라 다른 기본권과 균형하에 적용되어야 한다는 점이다. 나아가 프라이버시 및 개인정보보호를 한편으로 하고 인터넷이용자의 정보의 자유를 다른 편으로 했을 경우 양자의 균형점은 나라에 따라 큰 차이를 보일 수 있음에 주목하였다.[21]

CJEU는 현재 EU법은 EU역내와 달리 역외에서 검색결과 삭제에 관련된 상충하는 이익 간의 균형점이나 역외적 적용범위에 대해 입법적으로 정의하거나 그러한 정의를 위한 협력 체제를 제시하지 못하고 있다고 보았다.[22] 따라서 CJEU는 EU역내에서 높은 수준의 개인정보보호를 통일적으로 적용하고 개인정보 유통의 장애를 제거하려는 GDPR의 목적상 정보주체의 소속회원국뿐만이 아닌 전 회원국의 최상위도메인에 해당하는 검색결과에서 삭제가 이루어져야 할 것이나 이를 넘어서 범세계적으로 모든 버전의 구글 검색에서 삭제를 수행할 것을 요구하지는 않는 것이 원칙이라고 판단했다.[23]

하지만 CJEU는 GDPR은 개인정보보호와 공중의 정보접근권을 형량하는 기능을 EU기관이 아닌 회원국에 주었기 때문에[24] 회원국의 개인정보 보호기관은 통일적 적

---

19) *CNIL* 판결문 para. 58.

20) *CNIL* 판결문 para. 59.

21) *CNIL* 판결문 para. 60.

22) *CNIL* 판결문 paras. 61-63.

23) *CNIL* 판결문 paras. 64-66.

24) GDPR, 제85조 (개인정보 처리 및 표현과 정보의 자유)

    1. 회원국은 법률로써 본 규정에 의거한 개인정보 보호권과 언론 목적 및 학술, 예술 또는 문학적 표현 목적의 개인정보 처리 등 표현과 정보의 자유권 사이의 균형을 유지시켜야 한다.

    2. 언론 목적이나 학술, 예술 또는 문학적 표현의 목적으로 시행되는 개인정보 처리에 대하여 회원국이 개인정보 보호권과 표현 및 정보의 자유권 사이의 균형을 유지시켜야 할 필요가 있는 경우. 제2장(원칙), 제3장(정보주체의 권리), 제4장(개인정보처리자 및 수탁처리자), 제5장(제3국 또는 국제기

용을 위하여 협력하여야 하며, 예외적으로 긴급한 경우에는 한시적으로 자국 내에서만 유효한 법적 조치를 취할 수 있음을 주목하였다.[25] 따라서 CJEU는 회원국의 개인정보 보호기관이나 사법기관이 검색엔진에게 범세계적으로 모든 검색버전에서 링크 삭제를 시행할 것을 명령하는 것은 여전히 가능하다고 판단했다.[26] 마지막으로, 검색엔진은 이용자의 이름을 이용한 검색행위를 통한 게시물 링크에의 접근을 효과적으로 방지하고 최소한 이를 충분히 억지하기 위한 방법을 채택하여야 하며 이 요건의 충족여부는 해당 회원국 법원이 판단할 사항이라고 판시하였다.[27]

요컨대 CJEU는 판결의 주문에서는 EU법이 검색엔진으로 하여금 범세계적으로 모든 버전의 검색결과에서 정보주체의 개인정보 삭제권을 시행할 것을 요구하지 않고 역내적 시행만 요구한다고 결정하면서도, 판결의 이유에서는 회원국의 소관 당국과 법원이 법익 형량을 시행하여 범세계적으로 모든 버전의 검색엔진에서 삭제를 시행할 것을 결정할 수 있는 여지 또한 인정하였다.

3. 프랑스법원의 적용

CJEU의 선결적 판결에 대해 CNIL은 처음에는 자신의 입장을 지지한 것이라고 강변하였다. 하지만 2020. 3. 27. 프랑스 최고행정법원은 CNIL의 결정을 무효화하였다. 최고행정법원은 CNIL이 잊힐 권리를 보장하는 목적이 범세계적으로 외국도메인에서의 검색링크 삭제까지 나가지 않고 유럽연합 내에서의 검색링크 사제로 달성될 수 있는지에 대한 검토를 하지 않았으며, 프랑스법상 EU 역외에까지 검색링크 삭제를 명령할 근거가 없으며, EU법상 허용되는 범세계적 검색링크 삭제를 명령하기 위해서

구로의 개인정보 이전), 제6장(독립적 감독기관), 제7장(협력 및 일관성), 제9장(특정 정보처리 상황)의 면제 또는 적용 일부 제외를 규정해야 한다.

3. 각 회원국은 제2항에 따라 채택한 자국법의 조문과 이에 영향을 미치는 차후의 개정법 또는 개정안을 지체 없이 집행위원회에 통보해야 한다.

25) GDPR, Arts. 56, 60, 63-66.

26) *CNIL 판결문* paras. 69, 72.

27) *CNIL 판결문* paras. 70, 71, 73.

선제적으로 요구되는 개인정보보호와 정보의 자유 간 형량을 수행하지 않았다고 지적하였다.[28]

III. 명예훼손법의 역외적용

1. 배 경

오스트리아 국회의원이며 녹색당의 당의장이자 대변인이던 글라비쉬닉-피스첵(Glawischnig-Pieszek)과 관련하여 페이스북의 한 이용자가 자신의 페이지에 "녹색당: 난민에 대한 기본소득 동결해야"라는 제목의 오스트리아 온라인 뉴스 기사를 공유하면서 글라비쉬닉-피스첵의 사진이 들어간 썸네일과 그녀를 "파시스트당의 부패한 머저리"(korrupten Trampel), "더러운 반역자"(miese Volksverräterin)라고 비난하는 댓글을 달았다.

2016년 7월 글라비쉬닉-피스첵은 '페이스북 아일랜드'에[29] 해당 악성댓글의 삭제를 요청하였으나 페이스북이 응하지 않자 오스트리아 법원에 명예훼손, 저작권법상 초상권 침해 등을 근거로 민·형사 소송을 제기하였다. 형사소송은 게시물의 불법성이 명확하지 않다는 이유로 기각되었으나 민사재판부는 불법게시물이라며 페이스북에게 동 게시물과 동일하거나 동등한(equivalent) 게시물을 차단하라는 명령을 내렸다. 항소법원은 동일한 게시물과 고지받은 동등게시물의 차단으로 범위를 축소하였다. 하지만 대법원으로 상고되면서 쟁점은 더 넓어졌다. 글라비쉬닉-피스첵은 이 가처분 결정의 적용범위가 해당 게시물과 동등한 의미를 갖는 단어를 사용한 게시물로 확대됨은 물론이고 지리적으로 오스트리아에 한정되는 것이 아니라 전 세계에 걸쳐

---

28) Olivier Proust & Alix Bertrand, "Google v. CNIL—French Highest Administrative Court limits the scope of the right to be forgotten to the territory of the EU" (23 April 2020). https://www.fieldfisher.com/en/services/privacy-security-and-information/ (2021. 4. 15. 확인. 이하 동일함).

29) 페이스북의 북미 이외의 지역에 대한 서비스를 총괄하는 회사임.

서 시행되어야 한다고 주장하였다.

한편, EU 전자상거래지침[30] 제14조 제1항은 페이스북과 같은 인터넷 플랫폼이 사이트나 웹페이지의 불법활동이나 불법정보의 존재를 몰랐거나, 알고서 즉시 삭제 또는 접근차단을 시행하는 경우 면책을 부여하고 있다.[31] 다만 동조 제3항은 이 규정이 회원국 행정당국이나 법원이 자국법에 따라 침해의 금지나 예방, 침해정보에의 접근제한을 위한 조치를 인터넷 플랫폼에 명하는 것에 영향을 주지 않음을 밝히고 있다.[32] 반면 동 지침 제15조 제1항은 회원국이 인터넷 플랫폼에 상시적 모니터링 의무를 부과하지 말 것을 규정하고 있으며,[33] 제18조 제1항은 회원국에 침해의 금지 및 예방을 위한 효과적인 사법구제를 주문하고 있다. 페이스북은 이 전자상거래지침상 면책규정에 의거하여 항변하면서 오스트리아 하급심 판결이 있자 동일게시물에 대해서는 오스트리아에서의 접속을 차단하였으나 동등한 게시물에 대해서는 조치를 취하지 않았다.

오스트리아 대법원은 심리의 진행을 정지하고 EU 전자상거래지침상 삭제의무의

---

30) Directive 2000/31/EC of the European Parliament and of the Council of 8 June 2000 on certain legal aspects of information society services, in particular electronic commerce, in the Internal Market, OJ L 178, 7.7.2000, pp.1-16.

31) 제14조 제1항 원문 "… the service provider is not liable for the information stored at the request of a recipient of the service, on condition that:

  (a) the provider does not have actual knowledge of illegal activity or information and, as regards claims for damages, is not aware of facts or circumstances from which the illegal activity or information is apparent; or

  (b) the provider, upon obtaining such knowledge or awareness, acts expeditiously to remove or to disable access to the information."

32) 제14조 제3항 원문 "This Article shall not affect the possibility for a court or administrative authority, in accordance with Member States' legal systems, of requiring the service provider to terminate or prevent an infringement, nor does it affect the possibility for Member States of establishing procedures governing the removal or disabling of access to information."

33) 제15조 제1항 원문 "Member States shall not impose a general obligation on providers, when providing the services covered by Articles 12, 13 and 14, to monitor the information which they transmit or store, nor a general obligation actively to seek facts or circumstances indicating illegal activity."

물적 대상과 지역적 적용범위에 대하여 CJEU에 선결적 판단을 요청하였다.[34]

2. CJEU의 판단

먼저 CJEU는 지침 제15조 제1항이 상시적 모니터링 의무부과를 금지하고 있지만 이는 구체적 사건에서의 모니터링 의무에는 해당되지 않는다고 설시했다.[35] 본건은 원심에서 법원이 불법으로 확인한 특정한 정보가 관련되므로 후자에 해당하며, 나아가 SNS에서는 한 이용자의 게시물이 다른 이용자에 의해서 수시로 복제·공유되므로 이전에 불법이 확인된 게시물과 동일한 게시물에 대하여 관할법원이 접근차단조치 명령을 내리는 것은 정당하다고 판단하였다.[36]

또한, 이전에 불법이 확인된 게시물과 동일하지는 않지만 그 의미에 본질적 변화가 없어서 대동소이한 게시물의 경우에도 불법성이 특정한 표현방식이 아니라 전달되는 메시지에 기인한 것이므로 불법행위의 반복과 향후의 침해발생을 효과적으로 막기 위해서는 금지명령이 이를 포함하여야 하며, 그렇지 않은 경우에는 피해자가 다수의 소송을 제기해야 하는 상황이 초래될 것이라고 설시하였다.[37] 이때 침해자의 이름, 사실관계, 어휘의 변경 등 게시물의 동등성을 구성하는 구체적 요소는 법원이 금지명령에서 확정하여야지 자동화된 기술을 사용하는 인터넷 플랫폼에게 이를 독립적으로 심사하게 해서는 안 된다고 부연하였다.[38]

마지막으로 CJEU는 금지명령의 지역적 한계와 관련하여 지침이 아무런 규정을 두고 있지 않음을 확인하고 그렇다면 범세계적 효력을 갖는 삭제 또는 접근차단을 요구하는 명령도 가능한 것으로 해석하였다.[39] 다만 전자상거래의 글로벌한 성격에 주

---

34) Case C-18/18, *Eva Glawischnig-Piesczek v. Facebook Ireland*, ECLI:EU:C:2019:821, 3 October 2019 (이하 '*Glawischnig* 판결문'으로 약칭).

35) *Glawischnig* 판결문 para. 34.

36) *Glawischnig* 판결문 paras. 35-37.

37) *Glawischnig* 판결문 paras. 39-41.

38) *Glawischnig* 판결문 paras. 44-46, 53.

39) *Glawischnig* 판결문 paras. 49-50.

목하여 EU법 적용이 국제법원칙과 조화를 이룰 필요가 있다는 점을 회원국이 고려할 것을 주문했다.[40]

3. 오스트리아 법원의 적용

선행하는 유사 사건에서 오스트리아 대법원은 저작권침해에 근거한 삭제명령은 저작권의 속지적 성격상 오스트리아에 한정되지만 명예훼손에 근거한 삭제명령은 범세계적으로 내릴 수 있다는 원칙을 확인하면서도 원고의 청구취지가 범세계적인 삭제를 청구한지가 불분명하다는 이유로 페이스북에 오스트리아에 한정된 검색결과 삭제명령을 내렸었다.[41] 그러나 *Glawischnig* 사건에서 CJEU의 선결적 판결을 적용한 오스트리아 대법원의 최종판결은 조건 없이 범세계적 효력을 갖는 금지명령을 인정했다.[42]

IV. 시사점 분석

1. 공통점과 차이점

먼저 CJEU 판결의 주문만을 비교해 보았을 때, 일견 첫 번째 사례의 판결은 역외적용을 부인한 반면에 두 번째 사례의 판결은 역외적용을 긍정한 것으로 볼 수 있다.[43] 그렇다면 두 판결은 서로 모순된 것일까? 자세히 살펴보면 그렇지 않다.[44]

---

40) *Glawischnig* 판결문 paras. 51-52.

41) Decision of 30 March 2020, 4Ob36/20b (ORF v. Facebook)

42) Decision of 5 September 2020, OGH 6Ob195/19y.

43) Sterre van den Berg, "The Extraterritorial Extent of the Right to be Forgotten: Global application or limited to the European Union?", Thesis: Law in European Context, Tilburg University(16 June 2020), 21.

44) 동지, Cathryn Hopkins, "Territorial scope in recent CJEU cases: Google v CNIL / Glawischnig-Piesczek v Facebook", Inforrm's Blog(November 9, 2019); M. Zalnieriute, "Google LLC v. Commission Nationale

첫째, 전자를 EU법이 역외적용을 강제하지 않는다는 것으로 후자를 EU법이 역외적용을 금지하지 않는 것으로 이해한다면 양자는 EU회원국 국내법으로 역외적용 여부를 결정할 수 있는 넓은 공간이 존재한다는 점을 서로 반대측면에서 설명한 것일 뿐이다. 이는 EU법체계상 사안의 범위나 성격에 비추어 회원국 차원에서 잘 다룰 수 없는 문제만 EU가 관여하며, EU차원에서 개입하지 않은 사안에 대해서는 회원국이 권한을 행사한다는 원리를 따른 것으로 볼 수도 있다.

EU전체에 걸친 개인정보법제의 통일성을 기하려고 한 GDPR의 입법취지나 개인정보나 인터넷 게시물이 범세계적으로 유통되는 현실을 생각할 때 역외적용의 범위에 대한 결정을 EU차원에서 결정할 문제로 생각할 수도 있다. 회원국내에서 정보주체의 권리와 공중의 정보접근권 간의 법익 형량 문제는 당해 국내법당국에 맡긴다고 하더라도 일 회원국을 넘어 다수 회원국에 걸친 역내 시행의 문제나 역외시행의 문제는 EU차원에서 결정하는 것이 일견 논리적으로 더 타당한 것 같다.[45] 그러나 이는 통합론자의 희망일 뿐 EU법의 현주소는 아니다. 대상 판결들은 GDPR 제85조와 전자상거래 지침 제18조(1)이 구제조치의 지리적 범위에 대한 특별한 언급 없이 구체적인 결정을 회원국에 위임하고 있음을 확인하고 있다.[46]

둘째, 적용법규가 개인정보보호법과 전자상거래법상 유해콘텐츠 규제로 서로 다르다. 법의 목적과 보호대상이 다르면 역외적용에 대한 태도가 달라질 수 있는 것은 당연하다. 개인정보보호에 대한 법적 태도가 아직 범세계적으로 통일되지 않고 적극적 입장과 소극적 입장 간에 뚜렷한 차이를 보이고 있으며 그 중에서 '잊힐 권리'는 아직 논란의 여진이 가라앉지 않은 상태라 할 것이다.[47] 반면에 전자상거래법의 인터

---

de l'Informatique et des Libertés (CNIL)", 114:2 American Journal of International Law 261(2020), 267.

45) 동지, Geert Van Calster, "Google and the jurisdictional reach of the Belgian DPA in right to be forgotten cases. Another piece misplaced in the puzzle?", (17 July 2020). https://gavclaw.com/tag/extraterritoriality/.

46) 동지, Luc von Danwitz, "The Contribution of EU Law to the Regulation of Online Speech", 27 Mich. Tech. L. Rev. 167(2020), 170.

47) 최진웅, "잊힐 권리(Right to be forgotten) 법제화에 대한 검토", NARS 현안분석 162호, 국회입법조사처 (2020); Theodore F. Claypoole, "Can We Really Forget?", National Law Review (October 1, 2019); Hunter

넷 플랫폼 규제는 법의 적용대상 자체가 뚜렷하게 글로벌한 성격을 가지고 있으므로 구제수단 또한 글로벌하게 제공되는 것이 자연스럽다고 할 것이다. 그렇다면 두 판결은 EU법상 개인정보주체의 잊힐 권리는 범세계적으로 역외 적용되지 않으며 명예훼손물과 같은 불법콘텐츠에 대한 삭제 및 접근차단 명령은 역외 적용될 수 있는 것이 원칙임을 선언했다고 이해할 수 있는 여지도 있다. 다만, 두 판결은 위와 같은 일반원칙하에서도 인터넷 게시물의 다양한 유형을 감안하여 구체적인 사건에 있어서는 회원국 법원이 해당 게시물의 민감성이나 게시행위의 비난가능성의 정도, 대립하는 공공의 이익 등에 대한 고려와 형량을 통하여 역외적용의 범위를 달리 정할 수 있음을 인정한 것이다.[48]

셋째, *CNIL* 사건의 인터넷 게시물은 진실에 부합하며 게시 당시에는 적법하였으나 이후에 정보주체의 잊힐 권리 행사에 의해서 적법성에 변화가 생긴 게시물이며, *Glawischnig* 사건의 게시물은 객관적 진실에 부합하는지에 의심스러운 상대방에 대한 평가로서 법원에 의해 불법으로 선언된 게시물이다. 명예훼손을 주장하는 자가 공인, 특히 정치인으로서 그에 대한 비판의 자유가 넓게 인정되어야 한다는 점에서 오스트리아 법원의 불법성 판단에 이견을 가질 여지가 존재하지만[49] 사실관계에 대한 자료가 부족한 상황에서 그에 대한 더 이상의 논의는 자제키로 한다.[50] 적법 게시물의 검색결과 삭제나 접근차단은 표현의 자유 원칙과 정면으로 충돌하므로 논란의 소지가 많으나 불법게시물의 삭제나 접근차단은 법익형량의 원칙에 의할 때에도 상대적으로

Criscione, "Forgetting the Right to be Forgotten: The Everlasting Negative Implications of a Right to be Dereferenced on Global Freedom in the Wake of Google v. CNIL", 32 Pace Int'l L. Rev. 315(2020).

[48] L. Woods, "Facebook's Liability for Defamatory Posts: The CJEU Interprets the E-Commerce Directive", EU Law Analysis (7 October 2019). http://eulawanalysis.blogspot.com/2019/10/facebooks-liability-for-defamatory.html

[49] 우리 법원은 트위터에서 정치인에 대한 비판 글을 작성·게시하면서 '종북', '주사파' 등의 표현을 한 행위에 대하여 의견 표명이나 구체적인 정황 제시가 있는 의혹 제기에 불과하여 불법행위가 되지 않거나 상대방이 공인이라는 점을 고려할 때 위법하지 않다고 판단했다. 대법원 2018. 10. 30. 선고 2014다61654 전원합의체 판결. 이상윤, "공적 인물의 정치적 이념에 관한 표현행위와 불법행위 책임: 대법원 2018. 10. 30. 선고 2014다61654 전원합의체 판결의 평석을 중심으로", 사법 51호(2020).

[50] 명예훼손의 요건에 관한 최근 비교법적 연구로는 박용상, 영미 명예훼손법, 한국학술정보(2019).

논란의 소지가 적다. 따라서 CJEU가 전자의 경우에는 역외적용에 소극적이고 후자의 경우에는 적극적으로 허용한 것은 적용법 및 규제대상 게시물의 성격상 차이를 반영한 규제범위의 차별화라고 이해될 수 있다.[51]

2. 기술, 사회 환경과 인터넷

인터넷 이용자가 세계 어느 곳에서나 동일한 사이트에 접속하면 동일한 정보를 대면하던 시대는 지나가고 있다. 개인화서비스 및 이용자 위치추적 기술의 발달로 개인별, 지역별로 다른 정보에 노출되는 경향이 증가하고 있다. 따라서 구제조치에 있어서도 획일적인 조치를 취해야만 하는 기술적 필연성은 사라졌다. 충돌하는 법익 간의 균형점이 사회문화적으로 다른 경우에는 기술적으로 다른 균형점을 뒷받침할 수 있으며 그렇다면 한 국가 법원의 관할범위를 사안과 충분한 관련성이 있는 지역적 범위에서의 불법적 결과 제거로 좁히는 것이 가능하며 또 적절할 것이다. CJEU는 이와 같은 기술적 수단의 유효성에 대한 판단을 다시 회원국 법원에 넘겼다.[52]

생각건대 언급된 위치기반기술도 검색엔진의 국가설정을 바꾼다든지 가설사설망(Virtual Private Network: VPN)을 이용하여 우회할 수 있는 것이 사실이나 극히 민감한 정보가 관련된 경우가 아니라면 개인의 인격이 한정된 지역공동체에서 형성되는 것이 일반적이므로 원칙적으로 지역적 차단으로 충분하다고 할 것이다.

지역적 대응에 대하여 인터넷 세상이 서로 다른 법역으로 파편화되는 것으로 인식할 여지도 있다. 이는 분명 인터넷 초기의 이상주의자들이 꿈꾼 국경의 제약에서 벗어난 새로운 스페이스와는 거리가 멀다. 현실은 각국의 규제에 인터넷이 완전히 굴복한 것은 아니나 그렇다고 이를 무시할 수 있는 상황도 아니며 정부의 규제는 증가 일로에 있다.

'잊힐 권리'는 또한 인터넷이 시간으로부터 자유로운 것도 아니라는 점을 시사한

---

51) 이 관점은 아래의 단락 Ⅳ.4에서 보다 상세히 설명된다.

52) *CNIL* 판결문 para. 71.

다. 사실 인터넷 정보가 기술적으로는 영원히 존재할지 몰라도 사회적으로는 그리 오래 존재하지 않는다. 검색 첫 화면에 나타나지 않는 정보는 반쯤 잊힌 정보라고 해도 과언이 아니다.

인터넷의 탈공간적 특성이 국가법의 범세계적 확대적용과 이로 인한 중복과 과잉규제를 야기하지 않도록 국제공조를 확대할 필요가 있다. 예측하기 어려운 국가법의 역외적용은 인터넷 경제의 발전에 심각한 부담이 된다. 역외적용으로 법적 주권은 확대되지만 생활주권은 고립될 수 있다. GDPR에 대한 대응으로 EU지역에 서비스제공을 중단하는 외국사업자가 등장하고 있으며[53] 이는 무리한 역외적용이 사회경제적 고립을 초래하는 부작용을 야기할 수도 있음을 시사한다.

3. 역외적용의 근거와 한계

국가가 자국법을 자신의 영토를 넘어서 외국의 영토에까지 확장하여 적용하는 것은 예외적이라고는 하지만 오래된 역사를 가지고 있다. 국가관할권 행사의 근거가 속지주의에 한정된 것이 아니라 속인주의, 보호주의, 보편주의에 근거할 수도 있기 때문이다.[54] 실제로 사회경제의 세계화 진행에 발맞추어 국내법의 역외적용이 형사법, 경쟁법, 증권법, 수출통제 등 다양한 법으로 확대되면서 그 법적 근거도 확대되어 왔다.

EU의 역외적용 법리는 미국을 비롯한 제 외국이 채택한 영향이론에 접근하는 것으로 보인다.[55] 자국 영토에의 영향에 기반한 역외적용을 인정하면서도 국제예양에 입각하여 영향의 실질성과 충돌하는 국내외 법익을 형량하여 관할 행사를 결정하도

---

53) "US small businesses drop EU customers over new data rule", Financial Times(May 24 2018).

54) 정인섭, 신국제법 강의(제8판), 박영사(2018), 208-236면; 김대순, "국가관할권 개념에 관한 소고", 법학연구(연세대) 5호(1995. 2), 206-217면; Cedric Ryngaert, Jurisdiction in International Law, Oxford University Press(2008).

55) 정찬모, "EU경쟁법의 역외적용을 위한 '적격영향 심사'에 관한 고찰", 선진상사법률연구 92호(2020. 10), 79-103면.

록 하는 것이다. 앞에서 인용한 GDPR 제3조, 특히 제2항은 영향을 미치는 여러 가지 채널을 열거한 것으로 볼 수 있으며, CJEU의 *CNIL* 판결문이 "EU에 있는 개인에 직접적이고 실질적인 영향을 주므로"라고 언급하고 역외적용 시 법익 형량이 필요하다는 점을 인정했다는 점에서도 이런 추론이 가능하다. 영향이론이 경쟁법 분야를 넘어서 개인정보보호법과 같은 다른 분야 국내법 역외적용의 근거로 원용되고 있는 것이다. 수동적 속인주의로 파악할 수도 있으나 EU국적이 보호의 요건이 아니고 역내에 거주하고 있으면 보호적격이 인정된다는 점에서 속지주의의 확대로서 영향이론을 원용한 것으로 파악함이 정확하다고 하겠다.

입법과 사법관할에 비하여 집행관할 확대의 경우 외국의 주권침해를 직접적으로 야기하므로 역외적용이 더 어려운 것이 현실이자 법리이다.[56] 입법·사법관할과 집행관할 간의 괴리가 벌어지는 것은 법의 장식화를 초래한다. 표심에만 관심 있는 정치인들이 국내 정서에 기대어 경쟁적으로 입법관할을 확대하고 사법부가 이를 견제 없이 추종하는 것은 국제사회, 국가, 국민 그 누구를 위해서도 좋을 것이 없어 보인다. 국제법 합치해석의 원칙이나 역외적용 배제추정의 원칙은 단지 사법부만 지도하는 것이 아니라 입법, 행정부도 그 정신에 따라 행동하여야 할 것이다.[57]

그런데 근년에는 자국에 미치는 경제, 사회적 영향에 근거하여 거대경제국이 국내법의 역외적 적용을 사실상 강제하는 경우가 증가하고 있는데 우리가 분석한 대상 판결도 무의식적으로 이러한 태도를 드러낸 것으로 보인다. 그렇다면 역외적용이 권

---

56) American Law Institute, The Restatement of U.S. Foreign Relations Law, Third Edition(1987), Section 402(2); Benjamin Greze, "The extra-territorial enforcement of the GDPR: a genuine issue and the quest for alternatives", 9(2) International Data Privacy Law 109(2019), p.115; 노영돈, "국내경제법의 역외적용과 국가관할권의 충돌에 관한 연구: 경쟁법을 중심으로", 국제법학회논총 47권 1호 통권92호(2002. 6), 57-76면; 소병천, "국내법의 역외적용에 관한 미국의 관행", 국제법학회논총 49권 3호 통권100호(2004. 12), 169-195면.

57) 국내법 역외적용에 대한 캐나다의 접근에 관한 보고서로 우리가 참고할 만한 가치 있는 문헌으로 Stephen Coughlan, Robert Currie, Hugh Kindred, and Teresa Scassa, "Global Reach, Local Grasp: Constructing Extraterritorial Jurisdiction in the Age of Globalization", Canadian Journal of Law and Technology 6:1(2007).

리남용이 되지 않고 적절한 관할권행사가 되기 위한 제한 또한 논의되어야 한다. 본 고에서 살펴본 사례에서 CJEU는 국내법원으로 하여금 적극적인 법익형량을 수행할 것을 주문하고 있다. 문제는 법익형량을 위한 EU법 차원에서의 가이드라인 없이 회원국 법원이 당해 국가공동체의 법적 가치관을 반영하여 결정할 문제로 보고 있는 점이다.

표현의 자유는 UN세계인권선언(Universal Declaration of Human Rights)을 비롯한 여러 국제문서에 의해서 기본적 인권으로 인정되는 권리이다. '개인정보 자기결정권'은 그만큼 보편적이지는 않지만 독일을 비롯한 유럽국가에서 이미 오래전에 기본적 인권으로 인정되었으며[58] 한국을 비롯하여 많은 나라가 이를 따라가는 추세이다.[59] 한편, 국제법상 강행규범이 아닌 이상에는 규범 충돌 시에 어느 하나를 우위에 두지 않는다. 따라서 프라이버시, 명예권, 표현의 자유, 정보 접근권이 충돌하는 경우에 어느 하나를 우위에 둘 수 없으며 공존을 모색하는 조화적 해석이 법의 일반원칙이라 할 것이다.[60] 기본권 충돌을 조화적으로 해결하기 위하여 사용되는 필요성 및 비례성 원칙을 적용할 때, 플랫폼이 위치추적기술 사용으로 지역에 따라 제공하는 서비스에 변경을 가할 수 있는 상황이라면 위법 게시물 삭제의 범위는 위법을 선언한 유권기관의 관할지역으로 한정하는 것을 원칙으로 해야 할 것이다.[61]

CJEU는 기본권 충돌 시 형량의 과정에서 회원국의 재량을 폭넓게 인정하고 있으나, 유럽인권법원(European Court of Human Rights)이 이용자 게시 명예훼손물에 대하여

---

58) GDPR이 '개인정보보호권'을 규정하지 '개인정보 자기결정권'을 언급하지 않고 있다는 점에서 양자 간의 관계와 개인정보 자기결정권의 EU법상 지위는 별도의 연구가 필요한 부분이나 이 논문의 논지에는 큰 영향을 미치지 않는다.

59) 헌법재판소 2005. 5. 26. 선고 99헌마513, 2004헌마190(병합); 대법원 2014. 7. 24. 선고 2012다49933 판결 등.

60) 잊힐 권리와 같은 신생 인격권을 전통적인 인권과 동등하게 취급할 것인가는 추가적 논의가 필요한 부분이다. 최정인, "잊혀질 권리의 기본권성 인정여부와 표현의 자유와의 충돌", Law & technology, 15권 4호(2019. 7.), 35~53면.

61) Manila Principles on Intermediary Liability, 제IV.c조 원칙. 민간부문이 수립한 구속력 없는 원칙이나 주목할 만한 문건이라 할 것이다.

불법행위를 선동하는 혐오발언과 같이 불법성이 명백한 경우가 아닌 이상에는 인터넷 플랫폼에게 책임을 묻는 것은 표현의 자유를 제약하는 불필요한 조치로 평가하는 한편 '통지-삭제 제도'("notice-and-take down")의 운영을 합리적 관리조치로 인정한 것도 유념할 필요가 있다.[62]

역외적용의 집행과 관련해서는 주권불가침 원칙이 준수되어야 할 것이다. 따라서 다자 혹은 양자 간 협력체계의 구축으로 집행을 모색하지 않는 이상에는 실효적 집행이 어려울 수 있다. 「외국판결의 승인 및 집행에 관한 협약」[63]이 있으나 현재로서는 체약국이 적어 충분히 기능하지 못한다. 그 이념이 각국의 민사소송법에 반영되어 있기는 하나[64] 개인정보, 명예훼손과 관련하여 각국의 법제가 충분히 통일되지 않은 상태에서 집행이 낙관적이지만은 않다.

4. 인적, 물적, 시간적, 지역적 요소 등의 복합적 고려

이 논문은 인터넷 플랫폼 삭제의무의 "지역적" 범위에 중점을 두고 논의하지만 서로 연결된 주제들을 엄격히 분리하는 것은 비현실적이다. 지역적 적용범위의 결정이 독립적이지 않고 다른 요소의 영향을 받는다. 아래 표에 제시한 행위자의 지위, 플랫폼의 성격, 문제된 게시물의 동일성과 불법성 여부 및 이를 확정하는 주체, 조치의 종류. 금지의무의 시간적 범위 등이 지역적 적용범위와 서로 영향을 주고받는다.

---

62) *Magyar Tartalomszolgáltatók Egyesülete and Index.hu Zrt v. Hungary*, February 2, 2016.

63) Convention on the Recognition and Enforcement of Foreign Judgments in Civil and Commercial Matters/Supplementary Protocol to the Hague Convention on the Recognition and Enforcement of Foreign Judgments in Civil and Commercial Matters.

64) 예컨대, 한국 민사소송법 제217조.

〈표 1〉 인터넷 플랫폼의 책임범위에 영향을 미치는 변수

행위자의 지위	1차 업로더/퍼 나른 자, 동일/독립 게시자
플랫폼의 성격	발행인(자체 콘텐츠 또는 머릿글 작성), 편집인(실시간 댓글 순위), 댓글 공간 제공, 검색기능 제공
콘텐츠의 동일성 여부	동일, 동등(실질적 동일), 유사
콘텐츠의 불법성 정도	특정 사회문화에서만 불법, 피해자의 고지여부
금지의무 범위 확정자	법원(행정청), 피해자 주장에 추정효 부여여부, 인터넷 플랫폼
의무조치의 종류	게시물삭제, 접근제한[65], 경고표시
금지의무의 시간적 범위	현재, 미래
금지의무의 지역적 범위	회원국 도메인, EU역내 도메인, 범세계 도메인 접속자의 위치, 업로더의 위치, 언어권

이미 주요국 법원은 이와 같은 복합적 요소의 종합적 고려 필요성을 시사하였다. 호주 뉴사우스웨일즈 대법원은 타인의 금융정보 유출과 같이 지역적 기술조치로 차단효과가 낮고, 불법성이 명백하며, 표현의 자유와의 형량에도 피해자의 잠재적 손해가 월등히 큰 상황에서는 범세계적 삭제를 명령할 수 있음을 확인했다.[66]

Glawischnig 사건 법정고문(Advocate General)은 동일한 콘텐츠의 경우에는 게시를 누가 했는지를 불문하고 모두 삭제하여야 하며 실질적으로 동등한 게시물의 경우에는 원불법게시물의 원게시자가 등록한 경우에만 삭제의무를 인터넷 플랫폼에 지울 것을 제안했다.[67]

CJEU는 다소간 단순하게 게시자의 신원에 따른 구별은 무시하면서도 회원국 법원이 불법으로 확정한 게시물에 대해서만 지리적 범위를 범세계적으로 할지 여부를 고려할 수 있다는 견해를 밝혔다.[68] 하지만 그 이후에 인도법원은 CJEU의 판결을 논거로 삼으면서 문제의 불법게시물이 인도에서 업로드된 경우에는 인터넷 플랫폼이

---

65) URL 삭제, 접근차단, 인덱싱(목록화) 제한 등이 있다.

66) Supreme Court of New South Wales, *X v. Twitter*, [2017] NSWSC 1300.

67) AG Opinion, para. 109.

68) *Glawischnig* 판결문, para. 53.

범세계적으로 검색결과를 삭제하여야 하며, 외국에서 업로드된 게시물의 경우에는 인도에서 검색되지 않도록 지리기반 기술적 조치를 취할 것을 명령했다.[69]

이와 같이 금지의무의 지리적 범위를 결정함에 있어서 관련 요소를 종합적으로 고려하는 것이 인격권 보호와 표현의 자유 간 보다 정밀한 균형점 찾기에 긍정적 기여를 할 것이다.[70]

5. 경쟁법 분야 경험의 수용

경제활동의 국제화가 진행됨에 따라 기업들은 더 이상 국가경제의 범주 안에 안주하지 않고 세계시장을 놓고 경쟁하게 되었다. 이에 따라 국가경제를 안중에 두고 설계된 각국의 경쟁법의 한계가 노출되었으며 각국은 경쟁법의 역외적용에 나서게 되었다.[71] 미국이 영향이론에 입각하여 경쟁법을 역외적용한 초기에는 유럽제국을 위시하여 많은 국가가 대항입법을 만드는 등 이에 반대하였다. 그러나 한국을 포함한 각국은 차츰 태도의 변화를 보여 하나둘씩 영향이론을 채택하였으며 근년에는 CJEU도 이를 수용하게 되었다.[72]

경쟁법 역외적용에 따른 마찰을 해소하기 위하여 국제성문법화가 여러 경로로 모색되었으나 번번이 실패하였다. 현재로서는 실체법적으로 일거에 통일을 이루기보다는 상호 이해의 증진을 통해 장기적인 조화를 꾀하고 절차법적으로 경쟁당국 간에 협력을 제고하는 노력이 양자 또는 다자간에서 경주되고 있다. 자유무역협정의 경쟁챕터 등에 근거한 경쟁당국 간 양자 협의, OECD나 국제경쟁협력(International Competition Network: ICN)이 대표적인 무대라고 할 것이다. 이들 노력 중에서 국내법의

---

69) Delhi High Court, *Swami Ramdev v. Facebook, Google et. al.*, October 23, 2019, para. 94.

70) E. Rosati, "Material, personal and geographic scope of online intermediaries' removal obligations beyond *Glawischnig-Piesczek* (C-18/18) and defamation", 41 European Intellectual Property Review 669 (2019), pp.672-682. https://papers.ssrn.com/sol3/papers.cfm?abstract_id=3438102

71) 권오승, "독점규제법의 역외적용", 학술원논문집(인문사회과학편) 56집 2호(2017), 75-98면.

72) Judgment of the Court (Grand Chamber), Case C-413/14 P, Intel v. Commission, 6 September 2017, ECLI:EU:C:2017:632.

역외적용에 따른 갈등해소라는 차원에서 주목되는 것이 국제예양 특히 적극적 예양 (positive comity)의 등장이다.

소극적 예양(negative comity)이 자국의 경쟁법을 집행함에 있어서 역외국가의 권리와 이익을 고려하여 경쟁법을 시행해야 한다는 것이라면[73] 적극적 예양은 반경쟁행위에 의해서 경쟁제한을 받은 국가의 경쟁당국이 반경쟁 행위가 행해지거나 관련 기업이 속한 역외국가에 그 나라의 경쟁법을 적용하여 경쟁회복에 기여하도록 요청하고 해당 역외국가는 이를 적극적으로 고려하는 것이다.[74]

소극적 예양이 전통적 국제법 원리인 주권불가침 원칙에 기반을 두고 각국의 판례 및 관행에 의해 규범을 구체화하고 있음에 비하여, 적극적 예양은 아직은 조약에 근거한 자발적 배려라는 보다 낮은 수준의 규범에 머물러 있다.[75] 각국은 OECD, ICN 등을 통하여 국제예양을 발휘할 때 고려해야 할 요소에 대한 지속적인 논의를 통해서 관행의 정착 및 구체화를 위해 노력하고 있다.

이와 같은 경쟁분야에서의 경험은 다른 법 분야에서의 역외적용 확대에 시사하는 바가 크다. 인터넷 분쟁에 있어 구제조치 적용의 역외지역으로의 확대는 제3자로서 규제를 이행할 의무가 부여된 인터넷 플랫폼의 저항을 가져올 뿐만 아니라 이에 의해 영향받는 다른 나라 당국이나 시민사회의 반발을 불러올 수 있다. 그 외국 국민이 누리는 표현의 자유, 정보접근권이 제한받기 때문이다. 우리가 분석한 CJEU의 판결은 현재 인터넷분야 역외적용 법리는 타국의 권리나 이익을 자국법 역외적용 시에 고려하여야 한다는 소극적 예양에 머물러 있음을 보여 준다. 적극적 예양은 언급도 되지 않는다.

---

73) OECD, "Provisions on Negative Comity", Competition co-operation and enforcement: inventory of co-operation agreements, 2015.https://www.oecd.org/daf/competition/competition-inventory-provisions-negative-comity.pdf.

74) OECD, "Provisions on Positive Comity", Competition co-operation and enforcement: inventory of co-operation agreements, 2015.https://www.oecd.org/daf/competition/competition-inventory-provisions-positive-comity.pdf.

75) 각국이 체결하는 자유무역협정의 경쟁챕터가 이를 언급하고 있으나 경쟁챕터 전체가 분쟁해결규정의 적용에서 제외되는 것이 일반적이다. 예, 한-EU FTA 제11.8조.

경쟁당국 간 국제협력과 같이 개인정보보호 및 인터넷 내용물 규제에 있어서도 당국 간 소극적 예양과 적극적 예양을 실천하기 위한 협력이 필요하다. 이미 EU회원 국 간에는 구 지침95/46 제28조가 적극적 예양을 규정하고 있었고 GDPR은 제56조 및 제60조 이하에서 개인정보보호 당국 간 협력원칙을 구체화하고 있다. 전자상거래와 관련해서도 최근 입법 제안된 「디지털 서비스 법」(Digital Services Act)안[76] 제45조 내지 제49조는 회원국 당국 간 적극적 예양, 공동조사를 포함한 협력방안을 구체화하고 있 다. 이러한 협력모델이 국제적 차원으로 확대될 필요가 있다. 다만 범세계적 협력모 델의 논의는 인터넷 거버넌스라는 큰 틀 안에서 이루어져야 한다. 당국자들만의 폐쇄 적 논의는 규제강화 일변도로 흐를 위험이 있다. 열린 포럼에 이해당사자가 모두 참 가하는 논의구조를 채택하는 것이 의사절차의 민주성이나, 논의 결과의 정당성 확보 차원에서 바람직하다.

6. 국제사법 분야 발전의 수용

역외적 요소를 포함한 사인 간의 소송에서 어느 나라 어느 법원이 관할을 가 지며 어느 법을 준거법으로 적용할 것인가의 문제를 다루는 국제사법의 기본 원칙 은 사안과 당해 법원의 관할지 및 준거법 간에 실질적 관련성이 인정되어야 한다는 것이다.[77] 실질적 관련성이 없는 법원은 당해 사건에 대해 '불편한 법정'(forum non conveniens)의 법리에 의해서 관할을 부인할 수 있다.[78]

프라이버시를 비롯한 정보주체의 권리 침해나 명예훼손은 민사법상 불법행위에

---

76) European Commission, Proposal for a Regulation of the European Parliament and of the Council on a Single Market for Digital Services (Digital Services Act) and amending Directive 2000/31/EC, COM(2020) 825 final, Brussels, 15.12.2020.

77) 한국 국제사법 제2조; ECtHR, *Arlewin v. Sweden*, no. 22302/10, 1 March 2016.

78) 불편한 법정의 법리는 역외적 요소가 있는 사건의 경우 당사자 및 증인의 법원 접근 편의성, 사건의 발생과 증거의 소재지, 준거법, 다른 법정에서 공정한 판결을 받을 가능성 등을 고려하여 수소법원 의 재량하에 사건 수리의 적합성을 판단한다는 법리이다. 영미법에서 유래하였으나 대륙법에도 적 지 않은 영향을 주고 있다.

해당하는데 EU를 비롯한 각국의 국제사법이 통일된 것은 아니나 일반적으로 다음과 같은 원칙을 형성했다.[79] 먼저 불법행위자의 상거소지 또는 침해행위가 행해진 국가의 법원이[80] 그 국가의 법 및 필요하다면 외국법을 적용하여[81] 외국에서 발생한 손해를 포함하여 모든 손해에 대한 구제를 명하는 것이 정당화된다. 그 밖에 피해자 상거소지나 기타 피해발생지의 법원은 관할이 인정되는 경우에도 해당 국가에서 발생한 손해에 대한 구제에 한정된다.[82] 그런데 인터넷은 피해발생지를 세계적으로 확대시키므로 원고에게 포럼 쇼핑(forum shopping)의 유인도 강화시킨다.[83]

인터넷에서 명예훼손과 관련하여 CJEU는 *eDate Advertising* 사건에서 자연인인 피해자가 보편적 구제를 받을 수 있는 국제재판적을 확대하여 피해자의 주된 이해관계지(center of interests)를 관할하는 법원에도 모든 손해에 대한 구제권한을 인정하게 되었다.[84] 일건 원고에게는 권리구제가 용이해지고 피고의 입장에서는 소송의 지형이 불리해진 것이다. 물론 준거법은 여전히 분산되어 있어서 원고와 법원은 외국에서 입은 손해를 구제받기 위해서는 해당 외국법을 입증, 적용해야 할 것이다.[85]

인격권을 침해하는 인터넷상 게시물과 관련한 소송에서 법원이 인터넷 플랫폼에 명하는 검색결과에서 침해내용물에의 링크 제거명령과 관련해서도 이와 같은 법리가 적용되어 손해 전체를 청구할 수 있는 법원에만 링크 제거를 청구할 수 있다는 판결이 내려졌다. 볼락수플리스니겐 v. 스벤스크(*Bolagsupplysningen and Ms Ilsjan v. Svensk*

---

79) 최근 이 분야의 주목되는 연구로는 최흥섭, 유럽연합(EU)의 국제사법, 부크크(2021).

80) 한국 민사소송법 제2조(보통재판적), 제18조(불법행위지의 특별재판적).

81) 한국 국제사법 제32조① 불법행위는 그 행위가 행해진 곳의 법에 의한다.

82) CJEU, *Fiona Shevill and Others v. Presse Alliance*, 7 March 1995, C-68/93.

83) Expert Committee on human rights dimensions of automated data processing and different forms of artificial intelligence (MSI-AUT), Liability and jurisdictional issues in online defamation cases, Council of Europe study DGI(2019)04, Rapporteur: Emeric Prévost, 2019.

84) CJEU, *eDate Advertising and Others v. X and Société MGN*, 25 October 2011, C-509/09 and C-161/10. 이 사건에 대한 평석으로는, 김명수, "인터넷에 의한 인격권 침해 발생 시 국제재판관할권에 관한 소고", 국제소송법무. 통권8호(2014. 5), 21-36면.

85) Alex Mills, "The law applicable to cross-border defamation on social media: whose law governs free speech in 'Facebookistan'?", Journal of Media Law, Vol. 7, No. 1(2015), pp.1-35.

Handel)[86] 사건에서 에스토니아 법인인 Bolagsupplysningen과 그 직원인 Ms Ilsjan은 스웨덴의 사업자단체인 Svensk Handel을 상대로 피고가 자신의 웹사이트에 원고를 사기꾼이라고 칭하며 블랙리스트에 올린 것에 대하여 에스토니아 법원에서 명예훼손을 이유로 해당 게시물의 삭제와 손해배상을 청구하였다. 에스토니아 일심법원은 해당 웹사이트가 스웨덴어로 작성되었으므로 에스토니아에서 그 웹사이트에 접속가능하다는 것만으로는 에스토니아에서의 손해발생을 인정하기에 부족하다며 소송을 각하하였다. 사건은 에스토니아 대법원까지 가서 당 법원은 자연인인 Ms Ilsjan에 대한 에스토니아 법원의 관할은 인정하였으나 법인인 Bolagsupplysningen의 경우에 일부 손해가 에스토니아에서 발생한 것을 인정하더라도 게시물삭제를 구할 수 있는지와 전 세계적 범위의 손해배상을 구할 수 있는지에 대해서는 의문을 제시하며 이에 관한 CJEU의 선결적 판단을 요청하였다.[87] CJEU는 "주된 이해관계지"는 실질적인 활동에 의해서 결정되며 자연인의 경우 상거소지와 대체로 일치할 것이나 직업상 활동의 특성에 따라 이와 달라질 수도 있으며, 법인의 경우에는 법인등록지와 실제 활동지가 다른 경우가 더 빈번하며 이 사건도 그러한 경우로 보았다. 이와 같은 상황에서 명예훼손이 있다면 실제 대부분의 상거래활동이 벌어지는 곳의 이해관계가 침해될 가능성이 크므로 그곳이 주된 이해관계지이고 이를 관할하는 법원이 피해의 정도를 파악하기에 가장 적합한 위치에 있다고 설시했다. 따라서 CJEU는 자연인뿐만 아니라 법인과 관련해서도 인터넷 게시물에 의한 인격권 침해가 있는 경우에는 주된 이해관계지의 법원에 모든 손해에 대한 배상을 청구할 수 있다고 결정했다.[88] CJEU는 나아가 단지 인터넷으로 접근이 가능한 국가의 법원은 인터넷 게시물의 교정, 삭제 청구에 대한 관할을 행사할 수 없고 원고는 전체 손해에 대한 청구를 다룰 수 있는 법원에 게시물의 교정, 삭제 청구를 제기해야 함을 확인하였다.[89]

　CJEU의 새로운 국제사법 법리에 따른다면 인격권침해 피해자가 인터넷 플랫폼

---

86) CJEU, *Bolagsupplysningen OÜ and Ingrid Ilsjan v Svensk Handel AB*, 17 October 2017, C-194/16.

87) Ibid. paras. 9-21.

88) Ibid. para. 44.

89) Ibid. paras. 48-49.

에 대해서 범세계적 범위의 검색결과 삭제를 청구할 수 있는 관할법원의 범위는 피해자의 주된 이해관계지 법원을 포함하게 된다. 이 법리는 공법상 분쟁인 CNIL 판결에서 명시적으로 수용되었으며[90] Glawischnig 판결도 묵시적으로 전제한 것으로 보인다. 그렇다고 하더라도 아직 국제사법이 통일되지 않고 각국 법원의 법익형량에 있어서 발생할 수 있는 차이의 가능성을 배제하기는 어려운바 전 세계에 걸쳐서 완전한 검색결과 삭제명령은 국제적 갈등을 야기하고 실제로는 달성하기 어려울 수 있다.[91] 나아가 일방당사자의 완벽한 구제 추구는 대립하는 다른 가치와 국제사회의 법적 다양성을 희생하는 부작용을 낳을 수도 있다.[92] Glawischnig 판결이 '국제법 한계 내에서' 삭제명령의 지리적 범위를 정할 것을 언급한 것은 국제적으로 디지털환경에 적용할 실체법 및 절차법적 규칙에 대한 합의가 있기 전에는 예양의 원칙을 고려하여 역외적용의 확대를 자제토록 한 것으로 이해된다.[93] 최근 EU위원회가 제안한 「디지털 서비스 법(안)」은 삭제명령을 내리는 국가기관은 그와 같은 명령의 목적과 이로 인해 영향받는 모든 당사자들의 정당한 권리 및 이익을 형량하여 목적 달성을 위해 꼭 필요한 지역적 범위를 넘지 않아야 하며 타국에서의 불법성 여부와 EU법 및 국제법의 원칙, 그리고 국제예양의 이익을 고려할 것을 명시하고 있다.[94]

외국판결의 승인 및 집행과 관련된 각국의 민사소송법이 일반적으로 규정하고 있는 상호주의와 공공질서 예외 또한 국가에 따라 다른 가치 형량을 조정하는 수단이 된다.[95] 일국에서 받은 판결의 검색결과 삭제명령을 타국에서 승인, 집행하는 것이 자국에서의 표현의 자유를 제약한다고 판단되는 경우 공공질서 예외를 원용하여 승인, 집행을 거절할 수 있을 것이다. 주된 이해관계지 이론을 수용하는 경우에도 국가

---

90) CNIL 판결문 paras. 56-58.

91) P. Cavaliere, "Glawischnig-Piesczek v Facebook on the Expanding Scope of Internet Service Providers' Monitoring Obligations", 5 European Data Protection Law Review 573(2019), pp.576-578.

92) Federico Fabbrini and Edoardo Celeste, "The Right to Be Forgotten in the Digital Age: The Challenges of Data Protection Beyond Borders", 21 German Law Journal 55(2020), p.56.

93) Ibid. 62-65.

94) Digital Services Act(주 77), recital 31 and Art. 8.2(b).

95) 한국 민사소송법 제217조.

의 자존심과 고유한 가치를 지킬 수 있는 방책은 여전히 건재하다.

국제공법이 영토와 국적이란 형식적 요소를 중시함에 비하여 국제사법에서 상거소 내지는 주된 이해관계지와 같은 실질적 요소를 중시하는 차이가 있지만 국제공법에서도 실질적 관련성은 관할행사의 핵심적 개념이며[96] 이 요소를 통하여 국제사법의 변화가 수용될 수 있음을 *CNIL* 판결이 보여 주었다. 그럼에도 불구하고 프라이버시나 명예훼손에 관한 문제는 자칫 국가 간에 정치적으로 민감한 분쟁으로 비화할 수 있다는 점을 고려할 때 문화와 사회적 가치를 공유하지 않는 외국에까지 집행관할을 확대할 경우에는 국제예양에 더욱 유의해야 할 것이다.

7. 미국, 한국의 접근과의 비교

인터넷상에서 자주 침해받으며 이에 대해 관련 플랫폼에 책임을 물을 수 있는 가능성이 있는 권리는 개인정보와 명예를 넘어서 저작권, 초상권 등 다양하다.[97] 하나의 플랫폼 책임 법제를 이들 여러 분야에 공통적으로 적용될 수 있도록 하는 것을 일원적 구조라 한다면, EU의 2000년 전자상거래 지침이 이런 입장에 가깝지만 동 지침마저도 개인정보보호는 적용대상에서 제외하고 있으므로[98] 순전한 일원주의는 찾아보기 어렵다. 최근 EU위원회가 제안한 「디지털 서비스 법(안)」은 동법에서 정하는 일반원칙 위에 분야별 특별법이 적용되는 구조를 예상하고 있다.

미국법제에서는 인터넷 플랫폼의 프라이버시 침해와 명예훼손이 문제되는 게시물의 처리와 관련해서는 통신품위법(Communications Decency Act) 제230조가 적용되고[99] 저작권 침해가 문제되는 게시물의 처리와 관련해서는 디지털밀레니엄 저작권법

---

96) Allex Mills, "Rethinking Jurisdiction in International Law", 84 British Yearbook of International Law 187(2014), p.233.

97) 대표적 선행연구로는 박아란, "디지털 인격권 침해와 인터넷서비스사업자의 책임에 대한 비교법 연구", 한국언론학보 64권 3호(2020. 6), 5-46면.

98) 지침 제1조 제5항.

99) 미국에서 이번 대선을 전후하여 인터넷 플랫폼의 책임을 강화하는 CDA 제230조의 다양한 개정안이 제안되어 주목받고 있다. 개관으로는 Ashley Johnson and Daniel Castro, "Proposals to Reform

(Digital Millennium Copyright Act: DMCA) 제II부(저작권법 제512조)가 적용되는 이원적 구조를 취하고 있다.

한국은 2001.7.1. 정보통신망법 개정으로 "법률상 이익이 침해"당한 자에 침해내용물 제거 요청권을 인정하여 EU와 유사한 법제로 시작하였으나 2003.5.27. 저작권법 개정으로 저작권 침해가 문제되는 게시물에 대한 인터넷 플랫폼의 책임을 규율하고(현, 제102조 내지 제104조), 2007.1.26. 정보통신망법상 위 문언을 "사생활 침해와 명예훼손 등 […] 권리를 침해"로 개정하여 규율(현, 제44조 이하, 특히 제44조의2)함으로서 EU법 영향의 흔적은 남아 있으나 미국법제에 훨씬 근접하고 있다.[100]

Google v. CNIL 사건은 프랑스와 EU의 개인정보보호법 위반이 문제되었으며, *Glawischnig* 사건은 EU 전자상거래 지침과 명예훼손법이 문제되었다. 앞서 지적한 바와 같이 두 판결은 동일한 법리를 말하지만 다른 결을 보이고 있다. 이는 인터넷 플랫폼의 책임법제가 다원체제로 세분화될 것을 예상케 한다. 인터넷상 다양한 불법행위에 고유한 우려상황과 고려요소 그리고 이에 대해 요구되는 플랫폼의 대처의무는 한두 가지 규제방법으로 정리되기 어렵다는 현실에 비추어 불가피한 현상으로 생각된다.

글로벌 인터넷 플랫폼들은 유감스럽게도 인격권 보호에 관한 한국의 법제에 립서비스 이상의 존중을 표하지 않고 있으며 단지 본사 소재지법을 적용하는 것으로 보인다. 한국의 당국은 2009년 방송통신위원회가 게시판 본인확인조치를 유튜브코리아에게 요구하였다가 위치설정을 한국으로 하는 경우 게시판 기능을 비활성화하는 방안에 타협함으로써[101] 한국이용자의 실익이라는 측면에서는 마이너스의 결과를 가져온 이후에는 글로벌 플랫폼에 한국법을 집행하려는 의지를 강하게 보이지 않았다. 개별 사건으로 이용자가 구글을 상대로 개인정보 및 서비스 이용 내역을 제3자에게

Section 230", Information Technology & Innovation Foundation(2021).

100) 불법정보의 유통을 시정하기 위해 인터넷 플랫폼에 내리는 행정명령의 경우 정보통신망법 제44조의7에 의해 방송통신위원회에 의해 통합적으로 이루어진다. 이는 책임체계 다음 단계인 집행체계의 문제이다.

101) 윤종수(주 4), 32-35면.

제공한 현황의 공개를 청구한 하급심 사건에서 구글에게 정보통신망법 제30조에 따라 이를 공개할 의무가 있음을 인정한 사례가 있을 뿐이다.[102] 같은 사건에서 일심은 구글코리아를 상대로 한 청구는 개인정보의 처리가 구글 본사에서 이루어진다는 이유로 기각했으나 이심은 내부 사정은 어떨지 몰라도 외견상 구글코리아가 서비스제공 주체로 표시됐다는 이유로 구글코리아의 책임을 인정했다.[103] 하지만 이후에 트위터코리아를 상대로 모욕적 트윗의 삭제를 피해자가 청구한 사건에서 다른 법원은 아일랜드에 소재한 Twitter International Company가 게시물 삭제권한이 있는 운영주체이고 트위터코리아에는 권한이 없다는 이유로 청구를 기각하는 등 판례가 정립되지 못하였다.[104] 과문한 탓인지 몰라도 외국플랫폼에 대하여 국내법에 근거하여 게시물 삭제를 명령한 경우를 찾지 못하였다. 범세계적 사이버공간에서 한국인의 인격권 침해에 대한 구제를 실현하는 것은 많은 경우 요원한 일이다. 한국을 의도적으로 서비스 제공지역에 포함하는 글로벌 플랫폼에서 대하여 대(對)한국서비스에서 국내법질서를 존중할 것을 요구하는 것도 벅찬 것이 현실이다.

　입법적으로 앞서 본 GDPR 제3조와 디지털 서비스 법(안) 제8.2(b)조에 착안한 조항을 개인정보보호법과 정보통신망법에 도입하는 것도 유용해 보인다. 본고에서 살펴본 바와 같이 적용의 범위와 관련한 논란이 있지만 EU에서 잊힐 권리는 법원의 유권해석과 명시적 규정이 있기에 구글에 의해서 준수되고 있다. 반면 한국 현행법에는 잊힐 권리에 대한 명시적 규정 없이 해석상 인정될 여지는 있지만 법원의 유권해석은 없는 상태이다.[105] 법적 근거가 불명확한 상황에서 한국인의 잊힐 권리를 국내 플랫폼에 집행하기도 만만치 않은데 글로벌 플랫폼에 집행하기는 더욱 어렵다. 따라서 입법제안 이유는 글로벌 플랫폼이 한국에 서비스를 제공하는 경우 대한국서비스에서 국내법질서를 존중하도록 하는 소극적인 의도이지 CJEU가 회원국에게 허용한 범

102) 서울중앙지방법원 2015. 10. 16. 선고 2014가합38116 판결.
103) 서울고법 2017 .2. 16. 선고 2015나2065729 판결.
104) 인천지법 2017. 9. 8. 선고 2017가합670 판결. 박아란(주 98), 34면에서 재인용.
105) 방송통신위원회가 2016년 '인터넷 자기 게시물 접근배제요청권 가이드라인'을 공개했으나 자기 게시물이라는 점에서 잊힐 권리와 대상범위에 차이가 있을 수 있다.

세계적 규모의 인터넷 게시물이나 검색링크 삭제의무 부과를 우리가 시행할 것을 제안하는 것은 아니다. 한국이 그렇게 공세적으로 자국 법을 역외적용하는 것은 아래와 같은 측면에서 시기상조이다.

법률적 측면에서, 미국법과 EU법이 차이를 보이는 이상으로 한국법에 특이한 측면이 있다는 점이 역외적용 법리를 한국에 접목할 때 고려되어야 한다. 형법 또는 불법행위법상 명예훼손의 범위가 한국은 진실과 부합하는 사실적시 명예훼손까지 포함하는 것으로 폭넓게 규정, 해석되고 있어서 미국, EU 제국을 포함한 많은 나라에서 이러한 표현은 명예훼손이 되지 않는 것으로 다루는 것과는 차이가 있는 점을 유의하여야 한다.[106] 이와 같은 구성요건상의 특이성은 한국법의 일방적 적용이 외국의 사법기관에 의해서 인정되지 않을 가능성을 높인다.

국가규모란 측면에서, EU가 과거 국내법 역외적용에 반대하던 입장을 찬성하는 입장으로 전환한 것은 EU회원국 수의 확대를 배경으로 하고 있음을 명심해야 한다. 법적 권역의 크기나 경제규모에서 미국이나 EU와는 비할 바 없이 왜소한 한국으로서는 CJEU의 최근 판례가 허용한다고 섣불리 광폭의 역외적용을 따라 하기보다는 한발 늦게 세계적으로 공감대가 형성되는 실체적 규범을 수용하고[107] 당국 간 협력체계를 강화하는 방식으로 외국 플랫폼의 국내법 준수를 확보하는 전략이 적절하다고 하겠다.

V. 결론

본고에서 고찰한 CJEU의 법리를 정리하자면 첫째, 유럽연합의 관련법제인 GDPR과 전자상거래지침은 각 회원국 유권기관이 내리는 시정명령의 적용 범위를 역외적

---

106) 손지원, "프라이버시와 표현의 자유의 균형적 보호를 위한 사실적시 명예훼손죄의 개정방향", 국회 토론회 발제문(이수진 의원, 대한변협, 오픈넷 주최), 2020. 7. 28.
107) 김현경, "역외 인터넷 플랫폼 규제갈등 해결을 위한 입법방향", 미디어와 인격권 3권 2호(2017), 69-70면.

으로 확대하는 것에 대하여 이를 제한하지도 의무로 하지도 않고 있으므로 회원국의 법원이 국제예양의 원칙하에 법익형량을 통하여 역외적용의 구체적 범위를 결정할 수 있다. 둘째, CJEU, 특히 *Google v. CNIL* 판결은 인터넷 규제법의 역외적용 근거를 영향이론에서 찾고 있는바 종래의 입장보다 역외적용의 범위 확대가 예상된다. 셋째, 피고의 상거소지나 불법행위지 법원이 아닌 피해자의 주된 이해관계지를 관할하는 법원도 범세계적 범위의 검색결과 삭제를 명령하는 것이 허용된다.

인터넷 환경에서 인격권 침해의 영향이 신속하고 광범위하게 확산된다는 측면에서 국가법의 역외적용 확대가 정당화될 수 있으나 그 남용을 막는 장치의 개발은 아직 미성숙한 상태라고 할 것이다. CJEU는 법적 보호의 국가 간 불일치에 대한 고려나 국제법 원칙과의 조화 필요성을 개괄적으로 언급하는 데 그쳤는데, 역외적용을 위한 법익 형량 시 고려해야 하는 요소가 보다 구체화될 필요가 있다. 이에는 행위자 및 플랫폼의 역할, 침해가 우려되는 권리의 성격, 이와 충돌하는 공적 권리와 이해의 경중, 법익 제한의 정도, 게시물의 동등성 여부, 관련 국가사회의 특수한 상황 등이 포함될 것이다. 또한, 인터넷 인격권 보호규정의 역외적용과 관련해서 행정·사법기관 간의 국제적 협력체계를 개발하는 노력이 경주될 필요가 있으며 이에 GDPR과 「디지털 서비스 법(안)」이 좋은 모델을 제공하고 있다.

에픽(Epic) 대(對) 애플(Apple) 반독점소송
–일심법원의 관련시장 획정을 중심으로*

정찬모
(인하대학교 법학전문대학원 교수)

I. 사실관계

1. 당사자

언론에서 디지털 경제의 미래에 큰 영향을 미칠 세기의 재판이라고 대서특필한[1] 이 사건의 원고 '에픽 게임즈'(이하 '에픽'으로 약칭)는 '포트나이트'(Fortnite)를 대표작으로 하는 온라인 게임 개발사이다. 온라인 게임은 이미 어린이들의 놀이에서 벗어나 성년층에까지 파고들어 상당한 규모의 시장을 형성하고 있으며, 향후 가상세계, 메타버스로 연결되는 연결고리가 될 것을 기대하고 있다. 온라인 게임이 애플의 '앱 스토어'(App Store)와 구글의 '플레이 스토어'(Play Store) 같은 앱 장터에 종속되는 경우 이익 창출에 한계가 있고 향후 발전 가능성도 제약된다. 앱 장터는 보통 온라인 게임에 대하여 매출의 30%에 해당하는 수수료를 부과하고 있다. 이에 에픽은 독자적인 결제시스템을 채택하고 이를 통한 매출에 대해서는 앱 장터에 수수료 지급을 거부하였다.

---

* 이 글은 「선진상사법률연구」 제97호(2022)에 실린 동제의 논문을 전재한 것임을 밝힌다.

1) "에픽 vs 애플, 앱 생태계 건 '세기의 재판' 3주간 진행", 이데일리, 2021.5.4; "'앱마켓 수수료는 독점행위'… 애플 vs 에픽 '세기의 재판' 붙었다", 조선일보, 2021.5.5; "에픽 vs 애플, 앱스토어를 둘러싼 치열한 전쟁", 동아닷컴, 2021.4.22.

애플은 여기에 대응하여 App Store에서 포트나이트를 축출하였다. 에픽은 또한 게임에 특화된 앱 장터인 에픽 게임즈 스토어(Epic Games Store: EGS)를 론칭하여 App Store에 등록하려고 하였으나 애플에 의해 거절되었다.[2]

1976년 설립된 애플은 2007년 iOS 운영체제를 기반으로 한 스마트폰인 아이폰(iPhone)을 출시하여 스마트폰 시장을 개척한 기업이다. 애플은 iPhone을 기존의 자사 제품인 Mac, iPad, iPod 등과 연동시키면서 협력사와 함께 애플 생태계를 조성하였다. 애플은 생태계 안에서의 데이터 유통은 활성화하였지만 생태계 외부와의 연동은 제한하였다. 그 결과 한번 애플생태계에 들어온 이용자가 다른 기기로 바꾸는 데에는 전환비용이 많이 들게 되었다. 그럼에도 애플이 연속적으로 선도적 제품과 서비스를 출시하였기 때문에 특히 신제품의 구매에 열성적인 사람 중에는 "애플빠"라고 부를 정도로 충성도 높은 애플 고객이 많다.

애플생태계가 모바일에서 크게 성장한 계기는 2008. 3. iOS 위에서 운영될 수 있는 앱의 제작 툴(Software Development Kits)을 연 $99에 개발자에게 공개한 것이다. 다수의 소프트웨어 엔지니어들이 이에 호응하여 다양한 앱을 제작하였으며 이를 유통하는 App Store는 급속도로 커졌다. 2021. 3. 현재 App Store에는 일백팔십만여 개의 앱이 있다.[3]

애플 생태계의 성장은 새로운 시장을 창출하며 애플뿐만 아니라 앱 개발자와 이용자 모두에게 혜택을 가져다주었다. 그러나 관련 당사자에게 동등하게 혜택이 돌아가고, 평등한 관계가 유지된 것은 아니다. 권한과 혜택이 애플에게 집중되고 앱 개발

---

2) 대상 사건(Epic Games, Inc. v. Apple Inc., United States District Court for the Northern District of California)의 소송서류는 캘리포니아 북부지방법원의 웹페이지(https://cand.uscourts.gov/cases-e-filing/cases-of-interest/epic-games-inc-v-apple-inc/)에 모두 올라와 있다. Epic Games, Inc.'s Proposed Findings of Fact and Conclusions of Law, Case 4:20-cv-05640-YGR, Document 407, Filed 04/08/21, Proposed Findings of Fact, para. 37. 의견서는 사실관계와 법률관계 의견이 합체되어 있으며, 이하 각각 '에픽 의견서(사실관계)', '에픽 의견서(법률관계)'로 약칭한다.

3) Apple Inc.'s Proposed Findings of Fact and Conclusions of Law Case, 4:20-cv-05640-YGR, Document 410, Filed 04/08/21, Proposed Findings of Fact, para. 221. 이하 각각 '애플 의견서(사실관계)', '애플 의견서(법률관계)'로 약칭한다.

자나 이용자는 피동적으로 애플의 결정을 따라야 하는 주종관계가 강화되었다. 애플의 허락 없이는 앱 개발자가 서비스의 등록, 업데이트, 환불 등을 자율적으로 하지 못하고 이에 대한 불만이 고조되고 있다.

iOS 기반으로 앱을 제작하여 애플 생태계에 유통시키기 위해서 개발자는 애플이 일방적으로 결정하는 약관인「개발자 프로그램 이용허락 계약」(Developer Program License Agreement: DPLA)에 서명하여야 한다. 이 약관에는 다음과 같은 조항이 있다:

① 개발자는 신규 앱이나 업데이트된 앱을 사전에 애플에 제출하여 심사받아야 하며 애플은 승인여부에 대한 재량권을 갖는다.
② 애플은 언제라도 App Store에서 개발자의 앱을 삭제할 수 있다.
③ 개발자는 iOS기기에 자체 앱 장터를 열 수 없다.
④ 달리 구체적 예외에 해당하지 않는 한, 개발자는 앱 콘텐츠나 기능을 App Store에 출시하지 않고 자신의 웹사이트 등 다른 앱 유통 채널을 통해서만 구입 가능하도록 해서는 안 된다.[4]

이러한 제약으로 인해 iOS 기기의 이용자와 앱 개발자는 게임, 음악, 금융, 소셜네트워크 등 다양한 서비스를 대체로 애플의 App Store를 통해 구입, 유통하게 되었다.

2. 사건의 전개

애플 입장에서 보면, 에픽은 애플생태계의 모범생으로 성장하던 게임사였다. 애플이 제공한 앱 개발 툴과 App Store에서 빠른 성장을 하며 애플 생태계에 들어오면 받을 수 있는 혜택을 보여 주는 성장의 아이콘이었다고 할 것이다. 그런데 에픽은 애플이 제정한 규칙의 틀이 자신의 더 이상의 성장을 가로막고 있음을 깨달았다. 30% 수수료는 열심히 사업해서 애플에 불로소득을 안겨 주는 기분이 들었다. 에픽은 이

---

4) Apple DPLA section 3.3.3.

런 상황을 극복하기 위해서 게임 앱은 무료로 다운로드 받을 수 있도록 하고 게임 내에서 등급 상승, 장비, 의복 등의 아이템 판매로 수익을 올리는 '인앱(in-app) 판매'로 영업 전략을 전환하였다. 그러자 애플은 인앱 결제에 자신의 시스템인 IAP(In-App Purchase)를 사용하도록 강제하고 이에 30% 수수료를 부과하였다.[5]

야심 있는 앱 개발자라면 자신이 개발한 앱이 그 자체가 하나의 플랫폼으로 성장하여 그 안에 이용자들이 장시간 머무르면서 다양한 활동, 특히 거래행위를 할 것을 기대한다. 자신의 앱이 확장된다고 해서 OS제공자가 계속해서 자신의 수익에서 일정비율의 수수료를 징수하는 것이 정당하다고는 생각하지 않는다. 반면에 OS제공자는 앱이 커 가면 그로부터 일정비율의 수수료를 징수하고자 하는 유인이 생긴다. 결제서비스에 대한 통제는 이와 같은 욕구를 충족시킬 수 있는 수단이 될 수 있다. 애플은 디지털콘텐츠 거래에 대하여 자사의 인앱 결제 서비스, IAP를 강제하면서 수익의 30%를 징수하였다. 에픽을 위시한 몇몇 콘텐츠 회사들이 이에 대하여 반경쟁적인 독점력의 남용이라며 법원에 제소하거나 경쟁당국에 신고하였다.

에픽은 일개미가 되기보다 스스로 애플과 같은 여왕개미가 되기를 원했다. 에픽은 소위 "자유 프로젝트(Project Liberty)"라 명명한 일련의 법적, 상업적 대처와 대국민 홍보 전략을 통하여 애플/구글 복점체제에 정면으로 도전하였다. 다른 개발사들을 독려하여 "앱 공정성 연대(Coalition for App Fairness)"도 결성하여 우군을 결집하고 전선을 확대하였다. 애플은 이를 앱 개발과 관련한 일련의 계약위반이자 애플의 지적재산권 침해이고 배은망덕한 행위로 보았다. 애플은 에픽을 자신의 생태계에서 쫓아내고 법과 계약위반에 대한 책임을 물었다.[6]

에픽은 애플이 미국의 독점금지 및 공정거래법인 셔먼법과 클레이튼법, 그리고

---

5) App Store Review Guidelines section 3.1.1 (In-App Purchase): If you want to unlock features or functionality within your app, (by way of example: subscriptions, in-game currencies, game levels, access to premium content, or unlocking a full version), you must use in-app purchase. Apps may not use their own mechanisms to unlock content or functionality, such as license keys, augmented reality markers, QR codes, etc. Apps and their metadata may not include buttons, external links, or other calls to action that direct customers to purchasing mechanisms other than in-app purchase.

6) 애플 의견서(사실관계), paras. 248-318.

캘리포니아 주법의 관련 규정을 위반하였다며 2020. 8. 13. 캘리포니아 북부지방법원에 소송을 제기하였다.[7] 에픽측 청구의 법적 근거는 크게 다음 네 가지로 나누어 볼 수 있다. 첫째, 애플이 부당한 독점력 행사로 인접시장의 경쟁을 제한하고 독점을 확대하려 했다. 둘째, 애플은 시장경쟁을 위한 필수설비를 소유하고 있는 사업자인데 그 필수설비의 공정한 제공을 거부했다. 셋째, 애플이 iOS와 App Store, IAP를 결합 판매하는 것은 경쟁제한적인 끼워팔기에 해당한다. 넷째, 애플의 불공정한 계약관행은 경쟁제한적 공동행위에 해당한다.

당 일심법원은 2021. 9. 10. 내놓은 판결에서[8] 애플의 iOS 시장지배력에 대한 에픽의 주장을 부인하는 등 대부분의 쟁점에서 에픽의 청구를 배척하였다. 에픽에게는 미지급 수수료를 애플에게 지급할 것을 명령하였다. 다만 IAP 강제와 관련하여서 애플에게 버튼, 링크, 이메일 등으로 앱 외부로 이용자를 유인하여 결제하는 수단을 허용하도록 부분적으로 에픽의 손을 들어주었다.[9] 애플에 대한 이 명령의 근거는 캘리포니아 불공정경쟁법(Unfair Competition Law)이고 에픽의 청구 중 연방 반독점법에 근거한 청구는 모두 기각되었다. 일심판결이 내려진 직후 양측은 자신이 패소한 부분에 대한 항소의사를 밝혔다.

이 사건에서 제시된 쟁점의 방대함으로 인하여 여기에서는 경쟁법 적용의 첫 단계 분석이며 후속 심사단계에도 지대한 영향을 주는 관련시장, 특히 관련 상품시장의 획정에 관한 부분으로 논의의 범위를 한정하고자 한다.

---

7) Case 3:20-cv-05671 Document 1, Filed August 13, 2020, Argued on May 3 - 24, 2021.

8) Case 4:20-cv-05640-YGR Document 812, Filed 09/10/21. 이하 '일심법원 판결문'으로 약칭함.

9) Case 4:20-cv-05640-YGR Documents 813, 814, Filed 09/10/21.

II. 관련시장에 관한 주장과 판단

1. 에픽의 주장

(1) 개 관

에픽은 이 사건 관련시장을 ① iOS 앱 유통시장 ② iOS 인앱 결제시장이란 두 개의 후방시장(aftermarket)과 이들에 공통되는 전방시장(foremarket)으로 ③ 스마트폰 운영체계 시장을 제안한다. 에픽은 애플이 전방시장에서의 독점력을 이용하여 두 후방시장에서 위법하게 독점화를 기도하고 있다고 주장한다.

(2) 전방시장

애플 핸드폰의 경우 iOS를 비롯한 상당부분이 특허 등 지적재산권으로 보호받는 상황에서 아무나 동일·유사한 제품을 만들어서 시장에 내놓을 수 없다. 따라서 애플은 iPhone시장의 독점사업자이다. 반면에 비애플 폰은 안드로이드OS가 오픈소스 기반이기에 다수의 사업자가 경쟁한다. 모바일 핸드폰을 구입하는 단계에 큰돈이 들어가기도 하며, 구입 후 이용과정에서 그 폰에서만 이용할 수 있는 유료서비스를 추가로 구매하기도 하고, 무엇보다 이용자들이 새 핸드폰에 익숙해지는 데 시간이 걸려서 소위 고착현상이 발생한다. 그런데 고착을 일으키는 원인은 기기에 있다기보다는 그 기기를 움직이는 운영체계에 있다. 서로 호환되는 안드로이드폰 간의 교체에는 장벽이 높지 않으나 호환되지 않는 핸드폰으로 교체하는 데에는 큰 결심이 요구되는 결과 수요대체성이 미약하여 두 시장을 별도의 시장으로 구분할 수 있다. 특히 분석의 대상이 후방시장에서의 경쟁이라면 더욱 그렇다. 이는 아이폰과 안드로이드폰 간에 경쟁이 있음에도 불구하고 각 생태계 내에서의 경쟁제한 행위를 평가하는 경우에 관련시장을 전체 핸드폰시장이 아니라 그 행위가 일어난 아이폰 또는 안드로이드 생태계를 각각 별도의 관련시장으로 설정함이 더 시장의 현실을 반영한다는 것을 의미한다.[10]

---

10) 에픽 의견서(사실관계), paras. 126-134.

에픽은 같은 OS를 사용하는 경우에도 핸드폰은 노트북, 태블릿, 게임기 등과는 사용 환경이 다르므로 이용자와 개발자가 이들을 별개의 시장으로 인식하고 있다고 주장한다.[11]

(3) 후방시장

앱 개발자와 이용자가 만나서 거래를 체결하는 것이 종전에도 불가능했던 것은 아니나 쉽지 않았다. 웹(web) 검색을 통하여 개발자의 앱을 찾고 개발자와 거래를 모색하는 것이 가능했다. 일반적 앱인 '자연 앱'(native app)은 '웹 앱'보다 빠르고 편리하게 구동된다. 스트리밍 앱 서비스 또한 가능하기는 하나 비용과 안전성 측면에서 자연 앱이 우위에 있는 것이 일반적이다. 간단한 무료 앱인 경우에는 웹 앱이 크게 불편하지 않을 수 있다. 유료 앱인 경우에는 결제기능이 부가되어야 한다. 앱의 성능 차원에서 자연 앱은 다른 방식을 능가한다. 특히 빠른 작동이 실감성에 큰 영향을 미치는 게임의 경우에는 웹 앱이나 스트리밍 앱이 자연 앱을 대체하기 어렵다.[12] 자연 앱은 앱 장터에서만 다운받을 수 있다. 애플은 자신이 직접 모든 앱을 제작하려던 초기에는 타인이 제작한 앱에 적대적이었으나 곧 이들 서비스가 "상점 내 상점"(store within a store)의 기능을 하지 않는 한 허용하는 쪽으로 입장을 선회하였다.[13]

스마트폰 운영체제 시장에서 이용자 고착현상으로 'iOS vs 안드로이드'의 지형이 쉽게 변하지 않고 있다. iOS 앱 게임을 하던 이용자가 서비스가 마음에 들지 않는다고 안드로이드 게임 혹은 웹 게임으로 옮겨 가는 것은 여간해서 발생하지 않는다. 이런 상황은 앱 개발에도 영향을 주어서 개발자는 App Store와 플레이 스토어 중 하나를 포기하기보다는 양측에 모두 앱을 출시하기 위하여 일정한 변환비용을 들여가며 두 가지 버전의 앱을 개발한다. 이와 같이 두 시장은 수요와 공급 양측에서 구별되므로, iOS 자연 앱 유통시장이 하나의 관련시장이며 여기서 애플의 App Store는 독점적 지

---

11) 에픽 의견서(사실관계), paras. 137-142, 144-146.

12) 에픽 의견서(사실관계), paras. 185-203.

13) 에픽 의견서(사실관계), paras. 204-205.

위를 가진다.[14]

(4) 인앱 결제 시장

앱 안에서도 거래가 발생할 수 있다. 예컨대, 게임 앱의 경우 게임의 레벨을 올린다거나, 캐릭터의 장비나 의상을 교체한다거나, 게임 내 게임에 참여하거나 하는 활동과 관련하여 거래가 발생하고 있다. 유상거래의 처리를 위한 인앱 결제처리를 제공하는 회사도 미국에 Stripe, Amazon Pay, Braintree, Square 등 복수가 있다. 에픽은 iOS 앱에서 디지털 콘텐츠 구매를 위한 인앱 결제 시장이 독립적으로 존재하며 iOS와 App Store의 지위를 이용한 애플의 IAP 강제는 별개의 인근 시장을 독점화하려는 기도라고 주장했다.[15]

IAP와 App Store가 기술적으로 통합된 것도 아니다. 같은 결제 시스템이 Apple Music 등 애플의 다른 서비스에도 이용된다. IAP는 구매계약, 결제, 서비스 제공, 불만처리로 이어지는 앱내 거래 과정에서 이용자와 앱의 중간에 개입하는 부자연스러운 것이며, 단지 App Store의 독점력에 기초한 것이다.[16] IAP는 앱 개발자들이 애플의 앱 개발도구를 사용하기 위하여 서명하여야 하는 DPLA에 의해서 강제되며 개발자가 이 의무를 준수하는지 확인하는 데에 앱 등록 심사가 이용된다.[17]

개발자는 애플이 IAP 이용대가로 요구하는 높은 수수료가 부담스러울 뿐만 아니라 고객의 지불능력, 소비행태 등에 관한 데이터를 수집하고 자금흐름의 예측가능성을 제고하기 위하여 자체적인 결제시스템을 운용하기를 원한다. 개발자의 결제시스템만을 사용하는 것에 문제가 있다면 복수의 대안 결제시스템을 선택지로 제시하는 것이 적절하다.[18]

---

14) 에픽 의견서(사실관계), paras. 159-166.

15) 에픽 의견서(사실관계), paras. 275-283, 293.

16) 에픽 의견서(사실관계), paras. 291-292.

17) 한편 IAP는 디지털 콘텐츠 거래에만 적용되고 App Store를 통했어도 유체물이나 서비스의 거래에는 강제되지 않는다.

18) 에픽 의견서(사실관계), para. 286.

이용자들도 가격뿐만 아니라 다양한 부가 서비스 제공이란 차원에서 대안 결제 서비스를 애플 IAP보다 선호한다.[19) 에픽 자체결제시스템이란 대안이 있을 때 이용자들이 Fortnite 구매 시 IAP를 이용하는 비율은 수익의 34%, 거래의 27%에 불과했다. 넷플릭스도 IAP를 이용하는 고객이 다른 결제시스템을 이용하는 고객보다 구독기간이 짧은 것으로 조사되었다.[20)

(5) 애플의 주장에 대한 반박

애플은 이 사건 관련시장이 디지털 게임시장이라고 주장한다. 에픽이 게임사업자라는 것을 근거로 하며 스마트폰 게임과 다른 디지털 기기의 유사게임은 대체관계에 있다고 주장한다.[21) 이에 대해 에픽은 관련시장은 반경쟁성이 문제되는 피고의 상품시장으로 획정되는 것이 타당하며, 시장조사 결과는 스마트폰 게임과 다른 디지털기기의 게임이 대체관계가 아니라 보완관계임을 보일뿐이라고 지적했다.[22)

2. 애플의 주장

(1) 개 요

애플은 한편으로는 개발자에게 iOS기반 자연 앱 개발을 위한 툴을 제공하는 것과 같이 개발의 편의성을 제공하며 다른 한편 이용자들을 위하여 앱 서비스의 안정성과 보안성을 유지하기 위한 서비스를 제공한다.[23) 하지만 애플은 자사는 iPhone을 팔 뿐 iOS나 App Store를 팔지 않기에 iOS나 App Store를 독립시장으로 보는 것이 부당하다고 주장한다.[24) 또한 게이머들은 iPhone만으로 게임을 하는 것이 아니라 iPhone이 맘

---

19) 에픽 의견서(사실관계), para. 288.
20) 에픽 의견서(사실관계), para. 305.
21) 애플 의견서(법률관계), paras. 31-73.
22) 에픽 의견서(법률관계), paras. 93-102.
23) 애플 의견서(사실관계), paras. 319-341.
24) 애플 의견서(사실관계), paras. 384-395.

에 들지 않으면 언제라도 다른 게임기기로 전환하고,[25] 95%의 App Store 이용자가 다른 디지털 단말을 가지고 있으며 상당비율이 게임을 멀티호밍하기에,[26] 이들을 포함하여 시장을 획정하여야 한다고 주장한다.[27]

(2) 양면시장 경계획정

미국 연방대법원은 2018년 *Ohio v. Am. Express Co.* 사건 판결(이하 *Amex*로 약칭)[28]에서 경쟁법 적용을 위하여 양면거래 플랫폼의 관련시장을 획정하는 경우 플랫폼의 양면을 모두 포함하여야 한다고 설시했다. 양면의 당사자가 직접 거래를 한다면 각 면을 별개의 시장으로 보는 것이 아니라 포괄적인 하나의 시장으로 정의되어야 한다는 것이다.[29] 이와 같은 법리에 따라 애플은 게임 앱 개발자와 게임 앱 이용자 간의 '디지털 게임 거래시장'이 관련시장이라고 정의했다.[30]

애플은 에픽의 관련시장 정의는 한편으로는 iOS에만 집중하고 PC, 게임 콘솔 등 다른 플랫폼은 배제한 측면에서 지나치게 협소하고, 다른 한편으로는 거래의 종류를 한정하지 않고 서로 대체관계도 없는 모든 거래를 포함한 측면에서 지나치게 넓다고 비판했다.[31]

시장획정의 방법과 관련하여 애플은 에픽이 미국 「수평적 합병 가이드라인」에

---

25) 애플 의견서(사실관계), paras. 396-400.

26) 애플 의견서(사실관계), para. 398.

27) 애플 의견서(사실관계), paras. 342-358.

28) 138 S.Ct. 2274, 2287. 다수의 평석 중 일부만 언급하면 강지원·조영은, "미국 연방대법원의 American Express 판결이 양면플랫폼에서의 관련시장 획정에 주는 함의", 「경쟁법연구」, 제40권 (2019); 김지홍·김승현, "미국 AMEX카드 판결과 양면시장 이론의 경쟁법적 적용", 「저스티스」, 통권 제176호(2020); 조성국, "Amex 판결의 경쟁법적 쟁점에 관한 연구: 직접적 효과 테스트와 거래플랫폼에서의 관련시장 획정을 중심으로", 「법학논문집」(중앙대), 제44집 제2호(2020); H. Hovenkamp, "Platforms and the Rule of Reason: The American Express Case", 2019 *Colum. Bus. L. Rev.* 35; Aaron M. Panner, "Market Definition and Anticompetitive Effects in Ohio v. American Express", *The Yale Law Journal Forum*, January 18, 2021.

29) Ibid, 2287, 2298.

30) 애플 의견서(법률관계), paras. 31-33.

31) 애플 의견서(사실관계), paras. 377-416.

제시된 '가상적 독점자 테스트', 즉 특정 시장에서 가상적 독점기업이 해당 제품에 대해 작지만 유의미하고 일시적이지 않은 수준의 가격인상(small but significant and non-transitory increase in price: SSNIP)을 하는 경우 수요이탈 여부로 관련시장을 획정하는 방법을 사용한 것에 대하여, 많은 학자들이 지적하고[32] 미 대법원이 *Amex* 사건에서 인정한 대로 양면시장 환경에서 이 이론을 적용하는 것이 부적합하며,[33] 행여 이 이론을 적용한다고 해도 잘못 적용하였으며,[34] 그 이론의 적용결과는 관련시장 획정 시 여러 고려요소 중의 하나일 뿐이기에 양면시장의 특성을 제대로 고려했더라면 iOS만을 관련시장으로 잡지 않았을 것이라고 지적했다.[35]

(3) iOS는 다른 플랫폼과 경쟁관계

애플의 조사에 의하면 iOS상 Fortnite 이용자 중 94%가 다른 단말을 이용해서 게임을 즐기고 있으며, 35.9%의 이용자는 Fortnite을 다른 단말로 즐긴 경험이 있다고 답했다.[36] Fortnite을 통한 수익창출 측면에서 보면 PlayStation4가 46.8%, Xbox One이 27.5%로 1, 2위를 기록했으며 iOS는 7.0%로 5위에 불과했다.[37] 개발자 또한 한 단말에만 게임을 공급하는 것이 아니다. 상위 100 게임 중 99는 iOS와 안드로이드에 모두 존재하며, 다수는 MS Store, Nintendo eShop, PlayStation Store 등 다른 채널을 통해서도 게임을 공급한다.[38] 여러 플랫폼 간의 경쟁이 치열함은 애플과 구글이 부과하는 수수료가 30%(일정한 경우에는 15%)로 비슷한 수준인 것에서도 드러난다.[39] 같은 정도

---

32) Lapo Filistrucchi et al., "Market Definition in Two-Sided Markets: Theory and Practice", 10 *J. Competition L. & Econ.* 293, 330-331 (2014); David S. Evans & Michael D. Noel, "The Analysis of Mergers that Involve Multisided Platform Businesses", 4 *J. Competition L. & Econ.* 663, 664 (2008).

33) 애플 의견서(법률관계), paras. 114-121.

34) 애플 의견서(법률관계), paras. 122-137.

35) 애플 의견서(법률관계), paras. 138-143.

36) 애플 의견서(사실관계), paras. 359-368; 애플 의견서(법률관계), paras. 40-41.

37) 애플 의견서(법률관계), para. 42.

38) 애플 의견서(법률관계), para. 46.

39) 애플 의견서(법률관계), para. 48.

는 아니지만 스트리밍 게임과 웹 게임과의 경쟁관계도 무시할 수 없다.[40] 요컨대, 다른 단말의 디지털 게임과 iOS의 게임 간에는 대체관계가 뚜렷하므로 하나의 시장에 포섭되어야 한다.[41]

(4) 디지털 '게임' 거래는 다른 거래와 구별되는 독자적 시장

애플은 에픽이 관련시장의 범위를 게임에 한정하지 않고 App Store의 모든 앱으로 넓힌 것에 대하여 비판적이다. 에픽의 영업은 대부분 게임개발이며 근년 게임유통에 나선 정도이다. 에픽이 이 소송의 단독 원고이고 대표소송을 제기한 것이 아닌 만큼 에픽은 게임시장과 관련해서만 소의 이익을 갖는다는 지적이다.[42]

앞서 언급한 대로 iOS의 게임 앱 유통은 다른 플랫폼의 게임과 대체관계를 보이지만 iOS 내의 다른 종류의 앱, 예컨대 학습 앱, 건강관리 앱과는 대체관계가 없다. 실제로 플랫폼들은 대부분 게임을 별도의 목록으로 묶어서 제시한다. 게임개발사들이 다른 종류의 앱을 개발하지 않는 것은 아니지만 조사에 의하면 88%의 App Store 수익은 게임이고 기타 앱으로부터의 수익은 12%에 불과한 것으로 나타난다.[43]

(5) 전방시장·후방시장에 대한 반론

애플은 에픽이 소장에서 관련시장을 특정하지 못하였으므로 법원이 그 이후의 주장을 기각하는 것이 합당하다는 주위적 항변에 더하여[44] 예비적으로 에픽이 전문가 제출서면을 통해 주장한 전방시장, 후방시장과 관련한 논의를 반박한다.

애플은 전방시장으로 iOS 운영체제시장, 후방시장으로 iOS 앱 유통시장이 존재한다는 에픽의 주장이 법리적으로 미대법원의[45] 양면시장에 대한 경쟁법 적용의 경

---

40) 애플 의견서(법률관계), paras. 61-62.

41) 애플 의견서(사실관계), paras. 351-436.

42) 애플 의견서(법률관계), paras. 70-73.

43) 애플 의견서(법률관계), para. 68.

44) 애플 의견서(법률관계), paras. 83, 87.

45) *Ohio v. Am. Express Co.*, 138 S. Ct. 2274, 2286 n.8 (2018)

우 하나의 거래시장으로 정의해야 한다는 설시에 반하며, 스마트폰을 팔 뿐 iOS를 팔지 않는다는 시장현실이나 여러 단말의 게임 플랫폼 간에 대체관계가 존재하는 경쟁 상황에도 반한다고 지적한다.[46)]

(6) '단일 브랜드 시장'(single-brand market)에 대한 비판

애플은 판례법은 '단일 브랜드 시장'을 당해 상품이 대체가능해서는 안 된다는 엄격한 요건하에 예외적으로만 인정하는데[47)] 'iOS 앱 유통'은 앞서 설명한 대로 대체가 능한 플랫폼이 다수이므로 단일 브랜드 시장을 인정할 수 없다고 비판한다. 또한, 소비자들이 전방시장에서 상품 구매 시에 후방시장의 폐쇄성에 대해서 알지 못하였을 경우에나 '단일 브랜드 시장'이 성립여지가 있는데[48)] 애플의 폐쇄성은 처음부터 이용자와 개발자에게 모두 공지의 사실이었으며 소비자가 전방시장에서 상품을 구매한 후 비로소 채택된 것이 아니므로 단일 브랜드 시장은 성립하지 못한다고 지적한다.[49)]

(7) 인앱 결제

애플은 IAP는 App Store 이전에는 존재하지 않았으며 App Store에서의 거래를 위한 계정 개설, 대금지급 처리, 거래내역 확인, 세무, 사기방지, 가족연계 요금할인, 그리고 보안·프라이버시 등 이용자보호와도 관련되는 서비스라고 주장한다. 지급결제 자체는 제3 금융사를 통해서 수행되듯이 IAP를 이루는 세부 개별서비스는 제3 전문업체를 통해 이루어질 수 있다. IAP는 이를 통합한 서비스이고 그 자체가 iOS 앱 유통 서비스와 일체를 이룬다고 강조한다.[50)]

애플이 IAP를 통해서 수수료를 징수하고 있지만 IAP 자체에 과금하는 것은 아니

---

46) 애플 의견서(법률관계), paras. 80-94.

47) *Apple v. Psystar*, 586 F.Supp. 2d 1190, 1198 (N.D. Cal. 2008); In re Am. Express Anti-Steering Rules Antitrust Litig., 361 F.Supp. 3d 324, 344-45 (E.D.N.Y. 2019).

48) *Eastman Kodak v. Image Technical Servs.*, 504 US 451, 464-78 (1992); *PSI RepairSers. v. Honeywell*, 104 F.3d 811, 820 (6th Cir. 1997); *Avaya v. Telecom Labs*, 838 F.3d 354, 405 (3d Cir. 2016).

49) 애플 의견서(법률관계), paras. 103-111.

50) 애플 의견서(사실관계), paras. 649-653.

라는 입장이다. 이는 구글 플레이, 스팀, 삼성 갤럭시 스토어, 소니 플레이스테이션 등 다른 게임 플랫폼의 경우에도 마찬가지이며 에픽의 EGS마저도 결제처리에 대한 수수료를 받는다고 하지 않고 게임서비스 전체에의 접근에 대한 수수료란 입장을 피력한 바가 있다.

애플은 결제처리 자체만을 위한 독자적 수요나 공급이 존재하지 않는다고 주장한다.[51] 한발 물러서 일반적으로는 결제서비스가 독자적 상품이라고 판단하는 경우에도 애플은 iOS나 IAP를 개별적으로 판매하지 않고 통합서비스로 처리하므로 그에 대한 시장이 존재하지 않는다고 한다.[52]

애플은 IAP는 통합제품이며 별도의 시장이 존재하지 않는다고 주장하며 이 통합으로 인하여 애플뿐만 아니라 개발자, 이용자 모두가 혜택을 누린다고 지적한다. IAP 같은 통합결제처리시스템이 없으면 효율적인 수수료 징수가 어렵고, 안정적 서비스 제공이 곤란하고, 개발자 및 이용자에게 불편을 초래하기 때문에 마이크로소프트, 구글, 스팀, 이베이 등 다른 디지털 거래 플랫폼도 자신들의 결제시스템을 이용할 것을 요구하는 것이 일반적이라는 것이다.[53] 이런 상황에서 iOS 게임거래 플랫폼에는 IAP 만큼 효율적인 다른 결제플랫폼이 없다는 주장이다.[54]

애플은 또한 전체 게임 앱 거래 중 무료앱 및 실물거래 앱 등을 제외한 일부분에 IAP가 강제되며 에픽의 V-Bucks[55] 등과 같이 강제를 우회할 수 있는 방법이 있기 때문에 강제적 끼워팔기가 성립하지 않는다고 주장했다.[56]

나아가 모든 대체가능한 결제서비스를 관련시장이라고 한다면 애플은 미국달러 온라인결제시장에서 3% 이하만 처리할 뿐이며,[57] 물러서서 관련시장을 iOS결제시장이라고 하여도 애플은 웹 앱 결제방식을 제한하고 있지 않으므로 이 부분을 포함하면

---

51) 애플 의견서(사실관계), paras. 654-659.

52) 애플 의견서(사실관계), paras. 660-665.

53) 애플 의견서(사실관계), paras. 680-698.

54) 애플 의견서(사실관계), paras. 700-707.

55) 아이템을 구매할 수 있는 게임 내 화폐임.

56) 애플 의견서(사실관계), paras. 670-678.

57) 애플 의견서(법률관계), para. 336.

애플이 시장지배력을 갖지 않는다고도 주장한다.[58]

3. 일심법원의 판단

법원은 원고가 관련시장의 정의를 위한 적절한 입증자료로서 해당된 상품의 가격, 용도, 품질, 성질에 관한 정보를 제시해야 한다고 설시한 후[59] 다음과 같이 양측의 주장을 분석했다. 먼저 '관련 상품'의 성격에 대하여 에픽은 앱 "유통 서비스"(distribution services)로 규정하고, 애플은 "양면 거래 서비스"(two-sided transaction services)로 규정한다. 법원은 iOS 이용자에게 앱을 팔 수 있는 거래 채널이 App Store밖에 없는 상황에서 이 시장을 "유통 서비스"로 성격 짓는 것은 어색하며, 유통서비스는 단지 개발자만이 이 시장 상품을 이용한다는 오해를 살 수 있다고 보았다. 법원은 이 시장에서 이용자와 개발자가 모두 앱 거래를 소비하므로 대법원이 *Amex* 사건에서 설시한 '거래'(transaction)로[60] 이 사건의 관련 상품의 성격을 파악하였다.[61]

(1) 애플의 주장에 대한 판단

디지털 비디오 게임 시장이 이 사건의 관련시장이라는 애플의 주장에 대해 법원은 디지털 비디오 게임 시장의 외연을 결정하기 어려움을 인정하는 한편 크게 4가지의 구별되는 부분시장(submarket)을 포함하고 있다고 보았다.[62]

① 온라인 모바일 앱 거래 플랫폼(예, App Store, Google Play, Samsung Galaxy)

② 온라인 PC 게임 스토어(예, Valve Steam, Epic Games Store)

③ 콘솔형 디지털 스토어 (예, Sony PlayStation, Microsoft Xbox, Nintendo Switch)

④ 스트리밍형 게임 서비스 (예, Nvidia GeForce Now, Microsoft Xbox Cloud Gaming,

---

58) 애플 의견서(사실관계), paras. 666-668. 애플 의견서(법률관계), paras. 337-338.

59) 일심법원 판결문, p.120.

60) *Amex*, 1238 S. Ct. at 2280.

61) 일심법원 판결문, pp.121-122.

62) 일심법원 판결문, pp.67-71.

Google Stadia)

법원은 이 분야는 전반적인 변화의 와중에 있으며 부분시장 간 경쟁의 조짐도 있음을 지적한 후 아래와 같은 이유에서 이 사건의 관련시장을 '모바일 게임 거래'(mobile gaming transaction) 시장으로 획정했다.[63]

1) 모바일과 비모바일

대체상품의 존재와 관련해서 애플은 PC에서 나아가 태블릿, 콘솔 등 여러 다른 플랫폼이 iOS게임 플랫폼의 대체상품이라고 주장하나 에픽은 iOS 앱유통 플랫폼에 대한 대체상품의 존재를 부인한다. 법원은 양측이 제출한 전문가 증언이나 조사가 흠결이 있어서 어느 한쪽의 입장을 결정적으로 지지하기에 부족한 것으로 보았다. 에픽 측 전문가인 Evans는 SSNIP 테스트를 통해 대체상품이 없음을 입증하려고 했으나 법원은 그 연구가 방법론적으로 양면시장의 간접네트워크효과를 적절히 반영하지 못하였으며 기초 데이터의 조사대상이 너무 한정되었다는 이유로 대체성에 대한 입증능력을 부인했다.[64] 다만, 태블릿(iPad)에 대해서는 에픽의 반대에도 불구하고 60%의 iPhone 이용자가 iPad를 사용하며 전환이 용이하다는 이유를 들어 대체성을 인정하였다.[65]

법원이 모바일 게임 거래만을 관련시장으로 확정한 것은 다음과 같은 추가적 사실에 근거한다. 첫째, 모바일 게임이 두 자리 수로 성장하면서도 PC나 콘솔게임이 줄지 않은 것은 이용자 대체성이 없다는 것을 시사한다. 모바일 게임은 어린이, 10대 여성, 장년층 이용자가 많으며, 복수플랫폼 게임의 이용자는 10대 소년과 25세 이하의 성년이 많다. 둘째, 모바일에서 인기 있는 게임이 PC나 콘솔에는 제공되지 않는 경우도 많다. 설령 동시에 제공되는 경우에도 서로 대체하기보다는 게임이용 시간과 지출

---

63) 일심법원 판결문, pp.82-85. Nintendo Switch와 스트리밍형 게임서비스의 경우 상당한 대체가능성이 엿보이나 아직 서비스 초기인지라 현시점에는 관련시장에서 제외하는 것으로 결정했다.

64) 일심법원 판결문, pp.56-58.

65) 일심법원 판결문, pp.58-59.

을 늘리는 보완효과를 보이고 있다. 셋째, 개발자들도 다른 시장으로 인식하는 경향을 보인다. 예컨대, Steam이 PC게임의 최강자임에도 불구하고 애플의 팀 쿡이 이 회사를 잘 모른다는 것은 양자가 다른 시장에 있음을 시사한다.[66]

2) 게임과 비게임

에픽은 게임 앱과 비게임 앱이 모두 관련시장에 포함되어야 한다고 주장했으나 법원은 다음과 같은 이유로 둘을 구별하고 게임 앱만 포함하였다.

첫째, 게임 앱 거래가 App Store 거래의 60-75%, 수익의 대부분을 차지한다. 둘째, 앱 장터가 일반적으로 게임 거래와 비게임 거래를 사이트의 카테고리상 분리하는 것은 업계와 이용자가 이를 별개로 인식함을 반영한다. 셋째, 기능상 게임 앱이 비게임 앱을 대체하지 못한다. 넷째, 게임 앱의 개발에 있어서는 Unity, Unreal Engine과 같은 전문 저작툴이 사용된다. 다섯째, 구별되는 수요자와 공급자가 있다. 특히 게임개발자가 비게임 앱을 개발하지 않는다. 여섯째, 수익모델에 있어 게임 앱은 인앱 거래에 의존하는 반면 음악 앱 등과 같이 구독에는 의존하지 않는다. 일곱째, 게임 앱의 경우 PlayStation, Xbox, Switch 등과 같이 게임 전용 단말이 발달해 있다. 여덟째, 게임 앱의 유통에 최근 GeForce, xCloud 등의 대형 종합 플랫폼의 등장으로 경쟁이 치열해지고 있는 반면 비게임 앱 유통 플랫폼은 상대적으로 안정화되어 있다.[67]

마지막으로 법원은 게임이 에픽의 주 사업 부문이기 때문에 앱 전체가 아니라 게임 앱이란 부분시장을 관련시장으로 특정한 것이 아니라, 이는 하나의 동기일 뿐이며 애플의 행위에 의하여 특별히 영향받는 분야가 게임부문이기에 이와 같은 결론에 도달하였다고 설시하였다.[68]

---

66) 일심법원 판결문, pp.125-126.
67) 일심법원 판결문, pp.61-64.
68) 일심법원 판결문, p.124.

(2) 에픽의 주장에 대한 판단

1) 전방시장과 후방시장

법원은 에픽이 독립적 판매의 대상이 되지도 않는 iOS를 전방시장으로 지목하는 것은 단지 소송목적으로 인위적으로 고안한 것으로 시장 현실과 맞지 않는다고 지적했다. 스마트폰시장의 경쟁은 운영체계 이외에도 배터리, 사용의 편의성, 내구성, 카메라, 성능 등 다른 요소에도 달려 있다. 법원은 애플의 스마트폰 세계시장의 2020년 시장점유율이 15%에 불과하므로 시장지배력을 갖지 않는다고 판단했다.[69]

에픽은 전방시장에 경쟁이 있다고 하더라도 후방시장에서 애플의 행동을 제약하지 못하는 이유로 전환비용으로 인한 고착효과로 실제 대체가 어려운 점을 들었다. 하지만 법원은 애플의 내부문건에서 영업 목표로 언급된 "고착"(lock-in)이라는 표현이 반드시 부정적 의미가 아니라 고객에 자신의 서비스를 더 매력적으로 만든다는 의미로 해석될 수도 있기 때문에 전환비용을 상승시키는 결정적 증거라고 할 수 없다는 점,[70] 애플의 비개방 정책에 대하여 이용자가 최초 아이폰 구매 시에 몰랐다고 할 수 없는 점, 그 밖에 애플이 공식적으로 이용자에게 약속한 정책을 신뢰를 배반하며 변경한 점에 대한 증거가 부족한 점,[71] 적은 비율이기는[72] 하지만 iPhone 이용자들이 안드로이드 폰으로 전환한다는 점, 구글의 조사에서 64%의 iOS이용자들이 안드로이드로 전환하지 않는 첫 번째 이유는 iOS를 더 좋아하기 때문이라고 답한 점 등을 들어 에픽이 이용자들의 고착을 입증하지 못하였다고 판단했다.[73]

2) 'iOS 인앱 결제처리시장' 주장과 관련하여

iOS 앱 유통 시장 자체가 인정되지 않으니 iOS 인앱 결제 처리시장도 애초에 성립

---

69) 일심법원 판결문, pp.45-46.

70) 일심법원 판결문, pp.47-48.

71) 일심법원 판결문, p.50.

72) 기준에 따라 전환율은 달라진다, 연간 전환율은 2%, 업그레이드 시 전환율은 26%라는 증언도 있다. 일심법원 판결문, p.52.

73) 일심법원 판결문, p.51.

할 수 없는 것이지만 법원은 이와 관련한 방론을 제시했다. 즉, IAP는 거래를 추적하고, 당사자를 확인하고, 수수료를 징수하고, 사기를 방지하고, 구매이력 제공, 가족간 요금할인 등 이용자 편의를 제고하기 위한 복합적 서비스이다. 결제처리 자체는 제3자 서비스를 통해 수행되고 있는 것이 시사하듯이 IAP 수수료는 단순히 개발자와 이용자를 연결한 것에 대한 비용을 받는 것으로 이해되지 않으며 비영리서비스에 대한 수익보전과 애플의 지재권 라이선스를 포함한 포괄적 서비스에 대한 대가로 이해되며 별개의 독립서비스로 인정할 수 없다고 판단된다.[74]

(3) 단일 브랜드 시장의 법리

1) 판례법

에픽의 주장은 전방시장인 iPhone이나 iOS가 경쟁시장에 있더라도 일단 애플 제품을 구매한 고객은 App Store, IAP란 후방시장에 고착되게 된다는 취지이다. 이는 단일브랜드 시장을 인정한 연방대법원의 *Eastman Kodak* 판결[75]에 근거를 두고 있는 듯하나 일심법원은 먼저 대체상품이 있는 상황에서 단일 브랜드가 시장으로 인정된 적이 없으며[76] 더하여 다음과 같은 점에서 판례의 법리에 대한 오해가 있다고 보았다.

*Eastman Kodak*에서 대법원은 높은 수준의 정보수집 비용과 전환비용의 존재를 후방시장 독점을 인정할 수 있는 조건으로 들었다.[77] 그 이후 5개의 순회법원과 다수의 지방법원이 이를 확인하며 구매자가 제한적 조건을 몰랐고 사후 변경된 정책에 따라야 하는 상황이 아니라면 단일 브랜드 후방시장의 존재를 부인했다.[78] 특히 2008

---

74) 일심법원 판결문, pp.65-67.

75) *Eastman Kodak v. Image Tech. Servs.*, 504 U.S. 451 (1991).

76) P. Areeda & H. Hovenkamp, *Antitrust Law: An Analysis of Antitrust Principles and Their Application* (4th and 5th eds., 2021 Supp.), para. 563d.

77) *Eastman Kodak v. Image Tech. Servs.*, 504 U.S. 451, 473 (1991).

78) *United Farmers Ass'n v. Farmers Insurance Exchange*, 89 F.3d 233, 238 (5th Cir. 1996); *PSI Repair Servs. v. Honeywell*, 104 F.3d 811, 820 (6th Cir. 1997); *SMS Sys. Maint. Servs. v. Digital Equip. Corp.*, 188 F.3d 11, 19 (1st Cir. 1999); *DSM Desotech v. 3D Sys. Corp.*, 749 F.3d 1332, 1346 (Fed. Cir. 2014); *Avaya v. Telecom Labs*, 838 F.3d 354,405 (3d Cir. 2016).

년 *Newcal* 판결에서 제9순회법원은 단일 브랜드 후방시장 인정을 위한 4개의 판단기준을 제시했다.[79] 첫째, 후방시장이 전방시장에서 파생되었고 그에 전적으로 의존할 것. 둘째, 불법적 제약과 독점화가 후방시장에만 관련될 것. 셋째, 피고의 시장지배력이 고객과의 관계에서 발생하며 전방시장에서 체결한 계약에 근거한 것이 아닐 것. 넷째, 전방시장에서의 경쟁이 후방시장에서의 반경쟁 행위를 억지하기에 충분치 않을 것.

기업이 정책을 사후에 변경하지 않았다고 하더라도 후방시장에서의 제약이 소비자에게 사전에 충분히 알려지지 않은 경우에는 단일 브랜드 후방시장이 인정될 수 있으나[80] 이를 주장하는 측에서 소비자에게 이런 합리적 선택의 기회가 없었음에 대한 입증책임을 진다.[81]

2) 적 용

에픽의 주장은 일견 위 요건을 상당부분 충족하는 것으로 보인다. iOS 앱 유통시장이나 iOS 결제 처리 시장은 애플 운영체계시장에서 파생되었고, 에픽이 지적한 제약은 후방시장에만 관련되며, 애플의 시장지배력은 고객과의 관계에서 발생하며 전방시장에서의 계약에 의해 후방시장에서의 시장지배력을 얻은 것이 아니므로 *Newcal* 판결의 네 가지 요건 중 세 가지를 충족한다. 그런데 법원은 다음과 같은 이유에서 네 번째 요건을 충족하지 못하였다고 보았다.[82]

먼저, App Store의 정책에 변경이 없었으며 전방시장에서 소비자는 후방시장의 제약을 감안하지 못했을 것이라는 증거가 없다. 애플은 처음부터 폐쇄시스템이었고 App Store 또한 그랬다. 구글의 개방형 안드로이드와 대비되는 이 차이점은 이미 개발자에게나 이용자에게 잘 알려져 있다. 위에서 본 판례법은 정책변경이 없는 상황에서도 특별한 시장실패 상황에서 이용자가 사정을 잘 알지 못하고 고착될 가능성을

---

79) *Newcal Industries, Inc. v. IKON Office Solution*, 513 F.3d 1038, 1049-50 (9th Cir. 2008).

80) *Newcal*, 513 F.3d at 1048; *Red Lion Med. Safety v. Ohmeda*, 63 F.Supp. 2d 1218, 1231 (E.D. Cal. 1999).

81) *Newcal*, 513 F.3d at 1050.

82) 일심법원 판결문, p.130

인정하고는 있으나 이 사건에서 에픽은 이와 같은 입증에 실패하였다.[83] 오히려 당법원에 제출된 자료에 의하면 2010년대 초반 이후 스트리밍 서비스, 다플랫폼(cross-platform) 게임, 호환을 가능케 하는 미들웨어의 등장은 전환비용을 낮추고 있다. '고착'을 주장할 수 있는 가능성은 옅어지고 있다. 앞에서 관련시장 개념상의 대체성을 인정할 만한 정도는 아니라고 판단했지만 플랫폼의 융합 경향 또한 목도할 수 있다.[84]

위와 같은 이유로 에픽의 관련시장 정의는 근본적으로 흠결이 있을 뿐만 아니라 *Newcal* 판결의 요건도 충족하지 못하는 것으로 판단하였다.[85]

III. 평 석

1. 관련시장의 의의

어떤 기업의 행위가 경쟁을 제한하였는지 여부를 심사하기 위해서는 그 첫 단계로 관련시장의 범위를 획정하는 것이 일반적이다. 관련시장이 어떻게 획정되는지에 따라 당사자의 시장지위, 나아가 행위의 경쟁제한성이 달리 파악될 수 있다. 카르텔과 같이 당연위법에 해당하는 노골적 경쟁제한 행위의 경우에는 시장획정을 생략할수도 있을 것이나[86] 사업자의 시장지위에 대한 평가를 필요로 하는 사건 및 행위의 경쟁제한성에 대한 엄밀한 심사를 요하는 사건에 있어서는 관련시장 획정이 필수적이라고 할 것이다.[87]

이와 같이 경쟁상황에 대한 평가의 수단으로서 관련시장은 의미 있는 경쟁이

83) 일심법원 판결문, pp.130-131.

84) 일심법원 판결문, p.132

85) Ibid.

86) *National Collegiate Athletic Association v. Bd. of Regents of Univ. of Okla.*, 468 U.S. 85, 109-10 (1984).

87) 홍대식·정성무, "관련시장 획정에 있어서의 주요 쟁점 검토 ―행위 유형별 관련시장 획정의 필요성 및 기준을 중심으로―", 「경쟁법연구」, 23권(2011).

존재하는 범위로서[88] 보통 경쟁의 제한을 주장하는 측이 먼저 이를 제시하여야 한다.[89] 관련시장은 일반적으로 관련 상품시장과 지역시장으로 구분되며 수요와 공급 측면을 고려하여 대체가능성이 있으면 같은 관련시장에 속하는 것으로 결정된다.[90] 하지만 시장 경쟁의 모습을 상품 간 경쟁만으로 파악하는 경우 경쟁정책의 유효성이 반감될 수 있기에 기술·혁신·차세대시장과 같은 새로운 시장의 정의가 모색되어 왔다.[91]

한 사건에서 관련시장은 하나만 있을 수 있는 것은 아니며 경우에 따라서는 복수로 획정하는 것이 필요할 수 있다. 에픽이 시사했듯이 앱의 종류를 가리지 않고 모든 앱을 포괄하는 시장을 집합시장(cluster market)이라 한다면 그중에서 게임과 관련한 시장은 부분시장이라고 할 것이다. 반면 애플이나 법원이 인정한 바와 같이 단말, OS, 앱장터가 결합하여 하나의 시장을 이루면 이를 집합시장이라고 할 수도 있다. 또한 전방시장과 후방시장의 개념도 구분될 수 있다.[92] 분쟁당사자는 이런 다양한 개념을 동원하여 자신의 입장을 뒷받침하는 것이다. 그중 어느 시장획정이 당해 사건의 경쟁 우려를 가장 명확히 드러내느냐에 따라 그 사건의 관련시장으로 획정되는 것이지만 그것이 반드시 하나일 필요는 없다. 하나의 사건에 복수의 시장이 관련되는 것은 드물지 않은 일이다. 바둑의 한 수가 귀 싸움뿐만 아니라 전체 판도를 바꿀 수 있듯이. 관련시장은 문제행위의 경쟁효과를 객관적으로 가장 잘 평가할 수 있는 모습으로 획정되어야 하며 단일시장으로 획정하느냐 복수시장으로 획정하느냐는 이러한 시장획정의 목적을 달성하는 수단의 적절한 선택에 관한 것이지 그 자체가 절대화되어서는

---

88) *Ohio v. Am. Express Co.*, 138 S. Ct. 2274, 2285 (2018).

89) *Buccaneer Energy v. Gunnison Energy Corp.*, 846 F.3d 129, 1313 (10th Cir. 2017).

90) *United States v. DuPont*, 351 U.S. 377, 404 (1956); *Brown Shoe v. United States*, 370 U.S. 294, 325 (1962).

91) 정찬모, "공정거래법상 관련시장 정의의 문제—지식정보산업을 중심으로", 「규제연구」(한국경제연구원), 제8권 제2호(1999).

92) OECD 경쟁위원회는 2017년 6월 후방시장에서의 경쟁이슈에 관한 토론회를 개최한 바 있다. OECD Secretariat, Executive Summary of the Roundtable on Competition Issues in Aftermarkets—Annex to the Summary Record of the 127th meeting of the Competition Committee, DAF/COMP/M(2017)1/ANN5/FINAL, 26 September 2018.

아니 된다.[93]

대상 사건에서 애플이 IAP를 강요하는 것과 과거에 MS가 익스플로러를 결합판매한 것을 비교해 보자. MS는 익스플로러를 공짜로 배포했음에도 경쟁제한이라고 판정받고 동의명령의 대상이 되었다.[94] 애플은 인앱 매출액의 30%를 요구하며 IAP를 강매해도 일심법원은 정당한 것으로 판단하였다. 30% 수수료는 IAP에 대한 대가가 아니라는 주장은 오히려 IAP를 MS의 익스플로러와 같은 위치로 파악하게 한다. 그런데 MS 법원은 윈도즈의 응용프로그램인터페이스 공개 등을 통해 경쟁사업자의 브라우저가 동등한 경쟁기회를 보장받을 것을 명령하였음에 비하여 이 법원은 사실상 경쟁결제수단에게 인앱 결제를 금지하고 밖으로 나가서 결제하라는 핸디캡을 부과하고 있다. 무료 앱을 유치하는 비용을 보전하기 위해서라는 명분을 내세우고 있으나 이를 위한 수단으로 IAP를 강제하는 것이 정당화될 수 있는지 의문이다.

데스크탑 시절에 법원은 운영체제와 브라우저가 독립적 시장이며 윈도즈 운영체제는 맥(Mac)운영체제와 독립적임을 인정한 바 있다. 그러한 전제하에 업체가 프로그램 성능제고를 위한 시스템 통합을 추구할 수 있는 가능성을 열어 놓은 것이다.[95] 대상 사건은 모바일 시장이므로 컴퓨팅 환경에 차이가 있는 것이 사실이기는 하지만 그렇다고 결제수단, 운영체제, App Store, 단말이 일체로 통합되어 하나의 시장으로 정의된다는 본말이 전도된 판단을 하기 위해서는 보다 설득력 있는 이유 제시가 필요했다.

---

93) 유사한 시각으로는 David Glasner & Sean P. Sullivan, "The Logic of Market Definition", 83 *Antitrust Law Journal* No. 2 (2020); Magali Eben, "The Antitrust Market Does Not Exist: Pursuit of Objectivity in A Purposive Process", 17 *Journal of Competition Law & Economics* No. 3 (2021). 국내 법원은 이와 달리 "먼저 그 전제가 되는 관련시장을 획정하여야 하고, … 거래대상인 상품의 기능 및 … 대체가능성 … 등을 종합적으로 고려하여야 한다."고 하여 문제행위와는 무관하게 거래대상마다 고유한 관련시장이 설정된다는 듯한 설시를 하고 있다(대법원 2012. 4. 26. 선고 2010두18703 판결 등). 법적 안정성을 고려한 것으로 이해하며 보다 깊은 논의가 필요한 부분이다.

94) *United States v. Microsoft Corp.*, 253 F.3d 34 (D.C. Cir. 2001); *United States v. Microsoft Corp.*, 231 F.Supp. 2d 144 (2002). 이 행위는 EU, 한국 등 다른 나라에서도 사건화되었다.

95) *United States v. Microsoft Corp.*, 253 F.3d 34 (D.C. Cir. 2001), at 52, 64-67.

　MS가 윈도즈OS 위에서 운영되는 모든 전자상거래 업체의 결제는 MS가 제공하는 결제수단을 이용하거나 그보다 불편한 수단을 이용하라고 한다면 얼마나 황당하겠는가. 그와 유사한 일이 스마트폰에서는 합당한 요구로 인정되는 판결을 수긍하기 어렵다. 공공앱과 무료앱 유치에 따른 적자 보전을 위하여 필요하다면 일정 비율의 수수료를 보장받는 전제하에서 앱 개발자가 다른 결제수단을 결합하는 것을 허용하는 것이 현재뿐만 아니라 미래의 경쟁을 활성화하는 구조가 될 것이다.

　애플이 iOS나 IAP를 개별적으로 거래의 대상으로 하지 않는다는 것이 시장획정에 결정적 요소로 작용해서는 아니 된다. 운영체제나 결제시스템은 데스크탑뿐만 아니라 모바일에서도 독립 상품으로 인정되고 있다. 삼성, MS 등이 별도의 OS를 개발하였고 국내외에 다수의 모바일 결제시스템이 있다. 어떤 사업자가 이를 분리해서 판매하지 않고 기기비용에 통합하여 판매하는 것은 마케팅 전략일 뿐이다. 그와 같은 전략이 시장지배력에 의해서 유지되는 것이라면 이는 소비자 선택권을 심대하게 침해하게 된다. 이미 공지의 사실이듯이 상품의 제공에 대해 금전적 대가가 요구되지 않는다고 하여도 고객의 관심, 개인정보 등 비금전적 반대급부, 결합판매되는 다른 상품의 가격에 대가가 숨겨져 있기 일쑤다.[96]

　일심법원은 인터넷의 계층구조와 각 계층에 대한 독자성 부여가 오늘날 인터넷 경제를 일구어 냈다는 사실을 도외시하고 있다. 일심판결과 같이 기기, OS, 앱장터, 인앱결제처리를 통합서비스라고 인정하고 각 계층별 독자성을 인정하지 않는 경우 수직적으로 통합된 독점의 심화와 경제적 자유의 축소를 가져온다. 애플시스템에서 기기와 OS의 통합을 되돌리기 어려운 상황이라고 하더라도 통합의 미명하에 앱장터, 인앱 결제처리 같은 다른 계층의 서비스로 독점이 전이되는 것을 두 손 놓고 바라보는 과오를 범해서는 아니 된다.

---

96) 동지, Allen, Christensen, Conrad, Grimmer & Pratt, "Market Definition in the Digital Economy: Considerations for How to Properly Identify Relevant Markets", American Antitrust Institute, June 17, 2020.

2. 양면시장

App Store는 양면 거래 플랫폼으로 종래 서로 만나기 어려웠던 이용자와 개발자가 App Store를 통해서 거래하는 것이 용이해지는 구조이다. 플랫폼이 한쪽 면에서 유인을 제공하여 이용자를 많이 끌어들이면 다른 면에서 제공되는 서비스의 효용이 덩달아 올라간다. 이를 간접 네트워크 효과라고 한다. 또한 더 많은 서비스 제공자가 다양한 서비스를 내놓으면 더 많은 이용자가 몰린다. 연쇄적으로 시장 흐름을 한쪽으로 강화하는 쏠림효과가 발생한다.

온라인 플랫폼이 갖는 양면시장적 특성은 기존의 관련시장 획정 방법의 유효성에 대한 국내외의 논쟁을 가져왔으며 이는 아직 현재진행형이다.[97] 미국에서는 연방대법원이 *Amex* 사건에서 플랫폼을 양면 거래(transaction)플랫폼과 양면 비거래플랫폼으로 구분하고 전자의 경우에는 관련시장을 양면을 모두 포함하여 단일시장으로 획정해야 하며 원고가 한 면에서의 경쟁제한만을 입증한 것으로는 행위의 경쟁제한성을 종국적으로 인정하기 부족하다고 판시했다. *Amex* 이후에 양면시장을 다룬 사건인 Sabre의 Farelogix 합병사건[98]에서 지방법원은 양면 거래플랫폼의 경우에는 단일 관련시장을 획정하는 *Amex*의 판례를 따라서 양면 항공예약서비스(여행사-Sabre-항공사)와 단면 항공예약서비스(Farelogix-항공사)를 서로 다른 시장으로 인정하고, 따라서 전자 시장에서 Sabre의 지배적 지위 인정여부에 무관하게 후자 시장의 회사를 합병하더

---

97) 국내의 대표적 선행연구로는 변정욱·김정현, "온라인 양면 거래 플랫폼의 시장획정 및 시장지배력 판단", 「경쟁법연구」, 제37권(2018); 심재한, "온라인플랫폼의 관련시장획정에 관한 연구", 「경영법률」, 제29권 제2호(2019). 외국의 대표적 연구로는 Jean-Charles Rochet & Jean Tirole, "Platform Competition in Two-Sided Markets", *The European Economic Association*, Vol. 1, Issue 4 (2003); Lapo Filistrucchi, Damien Geradin, Eric van Damme & Paline Affeldt, "Market Definition in Two-Sided Markets: Theory and Practice", *Journal of Competition Law & Economics*, Vol. 10, No. 2(2014); Michael Katz & Jonathan Sallet, "Multisided Platforms and Antitrust Enforcement", *The Yale Law Journal*, Vol. 127, No. 7(2018).

98) *U.S. v. Sabre Corp.*, CA No 19-1548 LPS, 452 F.Supp. 3d 97,138,142 (D.Del. 2020). 이후 영국 경쟁당국의 반대에 부딪친 Sabre는 본 합병 건을 포기하였다.

라도 시장지위에 변화가 없다고 판시했다.

'에픽 v. 애플' 사건 일심법원 또한 모바일 게임 플랫폼의 시장지위를 판단함에 있어서 양면 플랫폼으로서의 특성을 인정하고 대법원이 *Amex* 사건에서 판시한 양면 당사자 간의 거래를 성사시키는 시장이란 시장획정 방식을 수용하여 '모바일 게임 거래'를 관련 상품시장으로 획정했다.

양면시장이 관련된 경쟁법적 분석은 어느 한 면에 대한 분석에 한정하는 것이 부적절하다는 지적은 타당하다. *Amex* 대법원이 양면시장의 시장획정과 관련하여 양면의 당사자 간에 직접적인 거래관계가 성립하면 관련시장을 양면을 포함하는 단일시장으로 정하고, 직접적인 거래관계가 없으면 각 면은 별개의 복수시장으로 획정되며 다만 타면 시장에의 간접효과를 감안한다는 시장획정 방법론을 제시하는 데에서 그쳤다면 이론의 여지는 있지만 나름 유용한 실무적 가이드라인을 제공하였다고 할 것이다. 그러나 *Amex* 대법원은 나아가 다면시장 각 면에 있어서의 경쟁상황과 모든 면에서 친경쟁효과까지 고려한 총체적(net) 경쟁제한에 대한 입증책임을 경쟁제한을 주장하는 측에 부담시켰으며, 다면 중 일부만 일치하는 시장과는 경쟁관계가 없다고 단정적으로 선언하였다. 이 사족(蛇足) 같은 부수적 의견은 많은 비판을 받으며 이후의 재판부에 의해서 축소 해석될 것이 기대되었으나,[99] 유감스럽게도 하급심에 의해서 공고한 법리로 인식되고 때로는 확대 적용되어 대상 판결과 같은 경제현실과 유리된 판결이 이어지고 있다.[100]

생각건대 *Amex* 대법원이 신용카드사용 관계에서 이용자가 상점 간의 거래를 유일한 거래라고 했을 정도로 그 거래가 핵심이고 신용카드 네트워크 플랫폼 양측에 모종의 거래가 있다 해도 이는 핵심거래를 보조하기 위한 것에 불과하다는 측면에서 단일 양면 시장 획정에 동의할 수 있다. 반면에 *Sabre* 사건에서는 이용자-항공사, 항공

---

99) John B. Kirkwood, "Antitrust and Two-Sided Platforms: The Failure of *American Express*", 41 *Cardozo Law Review* 1805 (2020); Glasner & Sullivan, "The Logic of Market Definition", 2020; Allen et al., "Market Definition in the Digital Economy", American Antitrust Institute, 2020.

100) 동지, Allen et al., "Market Definition in the Digital Economy", 2020; Herbert Hovenkamp, "Antitrust and Platform Monopoly", 130 *The Yale Law Journal* 1952 (2021), 1966-1969.

사-여행사, 여행사-이용자의 3면의 거래관계가 있으며 Sabre를 위시한 과점사업자들이 종래 전 2자의 거래관계를 대상으로 한 플랫폼을 제공했음에 비하여 Farelogix는 첫 번째 거래관계만을 대상으로 우수한 플랫폼을 개발한 것이다. 훗날 누군가가 세 번째 거래관계를 대상으로한 탁월한 플랫폼을 개발할지 모른다. 이 거래관계 중에서 굳이 핵심거래관계라고 하면 *Amex*적 시각에서는 이용자-항공사관계라 할 수 있을 것이지만 항공편은 경우에 따라 가변적이라는 측면에서 여행사-이용자관계라고 할 수도 있다. 또한 플랫폼사업자 입장에서는 3면 관계 중에서 하나, 둘을 선택하여 시스템을 구현할 수도 있으므로 잠재적으로 각 면은 별개의 시장이 되고 그 모두가 핵심 거래관계가 될 수 있는 것이다. 따라서 이런 경우에는 단일 3면 시장을 획정하는 것은 각 면의 유력한 경쟁자를 배제함으로써 각 면 또는 전체적 경쟁상황을 잘못 판단할 우려가 높다.[101]

　‘에픽 v. 애플’ 사건에서 애플 플랫폼은 멀티플렉스(multiplex) 시스템이라고 할 수 있다. iOS 위에 App Store를 비롯한 핵심 플랫폼을 위치시키고 게임, 음악 등 다양한 기능과 서비스를 수행하는 앱을 유치하고 있다. 이를 수평적으로 관통하는 결제시스템은 정보시스템과 연결되어 현재의 애플생태계를 안정적으로 유지하고 미래 성장 부분을 개발하는 역할을 한다. 대상 판결은 다층 구조의 멀티플렉스를 수직적으로 게임분야만 분리해서 단일 플랫폼 시장으로 획정하고 있다. 운영체제, 앱 장터, 정보·결제시스템은 별도의 독립적 시장을 구성하지 못하는 구성물로 보고 있다.

　인터넷시스템은 다양한 성능과 서비스 분야가 수직, 수평으로 격자로 구분되어 모듈을 이루며 이 모듈이 결합되는 구조로 발전하였다.[102] 애플은 특이하게도 이 중 일부분을 폐쇄적으로 통합하는 방식으로 성장하였지만 한 사업자의 행태로 전체 시스템의 구조를 부인할 수 없다. 대상판결은 개발자-이용자 거래 이외에 개발자와 플랫폼, 광고사, 결제사 간 거래도 경제적으로 실질적 중요성이 있기에 그곳에서의 불

---

101) Charlotte Slaiman, "U.S. v. Sabre Decision Is Wrong About Platform Markets", Public Knowledge, April 9, 2020.

102) Barbara van Schewick, *Internet Architecture and Innovation*, The MIT Press, 2010.

공정행위를 간과할 수 없다는 신용카드 플랫폼과 모바일 앱 거래 플랫폼 사이의 현실적 차이에 주목하지 못하였다. 애플의 국가경제적 비중이 적을 때에는 그 회사 내부의 문제로 보고 규제적 개입은 자제될 수 있다. 그러나 애플이 다른 기업과 함께 거대한 생태계를 이루고 국가경제적으로 중요한 부분을 차지한다면 규제적 개입이 필요하며 이때 적용되는 기준은 애플의 주관적 의도가 아니라 인터넷 플랫폼 일반의 객관적 기준이 되어야 할 것이다.

양면시장이론의 의의는 타면의 영향에 대한 고려 없이 한 면의 경쟁 상황만을 보고 경쟁법을 적용하는 경우 과다집행을 초래하는 경향이 있음에 대한 경고에 있다. 이와 반대로 양면시장적 특색, 특히 양면 당사자간에 거래관계가 존재한다고 하여 *Amex*와 같이 양면을 모두 포함하여 크게 시장을 획정하는 것이 관행이 되고 그렇게 획정된 관련시장을 구성하는 서비스 내용과 일치하는 서비스를 제공하지 않는 기업은 경쟁관계가 없다고 판단하여 이 기업에 대한 행위는 아예 경쟁제한이 될 수 없다는 도식적 면제가 부여되는 것 또한 우려된다. 플랫폼들이 많은 경우 서로 공통된 부분도 있지만 다른 부분이 혼합되어 복합적으로 경쟁하고 있음을 적절히 고려하지 못하면 경쟁법의 과소집행에 이르며,「생태계 내 경쟁 v. 생태계 간 경쟁」의 구조에서 생태계 내 경쟁이 희생되는 결과를 초래할 수 있다.

만약 반경쟁성이 의심되는 행위가 양면 당사자 간의 거래에 직접 영향을 준다면 판례의 입장이 타당할 수 있지만 문제의 행위가 일면 당사자에게 주로 영향을 주며 타방 당사자는 간접적으로 영향받을 뿐이라면 각각 별개의 시장으로 획정하는 것이 행위가 향하여진 시장에서의 경쟁효과를 파악하기에 더 적절하며 이를 확대하여 타면까지 포함하는 경우 행위의 경쟁효과가 희석될 뿐이다. *Amex* 사건에서 Amex는 제3의 카드사와의 경쟁관계에 영향을 미치기 위하여 가맹점과 이용자 간의 거래관계에 직접 제약을 가하였다. 반면 이 사건 애플은 자신과 다른 플랫폼과의 경쟁관계에 영향을 미치기 위한 것이 아니라 자신과 일면시장에서 거래하는 당사자와의 관계에서 이익을 더 얻거나 잠재적 위협요소를 제거하기 위하여 제약을 가한 것이다. 즉 *Amex*는 다른 카드사와의 경쟁을 위하여 Amex 생태계 내부를 단속한 생태계 간 경쟁이 주된 경쟁의 무대였으므로 관련시장을 양면을 모두 포함하도록 잡는 것이 합당하였다.

그러나 이 사건에서 애플은 안드로이드 진영과의 경쟁에서 승리하기 위하여 에픽에게 이와 같은 제약을 가한 것이 아니다. 오히려 애플과 구글 간에 묵시적 공조행위가 의심될 정도로 이 사건은 생태계 내부 구성원 길들이기에 목적이 있는 것이다. 따라서 이와 같은 경우에는 일면의 부분시장을 기준으로 먼저 경쟁영향 평가를 하고 그 이후에 전체시장의 경쟁상황에 긍정적 영향이 있었는지를 추가적으로 고려하여 최종적인 평가를 하는 것이 적절하다고 할 것이다. 일심법원은 이와 같은 차이에 주목하지 못하고 *Amex* 판시의 실질이 아닌 형식만을 기계적으로 다른 상황에 적용하는 오류를 범하였다.

필자의 이와 같은 분석은 사실 새로운 것이 아니라 한국의 경쟁당국과 법원도 유사한 입장에 있다고 생각된다. NHN의 판도라 등에 대한 시장지배적 지위남용 사건에서 공정거래위원회는 1S-4C(Search, Contents, Communication, Community & Commerce) 서비스를 모두 제공하는 사업자로만 관련시장을 획정하였으나[103] 법원은 부분적으로만 영업범위가 겹치더라도 경쟁관계가 성립함을 인정했다.[104] 대상 사건을 포함하여 양면시장에 관한 미국 법원의 최근 판례는 우리 법원에 의해 취소되었고 뒤이은 이베이와 옥션의 기업결합 사건에서 보듯이[105] 이미 공정거래위원회에 의해서도 포기된 공정거래위원회의 초기 입장을 떠오르게 한다.

3. 후방시장(단일 브랜드 시장)

면도기/면도기날, 프린터/잉크 카트리지, 커피머신/커피원두·캡슐 등이 전방시장/후방시장의 관계를 알려 주는 예이다. 통상 전방시장에서의 염가 전략으로 고객을 확보한 후에 후방시장에서 고객을 착취하는 것이 문제된다. 하지만 전방시장 사업자의 후방시장에서의 착취행위에 관한 의견대립은 팽팽하다. 시카고학파는 다음과 같

---

103) 공정거래위원회 의결 제2008-251호, 2008. 8. 28.
104) 대법원 2014. 11. 13. 선고 2009두20366 판결. 원심인 서울고법 2009. 10. 8. 선고 2008누27102 판결의 판단을 확정함.
105) 공정거래위원회 전원회의, 의결 제2009-146호, 2009. 6. 25, 25면.

은 이유에서 착취는 여간해서는 발생하지 않는다고 주장한다. 첫째, 소비자들이 전방시장과 후방시장의 전체 비용에 관한 충분한 정보를 가지고 합리적 구매를 한다. 둘째, 후방시장에서 독점이윤을 누리려는 기도는 전방시장에서의 경쟁에 의해서 좌절된다. 셋째, 후방시장에서 외견상 독점화로 보이는 행위도 기술·경영적 혁신을 통해 서비스의 향상을 가져오는 친경쟁적 효과가 클 수 있다. 후기 시카고학파는 전방시장이 경쟁적인 경우에도 후방시장 고객이 고착되어 있는 경우에는 후방시장 소비자를 착취할 유인이 존재한다고 반박한다. 이는 소비자에게 충분한 정보가 없거나 장기적으로 합리적인 결정을 내리기 어려운 경향에 의해서 더욱 강화된다.[106)

　미국의 경쟁당국이나 법원은 후방시장에서의 착취를 쉽게 인정하지 않는다. 독자적인 후방시장의 존재 자체가 인정되지 않으면 그 시장에서의 착취 얘기를 꺼낼 수도 없다. 행여 후방시장의 존재를 인정받는 경우에도 전방시장 사업자가 고객 친화적 정책으로 고객을 유치한 후에 신뢰를 배반하고 정책을 변경하였으며, 고객이 쉽게 전방시장 상품을 교체하지 못한다는 것을 입증하여야 한다. 드물게 그 가능성을 인정받은 것이 사진기/부품을 전/후방시장으로 한 *Kodak* 사건이다. *Kodak* 사건은 또한 후방시장에서의 착취를 인정받기 위해서는 단일 브랜드 시장이 전제되어야 한다는 현실로 귀결되었다. 하지만 단일 브랜드 시장은 더욱 엄격한 조건을 요하여 그 충족을 인정받기를 기대하기가 어려웠다.[107)

　앞서 언급한 대로 인터넷의 계층, 모듈 구조는 논리적으로 전후방시장의 세분화를 지향한다. 어떤 기업이 전후방시장을 수직적으로 통합하려고 시도할 수는 있으나 그것이 전후방시장의 현실적 또는 잠재적 존재 자체를 부인하는 근거가 되지는 못한다. 대상 판결이 지적하고 일반적으로 인정되는 바와 같이 단일 브랜드 시장의 개념이 쉽게 허용되어서는 아니 된다는 점에 원칙적으로 동의하면서도 최근 심화되는 온라인 플랫폼들의 쏠림현상에 의한 독점화, 수직적 통합과 이를 통하여 등장하는 분야별 독

---

106) OECD Secretariat, Executive Summary of the Roundtable on Competition Issues in Aftermarkets, DAF/COMP/M(2017)1/ANN5/FINAL, 26 September 2018, pp. 2-3.

107) OECD, Competition Issues in Aftermarkets — Note from the United States, DAF/COMP/WD(2017)38, 26 May 2017.

과점 사업자가 전후방사업자를 착취하는 경향의 확산은 단일 브랜드 시장에서의 지위 남용에 관한 법적 요건의 완화 필요성을 제기한다. 그러던 와중에 연방제2항소법원은 2019년 *US Airways v. Sabre* 사건[108]에서 원고가 i) Sabre의 합리적 대안이 될 수 있는 플랫폼의 부재 ii) Sabre의 고객 여행사들이 거의 다른 플랫폼으로 이전하지 않는 점 iii) 다른 플랫폼으로의 이전에 고비용이 드는 점 iv) Sabre의 여행사에 대한 지불구조가 이 단일 브랜드 시장을 더욱 공고하게 하는 점을 보임으로써 경쟁법상 부분시장의 존재를 입증하였다고 인정했다. 다만 캘리포니아북부지방법원은 제2항소법원이 아닌 제9 항소법원의 관할이기에 *Sabre* 판결이 대상 사건 판단에 영향을 주지 못한 것 같다.

'에픽 v. 애플' 사건에서 애플생태계가 안드로이드생태계와 경쟁관계에 있는 것은 사실이나 사실상 안정적인 복점체제가 장기간 지속되고 있으며, 경쟁의 영향은 단말 계층에 있어서는 뚜렷하게 나타나서 일반 이용자에 대해서는 그들을 선택을 받기 위해 양 진영이 서로 경쟁하지만, 진영 내부에서는 그 경쟁의 영향이 느껴지지 않을 정도이다. 이용자들의 핸드폰 교체라는 방법에 의한 선택도 상시적인 것이 아니라 수년에 한번 발생하며, 이용자들은 생태계내부 서비스보다는 기기의 외양, 가격, 성능에 의해 구매를 결정하는 경우가 대부분이므로 후방시장인 앱 유통[109]·거래상의 남용이 전방시장에 주는 영향은 크지 않다고 할 것이다. 안정된 복점체제에서 앱 개발자나 결제사업자와 같은 특정 모듈 공급자가 생태계를 지배하는 애플과 구글에게 목소리를 낼 수 있는 상황 또한 아니다. 그럼에도 불구하고 이 사건 법원이 모바일 게임거래 시장을 이루는 전방시장인 단말시장에서의 경쟁이 후방시장인 앱 개발자와의 관계에서 반경쟁 행위를 억지하기에 충분하다고 보는 사실 판단에 동의하기 어렵다. 에픽의 입증 부족은 그렇다고 하더라도, 법원이 관련시장 획정 과정에서 배제한 스트리밍 등 신생서비스 및 향후가 불확실한 플랫폼 융합추이를 후방시장에서의 반경쟁 행

---

108) *US Airways v. Sabre Corp.*, Nos. 17-960, 17-983, Decided September 11, 2019, at 44-52. 위 각주 98 의 소송은 법무부가 제기한 공적 소송이고 이 소송은 피해를 주장하는 업체가 제기한 사소이다.

109) "유통"이라는 표현이 이용자를 배제한 개발자만을 위한 서비스라는 오해를 불러온다는 대상 판결의 설시(각주 61 및 해당 본문 참조) 또한 "소매유통"은 일반 소비자를 위한 서비스로 쉽게 인식된다는 점에서 선뜻 동의하기 어렵다.

위를 억지하는 요인으로 포함한 것은 일관성이 없는 사실인정이라고 할 것이다.

어쨌든 전방시장에서의 시장지배력이 인정받기 어려운 상황이라면 미국에서 후방시장에서의 남용을 인정받기는 더욱 어려운 게 현실이다. 글로벌 플랫폼의 수직적 통합을 통한 독점력 확대가 날로 심해지는 상황에서 미국 독점금지법이 이에 대한 억제기능을 할 것으로 크게 기대하기 어렵다. 다행히 우리나라는 법제적으로 지배적 사업자가 아니더라도 우월적 관계가 인정되는 경우 그 지위남용에 대하여 공정거래법 제23조의 불공정 행위로 규제하는 것이 가능할 것이다.

4. 데이터 시장

이 사건 원고의 주장에서 아쉽게 생각되는 것은 데이터 시장적 관점에서의 접근이 부재한 점이다. "데이터는 21세기의 오일"이라는 표현이 회자된 것도 상당한 세월이 지났으며, 빅데이터의 경쟁법적 의의에 대해서 인식하기 시작한 것도 수년이 지났건만[110] 이 사건 원고의 대리인은 데이터 독점이라는 차원에서 논리를 발전시켜서 주장을 개진하지 않았다. 당연히 피고 애플이나 법원은 원고가 주장하지 않은 것을 언급할 필요가 없었다.

생각건대 결제처리는 표면적으로는 돈의 흐름이지만 그 이면에는 정보의 흐름이 있다. 인터넷에서 각종 무료서비스가 제공되는 것은 이용자의 관심을 끄는 것과 함께 그들에 관한 정보를 축적하여 활용하기 위한 것임은 널리 알려진 사실이다. 무료서비스 이용자의 정보가 가치 있는 것이라면 유료서비스 이용자의 구매 및 관련 정보가 그 이상의 가치를 갖는 고급정보임은 두말할 나위가 없다.[111]

사실 빅데이터의 경쟁상 의의를 언급한 기존의 연구들도 빅데이터를 지배력 평가에 영향을 미치는 진입장벽으로 인식하거나, 데이터 제공거절을 남용행위로 파악

---

110) Maurice Stucke and Allen Grunes, *Big Data and Competition Policy*, Oxford, 2016.

111) 한 조사에 의하면 개인에 대한 기본정보($0.03)보다 금융정보($5.40)는 백배 이상의 금액으로 거래된다. "How Much is Your Data Worth? The Complete Breakdown for 2021", https://www.invisibly.com/learn-blog/, Jul 13, 2021.

할 수 있느냐의 관점에서 논의하는 것에 그쳤지 관련시장 관점에서 논의를 전개하지 못했다.[112] 기존의 논의의 유의미함을 인정하면서도 관련시장 획정 단계에서 '데이터 시장'을 고려할 필요가 있음을 지적하고자 한다. 디지털 플랫폼들은 플랫폼을 통하여 더 많은 데이터를 수집하기 위하여 경쟁하는 것이 현실이다. 수집된 데이터는 플랫폼이 고객의 구매 및 이용 패턴을 분석하여 미래 상품을 개발하기 위한 기초가 되며 거래의 대상이 되기도 한다. 이미 데이터 거래를 주업으로 하는 업체들이 생겼으며 데이터 시장의 급성장이 예측되고 있다.[113] 데이터의 비경합성에도 불구하고 데이터 시장에의 진입을 위해서는 데이터의 수집, 저장, 분석을 위한 초기 투자비용이 많이 들고 한계비용은 낮아지는 특성으로 시장집중의 경향을 보이고 있다.[114]

그렇다고 필자가 관련 상품시장, 지역시장의 개념이 데이터시장 개념으로 대체되어야 한다고 주장하는 것은 아니다. 상품의 가격이나 물량, 지역적 수요공급이 시장의 경쟁과 소비자 잉여를 좌우하는 일반적 시장과는 달리 에픽과 애플 간에 문제가 된 거래에서는 소비자 결제정보의 처리와 그 과정에서 수집된 데이터의 활용이 관련 기업의 경쟁과 소비자 후생에 큰 영향을 미치므로 이 플랫폼에의 경쟁법 적용에 있어서 추가적으로 고려되어야 하는 시장의 또 다른 단면(dimension)을 지적하는 것이다.

애플이 자사의 IAP를 통해서만 인앱결제를 처리하도록 한 것은 수수료 징수의 확실성을 기하자는 측면도 있을 것이나 그보다 더 중요한 것은 이용자 데이터를 획득하고 가능하면 이를 독점하고자 함으로 생각된다. 에픽은 애플에 수수료 15~30%를 주더래도 이용자 데이터를 가지고 있으면 애플과 경쟁할 방안을 강구해 볼 희망을 가질 수 있다. IAP로 대부분의 결제가 이루어지는 경우 에픽은 그저 날품팔이가 된다. 이런 상황에서 애플이 데이터를 독점하지 못하도록 하는 장치가 요구된다. IAP, 앱 개발

---

112) OECD, "Abuse of dominance in digital markets", 2020, pp.17, 27-28; Maurice Stucke and Allen Grunes, *Big Data and Competition Policy*, Oxford, 2016.

113) 2026년 전세계 빅데이터 시장의 규모는 234.6billion에 이를 것이라는 전망이 있다. "Big Data— Global Market Trajectory & Analytics", Global Industry Analysts Inc., June 29, 2021.

114) Hoi Wai Jackie Cheng, "Economic properties of data and monopolistic tendencies of data economy: policies to limit an Orwellian possibility", United Nations Department of Economic and Social Affairs, DESA Working Paper No. 164, May 2020.

사의 인앱 결제시스템, 제3 독립결제시스템을 포함한 최소 3개 이상 결제시스템 선택지를 이용자에게 부여하는 것이 결제관련 데이터의 독점을 막는 제1보가 될 것이다. 각 사가 수집한 데이터를 공유하고 이전하는 문제는 그다음 단계의 문제이다.[115]

IV. 결 론

최근 세간의 관심이 된 "에픽 v. 애플" 반독점소송에서 미국 캘리포니아 북부지방법원은 에픽의 청구 중 연방 반독점법에 근거한 청구는 모두 기각하였다. 이 글은 청구기각의 핵심근거인 관련시장 판단을 중심으로 살펴보았다.

이 사건 재판부는 애플 플랫폼이 양면 거래 플랫폼이란 성격을 갖고 있음을 확인하고 '모바일 게임 거래'로 관련시장을 획정했으며, 이는 이후 애플의 시장 지배적 지위 및 남용을 부인하는 판단을 하는 데에 결정적 영향을 주게 된다. 양면시장이론의 의의는 반경쟁성이 의심되는 행위에 대한 분석에 있어서 타면 시장에서의 영향까지 적절히 고려하고자 함이지 특별히 경쟁법 적용을 더 엄격하게 또는 느슨하게 하거나, 특정한 관련시장 획정 방법론을 적용하는 것이 콘크리트화되어서는 아니 된다. 관련시장은 문제행위의 경쟁효과를 가장 잘 평가할 수 있는 모습으로 정의되어야 하며 양면시장적 성격은 이 과정의 한 고려요소일 뿐이다.

*Amex*에서는 경쟁의 대상이 행위 상대방이 아닌 제3 카드사였고, 이 사건에서 애플은 행위 상대방인 에픽과 부분적으로나마 직접경쟁관계에 있고 '운영체제 vs 앱개발자'의 구도에서 애플과 구글은 묵시적 공조가 의심되는 상황이라는 점과 같은 실질적 차이에 주목하지 못하고 재판부가 *Amex* 판례의 형식만을 답습하여 플랫폼의 하방시장 독점화에 제동을 걸 기회를 놓쳤으며, 원고가 데이터시장 독점화에 대한 주장을 전개하지 못한 것이 아쉽다.

---

115) 유럽연합의 '디지털 시장법(Digital Markets Act)안'과 국내의 '온라인 플랫폼 중개거래의 공정화에 관한 법률안'이 이에 관련된다.

제4절

중국의 빅테크 기업에 대한 반독점 규제*

이상우

(인하대학교 AI·데이터법센터 책임연구원)

I. 규제 동향

2019년 말부터 확산되었던 코로나19로 인하여 커다란 충격을 받았던 중국의 실물경제가 2020년에 들어서면서 점차 회복되는 모습을 보이기 시작하였다. 그러나 빅테크 기업은 자사 플랫폼에서 중소기업과 상생할 수 있는 사업모델보다는 독자 생존 및 성장할 수 있는 사업모델을 지향하면서 오히려 특수를 누리게 된 반면,[1] 영세·중소기업은 매출액 감소나 영업중단 등 고전을 면치 못하는 등 양극화가 심화되었다.[2]

이러한 빅테크 기업의 공격적인 사업 확장은 중국 당국의 정책 대응을 유발하

---

* 이 글은 「법학연구」 제24집 제2호(2021)에 실린 "중국의 빅테크 반독점 규제에 관한 연구: 알리바바 사안에서의 행정처벌결정서 해설을 중심으로"의 논문을 일부 수정·보완한 것임을 밝힌다.

1) 중국 상장기업 중 기술기업 시가총액 비중이 2010년 6.8%에서 2015년 14.7%, 2020년 23.7%로 급격히 높아졌으며, 알리바바, 텐센트, 앤트 3개 기업의 시가총액만 약 2조 달러에 육박하고 있다 (2020.11.11.기준). 한국금융연구원, "중국의 빅테크 기업 반독점 규제 착수", 「글로벌금융이슈」 29권 23호, 2020.12.5., 24면.

2) 전자상거래가 총 소매매출액에서 차지하는 비중이 1년 전 25%였으나, 2020년 10월말 기준 30%까지 상승하였다. 한국금융연구원, 위의 자료, 24면.

는 요인으로 작용하였고,[3] 국가시장감독관리총국(国家市场监督管理总局)[4](이하 '시감총국')
은 2020년 1월 2일 '반독점법(수정초안)(反垄断法(修订草案))'(이하 '수정초안')을 발표하였다.
2008년부터 시행된 「반독점법」은 아날로그 시대의 산업구조에서 제정된 법률로서 데
이터 경제 시대에 빅테크 기업의 시장지배적 지위 남용에 대한 규제수단 부족 등이
지적되어 왔는바 개정을 진행하게 된 것이다.[5] 또한 2020년 11월 2일 온라인 소액대
출업무 규제조치 발표로 인해 2020년 11월 3일 앤트(蚂蚁集团)의 상장 중단 조치[6]가 이
루어진 데 이어 시감총국은 2020년 11월 10일 「플랫폼 경제 영역의 반독점 관련 지침
(关于平台经济领域的反垄断指南)」(이하 '플랫폼지침')[7]을 발표하였고, 2020년 12월 14일 알리
바바 등 3개사에 반독점 위반 과징금을 부과함으로써 빅테크 기업의 인수합병을 통
한 사업 확장에 제동을 걸었다. 해당 제재는 2008년 「반독점법」 시행 후 처음으로 빅
테크 기업에 적용된 사례로써, 중국 당국이 빅테크 기업에 대한 반독점 규제를 강화
할 것임을 표명한 것이었다.

---

3) 중국 애플 앱스토어(2021.5.9. 기준)의 무료다운로드 상위 30개 앱 중 알리바바·텐센트의 직·간접 자
   본과 연결되어 있는 앱은 18개이며, 비중이 50%를 초과하고, 중국 프랜차이즈 협회가 발표한 2019년
   중국 상위 100대 체인점 목록에 따르면 상위 10대 체인점 다수가 텐센트·알리바바의 자본이 연결되
   어 있다. China Economic Weekly, "反垄断亮剑 互联网巨头遭遇监管"紧箍咒"", 2021.5.15., 24-25页.
4) 2018년 3월 개최된 제13기 전국인민대표대회에서 정부조직 개편안인 「국무원 기구 개혁방안에 대
   한 결정(关于国务院机构改革方案的决定)」이 통과됨에 따라 이전에는 반독점 관련 업무가 상무부(반독점국),
   국가발전개혁위원회(가격감독조사-반독점국), 국가공상총국(반독점·반부정당경쟁법 집행국) 3개 기관에
   분산되었으나, 2018년 4월부터는 국가시장감독관리총국이 국무원의 직속기구로 전담하게 되었다.
   이현태 외, "중국 시진핑 집권 2기 경제운영 전망: 2018년 양회(两会) 분석", 「KIEP 오늘의 세계경제」
   Vol. 18, No. 12, 2018, 1면; 다만 2021년 11월 시감총국의 산하 기관으로 국가반독점국(国家反垄断局)을
   설립하였는바, 현재는 국가반독점국이 「반독점법」 실시·집행에 관한 모든 권한을 행사한다. 손한
   기, "중국 개정 반독점법의 주요내용 및 시사점", 「최신외국법제정보」 2022년 제6호, 2022, 122면.
5) 대외경제정책연구원, "중국「반독점법」개정안의 주요 내용과 평가", 「세계경제 포커스」 Vol. 3 No. 10,
   2020, 2면.
6) 총 350억 달러에 달하는 사상 최대 규모의 상하이 및 홍콩 증권거래소 복수상장이 무기한 연기되었
   다. 한국금융연구원, 앞의 자료, 23면.
7) 총 6장, 24개 조항으로 구성된 「플랫폼지침」은 2021년 2월 7일부터 시행 중이며, 구법에 근거하여 '시
   장지배적 지위'와 '남용 행위'에 대한 판단기준을 확정하고 플랫폼의 가격담합, 독점거래, 시장지배적
   지위를 남용한 강제매매, 빅데이터와 알고리즘 기술을 활용한 경쟁 저해 등 행위를 금지한다고 명시
   하였다. 김성애, "中 2월 7일부 '플랫폼 경제 반독점 가이드라인' 시행", KOTRA, 2021, 1면.

　　이와 같이 규제를 강화해 나가는 추세에서 시감총국은 2021년 4월 10일 알리바바에게 시장지배적 지위 남용을 이유로 182억 위안(약 3조 4천억 원)의 과징금을 부과하였다. 182억 위안은 알리바바 2019년 매출액의 4%에 이르는 금액으로 중국 반독점 과징금으로는 사상 최대 규모이다.[8] 본 행정처벌의 근거가 되는 행정처벌결정서(行政处罚决定书)[9](이하 '결정서')는 총 7장으로 구성되어 있으며, 구체적으로는 본 사안의 조사 경위, 시장획정, 시장지배적 지위에 대한 판단, 남용행위의 사실과 근거 등이 정리되어 있다. 즉 본 결정서를 통해 시감총국이 어떠한 이유와 근거로 알리바바에 대해 사상 최대의 과징금[10]을 부과하게 되었는지를 알 수 있다.

　　본 결정서를 올바로 이해하기 위해서는 중국의 반독점 규제와 관련한 입법 동향, 플랫폼 경제의 기본원리, 그리고 중국 전자상거래 비즈니스 현황에 대한 이해가 뒷받침되어야 할 것이다. 예를 들어 결정서에는 "2015년부터 알리바바 그룹이 시장지배적 지위를 이용해 입점 업체에 '양자택일(二选一)'[11]을 강요"했다고 명시하였는데, 중국 전자상거래 산업 구도에 대한 이해 없이는 양자가 누구이며, 택일을 강요하는 상황이 입점업체에게 어떠한 의미인지 이해하기 어려울 것이다. 이에 본고는 '결정서'의 주요 내용을 상세하게 분석함으로써 중국의 빅테크 기업 반독점 규제에 대한 우리나라 독자의 이해를 돕고, 한국 규제당국에 시사점을 제공하고자 한다.[12]

---

8) Bloomberg, https://www.bloombergquint.com/markets/china-fines-alibaba-group-2-8-billion-in-monopoly-probe (접속일: 2021.5.9.).

9) (国市监处)[2021]28号.

10) 알리바바 사안 이전에는 2015년 퀄컴(Qualcomm)에게 부과한 975백만 달러가 반독점 과징금으로는 최대 규모였다. BBC, https://www.bbc.com/news/business-31335551 (접속일: 2021.5.10.).

11) 특정 사이트에 출점한 사업자가 경쟁 사이트에서 상품을 판매하는 것을 막으려고 독점 제휴계약 체결을 강요하는 이른바 '배타조건부거래행위'를 뜻한다. 김준호, "중국 반독점법 2020년 개정초안의 의의", 「법학연구」 제31권 제1호, 2020, 164면.

12) 아래 '알리바바의 대응'에서 자세히 살펴겠지만, 알리바바는 결정서에 대한 이견을 보이지 않고 수용하였으며, 조사과정에서의 항변이 공개되지 않았는바, 본고는 중국 당국의 결정사항에 기반하여 분석한 한계가 있음을 밝힌다.

II. 본 사안의 조사 경위 및 경과[13]

1. 결정서의 주요 내용[14]

시감총국은 제보(擧报)를 통해 2020년 12월부터 알리바바[15]의 시장지배적 지위 남용 혐의 조사에 착수하였다. 결정서에 따르면, 현장·탐문조사 등을 통해 증거를 수집하였고, 수집된 증거에 대한 검증 및 당사자의 의견진술 기회를 제공하는 등 합법적인 권리가 보장되었다.[16] 또한 2021년 4월 6일 당사자에게 행정처벌통지서(行政处罚告知书)를 송부하여 항변 및 청문 요구권이 있음을 고지하였으나, 알리바바는 해당 권리를 포기하였다.

2. 해 설

(1) 중국 반독점법 개정

결정서의 해설과 관련하여 첫 번째로 살펴볼 내용은 중국 「반독점법」 개정 이슈이다. 중국은 2001년 WTO 가입 이후 「반독점법」 제정을 서둘러 진행하였으며, 2007년 「반독점법」(이하 '구법(舊法)')이 제정되었다. 구법은 독점행위 예방·제지 및 시장의 공정경쟁 보호 측면에서 기여하였으나, 2008년 시행 이후 인터넷 기반의 새로운 비즈

---

13) 결정서는 총 7장(제1장 당사자 기본상황, 제2장 본 사안의 조사 경위 및 경과, 제3장 시장획정, 제4장 시장지배적 지위에 대한 판단, 제5장 시장지배적 지위의 남용행위에 관한 사실·근거, 제6장 남용의 결과, 제7장 행정처분 근거·결정)으로 구성되어 있는바, 본고는 결정서의 논리적 흐름을 이해할 수 있도록 II 내지 VI에서 결정서의 편제를 그대로 반영하였다.

14) 각 장의 '1. 결정서의 주요 내용'에는 결정서에 기재된 시감총국의 의견을 그대로 반영하였고, '2. 해설'은 관련된 이론을 논하였는바, 전반적으로 시감총국의 관점에서 기술되었으며, 알리바바의 입장은 충분히 반영되지 않은 한계가 있다.

15) 당사자는 1999년에 설립된 '알리바바 그룹 홀딩스'이다.

16) 결정서에 기재된 내용이며, 실제로 합법적인 권리가 보장되었는지에 대해서 알리바바의 공식적인 의견·항변은 공개되지 않았다.

니스 모델이 등장하면서, 빅테크 기업이 시장에서 지배적 지위를 남용하는 문제가 불거지자 이를 규제할 수 있는 법 개정의 필요성이 지속적으로 제기되었다. 이에 2022년 6월 24일 개정을 확정하여, 2022년 8월 1일부터 개정「반독점법」(이하 '개정법')이 시행되었다.[17]

개정법 제1조 입법목적에 "혁신 장려(鼓励创新)"를 추가하여 공정한 시장 경쟁이 보장되는 환경에서의 혁신활동을 강조하였으며, 빅테크 기업의 자사 플랫폼을 이용한 독점 문제에 대응하기 위해 개정법 제9조는 "경영자는 데이터·알고리즘·기술·자본적 우위 및 플랫폼 규칙 등을 이용하여 이 법이 금지하는 독점행위를 할 수 없다"고 규정하였고, 제22조 제2항은 "시장지배적 지위를 가진 경영자는 데이터·알고리즘·기술 및 플랫폼 규칙 등을 이용하여 시장지배적 지위 남용 행위를 할 수 없다"고 명시하였다.

본 결정서는 개정법 시행 전에 발표되었기 때문에 구법에 근거하여 살펴보아야 할 것이다. 하지만 개정법의 모태가 된 수정초안이 2020년 1월 2일 이미 발표되었고, 구법의 하위규정인 「시장지배적 지위 남용행위 금지 임시규정」(2019년 9월 1일 시행)은 인터넷 관련 업종 경영자의 시장지배적 지위 인정 여부에 대한 판단 근거로 네트워크 효과(网路效应),[18] 규모의 경제, 고착(锁定效应, lock-in) 효과,[19] 데이터 장악·처리 능력 등

---

17) 개정법은 구법의 57개조에서 70개조로 증가하였으며, 12개조가 신설되었고 구법 제13조는 2개조(개정법 제16조 및 제17조)로 구분되었다. 손한기, 앞의 자료, 119면 이하 참조.

18) '네트워크 효과'란 특정 상품에 대한 어떤 사람의 수요가 다른 사람들의 수요에 의해 영향을 받는 효과를 의미한다. 상품이나 서비스의 효용이 네트워크의 규모에 의해서 결정되는 시장에서는 선도적 기업이 어느 정도의 이용자를 확보하면 나머지 이용자들도 쏠림 효과에 의하여 이 기업의 제품을 선택하고 그것이 다시 이 제품의 효용을 증대시키는 선순환 효과를 통하여 시장을 석권하게 된다. 이와 같이 내(이용자)가 어떤 네트워크에 가입하면 나의 효용성만 높이는 것이 아니라 다른 가입자의 효용도 자동으로 높이는 (교차)네트워크 외부성(network externality)을 야기한다. 일단 시장을 석권하면 이용자들은 이보다 다소 우수한 다른 서비스가 등장하더라도 네트워크의 규모에 따른 효용 때문에 새로운 서비스를 채택하지 않으며, 상당히 우수한 경쟁 서비스가 있더라도 새로운 서비스의 이용에 필요한 전환비용 때문에 열위의 과거 서비스에 고착되는 현상을 보인다. 정찬모, 『인터넷 플랫폼 중립성 규제론』, 박영사, 2019, 7-8면; 양면시장(双边市场)에서의 네트워크효과(网路效应) 개념은 양측의 사용자 중 어느 한쪽의 사용자 수가 증가했을 때, 같은 쪽의 사용자가 증가하는 동변 네트워크 효과(同边网络效应, same-side network effect)와 동일 상황에서 반대편 측 사용자가 증가하는

의 요소를 고려할 수 있음을 명시하고 있었기 때문에(제11조),[20] 시감총국이 본 사안을 판단함에 있어서 개정법을 직접적으로 적용하지는 않았으나, 개정에 반영된 주요내용과 같은 시각에서 바라보았을 것이라는 것을 추측해 볼 수 있다.

(2) 시장지배적 지위의 남용행위에 대한 규제

알리바바에 대해 제기된 시장지배적 지위 남용행위는 구법상 경제독점행위(제3조)에 해당된다.[21] 구체적으로 구법은 제1장 총칙에서 독점행위의 하나로서 시장지배적 지위의 남용을 금지하면서(제3조, 제6조), 제3장에서 시장지배적 지위의 남용행위의 종류(제17조), 시장지배적 지위의 인정(제18조) 및 추정(제19조)에 관하여 규정하고, 제7장에서 시장지배적 지위의 남용행위를 한 사업자에 대한 책임규정(제47조)를 두어 폭넓게 규제하고 있다.[22] 또한 시장지배적 지위의 남용행위에 관한 효과적인 규제를 위해서 세부지침과 규정으로서 「국무원 반독점위원회의 관련시장 획정지침(国务院反垄断委员会关于相关市场界定的指南)」(이하 '획정지침'), 「공상행정관리기관의 시장지배적 지위 남용금지 규정(工商行政管理机关禁止滥用市场支配地位行为的规定)」(이하 '남용금지규정'), 「공상행

교차 네트워크 외부성(跨边网路效应, cross-side network effect or cross-side network externality)으로 구분하여 볼 수 있으며, 교차 네트워크 외부성에 대해서는 본문에서 자세히 다루도록 한다. Eisenmann T, Parker G, Van Alstyne M W, *Strategies for teo-sided markets*, Harvard business review, 2006, 84(10):92; Armstrong M, *Competition in two-sided markets*, RAND Journal of Economic, 2006 37(3), pp.668-691; 王小宁·方星, "双边市场中的跨边网络效应分析", 「电子商务」, 2014, 70页.

19) 소비자가 특정 상품(서비스)를 구매·이용하기 시작하면, 마치 자물쇠를 채우는 것처럼 다른 상품으로 이동하기 어려워지는 것을 뜻한다. 김준호, 앞의 논문, 162면.

20) 구법의 하부규정으로 2019년 9월 1일부터 시행된 「시장지배적 지위 남용행위 금지 임시규정」에서도 인터넷 관련 업종 경영자의 시장지배적 지위 인정 여부에 대한 판단 근거가 구체적으로 제시되었는데, 제11조에서 "관련 업계의 경쟁 특성, 경영방식, 이용자 수, 네트워크 효과, 고착 효과, 기술 특징, 시장 혁신, 관련 데이터 장악·처리 능력, 관련시장 내 경영자의 역량 등의 요소를 고려할 수 있음"을 명시하였다. 대외경제정책연구원, 앞의 자료, 6면.

21) 구법은 독점행위를 경제독점행위(제3조), 행정독점행위(제8조)로 구분하고 있으며, 이 중 경제독점행위는 사업자의 독점협의행위, 시장지배적 지위의 남용행위, 사업자집중을 포함한다. 정대근, "중국 반독점법상 시장지배적 지위의 남용행위에 대한 규제", 「홍익법학」 제22권 제1호, 2021, 69면.

22) 정대근, 위의 논문, 69면.

정기관의 독점협의 및 시장지배적 지위 남용 사건의 조사절차 규정(工商行政管理机关查处垄断协议滥用市场支配地位案件程序规定)」, 「반가격독점규정(反价格垄断规定)」, 「시장지배적 지위의 남용행위 금지를 위한 잠행규정(禁止滥用市场支配地位行为暂行规定)」(이하 '잠행규정') 등이 제정되었다.[23]

다만 다양한 세부 지침 및 규정이 마련되었음에도 불구하고, 개정 전의 규정으로는 시장지배적 지위 판단의 기본이 되는 관련시장의 획정이 불명확하다는 의견이 있었다.[24] 또한 중국은 지역별로 시장수요의 편차가 심하므로 시장지배적 지위의 인정을 위한 추정기준을 중국 실정에 맞추어 보다 상세하고 구체적으로 규정될 필요가 있다는 의견도 제기되었다.[25] 시장획정에 관한 자세한 내용은 아래에서 논해 보도록 한다.

III. 시장획정

1. 결정서의 주요 내용

결정서는 시장획정과 관련하여 구법과 「획정지침」에 따라 본 사안의 관련 시장을 "중국 내 온라인 소매 플랫폼 시장(中国境内网路零售平台服务市场)"으로 획정하고 있다. 아래

---

23) 정대근, 위의 논문, 67-68면.
24) 중국은 관련시장의 획정과 관련하여 그 역할, 의미, 획정의 기본근거 및 일반적 방법으로서의 SSNIP(Small but Significant and Non-transitory Increase in Price)를 기반으로 한 가상적 독점기업 검정(假定垄断者测试法) 등에 대하여 규정하고 있으나, 구체적인 실시방법과 평가방법들이 상세하게 규정되어 있지 않아 적절한 법집행을 위해 시행세칙이 마련되어야 한다는 의견이 있다. 이동원·국한문, "中韩两国关于滥用市场支配地位比较研究", 「법학연구」 제28권 제2호, 2017, 112-118면 참조; SSNIP는 미국, EU 등 대부분의 경쟁당국이 시장획정 시 활용하는 방법으로, 이 테스트의 핵심은 가상의 가장 작은 독점기업(the smallest hypothetical monopolist)이 적어도 1년 동안 5%의 가격인상을 하였을 경우 소비자들이 어느 정도 다른 제품으로 소비를 전환하는지 여부를 파악하는 것이다. 정찬모, 앞의 책, 104면.
25) 김범중, "중국반독점법에 관한 소고", 「경쟁법연구」 제12권, 2005, 279면.

에서는 상품(서비스) 시장획정과 지역 시장획정을 나누어 살펴보도록 하겠다.

(1) 상품(서비스) 시장획정

온라인 소매 플랫폼 서비스[26]는 플랫폼 내 입점업체 경영자(온라인플랫폼 이용사업자)와 소비자 두 개의 집단이 존재하는 양면시장[27]으로 인터넷 소매 플랫폼 서비스에 대한 양면의 수요가 서로 밀접한 관련을 가지는 교차 네트워크 외부성(跨边网络效应)을 보인다는 특징이 있다. 따라서 본 사안과 관련한 시장획정 시 플랫폼 양면의 고객 간 관계의 영향을 고려해야 하며, 입점업체 경영자와 소비자 두 측면에서 각각 수요대체성 분석과 공급대체성 분석을 진행하여 관련 상품시장을 온라인 소매 플랫폼 서비스 시장으로 획정해야 한다고 판단하였다.

판단의 근거로는 첫 번째로 온라인 소매 플랫폼 서비스와 오프라인 리테일 서비스가 동일한 상품시장에 속하지 않음을 들었다. 구체적으로는 입점업체 경영자 수요대체성 분석에 따르면 양자는 긴밀한 대체관계를 가지고 있지 않은데, ① 서비스 커버리지 범위와 제공 시간이 다르며,[28] ② 서비스 제공자의 경영원가 구성이 다르고,[29] ③ 입점업체 경영자(제조사·브랜드)와 잠재적인 소비자를 매칭시키는 지원 능

---

26) 온라인 소매 플랫폼 서비스 사업자(온라인플랫폼 중개서비스업자)가 자사 플랫폼 내 입점업체 경영자(온라인플랫폼 이용사업자)와 소비자의 상품 거래를 위해 제공하는 플랫폼 기반 서비스로서 상품정보 게시·노출, 마케팅, 프로모션, 검색, 주문처리, 물류서비스, 결제, 상품평가, A/S 등을 포함한다.

27) 공급측면과 수요측면 상호 간에도 네트워크 효과가 존재할 수 있다. 가맹점수와 카드 이용자수 상호 간에 의존성이 있는 신용카드 시장 등이 양면시장의 예이다. 양면시장이 성립하기 위한 요건을 일반화하자면, 상호연결을 필요로 하면서도 높은 거래비용으로 자발적인 거래가 어려운 둘 이상의 구분되는 고객군이 존재하고, 적어도 한 면의 고객군은 다른 면의 고객군 규모가 클수록 더욱 높은 효용을 얻을 수 있어야 한다. 정보기술은 잠재적으로 이러한 성격을 갖고 있던 시장을 플랫폼을 통해 연결하여 거래비용을 감소시킴으로서 폭발적으로 성장시킨다. 우버(Uber) 등 플랫폼 기업은 이와 같은 양면시장의 특성을 구현한 것이다. 양면시장에서는 특정 서비스의 가격이 인상될 경우 해당 면 수요의 자체 가격탄력성뿐만 아니라 자신이 제공하는 서비스의 다른 면의 크기와 시장특성이 해당 면 수요자의 반응에 영향을 줄 수 있다. 정찬모, 앞의 책, 8-9면 참조.

28) 오프라인 리테일 서비스는 매장의 지리적 위치와 교통여건 등의 제약으로 사업자가 소비자와 거래할 수 있는 지역적 범위가 한정되고, 영업시간에 제약이 있으나, 온라인 서비스는 지리적 범위·영업시간에 구애받지 않고 영업할 수 있다.

29) 오프라인 리테일 서비스가 제공되는 매장은 일반적으로 오프라인 매장이며, 경영원가는 주로 매장 임대료, 인테리어 비용 등이 포함되나, 온라인 플랫폼은 입점업체 경영자에게 가상의 판매장소를

력이 다르며,[30] ④ 입점업체 경영자에게 제공되는 시장의 피드백 효율성이 다르다는 점을 밝혔다.[31] 소비자 수요대체성 분석에서도 양자는 밀접한 대체 관계를 가지고 있지 않다고 판단하였는데, ① 소비자가 선택할 수 있는 상품 범위, ② 다양한 수준의 쇼핑 편의성,[32] ③ 소비자를 위한 상품 비교·매칭의 효율성에 차이가 있음을 들었다.[33] 마지막으로 공급대체성 분석을 통해서도 양자는 밀접한 관계가 없다고 판단하였는데, ① 수익모델이 다르며,[34] ② 오프라인 리테일 서비스를 온라인 소매 플랫폼 서비스로 전환하는 것이 어렵다는 점을 근거로 밝혔다.[35]

두 번째로는 알리바바의 주장을 배척하고[36] 본 사안과 관련한 시장을 B2C와

제공하며, 경영원가는 주로 마케팅비용·수수료와 같은 변동비용이다.

30) 온라인 소매 플랫폼 서비스는 빅데이터 분석과 알고리즘 등의 기술적 수단을 이용하여 시장 수요 정보를 종합 분석하여, 입점업체 경영자가 잠재고객을 특정할 수 있도록 하는 솔루션을 제공하고, 판매 효율성을 제고한다. 오프라인 리테일 서비스는 상응하는 데이터와 기술 지원이 부족하여 해당 솔루션 제공이 어렵다.

31) 온라인 소매 플랫폼 서비스는 축적된 데이터를 활용해 시장 수요와 변화를 심층 분석할 수 있으므로 입점업체 경영자가 시장 수요에 따라 상품의 생산·공급을 원활하게 조정할 수 있으나, 오프라인 리테일 서비스는 제한된 시장의 피드백을 제공하기 때문에 상품의 생산·공급이 상대적으로 비효율적이다.

32) 온라인 소매 플랫폼 서비스는 시·공간의 제약 없이 쇼핑을 즐길 수 있고, 물류시스템과 연계되어 배달 서비스를 제공하는바 편의성을 높일 수 있으나, 오프라인 리테일 서비스는 소비자가 해당 매장을 방문하여 구매 및 가격을 비교해야 하기 때문에 상대적으로 효율성이 낮다.

33) 온라인 소매 플랫폼 서비스는 다양한 상품 정보를 더 많이 제공하고, 정보 비대칭 문제를 완화하며, 소비자가 상품을 보다 편리하게 비교하고, 의도한 상품을 빠르게 검색하여 가격비교 및 제품선택의 효율성을 향상시킬 수 있다. 그러나 오프라인 리테일 서비스는 상품 정보가 상대적으로 제한되어 있으며, 매장의 지리적 위치 등에 의해 제한되며, 소비자는 일반적으로 원하는 상품을 찾는 데 많은 시간과 노력을 들일 수밖에 없는바 비교·선택 측면에서 효율성이 떨어진다.

34) 온라인 소매 플랫폼 서비스는 주로 입점업체 경영자에게 거래·마케팅·프로모션 수수료를 부과하여 수익을 취하지만, 오프라인 리테일 서비스는 주로 입점 제조사·브랜드에게 고정 매장 임대료 부과방식으로 수익을 창출한다.

35) 온라인 소매 플랫폼 서비스 시장에 효과적으로 진입하기 위해서는 인프라·기술 지원 및 플랫폼 경제에 필요한 임계 규모를 달성해야 하므로, 오프라인 리테일 사업자가 온라인 소매 플랫폼으로 전환하는 데 드는 비용은 매우 높고, 실제로 최근 몇 년간 이와 같은 사례는 드물었다.

36) 결정서에 따르면 알리바바는 조사 과정에서 B2C 온라인 소매 플랫폼 서비스 시장을 관련 상품(서비스) 시장으로 획정해야 한다고 주장했는데, B2C와 C2C가 비즈니스 타깃과 모델에 있어서 비교적

C2C를 모두 포함하는 온라인 소매 플랫폼 서비스 시장으로 획정하였는데, 이에 관한 판단의 근거로는 ① B2C와 C2C, 두 인터넷 소매 비즈니스 모델 간 플랫폼 서비스는 본질적으로 다를 것이 없으므로 온라인 소매 플랫폼은 플랫폼 규칙을 조정함으로써 두 가지 모델 간 전환을 실현할 수 있으며,[37] ② 상품 판매방법에 대해 제공되는 온라인 소매 플랫폼 서비스 측면에서도 B2C와 C2C 모두 그래픽 디자인, 숏클립 등의 영상·이미지를 노출하는 방식을 주로 사용하고,[38] ③ 다양한 상품 카테고리를 제공하는 측면에서 온라인 소매 플랫폼 서비스는 동일한 관련 상품시장에 속한다는 점을 들었다.

(2) 지역 시장획정

지리적 시장획정과 관련하여 시감총국은 ① 입점업체 경영자 수요대체성 분석에 따르면 중국 내수 시장은 해외 시장과 밀접한 대체관계가 없으며,[39] ② 소비자 수요 대체성 분석 결과, 중국 내수 시장은 해외 시장과 밀접한 대체관계가 없고,[40] ③ 온라인 소매 플랫폼 공급대체성 분석에 따르면 중국 내수시장은 해외 시장과 밀접한 대체

큰 차이가 있으므로 합리적인 대체 관계가 없다는 이유를 들었다.

37) B2C와 C2C 모델 간 플랫폼 서비스는 본질적으로 다를 것이 없으며, 두 가지 모델 간 전환이 용이하기 때문에 동일한 관련 상품(서비스)시장에 속한다.

38) 전통적인 온라인 소매 모델에서 플랫폼은 플랫폼 내 입점업체 경영자에게 진열 형태의 제품에 대한 가상 전시장을 제공하는 것이 일반적이었고, 소비자들은 명확한 구매 수요를 가지고 플랫폼에서 상품을 검색하고 보는 경향이 있었다. 최근에는 라이브방송·숏클립 등 다양한 콘텐츠 노출을 통해 소비자에게 상품을 추천하고 유입을 유도하기 때문에, 온라인 소매 플랫폼은 입점업체 경영자에게 다양한 서비스를 제공하여 소비자의 쇼핑 수요를 만족시킬 수 있는바, 상품 판매 방법에 대해 제공되는 온라인 소매 플랫폼 서비스는 동일한 관련 상품시장에 속한다.

39) 중국 내 플랫폼 입점업체 경영자들은 주로 중국 내 온라인 소매 플랫폼을 통해 중국 소비자에게 제품을 판매하며, 해당 경영자가 온라인 소매 플랫폼을 통해 중국 소비자에게 상품을 판매하려는 경우, 일반적으로 해외 온라인 소매 플랫폼을 선택하지 않고 중국에서 운영되는 온라인 소매 플랫폼을 고려한다.

40) 중국 국내 소비자들은 해외 온라인 유통 플랫폼을 통해 상품을 구매할 때 서비스 언어·결제·A/S 측면에서 어려움에 직면할 뿐만 아니라 일정한 수입 관세를 지불하고 상품 배송 시간이 상대적으로 길다는 이유 때문에, 일반적으로 국내 플랫폼을 통해 상품을 구매하고 대체 선택으로 해외 플랫폼을 사용하지 않는다.

관계를 가지고 있지 않으며,[41] ④ 중국 내 여러 지역의 온라인 소매 플랫폼 서비스는 동일한 관련시장에 속한다는 것을 근거로 본 사안의 관련 지역시장을 '중국 역내'로 획정하였다.[42]

2. 해 설

(1) 구법의 관련시장 획정

사업자의 어떠한 행위가 경쟁 제한적 행위인지를 판단하기 위해서는 우선 위반 혐의와 관련된 시장을 획정해야 하는데, 구법은 "일정한 기간 내에 사업자의 특정 상품이나 용역과 관련하여 경쟁하는 상품의 범위와 지역범위"라고 관련시장을 정의한다(제12조 제2항).[43] 2009년 국무원 반독점위원회는 구법에서 관련시장의 획정에 관한 구체적인 방법을 제공하지 못하는 문제점을 개선하고자, 관련시장 획정에 지도적 역할을 하고, 법집행 투명성을 제고하기 위해 「획정지침」을 제정하였다. 「획정지침」에 따르면, 관련 상품 시장이란 특정 상품과 경쟁관계에 놓일 수 있는 같은 종류의 상품이나 대체재가 포함한 시장을 의미하고(제3조의2), 관련시장이란 같은 종류의 상품이나 대체관계에 있는 상품이 상호 경쟁하는 지리적 범위를 의미한다(제3조의3). 따라서 관련시장을 획정하는 것에 있어서는 반드시 2가지 관점에 입각해야 하는데, 하나는 상호 경쟁 상태에 있는 상품범위에 대한 획정으로서 관련 상품 시장이며, 다른 하나는 이러한 경쟁상품을 판매하는 지역범위에 대한 획정으로서 관련지역시장이다.[44]

---

41) 해당 서비스는 인터넷 부가 통신 서비스에 속하기 때문에 국외 온라인 소매 플랫폼이 중국에서 사업을 수행하려면 관련 법규에 따라 영업허가를 신청해야 하며, 업무에 필요한 물류·결제·데이터 시스템 등을 구축해야 하기 때문에 중국 내 시장에 효과적으로 진입하여 기존 온라인 소매 플랫폼에 대한 경쟁 구도를 형성하기 어렵다.

42) 중국 내 각 지역의 온라인 소매 플랫폼 서비스는 동일한 관련시장에 속하는데, 중국의 온라인 소매 플랫폼은 인터넷을 사용하여 전국의 사업자와 소비자에게 서비스를 제공할 수 있으며, 중국 내 해당 서비스에 대한 규제정책에는 큰 차이가 없다.

43) 임춘광, "양면시장개념하의 중국 「반독점법」상 관련시장의 획정", 「LAW & TECHNOLOGY」 제17권 제1호, 2021, 70면.

다만 「획정지침」에서는 관련시장을 획정하는 유일한 방법이 존재하는 것은 아니고, 실무에서는 실제적인 상황에 따라 그 방법을 달리할 수 있다는 점을 전제해 두고(제7조의1), 대체성 분석을 관련시장을 획정하는 기본적인 방법으로 상정하고 있다.[45] 또한 어떠한 방법을 택하든 간에 무엇보다도 중요한 것은 소비자의 수요를 충족시키는 상품의 기본적인 속성에 무게를 두고, 이를 관련 시장의 획정 과정에서 발생하는 명백한 편차를 바로잡는 근거로 삼아야 한다는 점을 강조하였다(제7조의3).[46]

다만 본 결정서에서 밝히고 있는 바와 같이 온라인 소매 플랫폼 서비스 시장은 플

---

44) 商务部条法司编, 「中华人民共和国反垄断法理解与活用」, 法律出版社, 2007, 50-51页; 또한 "일정기간 내"라는 규정으로부터 알 수 있듯이 시간적 범위도 고려되는바, 이는 같거나 유사한 상품이 같은 구역 내에서 상호 경쟁하는 시간적 범위를 의미한다(「획정지침」 제3조의4). 임춘광, 위의 논문, 71면.

45) 대체성 분석에 있어서 상품의 특징, 용도, 가격 등 요소를 기반으로 수요대체성을 분석하되, 필요한 경우에는 공급대체성을 분석한다(「획정지침」 제7조의1). 관련상품시장을 획정하는 것에 있어서 수요대체성 분석에서 고려될 수 있는 요소들로는 ① 수요자가 상품가격 또는 기타 경쟁요소의 변화로 인하여 다른 상품의 구매로 전환하거나 전환을 고려한 증거, ② 상품의 외형, 특징, 품질 및 기술적 특징 등 전체적인 특징과 용도, ③ 상품 간의 가격 차이, ④ 상품의 판매경로, ⑤ 기타요소로서 수요자가 특별히 선호라는 것 또는 상품에 대한 의존도, 대량 수요자가 일부의 밀접한 대체상품으로 전환하는 것을 저해할 수 있는 장애, 위험, 비용, 차별가격책정의 존부 등이 있다(「획정지침」 제8조의1). 다른 한편, 공급대체성 분석에서 고려될 수 있는 요소들로는 ① 기타 사업자가 상품가격 등 경쟁요소의 변동에 반응한 증거, ② 기타 사업자의 생산 공정과 기술, ③ 생산 전환 난이도 및 소요되는 시간, ④ 생산 전환으로서 발생하는 별도의 비용, ⑤ 생산 전환 후 제공하는 상품의 시장경쟁력, 판매경로 등이 있다(「획정지침」 제8조의2). 관련지역시장을 획정하는 것에 있어서 수요대체성 분석에서 고려될 수 있는 요소들로는 ① 수요자가 상품 가격이나 기타 경쟁요소의 변화로 인해 다른 상품으로 전향하거나 전향을 고려한 증거, ② 상품의 운송비용과 운송 특징, ③ 대부분의 수요자가 상품을 선택하는 실제 구역과 주요 경쟁자의 상품 판매 분포, ④ 지역 간의 거래 장벽, 관세와 지방 법규, 환경보호 요소, 기술요소 등, ⑤ 기타 중요 요소로서 특정 지역 수요자의 선호, 해당 지역의 상품 반입과 반출 수량이 있다(「획정지침」 제9조의1). 공급대체성 분석에 고려될 수 있는 요소들로는 ① 기타 지역의 사업자가 상품가격 등 경쟁 요소의 변화에 대해 반응한 증거, ② 기타 지역의 사업자가 관련 상품을 공급 및 판매하는 것에 있어서 즉시성과 실행가능성, 예컨대 주문을 기타 지역 사업자에게 전환하는 데에 소요되는 전환 비용 등이 있다(「획정지침」 제9조의2). 이외에 사업자의 경쟁 시장 범위가 명확하지 않거나 용이하게 획정할 수 없는 경우에는 가상적 독점기업 검정(假定垄断者测试法)을 분석방법으로 채택할 수 있다고 규정하고 있다(「획정지침」 제7조의1). 임춘광, 위의 논문, 72-73면 참조.

46) 임춘광, 위의 논문, 72면.

랫폼 내 입점점포 경영자와 소비자라는 두 개의 집단이 존재하는 양면시장(双边市场)으로 양면의 수요가 서로 밀접한 관련을 가지는 교차 네트워크 외부성(跨边网路效应)의 특징을 보인다고 하였는바, 아래에서는 양면시장 개념하의 관련시장 획정에 관한 내용을 살펴보도록 하겠다.

(2) 양면시장 개념하의 관련시장 획정

양면시장[47]의 개념과 관련해서 본 사안에 대입하여 설명하자면, 우선 수요를 달리하는 복수의 소비자 그룹이 존재한다. 즉 서로를 필요로 하는 복수의 다른 소비자 그룹(입점업체 경영자-소비자)이 플랫폼을 통해 상호 작용하며, 양면 플랫폼 중개서비스업자(플랫폼 사업자, 본 사안에서 알리바바)는 이들 각 그룹에 서로 다른 상품(서비스)을 제공한다.[48] 양면시장에서 플랫폼 사업자의 역할은 양측의 거래 또는 상호작용이 발생할 수 있는 환경과 편의를 제공하는 것이고 그에 상응하는 플랫폼 이용료를 양측 또는 어느 한 측으로부터 받는 것이다. 따라서, 양면시장이 성립하기 위해서는 플랫폼의 매개를 통하지 않고는 양측 이용자 그룹의 상호작용이 현실적·경제적으로 불가능해야 한다. 즉 플랫폼을 통해 상호작용하는 서로 다른 이용자 그룹의 존재와 플랫폼 부재 시의 높은 거래비용이 양면시장 성립의 가장 기본적인 전제조건이라고 할 수 있다.[49]

양면시장에서는 한 측면의 이용자가 얻는 효용은 다른 측면의 이용자의 수 또는 소비량에 직접적 영향을 받는데, 이를 '교차 네트워크 외부성(跨边网路效应, cross network externality)'이라고 한다. 이와 같은 양면시장에서는 한 면의 이용자에게 자신이 속

---

47) 양면시장이론은 Jean-Charles Rocher and Jean Tirole, *Platform Competition in Two-Sided Markets*, Journal of the European Association, Vol.1 No.4, 2003, pp.999-1029; David S. Evans, *The Antitrust Economics of Multi-Sided Platform Markets*, Yale Journal on Regulations: Vol.20 Iss.2, 2003, 이후 산업조직론과 경쟁법 분야에서 활발히 논의되고 있다. 정찬모, 앞의 책, 8면 참조.

48) 김지홍·김승현, "미국 AMEX카드 판결과 양면시장 이론의 경쟁법적 적용", 「저스티스」통권 제176호, 2020, 170면.

49) 정보통신정책연구원, "양면시장(two-sided market) 이론에 따른 방송통신 서비스 정책 이슈 연구", 2008, 21-22면; 임춘광, 앞의 논문, 77-78면.

해 있는 측면의 규모가 커지면 효용이 증가하는 '직접적 네트워크 외부성(直接网路效应, direct network externality)'이 반드시 존재할 필요는 없다.[50] 이와 같은 양면시장의 특징으로 인하여 전통적인 단면시장에서 고안된 관련시장확정 방법인 '대체성 분석'과 '가상적 독점사업자 검정'을 양면시장에 직접 적용하는 것에 한계가 있다. 왜냐하면 관련시장을 획정하는 일반적인 방법의 경우 시장과 다른 시장이 연관되어 있지 않다고 가정하지만,[51] 양면시장의 경우 양면의 이용자 사이의 거래성사에 있어서 상품 또는 용역이 상호 의존적이거나 보완적인 상태에 놓인다. 또한 단면시장의 경우 편향적인 가격구조나 비용구조가 없기 때문에 일반 기업이 책정한 가격이 한계비용과 같을 경우 이윤이 극대화될 수 있으나, 양면시장에서 이성적인 기업이 추구하는 것은 플랫폼 양면의 극대화가 아닌 전체 이익의 극대화일 것이다.[52]

이와 같이, 단면시장의 관련시장을 확정하는 방법을 양면시장에 적용하는 것에 분명한 한계가 있기 때문에, 2021년 2월 7일부터 시행 중인 「플랫폼지침」은 관련시장의 획정에 있어서 유연한 태도를 취하고 있다. 플랫폼 경제에는 다면의 주체가 존재하고, 업무 유형이 복잡하며, 경쟁 동태가 다변하기 때문에 플랫폼 경제영역에서 관련 시장획정은 구법과 「획정지침」에서 정한 일반원칙을 적용하고, 동시에 플랫폼 경제의 특징을 고려하여 특정 사건의 상황에 따라 구체적인 분석을 해야 한다(「플랫폼지침」 제4조)고 하여 시장획정의 기본원칙을 규정하고 있다.[53] 「플랫폼지침」에서도 관련

---

50) 한편 양면시장에서의 양측에 대한 가격차별은 단면시장에서의 서로 다른 소비자 집합에 대한 가격차별과는 차이가 있다. 단면시장에서는 이윤의 극대화의 일환으로 가격차별을 하지만 양면시장에서는 양측에 대한 가격차별이 기업생존 또는 비즈니스 성립의 기본 전략이 되는 경우가 많다. 즉 양측을 모두 플랫폼에 참여하도록 유도하면서 일정수준의 이용자를 형성하기 위한 전략으로 양측에 대해 서로 다른 가격을 책정하는 것이다. 이상규, "양면시장의 정의 및 조건", 「정보통신정책연구」 제17권 제4호, 2010, 81면; 즉 양면시장은 비중립적이고 편향적인 가격구조(skewed pricing structure)를 이루고 있는 것이다. 임춘광, 위의 논문, 78면.

51) 즉 사업자가 있는 시장은 상호 독립적이기 때문에 여타 시장 사업자의 행위를 분석할 필요가 없이, 독립된 특정의 관련시장에서 그 행위를 분석하면 충분하다. 임춘광, 위의 논문, 78면.

52) 张晨颖, "平台相关市场界定方法再造", 「首都师范大学学报(社会科学版)」 第二期, 2017, 45页.

53) 또한 플랫폼 경제영역에서 발생한 시장지배적 지위 남용의 경우, 사업자의 지배적 지위를 판단하기 위해 가정 먼저 이루어져야 하는 것이 관련시장의 획정이라는 점을 명확히 하고 있다. 그렇지만

시장을 획정하는 방법으로서 여전히 대체성 분석을 기본 방법으로 상정하고 있는데, 우선 관련 상품시장 획정에 있어서 플랫폼의 기능·영업장식·이용자 집단·다면시장·오프라인 거래 등 요소들을 고려하여 수요대체성 분석을 진행할 수 있으며, 공급대체성 분석의 경우 시장진입·기술장벽·간접적 네트워크 효과 등의 요소들을 고려해야 한다(「플랫폼지침」 제4조의1).[54]

시장획정과 관련하여 양면시장의 교차 네트워크 효과라는 특징 때문에 대체성 분석 적용이 어려움에도 불구하고, 「플랫폼지침」에서도 여전히 수요·공급대체성 분석이 적용되고 있다는 점에서 비판이 있으나, 양면시장이라는 개념에 대한 명확한 정의가 확립되지 않았다는 점을 염두에 두고 플랫폼경제 영역의 반독점 사안에서 관련시장획정 시 교차 네트워크 효과를 고려할 필요가 있다고 규정한 것에 대해서는 긍정적으로 평가할 수 있다.[55] 이에 본 결정서는 구법, 「획정지침」의 일반원칙과 「플랫폼지침」의 규정에 따라 상품(서비스) 시장획정과 관련하여 입점업체 경영자와 소비자의 수요·공급대체성 분석을 통해 본 사안과 관련된 시장을 B2C, C2C를 모두 포함하는 온라인 소매 플랫폼 서비스 시장으로 획정하였으며, 지역 시장획정과 관련하여서는 대체성 분석과 함께, 중국 내 지역 간의 거래 장벽이 없고, 관세와 지방 법규에 큰 차이가 없음을 근거(「획정 규칙」 제9조의1)로 '중국 역내'임을 획정하였다.

관련시장을 획정하지 않고 사업자의 독점행위의 실시를 직접적으로 인정할 수 있는 예외적인 규정도 두고 있는데, 즉 관련시장을 명확하게 획정하기 위한 조건이 부족하거나 매우 어려울 경우, 직접적인 사실 증거가 충분하고, 시장지배적 지위에 의존하여야만 실시할 수 있는 행위로서 상당히 오랜 기간 동안 지속되어 왔으며 그 폐해가 현저한 경우에는 사업자의 독점행위의 실시를 직접적으로 인정할 수 있는 것이다(「플랫폼지침」 제4조의3). 임춘광, 앞의 논문, 81-82면.

54) 钟刚, "平台经济领域滥用市场支配地位认定的证据规则思考"「法治研究」 2021年 第2期, 2021, 128页.

55) 임춘광, 앞의 논문, 82-83면 참조.

IV. 시장지배적 지위에 대한 판단

1. 결정서의 주요 내용

결정서에 따르면 조사 과정에서 알리바바는 ① 온라인 소매 플랫폼 서비스의 시장점유율을 측정하는 지표가 다양하고 통일되지 않아 단일 지표로는 당사자의 지배적 지위를 추정할 수 없으며, ② 플랫폼 서비스 시장은 정보기술(IT)에 대한 의존도가 크고 간편결제·물류 등의 급속한 발전으로 업계 진입장벽이 낮아져 새로운 경쟁자가 지속적으로 진입 및 빠르게 발전하고 있고, ③ 새로운 형태의 플랫폼 발전은 입점업체 경영자의 판매경로를 다변화시키고 단일 플랫폼에 대한 의존성을 제한함으로써 이전 비용을 낮추었기 때문에 본 사안과 관련하여 시장지배적 지위에 있지 않음을 주장하였다.

그러나 시감총국은 시장지배적 지위 유무를 분석·판단하기 위해서는 관련 요소에 대한 포괄적인 고려가 필요하다고 밝히며, 알리바바는 장기간 상대적으로 높은 시장점유율을 차지하고 있고, 시장 인지도와 소비자 고착성(消費者黏性)이 매우 높으며, 플랫폼 내 입점업체 경영자의 이전비용이 비교적 높으므로 알리바바의 주장 근거는 성립되지 않으며, 구법 제18조 및 제19조에 따라 중국 내 온라인 소매 플랫폼 서비스 시장에서 알리바바가 지배적인 지위를 차지하고 있다고 판단하였다. 구체적으로는 ① 알리바바의 시장 점유율은 50%를 넘고,[56] ② HHI 지수[57]와 CR4 지수[58]를 기준

---

[56] 2015~2019년 알리바바의 인터넷 소매 플랫폼 서비스 수익은 중국 내 10大 경쟁업체의 합산 수익의 86.07%, 75.77%, 78.51%, 75.44%, 71.17%를 차지하였으며, 총 상품 판매량(GMV: Gross Merchandise Volume)의 관점에서 2015-2019년, 알리바바의 GMV는 중국 내 온라인 소매 상품 판매량의 76.21%, 69.96%, 63.58%, 61.70%, 61.83%를 차지했다. 시감총국 결정서 [2021]28호에 명시된 알리바바 수익·GMV 자료 인용.

[57] 허핀달-허쉬만 지수(Herfindahl-Hirschman Index: HHI)는 한 시장의 집중도를 파악하는 지표 중 하나이며 해당 산업에 속해 있는 기업들의 시장점유율의 제곱의 합으로 계산되며 수치가 높을수록 시장 집중도가 높음을 의미하고, 낮을수록 경쟁이 치열하다는 것을 의미한다. 산술적으로 보면 각 기업의 시장점유율을 가중치로 활용한 가중평균시장점유율로 해석할 수 있다. 통상적으로 HHI

으로 보면 관련시장은 고도로 집중되어 있으며,[59] ③ 알리바바가 운영하고 있는 타오바오(Taobao, 淘宝)[60]와 티몰(Tmall, 天猫)[61] 플랫폼의 상품 거래액은 중국 내 온라인 소매 상품 거래 총액의 50%를 넘는 등, 매우 강한 시장 통제능력을 가지고 있고, ④ 풍부한 재정자원과 우수한 기술을 보유하고 있다.[62] 또한 ⑤ 알리바바의 플랫폼을 사용 중인 소비자의 평균 소비액은 경쟁 플랫폼을 능가하며, 소비자 유지율이 98%에 달할 정도로 알리바바에게 높은 의존도를 보이고 있고,[63] ⑥ 타 기업이 온라인 소매 플랫폼 서비스 시장에 진입하는 것이 어려우며,[64] ⑦ 알리바바는 플랫폼 비즈니스와 관련하여

100~1,000은 집중도가 거의 없는 시장, 1,000~1800은 경쟁적 시장, 1,800~4,000은 과점적 시장, 4,000 이상은 독점적 시장으로 본다.

58) 하나의 산업 또는 시장에서 기업들의 시장집중도(시장지배율)를 측정하는 지표이다. 흔히 CR(Concentrate Ratio)이라고 하며, 산업집중도 비율이라고도 부른다. 이 지표를 통해 특정 산업에서 기업 간 시장구조가 경쟁적인지 혹은 독점적인지를 판단할 수 있다. CR은 상위 몇몇 기업의 시장점유율 합계를 의미하며, 1~4위의 시장점유율을 합한 것은 CR4라고 한다. CR4(1위부터 4위까지의 시장점유율 합계)가 40% 정도면 경쟁적 시장, 90% 이상이면 독점적 시장이라고 판단하기도 한다.

59) 플랫폼 서비스 수익 기준 점유율에 따르면 2015-2019년 중국 내 온라인 소매 플랫폼 서비스 시장의 HHI지수는 7408, 6008, 6375, 5925, 5350, CR4지수는 각각 99.68, 99.46, 98.92, 98.66, 98.45로 관련 시장이 집중돼 경쟁자 수가 적음을 나타낸다.

60) 알리바바가 운영하는 대표적인 C2C 플랫폼.

61) 알리바바가 운영하는 대표적인 B2C 플랫폼.

62) 2015-2019년 알리바바의 당기순이익은 연평균 24.1% 증가했고, 시가총액은 2015년 12월 1.32조 위안에서 2020년 12월 4.12조 위안으로 증가하였는바, 막대한 재원을 바탕으로 관련시장에서의 사업 확장을 뒷받침하고 있으며, 알리바바는 온라인 소매 플랫폼 서비스 시장에 진입한 선발자의 이점을 이용하여 대량의 전자상거래 데이터를 보유하고 데이터 처리 기술을 통해 소비자의 요구에 최적화된 솔루션을 제공할 수 있으며, 입점업체 경영자가 타 플랫폼에서 경영하는 상황을 정확하게 모니터링할 수 있다. 동시에 알리바바는 그룹 산하의 중국 최대 클라우드 서비스 제공업체(알리윈, 阿里云)로부터 알리바바의 온라인 소매 플랫폼 서비스를 위한 빅데이터 분석과 같은 클라우드 서비스를 제공받았고, AI 기술 발전 및 안정적인 보안 시스템 구축 등 안정적인 재정을 바탕으로 시장 지배력을 강화하는 조치를 취해 왔다.

63) 시감총국이 확보한 증거에 따르면 관련 알리바바의 플랫폼 사용자수·객단가는 경쟁 플랫폼을 능가하며, 소비자 유지율은 98%에 달한다. 이와 같은 이유로 플랫폼 내 입점업체 경영자는 알리바바 플랫폼 내의 소비자와 트래픽을 포기하기 어렵고, 브랜딩 관점에서도 입점을 포기할 수 없다. 또한 입점업체 경영자는 플랫폼 중개서비스업자(알리바바)가 제공하는 다양한 데이터를 기반으로 사업을 전개하기 때문에 타 플랫폼으로 전환하는 데 높은 비용이 든다.

64) 온라인 소매 플랫폼 서비스 시장에 진입하려면 플랫폼 구축·물류·결제·데이터관리 등을 위한 대

에코시스템을 구축하였는바 관련 시장에서 상당히 유리한 이점을 가지고 있음을 근거로 제시하였다.

2. 해 설

(1) 반독점법상 시장지배적 지위의 인정요소

구법 제18조는 시장지배적 지위를 가진 사업자로 인정되기 위한 6가지 인정요소를 제시하고 있는데, ① 당해 경영자의 관련시장에서의 시장점유율 및 관련시장의 경쟁상황, ② 당해 경영자의 판매시장 또는 원재료 구매시장의 통제 능력, ③ 당해 경영자의 재력 및 기술 조건, ④ 기타 경영자의 당해 경영자에 대한 거래상의 의존도, ⑤ 기타 경영자의 관련시장 진입 난이도, ⑥ 당해 경영자의 시장지배적 지위를 인정하는 것과 관련이 있는 기타요인이 여기에 해당된다. 「남용금지규정」 제10조는 이를 보다 구체적으로 규정하고 있으며, ① 시장점유율은 일정기간에 사업자가 특정 상품의 판매액, 판매수량 등이 관련시장에서 차지하는 비중을 의미하며(제10조 제1호 제2문), 시장지배적 지위를 판단하는 가장 기본적인 지표가 될 수 있고, 관련시장의 경쟁상황은 관련시장의 발전상황, 현존하는 경쟁의 수와 시장점유율, 상품의 차이정도 및 잠재적 경쟁자의 상황 등을 고려한다(제10조 제1호 제3문). ② 해당 능력 판단을 위해 당해 사업자가 판매 또는 구매 경로를 통제하는 능력 또는 기타 거래조건에 영향을 미치거나, 결정하는 능력 등을 고려한다(제10조 제2호 제2문). ③ 사업가의 재력과 기술조건은 당해 사업자의 자산규모, 재무능력, 영업이익능력 등을 고려해야 하며(제10조 제3호 제2문), 해당 능력을 분석·심사 시 특수관계인의 재력과 기술능력을 고려한다(제10조 제3호 제3문). ④ 의존도 심사 시 다른 사업자와 당해 사업자 간의 거래량, 거래관계의 유

규모 예산 투자뿐만 아니라 마케팅·홍보에 대한 지속적인 투자가 필요하기 때문에 시장진입 비용이 높다. 동시에 안정적인 온라인 소매 플랫폼을 운영하기 위해서는 충분한 사용자 확보가 필수지만, 현재 중국에서 온라인 소매 플랫폼의 고객 확보 비용은 해마다 증가하고 있기 때문에, 임계 규모에 도달하는 것이 점점 더 어려워지고 있다.

지기간, 거래선전환의 곤란성 등을 고려해야 한다(제10조 제4호 제2문).[65] ⑤ 시장진입 곤란성 판단의 경우 시장진입 규제제도, 필수설비의 보유상황, 판매경로, 자금과 요구되는 기술 및 원가 등을 고려한다(제10조 제5호 제2문). ⑥ 기타요인에 있어서는 집행기관의 재량권을 포괄적으로 설정하는 규정으로 시장상황에 맞게 탄력적으로 대응하기 위한 포괄규정인바, "관련된 기타요소"에 관한 구체적인 규정은 없다(제10조 제5호 제1문).

비록 본 사안에 개정법이 적용되지는 않으나, 이는 2019년 9월 1일부터 시행된 하부규정인 「잠행규정」 제11조를 통하여 이미 적용되어 오던 것이기 때문에,[66] 시감총국은 위에 언급된 근거를 토대로 알리바바가 시장지배적 지위에 있다고 판단하였다.

(2) 알리바바의 에코시스템

결정서에 따르면 알리바바는 막대한 자금력과 고도의 기술력을 바탕으로 경쟁사가 범접할 수 없는 에코시스템을 구축하였는바, 이와 같은 사실이 시장지배적 지위 여부 판단에 큰 영향을 주었음을 알 수 있다. 따라서 시감총국의 판단을 올바로 이해하기 위해서는 한국에서 소위 '중국의 아마존' 정도로 알려져 있는 알리바바의 주요 비즈니스를 살펴보는 과정이 필요할 것이다.

알리바바는 1999년 창립 이후, 2003년, 타오바오 설립을 통해 C2C 사업에 진출하였으며, 2004년 알리페이(Alipay, 支付宝)를 런칭함으로써 금융서비스에 진출했다. 2007년에는 온라인 광고 플랫폼인 알리마마(Alimama, 阿里妈妈)를 설립하면서 바이두(Baidu, 百度) 등이 주도하던 중국 광고시장에 진입했고, B2C 플랫폼인 티몰을 2008년에 오픈하였다. 2010년에는 글로벌 물류 서비스인 알리익스프레스(AliExpress, 全球速卖通)를 도

---

65) 이러한 수요자의 공급자에 대한 의존관계는 일반적으로 ① 브랜드의존에 의한 상대적 시장우위 지위, ② 물자부족에 따른 상대적 시장우위 지위, ③ 장기계약관계에 따른 상대적 시장우위지위 ④ 필수설비의존에 의한 시장우위 지위로 나누어진다. 孟雁北, 『反垄断法』, 「北京大学出版社」 第二版, 2016, 154頁.

66) 관련 업계의 경쟁 특성, 경영방식, 이용자 수, 네트워크 효과, 고착 효과, 기술 특징, 시장 혁신, 관련 데이터 장악·처리 능력, 관련시장 내 경영자의 역량 등의 요소를 고려할 수 있다.

입하였으며, 2013년에는 물류 시스템 강화를 위해 차이니아오(Cainiao, 菜鸟)를 설립하였는데, 중국 전역에 3,000여 개 이상의 물류기업과 차이니아오 연맹(菜鸟联盟)을 구축하고 전자상거래 플랫폼, 검색엔진, 결제 시스템, 금융, 광고, 소셜커머스 등 계열사 전 부문과 시스템 최적화를 진행하고 있다. 또한 같은 해 클라우드 컴퓨팅 서비스 회사인 알리윈(Aliyun, 阿里云)을 설립하여 소비자가 구매를 검토하는 단계부터 인공지능(AI) 기반의 상품 추천, 고객 상담 서비스를 제공하고, 알리페이를 통해 구매 패턴에 관한 빅데이터를 수집하며, 이를 알리윈에 축적하여 향후 수요를 예측한 후 예상 주문량을 업체별로 자동 전달하고, 지역별 물류센터에서는 사물인터넷(IoT)을 활용한 스마트물류시스템을 운영하여, 고객에게 빠르고 정확한 배송 서비스를 제공할 수 있게 되었다.[67]

이와 같이 전(全) 산업 영역을 관통하는 에코시스템을 구축한 알리바바는 중국 「반독점법」 사상 역대 최대 벌금 폭탄을 맞은 후에도 오히려 불확실성이나 장기적 경영리스크가 해소되었다는 이유로 주가가 상승하는 모습을 보여 주었다.[68] 또한 알리바바 그룹 회장인 장융은 "반독점법 과징금이 알리바바에 중대한 부정적 영향을 미치지 않을 것"임을 강조하였는데, 이는 알리바바가 기구축한 에코시스템을 통해 새로운 수익을 창출할 수 있다는 자신감이 뒷받침된 것으로 볼 수 있다.

---

67) M. G. Song, *The World's biggest shopping season, China's Singles day*, Chinese Practice, Academy of Chinese Studies, 2019.2.1., p.102; 송민근, "세계 최대 규모의 전자상거래, 중국 광군제의 특징과 시사점-4차 산업혁명에 따른 스마트 물류의 도입을 중심으로", 「디지털융복합연구」제18권 제4호, 2020, 14-15면.

68) 2020년 말부터 알리바바를 둘러싼 중국 정부 규제 불확실성으로 인해 홍콩증시에서 알리바바(09988, 홍콩거래소/BABA, 뉴욕거래소) 주가는 2020년 11월부터 2021년 4월까지 약 25% 하락하였으나, 과징금 부과 사실 공개 이후, 2021년 4월 12일(현지시각) 홍콩 증시에서 장중 9% 가까이 급등했다. 아주경제, https://www.ajunews.com/view/20210412124711968 (접속일: 2021.5.11.).

V. 시장지배적 지위의 남용행위에 관한 사실·근거

1. 결정서의 주요 내용

조사에 따르면 알리바바 2015년부터 경쟁 플랫폼의 발전 제한 및 시장 지위를 유지·강화하기 위해 시장지배적 지위를 남용하여 '양자택일'을 강요하였다. 경쟁 플랫폼 내 입·개점 금지 및 프로모션 활동 참가 제한 등의 방식을 통해 플랫폼 내 입점업체 경영자가 알리바바와만 거래하도록 제한하고, 다양한 상벌 조치를 통해 이와 같은 행위를 보장함으로써 구법 제17조 제1항 제4호를 위반하여 "정당한 이유없이 거래상 대방으로 하여금 자신과만 거래할 수 있도록" 한 행위는 시장지배적 지위 남용에 해당한다고 판단하였다. 구체적으로 판단 근거를 살펴보면, 첫 번째로 플랫폼 내 입점업체 경영자가 경쟁 플랫폼에서 입·개점하는 것을 금지하는 행위이며,[69] ① 경쟁 플랫폼에 직접 매장을 낼 수 없도록 계약서에 규정하고,[70] ② 구두로 경쟁 플랫폼에서 영업하지 못하도록 한 행위를 하였다.[71] 두 번째로는 플랫폼 내 입점업체 경영자의 경쟁 플랫폼 프로모션 활동 참가 금지이며, ① 경쟁 플랫폼 프로모션 활동에 참여할

---

69) 온라인 소매 플랫폼 서비스의 경쟁력은 많은 소비자를 유입하는 것이라고 볼 수 있는데, 입점업체가 많아지면 소비자 유입이 용이해진다. 이에 알리바바는 입점업체의 관리가 중요할 것인데, 일반적으로 입점 브랜드의 인지도가 높고 시장 점유율이 높을수록 플랫폼 경쟁력에 대한 기여도가 높다. 알리바바는 매출·상품소싱·소비자관리·브랜드파워·서비스능력 등의 요소에 따라 플랫폼 내 입점업체 경영자를 7단계(SSKA-SKA-KA-核腰-腰部-长尾-底部, 중요도 高→低順)로 나누어 관리하였으며, 이 중 핵심사업자(key account, KA) 이상의 입점업체 경영자에게는 경쟁 플랫폼에 입·개점 금지를 요구하였다.

70) 2015년 이후 알리바바가 일부 핵심사업자와 맺은 '전략적 입점업체 기본계약(战略商家框架协议)', '공동사업계획(联合生意计划)', '전략적 협력 각서(战略合作备忘录)' 등에 따르면, 핵심사업자가 경쟁 플랫폼에 진출할 수 없도록 하고, 자사 플랫폼에서만 온라인 사업을 전개하는 데 집중하도록 하였다.

71) 알리바바는 관련 제휴 계약이나 프로모션 행사 협상 과정에서 핵심사업자에게 알리바바의 플랫폼에서만 판매하도록 구두로 제안하고, 경쟁 플랫폼에 플래그십 스토어(flagship store)를 열지 않도록 요구하였다. 또한 경쟁 플랫폼에 있는 플래그십 스토어를 비(非)플래그십 스토어로 낮추거나, SKU(stock keeping unit, 스토어 내 상품 종류)·재고 제한을 요구하는 경우가 많은 것으로 나타났는데, 알리바바는 시장지배적 지위를 가지고 있기 때문에 이러한 요구사항은 강한 구속력을 가진다.

수 없다는 점을 계약서에 직접 명시하였고,[72] ② 경쟁 플랫폼 프로모션에 참여하지 말 것을 구두로 요구하였다.[73] 세 번째로 당사자는 '양자택일' 이행을 보장하기 위해 다양한 상벌 조치를 취하였는데, ① 프로모션 활동 자원지원 축소,[74] ② 프로모션 활동 참가 자격의 취소,[75] ③ 검색률 하향조정,[76] ④ 기타 중대한 권익 등을 취소하였다.[77]

이에 대해 알리바바는 ① 협력계약 체결은 입점업체 경영자의 자발적 의사이며, ② 알리바바가 해당 경영자에게 특별 자원을 지원하는 것은 인센티브로서 계약 미(未) 이행 시 제한조치를 취하는 것이고, ③ 관련 행위는 알리바바와 입점업체 경영자 간의 거래와 관련한 투자를 보호하기 위한 조치로서 정당성이 있다고 주장하였다. 그러나 시감총국은 ① '양자택일'을 포함하는 대부분의 계약이 입점업체 경영자의 자발적 선택으로 체결된 것이 아니라는 점,[78] ② 일부 입점업체 경영자는 알리바바의 구두

---

72) 일부 핵심사업자와 체결한 계약에서 경쟁 플랫폼의 프로모션 활동에 참가할 수 없거나, 알리바바의 동의 없이 타 플랫폼을 통해 자체적으로 프로모션 활동을 할 수 없도록 명시함으로써 경쟁 플랫폼의 영향력을 감소시키고자 하였다.

73) '광군제', '618' 등 주요 프로모션 활동 기간마다 핵심사업자에게 구두로 경쟁 플랫폼의 프로모션 활동 화면을 캡처해 발송하도록 요구하고 그 밖에 명시적 또는 묵시적 방식으로 경쟁 플랫폼의 프로모션 활동에 참여할 수 없도록 하였으며, 경쟁 플랫폼에서 세일즈 태그(sales tag, 주요 프로모션 기간을 나타내는 마크)를 부착할 수 없고 입점매장 내 프로모션 분위기를 조성할 수 없는 것 등이 포함된다.

74) 주요 프로모션 활동에 입점업체 경영자는 상품에 특정 마크를 달아 이벤트 페이지에 해당 상품을 우선 전시한다. 이는 상품 판매량 증대에 중요한 방식으로서 알리바바는 양자택일 요구를 위반한 입점업체 경영자에 대해 프로모션 기간 동안 자원 지원을 취소하는 등 처벌을 이행하였다.

75) 알리바바는 "회색리스트(灰名单)"제도를 만들어 경쟁 플랫폼에 매장을 열거나 다른 경쟁 플랫폼의 프로모션 활동에 참여하는 입점업체 경영자를 처벌 대상에 포함시키고 알리바바의 주요 프로모션 활동 참가자격을 박탈하였다. '회색리스트'에 등재된 입점업체 경영자는 알리바바의 요청 이행 후 심사를 거쳐 관련 자격을 회복할 수 있다.

76) 검색 알고리즘의 핵심은 검색결과 노출 시 소비자가 쉽게 접근할 수 있는 위치(예, 화면 상단)에 노출하여 타깃 소비자의 구매전환율을 높이는 것이 핵심인데, 요구를 이행하지 않은 일부 입점업체 경영자에 대해 당사자는 검색 가중치를 낮추는 방식으로 검색하락이라는 처벌을 이행했다.

77) 알리바바의 수차례 요구에도 경쟁 플랫폼에서의 사업을 중지하지 않거나, 경쟁 플랫폼의 프로모션 활동에서 탈퇴하지 않는 입점업체 경영자에 대해 핵심사업자 자격을 취소하거나 제휴를 중단하는 등의 방법으로 중대한 권익을 박탈하였다.

78) 협력계약 위반에 따른 처벌을 받았는바, 이는 알리바바와의 관련 협력이 자발적으로 수행된 것이

요구에 따르는 대가를 받지 못했는바, 관련 행위는 입점업체 경영자에 대한 알리바바의 처벌 수단 중 하나일 뿐이며, ③ 배타적 거래는 특정 투자 보호를 위해 반드시 필요한 것이 아니라는 점을 들어[79] 알리바바의 주장이 관련 행위에 대한 정당화 사유로 볼 수 없다고 판단하였다.

2. 해 설

(1) 거래상대방제한

결정서는 알리바바가 거래상대방제한 행위로 인하여 구법 제17조 제1항 제4호를 위반하였다고 판단하였다. 거래상대방제한은 시장지배적 지위를 가진 사업자가 정당한 이유 없이 거래상대방으로 하여금 자신 또는 그가 지정하는 사업자와만 거래할 수 있도록 제한하는 행위를 말한다.[80] 구법이 금지하는 거래상대방제한 행위의 구성요건으로 ① 사업자가 시장지배적 지위를 가질 것, ② 사업자는 타인이 자신과 거래하거나 자신이 지정한 제3자와 거래하는 것을 제한하는 행위를 할 것, ③ 거래상대방제한 행위에 정당한 이유가 없을 것,[81] ④ 거래상대방제한 행위가 경쟁을 배제·제한하는 결과를 초래하였거나 할 수 있을 것을 요구하고 있다.[82]

구법상 시장지배적 지위의 남용행위에 대한 규제는 가격남용행위의 경우는 국가발전개혁위원회(国家发展和改革委员会)(이하 '발개위')가 담당하고[83] 비가격남용행위에 대해서는 국가공상행정관리총국(国家工商行政管理总局)(이하 '공상행정총국')에서 담당하고 있다. 본 사안에 해당되는 가격과 직접적인 관련이 없는 거래상대방 제한행위는 공상행

아님을 입증한다.

79) 알리바바의 플랫폼 운영·유지·보수와 프로모션 활동에 투입한 비용 및 데이터 자원은 플랫폼 자체의 경영에 필요한 투입이지 특정 입점업체 경영자를 위한 투입이 아니다.

80) 정대근, 앞의 각주 21)의 논문, 81면 참조.

81) 여기서의 정당한 이유는 주로 이러한 강제와 제한이 경영상의 합리성을 가지며, 제품의 품질과 안전을 보장하는 경우를 말한다. 정대근, 위의 논문, 81면.

82) 周昀, "中国法对企业滥用市场支配地位行为的规制", 「중국법연구」 제26집, 2016, 192면.

83) 「반가격독점규정」 제14조.

정총국 「남용금지규정」 제5조에서 규정하고 있으며, 정당한 이유 없이 ① 거래상대방이 자신과만 거래하도록 구속하는 행위, ② 거래상대방이 자신이 지정한 사업자와 거래하도록 구속하는 행위, ③ 거래상대방이 자신의 경쟁상대방과 거래할 수 없도록 구속하는 행위를 금지하고 있다.[84] 「남용금지규정」 제5조 제1호와 제3호는 「독점규제 및 공정거래에 관한 법률」[85](이하 '공정거래법')상 경쟁사업자배제행위(제3조의2 제1항 제5호 전단) 중 부당하게 거래상대방이 경쟁사업자와 거래하지 아니할 것을 조건으로 그 거래상대방과 거래하는 경우(동법 시행령[86] 제5조 제5항 제2호)와 유사하다.[87]

본 결정서에서는 앞서 살펴본 바와 같이 입점업체 경영자가 알리바바만 거래하도록 제한하고, 다양한 상벌조치를 통해 이와 같은 행위를 보장함으로써 구법 제17조 제1항 제4호를 위반하였다고 판단하였다.

(2) 광군제의 의의(意義)와 618의 등장

거래상대방제한 행위의 판단과 관련해서 언급된 구제적인 사례로 "경쟁 플랫폼의 '광군제(光棍节)', '618'과 같은 대규모 프로모션 행사 참여 금지 요구"를 들 수 있다. '광군제'는 매년 11월 11일에 진행되는 대규모 프로모션 행사로 중국에서 독신자를 상징하고 있는 숫자 1이 4번 반복되어 중국 젊은 층에서 '싱글들을 위한 날'로 활성화되었으며,[88] 알리바바 창립자인 마윈(马云)은 "외로운 청춘남녀를 위로한다"는 슬로건으로 2009년부터 시작하였다. 첫해 27개 기업이 참여하고 약 52백만 위안의 매출(GMV)

---

84) 정대근, 앞의 각주 21)의 논문, 81-82면.

85) 법률 제16998호.

86) 「독점규제 및 공정거래에 관한 법률 시행령」, 대통령령 제31642호.

87) 그러나 「공정거래법」상 시장지배적 지위의 남용행위 중 배타적 거래계약의 체결은 시장지배적 사업자가 경쟁상대방의 영업활동을 방해하기 위해 시장지배적 지위를 남용하여 자신과 거래를 원하는 거래상대방으로 하여금 경쟁상대방과 거래하지 않는 조건으로 자신과 거래를 하는 행위를 규제하는 것을 목적으로 하고 있다는 점에서 「남용금지규정」 제5조 제2호의 거래상대방으로 하여금 자신이 '지정한' 사업자와 거래를 하도록 구속하는 행위가 포함된 것과는 차이가 있다. 정대근, 앞의 각주 21)의 논문, 82면.

88) 11이 2번 반복된다고 하여, 쌍십일(双十一)로 불린다. 송민근, 앞의 논문, 13면.

을 기록하였으나, 2019년에는 약 20만 개 브랜드가 참여하였고 매출은 2,684억 위안, 행사 참여 소비자는 5억 명에 달하였다. 광군제 행사 하루 매출이 2019년도 기준 한국 국내 전자상거래 시장 연간 총 매출의 41.3% 규모임을 감안하면 엄청난 규모임을 짐작할 수 있으며,[89] 알리바바에게도 본 행사가 중대한 의의를 갖는다는 점을 알 수 있다.

광군제와 함께 언급된 '618'은 전자상거래 산업에서 알리바바의 이어 2위 업체로 평가받는 징동(京東, JD.COM)의 대표적 프로모션 행사로 창립기념일인 6월 18일을 기념하기 위해 2010년부터 시작되었으며, 시기적 특징을 살려 상반기 광군제로 불린다. 비록 징동이 2위에 위치하고 있으나, 1위인 알리바바의 점유율이 58.2%를 차지하고 있기 때문에, 징동의 점유율 16.3%과는 아직 큰 차이가 있다.[90] 하지만 징동은 알리바바 그룹의 최대 경쟁사인 텐센트(騰訊)로부터 2014년 대규모 투자를 받는 것을 시작으로 현재까지 전략적 협력관계를 맺고, 중국의 카카오톡으로 불리는 위챗(WeChat, 微信)을 통해 소비자 유입 채널을 확대하는 등, 텐센트의 에코시스템을 기반으로 사업을 확장하고 있는바, 알리바바 입장에서는 묵과할 수 없는 경쟁자일 것이다. 이와 같은 배경에서 알리바바는 입점업체 경영자에게 '양자택일'을 강요하게 된 것이다.

VI. 남용의 결과와 행정처분 근거 · 결정

1. 결정서의 주요 내용

(1) 알리바바의 시장지배적 지위 남용행위의 결과

결정서에 따르면, 알리바바는 입점업체 경영자가 경쟁 플랫폼에서의 개점 또는

---

89) 송민근, 위의 논문, 13면.

90) 중국 전자상거래 산업에서 상위 3대 기업이 전체시장의 약 80%를 점유하고 있으며, 특히 1위 알리바바의 점유율이 58.2에 달해 2위 기업인 징동 16.3%과 3위 기업인 핀둬둬(拼多多, 5.2%)에 비해 월등히 높다. 대외경제정책연구원, 앞의 자료, 8면.

경쟁 플랫폼 프로모션 활동에의 참여를 제한하여 부당하게 시장에서의 지위를 유지·강화하였으며, 입점업체 경영자와 소비자의 이익을 훼손하였고,[91] 플랫폼 경제의 혁신과 건전한 발전을 저해하였다.

구체적으로는 중국 내 온라인 소매 플랫폼 서비스 시장의 경쟁을 배제·제한하였는데, ① 관련시장의 플랫폼 운영자 간 공정경쟁[92] 및 ② 관련시장에서 잠재적 경쟁을 배제·제한한 것이 여기에 해당된다.[93] 두 번째로 입점업체 경영자의 이익 손상과 관련하여, ① 경영 자율권 훼손,[94] ② 합법적 이익에 대한 부당한 감소,[95] ③ 동일 브랜드 내 경쟁력 감소가 판단의 근거가 되었다.[96] 세 번째로 자원 할당의 최적화를 방

---

91) 소지자 이익훼손과 관련하여 결정서는 경제적 분석 결과를 제공하지 않았으나, ① 소비자의 자유로운 선택권을 제한, ② 소비자의 공정거래권리 제한, ③ 장기적으로 사회 전반에 잠재적 손해를 끼친 것을 근거로 밝혔다.

92) 알리바바는 입점업체 경영자에게 경쟁 플랫폼에 개점 또는 프로모션 활동에 참여할 수 없도록 요구함으로써 경쟁 플랫폼이 얻을 수 있는 입점업체 경영자 공급을 부당하게 억제하고 경쟁력을 약화시켜 시장의 공정경쟁을 배제·제한하였다. 또한 플랫폼 경제가 교차 네트워크 외부성을 가지고 있기 때문에, 관련 행위는 직접적으로 경쟁 플랫폼에서 경영자 이탈을 초래하는 동시에, 경쟁 플랫폼의 소비자 수 또한 감소시켜 해당 플랫폼의 이용자 수가 감소하게 된다. 이는 선순환 효과 형성을 제한하여 경쟁 플랫폼의 경쟁력을 약화시키고, 관련시장 플랫폼 운영자 간 공정경쟁을 심각하게 배제·제한한다.

93) 플랫폼 경제는 네트워크 효과와 규모의 경제 특성을 가지고 있기 때문에 새로운 플랫폼 서비스 제공 업체는 효과적으로 시장에 진입하기 위해 일정 규모의 사용자를 확보해야 한다. 알리바바는 일부 입점업체 경영자에 대해 경쟁 플랫폼에 진출하는 대신 중국 내 유일한 온라인 판매 채널로 알리바바를 활용해야 한다고 요구하여, 해당 경영자를 자신의 플랫폼에 고착시키고, 잠재적 경쟁자와의 제휴를 어렵게 하는 방식으로 시장진입 장벽을 높여 관련시장에서 잠재적 경쟁을 배제·제한하였다.

94) 입점업체 경영자는 복수의 플랫폼을 판매채널로 활용하여 판매 효율성을 높이고, 매출을 증대시키려 하는데, 알리바바는 해당 경영자가 자신의 플랫폼에만 경영활동 할 것을 요구함으로써 경영자 율권을 제한하였다.

95) 입점업체 경영자에게 자신의 플랫폼에서 개점하거나 당사자의 프로모션 활동에만 참여하도록 요구함으로써, 타 플랫폼에서 사업 시 기대수익을 잃었다.

96) 대규모 프로모션 행사 시 플랫폼사업자는 입점업체 경영자가 더 유리한 가격을 제공할 수 있도록 보조금을 지급하는 경우가 많은데, 알리바바는 입점업체 경영자가 자신의 플랫폼에서만 개점 또는 프로모션 활동에만 참여하도록 요구하여 동일한 브랜드 상품의 판매채널을 제한함으로써, 브랜드 내 경쟁을 약화시켰다.

해하고 플랫폼 경제의 혁신과 발전을 제한하였는데, ① 자원배분과 관련한 주요 요소의 자유로운 흐름을 방해함으로써, 자원할당의 효율성을 저하시켰고, ② 입점업체 경영자의 혁신적인 경영 다양화·차별화를 제한하였으며,[97] ③ 시장 주체의 활력을 억제하고, 플랫폼 경제의 혁신 발전에 부정적 영향을 주었다.[98] 마지막으로 소비자 이익과 관련하여, ① 소비자의 자유로운 선택권을 제한, ② 소비자의 공정거래권리 제한[99] 및 ③ 장기적으로 사회 전반에 잠재적 손해를 끼친 것을 근거로 소비자 이익을 저해하였다고 밝혔다.[100]

(2) 행정처분의 근거와 결정

알리바바는 2015년부터 중국 온라인 소매 플랫폼 서비스 시장에서의 지배적 지위를 남용하여 관련시장의 경쟁을 제한하고,[101] 입점업체 경영자의 합법적 권익을 침해하며, 소비자 이익을 훼손하고, 플랫폼 경제의 혁신을 저해하였는바, 구법 제17조 제1항 제4호의 시장지배적 지위 남용행위에 해당한다고 판단하였다. 구법 제47조 및 제49조의 규정에 따라, 위법행위의 성격·범위·지속시간과 알리바바가 자체조사를 통해 위법행위를 중지하고 적극적으로 시정할 수 있는 점 등을 종합적으로 고려하여 시감총국은 알리바바에 대해 위법행위 중지명령[102]과 2019년 중국 내 매출액의 4%에

---

97) 입점업체 경영자는 플랫폼별 주요 사용자의 특성에 근거하여 다양한 경쟁 전략을 채택하고 차별화된 서비스를 제공함으로써 소비자에게 더 많은 선택을 제공할 수 있는데, 알리바바의 행위는 해당 경영자의 혁신적 발전을 저해하였다.

98) 플랫폼 경제의 지속적이고 건전한 발전은 공정경쟁과 기술혁신에 의존한다고 할 것인데, 알리바바는 부당한 수단을 통해 자신의 경쟁우위를 유지 및 공고히 함으로써 플랫폼 사업자가 기술·사업모델을 혁신할 수 있는 동력을 약화시키고, 플랫폼 경제의 건전한 발전에 악영향을 주었다.

99) 알리바바의 제한 조치로 인해 소비자는 알리바바의 거래 조건을 수동적으로 수용 할 수밖에 없으며, 타 플랫폼의 경쟁력 있는 가격·서비스를 누릴 수 없게 함으로써 소비자의 공정거래권리를 제한하고 소비자의 이익을 해쳤다.

100) 알리바바의 행위로 인한 피해의 효과는 소비자의 실제 이익을 훼손할 뿐 아니라 소비자의 기대이익을 훼손하고 전반적인 사회 후생 수준을 감소시킨다.

101) 정당한 이유 없이 입점업체 경영자가 경쟁 플랫폼에 개점하거나 프로모션 활동에 참가하는 것을 금지하는 행위가 해당된다.

102) ① 입점업체 경영자의 경쟁 플랫폼 내 경영 및 경쟁 플랫폼에서의 프로모션 활동에 제한을 받아

해당하는 총 182.28억 위안의 과징금을 부과할 것을 결정하는 것으로 본 결정서를 결론지었다.[103]

2. 해 설

(1) 시장지배적 지위의 남용에 대한 법적 책임

중국 구법상 시장지배적 지위의 남용에 대한 제재로서의 법률책임은 행정·민사·형사책임으로 구성된다. 우선 구법 제47조는 시장지배적 지위의 남용행위를 실행한 경우, 시감총국은 행정처분으로서 불법행위의 정지를 명하고 행정처벌로서 사업자가 시장지배적 지위의 남용에 따른 행위로 인하여 취득한 불법소득을 몰수하며, 전년도 매출액의 1% 이상, 10% 이하의 과징금을 부과한다.[104] 「공정거래법」이 행정처벌로서 관련 매출액의 3%를 초과하지 아니하는 범위 안에서 과징금을 부과할 수 있도록 한 반면에, 구법은 행정처벌로서 불법소득의 몰수와 과징금의 부과는 별도로 이루어지도록 규정하였고,[105] 「공정거래법」상의 과징금 부과는 재량사항이나 구법상 시장지배적 지위를 남용한 경우 과징금 부과는 의무사항이라는 점에서 차이가 있다.

민사책임과 관련하여서는 구법 제50조에서 사업자가 독점행위로 인하여 타인에

서는 안 되며, ② 알리바바는 본 결정서를 받은 날로부터 15일 이내에 위법행위 시정보고서를 시감총국에 제출해야 하고, ③ 「행정처벌법」에 따라 시감총국은 조사 과정에서 발견한 문제점을 바탕으로 '행정지도서'를 작성하여 알리바바가 관련책임을 엄격히 이행하도록 요구하고, 컴플라이언스 관리 강화, 소비자 권익 보호 등의 다방면에서 전면적인 개선을 실시하여 준법 경영하도록 요구한다.

103) 2019년 알리바바의 중국 내 매출액(4,557.12억 위안)의 4%에 해당하는 총 182.28억 위안의 과징금이 부과되었으며, 「행정처벌법」제46조에 따라 알리바바는 결정서를 받은 날로부터 15일 내에 해당 과징금을 납부해야 한다. 만약 기한이 지나도 이행하지 않을 경우 「행정처벌법」제51조에 의거하여 과징금의 3%에 해당하는 가산금을 부과 또는 인민법원에 강제집행을 신청할 수 있다.

104) 정대근, 앞의 각주 21)의 논문, 87면.

105) 「공정거래법」상의 과징금이 부당이득의 환수적 성격과 행정제재적 성격을 함께 갖지만, 구법상의 행정처벌은 부당이익 환수의 성격을 가진 불법소득의 몰수와 행정제재벌로서의 성격을 갖는 행정벌금으로 분리되어 있는 데에서 기인한다. 정대근, "최근 중국 반독점법상의 독점협의(垄断协议)규제와 문제점", 「홍익법학」 제20권 제1호, 2019, 104면.

게 손실을 가한 경우에 민사책임을 인정하고 있으며, 최고인민법원의 「독점행위로 인한 민사사건심리에서의 법적용상의 몇 가지 문제에 관한 규정(最高人民法院关于审理因垄断行为引发的民事纠纷案件应用法律若干问题的规定)」제14조에 따르면, 피고가 독점행위를 실시하여 원고에게 손해를 입힌 경우 법원은 원고의 소송청구와 규명된 사실에 근거하여 피고에게 침해를 중지하고 손실을 배상하는 등의 민사책임을 부담하도록 판결을 내릴 수 있도록 하였다.[106] 형사책임에 대해서는 구법 제52조 제3문에서 독점행위에 대한 조사를 방해하는 행위(조사거절·방해행위·직권남용 등)가 범죄를 구성하는 경우에만 형사책임을 묻고 있기 때문에, 시장지배적 지위의 남용행위에 대하여도 별도의 형사책임을 묻지 않는다.

다만 개정법은 "독점행위 시행에 대해서도 형사 처벌할 수 있다(제57조)"는 수정초안의 내용을 반영하여 형사책임에 관한 근거 조항(제67조)을 신설하였는바, 향후 시장지배적 지위의 남용행위와 관련해서 적지 않은 영향을 미칠 것으로 예상된다.

(2) 알리바바의 대응

알리바바가 시감총국의 행정처벌결정에 불복할 경우, 결정서를 받은 날로부터 60일 이내에 시감총국에 행정재의를 신청할 수 있으며, 6개월 이내에 인민법원에 행정소송을 제기할 수 있다. 하지만 알리바바는 결정서를 수령한 당일 오전 공식 홍보채널을 통해 결정서 수령사실을 알리고, 본 행정처벌결정을 겸허히 받아들이고 성실히 따를 것임을 공지하였다. 또한 준법경영과 컴플라이언스 구축의 의지를 밝히고, 창조발전에 기여함과 동시에 사회적 책임을 다할 것임을 선언하였다.

VII. 전망 및 시사점

결정서에 따르면, 알리바바는 시장획정, 시장지배적 지위의 판단에 대해서 이견

---

106) 정대근, 위의 논문, 106면.

(異見)을 보였음을 알 수 있다. 반독점 위반 여부를 판단하기 위해서는 ① 시장획정, ② 해당 시장에서의 지배적 지위 여부, ③ 지배적 지위를 남용했는지 여부가 순차적으로 판단되어야 하기 때문에 알리바바의 주장은 중요한 의미를 가진다. 본 사안에서 시 장획정은 B2C에 한정해야 한다고 주장하였고, 시장지배적 지위에 대해서는 시장진 입 장벽이 낮아지고 새로운 경쟁자가 지속적으로 진입하고 있기 때문에 알리바바가 시장지배적 지위에 있지 않다고 항변한 것이다. 본 사안 발생 전인 2020년 12월, 상하 이 시감총국이 음식 배달 플랫폼 슬파이슬(Sherpa's, 食派士)에게 '양자택일'을 강요한 이 유로 반독점 위반 과징금을 부과하였는데, 동 결정서의 절반 분량을 시장획정에 할애 하였으며, 경제학적 정량분석 기법과 수학 공식이 활용되었다. 이에 대해 교과서적인 법률문서라는 비난이 있었으며,[107] 국무원 반독점위원회 슬지엔중(时建中) 교수는 "디 지털 경제의 주요 비즈니스 모델은 아직 그 경계가 명확하지 않고 경쟁도 역동적으로 이루어지기 때문에 이 분야에 대한 반독점 판단은 포용적이고 신중하게 접근해야 한 다"고 하여 빅테크 기업에 대한 당국의 획일적인 판단에 우려를 표하였다.[108] 우리나 라에서도 2017년 10월 네이버 창업자인 이해진 글로벌투자책임자(GIO)가 국회 국정 감사에서 "인터넷이란 곳은 국경이 없기 때문에 옛날 오프라인 시장과 다르게 시장을 볼 때 꼭 글로벌하게 봐야 한다고 생각한다"면서 "싸이월드가 사라지면 그 매출이 작 은 기업이나 신문사한테 가는 게 아니라 페이스북이 다 가져간다"고 발언한 바가 있 다.[109]

플랫폼 비즈니스 모델의 다각화와 그 중요성이 증대함에 따라, 플랫폼 상의 불공 정거래행위 이슈는 주요국의 공통된 과제가 되었다. 이에 대해 유럽연합(EU)은 「온라 인 플랫폼 시장의 공정성 및 투명성 강화를 위한 2019년 EU이사회 규칙」을 2020년 7 월 12일부터 시행 중이며, 일본은 「특정 디지털플랫폼의 투명성 및 공정성 향상에 관

---

107) China Economic Weekly, 앞의 자료, 22頁.

108) 人民日报, "强化反垄断 推动高质量发展[权威访谈·迈好第一步, 见到新气象(30)]-访中国政法大学副校长时建中". 2021.1.31.

109) 조선비즈, https://m.post.naver.com/viewer/postView.nhn?volumeNo=10314149&member No=28162671 (접속일: 2021.5.16.).

한 법률」을 제정하여 2020년 6월 공표하였다.[110] 우리나라도 2023년 1월 16일 플랫폼을 통한 불공정 거래행위 근절을 위해 '온라인플랫폼 중개거래의 공정화에 관한 법률'[111](이하 '안')이 발의되었다. 온라인 거래가 급증하면서 플랫폼의 영향력이 강화되고 소비자와 이용사업자의 플랫폼에 대한 거래 의존도가 높아지고 있지만, 현행법상 플랫폼을 통해 이루어지는 불공정 거래행위를 규제하는 절차가 없다는 지적이 잇따랐는바,[112] 안은 불공정 거래행위 금지(안 제9조), 공정거래위원회의 위반행위 조사·처분(안 제20조), 플랫폼 중개사업자의 손해배상책임(안 제30조)을 규정하고 있다.

이와 같이 동 시기에 주요국이 빅테크 기업의 플랫폼 규제 입법을 진행하는 것은 플랫폼상의 이슈를 정적이고 정형화된 시장에 적용하던 기존 법률로 해결하기 어렵기 때문이며,[113] 중국의 개정법도 같은 맥락에 있다. 특히 중국의 알리바바, 텐센트, 바이두가 자국을 대표하는 빅테크 기업이라면, 우리나라는 네이버, 카카오가 될 것이다. 이는 EU 규제당국과는 달리 자국 기업이 글로벌 경쟁력을 잃지 않도록 보호해야 함과 동시에 국내 시장을 교란하지 못하도록 적절한 규제를 가해야 하는 숙제도 함께 안고 있음을 의미한다. 이에 빅테크 기업 반독점 규제 측면에서 우리나라와 중국은 공통점이 존재하며, 그 해결방안 역시 양국이 서로 참고할 수 있는 부분이 많을 것이다.

본고에서는 시감총국의 결정서에 대한 해설을 중심으로 논함으로써 중국 당국의 빅테크 기업 규제 적용에 관한 상세한 내용을 살펴볼 수 있었다. 여기에 더하여 2022년 8월부터 시행된 개정법 및 이를 뒷받침하기 위한 하위규범 등을 지속적으로 살핀다면, 우리나라 규제당국이 빅테크 기업에 대해 반독점 규제를 함에 있어서 시사하는 바가 적지 않을 것이다.

---

110) 이정란, "온라인플랫폼 공정화법 제정안에 대한 검토", 「경쟁법연구」 제43권, 2021, 60면.
111) 양정숙 의원 대표발의, 의안번호 제2119504호.
112) 법조신문, http://news.koreanbar.or.kr/news/articleView.html?idxno=26647 (접속일: 2023.2.12.).
113) 이정란, 앞의 논문, 61면.

저자소개

김원오	인하대학교 법학전문대학원 교수, 법학연구소장
김준엽	서울대학교 경제학부 박사과정
고인석	인하대학교 철학과 교수
손영화	인하대학교 법학전문대학원 교수
오 철	상명대학교 글로벌경영학과 교수
이상우	인하대학교 AI · 데이터법센터 책임연구원, 법학 박사
이종호	인하대학교 AI · 데이터법센터 책임연구원, 경제학 박사
정영진	인하대학교 법학전문대학원 교수
정윤경	인하대학교 AI · 데이터법센터 책임연구원, 법학 박사
정찬모	인하대학교 법학전문대학원 교수
홍은아	한국환경산업기술원 책임연구원

데이터법의 신지평

초판 1쇄 인쇄   2023년 5월 22일
초판 1쇄 발행   2023년 5월 31일

—

편   자 ǀ 인하대학교 법학연구소 AI·데이터법 센터
발행인 ǀ 이방원

—

발행처 ǀ 세창출판사
　　　　신고번호·제1990-000013호 ǀ 주소·서울 서대문구 경기대로 58 경기빌딩 602호
　　　　전화·02-723-8660 ǀ 팩스·02-720-4579
　　　　http://www.sechangpub.co.kr ǀ e-mail: edit@sechangpub.co.kr

—

ISBN 979-11-6684-208-5 93360